Phänomen-Verlag

Enjoy your Evolution!

Zum Autor:
Matthias Thiele, geb. 1972, Diplom-Psychologe und Therapeut. Jahrelange Dozenten- und Seminartätigkeit mit den Schwerpunkten Entwicklungs- und Gesundheitspsychologie.

Matthias Thiele

Tarot
und die Kunst
der Selbsterkenntnis

Phänomen-Verlag

Bibliografische Information Der Deutschen Bibliothek:

Die Deutsche Bibliothek verzeichnet diese Publikation in der Deutschen Nationalbibliografie; detaillierte bibliografische Daten sind im Internet über http://dnb.ddb.de abrufbar.

Matthias Thiele
Tarot und die Kunst der Selbsterkenntnis
EAN 978-3973194-173

Cover-Grafik von Cornelia Starke

Phänomen-Verlag Norina Ebele Hamburg
Web: www.phaenomen-verlag.de
E-Mail: kontakt@phaenomen-verlag.de

Satz & Gestaltung: Phänomen-Verlag

Inhalt

Einleitung

Als ich vor etwa achtzehn Jahren auf einer ziemlich verrückten Reise durch den Süden Englands dem Tarot zum ersten Mal begegnet bin, ahnte ich noch nicht, dass diese geheimnisvollen Karten einmal mein späteres Verständnis der Psychologie so stark beeinflussen würden. Während meines Studiums lebte ich in einer merkwürdig geteilten Geisteswelt. Einerseits fühlte ich mich der strengen Methodik der Wissenschaft und Psychologie verpflichtet, andererseits entdeckte ich jenseits der Universität nicht minder spannende Erfahrungsfelder. Ich begann, Hatha-Yoga zu betreiben, zu meditieren, las die Bücher von Krishnamurti und später von Sri Aurobindo, dem Begründer des integralen Yoga. Während meiner Arbeit als Psychologe musste ich immer wieder feststellen, dass die meist unverbunden nebeneinanderstehenden Theorien der modernen Psychologie sich für die psychologische Praxis als ungenügend und zu wenig praktikabel herausstellten. Ich suchte nach einer Verbindungsmöglichkeit, um all die Puzzlesteinchen zu einem Ganzen zusammenzufügen. Mich störten die Vorbehalte der meisten Wissenschaftler, sich mit Themen auseinanderzusetzen, die jenseits ihrer engen spezialisierten Domäne lagen, vor allem allerdings die verachtende Ablehnung aller esoterischer Erfahrung. Subjektive Erfahrungen im Bereich des Inneren, also der Esoterik, gehören meines Erachtens zur Erfahrungswelt des Menschen. Durch die eigenen Erfahrungen in Yoga und Meditation, aber auch mit einigen abendländischen spirituellen Disziplinen und esoterischen Methoden entstand in mir immer mehr das Bedürfnis, diese in psychologische Modelle über den Menschen zu integrieren. Was taugt eine psychologische Theorie, wenn sie einen so wesentlichen Anteil der menschlichen Psyche von vornherein aufgrund eigenen Dünkels ausklammert? Es musste eine Möglichkeit geben, die spirituellen und esoterischen Erfahrungen und Überlieferungen mit der modernen Psychologie zu einem Ganzen zu verweben.

Diese beiden unversöhnlichen Wege – das strenge methodische Denken an der Universität und meine philosophisch-spirituellen Privatstudien – schienen plötzlich zueinanderfinden zu können, als ich die Transpersonale Psychologie entdeckte, aus der später die Integrale Psychologie hervorgegangen war. Mir wurde schlagartig klar, dass es nur eines hinreichend allgemeinen Modells menschlicher Entwicklung bedurft hatte, eines Modells, das in der Lage ist, zu einem sinnvollen Ganzen zu verbinden, was bislang lose und unverbunden nebeneinandergestanden hatte.

Wie vor mehr als 40 Jahren Abraham Maslow die Humanistische Psychologie als ‚dritte Kraft' nach der Freudianischen Psychoanalyse und dem positivistisch ausgerichteten Behaviorismus ausrief, so scheint heute die Integrale Psychologie des amerikanischen Vordenkers Ken Wilber ein völlig neues Paradigma in der Psychologie einzuleiten. Ein Paradigma ist mehr als nur eine weltanschauliche Ausrichtung; im strengeren Sinne bezeichnet ein Paradigma ein prinzipielles erkenntnistheoretisches Vorgehen. Während der Behaviorismus eine präzise Forschungsmethodik als maßgebliches Kriterium einer Wissenschaft am Menschen proklamierte, verwies die Humanistische Psychologie auf den Menschen selbst, seine Bedürfnisse und sein ihm inhärentes Entfaltungspotenzial. Die von dem Humanisten Maslow erstmals verkündete Transpersonale Psychologie stellte keine neuen paradigmatischen Prämissen zur Verfügung, sondern postulierte durch die Assimilation buddhistischer und yogischer Philosophien einen dem personalen oder egoischen Entwicklungsweg nachgeordneten transpersonalen Entwicklungsbereich, in welchem sich die Identifikation des Bewusstseins von der Person zugunsten eines umfassenderen Seelenraumes lösen könne. Die Person an sich sei dann nur noch Teil des nun umfassenderen Bewusstseins des Menschen.

Das Potenzial zu einem neuen Paradigma zeigt die Integrale Psychologie durch ihre Herangehensweise, ihre Methodik. Sie verwirft nicht; sie versucht zu integrieren. Sie akzeptiert Widersprüche zwischen verschiedenen Theorien und Ansätzen und sucht nach Verbindungen. Sie verlangt nicht nach einer Entscheidung, sondern lässt in Beziehung zueinanderstehen, was bislang nicht vereinbar schien. Der Behaviorismus wollte das psychoanalytische Paradigma ablösen; die Integrale Psychologie will nicht ablösen, sondern zurechtrücken, sortieren, Perspektiven miteinander verschmelzen. Ihre Inhalte folgen dementsprechend den Befunden der unterschiedlichsten Forschungsrichtungen: Die Integrale Psychologie akzeptiert die psychoanalytischen Erkenntnisse über die Entwicklung in der Kindheit, ergänzt um die Theorien der kognitiven Entwicklung, fügt die Stufen der Moralentwicklung passend ein, ergänzt die Entwicklungsleiter, die nach der klassischen Entwicklungspsychologie im frühen Erwachsenenalter jäh endet, um die von buddhistischen und hinduistischen Schulen beschriebenen transpersonalen Bewusstseinsstrukturen. Mehr noch: Historische Zeugnisse von Mystikern, Yogis oder Kirchenvätern über die Bemühungen ihrer Bewusstseinsentwicklung werden auf Übereinstimmungen untersucht und vergleichend nebeneinandergestellt.

Die Integrale Psychologie, so können wir zusammenfassen, bemüht sich um die Synthese derzeit konkurrierender als auch historischer Erklärungsmodelle.

Gemäß der methodischen Ausrichtung der Integralen Psychologie bin ich an allem interessiert, was irgendwie mit menschlichem Bewusstsein zu tun hat. Und so entfachte sich auf ein Neues mein Interesse am Tarot, das ich mittlerweile für eine esoterische Episode meiner Jugend gehalten hatte.

Diese Karten, deren ersten überlieferten Exemplare aus der Zeit der Renaissance in Italien stammen, bestehen aus den uns landläufig bekannten vier Grundfarben mit Zahlkarten und darauf folgenden Hofkarten und aus einer zusätzlichen geheimnisvollen Reihe von 22 Karten, die mit römischen Zahlen beziffert sind und Namen tragen, die jedem Menschen, nicht nur der Renaissance, etwas sagen dürften. Ich führte fasziniert einige Tarotlegungen durch und war von ihrem Erkenntnispotenzial positiv überrascht. Mir fielen die sogenannten projektiven Testverfahren aus der klinischen Psychodiagnostik ein, bei denen die Probanden frei assoziieren, was sie in den Vorgaben glauben zu sehen. Dabei würde, so die psychologische Annahme, Unbewusstes projiziert, „es lockt also hervor, was Eigenwelt des Probanden ist".[1] Doch auch das vorgelegte Material selbst entscheide über die Themen, die projiziert werden. Wenn das Material bereits thematisch eine Anmutungsqualität assoziiert, werden demzufolge genau diese Themen im Probanden angeregt und seine projizierten Inhalte sind Wiedergaben dessen, was in diesem Themenbereich in seinem Unbewussten liegt. So könnte man den Tarot für eine Art projektives Verfahren halten, das zur freien Assoziation durch die vorgegebenen Kartenthemen anregt.

Durch Vergleiche der Großen Arkana mit den Modellen der integralen Psychologie kam ich zu dem Schluss, dass sich in ihnen die Stufen der Entwicklung des menschlichen Bewusstseins widerspiegeln, und zwar in einer Reihenfolge, die sich mit derjenigen der Transpersonalen und Integralen Psychologie verblüffend deckt.

Zunächst fiel mir auf, dass die Reihe der Großen Arkana mit der Darstellung von menschlichen Figuren beginnt und mit kosmischen Symbolen endet. Das erinnerte mich an die entwicklungspsychologische Ordnung der Integralen Psychologie, die präpersonale, personale und transpersonale Stadien des Bewusstseins in einem Metamodell aus Entwicklungstheorien vereint. Die Idee – zu jenem Zeitpunkt nicht mehr als eine Vermutung –, dass sich in den Karten ein validierbares Entwicklungsmodell verbarg, war geboren. Es begann eine Zeit intensiver Recherchen und – als ich mit den Beschreibungen der Karten als psychogenetische Felder begann – eine Zeit sehr persönlicher Selbsterkundung. Die wissenschaftliche Arbeit wurde zunehmends verwoben mit einer psychologischen und spirituellen Reise durch die Karten der Großen Arkana. Die objektive (wissenschaftliche) Sicht, so erkannte ich, kann sinnvoll ergänzt werden durch die Perspektive der eigenen Erfahrung und Selbsterkundung.

Eine der Methoden der Integralen Psychologie ist der interdisziplinäre Vergleich, um eine Theorie oder ein Modell über menschliche Entwicklung hinreichend zu validieren. Wenn zum Beispiel Sigmund Freud das Bedürfnis nach Angenommensein und Zuwendung (orale Phase) zeitlich vor das Entstehen des Bedürfnisses des Kindes nach Abgrenzung (anale Phase) plat-

---

1. Häcker, Stapf (Hg.): Dorsch. Psychologisches Wörterbuch. Bern: Huber, 2004. S. 735.

ziert, so sollten andere Theorien dem nicht widersprechen, wenn nicht eines der Modelle falsch sein sollte. Überlegungen, ob der Tarot ein Entwicklungsmodell bereitstellt oder nicht, würden sich sofort erübrigen, wenn die Karte *IV-Kaiser vor* der *III-Kaiserin* oder an ganz anderer Stelle in der Reihe seinen Platz hätte. Solche Fälle, wie zu sehen sein wird, kommen erstaunlicherweise nicht vor. Da die Karten der Großen Arkana abgegrenzte Entwicklungsbereiche des Menschen repräsentieren, habe ich sie psychogenetische Felder genannt und daraus ein entsprechendes psychologisches Entwicklungsmodell menschlichen Bewusstseins abgeleitet.

In diesem Buch werde ich das entsprechende Belegmaterial vorlegen und ausführlich kommentieren.

Uns wird weiter die Frage beschäftigen, wie ein solches, wenn auch ikonisches, Entwicklungsmodell in der Renaissance entstehen konnte und wie es sich zu den Grundannahmen der Integralen Psychologie verhält.

Dieses Buch gliedert sich in vier Teile:

Die theoretischen Grundlagen, Einführungen in integrale und klassische Entwicklungspsychologie und die Herleitung des Modells der psychogenetischen Felder (pgFelder) sind Thema des Teils I.

Teil II beschreibt ausführlich jede Karte der Großen Arkana und stellt diese in den Zusammenhang des Modells der pgFelder. Ungeduldige Leser mit Vorkenntnissen in Entwicklungspsychologie können Teil I vorerst überspringen und die Lektüre mit Teil II beginnen.

Teil III bindet die Kleinen Arkana und die Hofkarten des Tarot in ein umfassendes philosophisches Erklärungsmodell ein und enthält Deutungsvorschläge zu diesen Karten.

Teil IV widmet sich der Praxis des Tarot. Darin wird das pgFeld-Modell als Screening-Instrument zur persönlichen Selbsterkundung besprochen und im Anschluss neue Legesysteme des Tarot vorgestellt, die hier als projektive Verfahren, inspiriert durch die projektive Psychodiagnostik, behandelt werden. Bevor man Legungen durchführt, bietet es sich an, die Einführungen zu den Kleinen Arkana und den Hofkarten durchzulesen, um diese Karten besser interpretieren zu können.

Im Anhang finden Sie zusammenfassende Kurzübersichten und ein Quellenverzeichnis.

Die Grenzen zwischen Philosophie und Psychologie verschwimmen angesichts der komplexen Thematik.

Ich möchte deshalb anregen, dieses Buch in erster Linie als psychologisch-philosophisches Lesebuch aufzunehmen. Es ist allerdings so konzipiert, dass es sich – nach der Lektüre – auch als Nachschlagewerk und Manual zur Arbeit mit dem Tarot nutzen lässt. Neue, aus psychologischen Modellen hergeleitete Legesysteme, die als projektive Verfahren aufgefasst werden, werden im Anhang vorgestellt.

Meine Darlegungen und das *Modell der psychogenetischen Felder*, das ich aus den Großen Arkana des Tarot ableite, sind als ein vorläufiger Abriss zu verstehen und die Kommentare zu den einzelnen Karten oder, wie ich sie nenne, psychogenetischen Feldern, erheben keinen Anspruch auf Vollständigkeit.

Der Tarot erlebt derzeit seine Blüte, nie waren die Karten so populär wie heute. Hunderte im Handel erhältlicher verschiedener Sets mit den unterschiedlichsten ästhetischen Motiven, sprechen von seiner Beliebtheit.

Es ist schwer zu sagen, ob dieses Buch das Spektrum der Deutungsmöglichkeiten des Tarot erweitert oder ob, mithilfe dieses alten europäischen Kulturguts, die Integrale Psychologie um eine weitere Perspektive bereichert wird. Möge beides zutreffen.

Ich möchte den Leser zu einem wagemutigen Abenteuer des Geistes einladen und hoffe mit diesem Buch einen inspirierenden Beitrag zur Selbsterkenntnis leisten zu können.

Der Tarot ist das Spielfeld dieses Buches – die Spieler aber sind Sie und das Spiel, das Sie spielen, ist das Ihres Bewusstseins. Viel Vergnügen!

Teil I

Der Status Quo moderner Bewusstseinsmodelle

1. Vorüberlegungen

Forschungsgegenstand Bewusstsein: Kompetenzgerangel

Kein größeres Wunder ist vorstellbar als das der Existenz menschlichen Bewusstseins.

Verschiedene Domänen haben sich die Exklusivrechte an der Erforschung desselben und der Beantwortung brennender Fragen darüber sichern wollen. Die Philosophie erkundet die Potenziale und Grenzen des menschlichen Erkenntnisraumes, die Religionen geben Welterklärungsmodelle heraus, die Psychologie versucht als empirische Wissenschaft, die Psyche des Menschen und sein Bewusstsein zu beschreiben, zu erklären und vorherzusagen. Im Freihafen der Esoterik versammeln sich die Vermutungen, Erklärungen und Hypothesen, die in den konventionell etablierten Organisationsformen menschlichen Geistesguts keinen Platz finden.

Das menschliche Bewusstsein ist allerdings ein Phänomen, auf das keine Wissenschaft, keine Organisation und keine Kultur ein Monopol anmelden dürfte. Alle Suchenden trachten im Grunde nach der Erweiterung ihres Bewusstseinsraumes – die einen nach innen, die anderen nach außen.

Es liegt im Selbstverständnis der modernen Psychologie, in ihr selbst die kompetente Kraft zur Klärung dieser Fragen nach dem menschlichen Bewusstsein und seinem Werden zu sehen, eine Ansicht, der ich als Psychologe nur zum Teil zustimmen kann. Die Psychologie befindet sich in einem Zustand, der am ehesten mit der der Physik vor der Entdeckung der Relativitätstheorie und der Quantenmechanik, vor Einstein, Bohr oder Heisenberg zu vergleichen ist.[2] Die Organisiertheit ihrer Erkenntnisse ist noch unverbunden und eklektisch.

Die Esoterik hingegen erhebt den Anspruch einer geschlossenen Wissenschaft von vornherein nicht. Eigentlich existiert sie gar nicht. Der Begriff der Esoterik kann nur von distanzierten Beobachtern eingeführt werden, die bestimmten Theorien, Werthaltungen, Vermutungen und abenteuerlichen Thesen einige gemeinsame Attribute zuordnen können. Die wichtigste gemeinsame Eigenschaft aller esoterischen Theorien ist ihre Ausgeschlossen-

---

2. Im „Dorsch“, dem psychologischen Standard-Wörterbuch, findet man unter dem Stichwort „Entwicklungstheorien“ folgende Bemerkung: „Mussen [ein Psychologe und Autor] meint, der wissenschaftliche Wert der Entwicklungstheorien entspräche zurzeit noch dem von physikalischen Theorien im 17. Jh., keine umfasse die Menge der Einzelerkenntnisse über die Entwicklung in einem erklärenden System.“ Dorsch, 14. Aufl., S. 254. Die Quelle des Zitats wird auch angeben: Mussen, H. (Ed.). (1970): *Carmichaels manual of child psychology* (Vol. 1, 2). New York: Wiley.

heit aus den konventionellen Verwertungsorganisationen menschlichen Geistesguts. Sie versammelt spirituelle Ansichten, die keine etablierte Religion in sich aufzunehmen bereit ist, pseudowissenschaftliche Ideen, die keiner wissenschaftlichen Überprüfung standhalten oder für die noch keine durchgeführt wurden und therapeutische Ansätze, für die keine Wirknachweise angeführt werden können. Sie ist mit einem geistigen Freihafen zu vergleichen, in dem sich dank Methoden-Freiheit und Gesetzlosigkeit all die tummeln dürfen, die aus den gesetzestreuen Zonen menschlichen Erkenntnisstrebens ausgeschlossen wurden, die Geistespiraten, die Schwarzhändler und Schmuggler, aber auch die zu Unrecht Verstoßenen. Auf ihrem Schwarzmarkt stehen die Betrüger neben dem Aufrichtigen, werden neben bewusstseinsvernebelnden Illusionen auch unerkannte Weisheiten feilgeboten. Die tiefe Skepsis und die gebotene Vorsicht gegenüber der Esoterik kann aber nicht den Umkehrschluss erlauben, in den organisiert erscheinenden antiseptischen Räumen der akademischen Wissenschaften nur auf Vertrauenswürdiges zu stoßen.

Die Erkenntnisse moderner psychologischer Bewusstseinsforschung sind nicht nur Ergebnis erkannter seelischer Realität, sondern auch Ausdruck dafür, dass wir erst einmal Denkmodelle und psychologische Sprachen zu entwickeln haben, die die tatsächlichen psychischen Realitäten sinnvoll kommunizieren können.

Um das überhaupt *denken* zu können, was im menschlichen Seelenraum und Bewusstsein stattfindet, benötigen wir in erster Linie ein brauchbares psychologisches System, das uns erkenntnis- und kommunikationsfähig macht. Das wird der modernen Psychologie nur möglich sein, wenn sie sich den anderen Disziplinen, die sich mit menschlichem Bewusstsein beschäftigen und in der Vergangenheit beschäftigten, öffnet. Denn nichts ist vermessener, als anzunehmen, nur und erst die moderne Psychologie würde die Entfaltung menschlichen Bewusstseins beschreiben können. Vorschläge für Metamodelle von Bewusstseinsentwicklung wurden von verschiedenen Autoren bereits vorgelegt, nur leider werden diese an vielen Universitäten noch nicht zur Kenntnis genommen. Ein Beispiel dafür ist die Integralen Psychologie des amerikanischen Philosophen Ken Wilber, den wir weiter unten ausführlich vorstellen werden.

Notwendigkeit einer integralen Ethik

Die Anforderungen unserer Zeit sind von einem rein pluralistischen Denken kaum zu lösen. Im Pluralismus wird eine Vielzahl verschiedener Perspektiven akzeptiert und gegenseitig toleriert. Angesichts systemisch-vernetzter Probleme auf diesem Planeten reicht die Toleranz gegenüber Andersdenkenden in Religion, Wissenschaft, Ökonomie oder Psychologie allerdings nicht mehr aus, vielmehr bedarf es eines tief greifenden Verständnisses anderer Perspektiven; ein Verständnis, das in der Lage ist, auch die eigene Perspektive als Teil eines umfassenderen Spektrums vieler Blickwinkel zu begreifen. Der Schweizer Kulturphilosoph Jean Gebser nannte diese Form von Bewusstheit integral-aperspektivisch und meint damit das Vermögen, die eigene Perspektive in einer umfänglicheren Sicht der Dinge aufgehen zu lassen und somit seine Erkenntnisfähigkeit von der Abhängigkeit vom eigenen Standpunkt loszulösen. Alle Perspektiven fließen in eine holistisch verstandene systemische Aperspektivität. Die politische und ökologische Vernetztheit der Menschen und Kulturen und ihrer Aktivitäten erzeugt meines Erachtens die Notwendigkeit eines aperspektivischen Bewusstseins.

Um mit den neuen Herausforderungen umgehen zu können, braucht es eine ethische Grundorientierung in der Philosophie, die das pluralistische Denken, das andere Weltsichten neben sich tolerieren kann zugunsten eines integralen Denkens, das sich um die Integration verschiedener Weltsichten zu einem Ganzen bemüht, transzendiert.[3] Die Psychologie wiederum steht vor der Aufgabe – sich an dieser integralen ethischen Grundhaltung orientierend – ganzheitliche Modelle menschlicher Bewusstseinsentfaltung bereitzustellen.

Herausforderungen an die moderne Psychologie: Das Bereitstellen integraler Modelle

Allgemein gilt die Gründung des ersten experimental-psychologischen Labors im Jahre 1879 in Leipzig durch Wilhelm Wundt als Geburtsstunde der modernen psychologischen Wissenschaft. Abhängig von den Universitäten, an denen sie gelehrt wird, stellt sie sich selbst als Natur-, Sozial- oder Geisteswissenschaft dar. Von den ‚harten' Naturwissenschaften übernimmt sie gern deren strenge Forschungsmethodik, von den Sozialwissenschaften den soziologisch deskriptiven Ansatz und als Geisteswissenschaft sieht sie ihre Wurzeln in aristotelischer Philosophie. Nichtsdestotrotz ist die Psychologie als Wissenschaft nicht älter als 130 Jahre.

George Kelly[4] postulierte, und sein Satz gilt unter den akademischen Psychologen als recht sicher, dass der Mensch in seiner Entwicklung einerseits frei, andererseits jedoch determiniert sei; frei insofern, dass er sein Denken

3. Ein Beispiel solchen Denkens bietet Sloterdijk, Peter: Du mußt dein Leben ändern. Über Anthropotechnik. Frankfurt/M.: Suhrkamp, 2009.

4. George Kelly, ein Persönlichkeitspsychologe, der in den Fünfziger Jahren des 20. Jahrhunderts eine einflussreiche Theorie über den Aufbau unserer ‚kognitiven' Persönlichkeitsstruktur vorlegte, die sogenannte *Theorie der persönlichen Konstrukte*. Diese Theorie konnte in zahlreichen Untersuchungen immer wieder bestätigt werden.

verändern könne, und determiniert, weil diese Veränderung nur auf der Basis der bereits bestehenden Bausteine des Denkens stattfinden könne. Dieser Satz trifft natürlich auch auf die Psychologie selbst zu. Sie ist ein Abschnitt der abendländischen Geistesgeschichte, ein Kapitel der Bewusstseinsentwicklung, nicht aber eine isolierte, gleichsam erleuchtete Erkenntnis, die unabhängig von allen vorangegangenen Geistesentwicklungen sich aus dem Nichts manifestieren konnte.

Kurz: Die Psychologie steht in einer Tradition. Hier muss eine sorgfältige Unterscheidung vorgenommen werden. Wenn die Psychologie sich in der Tradition der ‚harten' Naturwissenschaften sieht, trifft das auf ihre Forschungsmethodik zu, nicht aber auf ihren Untersuchungsgegenstand. Die Inhalte dessen, was sie erforscht, sind Sachverhalte menschlichen Erlebens und Verhaltens. Die behavioristischen Strömungen innerhalb der Psychologie meinten – ganz dem naturwissenschaftlichen Forschungsparadigma verpflichtet –, man könne nur objektiv untersuchen, was auch äußerlich sichtbar sei, also im Falle des Menschen nur sein Verhalten. Das Psychische des Menschen, sein Denken und Fühlen etwa, wäre einer objektiven Wissenschaft nicht zugänglich und damit auch nicht Gegenstand der Wissenschaft Psychologie. Diese Haltung, so einflussreich sie zeitweilig gewesen war, konnte sich über die Zeit nicht durchsetzen. Zum menschlichen Verhalten gehört auch das dem Menschen ‚Inwendige', das Innere, sein Denken und Fühlen, seine Motivationen, seine Einstellungen, die Art, wie er seine Wahrnehmungen mental organisiert und vieles mehr. All diese Untersuchungsbereiche waren vor dem Entstehen der wissenschaftlichen Psychologie Gegenstand der etablierten Religionen und der Philosophie, aber auch der Esoterik, der Alchemie oder der Astrologie. Ich behaupte, und dieser Satz wird vielen Psychologen nicht gefallen, dass die Psychologie hinsichtlich ihres Untersuchungsgegenstandes auch eine hermetische oder esoterische Wissenschaft ist. Das Wort esoterisch (*Esoterikon*, griech.: der innere Kreis) deutet auf die inneren, nicht-objektiven Bereiche des Menschen hin, auf das, was seit ehedem das Seelische genannt wird. In ihrem Namen steckt das Wort *Psyche* (griech.), welches mit ‚Atem', später mit ‚Seele' übersetzt wurde, und *–logie* (griech. *Logos*: Wort, später Kenntnis, Wissen). Ihrem Namen ist also das Interesse am Seelischen, am Inwendigen bereits inhärent.

Wenn wir also nach der Tradition fragen, in der die Psychologie ihrer inhaltlichen Ausrichtung nach wurzelt, müssen wir uns nach Domänen umschauen, die ebenfalls das Seelisch-Innere des Menschen erkundeten. Das sind neben der respektablen Philosophie die hermetischen Wissenschaften Europas, deren Reminiszenzen wir heute – weil sie von der Psychologie und anderen Wissenschaften als primitive Vorläufer ihrer Erkenntnisbemühungen betrachtet werden – in verzerrter Form im Freihafen der allgemeinen Esoterik wiederfinden. Die sich dem Esoterikmarkt verschreiben, verfügen oft über keine methodischen Kenntnisse, und die diese aufgrund ihrer wissenschaftlichen Ausbildung haben, ignorieren esoterische Themen in der Öffentlichkeit, um der Gefahr der Lächerlichkeit aus dem Weg zu gehen. Das erklärt, warum in den bunten Marktständen der Esoterik unter zehntausend Glasperlen oft nur eine echte zu finden ist, und das erklärt auch, warum in der akademischen Psychologie ein echter Mangel an innovativen und mutigen Ideen über das ‚Psychische' des Menschen festzustellen ist. Es scheint fast, als ob unter den Seelenkundigen eine gewisse Scheu vor ihrem Forschungsgegenstand umginge.

Die hermetischen Vorläufer moderner Seelenkunde bringen Erkenntnisse oder Modelle über menschliches Erleben und Werden in den Diskurs über das Psychische des Menschen ein, auch wenn diese noch nicht in aller modernen methodischen und logischen Strenge, sondern bildhaft formuliert wurden.

Die Psyche eines Menschen, da ist sich die psychologische Zunft mehrheitlich einig, ist wie ein Baumstamm, dessen Ringe etwas über die Jahre seines Wachstums aber auch über seine gegenwärtige Stabilität aussagen. Kein Botaniker käme auf die Idee, die inneren Ringe eines Baumes zu entfernen, um sozusagen frischen Wind einkehren zu lassen. Der Baum würde hohl und kraftlos werden, er verlöre seinen inneren Halt, der ihn gegen die Stürme des gegenwärtigen Schicksals unempfindlich macht. Genauso verhält es sich mit der Psyche des Menschen: Seine Vergangenheit ist ihm innere Stütze, und nur sie gibt ihm die Stabilität, die Krisen der Gegenwart erfolgreich zu meistern.

Genauso verhält es sich mit der Wissenschaft, die den Menschen erklären und beschreiben möchte. Eine integrale Psychologie darf nicht nur horizontal vereinen, was an Perspektiven aktuell ist, sondern auch vertikal, was in ihrem historischen Gewordensein liegt.

Wie in unserem Baumringe-Gleichnis ist auch hier die Psychologie ein aktueller, äußerer, umhüllender Ring, der alle darin liegenden in sich enthält – wie der Stamm eines Baumes. Wenn sie diese innen liegenden Ringe leugnet und sich weigert, sich mit ihnen auseinanderzusetzen, scheitert sie an ihrer Entwicklungsaufgabe, die Integration der mehr oder weniger gut bewältigten vorangegangenen Entwicklungsschritte zu einem Ganzen herzustellen.

Die Psychologie steht vor ihrer entscheidenden Aufgabe: So wie eine neue, den globalen Herausforderungen angemessene Philosophie integralaperspektivische, ethische Richtlinien aufzustellen hat, also Richtlinien, die sich nicht einem Pluralismus verpflichtet fühlen, in dem unverbunden nebeneinander existiert, was sich nicht versteht aber toleriert, sondern einem Integralismus, in dem das Gemeinsame der vielen Weltsichten thematisiert und zu einem Ganzen verschmolzen wird, so ist es Aufgabe der Psychologie, ganzheitliche Modelle und Sprachsysteme zu entwickeln. Diese Aufgabe kann die Psychologie nur meistern, wenn sie im Zuge dessen auch ihren eigenen Exklusivcharakter zugunsten *aller* Bewusstseinsformen und zugunsten einer Integration aller Domänen, die Bewusstseinsentwicklung und -ausdruck zum Gegenstand haben, aufgibt. Das schließt eine bewusste Integration der Wissenschaften, Künste, Spiritualität, unseres Werdens und das der Wissenschaft Psychologie unter dem Dach eines integral-psychologischen Entwicklungsmodells des menschlichen Bewusstseins ein.[5]

Solche Ansätze liegen bereits vor, und diejenigen unter denen, die für die vorliegende Untersuchung verwendet wurden, werden im nächsten Kapitel vorgestellt und diskutiert.

5. Meines Wissens erfüllt bislang nur die *Integrale Psychologie* Ken Wilbers diese Voraussetzungen. Vgl. unten, Kapitel 2 Ken Wilbers integraler Entwurf.

2. Entwicklung und Integrale Theorien

Für die Untersuchung der Hypothese, dass die Großen Arkana des Tarot ein ikonisch-symbolhaftes Entwicklungsmodell menschlichen Bewusstseins implizieren, bin ich von einer Reihe anerkannter und gut bestätigter Entwicklungsmodelle ausgegangen. Zum besseren Verständnis meiner Argumentation wird es hilfreich sein, einige wichtige Entwicklungsmodelle kurz vorzustellen. Diese Darstellungen können aus Platzgründen nur in aller Knappheit vorgenommen werden, sie sind absichtlich in Form eines Nachschlage-Instrumentariums verfasst. Zur Vertiefung empfehle ich die jeweils angegebene Literatur.

Die einflussreichsten Modelle zur Beschreibung menschlicher Entwicklung, wie das *psychoanalytische Phasenmodell* von Freud,[6] die *Theorie der psychosozialen Entwicklung* von Erikson[7] oder die *Theorie der kognitiven Entwicklung* von Piaget[8] beschreiben aus verschiedenen Perspektiven den Werdegang der Entwicklung des Menschen vom Säuglingsalter bis zum Ende der Adoleszenz. Der *integrale Entwurf* Ken Wilbers[9] vereinigt diese unterschiedlichen Perspektiven erfolgreich unter einem Dach, ergänzt sie aber um weiterführende transpersonale Bewusstseinsstrukturen. Ich beschränke mich in diesem Kapitel auf die Darstellung des integralen Modells von Ken Wilber, der Theorien von Freud, Piaget, Erikson, Gebser[10] und Kohlberg und des sehr innovativen Modells der neuronalen Schaltkreise von Timothy Leary.[11]

Wenn der Tarot, wie vermutet, ein Entwicklungsmodell transportiert, muss sich die Reihenfolge der Karten der Großen Arkana an diesen Modellen messen lassen können. Diese Einordnungen werde ich ausführlich weiter unten in den Kartenerläuterungen vornehmen.

Alle hier angeführten Entwicklungsmodelle bilden gemeinsam das Grundgerüst für das Experiment, die Großen Arkana in ein ganzheitliches Integrales Entwicklungsmodell einzufügen. Leser, die mit der entsprechenden Entwicklungspsychologie vertraut sind, können dieses Kapitel überspringen, ohne Gefahr zu laufen, den Faden zu verlieren.

---

6. Sigmund Freud: Abriß der Psychoanalyse. Frankfurt/M.: Fischer, 1972. S. 14ff.
7. Erik H. Erikson: Identität und Lebenszyklus. Frankfurt/M.: Suhrkamp, 1966.
8. Jean Piaget: GW – Studienausgabe. Bd. I: Das Erwachen der Intelligenz im Kinde. Stuttgart: Klett-Cotta, 1991.
9. Exemplarisch: Ken Wilber: Eros, Kosmos, Logos. Frankfurt/M.: Fischer, 2001.
10. Jean Gebser: Ursprung und Gegenwart. München: dtv, 1973.
11. Timothy Leary: Neurologik. Löhrbach: Der grüne Zweig 39. T.L.: Timothy Learys Totenbuch. Berlin: Ullstein, 1998. T.L.: Info-Psychologie. Hamburg: Phänomen-Verlag, 2006 .

Doch bevor wir uns den einzelnen Modellen zuwenden, soll der Begriff der Entwicklung des Menschen an sich definiert und diskutiert werden.

Entwicklung

In dem Wort Entwicklung liegt bereits sein Programm: Etwas ent-wickelt sich, etwas, das vorher vermutlich in einer Art Knoten verdichtet irgendwo lag und sich nun zu seiner möglichen Größe entfaltet.

Die Entwicklungspsychologen definieren Entwicklung als „die Veränderung des Menschen über seine Lebensspanne", eine Definition, die schon eine Menge Verwirrung in der Wissenschaft gestiftet hat. Denn ‚Veränderung' ist ein allgemeiner Sammelbegriff, der solche Dinge wie Reifung (genetisch festgelegt), Prägung (instinktiv), Beeinflussung (Wirkung der Umgebung auf den Organismus und dessen Psyche), Konditionierungslernen, Verstärkungslernen, Einsichtslernen, Bewusstseinsentfaltung, Selbstverwirklichung bis hin zu transpersonalen Erleuchtungszuständen in sich vereint.

Die hauptsächliche Verwirrung entsteht aber durch die unklare Trennung zwischen Entwicklung als komplexer werdende Psyche und der schlichten Aneinanderreihung von meist gesellschaftlich vorgeschriebenen Entwicklungsaufgaben, wie Schulbesuch, Heirat, Kinderaufzucht und Renteneintritt. Um in Rente zu gehen, muss ich nicht ein höheres geistiges Niveau erreicht haben. Im Grunde reicht eine mäßige Fähigkeit zu konkretem Denken aus, um alle Entwicklungsaufgaben der Gesellschaft einigermaßen hinzubekommen. Viele Entwicklungstheorien vermengen diese Dinge: Da wird von der Entwicklung geistiger Fähigkeiten berichtet, um dann plötzlich nach dem Erreichen abstrakter Denkfähigkeiten die Heirat als unmittelbar nachfolgende Entwicklungsaufgabe zu nennen.[12]

Sortieren wir also die Stationen gesellschaftlicher Ansprüche aus und nähern uns dem Kern eigentlicher Entwicklung:

> *Entwicklung ist das Entfalten von Funktionen höherer Ordnung nach wiederkehrenden Interaktionen zwischen Funktionen einfacherer Ordnung.*

Diese höheren Ordnungen sind im Grunde Organisationssysteme. Während am Anfang des Lebens Ordnungen und Organisationen vorwiegend auf motorischer und sensorischer Ebene entstanden, konnte das Bewusstsein genau dadurch genügend Informationen und Erfahrungen sammeln, um an einem entscheidenden Punkt ein komplexeres Organisationssystem hervor-

---

12. Siehe die Entwicklungstheorie von Havighurst. Die finden Sie in jedem Entwicklungspsychologie-Lehrbuch.

zubringen. Das Kind entwickelt zuerst ein Körperselbst, kann aber seine Emotionen noch nicht kontrollieren oder organisieren. Durch die Erfahrungen des Körperselbst aber entsteht über kurz oder lang die Voraussetzung für ein psycho-physisches System höherer Ordnung: Das Kind fügt dem Körperselbst dann das emotionale Selbst hinzu; es kann also Körper und Emotion miteinander sinnvoll verknüpfen und organisieren. Nach genügenden Erfahrungen damit wird irgendwann die Voraussetzung für ein noch komplexer werdendes Organisationssystem geschaffen, und das Kind erschließt sich den nächsten, umfassenderen Kreis: Es fügt dem bisherigen Körper-Emotions-Selbst noch erste geistige Repräsentationen seiner sozialen Persönlichkeit hinzu und lernt, all diese Komponenten ineinander zu dem Gefühl eines einheitlichen ‚Ich' zu verschmelzen. Und dann folgt das nächst komplexere System, und so weiter…

So entstehen modellhaft formuliert ‚Bewusstseinsschalen'. Jede enthält die Bausteine aller vorangegangenen und erweitert diese um ihre neue und spezifische Kompetenz.

Die meisten modernen Entwicklungstheorien berücksichtigen mittlerweile die Erkenntnis, dass keine Entwicklungsstufe irgendwann abgeschlossen ist, sondern als Kern in uns erhalten bleibt – und wirkt.

Das Baumringe-Modell

Der eigentliche Kernansatz für dieses Buch ist eine verblüffend einfache Erkenntnis aus der Entwicklungspsychologie, die kaum ein ernst zu nehmender Psychologe bestreiten würde. Und da dieses Buch seinen argumentativen Ursprung in dieser Erkenntnis hat, skizziere ich sie hier bereits kurz. Wir werden aber im Verlaufe dieses Buches immer wieder darauf zurückkommen.

Entwicklungspsychologie ist ein Teilbereich der akademischen Psychologie und beschäftigt sich mit den *Veränderungen* des Menschen über seine Lebensspanne hinweg. Um diese Veränderungen zu beschreiben, gibt es eine ganze Reihe von Entwicklungstheorien, die sich jeweils ein bestimmtes Thema heraussuchen, um dieses in seiner Entwicklung zu beschreiben. Da gibt es also Theorien über die Entwicklung des Denkens, über die Entwicklung sozialer Fähigkeiten, von Moralvorstellungen, natürlich auch der körperlichen Entwicklung und so weiter. Alle diese Theorien erscheinen in den Lehrbüchern wie Obstleitern: Da gibt es Sprossen, sogenannte Entwicklungsstufen, die erklommen werden müssen. Das heißt, wenn man diese Leiter nach oben klettert, verlässt man eine bestimmte Sprosse zugunsten der nächsthöheren, bis man möglichst ganz oben angekommen ist. Und hier setzt die entscheidende und oben erwähnte Erkenntnis an, die Grundlage dieses Buches ist: Das Obstleiter-Modell ist als Beschreibungsmodell menschlicher Bewusstseinsentwicklung unzureichend. Man verlässt die Stufen, die man einmal erklommen hat, nicht, sondern man *bewahrt sie in sich.* Das Modell müsste man so verändern, dass sowohl das Erschließen neuer,Stufen' als auch das Bewahren des einmal Erschlossenen gleichermaßen dargestellt würde.

Statt also sich eine Obstleiter vorzustellen, ist es präziser, sich Entwicklung wie die Ringe eines Baumes vorzustellen:

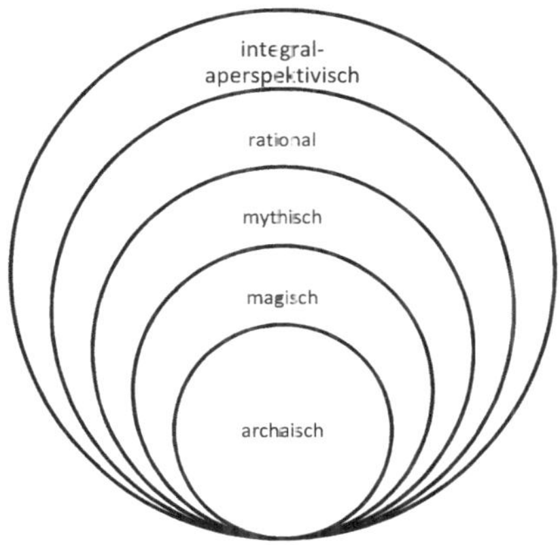

Abbildung 1: Das „Baumringe-Modell" der Entwicklung, hier beispielhaft anhand der später noch im Buch behandelten Bewusstseinsstrukturen nach Jean Gebser. Wir sehen also, dass z.B. das mythische Bewusstsein das magische in sich enthält, aber nicht umgekehrt.

Dieses Modell kann so verstanden werden, dass also irgendetwas, das man gelernt, eine Fähigkeit, die man erworben hat, nicht plötzlich wieder aufhört, wenn man sich weiterentwickelt, sondern dass diese Dinge uns erhalten bleiben – und sogar den Kern der nächsten Stufe bilden.

Der Schweizer Psychologe Jean Piaget stellte z.B. eine Entwicklungstheorie über das menschliche Denken auf. Er sagte – natürlich nach langen und sorgfältigen Untersuchungen – dass sich unser Denken seit Geburt bis zum Erwachsenenleben in etwa vier groben Stufen entfalten würde. Jede dieser Stufen repräsentiere eine neue umfangreichere Qualität des Denkens. Als erste Stufe nun postulierte Piaget eine, die er *sensumotorisch* nannte und meinte damit, dass hier, im Säuglingsalter, das Denken noch ganz und unmittelbar an die Sinne (sensu-) und die körperlichen Bewegungen (motorisch) gebunden sei. In einer darauffolgenden Stufe würden dann erste Begriffe gebildet werden und so weiter. In einem Lehrbuch würde man nun vermutlich Tabellen finden, in denen die vier Stufen wie die Sprossen einer Obstleiter aufgelistet werden. Tatsächlich aber verlassen wir die erste Stufe nie - jedenfalls nicht, wenn wir uns gesund entwickeln. Statt dessen wird die erste Stufe, die Piaget beschrieb, in einem komplexen Prozess der Entwicklung (den wir uns später im Buch noch genauer anschauen) irgendwann, relativ sprunghaft sogar, um die Fähigkeiten der nächsten Stufe erweitert. Diese nächste Stufe aber benötigt, um sich gesund zu entfalten, den gesund entwickelten Kern der ersten Stufe. Das heißt also: Wenn man irgendeine der Schalen der Entwicklung leugnet, verdrängt oder gar nicht zur Entfaltung gebracht hat, liegt im klinischen Sinne eine Störung oder Krankheit, kurz: eine Pathologie vor.

Jede Entwicklungsstufe enthält also als Teil des neuen Ganzen ihre Vorgänger. Die Errungenschaften früherer Entwicklungsstufen wirken also ganz gegenwärtig in unserem biopsychischen Ganzen, auch wenn die Zeit ihrer ersten Entfaltung in der Kindheit liegen mag.

Holarchien: Ein Ganzes wird zum Teil eines nächstumfassenderen Ganzen

Das Wort *Holarchie* ist abgeleitet von *Holon*. Dieses soll andeuten, dass alle Sachverhalte sowohl ein Ganzes als auch Teil eines größeren Ganzen sein können. Zum Beispiel ist ein Molekül ein Ganzes, das aus Atomen besteht, aber auch Teil eines größeren Ganzen, z.B. der Körperzelle. Die Körperzelle enthält also in sich das Molekül. Es wird hier (da folge ich Ken Wilber) der Begriff *Holarchie* gewählt, um die oft politisch und/oder emotional gefärbten Diskussionen über *Hierarchien* zu vermeiden. In einer *Holarchie* gibt es Systeme höherer Ordnung in Relation zu Systemen einfacherer Ordnung. Das Ordnungssystem einer *Holarchie* beruht also auf der zunehmenden Komplexität seiner Stufen oder Strukturen. Der Begriff *holistisch* wiederum bedeutet einfach nur *ganzheitlich* und kennt die Differenzierungsfähigkeit des ihm verwandten Begriffs *holarchisch* nicht.

Der Begriff ‚Holarchie' soll andeuten, dass sich die einzelnen Strukturen der Entwicklung nicht hierarchisch zueinander verhalten, (also dass die eine die andere dominieren könne und sich die andere der einen unterzuordnen habe), sondern die spätere Bewusstseinsstruktur die frühere *in sich enthält,* also von ihr durchdrungen ist.

Eine komplexere Bewusstseinsstruktur kann die vorangegangenen nicht dominieren, weil diese zu einem unauflöslichen Teil seiner selbst geworden sind.

Sollte der Fall eintreten, dass eine spätere, *äußere* Struktur eine *innere* dominiert (also eine *hierarchische* Ordnung des Bewusstseins entsteht), hätten wir es mit einer Pathologie zu tun: Die unterdrückte oder dominierte Bewusstseinsstruktur wurde dann nicht in die spätere integriert, sondern bleibt autonom, äußerlich und kann demzufolge dominiert, verdrängt oder dissoziiert werden. Sobald ein stabiles hierarchisches Gefälle auftritt, können wir von einer Pathologie der Bewusstseinsentwicklung sprechen.[13]

Transpersonale und Integrale Psychologie

Was den östlichen Schulen des Buddhismus und Vedanta seit Jahrhunderten selbstverständlich ist, entdeckten die westlichen Psychologen erst in den Sechziger Jahren des letzten Jahrhunderts: die grundsätzliche Möglichkeit zur Transzendenz der egoischen Persönlichkeit. Entwicklungspsychologen wie Piaget untersuchten die Entwicklung des Denkens von Kindern und kamen vor der Entwicklung der transpersonalen Psychologie zu dem merkwürdigen Schluss, dass ein Kind zwar einige qualitative Stufen des Denkens nacheinander entwickle, aber etwa zur Zeit der Pubertät eine abschließende Stufe des Denkens erreicht werde, die dann als Plateau das ganze Leben stabil bleibe, es sei denn, irgendwelche Pathologien stören diese Plateauphase des von Piaget so benannten formal-operationalen Denkens. Kein Wunder also, dass Bewusstsein mit Denken gleichgesetzt wurde, denn wo als in dieser höchsten Stufe der Erkenntnisfähigkeit sollte sich Bewusstsein sonst abspielen? So konnte es passieren, dass der Begriff ‚kognitiv' (lat. für erkennend) alle Denkprozesse und -strukturen bezeichnete; ein Irrtum, denn das Denken führt beileibe nicht immer zu Erkenntnissen, und andere Formen menschlichen Gewahrwerdens wiederum können auch zu Erkenntnissen führen, etwa durch Körper- oder emotionale Wahrnehmung. Piagets Theorie wurde von späteren Forschern angezweifelt, vor allem, was die höchste Form des Denkens anbelangt. Durch den Schweizer Kulturphilosophen Jean Gebser[14] beeinflusst, führte man noch eine höhere Stufe des mentalen Erkennens ein, die integral-aperspektivische oder polyvalente Schaulogik, die vernetzt, systemisch und multikausal zu denken in der Lage ist.[15] Nichtsdestotrotz handelt es sich hier auch wieder um eine Qualität des Mentalen, nicht des Transmentalen oder Transrationalen.

---

13. Weiter unten wird gezeigt werden, dass auch die Karten der Großen Arkana holarchisch angeordnet sind. Das heißt, jede Karte enthält inhaltlich alle ihre Vorgänger, geht aus ihnen hervor und erweitert diese um eine umfangreichere Organisationsstruktur des Bewusstseins.
14. Vgl. Kap. 2, Das Vergleichsmaterial: Klassische Entwicklungstheorien – integriert.
15. Vgl. Kap. 2, Das Vergleichsmaterial: Klassische Entwicklungstheorien – integriert.

Erst Abraham Maslow erkannte, dass im Menschen ein tief liegendes Bedürfnis nach Selbsttranszendenz vorhanden sei, das allerdings erst aktiviert wird, wenn alle darunter liegenden und voraussetzenden Bedürfnisse des Menschen erfüllt sind.[16] Von dieser Entdeckung ausgehend riefen er und seine Kollegen die *Transpersonale* Psychologie aus, eine Psychologie, die sich mit den Bewusstseinsmöglichkeiten jenseits der Ratio und jenseits der personalen Identität beschäftigt.

Einige begeisterte und durch das Fieber der Hippiebewegung angesteckte Forscher entdeckten die östlichen Bewusstseinstheorien und waren in der Lage, sie mit der westlichen Entwicklungspsychologie in Verbindung zu setzen. Sie erkundeten unter neuen Gesichtspunkten den Yoga, Mahayana- und Vajrayana-Buddhismus, Taoismus und den Vedanta, entdeckten das Potenzial psychedelischer Drogen und begannen mit all diesen Entdeckungen und ihrem psychischen Potenzial zu experimentieren. Man kann nicht umhin, sie als wagemutige Abenteurer zu sehen, vom gleichen Geist beseelt wie einst Magellan oder Kolumbus. In der Tschechoslowakei begann Stanislav Grof, LSD therapeutisch zu nutzen, in Amerika entstanden neo-buddhistische Werke von Ram Dass oder Alan Watts; Timothy Leary begann, mit Meskalin, Magic Mushrooms und LSD zu experimentieren – und er war immerhin Harvard-Professor für Psychologie –, und Carlos Castaneda legte eine geniale, pseudoreale, konstruktivistische Vision über das Potenzial der Bewusstseinsentfaltung vor. Es waren Wegbereiter, Entdecker, Abenteurer der Seele.

Die wichtigste Entdeckung aber, die sie machten, war, dass eine Entwicklung der menschlichen Psyche von vor-personalen (also auch vor-rationalen) über personal-egoische (also auch rationale) Stufen des Bewusstseins hin zu *über*-personalen (*über*-rationalen) Bewusstseinsstufen möglich sei. Und das war der entscheidende Punkt. Vorher gingen Piaget und Co. davon aus, dass das Spektrum menschlichen Bewusstseins nur bis zum personalen, also egoischen Bewusstsein reiche. Die Vorstellung, dass das Ego als Träger von Bewusstsein auch überwunden werden könne, war ihnen unverständlich. Das hatte sich nun geändert. Das ist das Verdienst dieser Bewusstseins-Pioniere: Sie wagten, die alte Descartes´sche Herleitung des eigenen Seins von der Ratio abzukoppeln. „Ich denke, also bin ich!" rief Descartes seinerzeit aus und läutete damit den Befreiungsschlag des Denkens gegen die bedrückende Tyrannei des dogmatischen Kirchenglaubens ein. Er lokalisierte das ganze Sein in seinem Denken und seit ihm kann sich kaum ein Abendländer Bewusstsein unabhängig vom Denken vorstellen. Erst durch das Denken würde man bewusst werden, und wenn man folglich nicht denken

16. In aufsteigender Reihenfolge: physiologische Bedürfnisse, wie Hunger, Durst, Wärme; Schutz und Geborgenheit; soziale Einbindung; Status; Selbstverwirklichung; Selbsttranszendenz. Mehr dazu in den Erläuterungen zur Karte *XI-Lust*.

würde, wäre man wieder unbewusst: die Hoch-Zeit der abendländischen rationalen Bewusstseinsstufe! In dieser Zeit begann die pathologische Abspaltungstendenz des okzidentalen Denkens: Durch die Entdeckung der rationalen Kraft und Potenz (die unbestreitbar vorhanden ist) zog sich das abendländische Bewusstsein auf diese rationale Stufe zurück. Die eigentliche Aufgabe eines neuen, umfänglicheren Baumringes, nämlich die inneren Ringe zu umfassen, wurde von der abendländischen Ratio gar nicht in Angriff genommen. Sie spaltete ihre eigene Herkunft, ihre Vergangenheit ab, leugnete alles Religiöse und war unglaublich stolz auf die neu gewonnene Unabhängigkeit. Wissenschaft und Religion trennten sich, und wen wundert´s: Die Religion als Ausdruck einer mythischen Fixierung hatte bislang jedes rationale Feuer gelöscht, das bereits seit Jahrhunderten überall einmal aufloderte. Diese Unterdrückung konnten die rationalen Denker nicht vergessen. Unversöhnlich gedachten die Rationalisten der Schmach, gedachten der inquisitorischen Dummheit, gedachten Giordano Brunos oder des lächerlichen Prozesses gegen Galilei – und ließen die Religiösität einfach nicht mit ins Boot. Sie spalteten alles Nicht-Rationale ab, davon ausgehend, dass alles Nicht-Rationale *unter* der Ratio stehen müsse.

Und damit machten sie zwei entscheidende Fehler gleichzeitig:

Sie dissoziierten erstens vorangegangene Entwicklungsstufen, anstatt sie zu integrieren, sodass sich die aktuelle Bewusstseinsstufe nicht gesund entfalten konnte.

Und zweitens beschnitten sie sich in ihren Denkmodellen jeder Möglichkeit, dass es im Anschluss an die Ratio noch weitere Bewusstseinsstufen geben könne. Jede Erfahrung eines Einbruchs einer *über*-rationalen Bewusstseinsstufe musste falsch interpretiert werden, nämlich als ein Ausbruch einer *zurückliegenden* Entwicklungsstufe, oder wie die Psychiater sagen würden: einer infantilen Regression. Mehr zu diesem Thema allerdings weiter unten, wenn es um die ‚Prä/Trans-Verwechslung' geht.

Halten wir fest: Die Pioniere der Bewusstseinsforschung des letzten Jahrhunderts schafften es, erstens die Dissoziation vorangegangener Bewusstseinsstufen zumindest teilweise aufzulösen und diese verschütteten Bewusstseinsanteile in den Strom der Bewusstseinsevolution wieder einzugliedern, sie also zu integrieren, und zweitens die fälschliche Annahme, die Ratio sei die höchstmögliche Form menschlichen Bewusstseins, zu korrigieren. Was nun noch fehlte, war die Synthese der klassischen Entwicklungstheorien mit der Transpersonalen Psychologie.

Ken Wilbers integraler Entwurf

Die erste wirklich bahnbrechende Arbeit darüber legte dann der Amerikaner Ken Wilber in seinem Buch Das Spektrum des Bewusstseins vor, indem er nach ungeheurer Fleißarbeit eine Verbindung zwischen westlicher Entwicklungswissenschaft und östlicher Bewusstseinsforschung herstellen konnte. Sein Vorgehen war so schlicht wie genial: Er sondierte alle Entwicklungstheorien, derer er habhaft werden konnte, und setzte sich zur Grundregel, dass keine von ihnen falsch sein könne. Wenn aber keine dieser unterschiedlichen Theorien falsch wäre, müsse es einen gemeinsamen Nenner geben. Den Begriff für diesen kleinsten gemeinsamen Nenner fand Wilber bei Aldous Huxley, der die Hippiebewegung seinerzeit mit den Essays Die Pforten der Wahrnehmung und Himmel und Hölle, in denen er seine Drogenerfahrungen beschrieb, maßgeblich beeinflusste. Huxley berichtete von einer ewigen Philosophie, der philosophia perennis, einem abstrakten Grundkern an Philosophie, der in jeder Kultur, zu jeder geschichtlichen Epoche aufs Neue in zeitgemäßer Form reproduziert würde. Demzufolge müsse es also eine ganze Menge Werke der globalen Weisheitsliteratur geben, die auf ihre Weise diese philosophia perennis beschrieben. Und diese zu finden und miteinander in Beziehung zu setzen, machte sich Wilber auf.

Er stellte zunächst einmal fest, dass die westliche Psychologie die Entwicklung des Bewusstseins von der Geburt bis zur Pubertät ziemlich ausführlich und zuverlässig untersucht hatte, allerdings dort ihre Forschung einstellte – aus welchen Gründen auch immer. In den östlichen Bewusstseinsforschungen schien es umgekehrt zu sein: Sie interessierten sich überhaupt nicht für die Entwicklung hin zum egoischen Menschen, sondern fast ausschließlich für das Werden des *Transpersonalen*. Zwar setzen diese Überlieferungen am egoischen Menschen an (also an dem Punkt, den die westliche Entwicklungswissenschaft zuletzt beschreibt), aber auch nur, um die normalen Schwierigkeiten eines Anfängers in Meditation zu erklären. Wilber fügte also die beiden großen Teile zusammen und kam so zu seinem integralen *Spektrum des Bewusstseins*. Um dieses mit ausreichendem Quellenmaterial zu belegen, setzte er die einzelnen Phasen oder Stufen in Beziehung zu einer ganzen Reihe von historischen und modernen Autoren und Philosophen, etwa mit denen des Yoga, der christlichen Gnosis, des Vedanta, der modernen Philosophie wie etwa mit Habermas und Gebser und vielen anderen.

Auf den kleinsten gemeinsamen Nenner reduziert liest sich das von Wilber zusammengestellte *Spektrum des Bewusstseins* so:

Basisstrukturen des Bewusstseins	**Charakteristische Pathologien und deren Behandlungsmodalitäten**	**Moralische Spannweite**	**Sri Aurobindo***
Undifferenzierte Matrix			
D1 *sensoriphysisch (physisches Selbst) ab Geburt*	*Psychosen*: physiologisch. Ruhigstellung	Egozentrisch, Präkonventionell: Autistisch, symbolisch, nur selbst	Physisch, Sinneswahrnehmung
D2 *phantasmisch-emotional (emotionales Selbst) ab ca. 2 Jahre*	*Narzisstisch, Borderline*: strukturbildende Techniken	Egozentrisch, Präkonventionell: Impulsiv, magisch, Narzissmus, hedonistisch	Vital-emotional
D3 *repräsentierender Geist (Selbstbild) ab ca. 4-6 Jahre*	*Psychoneurosen*: aufdeckende Techniken	Egozentrisch, Präkonventionell: Sicherheit – Macht, magisch bis mythisch; mythische Gruppenzugehörigkeit	Niederer Geist
D4 *Regel/Rolle (Rollenselbst) ab ca. 10 Jahre*	*Skriptpathologie*: Skriptanalyse	Soziozentrisch, Konventionell: Konformistische Moral, mythisch, Macht	Konkreter Geist
D5 *formal-reflexiv (reifes Ego) ab ca. 12 Jahre möglich*	*Identitätsneurosen*: Introspektion	Soziozentrisch/weltzent risch, konventionelle bis postkonventionelle Moral, rational-reflexiv	Logischer Geist (Argumentieren)
D6 *existenziell/Schaulogik („Zentaur")*	*Existenzielle Pathologie*: existenzielle Therapie, „sokratischer Dialog"	Weltzentrisch, Postkonventionell: universell-global	Höherer Geist (Systeme)
	Transpersonal		
D7 *Psychisch*	*Psychische Störungen*: der Pfad der Yogis	Schamanisch, Panenhenisch, alle irdischen Wesen (yogisch)	Erleuchteter Geist
D8 *Subtil*	*Subtile Pathologie*: der Pfad der Heiligen	Schamanisch/ bodhisattvisch, Panentheistisch, alle Wesen in allen Bereichen (heiligmäßig)	Intuitiver Geist
D9 *Kausal*	*Kausale Pathologie*: der Pfad der Weisen	Bodhisattvisch, Panentheistisch, alle Wesen in allen Bereichen	Übergeist
Nichtdual		Buddhisch, „Immer schon" (Weiser, Siddha)	Supergeist Satchitananda

* Zu Aurobindo vgl. unten, Karte *XII-Gehenkter*

Tab.1: Die Basisstrukturen des Bewusstseins nach Ken Wilber. Als Beispiele für das In-Beziehung-Setzen vieler unterschiedlicher Befunde finden sich in der Tabelle die „moralische Spannweite" der jeweiligen Entwicklungsstufe und die Entsprechungen aus Sri Aurobindos „Integralem Yoga". Erklärungen im Text im Anschluss

D1-D9 markieren Drehpunkte der Entwicklung, ein Begriff, den Wilber offenbar von Psychoanalytikern übernommen hatte. Damit ist gemeint, dass Entwicklung in nachweisbaren Stufen oder Phasen verläuft, die dadurch gekennzeichnet sind, dass sie eine völlig neue Qualität des Bewusstseins erzeugen. Die Drehpunkte markieren die Übergangsphasen von einer Stufe zu folgenden. Wilber schreibt:

> *„Das bemerkenswerteste Merkmal einer Basisstruktur oder Bewusstseinsebene ist, dass sie, sobald sie in der menschlichen Entwicklung einmal aufgetaucht ist, die Tendenz hat, im Leben des Individuums während der darauffolgenden Entwicklung bestehen zu bleiben. Selbst wenn sie schließlich durch die Bewegung des Selbst zu höheren Basisstrukturen transzendiert, subsumiert und untergeordnet wird, behält sie dennoch eine relative Autonomie und funktionelle Unabhängigkeit."*[17]

Bevor wir uns die *Mechanismen* der Entfaltung einer Basisstruktur an einem Drehpunkt anschauen, sollen diese Basisstrukturen zum besseren Verständnis kurz vorgestellt werden. Ich fasse mich diesbezüglich kurz, weil die meisten der aufgeführten Referenzen, die Wilber in sein Modell integrierte, an anderer Stelle im vorliegenden Buch noch ausführlich besprochen werden. In den folgenden Fußnoten gebe ich die weiterführenden Verweise an.

Eine kurze Charakterisierung der Drehpunkte zu den Basisstrukturen[18]

D1 - Sensoriphysisch[19]

Zwar kommt ein Kind mit einem physischen Körper zur Welt, aber diesen von der Umgebung zu unterscheiden, wird ihm erst innerhalb des ersten Lebensjahres möglich. Durch verschiedene Lernerfahrungen wird ihm ab einem bestimmten Punkt bewusst, dass sein Körper nur ihm eigen ist und sich zum Beispiel vom Körper der Mutter unterscheidet. Wenn ein Kind im ersten Lebensjahr Dinge zu Boden schmeißt, ist das nicht nur ein physikalisches Experiment, das die Gravitation untersucht, sondern das Kind lernt

---

17. Wilber, Engler, Brown: Die Psychologie der Befreiung. Barth, 1988, S. 78f.
18. Für all die angegebenen Charakterisierungen führt Wilber eine ganze Reihe von Belegen an, die hier nicht wiederholt werden. Sie finden sich in: Ken Wilber: Integrale Psychologie, Arbor, 2001 und in W., E., B., 1988.
19. Zum sensoriphysischen Stadium vgl. die Kartenbeschreibungen *Ia-Magier* und *II-Hohepriesterin.*

auch, dass der Gegenstand zu Boden fällt, sich also von ihm entfernt, während seine Hand immer bei ihm bleibt. Somit fügt sich Schritt für Schritt ein Körperselbst zusammen.

Kognition (Piaget): sensumotorisch (Erkenntnisgewinn auf sensorischer und motorischer Ebene)

Weltbild (Gebser, Wilber): archaisch, pleromatisch, undifferenziert

Moral (Kohlberg): keine

Aurobindo: physisch

Selbstentwicklung (Susanne Cook-Greuter): präsozial, autistisch, undifferenziert

Chakra: Muladahara (materiell)

D2 - Phantasmisch-emotional[20]

Wenn dieses Körperselbst stabil ist, beginnt sich, ebenfalls durch eine Reihe von Lernerfahrungen, ein emotionales Selbst herauszubilden. Das soll nicht heißen, dass ein Kind nicht vorher schon Emotionen hatte, aber es ordnete diese bislang nicht seinem Selbst zu. Die eigenen Gefühle sind noch global empfunden, werden also instinktiv auch allen anderen unterstellt. Mit der Zeit allerdings lernt das Kind, dass seine Gefühle nicht die der Mutter sind und umgekehrt. Das Kind erreicht so eine neue Basisstruktur des Bewusstseins: das emotionale Selbst.

Kognition (Piaget): präoperational

Weltbild (Gebser, Wilber): archaisch/magisch, halluzinatorische Wunscherfüllung, Subjekt-Objekt-Verschmelzungen, egozentrisch, wortmagisch, narzißtisch

Moral (Kohlberg): magischer Wunsch

Aurobindo: vital-emotional

Selbstentwicklung (Susanne Cook-Greuter): symbiotisch/impulsiv, erschüttert, rudimentäres Selbst-Etikettieren

Chakra: Svadistana (emotional-sexuell)

---

20. Vgl. Kartenbeschreibung *III-Kaiserin*.

D3 - Repräsentierender Geist[21]

Nach einer genügenden Konsolidierung des emotionalen Selbst beginnt sich das geistige Selbst herauszubilden. Das passiert hauptsächlich zwischen dem 3. und 6. Lebensjahr. Das Kind lernt zu verbalisieren, präoperational zu denken und sein Verhalten zu kontrollieren. Es lernt aber auch, dass bestimmte Verhaltensweisen unerwünscht sind und dazu führen, dass die primären Bezugspersonen ihm Zuwendung entziehen. Der Gefühle, die den Impuls zu diesem unerwünschten Verhalten geben, würde das Kind nun gern ledig sein und es beginnt, mithilfe seines ‚Denkens' diese Gefühle zu verdrängen – ein Akt der Kontrolle des Geistigen über das Emotionale. Wenn diese Verdrängungsstrategien stabilisiert werden, können diese nicht integrierten, also verdrängten oder sogar dissoziierten Gefühle, die dadurch ein innerpsychisches isoliertes Dasein fristen, auf eine unkontrollierte Art später wieder auftauchen und zwar in Form von Neurosen oder Persönlichkeitsstörungen.[22]

Kognition (Piaget): präoperational

Weltbild (Gebser, Wilber): magisch, Omnipotenz des Egos infrage gestellt und auf Götter übertragen

Moral (Kohlberg): präkonventionell, Strafe/Gehorsam

Aurobindo: niederer Geist

Selbstentwicklung (Susanne Cook-Greuter): selbstschützend, grundlegende Dichotomien, Begriffe

Chakra: Manipura (intentionaler Geist, Macht, Selbststärke)

---

21. Vgl. Kartenbeschreibung *IV-Kaiser*.

22. In Wilbers Beschreibungen dieses Entwicklungsstadiums zeigt er sich deutlich als Theoretiker des Bewusstseins. Er geht kaum auf praktische Implikationen, wie sie von (Neo-) Psychoanalytikern und Entwicklungspsychologen thematisiert werden, ein und beschränkt sich auf die Darstellung der hauptsächlich kognitiven Aspekte und der Selbststrukturen. Eines dieser von Wilber nicht genannten Merkmale ist das Phänomen des primären Bedürfnisses nach Zuwendung und Angenommensein, das Hauptthema von Freuds oraler Phase ist, und des später folgenden primären Bedürfnisses nach Abgrenzung und dem Ergreifen von eigenen Initiativen (Freuds anale und ödipale Phase; Eriksons Entwicklungskrise *Initiative versus Schuld*, vgl. nächstes Kapitel). Pikanterweise verzichtet Wilber in seinen sehr umfangreichen Korrespondenz-Tabellen von Entwicklungsmodellen (Wilber, K.: Integrale Psychologie. Freiamt: Arbor, 2002) und auch in seinem Hauptwerk Eros, Kosmos, Logos (Frankfurt/M.: Fischer, 2001) auf Freuds Phasenmodell. In den Beschreibungen der Karten *III-Kaiserin* und *IV-Kaiser* wird auf diese Themen des Angenommenseins und der Abgrenzung näher eingegangen.

D4 - Regel/Rollen-Geist

D4 bis *D6* sind wesentliche Basisstrukturen des geistigen (rationalen) Selbst.

Nach dem Auftauchen des ersten repräsentierenden Geistes (D3) lernt das Kind, sich bestimmten sozial vermittelten Rollen zuzuordnen. Das passiert zwar auch schon deutlich früher, aber sich mit dieser Rolle bewusst zu identifizieren, ist dem Kind erst etwa ab dem 6. Lebensjahr möglich. Die Organisation des kognitiv-affektiven Selbst ist gebunden an die sozialen Rollen; die Organisation des Verhaltens orientiert sich an sozialen Regeln. Diese Basisstruktur entspricht etwa Piagets konkret-operationaler Stufe des Denkens, die man vom sechsten bis zwölften Lebensjahr annimmt, und auf der das Kind in der Lage ist, mithilfe konkreter Handlungen oder Operationen einen Sachverhalt vollständig geistig zu bearbeiten.[23]

Kognition (Piaget): konkret-operational

Weltbild (Gebser, Wilber): mythisch (wörtlich), mythisch-rational, Rationalisierung mythischer Strukturen

Moral (Kohlberg): präkonventionell: naiver Hedonismus; konventionell: Billigung durch andere

Aurobindo: konkreter Geist

Selbstentwicklung (Susanne Cook-Greuter): regelorientiert, konformistisch, frühe Rollen, einfache Rollen

Chakra: Manipura (intentionaler Geist, Macht, Selbststärke)

D5 - Formal-reflexiver Geist

Ab dem etwa 12. Lebensjahr erreichen die geistigen Fähigkeiten eine eindeutig neue Qualität, wenn auf der konkret-operationalen Stufe genügend Erfahrungen gemacht wurden, um diese ausreichend zu konsolidieren. Daraus emaniert eine qualitativ neue Bewusstseinsebene. Das Denken wird abstrakt, es braucht keine konkreten Operationen mehr, um eine mentale

23. Erikson (vgl. unten, Kap.2, Das Vergleichmaterial) nennt als entscheidende Entwicklungskrise dieser Lebenszeit (6.-12. Lebensjahr) die Erfahrung der eigenen Kompetenz (Werksinn) versus Minderwertigkeit. Kompetenzerfahrungen, etwa in der Schule, sind erst machbar, wenn die kognitive Reife der konkret-operationalen Phase nach Piaget entspricht. Auswirkungen dieser Erfahrungen auf das Selbst lassen kognitiv-affektive Programme im Ich entstehen, die tiefliegende Überzeugungen von eigener Minderwertigkeit oder Gleichwertigkeit mit anderen Menschen transportieren. Ein für das Ich-Gefühl zu dieser Zeit noch unbeabsichtigter Nebeneffekt dieses Entwicklungsstadiums ist das kognitive Erfassen des kulturellen Weltentwurfs, in unserer Kultur hauptsächlich vermittelt durch den Lernstoff der Schule. Hierzu ausführlich in der Kartenbeschreibung *V-Hohepriester*.

Einheit zu Ende zu denken, es ist in der Lage, eine meta-kognitive Ebene einzunehmen, also beispielsweise über das Denken nachzudenken. Das Kind wird zur Introspektion fähig, kann universelle Ansichten vertreten und über *Beziehungen* nachdenken, die nicht ‚real' sind, lernt also zu abstrahieren.

Kognition (Piaget): formal-operational

Weltbild (Gebser, Wilber): rational, statische Systeme, pluralistische Systeme

Moral (Kohlberg): konventionell: Recht und Ordnung; postkonventionell: frühere Rechte, Sozialvertrag

Aurobindo: logischer Geist (Argumentieren)

Selbstentwicklung (Susanne Cook-Greuter): selbstbewusst, zielorientiert, gewissenhaft, individualistisch, Introspektion, historisches Selbst, viele Rollen

Chakra: Anahata (Gemeinschaftsgeist, Liebe)

D6 – Schaulogik/existenzielle Logik/postformal[24]

Piaget nahm noch an, dass mit dem Erreichen der formal-operationalen Stufe des Denkens die höchste Form geistiger Tätigkeit erreicht sei. Es deutet aber vieles darauf hin, dass die Ratio noch mehr vermag. Gebser postuliert ein integral-aperspektivisches Bewusstsein, andere Autoren nennen diese Stufe ‚dialektisch', ‚integrativ' oder ‚kreativ synthetisch'. Der entscheidende Punkt ist, dass diese Stufe die vorangegangene integrieren kann, was ihr den Status einer autonomen Bewusstseinsstufe per Definition einräumt: Die Schaulogik ist in der Lage, das formale und abstrakte Beziehungsdenken geistig zu bearbeiten, etwa zu systemischen Netzwerken zusammenzuführen. Aurobindo sagt: „... die Beziehungen von Idee zu Idee, von Wahrheit zu Wahrheit, selbst gesehen in einem integralen Ganzen...". Diese Stufe sei nach Wilber die höchste Stufe, die der Ratio, also dem Geistigen, möglich ist. „Jenseits davon liegen transpersonale Entwicklungen" (Wilber). Diese Bewusstseinsstruktur ermögliche eine neue Form des Selbstgefühls, das der Einheit von Bios und Noos, von Körper und Geist, für die Wilber den Begriff ‚zentaurisch' vorschlägt.[25]

Kognition (Piaget): späte formal-operationale Stufe, frühe polyvalente Stufe, post-formop

---

24. Ausführlicher in der Beschreibung der Karte *X-Rad des Glücks*.
25. Zum Begriff des „zentaurischen" Bewusstseins ausführlicher in der Beschreibung der Karte *XI-Lust*.

Weltbild (Gebser, Wilber): pluralistischer Relativismus/holistischer Integralismus; integral-aperspektivisch; Integration multipler Kontexte, überparadigmatisch

Moral (Kohlberg): postkonventionell: universell/ethisch

Aurobindo: höherer Geist (Systeme)

Selbstentwicklung (Susanne Cook-Greuter): individualistisch, autonom, Ich-Beobachtung, Konstrukt-Beobachtung, Selbst als System; Selbst als Konstrukt

Chakra: Visuddha (verbal-rationaler Geist, Kommunikation, Vernetzung)

Die Drehpunkte *D7* bis *D9* repräsentieren die Entfaltungen der transpersonalen Bewusstseinsstufen. Ich halte an dieser Stelle die Beschreibung knapp, da diese Bewusstseinsstadien in den Kartenbeschreibungen *XVII-Stern* bis *XXI-Universum* noch ausführlich, und zwar größtenteils unter Zuhilfenahme des Referenzmaterials von Wilber und Aurobindo, diskutiert werden.

D7 - Psychisch[26]

> *„Die psychische Ebene kann man sich als Kulmination der visionären Logik und visionärer Einsicht denken; am besten wird sie vielleicht durch das sechste Chakra repräsentiert, das „Dritte Auge", das den Beginn oder die Eröffnung der transzendenten, transpersonalen oder kontemplativen Entwicklung kennzeichnen soll."*[27]

Aurobindo nennt diese erste transpersonale Stufe ‚erleuchtet'. In der europäischen Mystik würde man von Seele oder dem Astralbereich sprechen. Die eigene Entität wird als höchst individuell erfahren und gleichzeitig beginnt sie ihrem erahnten Ursprung zustreben zu wollen, daher Wilbers Zuordnung der Naturmystik in diesen Bereich. Die kognitive postformale Logik weicht einem staunenden realen Erfahren und Wahrnehmen der uns einbettenden Welt, als deren unauflöslicher Bestandteil man sich empfindet. Eine Folge dieser erweiterten Wahrnehmungsfähigkeit ist eine sensitivere Körperwahrnehmung. Das intrinsische Bedürfnis, die nun wahrnehmbaren Kräfte, die in uns und in gesunder Umgebung wohnen, zur Heilung zu nutzen, kann entstehen. Beispiele sind Prana-Heilungen oder die überwältigende Erfahrung, während einer Bergwanderung Teil der Natur zu sein. In den östlichen Meditationsschulen entspricht diese Stufe den ‚vorbereitenden Stadien'.

---

26. Ausführlicher in der Beschreibung der Karte *XVII-Der Stern*.
27. Ken Wilber: Eros, Kosmos, Logos, S. 83.

Weltbild (Wilber): psychisch (schamanisch, yogisch), Vereinigung mit Weltprozess, Naturmystik, Einheit des grobstofflichen Bereiches

Moral: post-postkonventionell: universell, spirituell

Aurobindo: erleuchteter Geist, psychisches Bewusstsein

Selbstentwicklung (Susanne Cook-Greuter): konstrukt-bewusst (Synergist)

Chakra: Ajna (Vision, psychischer Geist)

D8 - Subtil[28]

Das Bewusstsein hat die personalen Ebenen vollständig verlassen und identifiziert sich auf subtile und feinstoffliche Art mit „Archetypen, platonischen Formen und auditiven Erleuchtungen" (Wilber). Mögliche Identifikationen sind der gnostische Demiurg, der hinduistische Shiva oder Christus. In der Vipassana-Meditation haben wir es mit Bereichen des Entzückens, des Pseudonirvana und beginnender transzendenter Einsicht zu tun. Das Bewusstsein ist zur Wahrnehmung feiner energetischer Schwingungen fähig und lernt diese in Meditationen zu kontrollieren. Der Kosmos wird als ein ganzheitliches Geflecht aus Energie empfunden, in dem die eigene Entität keine singuläre Erscheinung mehr ist, sondern ein Ausschnitt. So kann zum Beispiel in Meditationen die fließende Energie zwischen Menschen ‚gesehen' werden.

Weltbild (Wilber): subtil, archetypisch, heiligmäßig, Vereinigung mit dem Schöpferischen des grobstofflichen Bereichs, Gottesmystik, Einheit des subtilen Bereiches

Moral: post-postkonventionell: universell, spirituell

Aurobindo: intuitiver Geist

*Selbstentwicklung (Susanne Cook-Greuter):*integriert (unitär), Ich-Transzendenz

Chakra: Sahasrara (transzendentales Bewusstsein, Licht)

D9 - Kausal[29]

> *„Die kausale Ebene soll die unmanifestierte Quelle oder der transzendente Boden aller niederen Strukturen ein; der Abgrund (Gnostizismus), die Leere (Mahayana), das Formlose (Vedanta)".*[30]

---

28. Ausführlicher in der Beschreibung der Karte *XIX-Die Sonne.*
29. Ausführlicher in der Beschreibung der Karte *XX-Das Aeon.*
30. Ken Wilber: Eros, Kosmos, Logos, S.84.

Während Seele und Gott auf der subtilen Stufe zueinanderfinden und sich vereinigen, gehen auf der kausalen Stufe beide, Seele und Gott in einer uranfänglichen Gottheit auf. Das Bewusstsein ist das des Göttlichen, Vereinigung ist unnötig, weil diese Einheit bereits schon immer existiert. Es ist der reine Wille des Göttlichen, des allumfassenden Bewusstseins, der durch den Menschen und alle anderen Lebewesen wirkt. Aurobindo spricht vom „sich öffnen für das Göttliche" als die eigentliche Aufgabe des Yoga.

Das multikausale Geflecht aller leuchtenden Energie, wie sie im Universum fließt, ja das Universum ist, wird gesehen in seinem Wirken, Gewordensein, Werden und seinem Schon-immer-da-sein. Reinkarnationsreihen werden zu kausalen energetischen Wirkungsgeflechten, die Raum und Zeit auflösen.[31] Das Bewusstsein geht darin auf und transzendiert jegliche, auch seelische, Individualität im Göttlichen.

Weltbild (Wilber): kausal, formlos, Weiser, formlose Mystik

Moral: post-postkonventionell: universell, spirituell

Aurobindo: Übergeist

Selbstentwicklung (Susanne Cook-Greuter*):* integriert (unitär), Ich-Transzendenz

Chakra: höhere Chakren

Non-Dual/Absolut[32]

Die Welt ist illusorisch;
Brahman allein ist wirklich;
Brahman ist die Welt. (Ramana Maharshi)

Jegliche Identifizierungen, auch die transpersonaler Natur, sind hier aufgehoben. Keine Archetypen, kein Urgrund, keine buddhistische Leere (Shunyata). Selbst die Leere ist nicht. Es handelt sich um die vollständige Integration aller Manifestationen des Geistes, was letztlich zu einem Zustand vollkommener Nondualität führt. Der ‚eine Geist' des Zen, Brahman, das Bewusstsein-an-sich.

---

31. Der Begriff „kausal" ist hier nicht im Sinne einer in die Gegenwart wirkenden Vergangenheit zu verstehen, sondern im Sinne eines zugrunde liegenden Wirkungsprinzips. Vergangenheit, Gegenwart und Zukunft sind Begriffe aus der Sphäre unseres kognitiven Weltentwurfs, dessen Stütze die mentale Konstruktion von Zeit ist.
32. Ausführlicher in der Beschreibung der Karte *XXI-Das Universum.*

Hier handelt es sich nicht mehr um einen Drehpunkt, sondern um die Bedingung, die Grundlage, das So-Sein aller Bewusstseinsebenen. Wilber schreibt, es sei das weiße Papier, auf dem alle Drehpunkte notiert würden.

Weltbild: nichtdual, siddha, Vereinigung von Form und Formlosem, nichtduale Mystik

Moral: post-postkonventionell: universell, spirituell

Aurobindo: Supergeist

*Selbstentwicklung (Susanne Cook-Greuter):*integriert (unitär), Ich-Transzendenz

Chakra: „Entlassen aller Chakren in das Wirkliche“ (Wilber)

Zwischenbemerkung über Entwicklungsmodelle und Typologien

Bei Erstellen integraler Meta-Modelle von Entwicklung kann man schnell der Versuchung erliegen, alle Modelle, derer man habhaft wird, als Entwicklungsmodelle zu interpretieren. Im Laufe der Jahrtausende psychonautischer Erkundungen sind aber auch eine ganze Reihe von Typologien, innerpsychischen Landkarten und Kosmogonien entstanden, die man nicht mit Entwicklungsmodellen verwechseln darf. Zum Beispiel C.G. Jungs Persönlichkeitstypen (emotional, rational, empfindend und intuitiv) sind nur dann entwicklungspsychologisch relevant, wenn man nach dem Entstehungsalter des dominanten Wahrnehmungstyps fragt: Der rationale Typus wird wahrscheinlich eine besonders intensive Entwicklungszeit des konkret- und formal-operationalen Denkens (Piaget, ab sechstem Lebensjahr) erlebt haben, während der emotionale Typus bereits in der Zeit davor seine intensivsten Erfahrungen gemacht haben dürfte. Ist aber eine gewisse Dominanz eines solchen Wahrnehmungs- und Informationsverarbeitungsmodus bereits ausgebildet, handelt es sich um die Einordnung in eine Typologie. In Wilbers entwicklungspsychologischen Zuordnungen gibt es einige Modelle, die zumindest nicht nur Entwicklungstheorien sind, sondern (auch) Landkarten des Seins oder Typologien.[33]

---

33. Beispiele dafür sind die (yogische) energetische Anatomie in Form von Chakren und die Sephiroth der Kabbala, die zumindest auch innerpsychische energetische 'Landkarten' und/oder Kosmogonien sein können. Wilber ordnet sie als Entwicklungsmodelle in sein integrales Entwicklungsmodell ein, ohne ihren (ebenfalls möglichen) psycho-energetischen und/oder kosmogonischen Landkarten-Charakter zu diskutieren. Vgl. Wilber, K.: Integrale Psychologie. Freiamt: Arbor, 2004, darin die Tabellen im Anhang.

Die Mechanismen von Entstehung und Entfaltung der Basisstrukturen

Die zentralen Begriffe sind hier Identifikation, Differenzierung, Integration und – im negativen Falle – Dissoziation.

Identifikation: Nachdem sich eine Bewusstseinsstufe stabil entfaltet hat, identifiziert sich unser Bewusstsein mit dieser. Beispiel: Jemand, der sein Regel/Rollen-Selbst entfaltet hat, identifiziert sich mit seinen Rollen und definiert sich darüber. In seiner Vorstellung *ist* er das und kann sich auch nicht vorstellen, jemand anders zu sein. Sein ganzes Bewusstsein geht in dieser Rolle auf.

Differenzierung: Nach dem Emanieren einer neuen umfänglicheren Struktur des Bewusstseins differenziert es sich von dieser vorangegangenen Stufe. Es ist nicht mehr Subjekt, sondern wird zu einem distalen Objekt, mit anderen Worten, wir können aus einer gewissen Distanz auf diese vorangegangene Identifikation schauen und lösen damit die Identifikation auf. Beispiel: Nachdem wir uns aus dem Regel/Rollen-Selbst befreien konnten, indem unser Bewusstsein die formal-reflexive Struktur erreicht hat, begreifen wir, dass wir die *Rolle*, mit der wir uns identifiziert hatten, einfach *nicht sind*. Wir scheinen mehr zu sein - ein Individuum mit einem ganz eigenen psychischen Innenleben. Im ersten Moment lehnen wir die *Rolle (D4)* aufgrund unserer neuen Bewusstseinsqualität einfach ab. Das ist ein nötiger Zwischenschritt, um die vollständige Identifikation mit der Rolle erst einmal aufgeben zu können, denn nur so sind wir in der Lage, unser *individuelles* Sein (D5) anzunehmen. Möglich wird das durch die geistige Fähigkeit zur Introspektion.

Dissoziation: Wenn an diesem Punkt die Entwicklung stockt, kann es zu Pathologien der Entwicklung kommen. Die Differenzierung von der ehemaligen Identifikation wird krampfhaft aufrechterhalten, und dieses vormalige psychische Sein und Aufgehen in der Rolle (um beim Beispiel zu bleiben) wird vollständig von unserem Bewusstsein abgespalten. Das nennt man Dissoziation.

Integration: Im gesunden Fall aber wird nach der notwendigen Differenzierung von der ehemaligen Bewusstseinsstufe diese in die neue umfänglichere Stufe integriert. Unser Beispiel: Zwar haben wir erkannt, ein individuelles Wesen zu sein, das sich nicht ins enge Korsett einer sozialen Rolle pressen lässt, einfach weil wir mehr zu sein scheinen als die sozialen Merkmale der Rolle, die wir einzunehmen gezwungen sind, dennoch verstehen wir – gerade als Individuen – dass die Rollen, die wir einnehmen, notwendige Bestandteile des sozialen Miteinanders darstellen. Wir sind dann in der Lage, unser Wissen aus dem Regel/Rollen-Selbst in die umfänglichere Stufe des formal-reflexiven Selbst zu übernehmen, ohne uns allerdings damit proximal (also distanzlos) wieder zu identifizieren. Wir nehmen unsere Rolle aus höherer Einsicht wieder ein oder erobern uns neue, passendere Rollen. Erst mit diesem Schritt der Integration ist die neue, umfänglichere Stufe wirklich auf psychisch gesunde Weise errungen worden, ihrer gesunden Entfaltung steht nichts mehr im Wege, und nach genügender Entfaltung ist diese Stufe wiederum reif für eine weitere Transzendenz. Wir werden uns wieder davon lösen, also unser Bewusstsein von dieser Identifikation *differenzieren*, um diese später in die nochmals umfänglichere Bewusstseinsebene wiederum zu integrieren – oder aber sie pathologisch zu dissoziieren, also von unserem ganzheitlicheren Bewusstsein abzuspalten, was das Entfalten dieser höheren Bewusstseinsstufe empfindlich stören und verzerren würde.

COEX-Systeme (Stanislav Grof)

Der ziemlich technisch klingende Begriff der *COEX-Systeme* wurde von dem Psychotherapeut und Bewusstseinsforscher Stanislav Grof eingeführt. COEX ist die Abkürzung für *systems of condensed experience,* also für „Systeme kondensierter Erfahrungen". Das Konzept, das dahinter steht, soll erklären, wie eine entwicklungsbiografisch lang zurückliegende Pathologie, etwa bei Drehpunkt 2, sich die lange Entwicklung hinweg durch die einzelnen Bewusstseins-Schalen nicht nur halten, sondern auch noch potenzieren konnte.

Bei pathologischen COEX-Systemen wird zu irgendeinem Zeitpunkt eine negative oder traumatisierende Erfahrung gemacht, die allerdings nicht schlimm genug ist, um die komplette Entwicklung aus der Bahn zu werfen. Diese negative Erfahrung umfasst auch nicht den kompletten aktuellen Baumring, sondern nur einen relativ eng umgrenzten Teilbereich daraus. Ähnlich wie bei einem echten Baum: Eine kleine faule Stelle wird den Baum nicht abtöten, aber an der entsprechenden angrenzenden Stelle des nächsten Ringes wird auch dort das Holz faul, und beim nächstfolgenden Ring ebenfalls und so weiter. So kann man sich das bei den COEX-Systemen gleichnishaft vorstellen. Bestimmte Erfahrungen verdichten sich zu einem Komplex zusammengehöriger Aspekte oder Assoziationen, etwa bestimmte Affekte oder Emotionen, denen wiederum bestimmte Gedanken und Überzeugungen zugeordnet werden. Diese Komplexe sind die faulen Stellen, sofern es sich um pathologische COEX-Systeme handelt. Der aus diesem Baumring irgendwann emanierende umhüllende Ring ist mit diesem faulen Fleck eng verbunden und die Stellen dieses umhüllenden Ringes werden ebenfalls wieder mit bestimmten Aspekten und Assoziationen emotionaler, kognitiver oder sogar körperlicher Art verkoppelt, sodass also diese Stelle der äußeren Baumringe die faule Stelle der inneren Baumringe weiterträgt und auf seine Weise, in einem ausnahmsweise einmal negativen Sinne transzendiert. Diese pathologischen COEX-Systeme sind wie ein *pathologisch-dissozi-*

ierter Einschluss in die Selbststruktur zu verstehen; nicht ausreichend, die Selbststruktur in seiner Entwicklung zu stoppen, aber mächtig genug, die Entwicklung in eine ungünstige und verzerrende Richtung tendieren zu lassen.

Ein simples, sehr vereinfachendes Beispiel: Die negative Erfahrung, als Kind von den anderen Kindern ausgegrenzt worden zu sein (Regel/Rollen-Selbst, D4), kann auf der formal-reflexiven Ebene (D5) entweder zu erhöhter Neigung zur Introspektion oder Nabelschau führen oder aber zu pathologischen Selbstüberhöhungstendenzen, um einen Bezug zu der erlebten Ausgrenzung herstellen zu können. Im harmlosen Fall hält sich derjenige einfach für anders als die anderen und entwickelt einen selbstbewussten Individualismus, wird Künstler oder dergleichen, was eine akzeptable Lösung für das COEX-System sein könnte. Diese Verbindung von Ausgrenzungserfahrung (D4) und der daraus folgenden Introspektionsneigung und Misanthropie (D5) kann an angrenzender oder assoziierter Stelle der nächsten Bewusstseinsschicht (so diese überhaupt erreicht wird) zu so etwas wie einem übertrieben harten systemisch-soziologischen Modell über menschliche Beziehungen führen. Auf weiteren Drehpunkten (D7 etwa) könnte es zu starken Isolationserfahrungen und dem Empfinden des Getrenntseins von der Schöpfung führen und so weiter.

Die Prä/Trans-Verwechslung (Ken Wilber)

Das Problem, das Wilber mit seiner Formulierung vom Prä/Trans-Irrtum anspricht, beruht einfach darin, prä-rationale, oft regressive Zustände mit trans-rationalen Zuständen zu verwechseln, was naheliegt, da beide nichtrational sind. Dieser Verwechslung gehen vor allem Therapeuten oder ‚Selbstentdecker' auf den Leim, die die Existenz von transrationalen Zuständen schlichtweg nicht anerkennen, sodass alle nichtrationalen Zustände ihrer Meinung nach prärational sein müssten. Ähnlich aber ergeht es begeisterten Meditationsanfängern oder in der Entwicklungspsychologie unkundigen Gurus oder Meditationslehrern, die auf transpersonale Erfolge bei sich selbst und ihren Schülern hoffen und deswegen jeden nichtrationalen Zustand als transrationalen Zustand diagnostizieren, was unter Umständen verheerende Folgen haben kann, wenn es sich tatsächlich um einen regressiven Einbruch einer früheren, prärationalen Entwicklungsstufe handelt, bei der „der Wurm drin ist". Wilber kritisiert vor allem C.G. Jung und erweitert seine Kritik auch auf Stanislav Grof (den er ansonsten oft und gern zitiert), denen er unterstellt, präpersonale Erfahrungen fälschlich als transpersonale zu identifizieren. Archetypische Erfahrungen seien ein Einbruch zwar kollektiver Erfahrung, allerdings in eine Selbststruktur, die eben noch nicht transpersonal sei und deshalb von den mächtigeren Archetypen überflutet werden könne, was gleichzeitig zu einer Regression in magische oder gar archaische Bewusstseinsstadien führen könne. Die vollständige Identifikation mit etwa einer Reinkarnationserfahrung würde das aktuelle Ich nicht transzendieren, sondern es vorübergehend auflösen, und somit sei es auch nicht transpersonal, sondern einfach nur nicht-personal, vermutlich eine Regression in präpersonale Zustände, die nach der Beendigung der Selbsterfahrung sich wieder zu einem personalen Zustand verdichten würde. Transpersonal sei eine Erfahrung dann, wenn die personale Struktur erhalten bleibe und sich das Bewusstsein aus dieser als Basis heraus umfassender entfalten könne. Das heißt, die Reinkarnationserfahrung aus einer Rückführungstherapie dürfe nicht zu einer Auflösung der personalen Struktur führen, sondern die personale Struktur müsse durch die dort gemachten Erfahrungen ergänzt werden, also aus dem vormals Ganzen wird nun ein Teil eines größeren, umfänglicheren Ganzen. Die erlebten Wiedergeburten führen im transpersonalen Bereich also nicht zu der Aussage: „Ich war damals der oder der ... Kammerdiener des Alten Fritzen", sondern zu der Aussage: „Ich war schon immer ich. All das bin ich. Wer ist dieses Ich? Und wer ist dieses Ich, das das Ich beobachtet?"

Das Vergleichsmaterial: Klassische Entwicklungstheorien - integriert

Um die Hauptthese des vorliegenden Buches zu überprüfen, zog ich eine ganze Reihe von etablierten Entwicklungstheorien heran, die in diesem Kapitel in aller Kürze skizziert werden sollen. Ich beschränke mich dabei auf eine Auswahl, deren wesentlichstes Kriterium die Repräsentativität und der Bekanntheitsgrad der Theorien gewesen ist. Im Anschluß sollen gemäß dem integralen Ansatz all diese Theorien (ausgerichtet am tatsächlichen Entwicklungsalter) zu einem Ganzen verschmolzen werden.

Jean Gebser[34]

Der Schweizer Kulturwissenschaftler Jean Gebser legte in den fünfziger Jahren des 20. Jahrhunderts ein bedeutendes Buch vor, in dem er die Entfaltung von Bewusstseinsstrukturen der Menschheit von den prähistorischen Anfängen bis in die Gegenwart ausführlich beschrieb. Seine Terminologie der Bewusstseinsstrukturen ist mittlerweile in den allgemeinen Sprachgebrauch der Psychologie eingegangen, wobei da allerdings diese Bewusstseinsstrukturen nicht mehr (nur) phylogenetisch, sondern vor allem ontogenetisch betrachtet werden.

34. Jean Gebser: Ursprung und Gegenwart. München: dtv, 1973.

Bewusstseinsstruktur (ontogenetische Kernzeit)	**Charakteristik**
Archaisch *(bis ca. 1 ½ Jahre)*	Undifferenziertes, ganzheitliches Bewusstsein, aber nicht errungen, sondern gegeben. Im Vordergrund stehen physiologische und biologische Bedürfnisse.
Magisch *(bis ca. 5 Jahre)*	Ein singulärer, punktueller Sachverhalt (ein Gegenstand, Wunsch oder eine Person) stehen für etwas anderes, größeres. Diesem Singulären wird Macht über die Geschehnisse zugesprochen (der indogermanische Wortstamm „magh-" findet sich in einer Reihe von Begriffen wie Macht, Magie, Mechanik, machen, Maschine u.a.). Bsp.: Das Kind, das sich am Tisch stößt und dann „Böser Tisch!" ruft.
Mythisch *(bis ca. 12 Jahre)*	Innerseelisches veräußert sich auf bildhafte Weise. Mythen entstehen, grandiose Szenarien (Odyssee, Herakles, die ganze griechische Götterwelt), die mündlich oder bildlich aussprechen oder veräußern, was innerlich geahnt, gespürt, empfunden wird. Nicht mehr das singuläre Ereignis (wie im magischen Denken) ist machtvoll, sondern eine entferntere Instanz: Götter und Heroen. Indem diese Vielfalt eines Außens reflektiert wird, entsteht auch ein Ich-Gefühl, das Gefühl für denjenigen, der z.B. dem Zorn der Götter und dem Schicksal ausgesetzt ist. Der magische Wunsch besitzt keine Macht mehr, wohl aber das Gebet – das Günstigstimmen der Götter, der Schicksalsgewalten. In der mittleren und späten Kindheit, gekoppelt mit Piagets konop-Denken. Mythen, Geschichten, Märchen sind interessant. Im Mythos liegt aber auch eine welterklärerische Kraft, was sich in Kindern zeigt, die sich mit den Heldentaten des Siegfried, d`Artagnan, Old Shatterhand, Spiderman o.d. identifizieren. Hier auch die Gefahr der Identifizierung des mythischen konop-Denkens mit politischen Mythen, die zu glühendem Fanatismus führen kann. Zieht sich bei vielen Menschen bis ins Erwachsenenleben. Das Etablieren einer nachfolgenden und umfänglicheren Bewusstseinsstruktur ist nur noch fakultativ.
Rational *(ab ca. 12 Jahre)*	Mythen werden als Erfindungen oder kreative Akte der Menschen verstanden. Das Bewusstsein einer eigenen Identität entsteht, damit die Grundlage für Individualismus. Eigene Innenwelten werden erkannt, die eigene Einstellung steht im Vordergrund. In seiner reifen Form Pluralismus: die eigene Perspektive wird beibehalten, aber fremde Perspektiven als existent anerkannt. Die Anfänge der rationalen BS zeigen sich in den konop-Strukturen Piagets, später in den formop-Strukturen. Abstraktes Denken wird möglich: Dualismus, Positivismus, Logik
Integral-aperspektivisch *(fakultativ, phylogenetisch im Entstehen begriffen)*	In den Anfängen reifes formop-Denken, etwa in Form der Systemtheorien. In reiferer Form aperspektivisch, das heißt, die pluralistische Ausrichtung des Rationalen löst sich auf in einem umfänglicheren Integralismus. Beispiel: Der Christ toleriert nicht nur den Islam (rationaler Pluralismus), sondern sein Bewusstsein transzendiert christliche und muslimische Symbolik zu einer umfassenden integrierenden Weltanschauung.

Interessant ist, dass die fünf Bewusstseinsstrukturen, die nach Gebser die Phylogenese[35] bestimmen, auch in der Entwicklung des Individuums im Laufe der Kindheit in der gleichen Reihenfolge erschlossen werden, wie Entwicklungspsychologen uns berichten können.

Der entscheidende Punkt ist, dass Bewusstseins-Entwicklung, nicht nur ontogenetisch, sondern auch phylogenetisch gesehen, gewissen Gesetzmäßigkeiten folgt.

Die *erste Gesetzmäßigkeit* ist, dass Bewusstsein sich in qualitativ unterscheidbaren Strukturen entwickelt.

Die *zweite Gesetzmäßigkeit*, die ins Auge sticht, ist, dass alle Bewusstseinsstrukturen, wenn aus ihnen nachfolgende Bewusstseinsstrukturen emanieren, bestehen bleiben und von eben diesen nachfolgenden nur transzendiert aber nicht wirklich abgelöst werden.

Das heißt, eine bestimmte Bewusstseinsstruktur entfaltet sich und lässt sich trotz ihrer quantitativen Entfaltung dennoch als *eine* Struktur erkennen, weil ihre relevanten Merkmale gleich bleiben. Nach hinreichender Erfahrung und Entfaltung dieser Struktur emaniert relativ plötzlich eine völlig neue Qualität an Bewusstsein, mit neuen Merkmalen und neuen Kapazitäten der Erkenntnisfähigkeit. Diese neue Qualität beseitigt allerdings nicht die alte, sondern umhüllt und umfasst sie.

Stanislav Grof und Ken Wilber nennen dieses Modell „Zwiebelschalenmodell". Wie bei einer Zwiebel löscht eine neue Schale nicht die inneren, sondern umfasst sie. In diesem Buch bevorzuge ich den Begriff „Baumringe-Modell". Daraus folgt, dass alle Bewusstseinsstrukturen, die in der Menschheit bisher entstanden sind, nach wie vor präsent sind und ein relativ autonomes Dasein in der Kollektivpsyche führen. Ähnlich auch in der Bewusstseinsentwicklung des einzelnen Menschen, des Individuums: Alle Bewusstseinsstrukturen, die das Individuum bisher durchlaufen hat, leben in der Psyche des Menschen fort und wurden durch nachfolgende, umfassendere Strukturen nur umhüllt, nicht abgelöst.

Diese Erkenntnis ist entscheidend, denn hier liegt die Möglichkeit zur Erklärung einer ganzen Reihe von Entwicklungspathologien – sowohl im kollektiven Sinne als auch in der Individualpsychologie. Wenn nämlich eine äußere Zwiebelschale sich weigert, die Inneren in sich zu assimilieren, diese also damit zu transzendieren, entziehen wir die vorangegangene Bewusstseinsstruktur dem Fluss der Bewusstseinsevolution, was verheerende Folgen für die Entfaltung der nachfolgenden Bewusstseinsstrukturen haben wird, wie wir noch sehen werden.

---

35. Phylogenese: Die Entwicklung und Entfaltung der Gattung Mensch. In Abgrenzung zu Ontogenese: Die Entwicklungsgeschichte des Individuums.

Gebser selbst weist darauf hin, dass keine dieser Strukturen von den nachfolgenden abgelöst, sondern durch die folgenden erweitert und transzendiert würden. Das ist der entscheidende Punkt, und so wird klar, dass der maßgebliche Kerngedanke der integralen Psychologie auf Gebser zurückgeht, wie auch Wilber einräumt.

Jean Piaget – Die Theorie der kognitiven Entwicklung[36]

Jean Piaget legte das bis heute wohl einflussreichste Modell der Entwicklung des menschlichen Denkens vor. Seine Begriffe für die einzelnen Denkstrukturen, die im Laufe der menschlichen Entwicklung nacheinander erschlossen werden, sind in der Psychologie Schlagworte geworden. Die vier Stufen, die Piaget beschreibt, unterscheiden sich in ihrer grundsätzlichen Qualität und kognitiven Organisationsform. Jede dieser Stufen kann aber je nach Individuum mehr oder weniger tiefgründig und mehr oder minder horizontale Weite erreichen.

Piagets Theorie wurde oft und auch kulturübergreifend untersucht und konnte weitestgehend bestätigt werden. Abweichungen fanden sich lediglich in den fließenden Altersangaben und bestimmten detaillierten Fähigkeiten der einzelnen Denkstrukturen. Im Folgenden verwende ich die Piaget´schen Begriffe in ihrer Kurzform präop, konop und formop.

Hier eine Kurzbeschreibung:

36. Jean Piaget: GW – Studienausgabe. Bd. I: Das Erwachen der Intelligenz im Kinde. Stuttgart: Klett-Cotta, 1991.

Kognitive Stufe (Entwicklungsalter)	Charakteristik
Sensumotorisch (Geburt bis ca. 2 Jahre)	Erkenntnisprozesse werden über die Sinne, Motorik und körperliche Erfahrungen gewonnen. Im Vordergrund stehen die Koordination sensorischer Wahrnehmung und motorischen Verhaltens. Emotionsausdruck erfolgt über ungefilterten und sofortigen körperlichen Ausdruck.
Prä-operational (präop; ca. 2 bis 6 Jahre)	Die Welt wird aus nur einer Perspektive, nämlich der des Kindes selbst wahrgenommen: Egozentrismus. Gegenstände oder Personen müssen nicht mehr immer sichtbar sein, um als existent erkannt zu werden (Invarianzen). Ursachenzuschreibungen fallen den Kindern noch schwer (präkausales Denken). Kinder dieses Stadiums können eine komplexe Handlung noch nicht vollständig geistig durchspielen (ein Grund, warum Kinder erst ab sechs Jahren die Schule besuchen).
Konkret-operational (konop; ca. 6 bis 12 Jahre)	Logische Probleme im Hier und Jetzt können „konkret", also nicht abstrakt, durchdacht werden. Das Kind kann ordnen, trennen, kombinieren und einfache logische Schlussfolgerungen ziehen, vorausgesetzt, die Problematik ist greifbar und praktisch, sozusagen bildhaft vorstellbar.
Formal-operational (formop; ab ca. 12 Jahre)	Aus den ‚konkreten' Sachverhalten können nun abstrakte Gesetzmäßigkeiten und hypothetische Zusammenhänge abgeleitet werden. Wissenschaftliche Diskurse, aber auch abstrakte Introspektionen der eigenen psychischen Innenwelt werden möglich. Perspektiven anderer werden anerkannt, wenn auch nicht übernommen: Perspektivität
Postformales Stadium (faktultativ)	Dieses Stadium wurde von Piaget nicht genannt, sondern von verschiedenen Forschern erst später als hypothetisch seiner Theorie hinzugefügt. Ausgangspunkt ist die Überlegung, dass das Denken über das Denken (Metakognition) oder das Denken in Systemen von Systemen eine Qualitätsstufe der kognitiven Fähigkeit sei, die sich durch höhere Komplexität und Organisiertheit auszeichne und das formop-Denken nunmehr als integrierten Teil in sich aufgehen lasse.

Lawrence Kohlberg – Die Theorie der Moral-Entwicklung[37]

Geradezu ein Klassiker sind die Forschungen des amerikanischen Psychologen Lawrence Kohlberg über die Entwicklung moralischen Denkens. Auch er entwickelte aus seinen Ergebnissen ein Stufenmodell:

Moral kann man als ein System von Glaubenssätzen oder Einstellungen und Überzeugungen verstehen, die das soziale Miteinander der Menschen regeln. Die Moral entwickelt sich nach Lawrence Kohlberg in Stadien, wobei

37.Vgl.: Petermann, Niebank, Scheithauer (Hg.) (2004): Entwicklungswissenschaft. Berlin: Springer.

man, wie er feststellte, sich nur gleichzeitig auf einer Stufe befinden könne und die Stadien der Reihe nach durchlaufen werden. Jedes Stadium sei umfassender als das vorangegangene. Kohlberg konnte nach einer Reihe von Studien zeigen, dass sein Stufenmodell kulturunabhängig sei, also in jeder Kultur so anzutreffen und zu belegen sei.

Ebenen und Stufen	**Begründung moralischen Handelns**
I. Präkonventionelle Moral	
Stufe 1: Lust-Schmerz-Orientierung (Strafe/Gehorsam)	Schmerzvermeidung; sich nicht erwischen lassen
Stufe 2: Kosten-Nutzen-Orientierung, Reziprozität - Auge um Auge (naiver Hedonismus)	Erwartete Belohnung
II. Konventionelle Moral	
Stufe 3: Braves-Kind-Orientierung (Billigung durch andere)	Anerkennung gewinnen, Kritik vermeiden
Stufe 4: Recht-und-Ordnung-Orientierung	Den Regeln gehorchen, die Autoritäten nicht missfallen
III. Postkonventionelle Moral	
Stufe 5: Orientierung am sozialen Vertrag	Sich für das Wohl der Gesellschaft einsetzen
Stufe 6: Orientierung an ethischen Prinzipien (universell ethisch)	Der Gerechtigkeit dienen, Selbstverdammung vermeiden
Stufe 7: Kosmische Orientierung (Transzendenz; universell-spirituell	Universellen Grundsätzen folgen und sich selbst als Teil einer kosmischen Bewegung begreifen, welche soziale Normen transzendiert

Altersangaben sind schwer zu festzulegen.

Die meisten Menschen erreichen nach Kohlberg im Laufe ihres Lebens die Stufen 1 – 3. Die meisten Kinder erreichen Stufe 3 mit ca. 13 Jahren. Die Stufen 4 – 7 sind nicht obligatorisch und werden von vielen Erwachsenen nicht erreicht, wie empirische Studien in mehreren Ländern gezeigt haben.

Sigmund Freud - Das psychoanalytische Phasenmodell[38]

Freud, der Begründer der Psychoanalyse, beschrieb die Entwicklung des Kindes unter dem Fokus der psychosexuellen Ausrichtung. In diese ordnen sich aber auch ganz allgemeine Entwicklungsherausforderungen ein. Von Nicht-Psychoanalytikern wird das Phasenkonzept gern kritisiert, weil es

38. Sigmund Freud: Abriß der Psychoanalyse. Frankfurt/M.: Fischer, 1972.

sich zu sehr auf die Sexualität konzentriert, was sich in der Terminologie der Stufen deutlich zeigt. Abgesehen von seinen oft als provokant empfundenen Begriffen ist dieses Modell allerdings bis heute ein Standard der Entwicklungspsychologie. Hier in Kurzform:

Phase (Entwicklungsalter)	Charakteristik	Mögliche Pathologien
Orale Phase (bis 2. Lebensjahr)	Mittelpunkt des Erlebens: Nahrungsaufnahme, Lustgewinn am Saugen, Nähe, Wärme, Geborgenheit, Sicherheit, frühestes Erleben von Bindung, Abhängigkeit, Angenommen werden	• Psychosomatische Symptome • Depressive Charakterstruktur • Sucht-Verhalten • Sexualstörungen • Ich-Schwäche • Abhängigkeit von anderen
Anale Phase (2.-3. Lebensjahr)	Weiterentwicklung von Autonomie, Beherrschung von Körperfunktionen, Entwicklung von Selbstwertgefühl	• Starker Autonomie- und Machtwunsch • Sparsamkeit • Rigides Denken • Zwangsneurosen • Pedanterie und Perfektionismus
Ödipale Phase (ca. 4.-6. Lebensjahr)	Libido genital fokussiert, Annehmen der Geschlechtsrolle, Relativierung der Liebe zum gegenteiligen Elternteil und Identifizierung mit dem Gleichgeschlechtlichen	• Störungen der Geschlechtsidentität • Sexualstörungen • Partnerprobleme • Konversionssymptome • Phobien
Latenzphase (ca. 6.-10. Lebensjahr)	Weiterentwicklungen der Ich-Fähigkeiten (Wissen, Fertigkeiten, soziale Kompetenzen etc.), Orientierung an Leitbildern	• Verhaltensstörungen • Autoaggressive Tendenzen • Enuresis • Leistungsschwächen/ Konzentrationsschwächen • Zu starke Fixierung aufs Elternhaus • Schulängste • Angst vor Auseinandersetzungen mit anderen
Genitale Phase (ca. 11.-16. Lebensjahr)	Verstärktes Selbsterleben, Rolle der Peers (und potenzieller Liebespartner), Selbstwertbehauptung, Autonomie vs. Abhängigkeit gegenüber Eltern	• Selbstwertprobleme • Sexualängste (Scham- und Schuld-Gefühle) • Isolierungstendenzen • Selbstmordgedanken und -tendenzen • Regressionstendenzen • Tagträumerei/Fantasie

Erik H. Erikson – Die Theorie der psychosozialen Entwicklung[39]

Erik Erikson erweiterte als Psychoanalytiker das Freud´sche Phasenmodell um weitere Aspekte, unter anderem um die Entwicklung des psychosozialen Erlebens. Dieses Modell wurde sehr einflussreich, vor allem im pädag-

39. Erik H. Erikson: Identität und Lebenszyklus. Frankfurt/M.: Suhrkamp, 1966.

ogischen und klinischen Bereich. Erikson verstand die unten stehenden Entwicklungsaufgaben als Krisen, die entweder eine angemessene oder unangemessene Lösung finden. Wie auch bei allen anderen vorgestellten Modellen handelt es sich streng genommen um ein Baumringe-Modell, da keine der einmal bewältigten Krisen als abgeschlossen gelten kann, sondern als Teil des menschlichen Werdens aktiv in der Gegenwart wirkt. Ein einmal entwickeltes Urvertrauen mag kein ausreichender Schutz vor Schicksalsschlägen sein, deren Bewältigung aber kann auf die Basisressource ‚Urvertrauen' zurückgreifen, was sich positiv auf den Bewältigungsprozess auswirkt. Jeder Altersstufe ordnet Erikson also eine bestimmte Thematik zu, die im Mittelpunkt des erst unbewussten, später im Erwachsenenleben auch bewussten Entwicklungsprozesses jener Lebensalter steht (Tabelle nach Zimbardo):

Krise (Entwicklungsalter in Jahren)	**Angemessene Lösung**	**Unangemessene Lösung**
Vertrauen vs. Misstrauen (0-1 ½)	Stabiles (grundlegendes) Sicherheitsbewusstsein	Unsicherheit, Angst
Autonomie vs. Selbstzweifel (1 ½ - 3)	Selbstwahrnehmung als Handelnder, als fähig zur Körperbeherrschung, als Verursacher von Geschehnissen	Zweifel an der eigenen Fähigkeit zur Kontrolle von Ereignissen
Initiative vs. Schuld (3 – 6)	Vertrauen auf eigene Initiative und Kreativität	Gefühl fehlenden Selbstwertes
Kompetenz vs. Minderwertigkeit (6 – Pubertät)	Vertrauen auf angemessene grundlegende soziale und intellektuelle Fähigkeiten	Mangelndes Selbstvertrauen, Gefühle des Versagens
Identität vs. Rollenkonfusion (Jugend/Adoleszenz)	Festes Vertrauen in die eigene Person	Wahrnehmung des eigenen Selbst als bruchstückhaft; schwankendes unsicheres Selbstbewusstsein
Intimität vs. Isolierung (junges Erwachsenenalter)	Fähigkeit zur Nähe und zur Bindung an jemand anders	Gefühl der Einsamkeit, des Abgetrenntseins; Leugnung des Bedürfnisses nach Nähe
Generativität vs. Stagnation (mittleres Erwachsenenalter)	Interesse an Familie, Gesellschaft, künftige Generationen, das über unmittelbar persönliche Belange hinausgeht	Selbstbezogene Interessen; fehlende Zukunftsorientierung
Ich-Integrität vs. Verzweiflung (höheres Erwachsenenalter)	Gefühl der Ganzheit, grundlegende Zufriedenheit mit dem Leben	Gefühl der Vergeblichkeit, Enttäuschung

Die Integration der Entwicklungsmodelle

Folgen wir nun dem integrativen Ansatz und stellen die Theorien in einen Zusammenhang. Liest man nun nicht mehr die Tabelle senkrecht, indem man einer Entwicklungstheorie folgt, sondern waagerecht, erhält man ein umfassenderes Bild vom Entwicklungsstand des Menschen. Diese Tabelle ließe sich beliebig fortsetzen, indem man weitere Theorien und Modelle heranzöge. Das von Ken Wilber vorgelegte integrale Modell menschlicher Entwicklung folgt dieser Methode und ergänzt die klassischen Theorien um Entwicklungsberichte aus dem Buddhismus, dem Yoga, dem Vedanta, den christlichen Mystikern und weiteren Bewusstseinsforschern. Hier soll der Vergleich der fünf kurz umrissenen Theorien ausreichen, um das Vorgehen der Integralen Psychologie zu illustrieren. Wir werden später sehen, dass die Großen Arkana sich in einen solchen Vergleich einfügen lassen – und zwar ohne eine Ausnahme.

Entwicklungs-alter (ca in Jahren)	**Gebser (Weltbild)**	**Piaget (Denken)**	**Kohlberg (Moral)**	**Freud (psycho-sexuell)**	**Erikson (psychosozial)**
0 – 1 ½ , 2	Archaisch	Sensumotorisch	Präkon, Stufe 1	oral	Urvertrauen
1 ½ - 3	Archaisch/magisc h	Sensumotorisch	Präkon, Stufe 1	anal	Autonomie
3 - 6	Magisch/mythisch	Präop	Präkon, Stufe 2	ödipal	Initiative
6 - 12	Mythisch	Konop	Konvention, 3	Latenz	Kompetenz
Ab 12	Mythisch/rational	Formop mgl.	Konvention, 3, 4	genital	Kompetenz
Ab Pubertät	Rational mgl.	Formop mgl.	Postkon mgl.	genital	Identität
Drei mögliche Szenarien für das Erwachsenenalter, wobei II nur mgl., wenn I, und III nur mgl. wenn auch II:					
Erwachsenen-alter I	Mythisch/rational mgl.	Konop, formop mgl.	Konvention 3, 4	-	Intimität Generativität
Erwachsenen-alter II	Rational	Formop	Postkon, 5	-	Intimität Generativität Ich-Integrität
Erwachsenen-alter III	Integral-aperspektivisch	Postform	Postkon, 6, 7	-	Intimität Generativität Ich-Integrität

Tab.7: Alterskorrelierte Inbezugsetzung der fünf vorgestellten Entwicklungstheorien. Die am konkreten Lebensalter ausgerichteten Zeilen mit ihren vielfältigen Entwicklungsaufgaben bilden jeweils ein psychogenetisches Feld. Es ließen sich weitere Spalten mit ergänzenden Entwicklungsthemen hinzufügen. Aber alle Themen einer Zeile bleiben inhaltlich miteinander auf homogene Art verwoben.

Wenn wir uns ein bestimmtes Entwicklungsalter herausgreifen, begegnen uns also eine ganze Reihe unterschiedlicher Entwicklungsaspekte. Diese getrennt voneinander zu betrachten, führt oft in die Irre, weil der Mensch in sich eine Einheit und Ganzheit bildet, in der alle Eigenschaften und psychischen Bereiche sich wechselseitig durchdringen. Für eine solche Zeile, also die Verwobenheit der altersbedingt zusammenhängenden Entwicklungsaufgaben eines Menschen habe ich den Begriff *psychogenetisches Feld* vorgeschlagen. In den folgenden Kapiteln werde ich darauf genauer eingehen. Ich werde des weiteren zeigen, dass die Großen Arkana des Tarot sich nicht nur in einen solchen integralen Modell-Vergleich einfügen lassen, sondern sogar die daraus resultierenden psychogenetischen Felder symbolisch repräsentieren können.

Bevor wir uns nach einer kurzen Zusammenfassung über integrales Bewusstsein und integrale Psychologie dem Tarot zuwenden, möchte ich Ihnen gern noch eine Entwicklungstheorie vorstellen, die von der akademischen Psychologie bislang nicht diskutiert wird, aber durch ihre Kreativität besticht und ausgesprochen inspirierend ist.

Die acht Schaltkreise von Timothy Leary[40]

> *„Wie alle Entwicklungsprogramme muss auch dieses […] seinen Adressaten beleidigen, sobald es ihm zu verstehen gibt, er sei noch nicht, was er werden soll."(Peter Sloterdijk: Die Verachtung der Massen. Suhrkamp, 2000. S. 30)*

Die wahrscheinlich coolste Entwicklungstheorie stammt von Timothy Leary. Da der ehemalige Harvard-Professor für Psychologie aus dem Olymp der akademischen Gemeinde in Ungnade verstoßen worden war,[41] konnte er es sich leisten, die strengen Kriterien der wissenschaftlichen Forschungsmethodik[42] mit einem Schulterzucken abzutun. Seine Entwicklungstheorie ist in sich schlüssig, modern und vor allem: Sie ist „wissenschaftlich ... und fiktiv ..."[43]

Leary postuliert die Existenz neuronaler ‚Schaltkreise', die genetisch determiniert in unserem Nervensystem angelegt seien und nacheinander wäh-

---

40. Leary, T.: Info-Psychologie. Phänomen-Verlag, 2006; Leary, T.: Totenbuch. Berlin: Ullstein, 1998;
Leary, T.: Neurologik. Lörhbach: Der Grüne Zweig 39, Wilson, R.A.: Der neue Prometheus. Rowohlt, 1987.
41. Learys Forschungen mit psychotropen Substanzen – Psylocybine und später LSD – wurden ihm zum Verhängnis. Zu empfehlen ist in diesem Zusammenhang seine Autobiografie „Und sie wußten, was sie tun", Heyne, 1995.
42. Objektivität, Validität und Reliabilität, Nachprüfbarkeit u.a.
43. Leary, T.: Neurologic. Löhrbach: Der grüne Zweig 39. S. 7.

rend (ebenfalls genetisch bestimmter) sensibler Phasen aktiviert und durch entsprechende Erfahrungen geprägt würden. Leider stehen uns keine neurologischen Befunde zur Verfügung, die seine These unterstützen würden. Das könnte daran liegen, dass sich die psychologischen und neurologischen Wissenschaften immer weiter in einen dogmatischen Formalismus manövriert haben und sich die meisten Wissenschaftler scheuen, provokante Themen aufzugreifen. Die wenigen Pioniere eines neuen Denkens wiederum schlugen in der Folgezeit eine ganz andere Richtung ein, wahrscheinlich weil ihnen der ganze genetische und neuronale Kram zu materialistisch erschien.[44]

Die ersten vier Schaltkreise seien diejenigen, die ein Mensch unserer Zeit normalerweise im Laufe seines Lebens zur Entfaltung bringe und die auch grundlegend unsere Kultur und Zivilisation determinierten. Die Entfaltung der darauf folgenden vier Schaltkreise ist zwar einzelnen Menschen möglich, sind aber, was die Menschheit und ihren kollektiven Konsens anbelangt, noch nicht aktuell.

Jeder der Schaltkreise würde in drei Stufen aktiviert: erstens ein passives, rezeptives Stadium oder eine Phase der Empfänglichkeit, zweitens ein integratives Stadium, in welchem die bisherigen Errungenschaften des Schaltkreises aktiv angewendet und zielgerichtet manipuliert werden können, und drittens ein Stadium der aktiven Übertragung oder Fusion, in der über die Prägungen des Schaltkreises durch Kommunikation Verbindungen zu mindestens einem Gegenüber hergestellt werden und damit Netzwerke entstehen. Letzteres Stadium wird Voraussetzung für das Aktivwerden des nächsten Schaltkreises.

Wichtig ist, dass Leary ausdrücklich darauf hinwies, dass es sich in unserem Sinne um ein ‚Baumringe-Modell' handelt:

> *„Es ist wichtig zu verstehen, dass man den vorhergehenden Schaltkreis nicht verlässt, wenn man sich zum nächsten entwickelt."*[45]

Die ersten vier Schaltkreise nennt Leary die ‚terrestrischen' oder die ‚larvalen' Stadien des Menschen. Leary war zur Zeit der Entstehung seiner Schaltkreistheorie von dem Gedanken besessen, die Menschheit würde in nicht allzu ferner Zukunft ins All auswandern. In einem Vorwort zu einer spät-

---

44. Diese neuen Pioniere bewegten sich eher in eine andere, von den dogmatischen Wissenschaften ebenso ignorierte Richtung, nämlich in die der transpersonalen Spiritualität (Maslow, Walsh, Wilber u.a.) – ohne Zweifel war das ebenso nötig, wie eine neuronal-genetische Utopie zu schaffen, wie das Leary versuchte. Die Zukunft wird zeigen, ob und wie diese verschiedenen Modelle vereinigt werden können. Eine große und lohnenswerte Herausforderung. Ansätze dazu finden sich bereits im vorliegenden Buch.
45. Leary, T.:Timothy Learys Totenbuch. Berlin: Ullstein, 1998. S. 110.

eren Auflage seines Buches verweist er auf seinen damaligen Status Quo als Gefängnisinsasse, was seine „Sehnsucht nach außerirdischen Flügen, nach O´Neill Raumstationen und einer vogelähnlichen Flucht von dieser Schwerkraft erklären“[46] möge. Das Besondere an Learys Modell ist die mitunter etwas pessimistisch klingende Beschreibung dessen, was aus neuraler Sicht bisher geschah und das Leben der Menschen einschließlich ihrer kulturellen Organisationen gestaltete (die ersten vier ‚terrestrischen, larvalen' Schaltkreise) und einer science-faktionalen[47] Utopie dessen, zu was das menschliche Gehirn künftig fähig sein könnte.

In den Fußnoten zu den nachfolgenden Kurzbeschreibungen der Schaltkreise inklusive ihrer jeweils drei Substufen werden Assoziationen und Parallelen zu Wilbers Entwicklungsmodell und zu dem Modell der psychogenetischen Felder auf der Basis der Tarotkarten angeführt. Die Wahl, diese Anmerkungen in Form von Fußnoten anzubringen, wurde getroffen, um Learys Modell in seiner ursprünglichen Form ohne integrale Vermengungen vorstellen zu können.

Die 4 ‚terrestrischen, larvalen' Schaltkreise[48]

1. Bioüberlebens-Schaltkreis[49]

Bioüberlebens-Empfänglichkeit (Stufe 1): Der Fötus und neugeborene Säugling, fähig zu innerkörperlichen *Empfindungen*. Wahrnehmung von Sicherheit und Gefahr. Ist angewiesen auf Rundumversorgung.

Bioüberlebens-Intelligenz (Stufe 2): Der neugeborene Säugling, der fähig zu aktivem Anwenden basalen Verhaltens wird: Saugen, Schreien, Bewegen.

---

46. Leary, T.: Infopsychologie. Phänomen-Verlag, 2006, S. 7.
47. Ein Sprachspiel von Leary aus den Begriffen *science, facts* und *fiction*.
48. Die Beschreibungen der Schaltkreise orientieren sich an: Leary, T.: Infopsychologie. Phänomen-Verlag, 2006, und Leary, T.: Timothy Learys Totenbuch. Ullstein, 1998.
49. Hier zeigt sich die Parallele zu Wilbers sensoriphysischem Stadium des Bewusstseins. Während Wilber aber das Hauptaugenmerk auf die Entwicklung des Selbst und seiner entsprechenden kognitiven Strukuren legt, fokussiert Leary das neuronal gesteuerte Verhalten. Psychoanalytiker sprechen hier von präoraler und oraler Phase, moderne Entwicklungspsychologen von der Basiserfahrung des „Angenommenseins“ (vgl. Bischof, 1996). In diese Phase fallen die psychogenetischen Felder (zum Begriff der pgFelder: weiter unten, Kapitel 6 Psychogenetische Felder) oder Karten *Ia-Magier* und *II-Hohepriesterin*. Da Leary keine Unterscheidung zwischen präpersonalen und personalen Stadien der Entwicklung trifft, umfasst dieser Schaltkreis in seinem dritten Stadium auch die Themen der Karte *III-Kaiserin*.

Differenzierungsfähigkeit zwischen mütterlicher Sicherheit und nichtmütterlicher Gefahr.

Bioüberlebens-Fusion (Stufe 3)[50]:der neurologisch mit der Mutter verknüpfte Säugling. Beginnendes Bindungsverhalten auf physiologischer Ebene. Sensoriphysisch-emotionales Netzwerk mit der Mutter (Attachment).

2. Territorialer Emotions-/Bewegungs-Schaltkreis[51]

Neuro-muskuläre Empfänglichkeit (Stufe 4): das herumkrabbelnde Kleinkind, das sich durch Bewegungsaktivität sein Körperselbst konstruiert. Erforschend, egozentrisch, noch ohne kooperative emotionale Differenzierungen.

Neuro-muskuläre Intelligenz (Stufe 5): Die muskulotonischen Errungenschaften von Stufe 4 werden genutzt, um emotionale Hierarchien zu erahnen und auf diese angemessen zu reagieren: Unterwerfung versus Dominanz.

Neuro-muskuläre Verschmelzung (Stufe 6): Das Kind entwickelt seine spezifische Dominanz-/Unterwerfungsrolle. Die eigene Autonomie wird gehemmt, um sich in einer Gruppe einfügen zu können. („Säugetier-Politiker")

3. Mental-manipulativer Schaltkreis[52]

Laryngo-manuelle[53] *Empfänglichkeit (Stufe 7)*: Das Kind lernt zu sprechen und mit Händen zu manipulieren. Es akzeptiert und ahmt die von den Erwachsenen gezeigten Symbole sprachlich und manuell nach.

Laryngo-manuelle Symbol-Intelligenz (Stufe 8): Symbole (sprachlich wie manuell) werden in das bereits bestehende kognitive Netzwerk aktiv integriert, evaluiert und koordiniert. Larynguale (kehlkopfbezogene) Muskelgruppen sind ausgeprägt und werden neuronal mit den Bewegungen der Hände koordiniert.

Laryngo-manuelle Symbol-Manipulation (Stufe 9): Symbole fügen sich zu semantischen Systemen, die durch Kommunikation ständig evaluiert werden.

---

50. Entspricht der Karte *III-Kaiserin*. Zur Vertiefung des Themas *Bindung (Attachment)* siehe dort.

51. Hier findet sich eine deutliche Parallele zur psychoanalytischen und tiefenpsychologischen Tradition. Themen der Abgrenzung, Initiative-Ergreifung, von Macht und Minderwertigkeit (vgl. Adler, A.: Menschenkenntnis. Leipzig: Verlag von S. Hirzel, 1929) stehen mit diesem Schaltkreis in Beziehung. Wilber, aus der Perspektive der Selbst-Entwicklung, schreibt von repräsentierendem Geist. Dieser Schaltkreis bleibt bei vielen Menschen, auch bis ins Erwachsenenleben hinein, der dominante. So kann man auch das Regel/Rollen-Selbst mit dem Wirken dieses Schaltkreises in Verbindung bringen. Dieser 2. Schaltkreis wird u.a. durch die Karte *IV-Kaiser* beschrieben. In den dortigen Beschreibungen wird das Thema vertieft.

Kreativer Umgang mit Semantiken, was durch ständigen Abgleich mit der Rezeption der ‚Meinung' des Gegenübers zu komplexen kollektiven kognitiven Systemen führt (deren Spitze Weltanschauungen, Religionen und implizite sinnstiftende Annahmen bilden). Der eigene Kommunikationsstil etabliert sich.

4. Sozio-Sexueller Schaltkreis (sexuelle Domestikation)[54]

Sozio-sexuelle Rollen-Selektion (Stufe 10): Die Zeugungsreife in der Pubertät aktiviert den Schaltkreis der Neurosexualität. In diesem Stadium erforschend, lustvoll, orgasmusorientiert, egozentrisch, undomestiziert. Erste Erfahrungen der Sexualität prägen diesbezügliche neurosexuelle Präferenzen.

Sexuelle Domestikation, Elternschaft (Sufe 11): Die Variabilität menschlicher Individualität wird durch strenge Moral-Codizes nivelliert. Das Nervensystem wird an standardisierte Normen der Sexualmoral gekoppelt: Domestikation über sexualmoralische Prägungen: Identifikation mit gesellschaftlich vorgegebenen familiären Werten.

Kollektive Sozialisation, Insektoid (Stufe 12): Ergebenheit gegenüber dem Kollektiv, Identifikation mit dem menschlichen Bienenstock. Der eigene Individualismus wird vom Primat der Ziele und Werte des komplex organisierten Staates abgelöst.

---

52. Das Erschließen kultureller Symbolsysteme durch Hand und Sprache beginnt zwar bereits sehr früh, wird aber dann zum primären Thema, wenn das Kind zu konkret-oprationalem Denken (Piaget) in der Lage ist. Das ist mit ca. sechs Jahren der Fall und folgerichtig beginnt hier die massive Initiation in den aktuellen kulturellen Weltentwurf in Form von Beschulung. Leary würde sagen, das Nervensystem wird hier nachhaltig mit den Imprints der kulturellen (wissenschaftlichen, religiösen, weltanschaulichen, regelbezogenen) Kognitionen oder Memen *geprägt*. Parallelen finden sich bei Erikson, der die Entwicklung des Kompetenzgefühls (Werksinn) mit den Erfahrungen von Erfolg und Mißerfolg in der Schule koppelt, bei Freud, der der Latenzphase (zwischen sechstem Lebensjahr und Pubertät) die Aufgabe der Bildung zuschreibt und bei Norbert Bischof, der diese Phase des konkret-operationalen Denkens mit dem Archetypus des Tricksters, der sich kognitiv spielerisch und derb die Welt erobert, charakterisiert. Dieser Schaltkreis wird von der Karte *V-Hohepriester* repräsentiert. Diese Karte hieß ursprünglich „Der Papst" und deutet damit auf den höchsten Repräsentanten der (damals) kulturell für wahr gehaltenen Welterklärung hin.

53. Orale, handwerkliche Sprache, Larynx: Kehlkopf.

54. Dieser Schaltkreis steht in Beziehung zur Karte *VI-Die Liebenden*. Vgl. dort.

Die vier ‚postterrestrischen, Postbienenstock'-Schaltkreise

5. Neuro-somatischer Schaltkreis[55]

Das Nervensystem erschließt sich auf diesem Schaltkreis die Signale der psychophysischen Ganzheit der Person. Es wird sensibel für *sensations* des körperlichen Wohlbefindens und Unbehagens. Man lernt, seinem Körper und seiner Psyche über Manipulationen des eigenen Nervensystems Befriedigungen zu verschaffen. Das Nervensystem wird mit den verschiedenen Aspekten des körperlichen Vehikels dauerhaft verknüpft. Man gewinnt Kontrolle über die vegetativen[56] (Gesundheit) und neuro-endokrinologischen[57] (emotionales Wohlbefinden) Funktionen des eigenen Körpers. Gesellschaftliche Konditionierungen bezüglich psychophysischer Befriedigungen verlieren durch diese Erfahrungen an Glaubwürdigkeit: Man raucht lieber Marihuana, statt auf ein Eigenheim zu sparen (Stufe 13) oder betreibt Hatha-Yoga, statt in ärztlichen Wartezimmern die Zeit totzuschlagen (Stufe 14). Statt sich mit den dogmatischen Moralvorstellungen der Gesellschaft zu identifizieren, bildet man lieber Netzwerke mit Gleichgesinnten in Form von Bewusstseinsgruppen, Sekten oder Kulten (Stufe 15).

6. Neuro-elektrischer Schaltkreis[58]

Die Informationsverarbeitung und –übertragung im Gehirn funktioniert über elektrische Impulse. Über 100 Milliarden Nervenzellen, von denen jede etwa 10.000 synaptische Verbindungen zu anderen Nervenzellen aufbauen kann, bilden die Hardware für psychophysische Programme in Form von neuronalen Netzwerken. Eine Nervenzelle wird elektrisch aktiviert und leitet den Strom über seine Axone (‚Kabel') zu den Nervenzellen, die mit ihr verbunden sind. Darüber, welche Nervenzellen mit welchen anderen axonal verbunden sind, entscheidet die Qualität der Erfahrungen im Laufe des Lebens. Jedes neuronale Netzwerk steht für etwas. Durch Häufigkeit der Benutzung dieser synaptischen[59] Netzwerke werden diese verstärkt. Daraus folgt: häufige Wiederholung stabilisiert das neuronale Netzwerk, das für den Inhalt des Wiederholten steht. Wenn man ein Stück auf dem Klavier oft

---

55. Repräsentiert durch die Karte *XI-Lust*. Zur Integration Leary und Wilber: vgl. S.190.
56. Vegetativ: die Funktionen und Wirkungen des autonomen Nervensystems, das für die Steuerung innerer Organe, des Stoffwechsels usw. zuständig ist, betreffend.
57. Neuro-endokrinologisch: die Funktionen und Wirkungen des innerkörperlichen Botenstoffsystems (Hormone).
58. Repräsentiert durch die Karte *XIX-Sonne*. Zur Integration von Leary, Wilber und dem Sonnensymbol vgl. S. 293.
59. Synapse: Die Verbindung eines Axons („Kabels") mit der benachbarten Nervenzelle. Salopp gesagt: Stecker und Steckdose.

genug gespielt hat, haben sich die neuronalen Netzwerke, die für diese Fertigkeit stehen, hinreichend genug stabilisiert, um dieses Stück als leicht zu empfinden. Aber häufige Frustrationen führen ebenfalls zu stabilen neuronalen Netzwerken, die für diese frustrierten Gefühle stehen.

Die funktionale Grundlage all dessen ist allerdings das Fließen eines elektrischen Impulses von einer Nervenzelle zu den anderen. Es sind, vereinfacht gesagt, An/Aus-Entscheidungen.

Das Gehirn müsste also, so Learys Idee, von einem elektromagnetischen Feld umgeben sein, da in ihm selbst ständig elektrische Impulse aufflackern. Die Qualität dieser elektromagnetischen Felder ist abhängig von dem, was in dem Gehirn gerade passiert. Die Kopplung der Wahrnehmungsfähigkeit des Nervensystems mit den Signalen der elektromagnetischen Aktivitäten ist Kernthema des sechsten Schaltkreises. Das Nervensystem öffnet sich für die vibrierenden Signale der elektromagnetischen Kraft, die man als reine, fließende Energie verstehen kann.

Auf Stufe 16 zeigt sich die neuro-elektrische Empfänglichkeit mit einem noch kindlichen Staunen über diese Fähigkeit.

Ein langes diszipliniertes Training sei nach Leary nötig, um die passive Stufe des neuro-elektrischen Schaltkreises zu überwinden, und diese Signale aktiv zu kontrollieren. Das Gehirn sei auf dieser Stufe damit beschäftigt, die neuro-elektrischen Signale der ersten fünf Schaltkreise aufzunehmen, zu verarbeiten und in eine sinngebende Ordnung zu überführen. Umgekehrt kann auf diese Weise auch der sechste Schaltkreis Einfluss auf die fünf unteren nehmen, was sich in sogenannten energetischen Geistheilungen zeigen kann.

7. Neurogenetischer Schaltkreis[60]

Dieser Schaltkreis befreit das Nervensystem von seinen Bindungen an die individuelle Entität des Organismus und macht es empfänglich für Informationen aus der DNS. Leary glaubt in der DNS, die in jedem Zellkern eines jeden Organismus gespeichert ist, das verbindende und Intelligenz stiftende Element zu erkennen. Die DNS existiert seit Anbeginn des organismischen Lebens und veränderte und vervielfältigte sich durch Mutationen. Der einzelne Mensch wird auf diesem Schaltkreis zu einem Trägerelement, das sich die DNS seit Jahrmilliarden, beginnend mit Einzellern, um sich herum gebaut hat. Auf dem siebten Schaltkreis werden Informationen aus der DNS, Absichten der DNS und die Intelligenz der DNS erfahrbar.

---

60. Repräsentiert durch die Karte *XX-Äon*. Zur Integration Crowley, Wilber und Leary, vgl. S. 301.

„Das Nervensystem empfängt Signale von der DNS."[61] Und weiter: „Im Innern des Nukleus jedes Neurons ‚lebt' ein DNS-Hauptplan, der eine Kette von körperlichen Reinkarnationen, die bis zum Ursprung des Lebens auf diesem Planeten zurückreicht, gespeichert hält."[62] Auf dem siebten Schaltkreis würden Signale aus der DNS bewusst. Dem Neuling auf diesem Schaltkreis erscheinen verwirrende Bilder aus dem genetischen Archiv der Biografie des Lebens an sich.

Verschmelzung und Symbiose zwischen verschiedenen Spezies und die Erkenntnis, dass alles organische, DNS-gesteuerte Leben letztlich ein einziges „Sprachsystem" ist, werden möglich.

Das Bewusstsein verlässt die Identifikation mit der eigenen Entität und deren energetischen Mächten (die da auch schon nicht mehr egoisch waren), sondern identifiziert sich mit dem Leben an sich, der Intelligenz, die seit Anbeginn die einzige und gleichzeitig vielfältige Quelle des lebendigen Bewusstseins ist. Organismisches Leben wird zu einer kurzfristigen Spielart dessen. Reinkarnationsreihen werden zu komplexen multikausalen Ereignissträngen: Buddha war sich aller Reinkarnationen bewusst, Christus (so das allegorische Bild) kam aus dem jungfräulichen Schoß, bar jeder karmischen Verschlackung.

Für Leary lag es nahe, im DNS-Code diese mächtige Lebensquelle zu sehen. Die wissenschaftliche Sicht auf die DNS erfüllte damals bestimmte Bedingungen, die Learys Interpretation zu rechtfertigen scheinen: Sie besteht seit Anbeginn des organischen Lebens auf diesem Planeten; sie ist in gewisser Weise unsterblich; sie durchzieht in ihrer ‚Biografie' alle Mutationsreihen von den ersten Einzellern bis zum Menschen heute. Sie ist in gewisser Weise zwischen allen planetaren Lebewesen verwandtschaftsstiftend.

8. Metaphysiologische Entwicklung[63]

„Die achte Periode der Evolution beginnt, sobald das neuro-genetische Bewusstsein Kontakt aufnimmt mit der – und geprägt wird durch – die subatomare, quantenmechanische *contelligence*."[64]

Diese Entwicklungsstufe ist kein neuronaler Schaltkreis mehr. Leary fragt nach dem *Ursprung* der DNS und glaubt diesen in Form von Höheren Intelligenzen in den Atomkernen ausmachen zu können. Seine Vermutung sei nicht weniger abwegig als die Erklärungen der Christen, Moslems, Hindus

---

61.Leary, a.a.O., S. 205
62. A.a.O., S. 205
63. Repräsentiert durch die Karte *XXI-Universum*. Zur Integration Leary, Wilber, Aurobindo und Vedanta, vgl. S. 309.
64. A.a.O., S. 212

und Buddhisten, fügt er ironisch hinzu. Die Schwingungen im subatomaren Bereich seien Träger von Information und Intelligenz.

Leary bezieht sich auf quantenphysikalische Erkenntnisse und folgert aus ihnen, dass die Kraftfelder im subatomaren Bereich, wenn sie schon Energie sind, auch Information sein müssen. Warum darin nicht eine kosmische Meta-Intelligenz sehen: Quants und/oder subatomare Felder sind verbunden mit dem ganzen Kosmos, verwoben in ein unendliches chaotisch-geordnetes Ganzes. Die DNS (siebter Schaltkreis) besteht aus Proteinen, diese aus Molekülen und Atomen und in diesen – kosmische Unendlichkeit, universelle Intelligenz.

„Neuro-atomare Verschmelzung (Sternenlicht) schließt Kraftfelder von interstellarem Ausmaß mit ein und impliziert ein einheitliches galaktisches Bewusstsein."[65] Subatomare Intelligenz verschmilzt mit subatomaren Informationen des ganzen Kosmos.

Eine galaktische, umfassende Intelligenz – die der Ursprung für die subatomaren Informationen ist, und diese wiederum für die genetischen Baupläne, diese für die neurosomatische Intelligenz, diese für die menschliche Spezies mit all ihren gesellschaftlichen Organisationsformen, bis ganz „hinunter" zum rein materiellen Überleben eines Organismus.

Außen- und Innenperspektiven in der Entwicklungswissenschaft: Learys neuronales Modell und Wilbers Bewusstseinsspektrum

Bei aller augenscheinlichen Utopie lässt sich Learys Schaltkreise-Modell nur angemessen würdigen, wenn man sich vergegenwärtigt, dass Leary durch und durch Empiriker war. Die Tatsache, dass er für seine psychonautischen Erkundungen größtenteils psychotrope Substanzen nutzte, begründet sein Interesse für die Wirkweise des Nervensystems: Wie kommt es, dass ich meinem Gehirn eine Substanz zuführe und dann andere Bewusstseinszustände erfahren kann? Was macht diese Substanz in mir und in meinem Nervensystem?

Anders Praktiker, die *Meditation* als psychonautisches Vehikel nutzen: Sie erfahren die Veränderungen ihres Bewusstseins kraft ihrer Konzentration und ihres innerpsychischen Willens. In der reinen Meditation, die auf keine äußeren Hilfsmittel zurückgreift, wird die reine autopoietische Entfaltungskraft des Selbstsystems aktiviert und kontrolliert. So ist zu erklären, dass Empiriker des meditativen Weges größtenteils Sprachsysteme bevorzugen, die die Entwicklung von Bewusstsein (aus der Innenperspektive) beschreiben.

---

65. A.a.O., S. 223

Leary aber griff auf *äußere* Hilfsmittel zurück und versuchte die Wirkung dieser psychotropen Werkzeuge (Psylocibin, Meskalin, LSD) auf das Nervensystem zu ergründen. Dabei wird auch das Nervensystem zu etwas als äußerlich Empfundenes, also zum Forschungsgegenstand (Beschreibung von Entwicklung aus der Außenperspektive, hier mithilfe des Nervensystems).

Betrachten wir uns aber die reine phänomenologische *Erfahrung*, die hinter den höheren Schaltkreisen steht, und ignorieren alle Erklärungsversuche und Interpretationen, dann können wir diese mit den Erfahrungen anderer Praktiker vergleichen.

Es ist möglich, in Learys höheren Schaltkreisen eine direkte Korrelation mit den transpersonalen Bewusstseinsstufen Aurobindos, des Vedanta und anderer praktischer Schulen zu erkennen. Praktiker auf diesem Gebiet werden zwangsläufig zu ähnlichen Ergebnissen kommen, auch wenn sie sich unterschiedlicher, etwa wissenschaftlicher, religiöser oder anderer Sprachen bedienen, weil die *Grundlage* ihrer Erkenntnisse die konkrete psychonautische Erkundung ist und in einer empirisch erfahrbaren psycho-energetischen Wirklichkeit verankert ist.

Die acht Schaltkreise - ein integrales Modell?

Learys Schaltkreise-Modell bezieht sich eindeutig auf neuronale Strukturen, die mit ihrem Aktiv-Werden Bewusstsein erst ermöglichen.[66] Leary vermeidet weitgehend Innenperspektiven, obwohl gerade die ersten vier Schaltkreise implizit eine Nähe zur tiefenpsychologischen Tradition nahelegen. Der Bio-Überlebensschaltkreis korrespondiert inhaltlich mit Freuds oraler Phase, der zweite Schaltkreis mit der analen und ödipalen, der dritte Schaltkreis mit den neofreudianischen Sichtweisen auf die Latenzphase und der vierte Schaltkreis mit der genitalen Phase.

Kritisch anzumerken sind in diesem Zusammenhang zwei Aspekte: Erstens bleibt Learys Modell solange eine wissenschaftliche Fiktion, wie keine neurologischen Befunde vorliegen, die die Existenz dieser Schaltkreise erhärten würden. Es dürfte auch schwierig sein, einen Neurologen zu finden, der sich bereit erklärt, eine derartige Untersuchung durchzuführen. Zweitens sind die Beschreibungen der ersten vier Schaltkreise mit einem fatalistischen Vorzeichen versehen. Die Prägungen dieser neuralen Schaltkreise werden als etwas beschrieben, das später widerrufen werden muss. Leary

66. Neurologen (z.B. Eccles) vertreten dem gegenüber die These, dass das Gehirn eher ein Empfänger und weniger ein Erzeuger von Bewusstsein sei. Vgl. van Lommel: Unendliches Bewusstsein. Mannheim: Walter, 2010. So könnte man alternativ das Gehirn als einen Transformator von Bewusstsein in das durch das Nervensystem erzeugte Ich-Gefühl verstehen.

geht kaum auf die notwendigen und nützlichen *Errungenschaften* dieser Stufen ein, auf das, was im Sinne eines holarchischen Modells als Teil der komplexeren nächsten Schaltkreise bewahrt werden sollte.[67] Nicht unverständlich, wenn man bedenkt, dass die ersten vier Schaltkreise die Seins-Strukturen der Menschen und der Gesellschaft beschreiben, die Leary wegen des Besitzes einer geringen Menge Marihuana ins Gefängnis warfen.

Die meisten Entwicklungstheorien bis zum Zeitpunkt der Entstehung des Schaltkreis-Modells thematisierten ausschließlich das Werden des Menschen bis zu einer Stufe allgemeinen funktionierenden Angepasstseins des Menschen an die gesellschaftlichen Anforderungen. Insofern ist Learys Ansatz, dem bisherigen Werden des Menschen weitere, potenziell mögliche Entwicklungsstufen hinzuzufügen, für die damalige Zeit revolutionär gewesen. Seine höheren Schaltkreise sind im strengen Sinne des Wortes trans-personal, da sie die Auflösung der Identifikation des Bewusstseins mit der Persona implizieren. Die Verknüpfung präpersonaler (erster Schaltkreis), personaler (zweiter bis vierter Schaltkreis), psychischer (fünfter Schaltkreis) und rein transpersonaler (sechster Schaltkreis bis achte Entwicklungsstufe) Bewusstseinsstadien darf man mit Recht als, wenn auch noch rohe, Pionierleistung integraler Entwicklungstheorien betrachten.[68]

Die Überlegungen Learys sind nicht ohne Einfluss geblieben, auch wenn kein Wissenschaftler öffentlich zugeben würde, diese Theorie auch nur zu kennen. Das Leary-Modell ist auf jeden Fall kreativ und wurde produziert von einem Psychologen, der mit Ungeduld und viel Mut zusammenfasste, für was damals die Zeit längst reif war. Vielleicht ist seine Theorie sogar eher Kunst als Wissenschaft. Sie birgt auf jeden Fall profundes Fachwissen und war oder ist auf unerkannten Wegen sehr einflussreich, weil es heimlich bei den heutigen Fachleuten im Bücherregal verschämt hinter den seriösen Folianten versteckt liegt und deren Denken maßgeblich mit beeinflusste.

Da das Leary-Modell eines der wenigen holarchischen und vor allem auch transpersonalen Modelle darstellt, steht es hier in diesem Buch als Referenz zur Verfügung – sei es nun Kunst oder Wissenschaft – oder sogar als Indiz dafür, dass beides zusammen zu ausgesprochen kreativen Leistungen führen kann.

---

67. Diese werden in den Beschreibungen der Großen Arkana 0 bis XIII beschrieben.

68. Learys Modell ist dann keine integrale Theorie, wenn man unter einer solchen ein Metamodell aus vielen zusammengetragenen Entwicklungsmodellen versteht.

3. Das erweiterte Spektrum der Psychologie: Aus Pluralismus wird Integralismus

Im vorangegangenen Abschnitt habe ich in aller Kürze einflussreiche Modelle aus der Entwicklungspsychologie vorgestellt. Diese, und weitere, die im Anhang zu finden sind, habe ich als Referenzmaterial herangezogen, um meine These zu überprüfen, dass die Großen Arkana des Tarot ebenfalls, zumindest implizit, ein integrales Entwicklungsmodell bereitstellen. Was bedeutet nun eigentlich integrales Bewusstsein? Aus der Antwort auf diese Frage lassen sich auch in allgemeiner Form die Aufgabenbereiche einer integralen Psychologie ableiten. So wie man in der Psychologie in kognitive Prozesse (Methoden wie Denken, Erinnern, Schlussfolgern) und kognitive Strukturen (Inhalte, wie Wissen, Erinnerungen) unterscheidet, so sollen auch hier sowohl die methodischen als auch inhaltlichen Aspekte berücksichtigt werden.

Integrales Bewusstsein

Methodisch: Integrales Bewusstsein verschmilzt zu einer holistischen Ganzheit, was zuvor noch pluralistisch nebeneinanderstand, sich tolerierte, aber nicht verstand. Formal-operationale Perspektivität löst sich auf in einer integrierenden Aperspektivität.

Inhaltlich: Integrales Bewusstsein löst Formop-Bewusstsein nicht einfach ab, sondern enthält die Errungenschaften ihrer Vorgänger als Teil seiner umfassenderen Weltsicht.

Integrales Bewusstsein ermöglicht eine Beweglichkeit des Bewusstseins, die anzeigt, dass die Aufmerksamkeitsausrichtung des Bewusstseins unserem Willen unterworfen ist und somit bewusst die magische, mythische, rationale, integrale oder spirituelle Ebene einnehmen kann. Zum anderen bedeutet *integrales Bewusstsein*, dass jede Bewusstseinsstruktur alle ihre Vorgänger in sich integriert hat (sodass wir hier besser von *integriertem Bewusstsein* sprechen), die rationale Struktur beispielsweise auch das Magische und das Mythische als Element in sich enthält – und umgekehrt ebenso die vorangegangenen Bewusstseinsstrukturen ‚informiert' werden über das Emanieren umfänglicheren Bewusstseins und lernt, dessen Direktiven zu respektieren.

Integrale Psychologie

Eine integrale Psychologie berücksichtigt dementsprechend alle Bewusstseinsstrukturen, die als Ursprung sowohl im Menschen als auch in der Wissenschaft Psychologie in die Gegenwart hineinwirken. Eine integrale

Psychologie verwirft nicht, indem sie, wie im Formop-Pluralismus, nur die Perspektiven wechselt, sondern sie versucht, neue Perspektiven mit den bereits etablierten zu einem Ganzen zu vereinen. Daraus entwickelt sie ein integrales Meta-Modell, das die anerkannten unterschiedlichen Perspektiven (Theorien) in sinnvolle Beziehung zueinander setzt. Ken Wilbers Modell ist das gegenwärtig bekannteste und umfassendste solcher Meta-Modelle.

Neueren Befunden zufolge sollte das Modell der kognitiven Entwicklung nach Piaget um mindestens eine (mentale) Bewusstseinsstruktur erweitert werden, die in sich die formal-operationale Denkstruktur als Bestandteil enthält, aber zu einer umfassenderen Qualität erweitert. Nach Gebser kann diese integral-aperspektivisch, nach Wilber postformal oder polyvalente Schaulogik genannt werden.

Integrale Psychologie berücksichtigt jenseits der mentalen Bewusstseinsstrukturen potenziell mögliche umfassendere transpersonale Bewusstseinsstrukturen, also Strukturen, die unter Umständen vom Forscher selbst noch nicht errungen wurden.

Wie weiter oben beschrieben lassen sich die Prämissen integralen Bewusstseins nicht nur auf den individuellen Menschen, sondern auch auf komplexe Denksysteme wie etwa Wissenschaften anwenden. Ein Denksystem, das sich selbst zur Entfaltung höherer geistiger Organisationsstrukturen unfähig macht, etwa durch Dogmatisierung, kann allenfalls eine geistige Durchgangsstation für Selbstentwickler anbieten. Formal-pluralistische Psychologie aber trägt in sich durchaus das Potenzial, die bisher nebeneinanderstehenden Puzzlesteine ihrer Forschungen aus kognitiver Psychologie, Entwicklungspsychologie, Wahrnehmungspsychologie und vieler weiterer Subdomänen in einen integrierenden Überbau zu vereinen. Ken Wilber schlägt ein solches Meta-Modell für den Bereich der *Entwicklungs*psychologie vor; allein hier konnte sich der Anwendungsbereich dieser psychologischen Subdomäne um ein Vielfaches erweitern. Ein noch umfassenderes System, das *alle* psychologischen Forschungsbereiche in sich schlüssig einen kann, wurde meines Erachtens derzeit noch nicht vorgestellt.[69]

Indem Wilber historische Größen des Abendlandes wie Plotin, Augustinus, Meister Eckhart und Teresa von Avila als Gewährsleute für die transperso-

---

69. Es gibt allerdings aus anderen psychologischen Subdomänen, die in sich ähnlich pluralistisch zersplittert sind, ebenfalls integrale Bemühungen, etwa im Bereich der Psychotherapie, in dem bislang verschiedene Therapieschulen für sich in Anspruch nahmen, die einzig richtige zu sein. Der Schweizer Psychotherapeut Klaus Grawe schlug eine Integrale Therapie vor, die Elemente der Verhaltenstherapie, Tiefenpsychologie, Gesprächspsychotherapie und anderer in sich enthalten sollte, da sich durch umfangreiche Meta-Analysen herausstellte, dass der wichtigste Wirkfaktor gar nicht die paradigmatische Ausrichtung des Verfahrens sei, sondern zum Beispiel die Beziehung zwischen Klienten und Therapeuten. Vgl. Klaus Grawe: Psychotherapie im Wandel. Göttingen: Hogrefe, 1994.

nalen Bewusstseinsstadien heranzog,[70] versuchte er bereits eine Brücke in die Vergangenheit unseres Kulturkreises zu schlagen. Das liegt auch in der Natur eines geistigen Instruments zur Synthese dessen, was bislang unvereinbar schien: Es erlaubt uns, in unserer kulturhistorischen Vergangenheit ungehobene Schätze zu entdecken und sie durch Anwendung der methodischen Injunktionen der integralen Psychologie daraufhin zu überprüfen, ob sie sich in den integralen, vereinenden Überbau einordnen lassen. Pluralistisch orientierten Wissenschaften ist das naturgemäß durch deren ratiozentrische Isolation im eigenen Paradigma, das bestenfalls tolerieren kann, was neben ihm steht, kaum möglich. Das mag auch der Grund dafür sein, dass bisher kein Psychologe auf die Idee kam, dass in den Tarotkarten der Großen Arkana eine implizite Entwicklungstheorie verborgen sein könnte.

Werfen wir nun einen Blick auf den Tarot und seine Geschichte, bevor wir die überlieferte Reihenfolge der Großen Arkana vorbereitend skizzieren.

70. Vgl. unten, pgFelder XVII bis XIX.

4. Ein kulturhistorisches Erbe: Der Tarot

Das Werden des Tarot und Crowleys hermetische Enzyklopädie

Ursprünglich scheint der Tarot ein reines Kartenspiel gewesen zu sein. Etwa im 14. und 15. Jahrhundert sind die ersten europäischen überlieferten Karten entstanden, im 18. Jahrhundert begann man ihnen auch offiziell geheimnisvolle Bedeutungen beizumessen, vor allem den 22 Großen Arkana. Man sprach auch da schon von der Darstellung eines Initiationsweges, einer Abfolge von Entwicklungsschritten, die ein Mensch zur vollen Bewusstheit und zur höchsten Entfaltung zurückzulegen habe. Die Großen Arkana sind allem Augenschein nach ein artifizieller kreativer Akt und es ist tatsächlich erstaunlich, welch allgemeiner und kollektiver Natur ihre Inhalte sind.

Anfang des 20. Jahrhunderts erlebte der Tarot eine Renaissance durch zwei neue Blätter, dem sogenannten Rider-Waite-Tarot und Crowleys Thoth-Tarot. Beide, Waite und Crowley, gehörten zeitweise demselben freimaurerähnlichen Geheimbund an, dem *Order of The Golden Dawn*, und aus diesem schöpften die beiden zum Teil ihre mannigfaltige Symbolik für den Tarot.

Sowohl Waite als auch Crowley haben mit ihren Tarotsets eine Art mythisch-ikonische Zusammenfassung abendländischer hermetischer Symbolik geschaffen, wobei der Crowley-Tarot seinen Vorgänger, den Waite-Tarot, (nicht nur) darin mehr als nur um Haupteslänge überragt.[71]

Crowleys Karten, die von einer Künstlerin namens Lady Frieda Harris nach seinen Entwürfen gemalt wurden, sind größtenteils von bestechender Schönheit, vor allem aber von einer Symbolfülle, die jedes Lexikon der hermetischen Wissenschaften in den Schatten stellt. Kein Detail wurde dem Zufall überlassen – jede Blüte, ihre Farbe, ihre Stellung im Bild oder die Anzahl der Blütenblätter – all diese Details sind Metaphern, Allegorien des abendländischen Mystizismus. Wie es Crowley gelungen ist, ein solches Werk zu schaffen, ist angesichts seiner zwiespältigen Biografie eine interessante Frage.

Der rationale Mensch der Postmoderne verwehrt sich selbst den Zugang zu seinen archaischen, magischen und mythischen Wurzeln und verschanzt sich in rationalen Schützengräben. Crowley wuchs in einem streng viktorianischen Elternhaus ohne Vater auf. Später ließ er nichts unversucht, die starren moralischen Mauern des viktorianischen Denkens zu umgehen, er

71. Crowleys Interesse galt nicht nur dem europäischen Okkultismus, sondern er praktizierte später Yoga und studierte östliche Erkenntnissysteme, etwa den Taoismus oder den Buddhismus.

trickste seine eigene Ratio aus, indem er alle möglichen magischen Rituale unternahm (die per se irrational sind), alle Drogen nahm, derer er habhaft werden konnte, und überhaupt jeden Anflug eines normalen und gesitteten Lebens vermied, wo es nur ging. Es ist zu erwarten, dass ein solcher Mensch die Grenzen des kollektiven Weltbildes in seinem eigenen Kopf auflöst und durchlässig macht. Seine Bollwerke gegen die irrationalen oder prä- bzw. transrationalen Aspekte werden brüchig und unzuverlässig und es ist zu erwarten, dass es immer wieder zu kreativen Ausbrüchen kommt, in denen sich projektiv sein Unbewusstes zu Wort meldet.

Es soll noch einmal darauf hingewiesen werden, dass eine ‚integrale' Persönlichkeit entsprechend des Baumringe-Modells die ‚inneren Baumringe' oder die Errungenschaften früherer Entwicklungsstufen in sich zu einem relativ widerspruchsfreien Ganzen vereint. Das animalische Element im Menschen wurde in der viktorianischen Zeit (ähnlich wie in der wilhelminischen Epoche in Deutschland oder zur Zeit Freuds in Österreich) auf rigide Weise unterdrückt und damit in den Schattenbereich (nach Jung) abgedrängt. Diese Abspaltungen wirken dann autonom, entweder in Form von aggressiven Projektionen, quälenden Traum- und Fantasiebildern oder indem das Pendel in die andere Richtung ausschlägt. Crowleys Lebenswandel, sofern die Quellen stimmen, muss auf seine Zeitgenossen wie ein abschreckendes Spiegelbild des kollektiv Verdrängten gewirkt haben.

Aleister Crowley kämpfte Zeit seines Lebens gegen die Lüge der viktorianischen Weltsicht und Konvention. Ein solcher Kampf wirft sicher die Frage auf, wie denn die ‚Wahrheit' hinter den Schleiern der konventionellen Lügengebäude aussehen mag. Seine konsequente Ablehnung des damals anerkannten Weltbildes zwang ihn, nach der Wahrheit in den Gebieten und Domänen zu suchen, die von der bürgerlichen Konvention seiner Zeit tabuisiert wurden: Drogen, Sexualität, aber auch Magie, Okkultismus und das Ergründen der Weltentwürfe fremder Kulturen (die das Kolonialreich England damals sicher nicht ernst nahm). Die damalige Gesellschaft, die sich von Crowley dieserart angegriffen sah, schlug mit den ihnen eigenen Mitteln zurück: Diffamierung, Ignoranz seiner ernsteren Aussagen oder Schriften und vor allem, indem sie ihn zum Gegenstand von Klatsch und Skandal machte.

Es ist gut möglich, dass Crowley in unserer Zeit ein ganz anderes Schicksal beschieden wäre. Einige seiner überlieferten Eskapaden, so sie denn überhaupt stimmen, würden heute kaum zu einem Skandal führen.

Sein schriftliches Werk spielt im Zusammenhang mit diesem Buch keine weitere Rolle, wohl aber die von ihm entworfenen Tarotkarten, die seit den 1960er Jahren an Popularität stetig gewannen und die für die heutige Popularität des Tarot an sich maßgeblich verantwortlich sind. Die von ihm zusammengetragenen Symbole, deren assoziationsfähigen er in die entsprechenden Karten bündelte und somit für jede Karte gleichsam ein ja schon lexikalisches magisch-mythisches Symbolensemble schuf, sind heute ohne Konkurrenz und viele der neueren Tarotsets orientieren sich an ihm.

In den Einzelbeschreibungen der Großen Arkana im Teil II dieses Buches werden wir auf diese Symboliken immer wieder zurückkommen.

Der Tarot und die *philosophia perennis*

Crowley schrieb in seinem ‚Buch Thoth', sein Tarot sei der geeignete Führer für das neue Jahrtausend. Ob wir dem Tarot eine solche Potenz zusprechen dürfen, mag in Zweifel stehen. Wenn sich allerdings zeigen sollte, dass zumindest die Großen Arkana ein ähnliches Entwicklungsmodell wie das der integralen Psychologie repräsentieren, müssten wir den Tarot als Teil des roten Fadens von Huxleys *philosophia perennis*, der ewigen Philosophie, die immer wieder in variierender kulturabhängiger Form gleichermaßen hervorbringt, was unser menschliches Leben, Werden und Sein ausmacht, akzeptieren.

Die Rationalisten haben bisher den Tarot links liegen gelassen, sodass seine Sprache noch rein mythisch ist. Erinnern wir uns: Mythisch heißt, das *Innere* projektiv bildhaft nach *außen* zu werfen. Und die Anwendung des Tarot ist noch immer fast rein magisch, indem er für Orakeleien benutzt wird. Auch hier haben die Rationalisten einen Bogen um den Tarot gemacht, wohl weil sie mit ihm und seinen potenziellen Anwendungen nichts anzufangen wussten.

Zwischen der pluralistischen formalen Ratio und der magischen/mythischen Vergangenheit des geistigen Abendlandes klafft ein Abgrund, weil die Einvernahme der magischen und mythischen Bewusstseinsstruktur erst dem integral-aperspektivischen Bewusstsein möglich ist. Formales rationales Bewusstsein musste sich von der vormaligen Identifizierung mit mythischen Weltsichten differenzieren, ein Prozess, der spätestens seit der Aufklärung im Gange ist. Integrales Bewusstsein nimmt integrierend und verbindend wieder hinein, von was man sich distanzierte. Der Tarot als kulturhistorisches Instrument könnte die mentale Verbindung zwischen magischem, mythischen und rationalen Bewusstsein herstellen und somit einen Beitrag zu einer aperspektivischen metakognitiven Sicht menschlichen Werdepotenzials leisten.

Die Bezeichnungen der Karten konfrontieren uns mit zentralen Themen unseres Kulturkreises, sind geniun abendländisch, auch mit ihren Entartungen (siehe zum Beispiel die Karte *XII-Der Gehenkte*). Ein Spiegel unserer patriarchalisch eingerichteten Kultur sind die Benennungen der ersten fünf Karten, und alchemistische Symbole und Allegorien für das erahnte Transpersonale begegnen uns in den Karten *XVII-Stern* bis *XXI-Universum*. Jede

Karte des Tarot, vor allem der Großen Arkana, transportiert unsere Geschichte, unser Leid, unsere Erkenntnisse, unsere Sicherheiten und unsere Ängste als Europäer. In den Karten der Großen Arkana ist implizit unser ganzes abendländisches Gewordensein enthalten, in ihnen sind Kaiserreiche, Pest, Ritter, Tod und Teufel, in ihnen gibt es den Papst (der erst spät in ‚Hohepriester' umbenannt wurde) und die Päpstin (später in ‚Hohepriesterin' umgetauft) und auch die Symbolik des Christentums durchdringt einzelne Karten, wie etwa das ‚Jüngste Gericht' (das Crowley ‚Aeon' nennt) oder der ‚Teufel'. Im Tarot liegt die ganze gefühlte Biografie des abendländischen Geistes und das prädestiniert ihn dazu, uns als Brücke zwischen den verdrängten alten Bewusstseinsstrukturen und unserem aktuellen Bewusstsein zu dienen.

Der Tarot transportiert Elemente der Geschichte des Abendlandes und rührt damit an unserer okzidentalen Kollektivseele, ruft wach, was uns als Abendländern im Blut liegt. Ihn dem spekulativen Markt der Esoterik zu überlassen, wäre ein bedauernswertes Versäumnis. Unsere tatsächliche Stärke liegt im Annehmen dessen, was wir sind – nicht im Leugnen dessen, was wir nicht mehr sein wollen. Beschäftigen wir uns also mit dem Tarot und schauen wir, was wir aus ihm herausholen können

Die Großen Arkana als Initiations-Allegorien

Es hatte immer wieder Versuche gegeben, die Reihenfolge der Großen Arkana als eine Entwicklungs-Allegorie zu beschreiben. Die früheste bekannte Deutung dieser Art stammt von dem Schweizer Antoine Court de Gébelin aus dem 18. Jahrhundert.[72]

Das größte Problem, dem diese Interpreten damals gegenüberstanden (freilich ohne es zu wissen), war, dass sie keinerlei Vergleichsmaterial zur Verfügung hatten. Eine Entwicklungspsychologie, wie wir sie kennen, gab es nicht. Aber auch wenn ein *Entwicklungspsychologe* vor dem Entstehen der Integralen Psychologie (die auch transpersonale Entwicklungen berücksichtigt) den Tarot daraufhin hätte untersuchen wollen, hätte er feststellen müssen, dass die Reihenfolge der Karten mit den damals bekannten Entwicklungsstufen kaum korreliert: Bestenfalls von der Karte *III-Kaiserin* bis zur Karte *VI-Liebende/Brüder* wäre eine Übereinstimmung mit Freuds Phasenmodell und dessen Nachfolgern zu erkennen gewesen; ein Befund, der mit dem Zufall hätte erklärt werden können. Und es wäre die Frage offengeblieben, welche Bedeutung die ersten drei und die verbleibenden fünfzehn Karten haben könnten.

---

72. Weitere Interpretationen dieser Art stammen von Oswald Wirth, Elisabeth Haich, Hajo Banzhaf und anderen. Es gibt zwischen diesen nur wenig Konsens. Vgl. auch: Alfred Douglas: *Ursprung und Praxis des Tarot.* München: Diederichs, 1993.

Ein wirklich geeignetes Vergleichsmaterial stellt erst die moderne Entwicklungspsychologie der letzten zwei Jahrzehnte zur Verfügung, indem sie einerseits die Vorstellungen Freuds vom Säugling durch empirische Forschung korrigieren konnte und andererseits ein integrales Modell von Entwicklung über die Adoleszenz hinaus entwickelte. Es war erst die Integration transpersonaler Entwicklungsstufen und die Erweiterung der kognitiven Entwicklungsphasen, die es der Entwicklungswissenschaft ermöglichte, ein ganzheitliches oder vollständiges Modell menschlicher Entfaltung zu konstruieren. Dieses Modell einem Vergleich mit den Tarotkarten zugrunde gelegt, zeigt nun plötzlich die verblüffende Übereinstimmung.

Grundlage dafür ist allerdings die Interpretation der Symbole der Karten und ihrer Benennungen. Diese Symbole und Benennungen stammen größtenteils aus der italienischen Renaissance und einige Umbenennungen, die im Laufe der Jahrhunderte vorgenommen wurden, sind bekannt. So hieß die *II-Hohepriesterin* ursprünglich ‚Die Päpstin': im Gegensatz zur folgenden *III-Kaiserin* ein Symbol für eine geistige oder nicht-materielle Herrscherin. Wenn Jacob Burckhardt die Renaissance als Geburtsstunde des Individualismus kennzeichnet, darf man annehmen, dass in diesen geheimnisvollen Karten der Mensch, das Individuum Gegenstand des Interesses ist. Soweit die Hypothese. Um diese zu belegen, werde ich in *Teil II* dieses Buches auf den Symbolcharakter der einzelnen Großen Arkana eingehen, diesen in Bezug zur modernen Entwicklungspsychologie setzen und das Belegmaterial für ein psychogenetisches Modell menschlicher Entwicklung vorlegen.

5. Entfaltung des Bewusstseins - Die Großen Arkana

Kurzcharakterisierung des Entwicklungsmodells der Großen Arkana des Tarot

Es muss ein Unterschied gemacht werden zwischen Symbolsystemen und der Wirklichkeit. Dieser Gedanke spielt eine entscheidende Rolle zur Herleitung des Modells der psychogenetischen Felder.

Gleichnis: Sähen wir auf einem Hügel zwei Kastanien und zwei Eichen, würden wir mit Recht sagen, diese zwei Bäume und jene zwei Bäume sind zusammen vier Bäume. Daraus aber den Schluss zu ziehen, dass sich die Aussage „zwei plus zwei ist gleich vier" ebenfalls auf die empirische Wirklichkeit bezieht, wäre nicht richtig. In ersterem Falle ist es die sinnlich erfahrene Wirklichkeit, die die Wahrnehmung leitet. In zweitem Falle kommt das Bemühen des Menschen zum Tragen, aus dem Erfahrenen abstrakte Gesetzmäßigkeiten abzuleiten, in der Hoffnung, diese auf andere Situationen erfolgreich übertragen zu können. Diese abgeleiteten Gesetzmäßigkeiten, die man in der Wissenschaft ‚Theorie' nennt, sind nicht im erkenntnistheoretischen Sinne ‚wahr', sondern sie sind nur solange gültig, wie sie Ereignisse in der empirischen Wirklichkeit zuverlässig vorhersagen können oder bis sich eine bessere oder modifizierte Theorie finden lässt.[73]

Die klassischen Entwicklungstheorien sind keine empirische Beobachtung, wie die der vier Bäume im obigen Gleichnis, sondern abstrahierte Modelle über das Beobachtbare. Spätestens seit dem Aufkommen der integralen Psychologie zeigte sich, dass es eine bessere Theorie gibt, die in der Lage ist, mehr und eleganter empirische Beobachtungen menschlicher Entwicklung zu erklären. Dennoch ist sie ebenfalls nicht ‚wahr', sondern eine gedankliche Ableitung, ein geistiges Produkt (wie in obigem Beispiel die Mathematik), oder wie die Konstruktivisten sagen würden, eine Konstruktionsleistung des menschlichen Geistes. Auch diese Theorie wird irgendwann durch eine bessere abgelöst werden. Das ist das Schicksal wissenschaftlicher Theorien.

Mit dem Tarot verhält es sich ähnlich und doch etwas anders. Im Sinne moderner Wissenschaftsmethodik ist er kein wissenschaftliches Produkt, keine wissenschaftliche Theorie. Aber es ist möglich, mithilfe einer wissenschaftlichen Theorie aus den Tarotkarten ein wissenschaftliches Modell zu Beschreibung menschlicher Bewusstseinsentwicklung abzuleiten. Das zu tun, ist Anliegen dieses Buches und insbesondere des Teils II.

---

73. Ich beziehe mich hier ausdrücklich auf die Wissenschaftstheorie Karl Poppers und dessen Falsifikationsprinzip.

Durch den Vergleich der klassischen Entwicklungstheorien mit den ersten Tarotkarten sind wir in der Lage, den Entwicklungsstufen entsprechende Karten zuzuordnen. Deren Symbolik macht es uns ausgesprochen einfach: Der *III-Kaiserin* die orale Phase Freuds, dem *IV-Kaiser* die anale/ödipale Phase, dem *V-Hohepriester* (früher ‚Papst', dem damals höchsten „Welterklärer") die Latenzphase (die Zeit zwischen 6. Lebensjahr und Pubertät) und den *VI-Liebenden/Brüder* die genitale Phase zuzuordnen, ergibt auch symbolisch durchaus Sinn. Die modernen Erweiterungen kognitiver Entwicklungstheorien, von postformaler Logik bis zu Wilbers sogenanntem zentaurischen Bewusstsein, erlaubt uns weitere Zuordnungen bis zur Karte XI. Die ersten Karten (0, I und II) können durch die Befunde der modernen Säuglingsforschung abgedeckt werden. Zur genauen Herleitung und Zuordnung verweise ich hier auf Teil II. Ähnlich einfach macht es uns die Symbolik der Karten, wenn wir sie mit dem transpersonalen Bereich der integralen Entwicklungspsychologie in Beziehung setzen (siehe Tabelle weiter unten). Diese Übereinstimmung ist kongruent genug, um sogar (kulturübergreifend!) zu gleichen symbolhaften Bildern zu greifen (siehe vergleichende Tabellen im Anhang und die konkreten Beschreibungen der einzelnen Karten oder pgFelder in Teil II dieses Buches). Hier kann die Evidenz des Tarot als Entwicklungsmodell auch im transpersonalen Bereich festgestellt werden.

Uns steht also ein durch westliche Forschungsergebnisse abgesicherter erster Teil und ein durch östliche Erfahrungswerte abgesicherter dritter Teil eines psychogenetischen Modells zur Verfügung.

Würde man diese beiden Teile zusammenfügen, bzw. die Karten XII bis XVI weglassen, ergäbe sich fast eine Deckungsgleichheit mit Ken Wilbers integralem Entwicklungsmodell. Warum aber gibt es noch eine Reihe von ‚düster' anmutenden Karten im Zwischenbereich?

Wilbers integrales ‚Spektrum des Bewusstseins' ist eine Theorie, ein Modell und nicht die Wirklichkeit; es ist gleichsam Landkarte und nicht das Territorium. Wilber greift auf die Terminologie des Vedanta zurück, um den transpersonalen Bereich zu kennzeichnen. Er hätte ebenso gut die Terminologie der christlichen Mystik wählen können oder vielleicht Begriffe einführen können, die kulturunabhängig sind. Bei genauerem Blick ist Wilbers Modell ein Modell der Bewusstseinsentwicklung, dessen Fokus hauptsächlich auf die kognitiven Basisstrukturen gerichtet ist und von dort aus deren Auswirkungen in der Praxis untersuchen kann. Beispiel: Wilber spricht von postformalem Bewusstsein und beschreibt dann auf dieser Grundlage, wie dieses Bewusstsein die Welt sieht, wie es Probleme lösen kann, etc.

Bei den Großen Arkana des Tarot scheint es umgekehrt zu sein: Hier werden – zumindest legt es die Symbolik nahe – kollektiv gültige ‚psychogenetische' Erfahrungsfelder beschrieben, die in ihrer Folge bestimmte Bewusstseinsstrukturen nahelegen, aber auch andere Auswirkungen symbolisch beinhalten können. Wenn die Großen Arkana wie Wilber die *kognitiv* ausgerichtete Entwicklung thematisieren würde, gäbe es vermutlich einige Karten weniger.

Das scheint der Grund zu sein, warum im Tarot eine mittlere Kartenfolge zwischengeschaltet ist.

Aus Wilbers Sicht folgen auf ein integrales Bewusstsein und dessen praktische (mögliche) Folge eines zentaurischen Welt- und Selbstbildes erste transpersonale Stufen. Das ist ohne Zweifel richtig. Aus der Sicht der *inhaltlichen Erfahrungsfelder* aber sind zwischen dem zentaurischen Bewusstsein und dem transpersonalen Bewusstsein noch einige allgemeingültige Themen zu bewältigen. Allerdings können all diese Themen auf der Basis eines integralen Denkens oder zentaurischen Bewusstseins bewältigt werden. Insofern besteht also kein Widerspruch zwischen Wilbers integralem Modell und dem hier vorzustellenden Modell der psychogenetischen Felder. Eher ist Letzteres als eine Ergänzung aus einer etwas anderen Perspektive zu verstehen.

Tatsächlich lässt sich der Tarot somit als eine Bedienungsanleitung zum Erreichen höchster Bewusstseinszustände interpretieren, auch wenn sich die Beschreibungen ‚nur' auf archetypische Bilder beschränken. Diese reine Bildhaftigkeit lädt förmlich zum kontemplativen Assoziieren mit ihnen ein, und vielleicht liegt es an der Unsagbarkeit von esoterischem, also ‚inwendigem' Wissen, dass die Tarotentwickler über die Ausdeutung ihrer Karten schwiegen, obwohl wir nicht wissen können, ob es nicht ursprünglich tatsächlich Texte zu den Karten gegeben hat, die in den Wirren der europäischen Geschichte verloren gingen.

Der Kreis der Großen Arkana

Bevor wir uns in Teil II den ausführlichen Beschreibungen der psychogenetischen Felder oder Tarotkarten widmen, sollen einige allgemeine Feststellungen zu dem pgFeld-Modell vorangestellt werden.

Doch werfen wir vorher einen Blick auf die traditionelle Reihenfolge der Großen Arkana.

In der unten stehenden Tabelle finden Sie die Benennungen der Karten in der linken Spalte, wobei auch die Umbenennungen von Aleister Crowley[74] kenntlich gemacht wurden. In der mittleren Spalte sind die traditionellen Deutungen einzusehen und ganz rechts werden die Karten als aufeinanderfolgende Stufen oder Strukturen der Bewusstseinsentwicklung dem integralen Modell Wilbers und anderer psychologischer Erkenntnisse folgend charakterisiert:

74. Zu Aleister Crowley vgl. Kap. 4 - Ein kulturhistorisches Erbe.

Kartenbezeichnungen	**Traditionelle Deutungen* (Auswahl)**	**Charakterisierung als Stufen/Strukturen eines integralen Entwicklungsmodells menschlichen Bewusstseins**
0 (XXII) - Der Narr	Unschuld, Torheit, Chaos, unbewusste Weisheit	Ursprung, das ‚wahre Selbst', Genom
Ia - Der Magier	Wille, Geschick, Schläue, Wissen, Einfallsreichtum	**Präpersonale** Struktur: der aktive Eigenanteil Selbstwirksamkeitserwartung, Der vitale Selbstversorger, Wille zum Tun, Wille zum Leben, Wirkmächtigkeit Ab Geburt
II - Die Hohepriesterin (früher: Die Päpstin)	Hingabe, Demut, verborgenes Wissen, Intuition, den eigenen Weg gehen	**Präpersonale** Struktur: erste Erfahrungen mit der Welt, in die wir geworfen wurden, Urvertrauen, das uns passiv Widerfahrende (Grundmatrizen des künftigen Weltentwurfs); Ab Geburt
		Personale Strukturen
III - Die Kaiserin	Unterstützung, Kreativität, Geborgenheit, Fruchtbarkeit, Mütterlichkeit	Geburt des phantasmisch-emotionalen Selbst (Wilber) durch Interaktion mit dem Mütterlichen, Geborgenheits- und Schutzerfahrungen, orale Phase (Freud), Urvertrauen vs. Urmisstrauen; Autonomie vs. Selbstzweifel (Erikson) 1 – 3 Jahre
IV - Der Kaiser	Aktivität, Strenge, Macht, Stärke, seine eigene Ordnung schaffen	Strukturgebung und Selbstbehauptungsmuster durch Interaktion mit den Personen im unmittelbaren Erfahrungsfeld des Kindes.+ Anale und ödipale Phase (Freud), Autonomie vs. Selbstzweifel; Initiative vs. Scham (Erikson) 2 – 6 Jahre
V - Der Hohepriester (früher: Der Papst)	Alte Werte, Tradition, überliefertes Wissen, Aufmerksamkeit, Sinnsuche, Vertrauen, Glaube	Welterklärung, Latenzphase (Freud) und des Trickster-Archetypus (Bischof), Kompetenz vs. Minderwertigkeit (Erikson), konkret-operationales Denken (Piaget); ab 6 Jahre

* Die *traditionellen Deutungen*, die ich hier anführe, sind ein Querschnitt aus der historischen und „herkömmlichen" Tarotliteratur. Wenn sich solche Deutungen in den verschiedenen Tarot-Veröffentlichungen seit über Hundert Jahren oft genug wiederholen, darf man von einer zumindest intuitiv-ahnungsvollen Empirie ausgehen. Der Vergleich dieser traditionellen Deutungen mit dem hier vorgestellten Modell der pgFelder legt die Vermutung nahe, dass diese herkömmlichen Deutungen nicht die *Inhalte* der Karten benennen, sondern daraus folgende Konsequenzen in Form von menschlichen Eigenschaften, Haltungen und Empfehlungen. Das Modell der pgFelder steht also nicht im Widerspruch zur Tradition, sondern ergänzt diese um eine Ausformulierung psychogenetischer Inhalte der Karten.

+ Es muss sich dabei keineswegs um die Person des Vaters handeln, es kann auch durch die Mutter oder andere Personen vermittelt werden.

VI - Die Liebenden (früher: Die Brüder)	Liebe, Partnerschaft, Entscheidung fällen müssen,	Die Gleichen („Peers“), genitale Phase (Freud), ab Pubertät
VII - Der Wagen	Abenteuerlust, Der Wille voran zu kommen, Sieg und Triumph, Reisen	Aufbruch (ursprünglich aus dem Elternhaus); Themen der Heldenmythen (Bischof) und Identitätsfindung, Identität vs. Rollenkonfusion (Erikson) Adoleszenz (17 – 25 Jahre)
VIII - Die Ausgleichung (Crowley; früher: ‚Die Gerechtigkeit“)	Fleiß, Skrupel, Gerechtigkeit, Gesetz, Objektivität, Einstehen für die Folgen eigener Taten	Ausgleichung, Notwendigkeit zur Verantwortungsübernahme und Lernerfahrungen, Akzeptanz der Gesetze des Übergeordneten (Natur oder Gesellschaft), kollektive konop-Strukturen (Piaget); ab Adoleszenz
IX - Der Eremit	Zurückgezogenheit, Erfahrungen, innere Weisheit,	Innenwelten, die Entdeckung des eigenen seelischen Innenlebens, formal-operationales Denken (Piaget) Ab Jugend möglich, aber nicht mehr obligatorisch.
X - Das Rad des Schicksals/Glück	Glück, Schicksal, Ungewissheit, unerwartete Wendungen	Systemische Erkenntnis der Wechselwirkungen zwischen einem selbst, den Anderen, der Umwelt und den Kontexten – Erkenntnis multikausaler Vernetzungen, integral-aperspektivisches Bewusstsein (Gebser), polyvalente Schaulogik (Wilber), postformal (Piaget)
XI - Die Lust (Crowley; früher: ‚Die Stärke“)	Innere Stärke, Lebenslust, Lebensenergie, Leidenschaft	Integration von Bios und Noos, Geist und Körper, Bewusstwerdung und Leben des psycho-physischen Insgesamts unseres Wesens, zentaurisches Bewusstsein (Wilber)
Ib - Der zweite Magier	-	Selbstwirksamkeitserwartung bezüglich und Wille zur egoischen Korrektur und Dekonstruktion, Bereitschaft zur kritischen Selbstveränderung oder zum Individuationsprozess (Jung)
XII - Der Gehenkte	Zwang, Nichtstun, Opfer, Krankheit, Müdigkeit, Strafe, Verleumdung	Nicht-Tun/Yogi o. Opfer: Erfahren der Grenzen egoischer Funktionalität; Einsicht, dass man selbst der Architekt des eigenen Dilemmas ist
XIII - Der Tod	Notwendigkeit zur Veränderung, Ende einer Angelegenheit, Loslassen	Einsicht in die Vergänglichkeit der eigenen Person und aller Formen; Bewusstwerdung und Akzeptanz der eigenen Sterblichkeit, Systemzusammenbrüche

XIV - Die Kunst (Crowley; früher: ‚Die Mäßigung")	Anpassungsfähigkeit, Genesung, Wahrheitssuche, Vielseitigkeit, Ausgewogenheit	Wille zur Synthese des Selbst, die Techniken des Individuationsprozesses (Jung); Achtsames Tun, Ego-Identifikationen beginnen sich zu lösen, man wird zum ‚Zeugen', Transformationstechniken
XV - Der Teufel	Fehlen von Skrupeln, Schrecken, Zwänge, gefährliche Freundschaften	Schatten (im Sinne C.G. Jungs) und Schattenarbeit, Integration verdrängter Sachverhalte als Teil des Individuationsprozesses (Jung)
XVI - Der Turm (früher auch: Das Haus Gottes)	Zusammenbruch der Sicherheiten, blitzartige Erkenntnis, Zerstörung, Chaos	Erkenntnis des Hologrammcharakters kognitiver Entwürfe, Einsicht in den Illusionscharakter dessen, was wir für bisher für Wirklichkeit und das Ich hielten (von Foerster, von Glasersfeld u.a. radikale Konstruktivisten),
		Transpersonale Strukturen
XVII - Der Stern	Hoffnung, gutes Omen, der richtige Weg, sich selbst wiederfinden	Transpersonal: Psyche, psychisches Bewusstsein (Wilber, Aurobindo) Integration des Anima-/Animus-Archetyps
Ic - Der dritte Magier	-	Selbstwirksamkeitserwartung und Wille zur transpersonalen Bewusstseinsentfaltung
XVIII - Der Mond	Illusionen, Ungewissheit Wahnsinn, Verträumtheit, seelische Krisen, überstandene Krisen	‚Seelennachtfahrt"; transpersonale Krisen und Irrtümer (Teresa von Avila, Johannes vom Kreuz, Aurobindo, Wilber)
XIX - Die Sonne	Erfolg, Glück, Freundschaft, Erfreuliches, Chancen	Subtile Bewusstseinsstufe (Wilber, Vedanta), spirituelle Bewusstseinsstufe (Aurobindo), Gottheitsmystik
XX - Das Aeon (Crowley; früher: ‚Das Gericht")	Urteil, Lohn, Entscheidung, Wiedererwachen, Wille zur Erneuerung	kausale Bewusstseinsstufe (Wilber, Vedanta), Supramental (Aurobindo) , Einheitsmystik
XXI - Das Universum (früher: Die Welt)	Gefühl der Befriedigung, Vollendung, triumphaler Abschluss, sein Ziel erreicht haben	Kosmisches Bewusstsein, Satchinanda (Aurobindo), nonduales Bewusstsein (Wilber, Vedanta) versus Anhaftung an die künftige Mutter und „Wiedergeburt" (Bardo Thödol)
XXII (0) - Der Narr	Unschuld, Torheit, Chaos, unbewusste Weisheit	Ursprung/Urknall

Tab.8: Die großen Arkana in der traditionellen Reihenfolge mit den zwei zusätzlichen Magiern. Die weißen Felder der rechten Spalte entsprechen dem Integralen Modell von Ken Wilber. Die grauen Felder sind Themen des Überganges vom Personalen zum Transpersonalen, vgl. weiter unten.

Die Karten der Großen Arkana repräsentieren, so die These dieses Buches, ein holarchisches Entwicklungsmodell menschlichen Bewusstseins. Das heißt, jede Karte enthält inhaltlich alle ihre Vorgänger, transzendiert diese aber um eine umfangreichere Komplexitätsstufe. Die Zeitangaben in der Tabelle (und an anderen Stellen in diesem Buch) verweisen auf die Zeit in der Biografie, in der die entsprechenden psychischen Basis-Programme geschrieben und installiert wurden. Seitdem sind sie als psychisches Inventar vorhanden und somit auch in der Gegenwart wirksam. Es wäre also ein Irrtum anzunehmen, dass es ausschließlich um Ereignisse der Vergangenheit gehen würde. Die Ereignisse der Vergangenheit ließen die Basisprogramme nur entstehen. Die Wirkung dieser Prägungen oder Programme sind Aspekte der lebendigen Gegenwart.

Man kann bereits jetzt nach einem Blick in die obige Tabelle vier grundsätzliche Entwicklungsabschnitte erkennen:

Die präpersonale Entwicklungszeit (0, I und II), in der sich das ‚Ich' noch nicht klar von der ‚Welt' differenziert hat und

die personalen Entwicklungsphasen (III bis XI), in denen das Ich sich zunehmends aufbaut. Diese Entwicklungsphasen sind von der Entwicklungspsychologie ausführlich erforscht und beschrieben worden. Ein Vergleich der Kartenabfolge mit den Entwicklungstheorien belegt die Übereinstimmung.

Die Themen egoischer Korrekturen und Dekonstruktionen (XII bis XVI). Da die Ausrichtung des persönlichen Handelns sich nun von den Aufbauprozessen des Ichs verlagert hin zu Korrekturen oder gar Dekonstruktionen des Ichs, wandelt sich auch die Ausrichtung des persönlichen Wirkmächtigkeitsgefühls. Aus diesem Grund habe ich einen zweiten Magier (Ib) eingeführt, um den notwendigen Wandel des Wirkmächtigkeitsgefühls anzudeuten.

Entwicklungsstufen transpersonaler Entwicklung, wie sie von Sri Aurobindo, Ken Wilber oder Johannes vom Kreuz beschrieben wurden (XVII bis XXI). Auch hier ändert sich noch einmal die Ausrichtung persönlichen Handelns oder Bewirken-könnens, weshalb ich zu Beginn der transpersonalen Themen einen dritten Magier (Ic) einführe. Dieser ist nicht mehr an egoischen Aufbau- oder Dekonstruktionsprozessen interessiert, sondern an transpersonaler Entwicklung.

Die genaueren Beschreibungen und Erklärungen finden Sie in den entsprechenden Texten zu den Karten.

Der Tarot bietet ein sehr brauchbares Modell zur Beschreibung der aufeinanderfolgenden holarchischen Schichten und seine Reihenfolge verblüfft in seiner Übereinstimmung mit moderner Entwicklungspsychologie und Transpersonaler Psychologie. Somit repräsentiert jede der Großen Arkana des Tarot sowohl den *Ursprung* eines psychischen Holons oder einer Schicht als auch seine gegenwärtige Wirkung in unserer Psyche und unserem Erleben, eben weil diese Schichten – einmal entstanden – in uns immanent erhalten bleiben und die nicht mehr trennbaren Zutaten unserer Gesamt-Psyche bilden.

Die Schichten, die von unserem Bewusstsein noch nicht (positiv oder negativ) erschlossen wurden, wirken dennoch als die in die Gegenwart wirkende Zukunft, wie Maslow es formulierte.[75] Darunter ist zu verstehen, dass das in uns *eingefaltete* (noch nicht entfaltete) Potenzial nach Verwirklichung strebt und somit als potenzielle Zukunft, als etwas, das verwirklicht werden will, in unsere Gegenwart hinein wirkt.

Insofern wirken alle vom Tarot beschriebenen 22 (oder nach dem hier vorliegenden Entwurf 24) psychogenetischen Erfahrungsfelder zu jedem Zeitpunkt.

Es lässt sich allerdings ein ‚Standort' festmachen, an dem sich das *Bewusstsein* oder einzelne Entwicklungslinien[76] des sich entfaltenden Menschen auf seiner Reise durch die umfänglicher werdenden Holons, Schichten oder psychogenetischen Felder gegenwärtig befindet, welche Stationen vom Bewusstsein also schon (mehr oder weniger) erschlossen wurden und welche noch vom Bewusstsein ‚unerleuchtet' sind.

Genauso wie nach der Freud'schen Theorie *jeder* Mensch durch die orale, dann durch die anale und dann durch die ödipale Phase hindurchgeht und sie manchmal günstiger, manchmal weniger erfolgreich oder sogar pathologisch bewältigt, so wird auch hier *jedes* dieser psychogenetischen Felder[77] *nacheinander* erschlossen und steht jedes Feld als Entwicklungsaufgabe *zwingend* an, bevor das nächstfolgende pgFeld aktuell wird. Es kann also kein Erfahrungsfeld ausgelassen oder übersprungen werden. Die pgFelder bis pgFeld VIII (Ausgleichung/Gerechtigkeit) sind für alle Menschen obligatorisch, die nachfolgenden fakultativ. Die Menge derer, die weitere pgFelder für sich erschließt, nimmt von pgFeld zu pgFeld vermutlich weiter ab.

---

75. Vgl. Abraham Maslow: Psychologie des Seins. München: Kindler, 1973.

76. Verschiedene Entwicklungslinien können sich relativ autonom voneinander unterschiedlich entwickeln. So ist es beispielsweise möglich, dass jemandes formal-kognitive Fähigkeit bereits eine vernetzende, polyvalente Stufe des Bewusstseins erreicht hat, während sein Moral-Empfinden auf der Stufe eines zehnjährigen Kindes ist. Beispiele solcher Entwicklungslinien: die kognitive, moralische, emotionale, ästhetische, spirituelle, sexuelle und interpersonale Linie. Der Psychologe Howard Gardner beschreibt in ähnlicher Weise mindestens acht relativ autonome Intelligenzen, vgl. unten, Teil III, Kapitel 9, Das fünfte Element: Pneuma – der Geist.

77. Die Entwicklungsthemen, die in einer Tarotkarte gebündelt sind, nenne ich ‚psychogenetische Felder' (pgFelder). Im nächsten Kapitel wird dieser Begriff hergeleitet und definiert.

Man könnte bei jeder Karte von einer neuen weiteren Geburt ausgehen. Bei der Kaiserin etwa handelt es sich um die Geburt des phantasmisch-emotionalen Selbst (Wilber). Beim Emanieren eines durch eine Karte repräsentierten Seinsbereichs entsteht also eine neue Schicht oder Bewusstseinshülle, die dann in das bisherige Selbst optimalerweise integriert wird. Es handelt sich also immer wieder um eine Neugeburt in dem Sinne, dass dem Selbst ein neuer psychischer Seinsbereich erschlossen wird. Bei mangelnder Integration eines solchen Bereichs ist der bisher vollständige Selbstkomplex gestört, was auch die Integration der weiteren noch folgenden Bereiche erschwert, verhindert oder suboptimal verlaufen lässt.

Die präpersonalen und personalen Strukturen sollten bei Erwachsenen bis einschließlich *VIII – Die Ausgleichung* erschlossen und integriert sein. Im anderen Falle haben wir es mit einem *Entwicklungsrückstand* zu tun, was die Art der Intervention maßgeblich beeinflussen wird. Wir haben immer die Wahl, ob wir eine Intervention anstreben, die die Entwicklung eines gerade aktuellen Bereichs fördert und so die Entwicklung vorantreibt, oder ob wir ein Entwicklungsdefizit nachzuholen haben. In den Kapiteln zu den einzelnen Karten findet man die entsprechenden Hinweise zu Diagnose und möglicher Intervention, zu Förderung oder nachträglicher Integration.

Im Folgenden soll der Versuch unternommen werden, den Charakter der Karten der Großen Arkana als *psychogenetische Felder* (pgFelder) der ontogenetischen Bewusstseinsentwicklung des Menschen freizulegen. Im Anschluss daran werden die entsprechenden pgFelder im Einzelnen besprochen und diskutiert. Auch wenn angesichts der Fülle des belegenden Materials eine Auswahl getroffen werden muss, werden doch deutlich die Konturen eines allgemeinen integral-psychologischen Modells psychogenetischer Felder erkennbar werden, eines Modells, das dem Vergleich mit den bereits existierenden integralen Modellen standhält und diese sogar zu einigen interessanten Erweiterungen einlädt.

6. Psychogenetische Felder

Tarotkarten als Symbole für psychogenetische Felder

Die vier Quadranten

Meine These ist, dass die Großen Arkana des Tarot eine projektiv entstandene symbolhaft-ikonische Darstellung des menschlichen Entwicklungsprozesses des Bewusstseins sind.

In den Tabellen im Anhang sind eine ganze Reihe von Entwicklungstheorien mit den entsprechenden Tarotkarten in Beziehung gesetzt worden, und man darf sich mit Recht fragen, warum die Karten nicht mit der gleichen Eindeutigkeit aufwarten, wie es die meisten wissenschaftlichen Entwicklungstheorien tun. Die Antwort wird in die gleiche Richtung weisen wie die auf die Frage, warum es erstens so viele Entwicklungstheorien gibt, und warum zweitens sie sich oft scheinbar widersprechen.

Innen-Individuell Intentional Subjektiv Psychoanalyse, Bewusstsein	**Außen-Individuell** Verhalten Objektiv Neurologie Verhaltenstheorien
Innen-Kollektiv kulturell Inter-Subjektiv Mythen, Sagen, Kunst, Kultur	**Außen-Kollektiv** sozial Inter-Objektiv Soziologie, Demografie

Abb.2: Die vier Quadranten in Wilbers Ordnungssystem

Eine mögliche Lösung schlägt einmal mehr Ken Wilber vor, und sie ist so einfach wie bestechend in ihrer Praktikabilität: Wilber sortierte alle möglichen (Entwicklungs-) Theorien nach ihrem auf den kleinsten gemeinsamen Nenner reduzierten Geltungsbereich und fand vier große, übergeordnete Bereiche, die er ‚Quadranten' nannte. Diese vier Bereiche ordnen sich in Form einer 4-Felder-Tafel an. Die Zeilen betreffen oben das Individuelle, Einzelne und unten das Kollektive. Die Spalten kennzeichnen links den Blick aus der ‚inneren' und rechts den aus der ‚äußeren' Perspektive. In diese Quadranten lassen sich nun im Grunde alle Theorien der Wissenschaft, aber auch die Betrachtungsebenen im Alltag einordnen. Selten oder fast nie trifft man auf eine so allgemeingültige Theorie, dass sie mehrere dieser Quadranten umfassen würde. Piagets Theorie der kognitiven Entwicklung etwa siedelt sich ganz eindeutig im oberen linken Quadranten an, ähnlich wie alle anderen Theorien, die Aussagen über das Bewusstsein, Denken oder die subjektiven Gefühle des Menschen treffen. Neurologische Befunde hingegen gehören in den oberen rechten Quadranten. Wenn ein Neurologe das Gehirn untersucht, trifft er auf Neuronen, Synapsen oder graue Masse; wenn er zu modernen Instrumenten greift und weiter in die Tiefe späht, um dem Geheimnis des menschlichen Bewusstseins auf die Spur zu kommen, wird er Zellen, Moleküle, Atome, Elektronen, Quarks und dann irgendwann Leere vorfinden, aber kein Bewusstsein. Der Forscher des *oberen linken* Quadranten findet zwar Bewusstsein (wenn er Glück hat), aber keine Neuronen oder Synapsen. Es ist nach wie vor ein ungelöstes Problem, wie man mit nahtloser Argumentation eine Verbindung von Neuronen/Synapsen/neuronalen Netzwerken zu Bewusstsein/Denken/Fühlen herstellen könnte. Die vier Quadranten sind sicher nicht die ultimative Theorie, die nun alles zu einem Ganzen zusammenzufügen vermag, aber sie schaffen eine gewisse Ordnung, und es lässt sich einfach besser arbeiten, wenn man Struktur und eine praktikable Grundordnung auf dem mentalen Schreibtisch hat.

Die bereits knapp vorgestellten oder im Anhang des Buches zu findenden Entwicklungstheorien, seien sie von Piaget, Erikson, Leary, Wilber oder Gebser, lassen sich alle in einen dieser Quadranten einordnen. Dies ist auch der Grund dafür, dass sich viele dieser Theorien nur sperrig miteinander verbinden lassen – sie beschreiben einen anderen Gültigkeitssektor. Nichtsdestotrotz sind sie wahr, vorausgesetzt, sie wurden mit gültigen und hinreichend genauen Forschungsmethoden entwickelt.

Nun kann man aber in der Praxis nicht einem vierjährigen Kind sagen: Entwickle bitte dein Denken gemäß Piagets Theorie, und wenn du damit fertig bist, übe dann deine psychosozialen Fertigkeiten nach Erikson, und dann geht's ab ins Bett. Entwicklung ist ein ganzheitlicher Prozess, nicht ein atomistisch aus Einzelteilen zusammengesetzter Schulunterricht. Dass es so viele Entwicklungstheorien gibt, liegt daran, dass unser Forschungsfokus so begrenzt ist, dass *eine* formulierte Theorie nicht ausreicht, um alle Facetten von Entwicklung zu erfassen. Also gibt es eine Theorie, die die kognitive Entwicklung abhandelt, eine andere die moralische und wieder eine andere die psychosoziale, ganz zu schweigen von den biologisch-anatomischen Entwicklungsmodellen. Wie gesagt, die Natur tut uns nicht den Gefallen, sich in klar abgrenzbare Sektoren einzuteilen, sondern sie ist ein Ganzes.[78] Das ist es, was wir bei all den vielen Theorien nicht vergessen dürfen: Die Natur ist ein Ganzes und die Vielzahl unserer Theorien, um sie zu beschreiben, zeigt nur unsere Beschränkungen in den (nur-rationalen) Möglichkeiten auf, sie zu erfassen und zu beschreiben.

Eine nicht nur rationale Beschreibung: Das Symbol

Wenn man nun eine bestimmte Entwicklungsphase in einer Theorie, die *alle* Quadranten umfasst, beschreiben möchte, müsste man sich entweder in solche Viel-Felder-Tafeln retten, um mehrere Ebenen als Matrix sich überlappen zu lassen, wie Wilber das tut, oder aber man formuliert eine Theorie so bildhaft und vieldeutig, dass sie bestenfalls symbolisch auf ein Grundthema verweist, aber in sich – gerade aufgrund ihres nebulös-symbolhaften Charakters – alle Betrachtungsebenen (innerlich, äußerlich, individuell, kollektiv) enthält. Eine nur-rationale Theorie kann das naturgemäß nicht leisten, weil sie sich nicht auf die Vieldeutigkeit des Symbolhaften einlassen darf. Im Unterschied zum Zeichen, das eindeutig *für* etwas steht, ist ein Symbol

> *„komplexer Natur und enthält Bewusstes und Unbewusstes, Rationales und Irrationales, ist zugleich Bild und Dynamik und spricht die vier Funktionen Denken, Fühlen, Intuieren und Empfinden an. Wegen dieser vermittelnden Funktion hat das Symbol große Bedeutung im Energiehaushalt der Psyche, denn es vermag als ‚Energietransformator' (Jung) vom unbewussten Bild zur bewussten Erkenntnis zu führen und als Vereinigung von Gegensätzlichem heilend zu wirken."*[79]

Symbole zeigen Vieldeutiges, Paradoxes an und vermögen diese scheinbaren Gegensätze einer Sache in sich zu einen:

> *„Im Symbol werden verschiedene, oft polare und paradoxe Aspekte einer Sache miteinander verbunden und ineinander ‚verwickelt' und bekommen damit einen Sinn, der durch das Wesen der Einzelgebilde nicht zu erkennen ist. Das Symbol weist über sich selbst hinaus auf einen übergreifenden Sinn, ein übergeordnetes Ziel, es wirkt treffend und betrifft und setzt etwas in Bewegung."*[80]

78. …und nicht etwa ein System, denn ein System besteht aus den Kommunikationen von Einzelteilen. Hinter den Systemtheorien steckt also ein atomistisches Weltbild, obwohl sie sich gern das Prädikat „ganzheitlich" anheften. Systemtheorien sind nicht ganzheitlich, schon deshalb nicht, weil sie gar nicht von Ganzheiten ausgehen, sondern von Einzelteilen, sie erst miteinander in Beziehung treten müssen, um ein System aus kommunizierenden Einzelteilen zu bilden. Systemtheorien gehören übrigens in den rechten unteren Quadranten.

79. Dorsch: Psychologisches Wörterbuch (14. erweiterte Auflage). Bern, 2004, S. 926

Bewusstheit auf der einen und neuronale Netzwerke im anatomischen Gehirn auf der anderen Seite sind scheinbare Gegensätze, zumindest aber Vieldeutigkeiten, und es ist unmöglich, in dem einen zu forschen und dabei das andere zu finden. Im Symbol könnte dieser Widerspruch zwar nicht aufgelöst, doch aber in eine von uns als Ganzheit empfundene Form mit einer gewissen ‚Anmutungsqualität' oder mit einem teilbewussten ‚Wiedererkennungseffekt' gebracht werden – eine Form, die in sich nicht widersprüchlich *wirkt*, obwohl sie doch (aus rationaler Sicht) Widersprüche *enthält*. Um also dem Symbol Berechtigung im Erkenntnisprozess einzuräumen, müssten wir den Alleinherrschaftsanspruch der Ratio aufheben und zu einem (im Gebser'schen Sinne) integralen Bewusstsein gelangen, indem wir die magischen und mythischen Elemente des Bewusstseins in unsere Ratio integrieren. Wir brauchen solange keine Sorge zu haben, dass diese Integration zu einer Regression unseres Bewusstseins in prärationale Gefilde führt, wie wir aufpassen, dass es sich um einen *Integrations*prozess handelt, der die hinzugewonnenen Elemente der Ratio nicht in dem Maße wieder abspaltet, wie man das Mythische oder Magische wieder zulässt, sondern das erworbene Rationale konsequent beibehält. Man kann eine gelungene Integration daran erkennen, dass das (vormals abgespaltene) mythische Bewusstseinselement nicht im Widerspruch zur rationalen Überprüfung steht. Die Ratio weiß beispielsweise, dass die Mutter Jesu keine Jungfrau gewesen sein konnte, kann aber diesen (mythischen) Gedanken als ein *Symbol* verstehen, das auf Wahres oder Wesentliches hinweist. Dieses Wahre und Wesentliche zu entschlüsseln, kann sich der rationale Forschergeist nun aufmachen und wird wahrscheinlich irgendwann die Steilwand der *nächsten* Bewusstseinsstruktur erklimmen, um *Symbol, Gedanke* und *Theorie* zu einer umfassenderen *Erkenntnis* zu transformieren.

Die Tarotkarten als Symbole

Ich musste bezüglich des Symbolbegriffs ein wenig ausholen, um deutlich zu machen, dass es eines *Symbols* bedarf, um ein spezifisches Entwicklungsstadium eines Menschen in *allen* Quadranten zu beschreiben. *Nur-rationale* Sprache konnten wir ausschließen, *nur-mythische* Sprache umschließt nicht die rationale (z.B. wissenschaftliche) Bewusstseinsstruktur, also bedarf es einer *integralen* Sprache. Eine integrale Sprache, die sowohl das magische, mythische als auch rationale Element in sich enthält.

Nun kann man eine solche Symbolsprache theoriegeleitet zu entwickeln versuchen, allerdings stolpert man dabei schnell in die Falle, auf bereits bestehende (oft eben nur-rationale) Theorien zurückzugreifen, was dann bes-

---

80. Lutz Müller, Annette Müller (Hg.): Wörterbuch der Analytischen Psychologie. Düsseldorf, 2003, S. 399

tenfalls zu einer *Zeichen*sprache, nicht aber zu Symbolen führen würde. Der andere mögliche Weg besteht darin, sich umzuschauen, ob es nicht bereits ein solches Symbolsystem gibt, das zwar in seinem Ursprung magisch-mythisch, aber durchaus wert und geeignet ist, vom (bislang) ratio-dominierten Denken untersucht und gegebenenfalls integriert zu werden.

Meines Erachtens stellt der Tarot ein solches Symbolsystem dar und der Vergleich mit einschlägigen Entwicklungstheorien zeitigt ermutigende Ergebnisse. Die Symbolik der Karten scheint sich schon per Augenschein mit den groben Strukturen der holarchischen Entwicklungsmodelle zu decken. Ein genauerer Blick zeigt, dass die Modelle der anerkannten akademischen Entwicklungspsychologie sich mit der Karten-Reihenfolge bis etwa zur XI. Karte decken. An diesem Punkt geht die Übereinstimmung nicht etwa verloren, sondern die westlich-psychologischen Entwicklungsmodelle brechen hier ab. Erst die Transpersonale und Integrale Psychologie bieten durch ihre Integration *trans*-rationaler Entwicklungsmodelle, vor allem aus dem indischen Kulturraum, die Möglichkeit, zu überprüfen, ob es sich bei den Karten tatsächlich um die symbolhafte Darstellung einer integral-transpersonalen Entwicklungstheorie handelt. Der Vergleich mit den modernen transpersonalen Modellen zeigt, dass die Karten tatsächlich bis zur letzten Karte eine Reihenfolge ihrer Symbolik aufweist, die sich mit den Stufen der transpersonalen Bewusstseinsentwicklung deckt.

Ein psychogenetisches Feld – Wirkung in allen Quadranten

Das Besondere an der Symbolhaftigkeit der Karten ist nun, dass sie tatsächlich auf Stadien der Bewusstseinsentwicklung hinweisen, die in allen vier Quadranten ihre Wirkung entfalten. Das Symbol einer Karte verweist auf ein Grundthema, das wir als psycho-genetisches Feld bezeichnen, und gestattet uns, Auswirkungen in allen vier Quadranten zu beobachten. Die Inhalte einer Karte schweben in ihrer Symbolik sozusagen über der 4-Felder-Matrix und verleihen ihr die Kraft und den inhaltlichen Sog ihres psychogenetischen Feldes. Dieses nun *nur-rational* zu beschreiben, hieße, wieder auf reduktionische Weise zu den eng umrissenen Foki der einzelnen Entwicklungstheorien zurückzugreifen, die man in die einzelnen Quadranten einsortieren kann.

Anhand der Karte *III-Die Kaiserin* sehen wir beispielhaft die Einordnungsmöglichkeiten einer ganzen Reihe von psychologischen Theorien, natürlich in den oberen Quadranten, da die Psychologie nun einmal den Menschen zu ihrem Forschungsgegenstand erkoren hat. Soziologische Theorien würden sich im unteren rechten und kulturwissenschaftliche Theorien welcher Art auch immer im unteren linken Quadranten wiederfinden.

Innerlich-individuell	**Äußerlich-individuell**
Denken (Piaget): prä-operational/sensumotorisch **Psychosozial (Erikson):** Urvertrauen/Autonomie **Bewusstseinsstruktur (Gebser):** magisch **Basisstruktur des Bew. (Wilber):** phantasmisch-emotional **Psychoanalyse (Freud):** orale Phase **Moral (Urteilen) (Kohlberg):** präkonventionell 1.Strafe/Gehorsam; 2. naiver Hedonismus	**Neuronaler Schaltkreis (Leary):** 1. Bio-Überlebensschaltkreis; hauptsächlich drittes Stadium **Psychosozial - Verhalten (Erikson):** autonome einfache Prozeduren **Moral (Verhalten) (Kohlberg):** hedonistisch, egozentrisch
Magisch: Urmutter-Kulte **Mythisch:** Große Mutter-Kulte, mütterlich-behütende, schützende Gottheiten (Maria, Tara etc.) **Rational:** kulturelle Werte der Solidarität und Caritas	Sozial- und Unterstützungssysteme der jeweiligen Gesellschaften
Innerlich-Kollektiv	**Äußerlich-Kollektiv**

Abb.3: Die Aufschlüsselung des psychogenetischen Feldes, das durch die Karte III-Die Kaiserin repräsentiert wird

Die Inhalte der sogenannten *Großen Arkana* des Tarot umreißen somit Erfahrungsbezirke, die ich – weil sie das generieren, was wir als menschliche Psyche kennen – *psychogenetische Felder* nennen möchte.

Ein *psychogenetisches Feld* ist ein komplexer Erfahrungsbereich homogener und inhaltlich miteinander assoziierter Themen, der von *allen* Menschen in der einen oder anderen Weise im Verlaufe seiner Bewusstseinsentwicklung erschlossen werden muss und der sich qualitativ deutlich von anderen Erfahrungsbereichen, die ihm vorausgingen oder ihm folgen, abhebt.

Das Thema einer Karte der Großen Arkana des Tarot deckt also alle vier Quadranten ab und berührt damit auch alle Theorien zur Beschreibung der menschlichen Entwicklung. Wenn man sich die einzelnen Entwicklungstheorien als nebeneinanderstehende vertikale Säulen vorstellt, würden die einzelnen Karten horizontale Schnitte durch alle diese Theorien vornehmen, und damit die relativ gleichzeitig auftretenden Entwicklungsstufen miteinander verschmelzen.

Die psychogenetischen Felder erkennen Sie in unten stehender Grafik an den horizontalen Ovalen, die die verschiedensten Entwicklungsstufen unterschiedlicher Entwicklungstheorien in sich einfassen:

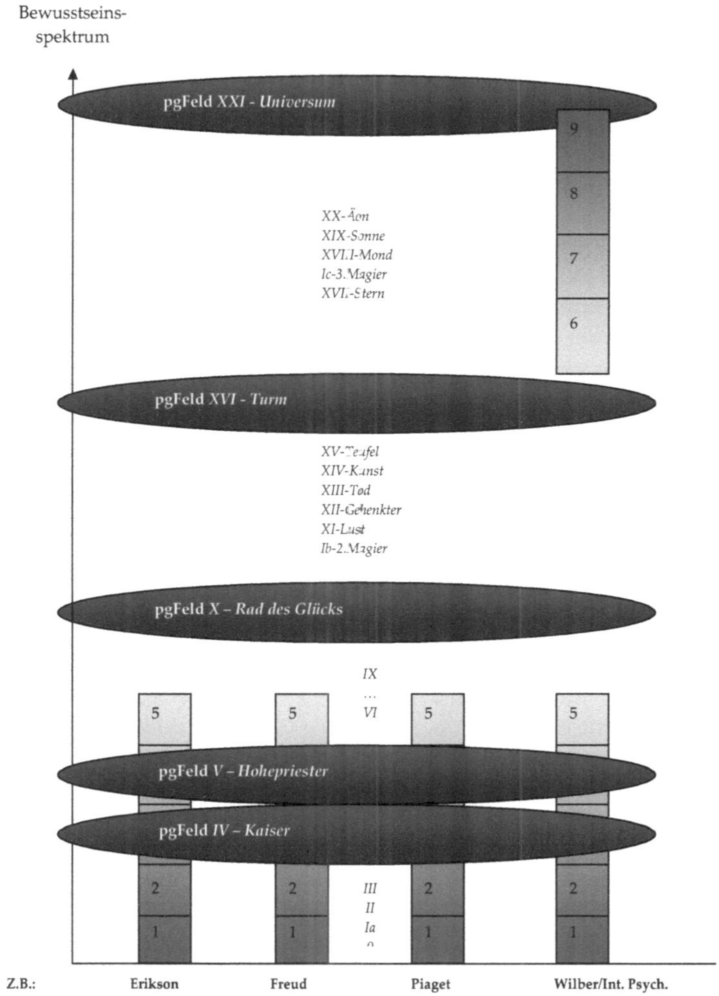

Abb.4: schematischer Abriss des Grundgedankens der psychogenetischen Felder. Die verschiedenen Stufenmodelle der menschlichen Entwicklung werden horizontal geschnitten und umfassen somit assoziativ miteinander verbundene Entwicklungsstadien, die etwa zeitgleich im Menschen als Entwicklungsaufgabe zur Bewältigung anstehen. Es wurden exemplarisch fünf pgFelder dargestellt, die anderen mit römischen Ziffern aus Platzgründen nur angedeutet.

Dieses aufeinanderfolgende Erschließen dieser kollektiv gültigen Erfahrungsbereiche wird nur unterbrochen durch das Fixieren oder im Kreise drehen innerhalb eines solchen Feldes, was das Erschließen des nächsten Feldes unmöglich macht, oder durch den physischen Tod, der die Kette dieser Felder dann unterbricht.[81] Die allgemeinen Eigenschaften dieser durch die Karten dargestellten psychogenetischen Felder sind denen der Entwicklungs-Basisstrukturen nach Ken Wilber sehr ähnlich, vielleicht sogar gleich. Die Karten des Tarot sind nur um ein weniges umfangreicher und bieten von vornherein eine umfassende Hülle oder Gefäß zur Sammlung miteinander verwobener Entwicklungsstrukturen unterschiedlicher Theorien und Modelle, während Wilber durch den Vergleich der verschiedenen Theorien und den damit extrahierten kleinsten gemeinsamen Nenner seine Basisstrukturen konstruiert.

Wenn aber diese psychogenetischen Felder tatsächlich das sind, was sie versprechen, nämlich Allgemeingut des kollektiven Unbewussten – und darin auf den Punkt gebracht die inhaltlichen Teile des kollektiven Unbewussten, die sich auf die Entfaltung des menschlichen Geistes oder Bewusstseins beziehen – können sie durch das Phänomen der Projektion auf vielfältigste Weise veräußert werden. Genau das scheint bei der Entstehung des Tarot passiert zu sein.

Die projektive Entstehung des Tarot

Wie konnte ein solch umfassendes System zur Erklärung und Beschreibung unserer Bewusstseinsentwicklung entstehen? Gelehrte, die vielleicht persönlich die rationale oder gar integrale Bewusstseinsstufe erreicht hatten, aber nur auf ein Kultur-Inventar der mythischen Bewusstseinsstruktur zurückgreifen konnten, mussten irgendwie in der Lage gewesen sein, ein Modell zu entwickeln, das in seiner Exaktheit und Richtigkeit den rationalen Modellen in nichts nachsteht, nur eben als Ausdrucksform die Ikonografie der mythischen Kultur nutzt.

Das Wissen um menschliche Entwicklung gehört zum archetypischen Wissensbestand der Menschheit. Moderne Entwicklungstheorien heben dieses

---

81. Wobei allerdings berechtigt gefragt werden darf, ob nach dem physischen Tod die noch fehlenden psychogenetischen Felder nicht doch noch auf eine andere Weise erschlossen oder aktiviert werden. Die Religionen dieser Welt werden ja nicht müde, auf entsprechende Ideen von Himmeln und Höllen, von Bardo-Zuständen, also Erlebensbereichen zwischen Tod und Wiedergeburt, hinzuweisen. In diesem Zusammenhang möchte ich eine beachtliche Arbeit eines niederländischen Medizinern erwähnen, der aufgrund umfangreicher Studien zu Nahtoderfahrungen von Patienten zu dem Schluß kommt, dass Bewusstsein nicht an den Körper gebunden sein muss: Pim van Lommel: Unendliches Bewusstsein. Neue medizinische Fakten zur Nahtoderfahrung. Mannheim: Walter, 2010.

Wissen ins rationale Bewusstsein. Ein Grundgefühl für die Stadien menschlicher Entwicklung, die ich psychogenetische Felder nenne, wird aber auch in vergangenen Zeiten immer präsent gewesen sein. Je nach kultureller Ausrichtung wird dieses archetypische Wissen in bestimmte Formen gekleidet, sei es in Form von Mythen, Sagen, mystischen Weisheiten oder in Kunstwerken. Es darf angenommen werden, dass die frühen Tarotentwickler dieses Wissen projektiv in den Großen Arkana künstlerisch und kreativ veräußerten.

Die italienische Renaissance, aus der wir die ersten überlieferten Tarotkarten kennen, gilt allgemein als die Geburtsstunde des Individualismus. Der Mensch und seine Möglichkeiten rückten in den Mittelpunkt des Interesses. Die Inhalte der Großen Arkana sind also in ihrem historischen Gewordensein zu verstehen. So verwundert es nicht, dass sie grundsätzlich ‚humanistisch' ausgerichtet sind, also die dem Menschen innewohnenden Entfaltungsmöglichkeiten thematisieren – im Unterschied beispielsweise zu den altgermanischen Runen, die eher allgemeine ‚natürliche' Grundprinzipien und das soziale Wirkgefüge eines Stammes darstellen.

Interessant ist in diesem Zusammenhang die Feststellung, dass sich im Tarot eine ‚vertikale Aufwärtsbewegung' der Entwicklung in Form eines Komplexitätszuwachs des Bewusstseins zeigt, während vor Beginn der christianisierten Neuzeit eher das stimmige Einfügen der eigenen Person in das Größere (den Stamm, die Welt usw.) im Vordergrund stand. Insofern stehen die Großen Arkana des Tarot in der gleichen kulturellen Entwicklungslinie wie die moderne Entwicklungspsychologie.

An dieser Stelle können wir definieren:

Ein psychogenetisches Feld ist ein Bündel an homogenen, miteinander assoziativ und inhaltlich verbundenen Entwicklungsaufgaben.

Die einzelnen Entwicklungsaufgaben eines psychogenetischen Feldes werden unter anderem (aber sicher nicht erschöpfend) von den altersmäßig zueinander gehörenden Entwicklungsstufen der verschiedenen Entwicklungstheorien beschrieben. Die von den Entwicklungstheorien beschriebenen unterschiedlichen Entwicklungsaufgaben, die miteinander assoziativ und inhaltlich verbunden sind, bilden zusammen ein psychogenetisches Feld. Beispielsweise sind solche assoziativ verbundenen Entwicklungsaufgaben die Entwicklungsherausforderungen, die Freud mit dem Begriff der *oralen Phase* beschreibt, das Entwickeln einer *sicheren Bindung* und eines *sicheren Bindungsstiles* nach Bowlby und Ainsworth, das Herstellen von *Urvertrauen* und erste Erfahrungen von persönlicher *Autonomie* nach Erikson (1966), das Entwickeln des *sensumotorischen* und *präoperationalen Denkens* nach Piaget und das Entstehen des *phantasmisch-emotionalen Geistes* nach Wilber. Sie alle sind inhaltlich miteinander verbunden und passen zusammen durch die *relative Gleichzeitigkeit* und damit auch durch die *inhaltliche Verwobenheit* der zu bewältigenden Entwicklungsaufgaben. Was damit zum Beispiel *nicht* inhaltlich verwoben ist, und auch demzufolge nicht damit assoziiert werden kann, ist der Wille zur Selbstbehauptung, das Ergreifen und Erfahren eigener Initiative (Erikson, 1966) oder die Entwicklungsaufgaben, die Freud mit dem Begriff der analen Phase umschreibt. Wenn man nun für dieses erstgenannte Bündel lose miteinander verbundener Entwicklungsaufgaben einen Namen finden müsste, könnte das natürlich nur einigermaßen bildhaft und symbolisch formuliert sein, um diese Vielfalt an Entwicklungsthemen in sich zu vereinen. Das Symbol der Tarotkarte ‚Kaiserin' ist denkbar für das oben beschriebene psychogenetische Feld, aber auch ein allgemeiner Begriff, der der Alltagssprache entlehnt ist und der symbolhaft ein bestimmtes Feld an Erfahrungen umreißt, etwa das ‚Mütterliche' oder ‚Mütterlichkeit' wäre denkbar.

Die meisten wissenschaftlich anerkannten und gebräuchlichen Entwicklungstheorien spiegeln ebenfalls die psychogenetischen Felder wider. Jede Entwicklungsstufe einer Entwicklungstheorie entspricht einem psychogenetischen Feld, allerdings immer nur in einem eng umgrenzten Ausschnitt, der sich durch den Gegenstand der entsprechenden Theorie definiert (etwa die Entwicklung des Denkens, der Moral oder der psycho-sozialen Fähigkeiten). Ein psychogenetisches Feld umspannt alle Entwicklungsstufen aller Entwicklungstheorien, die zu einer entsprechenden Lebensphase eines Individuums aktuell werden. (Wenn Piagets sensumotorisches Denken aktuell wird, muss auch das Entwickeln von Urvertrauen nach Erikson aktuelles Thema sein, denn beide Aspekte treffen auf das etwa einjährige Kind zu; diese Aspekte gehören also zu einem psychogenetischen Feld.)

Diese Themenkomplexe, die hier als umfangreiches und erschöpfendes Kategoriensystem beschrieben wurden, finden ihre symbolische Illustration in den Großen Arkana des Tarot. Diese traditionell 22 Karten (die in diesem Buch erweitert werden auf 24 Karten) sind also die symbolhafte Markierung der archetypischen Stationen der Bewusstseinsentfaltung des Menschen. Keine dieser Stationen ist überflüssig, keine kann weggelassen werden. Die Großen Arkana bergen in sich das Geheimnis der psychogenetischen Felder der Bewusstseinsentwicklung des Menschen.

Der Nutzen liegt auf der Hand: Wenn der Tarot also projektiv durch viele Tarotentwickler entstanden ist, kennzeichnet er allgemein-menschliche Eigenschaften. Die Reihenfolge der Stationen der Bewusstseinsentfaltung stand schon immer fest, nur hat der Tarot eine Formensprache gefunden, die ihnen ein jeweils konkretes Bild verleiht. Die Tarotschöpfer greifen also auf unbewusstes kollektives ‚Wissen' zurück und konkretisieren es in Form von archetypischen Kartenmotiven. Aber die Projektionen funktionieren ja auch umgekehrt: Die Karten wurden nicht nur projektiv *geschaffen*, sondern deren

Inhalte, also die psychogenetischen Felder, können nun auch vom Betrachter projektiv *wiedererkannt* werden.

Die damit geschaffene Anmutungsqualität[82] kann nun wiederum projektiv genutzt werden. Projektion ist nie nur ein Prozess des Einzelnen, sondern immer eine interaktive Wechselwirkung, bei der Eigenschaften des Einen korrespondierende Eigenschaften des Anderen zur Resonanz bringen und sich psycho-energetisch gegenseitig übertragen. Es bedarf also nicht nur des Projizierenden, sondern auch des ‚Objektes', das aufgrund seiner Eigenschaften zur Projektion (also zur innerseelischen Resonanz) einlädt.

Die Karten sind nun solche Objekte im Außen, die kollektive Inhalte tragen und transportieren. Wenn wir uns als Individuen mit diesen Karten beschäftigen, wird genau dieser kollektiv-archetypische Inhalt in uns selbst zum Schwingen gebracht und wir sind bereit, all unsere subjektiven und persönlichen Erfahrungen mit genau diesem psychogenetischen Feld zu aktivieren und auf die Karte (oder die Vorstellung, die wir von dem entsprechendem psychogenetischen Feld haben) zu projizieren.

Kurz: Wenn wir herausfinden wollen, wie es mit einem bestimmten psychogenetischen Feld in uns bestellt ist, kann uns die entsprechende Tarotkarte helfen, diese persönlichen Sachverhalte in uns zu aktivieren und projektiv nach außen zu werfen, auf dass wir sie erkennen können. Die Karte *III-Kaiserin* etwa umfasst das psychogenetische Feld der mütterlichen Weiblichkeit, ein Feld, das jeder Mensch auf die eine oder andere Art seit etwa seiner Säuglingszeit erlebt und das wiederum in seiner spezifischen Erfahrungsqualität auch alle nachfolgenden psychogenetischen Felder beeinflussen wird.

C.G. Jungs Individuationsprozess und die Übergangsfelder

Bislang wurden die Übergangsthemen weder von der westlichen Entwicklungstheorie beschrieben, da diese davon ausging, dass nach dem Erreichen einer bestimmten Bewusstseinsebene keine weitere mehr kommen könne, noch explizit von den östlichen Erkenntnissystemen, da dort diese Themen nicht als Anreiz *zum* transpersonalen Weg galten, sondern als bestimmte Schwierigkeiten *auf* dem transpersonalen Weg.

Am ehesten scheint in der westlichen Psychologie der von C.G Jung[83] beschriebene Prozess der Individuation in die Richtung dieser Übergangs-

82. Dieser Begriff stammt aus der projektiven Psychodiagnostik. Das Material, das man dem Klienten vorlegt, regt durch seine Form und Struktur bestimmte Themenbereiche im Klienten an. In diesem Material (z.B. der Rorschachtest oder der Warteggtest) liegt also bereits eine gewisse Anmutung, auf die das Unbewusste des Klienten reagiert.

83. C.G. Jung: Die Archetypen und das kollektive Unbewußte. GW 9/1. Düsseldorf: Walter, 2002.

themen zu deuten, obgleich Jung diesen natürlich nicht als einen Übergangsprozess verstanden haben konnte, sondern als einen finalistisch ausgerichteten Prozess, an dessen Ende ein gesundes Bewusstsein der Integration von Bewusstem (Ich, Persona) und Unbewusstem (z.B. der Schattenarchetypus) stand:

> *„Ich gebrauche den Ausdruck ‚Individuation' im Sinne jenes Prozesses, welcher ein psychologisches ‚Individuum', das heißt eine gesonderte, unteilbare Einheit, ein Ganzes, erzeugt".*[84]

Jung führt weiter aus, dass der Prozess der Individuation eine Art Versöhnung und herzustellendes Gleichgewicht zwischen den Kräften des Ich-Bewusstseins, das die Ganzheit des Selbst nicht umfasse, und den von ihm nicht erfassten ‚unbewussten' Kräften herstellen solle. Beide Aspekte des Selbst, das Ich-Bewusstsein und das Unbewusste, ergäben erst ein Ganzes, aber nur, „wenn das eine das andere" nicht „unterdrücke oder schädige".[85] Jung beschreibt vorwiegend die Bewusstwerdung der Archetypen ‚Animus/Anima' und des ‚Schattens' und ihre Integration in das Ich-Bewusstsein. Eine Hinführung zu Ich-transzendenten Bewusstseinsstrukturen lässt sich bei Jung nicht erkennen; im Gegenteil unterstellt er in den Samadhi-Zuständen der Yogis eine Art „umfassendes, aber dämmerhaftes"[86] Bewusstsein. Er schreibt:

> *„Es kommt nicht darauf an, dass sie unser Unbewusstes ‚Universales Bewusstsein' nennen; Tatsache ist, dass in ihrem Fall das Unbewusste das Ichbewusstsein verschlungen hat".*[87]

Aspekte des Individuationsprozesses nach Jung finden sich in den Übergangsfeldern, vor allem im Feld XV, in dem es um die Auseinandersetzung und Integration des Schatten-Archetypus gehen wird. Während innerhalb eines integral-psychologischen Modells Sigmund Freuds Bedeutung in der Beschreibung der psychogenetischen Felder III bis VI und IX liegt, zeigt sich Jungs Verdienst in seinen Vorschlägen zu einer egoischen Korrektur durch Bewusstwerdung und Integration des vom Ich verdrängten oder gar nicht zur Kenntnis genommenen persönlichen unbewussten Anteils unseres Selbst. Auch wenn die von ihm beschriebenen Archetypen überpersönliche Gültigkeit besitzen, so sind sie dennoch nicht transpersonal oder Ich-trans-

---

84. A.a.O., S. 293
85. A.a.O., S. 306
86. A.a.O., S. 306
87. A.a.O., S. 305

zendierend, sondern Mächte, die uns geschehen, statt dass unser Bewusstsein sich ihrer bemächtigt.

Zusammenfassung

Noch einmal zusammengefasst lässt sich die Integrale Psychologie mit den Großen Arkana des Tarot wie folgt in Beziehung setzen:

0 Ia II	III IV V VI VII VIII IX X XI	XII XIII XIV XV XVI	XVII XVIII XIX XX XXI
Präpersonale Entwicklungsfelder (von westlichen Entwicklungsmodellen z.B.: Freud, Laing, Erikson, u.a.)	Personale Entwicklungsfelder – entsprechen den traditionellen akademischen Entwicklungstheorien (Referenzmaterial von Erikson, Piaget, Freud, Kohlberg, Wilber, Gebser u.a.)	Übergangsfelder vom personalen zum transpersonalen Bewusstsein – wurden von der akademischen Entwicklungswissenschaft noch nicht erkannt und von den Transpersonalisten ignoriert. Ansätze im Individuationsprozess nach C.G. Jung	Transpersonale Entwicklungsfelder – entsprechen Wilbers transpersonalen Bewusstseinsstrukturen

Tab.9: Die Großen Arkana des Tarot (römische Ziffern) und ihre Entsprechung in der Integralen Psychologie.

Auf die Frage, was denn nun die einzelnen Karten bedeuten, kann es keine präzise *kurze* Antwort geben, denn je präziser die Antwort, desto weniger nahe wird sie der Wahrheit kommen. Stellen Sie sich vor, jemand fragt Sie nach der genauen Zusammensetzung von Ostsee-Wasser. Eine knappe Antwort wird notgedrungen ungenau und falsch sein. Salz? Ja, wie viele Sorten aber? Plankton, andere Mikroorganismen, Pflanzen, Fische, andere Tiere, chemische Elemente, Mineralien etc. Wenn man also eine exakte Antwort auf die Frage nach der Zusammensetzung von Ostsee-Wasser verlangt, müsste man schon mit einem vielbändigen multidisziplinären wissenschaftlichen Katalog rechnen. Am ehesten können sich Dichter, Maler und andere Künstler bei der Formulierung einer Antwort auf diese Frage kurzfassen. Deren Sprache ist symbolisch und Symbole vereinen unausgesprochen das Viele im eigentlich Ganzen.

So ähnlich verhält es sich mit den Karten des Tarot. Es wäre einfach und zugegebenermaßen verlockend, zum Beispiel die Karte *III-Die Kaiserin* auf Freuds orale Phase zu reduzieren. Freuds orale Phase ist tatsächlich eine Zutat dieses psychogenetischen Feldes und dennoch ist diese Antwort unzureichend. Freuds Theorie ist, wie die meisten anderen Entwicklungsmodelle auch, auf ein spezielles Entwicklungsthema fokussiert und darum knapp. Wenn sie wirklich umfassend und ganzheitlich die Entwicklung eines Menschen hätte beschreiben können, bestünde kein Bedarf für weitere Entwicklungstheorien. Und so stehen heute Dutzende Entwicklungstheorien nebeneinander – ähnlich wie Wissenschaftler, die sich der Frage nach der Zusammensetzung des Ostseewassers widmen: Der Biologe untersucht die Mikroorganismen, der Geologe die Mineralien und so weiter. Erst die Zusammenführung aller Ergebnisse wird ein einigermaßen zutreffendes Bild ergeben. Das Feld der *III-Kaiserin* beinhaltet natürlich mehr als die Programme und Erfahrungen, die sich in Freuds oraler Phase angesammelt haben; es ist auch weibliche Verführung, Sex, Fortpflanzung, Mütterlichkeit, Geborgenheit, Matriarchat, Wachstum, die weibliche Variante der ‚Herr"-schaft und vieles mehr.

In der folgenden Beschreibung und Untersuchung der einzelnen Arkana oder, wie hergeleitet, der *psychogenetischen Entwicklungsfelder* habe ich mich bemüht, dieser Vielfalt der psychogenetischen Einheit Rechnung zu tragen, indem ich nicht nur verschiedene wissenschaftliche Modelle zusammengetragen, die einem Feld zugehörig sind, sondern auch unterschiedliche Weltanschauungen berücksichtigt habe, und zwar in der Annahme, dass auch die Unterschiedlichkeit der paradigmatischen Weltanschauungen (Naturwissenschaft und/oder integral-aperspektivische Wissenschaft, Esoterik, Religion, Spiritualität oder Philosophie) zur berechtigten Vielheit des archetypischen Symbols einer Karte gehört.

Was nun der unbewusste projektive Kreationsprozess der Tarot-Entwickler hervorgebracht hat, ist eine in sich schlüssige Entwicklungstheorie über den Entfaltungsprozess des Bewusstseins von den Anfängen bis hin zu höchster Vollendung. Die Bildersprache ist kulturell gezeichnet und trägt deutlich den Pinselstrich unserer abendländischen Geistesgeschichte, sodass einige eher düster wirkenden Kartenbezeichnungen nur in ihrer historischen Entstehungsgeschichte verstanden werden können.

Im II. Teil dieses Buches werden alle Karten der Großen Arkana im Einzelnen vorgestellt, ihre Bedeutungen als psychogenetische Felder herausgearbeitet und aus ihnen ein vollständiges „Modell der psychogenetischen Felder" entwickelt.

Teil II

Spielfelder der Evolution

7. Psychogenetische Felder: Die Großen Arkana im Einzelnen

Ein Hinweis zur Form

Den drei Abschnitten „präpersonal/personal“, „Übergangskarten“ und „transpersonale Karten“ wird jeweils ein kurzes Einführungskapitel vorangestellt, das allgemeine Merkmale dieser drei Kartengruppen thematisiert.

Die einzelnen Beschreibungen beginnen mit einer allgemeinen Charakterisierung des entsprechenden pgFeldes. Dabei finden unter anderem die in Teil I vorgestellten Entwicklungstheorien Verwendung. Die ‚Psychologischen Weiterführungen‘ sollen einen Einblick in speziellere Themen des entsprechenden Feldes gewähren. Ich habe mich bemüht, die Bandbreite der Themen weit zu halten, wie es der Symbolcharakter der Karten nahelegt, und dennoch ließen sich zu jeder einzelnen Karte eine Menge weiterer Details hinzufügen. In diesem Sinne sind die folgenden Kartenerläuterungen als Einführungen zu verstehen, die den Leser zu eigenen Einsichten und Kontemplationen einladen möchten.

Zu allgemeinen Aspekten der praktischen Anwendung des Modells der pgFelder verweise ich auf Teil IV -Praxis.

Einführung in die präpersonalen und personalen Entwicklungsthemen

(*0 – Narr* bis *XI – Lust/Kraft*)

Die präpersonalen psychogenetischen Felder

Die ersten drei pgFelder kennzeichnen die Entwicklung der präpersonalen Selbststrukturen.

Unter präpersonal wird hier die Entwicklung des Selbst verstanden, die noch keine Differenzierungen zwischen dem eigenen Selbst (der eigenen Person, des Ichs) und anderen Personen herstellt. Nach Norbert Bischof[88] unterscheiden wir in mediale und figurale Aspekte der Wahrnehmung. Eine Figur ist ein wahrgenommenes Phänomen, das sich von einem Hintergrund bewusst unterscheiden und wahrnehmen lässt. Etwa ist ein Gesicht eine Figur, die sich von dem Medium einer Menschenmenge abhebt. Im seelischen

---

88. Norbert Bischof: Das Kraftfeld der Mythen. München: Piper, 1996.

Bereich sind figurale Aspekte reflektierbare eigene Gefühle, während die allgemeine (nicht reflektierte) Stimmung ein Medium darstellt.[89]

Die präpersonalen Bewusstseinsstrukturen zeichnen sich dadurch aus, dass hier noch keine klaren kohärenten figuralen Hervorbringungen aus dem medialen Hintergrund entstanden sind. Eine klare Unterscheidung zwischen dem Ich und dem Gegenüber wird noch nicht getroffen. Das heißt nicht, dass ein Säugling nicht Gesichter oder Gerüche verschiedener Personen wahrnehmen könne; zwischen diesen und ihm selbst vermag er nur keine Identität stiftende Grenze wahrzunehmen. Sobald der Säugling versteht, dass das Gegenüber nicht er selbst ist und damit auch selbst zu einer ‚Person' wird, beginnt sein Bewusstsein ‚personal' zu werden.

Diese präpersonalen Stadien erstrecken sich von der Zeugung über die intrauterine Zeit hin zu den ersten Lebensmonaten, bis mit ca. 9 Monaten (wie viele Entwicklungspsychologen annehmen) die Fähigkeit zur bewussten Wahrnehmung von Hintergrund oder Medium unterschiedener Figuren oder Personen möglich wird. Experimentell konnte der Übergang von Gefühlsansteckung zur Empathie von D. Bischof-Köhler[90] zwischen dem 15. und 20. Lebensmonat nachgewiesen werden, ein Befund, der als Indiz für erste personale Bewusstseinsstrukturen gewertet werden kann.

Die personalen psychogenetischen Felder

Die personalen pgFelder erstrecken sich streng genommen von Feld III bis Feld XVI, werden allerdings von der westlichen Entwicklungspsychologie nur bis zu den Themen des pgFeldes VIII, von wenigen Autoren[91] bis pgFeld XI beschrieben. Aus diesem Grund bezeichnen wir der Übersichtlichkeit halber die Felder III bis XI als personale und die Felder XII bis XVI als Übergangsfelder (oder Felder des Individuationsprozesses; näheres siehe dort). Diese Einteilung scheint berechtigt, da die Felder III bis XI egoische Aufbau-, Entfaltungs- und Differenzierungsprozesse beschreiben, während die Felder XII bis XVI egoische Dekonstruktions- und Korrekturprozesse zum Inhalt haben, die dann aktuell werden, wenn die egoischen Konstruktionen an ihre funktionalen Grenzen geraten und die Identifizierungen mit den egoischen Inhalten dadurch zweifelhaft werden.

---

89. A.a.O., S. 152
90. A.a.O., S. 190
91. Zum Beispiel von Ken Wilber, indem er unter anderem von postformalen Bewusstseinslevels spricht oder von Jean Gebser, der die integral-aperspektivische Bewusstseinsstruktur der rationalen/mentalen nach- bzw. überordnet.

Psychologische Weiterführungen

Die Karten *0-Narr* bis *X-Rad des Schicksals* beschreiben das Entstehen der Voraussetzungen und die Aufbauprozesse eines stabilen, reifen Egos. Es ist also notwendig, die Inhalte dieser Karten auf eine andere Art zu betrachten, als die darauf folgenden (*XI-Lust* bis *XVI-Turm*), die sich nicht mehr mit der Konstruktion des Personalen beschäftigen, sondern um die selbstkritische Korrektur und Dekonstruktion von egoischen Programmen und Strukturen, ganz zu schweigen von den transpersonalen Karten vom *XVII-Stern* bis zum *XXI-Universum*. Aus diesem Grunde setzen wir eine Zusammenfassung dieses ersten Zyklus den präpersonalen und personalen Karten voran.

Im Normalfall sollten sechs- bis siebenjährige Kinder beginnen, das Feld *V-Hohepriester* zu erschließen, mit der Pubertät sollte das Feld *VI-Die Liebenden* aktuell werden und eine gesunde Zeit für den *VII-Wagen* ist die späte Jugend oder das frühe Erwachsenenalter. Das Feld *VIII-Ausgleichung* folgt dann als logische Konsequenz. Der *IX-Eremit*, so zumindest die Überlieferung des Tarot, würde erst im Anschluss an die ausgleichenden Erfahrungen (VIII) nach dem Aufbruch (VII) erschlossen werden können. Allerdings kann dieses Feld in einigen Fällen bereits deutlich früher aktuell werden; wir gehen in der Kartenbeschreibung darauf näher ein.

Studien haben gezeigt, dass etwas über 50% der Bevölkerung der westlichen Industrienationen die formal-operationale Stufe des Denkens nach Piagets Theorie erreichen[92] (nach Wilber[93] sind es nur 41%, und beruft sich dabei auf Veröffentlichungen von Don Beck). Wenn wir voraussetzen, dass spätestens ab dem Eremitenfeld (IX) formop-Denken unabdingbar wird, um das Feld erschließen zu können, müssen wir davon ausgehen, dass etwa die Hälfte der Erwachsenen dieses Feld nicht mehr erreicht. Noch weiter ausgedünnt wird die Menge derer, die das darauf folgende Feld *X-Rad* des Schicksals für sich erschließen, denn nicht nur formop-Denken ist hier nötig, sondern mindestens auch Ansätze systemisch-vernetzten Denkens, also einer Form des Denkens, die über Formop metakognitiv zu reflektieren vermag. Wilber berichtet von 10% der Bevölkerung,[94] die diese Stufe erreichen. Wir können also davon ausgehen, dass die meisten erwachsenen Menschen am Feld *VIII-Ausgleichung* laborieren und die nachfolgenden Felder bei ih-

---

92. Neimark, E.D.: Intellectual development during adolescence. In: Horowitz, F.D. (Hg.): Review of child development Research (Bd. 4). Chicago: University of Chicago Press, 1975.
93. Wilber, Ken: Ganzheitlich handeln. Eine integrale Vision für Wirtschaft, Politik, Wissenschaft und Spiritualität. Freiamt: Arbor, 2001. S.14ff. Dort gibt es auch einen Literaturverweis, aus dem er die Zahlen haben könnte.
94. Die 10% sind in den oben genannten 41% enthalten. Nur ein Prozent erreiche eine integrative („zentaurische") Stufe des Denkens. A.a.O., S. 17ff.

nen unbewusst, vorbewusst oder als ‚Einbruch' in deren Gegenwart wirken, keinesfalls aber bewusst erschlossen wurden.

Dieser erste Teil der Großen Arkana ist im Sinne westlicher Wissenschaft der eher konservative Teil. Die Karten decken sich weitestgehend mit den einzelnen Stufen der Entwicklungspsychologie.

Mythen und Märchen als Repräsentationen psychogenetischer Felder

Auf der Suche nach Mythen, die die wichtigsten Themen eines pgFeldes prototypisch verbildlichen, stoßen wir auf die bemerkenswerte Tatsache, dass es nur die pgFelder I bis VII sind, die uns reichhaltiges mythologisches Material liefern. Der Grund liegt vermutlich darin, dass diese pgFelder obligatorisch von allen Menschen durchlaufen werden. Sie bündeln die Entwicklungsthemen von der Geburt bis zum Erwachsenwerden. Der Heldenmythos beschreibt die Phase des Erwachsenwerdens im Sinne einer Identitätsfindung, die nur durch innerpsychische Abnabelung von elterlichen Bezugspersonen geschehen kann (pgFeld *VII-Wagen*). In aller Regel endet ein solcher Mythos im Finden einer Frau, die vom Helden geehelicht wird. Kaum ein Mythos beschreibt, was danach geschieht: Ehe, Kinder, Beruf, Altersversorgung, Pension oder Rente, Sterben. Es ist das bekannte Phänomen von Hollywood-Filmen, dass nach dem verbindenden Kuss zwischen dem Helden und seiner Liebsten der Abspann alles Nachfolgende mit diskretem Schweigen überdeckt. Wirkliche Bewusstseinserweiterung ist da auch nicht mehr notwendig, denn auf dieser Bewusstseinsebene können die genannten gesellschaftlichen Anforderungen (pgFeld *VIII-Ausgleich*) bis zum Tode bewältigt werden. Die fakultative Natur der nachfolgenden pg-Felder engt den Kreis derer ein, die sie in Angriff nehmen werden. Es gibt natürlich auch für diese fakultativen pgFelder ‚Geschichten", die erzählt werden, doch erreichen diese nicht den Status eines wirklichen Mythos, da der potenzielle Rezipientenkreis zu klein wird. Wir finden solche ‚Geschichten' in Romanen oder Sach- und Fachbüchern über bestimmte Themen, in der Kunst oder in den Fallberichten von Therapeuten, in der Philosophie oder der spirituellen Literatur.[95]

In den einzelnen Beschreibungen der pgFelder wird, sofern es möglich und sinnvoll ist, auf mythologische Referenzen eingegangen werden.

---

95. Spirituelle Literatur sollte man von „religiöser" Literatur unterscheiden. Spirituelle Literatur beschreibt die Themen des Transpersonalen, „religiöse" Literatur bedient mythische Bildsprache. Erstere ist transrational, letztere prärational. Das heißt nicht, dass „religiöse" Literatur nicht auch vom transpersonalen Bewusstsein sinnstiftend und inspirierend aufgenommen werden kann. Beispiele für spirituelle Literatur sind die Schriften Sri Aurobindos, Teresa von Avilas oder Meister Eckharts, für „religiöse" Literatur die Bibel, der Koran oder Formen von Glaubensbekenntnissen dogmatischer Natur.

In der nachfolgenden Tabelle zeigt die mittlere Spalte die positiven Ergebnisse einer gelungenen Bewältigung der entsprechenden Entwicklungsaufgabe an, die rechte Spalte hingegen Anzeichen einer misslungenen Bewältigung und mangelnden Integration. Einzelheiten zu den Themen finden sich dann in den ausführlichen Beschreibungen.

Benennung der Karten (und Installationszeit der entspr. Basisprogramme)	**Allgemeines Thema und gelungene Bewältigung**	**Anzeichen misslungener Bewältigung**
	Die präpersonalen Strukturen	
0-Narr (ab Zeugung)	Urknall, Werden, verdichteter energetischer Bauplan/Genom/ Grundsteinlegung des menschlichen Fahrzeugs	Noxen, genetische Fehler, karmische Belastungen
Ia-Magier (mindestens ab Geburt)	Wille zur Handlung, Selbstwirksamkeitserwartung, der vitale Selbstversorger, voraussetzender Wille zum Aufbau egoischer Strukturen	Mangelnde Selbstwirksamkeitserwartung, mangelnder Wille zur vitalen Selbstversorgung und empfundene Antriebslosigkeit
II-Hohepriesterin (mindestens ab Geburt)	Die weibliche Note des Universums durch Vermittlung der Mutter, die uns als Fötus und Säugling noch nicht als konkrete Person in Erscheinung tritt, sondern uns als Makrokosmos (oder mediale Welt) umhüllt: Entwicklung von Urvertrauen	Eine bedrohliche weibliche Note des Universums, die auf die primären Bedürfnisse des Säuglings nicht adäquat einging: Entwicklung von Urmisstrauen
	Die personalen Strukturen	
III-Kaiserin (ab ca. 1 ½ Jahre)	Oraler Bio-Überlebensschaltkreis, emotionale Bindungsfähigkeit und adäquates Bindungsverhalten, Fürsorge, Angenommenwerden, psychosoziale Autonomie, Schutz und Empathie, vermittelt durch unmittelbare Erfahrungen mit der konkret in Erscheinung getretenen Mutter als primäre Bindungsperson (nicht mehr nur medial, sondern figural)	Mangelnde Bindungsfähigkeiten und dysfunktionales Bindungsverhalten, Existenzängste, mangelndes Gefühl von Geborgenheit und Schutz, emotionale Mangelversorgung
IV-Kaiser (ab ca. 3 Jahre)	Analer emotional-territorialer Schaltkreis, Strukturgebung und Ordnungsfähigkeit des eigenen Lebensvollzuges, Durchsetzungsfähigkeit eigener Bedürfnisse und Ziele, oft vermittelt durch das auf dem Territorium des Kindes herrschenden Alpha-Tieres, des Vaters	Unterwerfung, Angst vor Strafe und Autoritäten, mangelnde Ordnungs- und Strukturierungs-Fähigkeit eigener Ziele, mangelndes Selbstbewusstsein

Tab.10: Zusammenfassung der Inhalte der präpersonalen und personalen Karten und deren Anzeichen der gelungenen beziehungsweise misslungenen Bewältigung und Integration

V-Hohepriester (ab ca. 6 Jahre)	Semantischer Schaltkreis, entwickelt durch kon-op-Fähigkeiten der Tricksternatur dieses Alters: Neugier, Unbekümmertheit, Wissbegierde – und andererseits durch die pädagogischen Bemühungen der Eltern und Institutionen; die semantische Eroberung der Welt, Strukturierung und Auswahlkriterien des Wissenserwerbs und Erkenntnisgewinns, schrittweise durch eigene selbst errungene weltanschauliche Ausrichtung des Wissens- und Erkenntnis-Inputs an innerseelischer Lebenszielbildung. Mit zunehmendem Alter steigende Priorität der Erkenntnisse aus eigenen Erfahrungen, weniger aus angelesenem und vermittelten Wissen.	Identifizierung mit fremd-vermittelten Wissens- und Informationspaketen (dogmatische Religiösität als Ersatz für eine selbst-erfahrene Weltanschauung); Fixierung auf den Eigenschaften der Tricksternatur: Unbekümmertheit, moralische Rücksichtslosigkeit, Ziellosigkeit, mangelnde Perspektivübernahme anderer
VI-Die Liebenden (ab Beginn der Pubertät)	Gleicher unter Gleicher werden; Sozio-sexueller moralischer Schaltkreis, der sich durch den aktiven Umgang mit den Peers ab der Jugend herausbildet, Fähigkeit, Moralvorstellungen mit den eigenen inneren Motivatoren und Bedürfnissen in Einklang zu bringen – durch selbstbewusstes Aushandeln soziomoralischer Regeln mit dem Gegenüber; auch der Lebensweg als Passung zwischen konventionellen Möglichkeiten und individuellen Bedürfnissen; Die Fähigkeit, selbst ‚Peer' zu werden.	Rigide Übernahme von fremd-vermittelten Moralvorstellungen bezüglich Liebe und Sexualität als patriachalistische Soll-Erfüllung, sexuell angepasster, moralisierender Leisetreter, Verzicht auf Erfüllung individueller Bedürfnisse in Liebe, Lebensplanung, Beruf; Sich nicht als Gleicher unter Gleichen fühlen oder Abhängigkeit von den Peers (Unselbstständigkeit)
VII – Der Wagen (ab ca. späte Pubertät, Adoleszenz)	Optimistischer, lebensbejaher der Aufbruch in die Selbstverantwortung, setzt idealistische Zielsetzungen voraus. Identitätsformung	Pessimistischer, lebensverneinender Aufbruch als Flucht oder Vertreibung ohne adäquate Zielsetzungen
VIII – Die Ausgleichung (ab ca. frühes Erwachsenenalter)	Die Fähigkeit, flexibel aus Erfahrungen des Lebensvollzuges zu lernen, Anpassungsfähigkeiten an verändernde Bedingungen; die Fähigkeit, gesellschaftlichen Regeln zu folgen und innerhalb dieser sein Leben erfolgreich zu gestalten	Konventionelle Rigidität, Unfähigkeit zu lernen, Entwicklung starrer und engstirniger Einstellungen zur Zementierung eigener Überzeugungen und zur Abwehr von korrigierenden Erfahrungseffekten
IX – Der Eremit (ab hier fakultativ; kein angelegtes Entwicklungsalter benennbar)	Die Entdeckung der psychischen Innenwelten. Annahme dieser und damit Fähigkeit zu emotionaler und kognitiver Selbstreflexion und zu innerpsychischer Selbstgestaltung; formal-reflexives Denken	Endlosschleife innerpsychischer Nabelschau, romantisierendes Selbstmitleid, Isolierung durch Selbstüberhöhung eigenen subjektiv empfundenen Leides. Eigendünkel
X – Das Rad des Schicksals	Postfomale Logik, Schaulogik: Einbezug systemischer Faktoren: Zur eigenen Verursachung durch die eigene Psyche kommt der unvorhersehbare Glücksfaktor, oder das systemische Denken. Wirkungsvolles und absichtsvoll-bewusstes Eingreifen in die Geschehnisse, damit auch Impulsgebung für absichtsvolle innerpsychische Veränderungen (karmische Veränderungen), da das Innen dem Außen zumindest auf einer interaktiven Resonanzebene entspricht	Fixierung und Konzentration auf die bewirkten äußeren Veränderungen, ohne dabei die innerpsychische Entwicklung weiter zu fokussieren; Das ‚Errichten von äußeren Weltreichen als Ersatzhandlung für innere Entwicklung
XI – Die Lust	Zentaurisches Bewusstsein; bewusste Einheit von Bios und Noos; Integration der Holarchie innerer Motivatoren: Instinkte, Triebe, Bedürfnisse, Werte, seelischer Wille, Fähigkeit zur Selbstbeherrschung	Überwältigt werden von (holarchisch) inneren Motivatoren, z.B. von einem Trieb, der sich die ganze Ego-Struktur unterwirft: Fixierungen

Psychogenetisches Feld O

- Der Narr -

URSPRUNG
DAS GENETISCHE UND KARMISCHE POTENZIAL,
DEREN ART DER ENTFALTUNG NOCH VÖLLIG OFFEN IST

Tarotkarte: 0 – Narr (traditionelle Deutungen: Unschuld, Torheit, Chaos, unbewusste Weisheit)

Kernzeit: Zeugung, Nidation, Reifung im Uterus

In der Karte des Narren liegt der Ursprung unserer menschlichen Existenz. Wenn wir dem Modell der psychogenetischen Felder folgen, kommt dem Narren eine Sonderrolle zu, zu der auch die Überschreibung mit der Null einen Hinweis liefert. Für das menschliche Werden stehen uns aus der Psychologie und spirituellen Literatur mittlerweile detaillierte Erkenntnisse zur Verfügung, selten aber über den Ursprung, über den Ausgangspunkt unseres Werdens. Zwar versucht die Wissenschaft über Genetik und innate[96] Aspekte, und die spirituelle Literatur über Konzepte von Karma Hypothesen über den Zustand, aus dem heraus unser Werden initiiert wird, aufzustellen, allerdings können diese kaum über ein spekulatives Stadium hinausgehen.

Das psychogenetische Feld des Narren umfasst den Fundus aller noch unentfalteten Möglichkeiten, die unserer Entwicklung im Ursprung zur Verfügung stehen. Wenn wir es mit diesem pgFeld oder dieser Tarotkarte zu tun haben, ist es, als griffen wir in diesen unerschöpflichen Pool an Potenzialen hinein und zögen zwangsläufig heraus, was mit uns selbst zu tun hat.

Psychologische Weiterführungen

Ursprungskonzepte des menschlichen Seins finden wir in der wissenschaftlichen Genetik, im gnostischen Gedanken an einen Demiurgen und in der buddhistischen und hinduistischen Idee des Karmas.

96. Innate (engl.): angeboren.

In wissenschaftlichen Ansätzen findet man ein, wenn auch letztlich nur allegorisches Begriffspaar, das die Idee des Ursprungs in Beziehung setzt mit dem aus diesem hervorgehenden Werden (das mit dem Terminus ‚Entwicklung' definiert wird): Genotyp und Phänotyp. Der Genotyp umfasst unsere vollständige genetische Ausstattung und entsteht während der Zeugung aus der Kombination des mütterlichen und väterlichen genetischen Materials. Es wäre allerdings ein Irrtum zu glauben, allein diese Tatsache mache uns unseren Eltern ähnlich. Deren genetische Ausstattung umfasst viel mehr, als nur die in Erscheinung getretenen Eigenschaften des Körpers und der Psyche. Ein Mann etwa trägt in sich auch genetische Informationen (die ihm wiederum von seinen Eltern vererbt wurden) über die Ausbildung weiblicher Eigenschaften, seien diese körperlich oder psychisch. Wenn allerdings das X-Chromosom darüber entscheidet, dass ein männlicher Organismus ausgebildet werden soll, ruhen die genetischen Baupläne für die Ausreifung weiblicher Organe und umgekehrt. Dennoch kann durchaus genetisches Material über die Ausbildung weiblicher Organe vom Mann oder männlicher Organe von der Mutter an deren Kinder weitergegeben werden. Der Genotyp umfasst also unendlich viel mehr, als in der biopsychischen Entwicklung des Menschen letztlich ausgebildet wird. Die genetische Ausstattung erlaubt spezifische Entfaltungen und Entwicklungen, aber nicht alle Veranlagungen kommen zur Ausreifung.

In der Art der Kombination der Gene liegt der Schlüssel zu allen Informationen, die für die Entfaltung unseres biopsychischen Fahrzeugs, das uns durchs Leben führen wird, nötig sind. Aus diesem genotypischen Ursprung tritt dann in Wechselwirkung mit Umwelteinflüssen der Phänotyp in Erscheinung – das sind wir als charakteristische Persönlichkeiten mit all unseren körperlichen und seelischen Eigenschaften, unseren Verhaltensweisen und Persönlichkeitsmerkmalen.

Aber reduzieren wir den Ursprung des menschlichen Werdens nicht ausschließlich auf die Genetik. Als angeboren gelten nicht nur genetische Aspekte, sondern auch was durch vorgeburtliche Entwicklungseinflüsse unsere Grundausstattung gestaltet. Man spricht heute auch von *innate* (engl.), was etwas unscharf und umfassend alles meint, was angeboren, genetisch bedingt oder naturgegeben ist. Unter ‚Anlage' versteht man die genetische Grundausstattung, unter ‚genetisch bedingt' ein Merkmal, wenn es auf Veränderungen des Genoms beruht, etwa durch Strahlung während der embryonalen Zeit, und unter ‚angeboren' Merkmale, die nicht zwingend genetisch sein müssen, etwa Entwicklungsstörungen von Organen durch Vergiftungen oder Verletzungen.

In der genetischen Sichtweise offenbart sich das Selbst als ursprüngliches Potenzial, das ruhend und unausgefaltet den Pool darstellt, aus dem heraus der Mensch seine Entwicklungsmöglichkeiten schöpft.

Die Genetik liefert nur den Bauplan. Der Bauleiter aber ist zumindest in pränataler Zeit die Mutter und die Arbeiter sind alle Einflüsse, die der Bauleiter zulässt und bereitstellt.

In diesem Genotyp sind unendlich viele Möglichkeiten der Entfaltung enthalten. Und aus diesem Pool an unendlich vielen Möglichkeiten der Entfaltung wird nur *eine* Entfaltung wirklich passieren – der Phänotyp. Wie viele ungelebte Leben haben wir also … ?

Das ‚Ich", das irgendwann entstehen wird, ist nur eine Variante, dazu noch eine sich permanent verändernde Variante der Ausformung dieses Genotyps. Zu welchem *Ich* Sie dann tatsächlich werden, hängt von den Bedingungen ab, die Ihr Genotyp vorfindet: den Uterus, die pränatale Stoffwechselversorgung, der Geburtsprozess, die Einflüsse des Milieus, in das man geboren wird, wie die Eltern mit dem Kind umgehen und wie sie es fördern.

Kurz: Was da genetisch vorliegt und sich pränatal entfaltet, wird auf eine lange Reise gehen, die Reise des menschlichen Lebens – und alles ist offen …

Der demiurgische Gedanke

Gnostische Überlegungen bezweifeln die direkte Beteiligung Gottes an der Entstehung der Welt, sondern postulieren einen Baumeister, einen Demiurgen. So wird versucht, Gott von der Fehlerhaftigkeit der Welt und der Menschen freizusprechen und sie einem größenwahnsinnigen Architekten zuzuschreiben, der sich ganz vermessen durch seinen Schöpfungsakt für Gott hält. Diese ketzerische Sicht lässt sich gut mit einem psychologischen Konstruktivismus in Beziehung setzen: Der Mensch sei der aktive Konstrukteur seiner Wahrnehmung und damit auch der wahrnehmbaren Welt, die er fälschlich für eine objektive Realität hält. Was die Konstruktivisten allerdings versäumen, ist einen Hinweis auf den Ursprung dieses Welten-Konstruktionsaktes zu geben. Wissenschaftlich lässt sich diese Frage nicht beantworten, denn wenn der Konstruktivismus recht hat, ist auch er eine aktive Konstruktionsleistung und damit als Referenz für eine objektive Realität untauglich.

Die Gnostiker hingegen bieten eine solche Erklärung an: Hinter dem demiurgischen Weltenschöpfer steht ein Gott, unfassbar, universell, allumfassend, vor allem aber einer, der nicht an profanen Dingen wie einer mangelhafte Weltenschöpfung interessiert ist. Aus ihm ging der Demiurg hervor, also sei Letzterer ein Teil des größeren Ganzen, ein Teil, der sich in Unkenntnis und Hybris bereits als das universelle Ganze dünkt. Tatsächlich würde nach den Gnostikern ein eigener ursprünglicher Bewusstseinspunkt angebetet werden, der sich durch urknallartige Ausdehnung seine eigene selbstbezügliche Wahrnehmungswelt schafft, außer ihr aber nichts wahrnehmen kann und damit diese eigene Welt für die einzige und vollständige Welt halten und damit auch in dem demiurgischen Schöpfer dieser kleinen Wahrnehmungswelt den all-umfassenden Gott sehen muss. Kein Wunder, dass die Gnostiker Ärger mit der Kirche bekamen.

Uns interessiert hier der Gedanke an den universellen Gott, aus dem heraus Weltenschöpfungen passieren können, aber gnostischem Denken folgend nicht passieren müssen.

Die Idee eines wirkmächtigen universellen Ursprungs, dessen allumfassende Natur wir Menschen nie erreichen können, korrespondiert auffällig mit dem wissenschaftlichen Postulat einer genetischen Macht, die mehr bereitstellt, als wir (phänotypisch) jemals zur Realisation bringen können. Das real gelebte Menschsein bleibt sowohl wissenschaftlich als auch gnostisch gesehen bestenfalls eine Stichprobe aus einem unendlichen Fundus an Daseins-Möglichkeiten.

Karmische Reminiszenzen

Je älter wir werden, desto festgelegter wird unsere phänotypische Persönlichkeit, obwohl es immer um den eigenen Lebensweg geht. Am Anfang standen uns alle Möglichkeiten der Entfaltung offen. Später wird eine Modifikation unserer Persönlichkeit zunehmends von der Grundlage des schon zurückgelegten Weges abhängig sein. Der *0-Narr* zeigt ausgehend von dem genetischen (*innaten*) oder vorangelegten Potenzial immer den eigenen, ganz individuellen Weg des Lebens an, unsere Bestimmung, wenn man so will. Unter Umständen bestätigt er unseren derzeitigen Weg, oder aber er zeigt die Korrektur zurück zum ‚Weg' an, das Wiedererwachen des eigenen Selbst, dessen Filiale und Erfüllungsgehilfe das ‚Ich' nur ist, das sich in den ersten beiden Jahrzehnten des Lebens ausformt.

Interessant ist, dass der Narr in manch alten Kartensätzen an letzter Position steht, nach dem Universum. Wenn der ganze Weg der Bewusstseinsentwicklung zurückgelegt wurde, sich also das ganze Spektrum des Bewusstseins entfalten konnte, verdichtet sich die universelle Erfahrung des Lebensimpulses des Universums zu einem mikrokosmischen Punkt, dessen Potenzial zur neuerlichen Entfaltung nur immanent und latent ist; es kommt zu einem Urknall, einem Werdungsprozess, der sich in seiner Entfaltung nach psycho-energetischen Tendenzen des Bisherigen richtet. Nach Zusammenbrüchen oder Auflösungen von Systemen, so berichten Physiker, haben die Einzelteile des bisherigen Systems die Tendenz, sich zu ‚erinnern", also Strukturen zu bevorzugen, deren Teil sie schon einmal gewesen waren. Der Karma-Gedanke kann so zu verstehen sein: Es geht nicht um eine Metempsychose, eine Seelenwanderung im personalen Sinne, sondern um das Weiterexistieren und ‚Weiterreichen' eines energetischen Impulses, der durch das bisherige Sein der Entität (sei das ein Molekül, ein Atom oder eine befruchtete Eizelle) eine grobe, wahrscheinliche Tendenz zukünftiger Entfaltung festlegt. Nach dieser Sichtweise würde im Narren all unser bisheriges Erfahrungsgut als energetische ‚Erinnerung' gespeichert sein, ohne allerdings unsere Personen oder Egos zu wiederholen. Aber aus diesen Tendenzen könnte sich eine personale Struktur entwickeln, die ihre Determinanten aus dem bisherigen Sein schöpft, zum Beispiel aus den Ahnenketten, aus dem kulturellen und kollektiven Eingebettetsein, aus den von Rupert Sheldrake beschriebenen ‚morphogenetischen Feldern"[97] oder anderem.

Die verschiedenen östlichen Philosophien, die den karmischen Gedanken voraussetzen, sind traditionell an einer Entwicklungspsychologie des Kindes- und Jugendalters nicht interessiert gewesen. Wohl ahnten sie das Wirken mächtiger Einflüsse, die augenscheinlich in der ontogenetischen Vergangenheit liegen mussten, stellten aber keinen Bezug zur kindlichen und vorgeburtlichen Erfahrungswelt her, sondern postulierten als Urgrund dieser Determinanten eine Zeit, die ganz eindeutig vor dem Entstehen einer bewussten Ich-Entität lokalisiert wurde, nämlich in vergangenen Leben – aus Sicht eines bewussten Ichs durchaus richtig. Gut möglich, dass sich in der Idee des Karmas projektiv das unbewusste oder geahnte Wissen über die bestimmenden Einflüsse vorbewusster Entwicklungszeit des Menschen widerspiegelt. Fair ist es hinzuzufügen, dass auch in den herrschenden Sprachregelungen der Wissenschaft, etwa wenn über genetische und innate Einflüsse[98] gesprochen wird, möglicherweise ein eigentlich unsagbares Wis-

---

97. Vgl. Rupert Sheldrake: Einführung. In: Hans-Peter Duerr, Franz-Theo Gottwald (Hrsg.): Rupert Sheldrake in der Diskussion. Das Wagnis einer neuen Wissenschaft des Lebens. Bern, München, Wien: Scherz, 1997, S. 18: „In Pflanzen, Tieren [und Menschen, *Anm. von mir*] heißen die für die Entwicklung und Erhaltung der Körperform verantwortlichen Felder morphogenetische Felder. In der Organisation der Wahrnehmung, des Verhaltens und der mentalen Aktivität heißen sie Wahrnehmungs-. Verhaltens- und mentale Felder, in Kristallen und Molekülen kristalline und molekulare Felder und in der Organisation von Gesellschaften und Kulturen schließlich soziale und kulturelle Felder. Für all diese Arten von Organisationsfeldern habe ich den Gattungsnamen morphische Felder vorgeschlagen. Morphische Felder sind wie die inzwischen anerkannten Felder der Physik Einflußgebiete in der Raum-Zeit, die in den und um die Systeme herum lokalisiert sind, die sie organisieren." Diese morphischen Felder würden benutzungsabhängig entstehen. Sheldrakes Theorie ist umstritten; die Ergebnisse entsprechender empirischer Untersuchungen sind widersprüchlich wie in oben genannter Veröffentlichung gezeigt wurde.
98. Diese Einflüsse werden oft auf nervöse und endokrinologische Zusammenhänge zurückgeführt. Der Fetus ist ja zu intra-uteriner Zeit in das mütterliche Botenstoff- und Stoffwechsel-System eingebettet, und nimmt demnach Anteil an den individuellen Erfahrungen der Mutter.

sen über die Ursprünge unseres Werdens projektiv veräußert wird. Somit würden sowohl der karmische Gedanke wie auch die wissenschaftliche genetisch-innate Sichtweise in jeweils unterschiedlicher Bildsprache letztlich auf Gleiches verweisen.

In jedem Falle liegt im Narren unser Sein als Potenzial verschlüsselt verborgen, bereit zur Ausformung, zur Werdung, zu zunehmender Materialisierung und Manifestierung. Aus den unendlich vielen potenziellen Leben, die unsere Veranlagung mit sich bringt, wird sich nur eines als gelebtes Leben durchsetzen; solange bis ein Zustand starrer, völlig verfestigter Irdischwerdung erreicht ist, das System des lebendigen Wesens wieder implodiert und in sich zusammenfällt, um damit einem weiteren Lebensimpuls als abstrakter Urgrund des seelischen Seins zu Verfügung zu stehen.

Kontemplation

Mit dem Symbol des Narren beginnt das Bewusstseinsspiel unseres menschlichen Lebens. Man sagt, dass ein Narr unbewusste Weisheit in sich trüge. Das Ziel unseres Bewusstseinsspiels ist die vollständige Bewusstheit. Im Narren ist all das auf eine potenzielle Art bereits vorhanden. Diese Karte drückt den gleichen Sachverhalt aus wie die letzte Karte der Großen Arkana, das Universum, nur von der anderen Richtung her betrachtet. Das Bewusstsein zieht sich von den Objekten zurück, um dieser gewahr werden zu können. Das Universum ist erfüllt von Bewusstsein, wenn unser Bewusstsein sich des Universums gewahr wird. Dann befindet es sich vollständig in unserem Bewusstsein. Aber diese Vollständigkeit löst das Individuum gänzlich auf. Um aufs Neue wieder wahrnehmungsfähig zu werden, muss sich das Bewusstsein aus den Dingen wieder zurückziehen, es muss aus dem Wald heraus, um nicht nur Bäume, sondern den Wald in seiner Ganzheit wieder sehen zu können. Im Narren ist das Bewusstsein verdichtet zu einem Punkt – ganz im geometrischen Sinne, ohne räumliche Ausdehnung, ohne Fläche. Sobald das Bewusstsein sich wieder beginnt auszudehnen (was mit der nächsten Karte passieren wird), wird es selbstbezüglich und der Grundstein für die in sich geschlossen scheinende Wesenheit, das Ich oder Ego, die Persona oder Persönlichkeit, für jedewede Entität also, ist gelegt. Im Narren aber fehlt diese Ausdehnung im potenziellen Bewusstseinsraum, und aus diesem Grunde gibt es auch keine Wertigkeiten, keine speziellen Bezüge. Der Narr bewegt sich im Universum in seiner Gänze und Wirklichkeit, allerdings ohne sich dessen bewusst zu sein. Sein Bewusstsein (als punktuelle Verdichtung) besitzt noch keine selbstbezügliche Struktur, es existiert kein weiterer Punkt oder keine weitere Fläche, schon gar kein Raum einer Bewusstseinsarchitektur, es gibt nur die universelle Wirklichkeit und den Punkt des verdichteten Bewusstseins, der in der Folge *big bang*-artig explodieren und seine Bewusstseinskraft wie die Welle einer Atomexplosion über das Universum ausbreiten wird. Wenn sich der Punkt des Bewusstseins auch nur um einen Nanometer ausdehnen wird, nimmt das Bewusstsein notgedrungen nur noch und ausschließlich den Raum dieses Quadratnanometers wahr und nicht mehr das ganze Universum. Das Bewusstsein ist erwacht, aber zum Preis, die unschuldig-unbewusste Wahrnehmung des vollständigen Universums aufgeben zu müssen. In der Folge wird nur noch das wahrnehmungsfähig gemachte Feld des Quadratnanometers wahrgenommen und damit auch irrtümlich für die Welt gehalten – ein Irrtum, in dem wir uns fast das ganze Bewusstseinsspiel hindurch befinden werden.

Eine schöne Analogie sind die zen-buddhistischen ‚Ochsenbilder“,[99] in denen auf einer Reihe von aufeinander folgenden Bildern ein Mann mit einem Ochsen zu sehen ist. Der Ochse ist anfangs wild und ungebändigt und repräsentiert den noch ungebändigten und zügellosen Geist des Protagonisten. Über verschiedene Stufen der Zähmung erscheint der Mann auf dem letzten Bild ohne den Ochsen in einfachen, zerschlissenen Sachen lächelnd auf einem Markt: das höchste Bewusstsein in der Annahme all dessen, was existiert. Die Höhle als meditativer Rückzugsort wurde überflüssig. Interessant ist, dass auf alten Karten des Tarot der Narr als ein Mann in einfachen, zerschlissenen Klamotten nach dem Universum angesiedelt wurde, also ebenfalls die Einfachheit und All-Gültigkeit von allem anerkennend.

99. M. Pema Dorje: Auf dem Ochsen reiten. Suche nach Erkenntnis, Glück und Erfüllung. Düsseldorf: Walter, 1993.

Psychogenetisches Feld Ia

- Der Magier -

SELBSTWIRKSAMKEIT
FUNDAMENTALES POTENZIAL ZU EIGENAKTIVITÄT, WIRKMÄCHTIGKEIT
IA – EGO-AUFBAU

Tarotkarte: Ia - Magier

Tarotkarte: I – Der Magier (traditionelle Deutung: Wille, Geschick, Schläue, Wissen, Einfallsreichtum)

Initiationsalter: Kernzeit ab Geburt bis ca. 1 ½ Jahre

In der klassischen Entwicklungspsychologie wird der Säugling als ausschließlich symbiotisch mit der Mutter beschrieben; eine Haltung, die von der neueren Säuglingsforschung kritisiert und relativiert wird.

> *„Nach den Ergebnissen der Säuglingsforschung ist weder eine autistische noch eine symbiotische Phase des Säuglings belegbar. Der Säugling ist ein kompetenter Akteur, der über mimische, lautliche und gestische Verhaltensweisen den Eltern seine Befindlichkeiten signalisiert. Vor allem erlebt er seine Fähigkeit, seine primären Bezugspersonen zu beeinflussen, als Wirkmächtigkeit."*[100]

Das Neugeborene ist unmittelbar nach der Geburt gezwungen, eine Reihe von eigenen, freilich eher körperlichen und instinkthaften Aktivitäten zu entwickeln: Es beginnt selbstständig zu atmen, es muss sich um die Nahrungsaufnahme insofern selbst kümmern, als diese nicht mehr über die Nabelschnur ‚automatisch' passiert, sondern gesaugt und geschluckt werden muss. Es beginnt, sensorische Eindrücke völlig neuer Art (etwa durch das Sehen) neuronal zu verarbeiten und einzuordnen. Die Synaptogenese, also die Verknüpfung von Neuronen, beginnt, was als Beginn eines sinnstiftenden neuronalen Ordnungssystems verstanden werden kann. Diese ersten Erfahrungen als ‚Akteur' eigener Entwicklung und eigenen Lebens bilden die Initiationsphase dieses psychogenetischen Feldes. Dieses pgFeld umfasst den Anteil der *aktiven* eigenen Person (auch wenn sie anfänglich

100. Thielen, M.: Körperpsychotherapie bei narzisstischen Persönlichkeitsstörungen. In: Marlock, G.; Weiss, H. (Hg.): Handbuch der Körperpsychotherapie. Stuttgart: Schattauer, 2006, S. 753.

noch unbewusst und undifferenziert ist) an den Geschehnissen dessen, was wir später unser Leben nennen.

Die Errungenschaften dieses pgFeldes bilden die unabdingbare Voraussetzung für den aktiven Konstruktionsprozess einer funktionalen, ich-starken Persönlichkeit.[101]

Es lässt sich heuristisch herleiten, dass das Fundament für das von Bandura beschriebene Phänomen der *self-efficacy-expactancy*, der *Selbstwirksamkeitserwartung*, hier in diesem Feld gelegt wird.

Ein weiterer Zusammenhang könnte mit den von Stanislav Grof[102] beschriebenen Geburtsmatrizen bestehen, die uns, je nach strukturellem Geburtserlebnis eine abstrakte Schablone für spätere Veränderungsprozesse im Leben liefern, an denen wir teils aktiv, teils passiv beteiligt sind.

Das, was uns *passiv* geschieht, ist Thema des nächsten Feldes, sodass diese beiden Felder als sich gegenseitig ergänzend verstanden werden können.

Psychologische Weiterführungen

Der vitale Selbstversorger

Der Protagonist kommt zur Welt und verlässt seinen ersten Lebensraum, den Uterus. In diesem Moment entsteht der aktive und vitale Selbstversorger, der sich durch Atmung um die Sauerstoffzufuhr selbst zu kümmern, der Nahrung saugen und schlucken muss und entsprechende aktive Signale zu senden hat, wenn er ein Grundbedürfnis wie etwa Hunger verspürt. Mit Recht kann man sagen, der ‚Magier' repräsentiert die Geburt des aktiven, zur Handlung bereiten Menschen.

Die Benennung der Karte mit dem Begriff des ‚Magiers' ist ausgesprochen treffend: Der Wortstamm entspringt dem indogermanischen *mag(h)-*, das sich in Worten wie machen, Maschine oder Mechanik wiederfindet[103]. Es geht also prinzipiell um das Bewirken von etwas, um das Hervorrufen von Wirkung.

Hier entsteht eine Grundmatrix, ein erster Baumring um den Kern des menschlichen Wesens, der durch den Narren repräsentiert wurde. Dieser erste Baumring ist in seiner Güte natürlich abhängig von den Grundvoraussetzungen, die durch das genetische Mitbringsel und die Ausbildung des Organismus im Mutterleib mit all seinen organischen, endokrinologischen, neurologischen und (auch bereits) psychologischen Komponenten angelegt

101. Der Begriff wurde von Carl Rogers eingeführt. Vgl. Rogers, C.: Entwicklung der Persönlichkeit. Stuttgart: Klett-Cotta, 1976.

102. Grof, S.: Das Abenteuer der Selbstentdeckung. Reinbek: Rowohlt, 2006.

103. Vgl. Jean Gebser: Ursprung und Gegenwart. München: dtv, 1973.

wurden. Die allerdings gehören zum Thema des pgFeldes 0, des ‚Narren". Hinzu kommen weitere Faktoren, die die Art und Weise des vitalen Selbstversorgers beeinflussen. Diese Faktoren bestimmen die Stile der Handlungen, des aktiven Problemlösens und des Gefühls der eigenen Wirksamkeit des Menschen im Leben.

Selbstwirksamkeit

Dieses eben genannte Gefühl der eigenen Wirksamkeit im Leben wurde in der Psychologie ausgiebig erforscht. Alfred Bandura, ein Persönlichkeitspsychologe mit deutlicher sozial-kognitiver Ausrichtung,[104] beschrieb zuerst diese zentrale Persönlichkeitseigenschaft, die unseren Lebensvollzug maßgeblich beeinflussen würde. Er nannte sie *self-efficacy-expactancy*, ins Deutsche etwas holprig mit *Selbstwirksamkeitserwartung* übersetzt. Diese Persönlichkeitseigenschaft entscheide darüber, ob und in welchem Ausmaß wir bereit sind, Probleme anzugehen oder Herausforderungen anzunehmen. Wichtig ist zu verstehen, dass es sich um eine psychologische Komponente handelt, also um die subjektive Einstellung des Menschen, wie wirksam er im Universum oder im sozialen Miteinander sein kann, unabhängig von seiner *tatsächlichen* Wirksamkeit oder seinen *tatsächlichen* Fähigkeiten. Wenn er nicht *erwartet*, dies oder das zu bewältigen, wird er die Probleme oder Herausforderungen eher vermeiden und so seine Selbstwirksamkeitserwartung bestätigen, da er gegenteilige Erfahrungen verhindert. So entsteht ein Teufelskreis, denn Probleme anzugehen will geübt sein, – eine Erfahrung, die er nie sammelt, und dadurch tatsächlich im Laufe der Zeit inkompetent wird, oder, um es salopp zu sagen, große Kompetenz im Vermeiden der Dinge erwirbt. Wie gesagt, diese Theorie ist gut erforscht, vor allem bei Jugendlichen und Erwachsenen. Wo aber der Ursprung der Selbstwirksamkeitserwartung liegt, konnte bislang nicht hinreichend geklärt werden, vor allem deswegen, weil die Forschungsmethodik noch keine klare und sichere Versuchsanordnung entwickelt hat, um die Kausalbeziehungen von Selbstwirksamkeit im Erwachsenenalter mit den Erfahrungen im frühesten Kindesalter in Verbindung zu setzen. Die akademische und klinische Psychologie tappt da also im Dunkeln und/oder behauptet in bekannter Ignoranz, dass, was man nicht methodisch untersuchen könne, auch nicht existiert.

Eine forschungsmethodisch abgesicherte Theorie über die Grundsteinlegung der Selbstwirksamkeit in frühester Kindheit existiert also noch nicht, tatsächlich gibt es aber die notwendigen Bausteine, um den Zusammenhang zu verstehen. Es geht also wie so oft nur darum, die bereits existierenden Er-

104. Vgl. Schneewind: Persönlichkeitstheorien. Darmstadt: Primus, 1996.

kenntnisse miteinander in Beziehung zu setzen. Und einer der Bausteine ist das Ergebnis der atemberaubenden Forschungsarbeit Stanislav Grofs.

Die Theorie der Geburtsmatrizen von Stanislav Grof

Grof ist ein Psychiater aus der ehemaligen Tschechoslowakei, der recht früh begann, das diagnostische und therapeutische Potenzial von psychedelischen Drogen zu nutzen. Nach seiner Auswanderung in die USA setzte er seine Arbeit fort und begann nach dem Verbot von LSD und anderen psychoaktiven Drogen auf bestimmte Atemtechniken zurückzugreifen, von denen er schnell feststellte, dass sie ähnliche Resultate zeigen wie die Drogen. Es gelang ihm, Patienten und Klienten ihr Geburtserlebnis noch einmal nacherleben zu lassen und versuchte anhand dieser Ergebnisse ein allgemeines Modell der Geburtsverläufe zu entwickeln. Er erkannte, dass die Struktur des Geburtsverlaufs ein Muster ergab, da sich im weiteren Leben der Klienten in der einen oder anderen Lebenssituation wieder aktivierte und den Klienten zwang, sich in einer bestimmten Art und Weise zu verhalten.[105]

Grof unterschied vier Phasen der kindlichen Geburt, nämlich

die *erste perinatale Grundmatrix*: die pränatale Existenz des Fötus im Mutterleib vor Einsetzen der Entbindung,

die *zweite perinatale Grundmatrix*: die Phase der Geburt, in der der Uterus kontrahiert, der Gebärmutterhals aber noch geschlossen ist, verbunden mit klaustrophobischen Gefühlen und Hoffnungslosigkeit,

die *dritte perinatale Grundmatrix*: die Passage durch den Geburtskanal und

die *vierte perinatale Grundmatrix*: während der das Kind aus dem mütterlichen Organismus „scheidet“ und die ersten Erfahrungen mit der Außenwelt und den organismischen Veränderungen sammelt, etwa, indem es den ersten Atemzug macht.

Diese vier Phasen werden von den verschiedenen Menschen natürlich ganz unterschiedlich erfahren. Der eine verbringt beispielsweise viele Stunden im Geburtskanal, während ein anderer fix durchflutscht. Einer leidet unter Sauerstoffmangel, bei dem anderen gibt es mit der Sauerstoffzufuhr keine Probleme. Und wieder ein anderer kommt 14 Tage zu spät zur Welt und saust dann innerhalb kürzester Zeit durch das mütterliche Nadelöhr.

Diese, wie Grof sie nannte, *Grundmatrizen* ergeben ein neuronal abgespeichertes Erfahrungsmuster, das aufgrund seiner primordialen Stellung im Lebensvollzug entscheidenden Einfluss auf unsere Art ausübt, das Leben in Angriff zu nehmen.

---

105. Vgl. Stanislav Grof: Das Abenteuer der Selbstentdeckung. Reibek: Rowohlt, 2006, S. 25ff.

Ein Beispiel: X kam etwa vierzehn Tage zu spät zur Welt, das Fruchtwasser bekam schon eine unappetitliche grüne Färbung und sein früh-ozeanisches Zuhause wurde unangenehm eng. Die Geburt selbst ging aber überraschend schnell und unkompliziert. Anschließend durfte er ein wenig bei der Mama bleiben, bis die Krankenschwestern ihn zum Wiegen, Messen und Registrieren mit sich nahmen. Die Mutter aber beharrte darauf, nach Hause zu gehen, weil es ihr gut ging, und nahm den kleinen X natürlich mit.

In seinem weiteren Leben neigte X dazu, sich vor bestimmten Herausforderungen lange zu drücken. Antriebslosigkeit und Mutlosigkeit bestimmten ihn, wenn er sich mit einem zeitlichen Limit zur Bewältigung eines Problems konfrontiert sah. Erst auf den buchstäblich letzten Drücker, wenn die Situation unerträglich wurde und er selbst für seine Verhältnisse ausreichend über seine Lage gejammert hatte, entwickelte er einen nahezu verzweifelten Tatendrang. Mit fast übermenschlicher Energie, die ihn selbst immer wieder erstaunte, gelang es ihm, innerhalb kürzester Zeit das scheinbar Unmögliche wahr zu machen, und das Problem zu lösen. Nach der verspätet in Angriff genommenen Bewältigung des Problems fand er sich dann in einer erleichterten, sonnigen psychischen Verfassung und war voller Zuversicht und Optimismus – natürlich nur so lange, bis sich das nächste Problem abzeichnete und dieses Muster wieder aufs Neue aktiviert wurde. Erst die gezielte Bewusstmachung dieses Musters half ihm, sich auch schrittweise von diesem befreien.

Aber nicht nur die Geburtsmatrizen beeinflussen unsere Selbstwirksamkeit. Weitere Faktoren sind die ersten Erfahrungen, die der Säugling mit der aktiven Selbstversorgung macht. Gelingt es ihm zu atmen oder schafft er es, seine Hungergefühle zu befriedigen, indem er durch Schreien darauf aufmerksam macht? Wenn dem Kind ein von der Mutter diktierter Rhythmus des Stillens aufgedrückt wird, kann der Säugling keine Verbindung zwischen seinem Hungergefühl, dem Schreien als Signal und der Befriedigung des Bedürfnisses herstellen. Welche Erfahrung wird da neuronal kodiert? *Die Befriedigung meiner Bedürfnisse ist von mir und meinen Signalen unabhängig. Ich selbst zeitige keine Wirkung. Befriedigung lässt man mir passiv angedeihen.* Unschöne Basisprogramme. Auch hier entsteht ein Grundmuster des eigenen Stiles von Aktivität. Es wird in diesem Fall die Basis für das Gefühl geschaffen, dass ein irgendwie geartetes Außen für die Befriedigung von Bedürfnissen und für die Lösung von Problemen verantwortlich ist. Die eigene Selbstwirksamkeit wurde hier bereits sabotiert und es sind Tür und Tor offen für die subjektive Erwartung eigener Wirkungslosigkeit, was in der Folge dazu führen kann, dass man eher dazu neigt, Probleme zu ignorieren, Herausforderungen nicht anzugehen und sich eher einem passiven Weg des geringsten Widerstandes verschreibt, nicht aus Faulheit oder mangelndem Ehrgeiz, sondern weil eigene Tatkraft sowieso nichts zu bringen scheint.

Hinzu kommt die infantile Haltung, anzunehmen, dass man ein Recht auf Befriedigung der eigenen Bedürfnislage hat und sich vom Universum, der Gesellschaft oder anderen Menschen ungerecht behandelt fühlt, wenn diese Befriedigungen ausbleiben.

Der Motor zur eigenen Aktivität, die Willensstärke, die man auch traditionell dem ‚Magier' unterstellt, ist also nichts als die basale Motivation, die aus dem Gefühl der eigenen Wirksamkeit entsteht. Ohne diese Selbstwirksamkeitserwartung ist ihm jede ‚Geburt' weiterer Seinsschichten bereits im Keim versagt.

Das eigene Tun, das nur möglich wird durch das Gefühl der eigenen Wirksamkeit, bildet zusammen mit der undifferenzierten Wahrnehmung der Welt, in die man hineingeboren wurde (siehe pgFeld II oder Karte ‚Hohepriesterin"), das psychische Fundament der Reise des Protagonisten. Diese Reise kann nur beginnen, wenn in ihm die Motivation steckt, die schnellen Schuhe zu schnüren und die ersten Schritte kraftvoll zu wagen. Diese Grundmotivation ist Voraussetzung für jede aktiv gestaltete Erfahrung im Leben, also auch für das Erschließen der Seinsbereiche jeder der 22 folgenden pgFelder oder Karten.

Da der Baumring des ‚Magier"-Komplexes nicht durch nachfolgende Baumringe abgelöst wird, sondern in uns immer erhalten bleibt und die Grundvoraussetzung für das Emanieren, Erfahren und Integrieren aller weiteren Bereiche sein wird, bleibt er uns nicht nur das ganze Leben über erhalten, sondern wir sind immer wieder gehalten, ihn zu schulen, zu fördern und weiterzuentwickeln. Mit jedem neuen Seinsbereich entstehen neue Herausforderungen, denen wir uns aktiv zu stellen haben und die dann natürlich neue wirksame Fähigkeiten und Handlungen erforderlich machen. Wenn man den ‚Magier' (als den zur Wirkung Befähigten) in sich auch als Erwachsener anerkennt und fördert, kann er zu erstaunlichen Fertigkeiten in der Lage sein.

Nexus: Ia-Der Magier und II-Die Hohepriesterin

Mythisch betrachtet zeigt der *Ia-Magier* das machende Prinzip des christlich-gnostischen Demiurgen an, während die *II-Hohepriesterin* das geheimnisvolle Durchdrungensein des Universums mit einer umhüllenden, behütenden (aber auch Wirklichkeit erzeugenden und determinierenden) weiblichen ‚Großen Göttin' repräsentiert.

Die beiden Karten sind also zwei Seiten einer Medaille, sozusagen die Yang- und Yin-Aspekte des Schöpfungsprinzips: Der Magier repräsentiert den aktiven Schöpfungsakt aus der Person selbst heraus, sozusagen den Eigenanteil an der Schöpfung seines Lebens anzeigend, indem er selbst ‚macht' (atmet, saugt, schreit, lebenswillig ist), während die Hohepriesterin den Fötus oder Säugling eher zum passiven Part ihrer Schöpfung macht, indem sie die makrokosmische erste Welt verkörpert, die dem Fötus oder Säugling erste Grundmuster an Erfahrungen einprägt und ihn ‚macht", indem sie ihn intra-uterin versorgt, gebärt, säugt, behütet.

Beide repräsentieren also eine Art von Schöpfungsprinzip, mehr als jede andere Karte.

Damit sind die beiden Karten *nicht-personal*, und weil sie vom Personalen nicht errungen werden, sondern ihm deterministisch vorgeschaltet sind, *prä*-personal.

Psychogenetisches Feld II

- Die Hohepriesterin -

UNIVERSELLES URVERTRAUEN
ERSTE PRÄPERSONALE GRUNDMATRIZEN FÜR WELTENTWÜRFE

Tarotkarte: II – Die Hohepriesterin (Traditionelle Deutungen: Hingabe, Demut, verborgenes Wissen, Intuition, den eigenen Weg gehen)

Kernzeit vermutlich bereits vorgeburtlich bis ca. 9. Lebensmonat (D. Stern) oder bis ca. 17. Lebensmonat (Bischof-Köhler)

Die Zwillingshaftigkeit der beiden Felder Ia und II lässt sich aus den Ergebnissen der Säuglingsforschung ableiten:

> *‚Er [der Säugling] spürt, dass der laufende Ordnungszuwachs seiner Welt von Kräften vorangetrieben wird, die aus zwei verschiedenen Quellen stammen – aus der Funktionslust des Selbst-Bewirken-Könnens, und aus der Potenz der Dinge, sich von allein zu ereignen" (Bischof, 1996, S. 173).*

Dieses ‚Selbst-Bewirken-Können' ist Thema des Ia – Magiers, die ‚Potenz der Dinge, sich von allein zu ereignen' wird symbolisiert durch die II – Hohepriesterin. Sie zeigen dem ‚aktiven Säugling", dass er auch passiv zu ertragen hat, was sich um ihn herum ereignet. Diese Ereignisse lassen in dem Säugling ein Basisgefühl dafür entstehen, ob diese Welt ‚gut' zu ihm ist oder nicht. Das Ergebnis ist der Grad an Urvertrauen, das der Mensch in die Welt im Allgemeinen entwickelt.

Erikson[106] beschreibt folgerichtig als erste zu bewältigende psychosoziale Krise das Entstehen von Urvertrauen (im Original *basic trust*) versus Ur-Misstrauen. Diese Entwicklungskrise fällt in den präpersonalen Entwicklungsbereich, der im pgF II umrissen wird. Es geht um die ersten Erfahrungen, die dem Säugling widerfahren, die ihm eine Grundidee darüber geben, was für eine Welt es ist, in die er, wie Wittgenstein es formulierte, ‚geworfen' wurde.

---

106. Erikson, E.H.: Identität und Lebenszyklus. S. 62ff.

Hier wird der Grundstein gelegt für das Phänomen des *locus of control*, bei dem Ereignisse entweder intern, also dem eigenen Handeln, oder extern, also „von anderen Menschen, den gesellschaftlichen Verhältnissen, der Macht des Schicksals, einem Schutzengel oder schlicht dem Zufall"[107] zugeschrieben werden. Die Basis für die externe Kontrollüberzeugung wird durch die Erfahrungen mit dem folgenden pgF (II) beschrieben.

Wenn wir dieses pgFeld II als Bündelung aller präpersonalen Erfahrungen mit der Welt definieren, beginnt die Wirksamkeit dieses Feldes bereits vor der Geburt. Die Welt wurde pränatal erfahren durch das Erleben aller Ereignisse im Uterus, einschließlich des Naturereignisses ‚Geburt'. Man darf davon ausgehen, dass durch diese Erfahrungen bereits Urmuster oder Schablonen eines Weltentwurfs entstehen, die dann auf nachfolgende Erlebnisse und Erfahrungen übertragen und/oder durch Letztere modifiziert werden.

Das ‚Ich' wird später durch vielfältige Differenzierungsprozesse aus der Ganzheit des frühen Selbst und seiner Erfahrungen emanieren und sich durch bestimmte Identifizierungsprozesse und Anpassungsleistungen zu einem harten Kern an Identitäts-Erleben verdichten. Es wird gleichnishaft zu einer Insel im Meer, es wird zu einer wahrnehmbaren Figur (Insel) in einem Medium, einem Hintergrund (Meer). In diesem Bild ist das Meer aber tatsächlich nicht etwa nur ein ‚Außen', sondern die Ganzheit des Selbst, die (durch die spätere ausschließliche Identifizierung mit dem bewusst erfahrenen und aktiv konstruierten Ich) als getrennt von einem selbst wahrgenommen werden wird. Aus dieser Ganzheit des Selbst, auch wenn sie dem eigenen Wesen durch das Ich nicht mehr zugerechnet wird, können Signale im Ich eintreffen, die dem „Ich als Steuermann des Selbst"[108] wertvolle Informationen über Entscheidungen, über richtig oder falsch liefern können. Diese intuitive und Vertrauen voraussetzende Wahrnehmungs-Fähigkeit ist als Teilfunktion des Ichs bei vielen Erwachsenen verkümmert, kann aber reaktiviert/aktiviert werden, indem man dem (oft rationalen) Ich eine annehmbare Begründung anbietet, die die ansonsten entstehende kognitive Dissonanz weitestgehend vermeidet.

Psychologische Weiterführungen

Präpersonales Gewahrsein

Um die Karte der Hohepriesterin ranken sich in der Tarotliteratur viele Geheimnisse. Betrachten wir die nachfolgende Karte, die III – Kaiserin, zeigt sich dort der Beginn personalen Bewusstseins im Kinde. Aus Sicht eines

107. Bischof, S. 173
108. Wilber, K.: Integrale Psychologie. Amtor: Arbor, 2001, S. 50.

Wissenschaftlers ist die Mutter an der Entwicklung des Kindes seit der Zeugung unmittelbar beteiligt. Aus Sicht des Kindes aber tritt die Mutter als *Person*, als *Figur* erst dann ins Bewusstsein, wenn im Kind die Grundlagen für personales Bewusstsein entstanden sind. Das heißt nicht, dass das Kind die Mutter vorher nicht wahrnehmen würde, es heißt nur, dass das Kind noch keine bewusste Unterscheidung zwischen dem Universum (als Hintergrund oder Medium) und der Person der Mutter (als Figur vor dem Hintergrund) treffen kann. Es weiß noch nichts davon, dass das, was ihm da passiv widerfährt, von der Mutter oder dem engeren Umfeld gestaltet wird, und hält es für universelle Tendenzen dieser Welt, in die es hineingeboren wurde.[109]

Diese Fähigkeit beginnt, wie oben schon erwähnt, sich frühestens ab dem neunten Monat, oft sogar später, erst herauszubilden. Wenn wir der Karte der Hohepriesterin also eine ontogenetische Entwicklungszeit zuordnen wollen, dann muss diese (wie auch ihr Vorgänger, der Ia – Magier) *vor* dem Beginn der personalen oder figuralen Wahrnehmung liegen. Letztere darf mit der symbolischen Bezeichnung der nachfolgenden Karte als ‚Kaiserin' mitsamt seinen deuterischen Implikationen hinreichend genau als Beginn der ersten personalen Entwicklungsphasen interpretiert werden. Somit repräsentiert die Karte der Hohepriesterin alle Erfahrungen und Themen, die dem Kind passiv widerfahren, und die in ihrer Qualität ein bestimmtes ganz allgemeines Grundgefühl des Vertrauens oder Misstrauens in die Welt, in der es sich befindet, vermittelt. Dieses Gefühl ist die Grundlage dessen, was Erik Erikson als Urvertrauen bezeichnet hat.

Wenn von *ozeanischen* Urgefühlen die Rede ist, wird gern vergessen, dass sich selbige nicht nur im Uterus der eigenen Mutter abspielen.

Ozeanisch bedeutet hier das Gefühl einer unendlichen Weite ohne Begrenzungen. Das entspricht wohl dem Gefühl, das vermutlich ein Säugling hat, wenn er von den umsorgenden Gefühlen und Stimmungen der Mutter vollständig umhüllt wird. Er wird getragen und gewiegt. Der Säugling weiß ja noch nichts von einer Welt außerhalb dieser mütterlichen Umhüllung, sodass diese ‚unendlich' wirkt. Es ist auch noch nicht nötig, dass in dieser unendlichen *ozeanischen* Umhüllung die Person der Mutter konkret in Erscheinung tritt – *alles* ist ja die Mutter, sodass diese nicht als Figur wahrgenommen wird. Eine Figur braucht einen Hintergrund[110], um als solche wahrgenommen zu werden, sagen die Gestaltpsychologen. Was aber, wenn

---

109. Im Crowley-Tarot wird diese präpersonale Wahrnehmung sehr anschaulich illustriert, indem der Betrachter der Karte auf ein Netz blickt, das er (als Säugling) für die Welt halten kann. Hinter dem Netz befindet sich etwas schemenhaft die Figur einer Frau, die das Netz ausbreitet. Damit ist dem Betrachter symbolisch der Blick auf die Urheberin des Netzes verwehrt.

110. Vgl. Norbert Bischof: Das Kraftfeld der Mythen. 1996, S. 118ff, vor allem Bischofs Zusammenfassung seines Kapitels: a.a.O., S. 152f.

die Figur bereits so unendlich ist, dass sie selbst Hintergrund ist? So scheint es am Anfang unseres Lebens und damit auch am Anfang unserer Wahrnehmung zu sein: Die Gebärmutterwelt war Hintergrund, war Ozean, war Medium und nicht Figur. Warum sollte sich das sofort nach der Geburt ändern? Der ‚Ozean' des unendlichen Hintergrundes bleibt, und zwar in Form der mütterlichen, nunmehr emotionalen und umsorgenden, Umhüllung durch Mama, sozusagen als Fortsetzung der uterinen Umhüllung vor der Geburt. Erst allmählich wird sich aus diesem ‚Hintergrund' oder ‚Medium', aus diesem ‚Ozean' das Gesicht der Mutter als eine der ersten ‚Figuren' herausschälen. Der verblüffende Irrtum, der damit bereits ganz am Anfang unseres Lebens gesetzt ist, ist der, dass der erlebte ‚Hintergrund', vor dem die Figur der Mutter (mit frühestens neun Monaten) auftaucht, später nicht mehr mit der Mutter in Verbindung gebracht wird. Wie auch? Wir sehen ja dann die Mutter als Figur *vor* einem medialen, ozeanischen Hintergrund, und somit ist die Mutter eindeutig als die herausgeschälte Figur identifiziert. Der Hintergrund? Bleibt als undifferenziertes *ozeanisches* Urgefühl in unserer Psyche erhalten. Tatsächlich aber ist dieses bereits in der ersten *nur medialen* Wahrnehmung des Säuglings mit dem Prägestempel der Mutter markiert worden. Die Mutter ist anfangs noch kein ‚Du', und wenn sie eines wird, bleibt das, was sie vorher war, als psychische Erfahrung und Erinnerung in uns erhalten – wir ordnen es nur nicht mehr der Mutter zu, denn die ist ja nun ganz klar das ‚du-hafte' Gegenüber. Was wird dann aus der ersten medialen Erfahrung mit der Mutter? Sie bleibt als undifferenziertes Erlebnis in der emotionalen Erinnerung erhalten und wird dann gern mit „intuitiven Erkenntnissen", „tiefe Erkenntnis und die innere Vision, die den Menschen den Kontakt mit seinen göttlichen inneren Wurzeln fühlen lässt …" beschrieben. Wer das so formuliert, verwechselt diese Reminiszenz des Frühkindlichen mit *trans*-personalen Erlebnissen. Das ‚Göttliche', was da angesprochen wird, ist die Erfahrung, die wir damals machten, als wir die mütterliche Umhüllung noch als unendlich und medial erfuhren – ein schönes Beispiel für eine Prä/Trans-Verwechslung.

Der Psychotherapeut Ronald D. Laing[111] stellte die verblüffende These auf, dass es insgesamt drei Phasen im Lebenszyklus gäbe, die Phase von der Empfängnis bis zu Nidation,[112] die Phase von der Nidation bis zur Geburt und die Phase nach der Geburt. Seine Gewichtung liegt also auf den vorgeburtlichen Phasen. Die Umhüllung, die der Fötus dabei erfährt, ist zwar subjektiv ozeanisch und allumfassend, nichtsdestotrotz objektiv betrachtet nur der Uterus der Mutter, einer Frau von etwa drei Milliarden auf der Welt.

111. Ronald D. Laing: Die Tatsachen des Lebens. München, 1990, zit. in Peter Sloterdijk: Sphären, Bd. I: Blasen, S. 317.
112. Nidation: Einnistung in die Gebärmutter.

Was uns also subjektiv als erste Welterfahrung widerfährt, ist vollständig von der Ausstrahlung und Aura der Mutter gekennzeichnet.

Nach der Geburt wird die Mutter frühestens nach einigen Lebensmonaten als Person vom Rest der Welt differenziert. Wenn wir diese Einflüsse der Mutter *vor* der Differenzierung der Mutter-Person als Inhalt dieser Karte verstehen, ergibt sich ein Wirkungszeitraum von etwa der Nidation über die Geburt hinweg bis zur konkreten Zurkenntnisnahme der Mutter als realexistierende und vom Rest des Universums getrennte Person, was manchmal schon mit neun Monaten passieren kann, manchmal etwas später, etwa mit einem Jahr oder mehr nach der Geburt. Wir haben hier also eine chronobiografische Überschneidung mit dem Themenkomplex des Magiers, den wir als den vitalen Selbstversorger definierten, der mit dem ersten Atemzug in Aktion tritt und als Selbstwirksamkeit und ‚machendes Prinzip' uns unser ganzes Leben lang als psychische Eigenschaft begleiten wird. Die extrauterinen Erfahrungen mit der Hohepriesterin beginnen etwa zeitgleich mit dem Magier, sind sozusagen seine inhaltliche Ergänzung in Form des Fremdanteils der primordialen Erfahrungen, während er den Eigenanteil dessen verkörpert.

Basic trust - Das Urvertrauen

Die Frage, die sich angesichts des pgFeldes II stellt, ist: In *welche* Welt bin ich als vitaler Selbstversorger geworfen? Da die Einflüsse des mütterlich Umhegenden noch nicht bewusst in der Mutter lokalisiert werden, wird also ihr Fürsorge-Stil unserer Wahrnehmung der Welt, in die wir geworfen wurden, den entscheidenden Prägestempel aufdrücken. Nicht umsonst nennt Erikson[113] als erste psychosoziale ‚Krise' die Entwicklungsaufgabe, Urvertrauen zu entwickeln, was sich unter Umständen scheiternd in Ur*miss*trauen äußern wird. Dieses Urvertrauen ist das Vertrauen, das wir generell in diese Welt und unser Leben in ihr setzen. Dieses Vertrauen ist uns nicht angeboren, sondern entwickelt sich abhängig von den ersten Erfahrungen mit dieser Pixelsoßenwelt, die wir wahrnehmen, wenn wir die gewohnte uterine Umhüllung hinter uns gelassen haben. Welche Erfahrungen das sein werden, ist abhängig vom Verhalten der Mutter und des weiteren sozialen Umfeldes des Neugeborenen und Säuglings.

Hier entsteht nach Erikson das Urvertrauen, also das grundlegende, oft unbewusste Gefühl dafür, ob diese Welt, in die ich hineingeboren wurde, grundsätzlich vertrauenswürdig ist oder eben nicht. Wenn das Kind in den ersten Wochen und Monaten (bis etwa 1 ½ Jahre und abgeschwächt darüber hinaus) die Erfahrung macht, dass es zwar hin und wieder seltsame Gefühle

113. Zu Erikson Theorie der psychosozialen Entwicklung: vgl. Kap. 2 - Das Vergleichsmaterial: Klassische Entwicklungstheorien.

im Bauch hat (Hunger), aber nach genügendem Schreien das Universum warme, weiche Dinge an seinen Mund führt, aus denen warme, süße leckere Dinge fließen, und das komische Gefühl verschwinden lassen, dann kann es dem Universum offenbar grundsätzlich trauen.

Die *II-Hohepriesterin* als Verbildlichung des pgFeldes II symbolisiert den ersten und entscheidenden Einfluss des Aussens. Es ist das Außen an sich, das Universum an sich, das hier wirkt und dem Kind seine (scheinbare) Natur offenbart: ‚Du kannst vertrauen."

Gleichzeitig repräsentiert sie die erste noch durch keine affekt-logischen Interpretations-Muster verbaute Wahrnehmung des Eins-Seins mit dem Universum, allerdings undifferenziert und unbewusst. Dieser direkte Kontakt und das Gefühl von Eins-Sein mit dem Universum, wird ab der nächsten Karte über alle personalen Strukturen hinweg durch den Schleier des welterklärenden Konditionierungsprozesses oft dauerhaft unterbrochen und Zugang wird meist nur noch über Intuitionen möglich sein.

Wenn man einen drei Wochen alten Säugling nachts einfach schreien lässt, weil man es daran gewöhnen will, die Nächte durchzuschlafen, werden bestimmte biologische Grundbedürfnisse, wegen denen er ja schreit, nicht mehr zeitnah gestillt, was ein prinzipielles Urmisstrauen in diese Welt erzeugt. Der Säugling lernt auf seine primär-narzisstische, bedürfnisorientierte Weise, dass er dieser Welt prinzipiell nicht vertrauen kann: Dies ist kein Ort, der mir wohlgesonnen ist! Bedürfnisse werden nicht gestillt, so seine Erfahrung. (Dass sie am nächsten Morgen doch noch gestillt werden, weiß er nicht, und wenn es soweit ist, stellt er keine Beziehung zu seinem nächtlichen Schrecken her).

Erste Selbstentwürfe

Das Thema der *II-Hohepriesterin* allerdings nur auf das Entstehen des Urvertrauens zu reduzieren, würde dieser Karte nicht gerecht.

Durch die mangelnde Differenzierungsfähigkeit verfügt der Säugling wahrscheinlich über ein – freilich unbewusstes – ganzheitliches Empfinden. Wohl gemerkt: Empfinden, nicht Fühlen oder gar Denken! Die beginnende Differenzierung bezieht sich auch anfänglich auf die primäre Seinsebene, nämlich die somato-sensorische, oder wie Piaget[114] sie nannte, die sensumotorische, während der der Säugling lernt, seinen Körper von denen anderer oder von denen der Gegenstände, mit denen er experimentiert, zu unterscheiden. Er entwickelt ein Körperselbst und versteht, dass seine Hand zu ihm gehört, weil sie nicht herunterfällt, sondern immer bei ihm bleibt, währ-

114. Zu Piagets Theorie der „Kognitiven Entwicklung", vgl. oben, Kapitel 2, Das Vergleichsmaterial.

end der Stift der Mama, den er hinunter schmeißt, sich tatsächlich von ihm entfernt. Interessanterweise entfernt sich auch manchmal die Mutter von ihrem Kind, woraus das Kind die somato-sensorische Schlussfolgerung zieht, dass sie eine eigene Körperschaft darstellt, die sich von ihm unterscheidet: Das Körperselbst ist geboren. In weiteren Differenzierungsschritten entstehen dann später sein emotionales Selbst, indem das Kind lernt, seine Gefühle als nur ihm innewohnend wahrzunehmen (etwa 2.-3. Lebensjahr) und später das Regel/Rollen-Selbst, das rationale Selbstkonzept und so weiter.

Die ersten Erfahrungen aber bleiben in den Tiefen des Gehirns verschlüsselte Botschaften aus einer undifferenzierten geheimnisvollen All-Urwelt, die gleichsam die Grundmatrix für alle weiteren und folgenden Entwicklungsaufgaben liefern. Laing schreibt:

> *„Glaubhaft scheint mir zumindest, dass in unserem mit der ersten Zelle beginnenden Lebenszyklus unsere ganze Erfahrung von Anfang an absorbiert und gespeichert wird, vielleicht sogar vornehmlich am Anfang.“*[115]

Mit Anfang meint Laing übrigens nicht nur die erste Zeit nach der Geburt, sondern vielmehr noch die nach der Empfängnis und Nidation.

Die Hohepriesterin, wenn wir diese Gedanken konsequent weiterführen, hält also einen schier unerschöpflichen Schatz an ganzheitlichen, wenn auch ‚nur' körperlich empfundenen und unbewussten Erfahrungen ganz allgemeiner Natur für uns parat, wenn wir nur wüssten, wie wir ihn bergen können. Durch rationale Erinnerung sicher nicht, generell übrigens nicht durch Strukturen des Langzeitgedächtnisses, denn diese bilden sich erst später, etwa ab dem dritten Lebensjahr, heraus. Wenn wir also Zugriff auf diese tiefen, unbewussten Informationen erlangen wollen, müssten wir uns eher auf eine Art von Körpergedächtnis verlassen. Dieses scheint zu existieren, immerhin sind wir in unserem biopsychischen Ganzen ein Produkt, beziehungsweise das gegenwärtige Endresultat dieser Entwicklung. Tiefe archaische Signale des Körpers, etwa Intuitionen oder das sprichwörtliche Bauchgefühl, scheinen Hinweise auf das Aktivsein solcher Informationen aus dem pgFeld II zu sein.

Die Erfahrungen des Werdens im Uterus und die ersten Monate in der Welt außerhalb des Mutterbauches geben uns noch mehr als psychosoziale Komponenten mit auf den Weg: die *ozeanischen* Ganzheitserfahrungen geben eine Schablone für angestrebte spirituelle Ziele vor. Das Umhülltwerden von etwas Schützendem äußert sich später auf vielfältigste Weise auf ein Neues: Das Kinderzimmer und die Mutter als nächster Partner im Intim-

---

115. P.Sloterdijk: Sphären I, Blasen, Suhrkamp, 1998, S. 317.

raum; die Glaubensgemeinschaft und Christus als Partner im Intimraum; das Universum, das sich mit Lichtgeschwindigkeit ausdehnt, also auch wieder eine Umhüllung bietet, wenn auch eine mit einer Ausdehnung von 15 Milliarden Lichtjahren! Aber wer vermag schon angesichts einer solchen monströsen Zahl wirklich Entfernung zu verspüren!, und dem Punkt des Urknalls als Zentrum des Zuhauseseins. Jede Bewusstseinsstufe bringt ihre eigene Wiederherstellung des *II-Hohepriesterin*-Prinzips mit sich, als ob sie damals ein sanftes aber zwingendes Netz an grundsätzlicher Weltstruktur über uns ausgebreitet hätte, das uns ständig und immer zur Wiederholung dränge.

Mythisch-religiöse Bilder als Einsetzungen in die Formeln der Grundmatrizen

Auch die Formen der Religiosität sind von diesen *II-Hohepriesterin*-Erfahrungen stark beeinflusst: Die Mutter verleiht dem Universum in dem beginnenden Weltentwurf des Kindes eine weibliche Note, einfach weil wir nicht im Bauch des Vaters herangewachsen sind, sondern in dem der Mutter. Diese ursprünglich von der Mutter definierte und beeinflusste weibliche Note des Universums wird mit zunehmender Entwicklung abstrakt, weil das Kind nun beginnt zu differenzieren und die Mutter durchaus als separate Persönlichkeit erfährt. Die weibliche Note des Universums allerdings bleibt erhalten. Und aus dieser beziehen wir unsere Kraft, unser Vertrauen in die Möglichkeiten, die das Universum uns bietet. Allerdings sind das subjektive-unbewusste Grundmatrizen, denn das Universum an sich ist neutral. Nur wie wir es subjektiv erleben, hängt von den frühesten Erfahrungen mit der noch nicht vom Universum differenzierten Mutter ab. Interessanterweise ist es so, dass eine männliche Gottheit sich in der gängigen Wahrnehmung der durchschnittlichen Gläubigen immer irgendwie *in* der Welt befindet, auch wenn er sie, wie der christliche, geschaffen hat, und eine weibliche Obergottheit zum Beispiel die Ganzheit der Natur widerspiegelt, wie das aus heidnischen Naturreligionen berichtet wird.

Somit legt die *II-Hohepriesterin* den Grundstein – gleichsam als Prägestempel eines durchaus subjektiven, wenn auch ganzheitlich empfundenen Alls als geheimnisvollen Widerhall uterinen und postuterinen Erlebens – für unsere subjektiven und maja-haften Weltkonstruktionen.

Grof stellt Protokolle aus Regressions-Sitzungen mithilfe der Technik des Holotropen Atmens zur Verfügung, von denen der folgende Ausschnitt ein pars pro toto-haftes Beispiel geben soll:

> *„Mein Kopf tauchte aus dem Geburtskanal, mein Mund war in engem Kontakt mit der blutenden mütterlichen Vagina. Ich wurde nun überflutet von übernatürlich strahlendem und schönem Licht, dessen*

Strahlen sich in Tausende herrliche Muster eines Pfauengefieders zerteilten. Aus diesem goldenen Glanz tauchte die Gestalt einer großen Muttergöttin auf, in der sich Liebe und Schutz aller Zeitalter zu verkörpern schienen. Sie breitete ihre Arme nach mir aus und umhüllte mich mit ihrem Wesen. Ich tauchte in dieses unglaubliche Energiefeld ein und fühlte mich geläutert, geheilt und versorgt. Etwas wie Ambrosia, wie eine archetypische Mischung aus Milch und Honig, floss in einem nicht enden wollenden Strom durch meinen Körper."[116]

Wie zuverlässig solche Hervorbringungen sind, wenn es darum geht, eine solche Geburtserfahrung nachzuerleben, mag man infrage stellen, und Sloterdijk betrachtet auf seiner Suche nach möglichst adäquaten Erfahrungsmöglichkeiten diese bildhaften Regressionsergebnisse eher skeptisch:

> *„Wirft man einen Blick in LSD-Sitzungsprotokolle, die von Patienten des Drogenpsychotherapeuten Stanislav Grof über ihre sogenannten amniotischen oder Fruchtblasen-Regressionen verfasst wurden, so drängt sich der Eindruck auf, dass diese Personen erleben, was sie gelesen haben, und dass sie beredte Bilder vom hortus conclusus als Uterusphantasie reproduzieren; sie geben Bildungsreisen im gynäkologischen Atlas als eigene Erfahrung aus; Paradiesbildchen aus dem Kindergottesdienst mischen sich mit archaischen Raumerinnerungen; in aufdringlich optischen Vorstellungen schweben ihnen Wiesen des Himmels und Lichtchöre um den göttlichen Thron vor Augen, wie sie gewiss kein Mutterleibseinwohner je so vor sich hatte. Daraus ist der Schluss zu ziehen, dass auch die psychognostische Wunderdroge LSD bestenfalls nur synthetische Erfahrungskonglomerate heraufholt, in denen szenisch Frühes mit sprachlich und bildlich Späterem so verquickt ist, dass von der Rückführung in einen authentischen Primärzustand kaum die Rede sein kann."*[117]

Klar hat Sloterdijk[118] recht, wenn er dem gerade Geborenen das sprachliche und bildhafte Erleben abspricht. Das Inventar dieser sprachlichen und bildhaften Füllungen entsteht natürlich erst viel später, nichtsdestotrotz sind sie offenbar zulässige Illustrationen des erfahrenen Grundmusters. Regressions-Sitzungen zeichnen sich ja dadurch aus, dass damals Erlebtes mit jetzigem Bewusstsein erlebt wird. Der Irrtum liegt nur in der Interpretation der Regressions-Ergebnisse als Eins-zu-eins-Erfahrung. In solchen Sitzungen geht es um das Aktualisieren des Grundmusters der Erfahrung, nicht auch

116. Stanislav Grof: Das Abenteuer der Selbstentdeckung, Rowohlt, 2006, S. 57.
117. Peter Sloterdijk: Sphären, Bd. I: Blasen, Suhrkamp, 1998, S. 349.

um die deckungsgleiche Wiederherstellung der damaligen Erfahrungsqualität mit den damals zur Verfügung stehenden Wahrnehmungs- und Verarbeitungsmodi. Das Grundmuster kann durchaus aktualisiert und jetzt, erwachsen, noch einmal erlebt werden. Nur die Wahrnehmung und Verarbeitung wird sich den in der Zwischenzeit entfalteten Modi anpassen. Wenn man also das Bildhafte der Beschreibungen eliminiert und nur das dem zugrunde liegende archaische Grundmuster betrachtet, kommt man den durch das pgFeld II installierten Ur-Matrizen schon recht nahe. Und diese wirken als schematische Vorlage, als gleichsam religiös-spirituelle Formel, deren x- und y-Variablen mit aktuellem kognitiven Inventar ersetzt werden können. Die Formel aber bleibt dieselbe und begleitet uns unser Leben hindurch.

118. Sloterdijks dreibändiges Werk „Sphären" ist tatsächlich ein fulminanter Versuch, das „geworfene Netz" der *II-Hohepriesterin* in seinem ontogenetischen und kulturellen Werden nachzuzeichnen und zwar ausgehend von einer Urformel, die er im ersten Band beschreibt: Es geht um das Sein des Fötus in einer uterinen, umhüllenden Welt in permanenter Anwesenheit eines Zwillings, nämlich der Plazenta. Diese verabschiedet sich nach der Geburt diskret, hinterläßt aber im Menschen die Grundschablone des Gegenübers, das immer wieder gesucht werden wird; entweder in der Mutter als Kleinkind, im Geliebten später und in Christus, Buddha, Shiva usw. im religiös verbrämten Weltentwurf, der aber so immer wieder der Versuch einer Wiederherstellung dieses Grundschemas aus dem Mutterbauch sein wird.

Psychogenetisches Feld III

- Die Kaiserin -

Das Mütterliche, oral-psychisches Stadium, Empathie, Fürsorge- und Bindungsverhalten

Tarotkarte: III – Die Kaiserin (traditionelle Deutungen: Unterstützung, Kreativität, Geborgenheit, Fruchtbarkeit, Mütterlichkeit, Wachstum)

Kernzeit ab ca. 9. Lebensmonat bis ca. 3. Lebensjahr

Dieses Feld wird als Kernthema aktuell, wenn das Kind in der Lage ist, die Person der Mutter als Figur vor einem (universellen) Hintergrund wahrzunehmen. Da diese figurale Wahrnehmung der Person der Mutter auch erste figurale Wahrnehmungen der eigenen Person in Unterscheidung zu anderen Personen voraussetzt, darf mit Recht hier vom Beginn personaler Entwicklungsstrukturen gesprochen werden.

Dieses Feld umfasst die von Freud und der späteren psychoanalytischen Schule sogenannte *orale* Phase.

Mittelpunkt des Erlebens sind hier die Nahrungsaufnahme, der Lustgewinn am Saugen, Nähe, Wärme, Geborgenheit, Sicherheit, Erleben von Bindung im Sinne Bowlbys und Ainsworth,[119] Abhängigkeit und Angenommenwerden. Der Begriff des ‚Oralen' ist hier in einem weiteren Sinne gleichnishaft zu verstehen als Symbol des Angenommenwerdens, denn durch das sich Einverleiben-Dürfen des Lebenssaftes an der Mutterbrust ist die Basis für Sicherheit, Geborgenheit im Sinne des ‚Es wird sich gekümmert werden', gegeben.

Hier entstehen Bindungsstile durch die immerwährende Interaktion durch körperliche Zuwendung, Halt geben, berühren, in den Arm nehmen, stimuliert werden usw. zwischen Kind und Eltern. Die unterschiedlichen Bindungsstile wurden von Ainsworth beschrieben, die überlebenswichtige Rolle von Bindungen von John Bowlby.

Störungen in diesem Feld können sich in Form von depressiven Charakterstrukturen zeigen, die psychoanalytisch durch emotionale Mangelversorgungen in früher Kindheit erklärt werden können.

---

119. John Bowlby und Margarete Ainsworth gelten als die Begründer der Bindungstheorien. Vgl. Petermann, Niebank, Scheithauer (Hg.): Entwicklungswissenschaft. Berlin: Springer, 2004.

Maaz[120] beschreibt drei Typen solcher Frühstörungen:

Niedriges Strukturniveau (Borderline-Störung): „Sei nicht!“ Existenzberechtigung wird infrage gestellt.

Mittleres Strukturniveau (narzisstische Störung): „Du darfst leben, aber ich liebe dich nicht, so wie du bist!“ bzw. „Du bist mir nichts wert“ (ebd., S. 742). Objektverlustangst, denn die Objekte (andere Menschen) braucht man zur immerwährenden Bestätigung eigener Grandiosität, um sich die Sicherheit zu verschaffen, dass man so ist, wie man sein müsste, um geliebt zu werden oder etwas wert zu sein. Gleichzeitig besteht Angst vor dem Ausbleiben dieser Wertbespiegelungen. Kern ist das Gefühl der eigenen Minderwertigkeit.

Höheres Strukturniveau (neurotische Störung): ‚Du darfst leben, du bist mir auch etwas wert, wenn du so bist, wie ich dich brauche' (ebd., S. 742). Liebesverlustangst.

Weitere Themen dieses Feldes sind das Entstehen von Empathiefähigkeit, Bindungsfähigkeit (auch in der Folge dessen im Erwachsenenleben), Fürsorgeverhalten (dessen Grundmuster in der Kindheit durch eigene Erfahrungen gelegt wurden) nicht nur anderen, sondern auch sich selbst gegenüber und Repräsentationen über Nähe-Distanz.

In der analytischen Psychologie C.G. Jungs wurden die archetypischen Aspekte dieses III. pgFeldes ausführlich durch den *Mutter-Archetypus*[121] beschrieben

Psychologische Weiterführungen

Die primäre Bindungsfigur löst sich aus dem Einheitsbrei des Universums

Nachdem ein Kleinkind die ersten Erfahrungen mit der Grundmatrix dieser Welt gesammelt hat, beginnen sich einzelne Elemente aus der allgemeinen Pixelsoße herauszulösen. Das Kind beginnt zunehmend, differenziert wahrzunehmen. Die Mutter tritt als konkrete Person in Erscheinung, auch wenn sich das Kind mit dieser auf allen anderen Ebenen außer der des Körpers noch identifiziert. Die erste klare Wahrnehmung der Mutter als Person scheint in der zweiten Hälfte des ersten Lebensjahres stattzufinden.

---

120. Maaz, H.-J.: Körperpsychotherapie bei Frühstörungen. In Marlock, G.; Weiss, H. (Hg.): Handbuch der Körperpsychotherapie. Stuttgart: Schattauer, 2006, S. 742.

121. C.G. Jung: Die Archetypen und das Kollektive Unbewußte, GW 9/1, 2002. Der Mutter-Archetypus ist ein Strukturelement der kollektiven Psyche, der biologisch und (auch) kulturell bedingt die Beziehung zwischen Kind und Mutter gestaltet. Er bedeutet das lebenslang wirksame archetypische Streben nach Mütterlichkeit, Angenommensein und Geborgenheit und kann sowohl wachstumshemmend als auch wachstumsfördernd sein.

Ein Beispiel

Stellen Sie sich vor, ein neun Monate alter Säugling liegt wegen einer Krankheit im Krankenhaus. Es sind bestimmte Besuchszeiten vorgegeben, während der die Mutter das Kind besucht. Dem Kind tritt plötzlich die Mutter in eine kalte, tote und unheimliche Welt (das Krankenzimmer, in dem es allein lag), und dadurch wird die Welt plötzlich warm und lebendig. Dann, nach einer Weile geht die Mutter wieder und das Kind findet sich verzweifelt und sich sehr verloren fühlend wieder in dem kalten, sterilen und toten Zimmer, das es für die Welt hält. Unter Umständen kann es durch eine solche Situation zum ersten Mal die Erfahrung machen, dass die Welt nicht die Mutter ist und umgekehrt, sondern die Welt auch ohne die Mutter existiert. Damit ist die Mutter von der Welt *unterschieden* und sie ist konkrete Person geworden, das heißt, sie wird als Figur vor einem medialen Hintergrund kohärent erfahren.

Geborgenheit und Behütung - Themen der oralen Phase

Im weiteren Verlauf der Entwicklung bleibt (im Normalfall) die Mutter die erste Bezugsperson. Das heißt nichts anderes, als dass die elementaren psychosozialen Erfahrungen mit dieser einen Frau, eben der Mutter mit all ihren psychischen und physischen Eigenheiten, gemacht werden. Das Prinzip der *II-Hohepriesterin* tritt in den Hintergrund, bleibt aber als Basiserfahrung des ersten Kontaktes mit dem Universum erhalten. Aus ihr, der *II-Hohepriesterin*, die noch eins mit dem ganzen Universum war und es in seiner Ganzheit repräsentierte, verdichtet sich die *Person* der Mutter. Alle Prägungen, die irgendetwas mit Weiblichkeit, Mütterlichkeit oder Frau-sein zu tun haben, erhalten somit eine bestimmte persönliche und konkrete Gestalt.

Freud nannte die Phase, die durch die Karte der Kaiserin repräsentiert wird, *orale* Phase. Er ging davon aus, dass Kinder in diesem Alter sich ihre Befriedigungen über den Mund holen, aber dahinter steckt noch mehr: Durch das Saugen ist der Mund das Organ, das am ehesten sensorische Erkundungserfahrungen macht. Gleichzeitig ist es die Zeit, in der Kinder Behütung *brauchen* und in der Regel auch bekommen. Das eine wird in unserer Wahrnehmung mit dem anderen unauflösbar verbunden. Die Zeit, in der wir mit dem Mund erste interessante Erfahrungen machten, war die Zeit, in der wir auch Geborgenheit und Behütung erfuhren und wir selbst der Mittelpunkt des Universums waren. So ist es nicht verwunderlich, dass in Situationen, in denen wir als Erwachsene plötzlich unbewusst das Bedürfnis nach Schutz und Geborgenheit überkommt, wir auch Lust auf irgendeinen oralen Kick bekommen: zum Beispiel die Zigarette oder das Frust-Essen.

Das unbedingte, also an keine Bedingungen geknüpfte Angenommenwerden des Kindes durch die frühen primären Bindungspersonen legt den Grundstein für die spätere Fähigkeit des Erwachsenen, sich selbst anzunehmen. Die Aufgaben, die einst die primären Bindungspersonen am Kind erfüllten, nämlich es zu umsorgen, es anzunehmen, zu lieben, ihm Zuwendung zu geben, vor allem aber es sorgsam wachsen zu lassen, müssen später von der Person selbst übernommen werden. In vielen traditionellen Tarotsets wird als unter anderem als Thema dieser Karte Wachstum und Kreativität angegeben. Das lässt sich psychologisch begründen: Die Mutter (oder eine andere primäre Bezugsperson) nährt das Kind nicht nur, sie trägt auch Sorge, dass es sich nicht überfrisst; sie schützt das Kind vor ungesunden Verhaltensweisen. Im Idealfall sorgt sie behutsam für gesundes Wachstum, auch dann, wenn das Kind die Notwendigkeit bestimmter einschränkender Maßnahmen nicht versteht. Das Kind wird umhegt wie eine junge empfindliche Pflanze. Diese Sorge um gesundes Wachstum muss der Mensch später für sich selbst übernehmen. Man sagt manchmal unter Psychotherapeuten, der Erwachsene müsse sich selbst Mutter und Vater werden. Das heißt, die mütterlichen Aufgaben, die einst die Bindungspersonen an uns wahrnahmen, muss der Erwachsene für sich selbst übernehmen können. Nur so wird persönliches Wachstum, und im Zusammenhang damit auch ein kreatives Leben möglich.

Die Frage, die sich in hier stellt, ist die nach der Fähigkeit, sich selbst so anzunehmen und behutsam zu versorgen, dass es zu einer gesunden Entwicklung kommen kann. Die Art, wie die frühen Bindungspersonen mit dem Kind umgingen, bestimmt in aller regel auch die Art, wie man mit sich selbst umgeht. Wurde das Kind angenommen und geliebt, aber bestimmte Eigenschaften bestraft oder getadelt, wird diese Art des Umganges auch zum eigenen Umgang mit sich selbst. Wurde das Kind trotz aller Liebe und Sorge ständig kritisiert, kann im späteren Erwachsenen ein innerpsychischer Unfrieden entstehen. Dem scheinbaren Annehmen der eigenen Person steht das Nicht-annehmen bestimmter sanktionierter Persönlichkeitseigenschaften gegenüber. Es meldet sich die innere Stimme, die sich selbst kritisiert und ablehnt, wenn bestimmte unliebsame Eigenschaften ans Licht zu kommen drohen. Die Konstruktion des Ich-Konzepts orientierte sich an Lob und Tadel durch die Bezugspersonen. Gute Eigenschaften wurden im Selbstkonzept gebündelt, sogenannte ‚böse' verdrängt. Treten allerdings diese ‚bösen' Eigenschaften zutage, muss das Ich diese abwehren, weil sie die positive Konstruktion des Ichs gefährden würden. So kann ein innerer permanenter Kampf entstehen, der viel psychische Energie in Anspruch nimmt und letztlich zu nichts führt. Die verdrängten Eigenschaften des Ichs sind ja dennoch vorhanden und wirken dann autonom. Das Resultat ist ein ständiger innerer

Widerstreit zwischen den Selbsterhaltungsstrategien des reduzierten positiv formulierten Ich-Konzepts und den verdrängten Anteilen des Selbst. Ursache dafür ist das vormalige Feedback der Bezugspersonen zu bestimmten Eigenschaften des Kindes, das das Kind für sich übernimmt.

Wenn die primären Bindungspersonen in der Lage waren, das Kind bedingungslos anzunehmen, wird es später eher in der Lage sein, sich selbst in seiner Vollständigkeit anzunehmen. Wichtig sind klare Formulierungen: Es macht einen Unterschied, ob die Bindungsperson (Mutter, Vater, Großeltern etc.) sagt ‚du bist böse' oder klar macht, dass die Kritik nur das entsprechende *Verhalten* betrifft, das nicht in Ordnung war. Verhalten kann man ändern, den Kern der Persönlichkeit (durch das ‚Du' suggeriert) aber nicht.

Die Bedeutung dieses pgFeldes III darf nicht unterschätzt werden. Es markiert den Beginn der personalen Entwicklung; hier werden die Basisprogramme des Ich-Konzepts geschrieben und installiert. Deren tiefen, oft unbewussten Parameter entscheiden über das fundamentale Selbstwertgefühl, die Selbstachtung und das Selbstvertrauen. Auf diesem Grundstein des Ichs werden sich die weiteren pgFelder entfalten und deren Erfahrungsgüte hängt stark von den innerpsychischen Grundlagen des pgFeldes III ab.

Die Mutter als Referenz für Verhaltensstereotype

Natürlich steht die Karte *III-Kaiserin* auch noch für andere Aspekte der konkret erfahrenen Weiblichkeit unserer Kindheit: Männer lernen etwas über Frauen-Stereotype und prägen bestimmte Präferenzen aus, die unter Umständen ebenso verderblich sein können, wenn sie nicht bewusst reflektiert werden. Frauen lernen durch die Erfahrung mit der Mutter, wie sie selbst zu sein haben, solange sie sich des starken Einflusses der Mutter nicht bewusst sind. Frauen geraten schnell in Verhaltensmuster, die unreflektiert von der Mutter übernommen wurden. Die Begründung besteht in den gleichen neuronalen Gesetzmäßigkeiten, die oben bereits beschrieben wurden: Wenn ein Mädchen über viele Jahre ihrer Kindheit miterlebt, wie sich die Mutter, also die nächste Referenzperson für Weiblichkeit, verhält, wird das ziemlich stabile neuronale Muster erzeugen, die in der Zeit des Erwachsenenseins zu bestimmten Zeiten durch entsprechende Auslöser aktiviert werden. Ein solches Grundmuster – nennen wir es einmal ein Programm – kann über Jahre hinweg ruhen, in denen die Frau sich vielleicht zu einer aufgeschlossenen, lebenslustigen und entspannten Person entwickelt. Dann bekommt sie vielleicht ein Kind – eine Situation, die neu ist und bezüglich der sie nicht auf Erfahrungswerte aus ihrem eigenen Erwachsenen-Leben zurückgreifen kann. In diesem Augenblick können diese ruhenden Programme aufgerufen und aktiviert werden. Wenn die Mutter eine unentspannte, verschlossene und rigide Frau gewesen ist, könnte diese Frau, die eben noch entspannt im Leben stand, sich ebenso zu einer rigiden, unentspannten Mutter mausern. Umgekehrt ist es genauso denkbar, dass die junge Frau Zugriff auf sehr brauchbare Programme bekommt. Diese Gesetzmäßigkeit besitzt kein wertendes Vorzeichen. Der Weg aus dieser Falle besteht, wie auch oben schon beschrieben, darin, sich über diese Gefahr im Klaren zu sein und dieser Grundmuster bewusst zu werden.

Es geht darum, das Programm-Schaltpult selbst zu übernehmen, und zum eigenen Programmierer zu werden, wie Robert Anton Wilson[122] sagen würde.

Entwicklungspsychologische Implikationen

Allgemein: Während der *IV – Kaiser* die Grundlage für die Fähigkeit legt, sein eigenes Leben großräumig zu planen, zu strukturieren und zu kontrollieren, steht die *III – Kaiserin* für die Fähigkeit des Menschen, sein Leben in den eher ‚nahen' und detaillierteren Bereichen, etwa der Fähigkeit, seine Wäsche zu waschen, sich sauber zu halten und entspannt seinen Haushalt zu führen, zu meistern. Diese Fähigkeit wird oft und am ehesten durch Erfahrungen mit der Mutter beeinflusst. Menschen mit einem starken Konflikt mit der eigenen Mutter neigen oftmals dazu, etwas schmuddelig zu sein oder sie suchen sich Partner, die diese ‚mütterlichen' Pflichten für sie übernehmen.

Menschen hingegen mit starken Konflikten mit dem pgFeld *IV-Kaiser* haben oft Schwierigkeiten, ihrem Leben eine feste Struktur zu verleihen, sich langfristige Ziele zu setzen und diese auch zu erreichen. Ihnen fehlt es dann an Kontrolle über ihren eigenen langfristigen Lebensvollzug, obwohl sie, sofern der ganze *III-Kaiserin*-Komplex im Reinen ist, problemlos ihren Haushalt schmeißen und ihren Aufwasch akkurat selbst erledigen.

Im Besonderen: Die Mutter (oder die Person, die ihre Funktionen einnimmt) entscheidet durch die Zuwendung oder Abkehr vom Kind über dessen *Selbstwertgefühl*. Ein Beispiel: Ein dreijähriges Kind wird zum ersten Mal in den Kindergarten geschafft. Wenn wir annehmen, dass es keine Eingewöhnungszeit, wie das vor wenigen Jahrzehnten noch gang und gäbe war, gab, könnte das Kind die Erfahrung machen, dass es offenbar Wichtigeres gibt als es selbst. Es versteht es nicht anders, warum die Mutter es an einem fremden Ort abgibt und es dort allein lässt, um etwas anderes zu machen – ohne das Kind. Wenn die Mutter es nun wieder abholt, kann das Selbstwertgefühl des Kindes einen Knacks wegbekommen haben. Es kann sich für unwert halten, warum sonst sollte die Mutter es allein lassen und abgeben? Und nun wird das Kind sich bemühen, besonders lieb zu sein und es, soweit es das beurteilen kann, es der Mutter so recht wie möglich machen. Die Mutter freut sich

---

122. Vgl. Robert Anton Wilson: Der neue Prometheus. Rowohlt, 1987.

natürlich über das liebe Kind und führt das auf den wohltuenden Einfluss des Kindergartens zurück. Das Kind lernt nun wiederum, dass es sich lohnt, lieb zu sein und es der Mutter recht zu machen. Es ist ein kolossales Missverständnis, das die Mutter auflösen könnte, wenn sie den Motor hinter dem Liebsein des Kindes verstehen würde. In der Regel aber bleibt das der Mutter verborgen. Die Regelhaftigkeit, lieb sein zu müssen, um das angeknackste Selbstwertgefühl zu übertünchen, bleibt erhalten und verfestigt sich. Die Assoziationsschleifen im Gehirn potenzieren sich und bleiben als Grundmuster unter Umständen das ganze Leben erhalten.

In dem Maße, wie sie dem Kind Achtung entgegenbringt, beeinflusst sie dessen *Selbstachtung*.

Inwieweit die Mutter dem Kind den nötigen Freiraum zum Ausprobieren dessen, was man so vermag, einräumt, beeinflusst sie das Gefühl der *Selbstwirksamkeit* und der *Autonomie*[123] (Kann sich das Kind selbst anziehen? Kann es allein aufs Klo gehen? Kann es sich selbst ein Brot schmieren? Usw.).

Je mehr die Mutter dem Kind das Gefühl gibt, dass sein Aktiv-Sein, sein Sich-Einbringen erwünscht ist, desto mehr verstärkt sie in ihm die Bereitschaft, auch im späteren Leben, die *Initiative* zu ergreifen.[124]

Sie entscheidet über das *Ausmaß der Scham bezüglich des Körpers und der Sexualität*, je nach Umgang damit und ob sie die Schamgrenze des Kindes oder Pubertierenden verletzt.

Das Ausmaß der Hilfsbereitschaft der Mutter und ihr Stil der angebotenen Hilfe bei Schwierigkeiten beeinflusst die Neigung des Kindes, sich *lösungsorientiert* Problemen zu stellen oder das scheinbare Versagen hinzunehmen und sich damit ein dysfunktionales Selbstbild zu zimmern.

Und letztlich wird der Umgang der Mutter mit der beginnenden Identität des Pubertierenden darüber entscheiden, ob sich das Kind selbstbewusst zu einer *eigenen (identen)* Persönlichkeit entwickelt oder zu einem angepassten Leisetreter wird, der sich nicht traut, seine wahren Potenziale auszuleben und zur Entfaltung zu bringen. Es ist ok, wenn ein Jugendlicher Schlagzeug spielen möchte oder sich die Haare grün färbt. Nur so kann er herausfinden, wer er wirklich ist und in welche Richtung die Reise seines Lebens ihn führen wird.[125]

---

123. Vgl. Erik Erikson: Identität und Lebenszyklus. Frankfurt/M.: Suhrkamp, 1966, S. 75. Vgl. auch oben, Kap.2, Das Vergleichsmaterial.
124. Vgl. a.a.O., S. 87ff.
125. Vgl. a.a.O., S. 106.

Psychogenetisches Feld IV

- Der Kaiser -

Selbstbehauptung
Emotional-territoriale Ordnungen und Strukturen
Unterwerfungs- und Machtrituale
Abgrenzung

Tarotkarte IV – Der Kaiser (traditionelle Deutungen: Aktivität, Strenge, Macht, Stärke, seine eigene Ordnung schaffen

Kernzeit ab ca. 3. bis 6. Lebensjahr

Das Kind beginnt, wenn es sich sicher und routiniert bewegen kann, sein Territorium zu erkunden und trifft unweigerlich auf Grenzen der eigenen Initiative[126] durch die Regeln, die von mächtigeren Personen diktiert werden. Gleichzeitig setzen damit Machtkämpfe ein, in denen das Kind sich von den in es gesetzten Anforderungen abgrenzen möchte. Diese Machtkämpfe können, wie von Freud suggeriert, während der Sauberkeitserziehung stattfinden; Bischof[127] weist auf den Begriff des *Schließ*muskels hin und schreibt weiter:

> *„So betrachtet erscheint die Hauptthematik der ‚analen' Phase, die Reinlichkeit, als direkte Antithese zur ‚Oralität'. Hier nämlich geht es gerade umgekehrt um Abgrenzung. […] Man sagt etwa, dass man zwei Begriffe ‚säuberlich' voneinander unterscheiden müsse – so als würden sie sich wechselseitig beschmutzen, wenn man sie miteinander ‚vermengt' oder ihren Unterschied ‚verwischt'".*[128]

Themen dieses Feldes sind weiter die von Erikson beschriebene Entwicklungskrise des Ergreifens von *Initiative* versus *Selbstzweifel* und *Scham*; die von Piaget beschriebene präoperationale Stufe kognitiver Fähigkeiten; das Erwerben von Strategien der Selbstbehauptung, Grenzziehung – auch im eigenen Leben. In einem erweiterten Sinne kann man auch von dem Erwerb

126. Nach Eriksons Theorie der psychosozialen Entwicklung; vgl. Kap. 2 - Das Vergleichsmaterial.
127. Bischof, Kraftfeld der Mythen.
128. A.a.O., S. 313.

der Basisfähigkeiten sprechen, die das Kind in die Lage versetzen werden, seinem Leben eine gewisse Durchsetzungskraft, Ordnung und Struktur zu verleihen.

Psychologische Weiterführungen

Territoriale Erkundungen

Während die *III-Kaiserin* den ersten, ‚oralen Bioüberlebens'-Schaltkreis nach dem Leary/Wilson-Modell, oder die Themen der *oralen* Phase nach Freud repräsentierte, entspricht die Karte *IV-Kaiser* dem zweiten ‚analen emotional-territorialen' Schaltkreis oder Freuds Themen der *analen* Phase. Dieser Schaltkreis beginnt sich herauszubilden, wenn das Kind laufen kann und beginnt, die Welt für sich zu entdecken und zu erobern. Dabei stößt es schnell an die Grenzen des Erlaubten, vor allem an die Grenzen der Alpha-Tiere auf dem Territorium seiner Explorationen. Traditionell wird dieses nächste Alpha-Tier mit dem Vater assoziiert.[129]

Hier ist eine Zwischenbemerkung über die Geschlechtlichkeit dieser Karten-Symbolik notwendig. Die Benennungen der Karten müssen immer vor ihrem historischen Kontext verstanden werden. Diese IV. Karte ist *nicht* der Vater, genauso wenig, wie die III. Karte die Mutter repräsentiert. Diese IV. Karte repräsentiert eine ganz bestimmte Entwicklungsphase, die genauso gut auch von Frauen ausgefüllt werden kann. Alleinerziehende Mütter beispielsweise vermitteln die Entwicklungsaufgabe der IV. Karte ihren Kindern als Frauen. Der ‚Kaiser' ist hier als Symbol zu verstehen, als Symbol für eine bestimmte innerpsychische Fähigkeit, der man traditionell männliche Eigenschaften zuordnen kann. Diese männlichen Eigenschaften haben sowohl Frauen als auch Männer. Jede Frau und jeder Mann musste irgendwann in ihrer Biografie durch diese Entwicklungsphase hindurchgehen, also ist dieser Schaltkreis auch in jedem Menschen, gleich welchen Geschlechts, installiert. Diese Karten, überhaupt alle großen Arkana, repräsentieren niemals irgendeinen Menschen, sondern Entwicklungsstufen, -aufgaben, -phasen. Wenn diese Entwicklungsaufgaben psycho-sozialer Natur sind, wie hier beim Kaiser, kann schnell der Irrtum entstehen, dass diese Karte eine konkrete Figur meinte. Das ist aber nicht der Fall. Das Gleiche gilt übrigens auch für alle anderen durch Figuren benannte Karten. Interessanterweise käme man bei der Karte *X-Schicksalsrad* kaum auf die Idee, sie mit einer Person zu identifizieren.

---

129. Dieses Thema wird besonders dadurch relevant, dass sich die Geschlechtsidentität nun irreversibel festlegt: Der Vater ist Mann, die Mutter Frau. Das entscheidet darüber, mit welcher Bezugperson die geschlechtliche Identifizierung erfolgt. Zu diesem Thema vgl. Bischof, N.: Das Kraftfeld der Mythen. München: Piper, 1996.

Das Kind lernt seines Entwicklungsstandes gemäß alles über säugetierisches Primatenverhalten, wie Leary[130] sich ausdrücken würde. Das dominierende Alpha-Männchen macht dem Kleinkind schnell klar, wer hier der Boss ist, und so muss sich das Kind an eine Struktur sozialen Verhaltens gewöhnen, die von den Alpha-Tieren vorgegeben wird. Auf dieser Entwicklungsstufe entscheidet es sich, ob das Kind sich zu einem duckmäuserischen Leisetreter entwickelt oder zu einem sein Umfeld schikanierenden Tyrannen. Die Spielarten dieser Typen variieren natürlich, aber auf *dieser* Stufe geht es tatsächlich schlicht um zoologische Territorialkämpfe. Die Menschwerdung hat diese Stufe durchlaufen müssen und das Kleinkind muss es in einem Zeitraffertempo ebenfalls. Das Kleinkind entwickelt Überlebensstrategien, die es ihm ermöglichen, mit dem dominierenden Alphatier einigermaßen zurechtzukommen, und diese Strategien sind natürlich abhängig von dem Verhalten des Alphatieres. Das Kind macht die Erfahrung von Macht im Sinne einer Struktur- und Ordnungs-Gebung des sozialen Gefüges. Diese Erfahrungen erzeugen wiederum abstrahierte Verhaltensmuster – neuronal verschaltet und kodiert -, die das Kind im späteren Leben immer wieder unbewusst anwenden wird. Diese ersten Lernerfahrungen auf diesem Schaltkreis erzeugen Grundmatrizen in unserem neuronalen Netzwerk, die uns sagen, wie wir uns angesichts bestimmter Menschentypen zu verhalten haben. Wenn wir von unserem Boss nicht gefeuert werden wollen, werden wir zu Kreuze kriechen – ein ganz normales säugetierisches Verhalten, das sich in der Ethologie immer wieder beobachten lässt: die Unterwerfungsgeste. Andernfalls werden wir selbst zum Alphatier und machen nichts anderes, was Affen auch tun: brüllen, sich gegen die Brust schlagen und mit ihren Exkrementen nach Eindringlingen in ihr Territorium schmeißen. Dieses Schmeißen von Exkrementen ist natürlich in unserer kultivierten Welt verpönt und man würde sich selbst lächerlich machen, wenn man es täte; nichtsdestotrotz gibt es Ersatzhandlungen auf kultivierter Ebene, die genau diesem Exkremente-Schmeißen entspricht. Robert Anton Wilson[131] zitiert spöttisch solche Sätze wie „Du kleiner Scheißer!", „Ich prügel dir die Scheiße aus dem Leib!"[132] und anderes mehr. Hier wird der säugetierische Instinkt auf eine schlichte verbale Ebene transferiert. Ein anderes Beispiel für das Bedürfnis der Menschen, einmal ein Scheiße-schmeißender Silberrücken sein zu dürfen, ist der gewiss sehr edle Sport des Golfs. Hier steht ein genügend großes Territorium zur Verfügung, auf dem der Golfspieler sich ganz beherrschend fühlen darf. Ritualisiert werden kleine Bälle quer übers Spielfeld geschlagen, was in Primatensprache eindeutig heißt: „Verpisst euch, das ist

---

130. Vgl. Leary, T.: Info-Psychologie. Hamburg: Phänomen-Verlag, 2006.
131. Wilsons Buch *Der neue Prometheus* (Rowohlt, 1987) ist eine von Leary unterstützte und empfohlene umfangreichere Ausarbeitung des Modells der acht Schaltkreise.
132. Vgl. Wilson, R. A.: Der neue Prometheus. Rowohlt, 1987, S. 54ff.

mein Territorium!“ Wie vielen Golfspielern gehört der Rasen wirklich? Die meisten zahlen einen gehörigen Obolus, um sich dieses 2. Schaltkreis-Verhalten einmal erkaufen zu dürfen. Es befriedigt ungemein und ist sicher besser, als seine Mitmenschen tagtäglich zu schikanieren.

Das Ausüben von Macht, wie es Wilson und Leary beschreiben, ist allerdings nur eine Seite dieser Karte bzw. dieses Themenkomplexes. In der Folge dieser Erfahrungen als Kleinkind entscheiden sich ganz bestimmte Persönlichkeitseigenschaften, etwa das Gefühl dafür, ob die eigene Initiative erwünscht ist oder nicht. Nach Erikson ist das Entwickeln der Fähigkeit, die Initiative zu was auch immer zu ergreifen, abhängig von dem antwortenden Verhalten der Bezugspersonen des Kindes etwa ab dem dritten Lebensjahr. Die Jahresangabe ist nicht sehr zuverlässig, man sollte sie tatsächlich, wie Leary und Wilson, etwas früher ansetzen, spätestens jedoch mit Beginn der Sauberkeitserziehung und der autonomen Fortbewegung, sprich des Laufenkönnens. Die dabei erfahrene Strukturgebung zwingt das Kind zur Unterwerfung unter diese Struktur: Es muss nun aufs Klo gehen, denn in die Hose machen, ist zuhöchst unerwünscht. Es kommt nun darauf an, ob das Kind innerhalb dieser strukturgebenden Grenzen Freiheiten zu eigener Initiative eingeräumt bekommt und als wie willkommen es diese Initiativen erfährt. Wenn diese Erfahrungen hinreichend gemacht werden können, lernt das Kind, sich einerseits gewissen Regeln und Gesetzen zu unterwerfen, andererseits aber auch, dass es innerhalb dieser Freiräume seine eigenen Regeln und Strukturen entwickeln darf. So zwingt das Einordnen in die vorgegebene soziale Struktur im positiven Falle zu ersten Selbstregulationen im sozialen Verhalten. Diese positiv erlebten Selbstregulationen erzeugen wiederum ein neuronal kodiertes Muster, das die Fähigkeit widerspiegelt, seinem Leben eine bestimmte Ordnung und Struktur zu verleihen.

Scham als unangemessene Lösung

Andernfalls, als unangemessene Lösung, entwickelt das Kind statt eines Bedürfnisses zur Initiative ein Gefühl der Scham. Und Scham ist ein wirklich widerliches Gefühl. Ich meine damit keine sexuelle oder körperliche Scham angesichts eigener Nacktheit, sondern das Gefühl, dass das eigenmotivierte Tun von den Bezugspersonen als unerwünscht wahrgenommen wird. Das Gefühl, das alle mit dem Finger auf uns zeigen, dass unsere tatsächlichen Bedürfnisse, Interessen und Wünsche minderwertig sind, für die wir uns schämen sollten. Die Grenzen des Ichs werden nach außen transparent und man entwickelt das Gefühl, jeder sehe die eigene Unzulänglichkeit.[133] In die-

133. Im Unterschied zum Schuldgefühl, bei dem die Grenzen des Ichs nicht transparent werden, wir aber gemessen an den eigenen internalisierten ethischen Maßstäben unser Tun als unethisch beurteilen.

sem Moment schämen wir uns für unser *Sein*. Das ist bitter, denn dieses Schamgefühl wird uns daran hindern, das zu tun, was aus uns heraus will. Wir werden versuchen, es allen recht zu machen, indem wir uns nach unserer internalisierten Annahme richten, was aktuell an Verhalten von unserem Umfeld erwünscht ist. Was uns selbst erwünscht ist, spielt dann keine Rolle mehr, denn das ist schambesetzt.

Hier liegt die eigentliche Herausforderung des Themas dieser Karte: die Fähigkeit zur sozialen Selbstregulation, zur Strukturierung und Ordnung des eigenen Lebensvollzuges.

Diese Fähigkeit, so sie denn hinreichend entwickelt werden konnte, wird durch darauf folgende Entwicklungsaufgaben transzendiert. Diese Basisfähigkeit der Strukturgebung ist gleichsam die Voraussetzung dafür, selbstbewusst seinem Leben nach eigenen Zielen eine Ordnung zu verleihen, die alle Lebens-Entscheidungen gegen den Druck alternativer Entscheidungen, die von außen – von den als Alpha-Tiere wahrgenommenen Personen – an uns herangetragen werden, abzuschirmen vermag. Wenn die Entwicklung dieses Schaltkreises schief gegangen ist, besteht also immer die Gefahr, dass man sich dem Druck der Mächtigen beugt, auch wenn deren Entscheidungen nicht den unseren entsprechen. Dabei ist noch nicht einmal entscheidend, ob diese Anderen tatsächlich so mächtige Alpha-Tiere sind; es ist das im Kleinkindalter entstandene Grundmuster, das angesichts einer Konfrontation von uns Unterwerfung verlangt. Wenn wir aber lernen durften, dass es innerhalb bestimmter Grenzen statthaft ist, eigene Lebensentscheidungen zu fällen (also die Initiative zu ergreifen), würden wir wohl mit Unverständnis auf die Forderung reagieren, von unseren Entscheidungen abzulassen; wir würden uns durchsetzen, einfach weil unser neuronales Grundmuster uns das so vorschreibt. Der Widerstand des Außens entspricht diesem Grundmuster nicht und so werden wir uns durchsetzen und gar nicht verstehen, warum der andere unbedingt wollte, dass wir auf unsere Entscheidung verzichten.

Umgang mit Problemen aus dem IV-Kaiser-Thema

Man erkennt Menschen, deren Kaiser-Thema irgendwie unzureichend bewältigt wurde, daran, dass sie ihrem Leben nur schwer eine Ordnung geben können, die auf ihren eigenen Lebensentscheidungen beruht. Die Fähigkeit zur Strukturgebung haben sie nie erlernt, sodass es ihnen schwerfällt, konsequent ihre Sache durchzuziehen. Es geht ja nicht nur um das *Ergreifen* der Initiative, sondern auch um die Erfahrung, unser eigenes Wollen in die Tat umzusetzen.

Das heißt also, Menschen mit einem *IV-Kaiser*-Problem müssten in einem *ersten Schritt* lernen, ihre eigenen Lebensentscheidungen gegen den Druck der Alpha-Tiere abzuschirmen und in einem *zweiten Schritt* erst lernen, wie man denn nun seine eigene Entscheidungen langfristig im Leben umsetzt.

Der erste Schritt beinhaltet also das Stärken territorialen Selbstbewusstseins. Das rein räumliche Territorium wird im Laufe der Entwicklung immer weiter transzendiert: Während es am Anfang um Gehorsam und Unterwerfung ging, geht es später um eigene Entscheidungen auf geistigem Gebiet und um Lebensplanung. Später geht es im Kontext der transpersonalen Stufen auch um die Entfaltung und Authentizität der transpersonalen Erfahrungen.

Was wollen Sie wirklich vom Leben? Was sind Ihre eigenen Interessen, Wünsche, Vorstellungen? Schenken Sie sich die Möglichkeit zur Selbstgestaltung Ihres Lebens.

In dem zweiten Schritt, wenn also das Selbstbewusstsein hinreichend gestärkt wurde und die Ursachen der eigenen sozialen Schwäche bewusst gemacht und integriert werden konnten, geht es um das Erlernen des *Wie*. Denn woher soll die Kenntnis des *Wie* kommen? Man erkennt solche Menschen manchmal daran, dass sie das Problem des Territorialen versuchen gänzlich zu umschiffen. Sie vermeiden Unterwerfung, unterwerfen aber auch selbst niemanden, sie wollen jeder Hackordnung aus dem Wege gehen, was sie aber schnell zu Sonderlingen machen kann, denn das soziale Leben besteht nun einmal aus solchen Hackordnungen nach den Regeln des 2. Schaltkreises. Diese Menschen lassen sich inhaltlich durchs Leben treiben, ohne dass etwas Rechtes werden will. Warum? Es fehlt ihnen schlicht an der Fähigkeit, gleichsam innerpsycho-politisch ihr Wollen in geeignete und strategisch sinnvolle Handlungspläne umzuwandeln, und ihre oft grandiosen Ideen fristen nur ein kurzes Seifenblasen-Dasein.

So wie ein guter Kaiser oder König das Land strategisch sinnvoll und klug beherrschen muss, damit es allen, den Bauern, Händlern, den Kriegern, den Klerikern, dem Adel, gut geht, und damit das Land in Wohlstand erblüht und sich gegen neidische und schlecht gesinnte Feinde zu verteidigen vermag, so will auch das innere Reich des eigenen Lebens gut und vorausschauend beherrscht sein. Andernfalls dümpelt unser innerpsychisches Staatsschiff in brackigen Gewässern des Nichtstuns herum, und „Unternehmungen voll Mark und Nachdruck, durch diese Rücksicht aus der Bahn gelenkt, verlieren so der Handlung Namen“,[134] wie Shakespeare es formulierte.

134. Shakespeare, Hamlet, III. Aufzug, 1. Szene.

Psychogenetisches Feld V

- Der Hohepriester -

Erklärung der Welt
Fremd- und eigenbestimmtes Lernen
Kulturerbe, Bildung
Neuronales Installieren des kulturellen Weltentwurfs

Tarotkarte: V – Der Hohepriester (traditionelle Deutungen: Alte Werte, Tradition, überliefertes Wissen, Aufmerksamkeit, Sinnsuche, Vertrauen, Glaube

Kernzeit ab ca. 6. Lebensjahr bis Pubertät

In fast allen Kulturen beginnt mit circa dem 6. Lebensjahr die Einweisung in kulturelle Errungenschaften in Welterklärung, Kulturtechniken und dem kulturellen Selbstverständnis. Die psychische Grundlage dafür scheint die (nach Piaget) nun erwachende Fähigkeit zu konkret-operationalem Denken zu sein, die das Kind in die Lage versetzt, sich komplexere Handlungen zumindest bildhaft und vollständig geistig vorstellen zu können – eine Voraussetzung für z.B. die Teilnahme am Unterricht. Mit der Fähigkeit, sich der Welt*erklärung* der Kultur zu öffnen, geht auch die Befähigung einher, selbst Geschichten zu erzählen, in der Hoffnung, dass die Zuhörer sie glauben mögen, auch wenn sie nicht wahr sind – kurz: Die Fähigkeit zur Lüge ist geboren.

Themen dieses Feldes sind dementsprechend alle Formen von Bildung, Erziehung, vornehmlich in der Schule, später dann unter Umständen eigengesteuertes Lernen und Weiterbildung, sei sie privat oder gesellschaftlich. Damit einher geht die Installation der kulturell für wahr gehaltenen Übereinkunft der Erklärung der Welt, die in einigen Kulturen stark religiös, in anderen wissenschaftlich geprägt sein mag. Dieses kulturelle Wissen beeinflusst die weitere Persönlichkeit, entscheidet über Gut und Böse und setzt Wertmaßstäbe, an denen sich die Persönlichkeit später messen muss, sofern sie die Identifikation damit nicht zu durchschauen und zu lösen in der Lage ist. Mit Beginn dieses Themenfeldes allerdings ist eine Identifikation mit dem Erlernten durchaus normal.

Freud beschrieb in seinem Phasenmodell der Entwicklung diese Zeit als Latenzphase, in der die psychosexuelle Entwicklung ruhe, um sich dem Erkenntnis- und Kompetenzerwerb zu widmen. Erikson betont die Entwicklungskrise der Erfahrung von Kompetenz versus des Gefühls eigener Minderwertigkeit. Wilber beschreibt für diese Entwicklungszeit das Erschließen eines „Regel-/Rollen-Selbst" (Wilber), mit dem sich das Bewusstsein zunächst identifiziere. Bischof[135] kritisiert Freuds einseitige Betonung der psychosexuellen Latenz und identifiziert die (vor allem in nordamerikanischen Indianermythen oft erzählten) Trickster-Mythen als bildhafte Beschreibung der psychischen Eigenarten dieser Entwicklungsphase. Der Trickster entfernt sich spielerisch und egozentrisch vom Elternhaus, um seine Abenteuer zu erleben. Seine Geschlechtlichkeit ist noch nicht in das Ich integriert, sodass eine Reihe von Trickstererzählungen oft derb von Abtrennungen der eigenen Genitalien berichten, die der Trickster dann beispielsweise in einem Sack auf dem Rücken mit sich herumschleppt. Der Trickster kennt im Gegensatz zum Heldenmythos kein Ziel, keine klar zu bewältigende Aufgabe, sondern er erschließt sich naiv und furchtlos durch *trial-error* sein Wissen über die Welt. In seiner Reifung wird er zum Kulturbringer, was einen deutlichen Bezug zum Thema dieses pgFeldes, der Welterklärung und des Erwerbs von Weltwissen, aufweist. Die psychologische Ausdeutung der Trickster-Mythen findet sich ausführlich bei Bischof[136].

Psychologische Weiterführungen

Trügerische Latenz

Das psychogenetische Feld V, die Karte des *V-Hohepriesters*, wurde von Freud als die Latenzphase beschrieben. Viel berichtet der Vater der Psychoanalyse nicht darüber, zu sehr war sein Fokus auf die psycho-sexuelle Entwicklung gerichtet. Die Latenzphase stellt kaum spektakuläre Offenbarungen über die sexuelle Libido-Veräußerung zur Verfügung. Erik Erikson definierte das Entwickeln von „Werksinn gegen Minderwertigkeitsgefühl" als dominante Entwicklungsaufgabe dieser ontogenetischen Zeit, die er, im Einklang mit Freud, im etwa 6. Lebensjahr bis etwa 13. Lebensjahr lokalisierte. Kinder gehen zur Schule, lernen, wollen zeigen, was sie schon können und messen sich an den Leistungen anderer und den Erwartungen, die etwa die Eltern in sie setzen.

Übereinstimmung finden wir diesbezüglich auch in Piagets Theorie über die kognitive Entwicklung des Menschen. In der Zeit (6. – 12. Lebensjahr gibt Piaget an) der freudschen Latenzphase herrsche das sogenannte konkret-operationale Denken (konop) im Kinde vor, also ein Denken, das zwar an konkrete Situationen und Handlungsabläufe gebunden ist, aber sich solche schon vollständig geistig vorstellen kann – eine Voraussetzung für die

135. Bischof, Kraftfeld der Mythen. München: Piper, 1996.
136. A.a.O., S. 437 – 520.

Teilnahme am Schulunterricht oder anderen gesellschaftlich etablierten Institutionen der Wissens-Darreichung[137].

Ist das alles? Stellen wir uns Kinder dieses Alters vor: Sie sind doch alles andere als nur passive Empfänger gesellschaftlicher Welterklärungen.

Ein Mythos gibt Antwort: Der Trickster

Es gibt einen umfangreichen Sagenzyklus der Winnebago-Indianer, der sich um eine Figur namens Trickster rankt. Er kann in Tier- oder Menschengestalt auftreten, sorgt für oft derbe, auch gefährliche Streiche, ist abenteuerlustig und völlig gewissenlos. Er ist unbekümmert und wird aufgrund seiner Ungeschicktheit meist Opfer seiner eigenen Schelmereien. Die Geschichten um ihn sind oft lustig und unterhaltsam.

Norbert Bischof identifiziert ihn als die mythisch-spöttische Nacherzählung der Eigenschaften des Kindes in der freudschen Latenzphase.[138] Da bei Bischof die Eigenschaften des Tricksters sehr ausführlich in Bezug zur entsprechenden Entwicklungsstufe des Kindes gesetzt wurden, möchte ich hier nur die wichtigsten Erkenntnisse kurz nennen: Der Trickster erobert sich die Welt auf eine dem Entwicklungsstand der konop-Phase angemessene Art und Weise. Er ist im Elternhaus noch voll integriert, was seine Ausflüge in die Fremde zu unbestimmten und vor allem nicht zielgerichteten Expeditionen macht. Erwachsene erscheinen ihm dumm, diese hätten keinen Durchblick. Seine Niederlagen würde er spielerisch in eigentliche Siege umdeuten. Da die Eltern ihre „mediale Erscheinungsweise“[139] verloren hätten, kämen sie als „Landmarken für die Orientierung im seelischen Medium“[140] nicht mehr infrage, was nun das Unerklärliche in die Welt transponieren würde. Die Folge sei ein eigenes figurales Einkapseln und das Entwickeln von abergläubig-magischen Ritualen, um das Unerklärliche der Welt dennoch kontrollieren zu können. Kognitiver Dünkel begleitet ihn.

Interessant auch die mythischen Hinweise auf eine noch nicht stattgefundene Integration des eigenen Geschlechts, was die Lokalisierung des Trickster-Mythos vor der Pubertät nahelegt. Der Trickster entfernt sich etwa den Penis, um ihn eine Weile auf dem Rücken in einem Sack mit sich zu tragen

---

137. Mit der einsetzenden theoretischen oder modellhaften „Erklärung der Welt“, für die das kindliche Gehirn jetzt hinreichend vorbereitet ist, beginnt auch die Fähigkeit, wiederum selbst die „Welt zu erklären“ – und damit ist hier die erste bewusste Möglichkeit zur Lüge gegeben. Die Lüge an sich kommt mit dem *V-Hohepriester*-Prinzip, also der Möglichkeit, jemandem oder sich gegenseitig die Welt zu erklären, in die Welt. Nicht umsonst sind erst Kinder etwa ab dem fünften Lebensjahr zur Lüge fähig.

138. Norbert Bischof: Das Kraftfeld der Mythen. München: Piper, 1996, S. 437 – 520.

139. A.a.O., S. 450.

140. A.a.O., S. 450.

oder macht aus ihm Heilkräuter. Auch sein Anus ist vor Bestrafungen durch den Trickster nicht sicher.

Entsprechende Trickster-Mythen findet man nicht nur bei den Winnebago-Indianern, sondern überall in der Welt.[141] Interessanterweise sind sie bei den Winnebagos, aber auch in einigen Gebieten Afrikas,[142] die dominanten Mythen. Es scheint so zu sein, dass Kulturen eine gewisse Präferenz für Mythen, die Reminiszenzen an eine bestimmte Entwicklungsphase zeitigen, entwickeln. Ob diese Präferenz mit der kollektiv erreichten Bewusstseinsstruktur im Zusammenhang steht, wäre noch zu untersuchen.

C.G. Jung glaubt im Trickster eine mythische Figur des *Schatten*-Archetyps zu erkennen. Dass es sich überhaupt um eine archetypische Figur handelt, scheint für Jung sicher:

> *„Eine kollektive Personifikation wie der Trickster geht aus der Summierung von individuellen Einzelfällen hervor und wird vom Einzelnen wiederum als bekannt begrüßt, was nicht der Fall sein würde, wenn es sich um eine individuelle Ausgeburt handeln würde."*[143]

Ihn allerdings einer konkreten Entwicklungszeit des Menschen zuzuordnen, versäumt Jung. In ihm spiegelten sich archaische Spuren einer längst vergangenen Bewusstseinsstufe; er sei „ein ‚kosmisches' Urwesen *göttlich-tierischer* Natur",[144] doch die Frage steht da noch im Raum, an *welche* ontogenetische Zeit der Trickster gemahnt.

Der Hinweis auf die Wandlung des Tricksters in den Kulturbringer zeigt die Nähe zur kognitiven Welt-Erfassung der konkret-operationalen Phase, also der Zeit zwischen dem 6. und 13. Lebensjahr. Jung selbst weist auf seine „beträchtliche Lernbegierigkeit"[145] hin.

Jungs Ansicht, es handle sich um eine *Schatten*-Figur, scheint in diesem Kontext eher fraglich. Jede Entwicklungsstufe, die durch mindestens eine weitere abgelöst wurde, hinterlässt Spuren, die der nächsthöheren unangemessen scheinen. Diese können dann verdrängt werden und werden zum Bestandteil des *Schattens*. Allerdings stellt jede vorangegangene Entwicklungsstufe auch Fähigkeiten bereit, die von der nächsthöheren in sich integriert werden und durchaus bewusst bleiben können. Jede Bewusstseins-Schicht erzeugt also Fähigkeiten und Fertigkeiten und deren Komplementäre, die dann durch Verdrängung oder Dissoziation in den *Schatten* verla-

141. Vgl. Jung: Archetypen und das kollektive Unbewusste, S. 273 – 290; Bischof, Kraftfeld der Mythen, S. 437 - 520.
142. Jung, S. 287.
143. Jung, S. 280.
144. Jung, S. 282.
145. Jung, S. 282.

gert werden.[146] Mit dem gleichen Recht können also auch neben den Errungenschaften aller anderen pgFelder deren Schattenseiten thematisiert werden. Den Trickster nur als *Schatten*-Figur zu sehen, wird ihm nicht gerecht.

Diese tricksterhafte Eigentümlichkeit des Kindes, seine Wissbegierigkeit, sein fruchtbares, noch unbestelltes kognitives Land macht es erst bereit für jede Form von Pädagogik.[147] Kinder dieses Alters sind wie Schwämme, die an Erfahrungen und Wissen alles in sich assimilieren. Das pädagogische Motiv ist es, der tricksterhaften Disposition des Kindes die Welt-Erfahrung nicht in einem alleinigen Selbstbildungsprozess zu überlassen, sondern diese nach den gesellschaftlich wünschenswerten Direktiven in die „richtigen" Bahnen zu lenken. Ob diese Bahnen tatsächlich so richtig sind, mag angesichts aktueller Werte-Entwürfe fraglich sein.

Wir haben es also in diesem pgFeld V mit zwei Komponenten zu tun: Erstens die ontogenetische Disposition des Kindes, das neugierig und kognitiv unfertig die Welt zu erobern versucht und zweitens die gesellschaftlichen Einflüsse, die sich diese Disposition zu nutze machen, um das Kind nach ihrem Bild zu formen.

Der fremdgesteuerte Bildungsprozess

> *„In traditionellen Kulturen müssen die Kinder psychisch mindestens ebenso geräumig werden wie ihre Eltern, um in das Welthaus ihres Stammes einziehen zu können. In avancierten Kulturen treten zusätzlich professionelle Provokationsgeister und Seelenvergrößerer auf – ein Vorgang, der bei den Griechen zur Entdeckung der Schule führte und zur Umwandlung von Dämonen in Lehrer. (Der Lehrer tritt historisch als zweiter Vater auf den Plan; er betreut den empfindlichen Übergang von der Quartettstufe, die noch familial beschränkt bleibt, zum Quintett – das heißt zur Mindestform von Gesellschaft. Seit es die Lehrer gibt, schauen Väter hinter unähnlichen Söhnen her.)"*

schreibt Sloterdijk, als ob er einen Kommentar zur Karte des Hohepriesters abgeben wollte.[148]

---

146. Zu einer ausführlichen Taxonomie des Schattens: vgl. unten, pgFeld XV.
147. Mit welch Einfallsreichtum sich das tricksterhafte Kind den pädagogischen Bemühungen zu widersetzen weiß, zeigen sehr eindrücklich die Geschichten um Mark Twains Tom Sawyer. Allein der Anfang des Romans, in dem Tom sich trickreich seiner Tante Polly entwindet, ist ein prototypisches Beispiel für den Trickster. Ein weibliches Pendant finden wir übrigens in Pippi Langstrumpf.
148. Peter Sloterdijk: Sphären, Bd. I: Blasen. Suhrkamp, 1998, S. 450f.

Der *V-Hohepriester* leitet uns durch den Prozess des Erschließens des ,Weltwissens'.

Auf einer ersten Stufe ist er ein fremdbestimmendes Element, zum Beispiel in Form von Eltern, Lehrern, Medien – und in der Vergangenheit eben von den allgemein anerkannten Welterklärern, den Priestern. So taucht das Thema des Hohepriesters auf und so sind auch die ersten Welterklärungsbausteine fremdbestimmte Zutaten, mit denen wir uns auf die Reise des Wissenserwerbs begeben. Gleichzeitig stellt diese beginnende Wissensvermittlung eine Initiation in die umfänglichere ,Blase' der Gesellschaft dar. Den Müttern und Vätern wird somit ihr ,psychokratisches Monopol' auf die Kinder von der Gesellschaft genommen.

Auf einer zweiten Stufe, etwa zur Zeit des Erkennens einer eigenen individuellen Innenwelt (vgl. *IX-Eremit*) oder der daraus resultierenden bewussten Entscheidungsfähigkeit für unser Leben (vgl. *X-Rad des Schicksals*) übernehmen wir selbst die Regie bei der Auswahl unserer Erkenntnisse und der Art des Wissens, für das wir uns interessieren. Erst dann wird die Forschungsreise wirklich interessant. Erst dann sind wir in der Lage, zu tatsächlichen Erkenntnissen zu gelangen, während wir vorher nur fremdvermitteltes „Wissen“ angehäuft hatten.

Die Grundmatrizen der Konditionierungen wurden mit dem Erscheinen der konkret erfahrbaren Mutter-Persönlichkeit angelegt und spiegeln sich bereits teilweise in dem phantasmisch-emotionalen Bewusstsein des Kindes wider. Diese Grundmatrizen werden durch den Einfluss der strukturierenden Wirkung der macht-austestenden Explorationserfahrungen im sozialen Parcours (Thema des *IV-Kaisers*) verdichtet und erhärtet. Hier passiert bereits ,Welterklärung', allerdings in einem vorbereitenden Sinne: Der neuronale Boden wurde gepflügt und ist nun bereit für die kulturell bedingte direkte Welterklärung. Dem Kind werden in einem Crashkurs die wichtigsten gesellschaftlich für wahr und bedeutsam gehaltenen Wissensbestände der Kultur vermittelt. Ihm wird die „Welt erklärt“, und dem Kind bleibt nichts anderes übrig, als all diese Wissenscluster für wahr zu halten.

Im historischen Kontext betrachtet ist die Bezeichnung dieses Themenbereichs mit dem ,Hohepriester' nur korrekt. Der Tarot scheint wahrscheinlich im 14. oder 15. Jahrhundert entstanden zu sein, in einer Zeit also, in der der Vermittler und Repräsentant der ,Wahrheit' der Papst gewesen war, und zwar durch göttliches Recht und als Gottes Stellvertreter auf Erden. Die christliche Welterklärung war die dominante und alle tatsächlichen Vermittler von Wissen (Lehrer, Priester usw.) standen letztlich in einer hierarchischen Beziehung zu ihrem Oberhirten, über dem die zu vermittelnde „Wahrheit“ Gottes stand, Inbegriff eines stark patriarchalisch ausgerichteten Weltentwurfs.

Heute ist der Fall etwas anders und der vatikanische Oberhirte ist im pluralisierten Welterklärungssupermarkt nur ein Anbieter unter vielen. All diese Anbieter konkurrieren unter markttechnischen Gesichtspunkten um die Konsumenten der Welterklärungs-Bausteine.

Das kognitive Gerüst unseres neuronalen Weltentwurfs benötigt Baumaterial, Zutaten, ist begierig auf ‚Wissenszuwachs'. Solange es ein Monopol auf die Zulieferung dieser Zutaten gegeben hat, im Abendland durch die Kirchen, fügten sich die Weltentwürfe der Menschen recht homogen aneinander und die somit ‚versorgten' Menschen konnten sich implizit die Welt durch gemeinsames Tun und Denken gegenseitig noch einmal erklären, was diese Weltentwürfe zementierte – für Zweifel war wenig Platz. Auswahl bestand kaum. Heute ist das anders: Wissenscluster unterschiedlichster Herkunft, oft inkompatibel, müssen im kognitiven Netzwerk des Menschen nebeneinander auf den neuronalen Speicherplatten der Gehirne abgelegt werden und können sich kaum vernetzen.

In der Schule lernen Kinder alles über die Grundlagen der Naturwissenschaften, über Evolution, chemische Elemente, physikalische Gesetze. Nebenher, gerade in christlichen Elternhäusern, werden kognitive Restbestände der christlichen Welterklärung vermittelt, und der wichtigste Einfluss des *V-Hohepriester*-Prinzips unserer Tage, das Fernsehen und das Internet, torpedieren die jungen und älteren Menschen Tag für Tag, Stunde um Stunde, mit wahllos aneinandergereihten Informationsfragmenten. Tatsächlich könnte man die Karte polemisch in ‚Der Fernseher' umbenennen.

Halten wir uns immer vor Augen, dass jede Informationseinheit in unserem Kopf für eine neuronale Aktivität sorgt, die versucht, die bereits bestehenden und die neu hereinkommenden Informationen in ein konsonantes Verhältnis zueinander zu setzen.[149]

Wenn wir uns weiter vergegenwärtigen, dass diese Informationseinheiten aus Versatzstücken popularisierter Naturwissenschaft, christlichen Wertvorstellungen, Imperativen zum Umgang mit überbordenden Konsumgütern und Lebensvollzügen und demokratisch-ethischen Grundüberzeugungen wie Toleranz, Empathie, Globalisierung, Solidarität und Pluralität bestehen, können wir kaum umhin, unsere modernen neuronalen Weltentwürfe als schlicht chaotisch und unsortiert zu bezeichnen.

Natürlich sind die Inputs der Parameter der Welterklärungen von Mensch zu Mensch verschieden, nichtsdestotrotz aber deutlich *weniger* verschieden, als der moderne Individualist des Westens sich vormacht.

Das Fernsehen ist in seinen wahrnehmungspsychologischen Implikationen ein absolutes Novum in der Menschheitsentwicklung: Zum ersten Mal in

---

149. Vgl. Leon Festingers Theorie der kognitiven Dissonanz, Häcker, Stapf: Dorsch. Psychologisches Wörterbuch, Bern: Huber, 2004, S. 488.

der Millionen Jahre währenden Geschichte der Menschheit ist es Millionen Menschen gegeben, zur *gleichen* Zeit exakt die *gleichen* Bilder und Ereignissequenzen auf den Bildschirmen zu verfolgen. Welche Folgen das für die Annäherung der neuronalen Grundstrukturen der verschiedenen Menschen haben wird, ist noch gar nicht abzuschätzen.

Der *V-Hohepriester* ist der Vermittler oder Lehrer dessen, was die Vorfahren bereits kannten, auf dass die neue Generation diesen Fackelstab übernehme und weitertrage. Die Qualität dieses ‚Hohepriesters' hängt von der Güte der Kultur ab, die ihn bereitstellt. Im Grunde ist er ebenfalls nur ein Funktionsparameter: Seine Funktion besteht darin, auf die neuen neuronalen Festplatten (der Kinder) die bisherigen Informationsdaten zu übertragen. Was er übermittelt, ist mitnichten Wahrheit, sondern die kulturell bedingte Sicht der Dinge. Die jungen Gehirne werden mit einem *upgrade* versehen. Wie dieses aussieht, hängt davon ab, was in der Kultur für sinnvoll und wahr gehalten wird. Der Protagonist wird mit den Bestandteilen des *kollektiven* kognitiven Netzwerkes gefüttert, also mit mentalen Fremdkörpern aus Sicht des Individualisten, die sein Weltbild prägen werden, egal ob er sich mit der Illusion eines möglichst originellen und individuellen Denkens schmückt. Das aus all den Erfahrungen – subjektive, einmalige, sowie kollektive Versatzstücke – resultierende Ich-Bewusstsein ist also immer durch den Einfluss des *V-Hohepriesters* eine größtmögliche Annäherung an eine kollektive Gleichschaltung des Denkens und Wahrnehmens.

Der überzeugte Individualist wird jetzt aufspringen und sich entweder dagegen verwehren oder aber diese Erkenntnis wird ihn mit Entsetzen erfüllen. Aber wie alles hat auch dieses Thema zwei Seiten, eine lichte und eine dunkle. Die Vermittlung bereits gemachter Erfahrung, etwa in den Wissenschaften oder in spirituellen Disziplinen, hilft uns nämlich andererseits, unsere zur Verfügung stehende Zeit in diesem Leben – und die ist knapp bemessen – optimal zu nutzen. Es ist unsinnig, all die Menschheitserfahrungen alleine noch einmal machen zu wollen. Wenn wir uns einmal auf dem Weg der bewussten Erkenntnis bewegen, ist der Rückgriff auf Erfahrungen unserer Vorgänger effektiv. Es ist kurz gesagt sinnvoll zuzuhören und etwas über die Erkenntnisse und Erfahrungen anderer zu erfahren, weil es uns zeitraubende Sackgassenwege erspart und wir auf diesen Berichten aufbauen können.

Die Frage ist nur, welchem der Lehrer hören wir zu? Welche bereits gemachten Erfahrungen nützen uns und welche lenken uns ab? Mit einem genügenden Grundstock an Allgemeinbildung werden wir in die Lage versetzt, auf eigene Faust weiter zu recherchieren. Wenn dieses Privat-Studium von permanenter verifizierender und kritischer Praxis begleitet wird, verkehrt sich der Inhalt dieser Karte ins positive Gegenteil. Aus dem einlullenden Informationsgeplätscher der Medien auszubrechen und sich aktiv seine Informationsquellen zu suchen, ist immer möglich. Wenn die vorangegangenen Karten-Themen verstanden wurden und auf gesunde Weise in das Selbst integriert werden konnten, ist der *V-Hohepriester*, also das Studium, tatsächlich das A und O des sinnvollen Vorankommens. Voraussetzung für einen effektiven Umgang mit dem *V-Hohepriester* ist das Zutrauen in die eigene Wirksamkeit, das mit dem *Ia – Der Magier* in das Selbstkonzept integriert wurde und seine Parallelkarte, die *II – Hohepriesterin,* die das intuitive Urvertrauen in die Richtigkeit und Vertrauenswürdigkeit des Universums und damit auch die Fähigkeit zum intuitiven Gespür für die richtigen und falschen Wege im Hier und Jetzt mitgegeben hat. Wenn die mütterlichen Prägungen einigermaßen günstig verlaufen sind (*III – Kaiserin*) und die Strukturierung der sozialen Gefüge, in denen wir uns bewegen, uns einigermaßen Spielraum zur eigenen Initiative ermöglichten (*IV – Kaiser*), finden wir auch die Kraft, - zumindest später im Erwachsenenalter -, dem Fernseher adé zu sagen und eigenverantwortlich als Selbstversorger den Informationszustrom in unsere mentalen Speicherdateien zu kontrollieren.

Als Kind haben wir es natürlich schwer, trotz aller positiven Prägungen, denn der Fernseher ist allgegenwärtig. Er erinnert auf beklemmende Weise an das apokalyptische Große Tier, das in allen „Sprachen aller Nationen"[150] zu sprechen in der Lage ist und von den Menschen angebetet wird. Auch wenn das Kind zuhause keinen Fernseher zur Verfügung hat, so ist es doch mit seinen Klassenkameraden konfrontiert und die haben einen. Deren Verhalten ist bereits durch den Medienkonsum beeinflusst und – durch das Bedürfnis nach sozialer Einbindung – wird das fernseh-abstinente Kind ebenfalls Lust auf Fernsehen bekommen – nicht weil es den Fernseher mag, sondern weil es das Mitreden-Können vermisst. Vermutlich werden wir alle, auch unsere Kinder, die Erfahrung des Fernsehens machen. Entscheidend ist aber, inwieweit wir von ihm abhängig werden. Spätestens im Erwachsenenalter wird es notwendig, den Themenbereich des *V-Hohepriesters* kritisch zu überprüfen und ihn unseren eigenen Absichten zu unterwerfen. Als Kinder dominiert er uns notgedrungen und gestaltet unsere Sicht der Welt. Als eigenverantwortliche erwachsene Identitäten aber sollte er vom vergöttlichenden Sockel gestoßen und der Umsetzung unseres eigenen Willens dienen. Hier zeigt sich gleichzeitig sein Paradoxon: Die Erkenntnis, ihn sich unterwerfen zu müssen, indem wir unseren Zielen folgen, und unser Privatstudium gezielt darauf abstimmen, verdanken wir letztlich auch wieder ihm, denn irgendwoher haben ja unser Wissen von der Evolution des Bewusstseins. Von wem, wenn nicht von ihm?

---

150. Offenbarung 13;7: „…und ihm ward gegeben Macht über alle Geschlechter und Sprachen und Heiden."

Sortieren wir gut aus. Welche Bücher lesen wir? Stehen diese Inhalte im Einklang mit unserem eigenen universellen Entwicklungsweg? Lesen wir Krishnamurti oder Mickey Mouse? Bilden wir uns weiter oder lassen wir uns aus Bequemlichkeit von Massenmedien berieseln?

Entwicklungspsychologische Implikationen

Nach der Entstehung des *vitalen Selbstversorgers* und der Grundsteinlegung für das Gefühl der *Selbstwirksamkeit* (*Ia-Magier*), dem Entwickeln von *Urvertrauen* in das Universum und das Integrieren der intuitiven ‚inneren Stimme' (*II – Hohepriesterin*), den Prägungen der Mutter und Vaters bezüglich eigener *Autonomie-* und *Initiative*[151]-Erfahrungen (*III – Kaiserin, IV – Kaiser*), als auch dem Beginn des Erwerbs von *sozialen Regeln und Rollen*, dem Installieren des *2. (emotional-territorialen) Schaltkreises*[152] (*IV – Kaiser*) wird jetzt der 3. (semantische) Schaltkreis erschlossen. Aus psychosozialer Sicht wird die Erfahrung eigener *Kompetenz*[153] zentrale Entwicklungsaufgabe, aus kognitiver Sicht das Emanieren der *konkret-* und später der *formal-operationalen/rationalen* Entwicklungsstufe[154] des Denkens. Optimalerweise werden all die genannten Entwicklungsaufgaben in der Zeit zwischen dem 6. Lebensjahr und dem Beginn der Pubertät bewältigt. Das heißt natürlich nicht, dass die Entwicklung des zunächst konkret-operationalen, dann formal-operationalen Denkens damit abgeschlossen wäre. Als Entwicklungsaufgabe stellt sich hier das *Ausbilden* des semantischen Schaltkreises oder das Erschließen der Welt auf einer kognitiven konkret-operationalen Ebene, die nach hinreichendem Training (das in den Trickster-Mythen bildhaft beschrieben wird) in das formal-logische Niveau mündet. Wir werden unser ganzes Leben lang darauf zurück greifen und seine Inhalte immer mehr erweitern und vervollständigen.

Wahrheit oder Konstruktion: Einstellungen zum Weltbild

„Die Ironie der Ziele, sich bei Annäherung zu entgegenständlichen, wird üblicherweise erst den Fortgeschrittenen erklärt",[155] schreibt Sloterdijk in Bezug auf die Sinnsuche des Menschen. Doch um die erklärte Wirklichkeit

151. Urvertrauen, Autonomie, Initiative nach Eriksons Theorie der psychosozialen Entwicklung, vgl. Kap. 2 - Das Vergleichsmaterial.
152. Nach Leary, vgl. oben, Kap. 2, Die acht Schaltkreise von Timothy Leary.
153. Hier zeigt sich, dass das klassische Notensystem der Schulen nur den Einser-Schülern optimale Kompetenzerfahrungen ermöglicht, den anderen aber nicht. Diese werden sich vermutlich ihre Kompetenzerfahrungen auf anderen, von Eltern und Pädagogen nicht mehr kontrollierbaren Wegen erschließen.
154. nach Piaget, vgl. Kap. 2 - Das Vergleichsmaterial.
155. Peter Sloterdijk: Du mußt dein Leben ändern. Frankfurt/M.: Suhrkamp, 2009, S. 382.

als hologrammatischen Entwurf enttarnen zu können, muss sie während ihrer Installation in unser Bewusstsein vorerst für wahr gehalten werden.

Ausdruck konkreten und früh-formalen Denkens ist es, Informationen nach ihrem Wahrheitsgehalt zu bewerten und auszusuchen. Erst postformales Denken bezeichnet kognitive Weltentwürfe als ‚Wahrheitskonstruktion'. Es geht auf dieser Stufe nicht mehr darum herauszufinden, was wahr ist, sondern welche die Puzzlesteine und Einordnungsvorschriften der kollektiven Wahrheitskonstruktion sind. Jeder Gedanke ist insofern wirklichkeitserzeugend, als er, sofern wir von seiner Richtigkeit unzweifelhaft überzeugt sind, unser Verhalten steuert.

So ist das kollektive Denken Wirklichkeit (nicht im Sinne objektiver Dinghaftigkeit), insofern als es Wirkungen erzielt. Wenn man recherchiert und sich die diesbezüglichen Gedanken des kollektiven Menschengeistes zu Gemüte führt, stößt man auf viele Theorien, die diesen Gedanken der Künstlichkeit unserer Welterklärungen beschreiben: Der radikale Konstruktivismus, der Vedanta, der Mahayana- und Vajrayana-Buddhismus, die yogische Philosophie, aber auch weltanschauliche Einzelgänger wie Osho, Castaneda oder Krishnamurti. Esgeht also nicht darum, zu entscheiden, was wahr ist, sondern aus welchen Bausteinen unsere wirklichkeitserzeugende Weltsicht gezimmert wurde.

Die Wissenschaftler machen einen Fehler, wenn sie die esoterischen Theorien als magischen Firlefanz bezeichnen und sich weigern, sich damit auseinanderzusetzen. Sie verwechseln das Konzept ‚Untersuchungsgegenstand' mit einem anwendbaren kognitiven Modus. Und die Esoteriker begehen den komplementären Fehler mit den Wissenschaften, indem sie behaupten, diese kratzten noch nicht einmal an der Oberfläche. Ursache dieses separatistischen Denkens ist das Vorurteil konkreten und früh-formalen Denkens, dass es ernst zunehmende Wahrheiten gäbe.

Wenn wir behaupten, jeder Gedanke erzeuge Wirklichkeit, stimmt das natürlich nur insofern, als dieser Gedanke mit den Abertausenden anderen Gedanken im kollektiven Welterklärungsnetzwerk kompatibel sein muss. Damit eine Überzeugung Wirklichkeit erzeugen kann, muss diese mit allen anderen Kognitionen kompatibel sein, etwa mit unseren impliziten Überzeugungen über die Eigenschaften von Materie, dem Wirken des gesprochenen Wortes und all den Einstellungen und Anschauungen, die zwischen den Zeilen von den Menschen und Medien kommuniziert werden.

Durch ein möglichst weiträumiges und effektives Erforschen und Erkunden des kollektiven Weltbildes wird es möglich, zu verstehen, wie unsere Wirklichkeit zustande kommt.

Psychogenetisches Feld VI

- Die Liebenden, Die Brüder -

GLEICHER UNTER GLEICHEN WERDEN UND SEIN
VON DER HIERARCHISCHEN ZUR GLEICHBERECHTIGTEN LIEBE
MORALISCHE SOZIO-SEXUELLE BASISPROGRAMME

Tarotkarte: VI – Die Liebenden; früher: Die Brüder (traditionelle Deutungen: Liebe, Partnerschaft, Entscheidung fällen müssen

Kernzeit ab Beginn der Pubertät bis ca. frühes Erwachsenenalter

Entwicklungspsychologisch markiert dieses pgF einen bedeutsamen Bruch in der prinzipiellen Ausrichtung der primären Sozialbeziehungen. Während alle vorangegangenen pgF die Beziehung zu Menschen auf höheren Machthierarchie-Ebenen (Eltern, Großeltern, Erzieher, Lehrer) thematisierten, wird hier die primäre Bezogenheit auf diese ‚mächtigeren' Bezugspersonen vom Bezogensein auf die ‚Ebenbürtigen' abgelöst.

Bis zu diesem pgF bezogen sich alle Themenfelder auf Beziehungen zu hierarchisch über der Persönlichkeit des Kindes stehenden ‚Sozialisationsagenten,. Mit diesem Feld werden die Peers, die Gleichen, also diejenigen, die mit dem Kind auf der gleichen Macht-Hierarchie stehen, erstmals bedeutsamer als die *bisherigen* primären Interaktionspartner. Das Kind beginnt, ‚flügge' zu werden, beginnt, die Ablösung vom Elternhaus einzuleiten, was sich darin zeigt, dass der Einfluss der Gleichaltrigen größer wird als der der Eltern, Lehrer oder Erzieher (oder zumindest ernsthaft mit ihnen konkurriert). Entwicklungsaufgaben sind hier das Finden einer eigenen Identität und Vermeidung einer Rollenkonfusion,[156] um Gleicher unter Gleichen werden zu können. Über ein Jahrzehnt hatte das Kind gelernt, sich Mächtigeren unterzuordnen; nun muss es diese Lerneffekte modifizieren und sich emanzipieren. Gleichzeitig (von Freud als die genitale Phase beschrieben) erwacht die Sexualität und mit ihr die Liebe, was wiederum die Gleichberechtigung der Ebenbürtigen vonnöten macht, da ansonsten Fixierungen von Erwartungshaltungen an die ehemals Mächtigen (Mutter, Vater) auf den poten-

156. Nach Eriksons Theorie der psychosozialen Entwicklung, vgl. Kap. 2 - Das Vergleichsmaterial.

ziellen Liebespartner projiziert werden, was zwangsläufig zu Enttäuschungen führen muss.

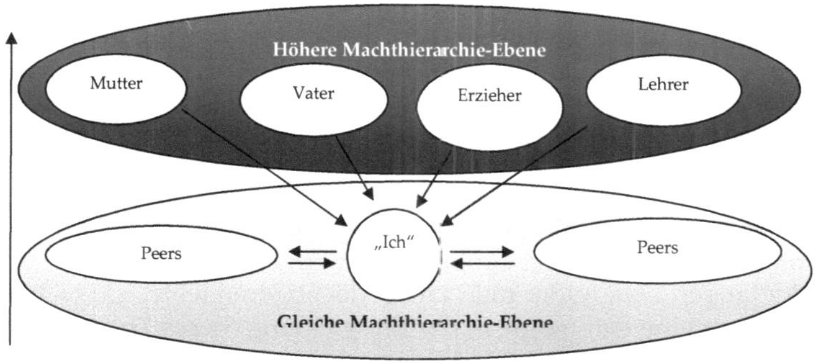

Abb.5: Die pgF III bis V thematisierten Entwicklungsthemen, in denen „Sozialisationsagenten" höherer Machthierarchie-Ebenen primäre Bezugsgrößen darstellten. Mit dem Eintritt in die Pubertät werden die Beziehungen zu den Peers bedeutsamer.

Psychologische Weiterführungen

Peers

Die ‚Peers': So nannten oder nennen sich Englands Adlige, um sich einerseits vom profanen Volk abzugrenzen und andererseits ihre eigene Gemeinsamkeit herauszustreichen. Dieser Begriff wurde von den Entwicklungspsychologen aufgegriffen, um die Gleichaltrigen im Umfeld eines Menschen zu bezeichnen, was ein bisschen in die Irre führt, denn die ‚Gleichen' oder ‚Ebenbürtigen' müssen nicht zwingend im gleichen Alter sein. Wichtiger und bedeutsamer ist, dass sie sich in gleichen oder ähnlichen Lebenssituationen befinden und damit sozusagen zu Kollegen, Kameraden oder Schicksalsgenossen werden. Auch wenn der eigentliche Bedeutungskern dieser Karte eher mit dem Beginn der Pubertät machtvoll ins Zentrum des Interesses rückt und zur entscheidenden Entwicklungsaufgabe wird, liegen seine Wurzeln dennoch in ferner Vergangenheit. Im Kindergarten etwa werden die ersten Erfahrungen mit den Peers gemacht, und die Interaktion mit ihnen kann unter Umständen bereits die Weichen für den späteren Umgang mit den Peers stellen. Wenig später sind es die Schulkameraden, dann die Kommilitonen im Studium oder die Kollegen in der Ausbildung, noch später die Arbeitskollegen, der Freundeskreis, die Clique des Jugendlichen, die anderen Disco-BesucherInnen und so weiter. Der entscheidende Punkt dabei ist, dass es sich bei den Peers um eine ‚Population' handelt, über deren interne Regeln die ansonsten vorher übermächtigen Eltern und deren institutionellen Derivate, wie Kindergärtnerinnen, Lehrer, Erzieher, Ausbilder oder Professoren keine Macht haben. Es sind die in der bisherigen Macht- und Einfluss-Hierarchie (Karten III - V) uns *Ebenbürtigen*, sie stehen uns gleichberechtigt gegenüber und neben uns. Höchstens rangelt man innerhalb der *Peergroup* um eine interne Macht-Hierarchie, die aber sofort wieder obsolet wird, wenn die eigentlichen Machthaber auf dem Plan erscheinen.

‚Gleicher unter Gleichen' werden

Ab der Pubertät, mit dem Erwachsenwerden, geht es nicht nur darum, ‚Gleicher unter Gleichen' zu *sein*, sondern auch ein solcher zu *werden*, was angesichts der langen Zeit, in der man unter Mächtigeren lebte, gar nicht so einfach ist. So kann eine Pathologie in der Entwicklung dieses Themenkomplexes darin liegen, internalisierte Machthierarchien aus der Kindheit ins Erwachsenenalter hinein zu tragen und somit zwar sozial ein *Peer* zu sein oder sein zu müssen, aber unbewusst nicht so zu empfinden; man fühlt sich nicht ebenbürtig, sondern lebt nach wie vor in unbewussten neuronalen Grundmustern das Gefühl aus, ohnmächtig zu sein, was das Leben im sozialen Außen ziemlich mühselig machen kann. Mangel an Vertrauen in die Berechtigung eigener Absichten, Wünsche, Interessen, Neigungen und Berufswünsche kann die Folge dieser mangelnden Bewältigung sein, weil man noch immer in dem Muster feststeckt, angenommene oder vermutete Erwartungen anderer (die in der Hierarchie über uns standen) erfüllen zu müssen und weil man sich nach wie vor nicht als ‚Peer unter Peers' empfindet, sondern als Machtloser unter Mächtigen.

Die Ängstlichkeit vor dem eigenen selbstbewussten Lebensvollzug liegt an dem Rudiment aus Kindheitstagen, Hausaufgaben machen zu *müssen*, und dann spielen zu *dürfen*. Wenn man es aber vermag, ‚Gleicher unter Gleichen' zu werden, gibt es keine Hausaufgaben und keine Freizeit mehr, sondern einen einzigen, erfüllenden Flow an selbstbestimmtem Handeln.

Die Peers im Mythos

Viele Mythen-Familien sind von Mythenforschern wie Erich Neumann und Joseph Campbell oder von Psychologen wie C.G. Jung und Norbert Bischof diskutiert worden, so etwa der der Trickster-Mythos[157] oder der Helden-Mythos[158]. Bischofs Argumentation[159] scheint schlüssig genug, um

---

157. Vgl. oben, pgFeld V.
158. Vgl. unten, pgFeld VII.
159. Norbert Bischof: Das Kraftfeld der Mythen. München: Piper, 1996.

den Trickster der konkret-operationalen (Piaget) oder Latenz-Phase (Freud) zuordnen zu dürfen. Bischof lässt in seinem fulminanten Werk *Das Kraftfeld der Mythen* dem Kapitel über den Trickster unmittelbar das über den Heldenmythos folgen. Ganz explizit weist er darauf hin, dass er diesen Mythos der Adoleszenz-Phase zuordne. Er grenzt sich gegenüber neueren Definitionen über den Zeitraum der Adoleszenz ab, die diese bereits in die Pubertät vorverlagern und legt ihn in Anlehnung an die ältere deutsche Psychologie zwischen dem 17. und 25. Lebensjahr fest.[160] Die Tricksterzeit meint er zwischen dem 7. und 13. Lebensjahr bestimmen zu können. Nun klafft dazwischen immerhin eine beachtliche Lücke von vier Jahren. Wir werden in der Besprechung des VII. pgFeldes (*VII-Wagen*) aufzuzeigen versuchen, dass der Heldenmythos eine ikono-mythische Verdichtung der Entwicklungsaufgaben jenes pgFeldes VII darstellt. Da stellt sich die Frage, was zwischen der Hoch-Zeit des Tricksters und der des Helden eigentlich passiert.

Die prototypischen Varianten des Trickster- sowie des Heldenmythos zeigen den Protagonist gewöhnlich als Einzelgänger. Sind Gefährten im Spiel, so haben sie in der Regel nur dramaturgische Funktionen, wie etwa in der griechischen Argonautensage. Beide Protagonisten sind allein in der Fremde unterwegs: Der Held, weil er einen klaren Auftrag auszuführen hat und seine Reise also zielgerichtet ist; der Trickster jedoch, weil ihn reine Abenteuerlust und Unbekümmertheit antreibt.

Nun beugt sich aber der Mythos nicht den Kategorisierungsversuchen rationaler Mythenforschung und so verwundert es nicht, wenn wir in den meisten Mythen, mythosähnlichen Erzählungen und Märchen Mischungen vorfinden.

Eine Vermengung von Heldenaspekten im Trickstermythos dürften wir nicht erwarten, da die Entwicklungsaufgaben des Helden erst später überhaupt aktuell werden. Umgekehrt aber sollte man in Heldenmythen immer wieder Trickster-Anteile vorfinden, da gemäß des Baumringe-Modells der Bewusstseinsentwicklung die vorangegangenen Entwicklungsaufgaben in der neuen Bewusstseinsstruktur integriert aufgehen sollten. So entdecken wir etwa beim Helden Odysseus durchaus eine ganze Menge tricksterhafter Züge.

Wir fragen uns allerdings, ob es nicht noch eine ‚zwischengeschaltete' Mythen-Familie geben könnte, die das Thema der Peers aktualisiert. Und da wird man durchaus fündig:

In der tricksterhaften Erzählung um Tom Sawyer finden wir neben den typischen Trickster-Attributen auch noch etwas für den Trickster untypisches, nämlich eine enge Freundschaft zum etwa gleichaltrigen Huckleberry Finn. In der griechischen Sagenwelt, die den Heldenmythos präferierte, so wie die

160. Bischof, a.a.O., S. 523.

Winnebago-Indianer den Trickstermythos zum dominanten Mythos erkoren, ist es schwer, entsprechende Mythen zu finden. Die Sage um den Sänger Orpheus mag in die Richtung deuten:

> *„Den Sohn der Muse führte die Sehnsucht nach Eurydike in das Jenseits. Darin unterschied er sich von Theseus und Iason, um nicht zu reden von Perseus und Herakles, die ihre Fahrten nicht aus Liebe zu einem weiblichen Wesen, sei es einem sterblichen oder einem göttlichen, unternahmen."*[161]

Mehr Glück haben wir in der Jugend- und Unterhaltungsliteratur, in der wir schon aufgrund der avisierten Zielgruppe Themen des Alters zwischen dem 13. und 17. Lebensjahr vorfinden dürften. D`Artagnan, der junge Protagonist der *Drei Musketiere* von Alexandre Dumas, erfüllt zwar alle Bedingungen eines Helden,[162] dennoch ist die Geschichte kein reiner Heldenmythos. Es ist auch die Geschichte einer unzertrennlichen Freundschaft der vier Helden. Weitere Beispiele finden wir in den *Lederstrumpfgeschichten* von James F. Cooper und in der Freundschaft zwischen Karl Mays größenfantasierter Gestalt des Old Shatterhand zu seinem Blutsbruder Winnetou.

Die Bibel wartet mit einem pathologischen Fall des pgFeld VI-Themas auf: Kain, der sich nicht als Ebenbürtiger empfinden kann, solange ihm dazu die Bestätigung des Vater-Imagos vorenthalten wird. Kain befindet sich gewissermaßen in einer noch kindlichen Abhängigkeit von der Anerkennung durch die machthierarchisch über ihm Stehenden. Dass Gott ihn nicht wegen seinem Vergehen in gerechtem Zorn niederstreckt, mag daran liegen, dass diese Art infantiler Abhängigkeit den elterlichen Figuren im Grunde schmeichelt. Kain versündigt sich zwar, indem er seinen Bruder aus Eifersucht erschlägt, aber diese Eifersucht bezieht sich ja auf die Liebe und Anerkennung Gottes. Wie kann dieser Gott ihm da lange grollen. Der alttestamentarische väterliche Gott darf sich sicher sein: Kain bleibt ihm treu.

Die Liebe...

Die Liebenden
Sieh, wie sie zueinander erwachsen:
In ihren Adern wird alles Geist.
Ihre Gestalten beben wie Achsen,
um die es heiß und hinreißend kreist.

---

161. Karl Kerényi: Die Mythologie der Griechen. Bd. II: Die Heroengeschichten. München: dtv, 2004, S. 221.
162. Vgl. unten, pgFeld VII.

Dürstende, und sie bekommen zu trinken,
Wache, und sieh: sie bekommen zu sehn.
Laß sie ineinander sinken,
um einander zu überstehen.
- Rainer Maria Rilke

Mit dem Beginn der Pubertät rückt natürlich die Liebe in den Brennpunkt, und daran liegt es, dass diese Karte so oft mit der Liebe in Verbindung gebracht wird. Tatsächlich ist die Liebe nur ein Teilaspekt daraus, wenn auch ein überaus wichtiger. Aus der *Peergroup* rekrutieren wir die potenziellen Kandidaten unseres Verliebtseins und im Jugendlichen kreist nun einmal fast alles um die Liebe.

Das Problem der Vater- und Mutter-Fixierungen

Die erste große Gefahr dabei besteht dann, wenn die Karten *III–Die Kaiserin* und *IV–Der Kaiser* nicht hinreichend integriert wurden und in unserem Bedürfnis nach Liebe eine Fixierung auf die Mutter- oder Vatergestalt störend eingreift. Das heißt salopp gesagt, wir suchen uns einen Mutter- oder Vater-Ersatz, oder wie Freud sagen würde, unsere libidinöse Energie ist durch die Fixierung auf den Vater oder die Mutter gebunden und wir sind unbewusst gezwungen, unser Vater- oder Mutterbild auf ein Mädchen oder einen Jungen aus der *peergroup* zu übertragen. Das führt uns in Teufels Küche, denn der andere kann unmöglich die Anforderungen erfüllen, die einst unsere Eltern zu erfüllen hatten.

Daraus folgt, ein gesundes Ausprägen dieses Themenbereichs ist nur nach erfolgreicher Integration der vorangegangenen Themenbereiche (III und IV) möglich. Die Liebe, die zwischen zwei Menschen entsteht, ist die der Gleichen, der Ebenbürtigen; durch die Fixierung auf ein Elternteil wird der andere nicht als ebenbürtig empfunden, sondern ihm werden entweder übermäßige Macht zugesprochen (die er gar nicht wahrnehmen kann) oder man versucht, eben diese Macht über ihn auszuüben (wodurch der andere nicht ebenbürtig ist und wir vor allem keinen Zugang zu seiner tatsächlichen Person mehr haben, da wir uns eher auf ein von uns auf ihn projiziertes Bild beziehen).

Von der Projektion zur spirituellen Liebe

Auf einer spirituellen Ebene repräsentiert unser Suchen nach den Gleichen unsere Sehnsucht oder unser Verlangen nach der Einheit der Seele, des Selbst, die durch unser konkretes Selbstkonzept natürlich nicht einmal ansatzweise gegeben ist. Die fehlende weibliche oder männliche Ergänzung zum Selbst wird dann ins Außen projiziert und dort scheinbar erkannt. Dass es sich um ein *inner*-seelisches Bedürfnis handelt, ist dem Jugendlichen keinesfalls klar, und viele Menschen werden es auch in ihrem ganzen weiteren Leben nicht verstehen. Dem anderen die Bürde aufzuhalsen, die Ergänzung des Ichs zum ganzheitlichen Selbst zu sein, ist von Anfang an zum Scheitern verurteilt.

Die Stärke offenbart sich in der Erkenntnis, dass die Illusion der Schwärmerei eine Sackgasse ist. Das heißt nicht, dass man insgesamt stark und sicher sein muss – man wäre ein Buddha. Man muss den Weg nicht zu Ende gegangen sein, aber in diesem entscheidenden Moment erkennen, dass die Projektion, wenn man sie als solche nicht durchschaut, in die Irre führt und nur beidseitiges Unglück bringt.

Das Verliebtsein in seiner klassischen Form ist eine Form der Abhängigkeit. Man braucht den anderen oder meint ihn zu brauchen, weil das Glück ohne ihn nicht erreichbar scheint.

Man gibt aus Ungeduld oder Naivität den inneren Kampf auf und sucht nach einer Lösung im Außen. Dort, wo es keine Lösung gibt.

Ein wirkliches brennendes Verlieben ist aber dennoch wie ein Erwachen, ein Erschließen eines neuen Seelenraumes, eine nächste Geburt seines Selbst. Das, was man da spürt, ist in einem selbst, nicht im Außen. Wir haben eine großartige Chance, wenn wir das erkennen. Und wir vergeuden diese Chance, wenn wir an unserer Projektion auf das Gegenüber festhalten. Was wir finden, wenn wir verliebt sind, ist ein bislang unerschlossener Teil unserer Seele, der sich machtvoll ins Hier und Jetzt bringt – nicht aber den Märchenprinzen oder die Märchenprinzessin.

Liebende helfen einander, das zu verstehen. Sie können irgendwann verschmelzen, aber erst in einem Akt der Selbstaufgabe, wenn die projektionsfreie Aufmerksamkeit für den anderen wirklich erwacht ist.

Psychogenetisches Feld VII

- Der Wagen -

DIE ABLÖSUNG VOM ELTERNHAUS UND DER AUFBRUCH IN DIE WELT
DAS HERANGEHEN AN DEN AUFBRUCH INS UNBEKANNTE
ART DER SELBSTGEWISSHEIT

Tarotkarte: VII – Der Wagen (traditionelle Deutungen: Abenteuerlust, Der Wille voran zu kommen, Sieg und Triumph, Reisen

Kernzeit: individuell schwankend zwischen Ende Pubertät bis Ende frühes Erwachsenenalter

Der Jugendliche löst sich vom Elternhaus und tritt als junger Erwachsener in die Welt hinaus. Da seine Erwartungen und Wünsche noch nicht von der Realität korrigiert wurden, erscheint ihm alles möglich, was den Idealismus und den egoischen Mut vieler Jugendlicher erklärt. Dieser erste eigenständige Aufbruch des jungen Menschen wird zu einer Erfahrungsschablone, die darüber entscheiden kann, mit welchem Mut und welcher Zuversicht man im späteren Leben weitere Aufbrüche wagt.

Der in allen Kulturen zu findende Heldenmythos beschreibt diese Entwicklungsaufgabe.[163] Der Heldenmythos unterscheidet sich klar von den Trickstermythen, in denen der Protagonist zwar auch in der Fremde seine Abenteuer erlebt, aber keine klare Zielrichtung kennt. Das Ziel der Heldenfahrt ist die Identitätsfindung durch Ablösung von elterlicher Fixierung.[164]

Psychologische Weiterführungen

Der Heldenmythos

Verfolgen wir die mythologische Spur, die wir bereits aufgenommen haben, weiter, und wenden wir uns dem Helden-Mythos zu. Bischof behauptet, dass er die Entwicklungsaufgabe der 17- bis 25-Jährigen dokumentiere, nämlich die Findung und Entwicklung der eigenen Identität durch einen symbolischen Aufbruch aus dem Elternhaus. Am Ende der Hel-

163. Eine ausführliche Analyse entsprechender Mythen und Märchen findet sich bei Bischof, Das Kraftfeld der Mythen. München: Piper, 1996.
164. A.a.O.

denreise soll der Protagonist seine unverwechselbare eigene Kontur als Persönlichkeit gewonnen haben.

Ich möchte Bischofs[165] sehr ausführliche Darstellungen des Prototyps des Heldenmythos hier anhand eines von ihm selbst beispielhaft angeführten Märchens nur kurz zusammenfassen:

Ein Zar hatte drei Söhne, die nacheinander aufbrechen, um den Spuren des Vaters zu folgen und die Blume zu brechen. Alle drei treffen recht bald auf eine Kreuzung, an der auf einem Wegweiser geschrieben steht, wer den rechten Weg wähle, wird satt, aber sein Pferd bleibe hungrig, wer nach links reiten würde, dessen Pferd würde satt, aber er selbst bleibe hungrig und wer geradeaus reite, der würde den Tod erleiden. Der erste Sohn wählt den rechten Weg, verbleibt also psychologisch gesehen in einer egozentrischen, infantilen Versorgungsmentalität; er versagt auch prompt und wird folgerichtig vom erzürnten Zaren ins Gefängnis geworfen. Der zweite Sohn ist bereits einen Entwicklungsschritt weiter und entscheidet sich für den linken Weg. Seine Sorge gilt also dem Pferd, dem Wohlergehen anderer, allerdings nicht aus Reife, sondern aus dem noch immer infantilen Bedürfnis heraus, es anderen recht zu machen, um so mit Lob und Angenommenwerden rechnen zu dürfen. Auch er versagt folgerichtig, da er daraufhin einem Mädchen verfällt, in dessen Keller er gefangen genommen wird. Während der erste Sohn also in der elterlichen Abhängigkeit verbleibt, gerät der zweite Sohn in die Falle einer erotischen Beziehung, in der ihn seine ungelösten Abhängigkeitsstrukturen zum Pantoffelhelden machen. Einzig der dritte Sohn entscheidet sich für den Tod, wohl ahnend, dass sein altes Ich als Kind der Eltern sterben muss, um zu einer eigenen konturstarken Persönlichkeit zu werden. Über eine Reihe weiterer Abenteuer (die und deren psychologische Deutungen bei Bischof nachgelesen werden können) findet er zu einer „Jungfrau Zar“, die in einem fernen Reich regiert, und schläft mit ihr. Anschließend flieht er und befreit auf dem Rückweg, mit dem eroberten Wasser des Lebens für seinen Vater im Gepäck, seinen gefangenen zweiten Bruder. Dieser allerdings raubt ihm seine Errungenschaften und gibt sich am Zarenhof als der erfolgreiche Held aus. Wenn wir der psychologischen Deutung folgen, dass es sich bei den drei Brüdern letztlich um ein und dieselbe jugendliche Person handelt, wird ersichtlich, dass regressive Rückschläge jederzeit möglich sind. Zwar brach der dritte Sohn als Held auf, kehrt allerdings mitdem Bedürfnis nach elterlicher Anerkennung an den väterlichen Hof zurück. Der Vater glaubt ihm, aber die Jungfrau Zar, die in der Zwischenzeit ihren Verführer verfolgt hatte, erkennt sofort, dass es sich bei dem angeblichen Helden um einen jungen handelt, der noch in elterlicher Abhängigkeit lebt. Der dritte Sohn zieht während dessen durch die

165. A.a.O., S. 523 – 663.

Kneipen der Stadt. Erst die Jungfrau Zar erkennt ihn. Daraus zu lernen ist, dass jeder heldenhafte Aufbruch auch zu Regressionen führen kann, aus dessen Folgen neuerlich aufzubrechen, es wiederum der Einstellung eines Helden bedarf.

Auch im griechischen Mythos finden wir immer wieder Hinweise auf infantile Rückschläge: Achilles wird in Frauenkleidern versteckt, damit er nicht in den Krieg ziehen muss. Herakles vergaß bei der Königin Omphale seinen Weg der Tugend und begann mit ihr in Wollust zu leben, bis sie seiner überdrüssig wurde und ihn in Weibersachen kleiden ließ. Er fürchtete ihren Zorn, wenn er nicht beizeiten mit den weiblichen Verrichtungen wie Wolle spinnen fertig wurde.

In der analytischen Psychologie wird der Helden-Mythos als Symbol des Individuationsprozesses gedeutet:

> *„Der Heldenmythos ist kein einmaliger Vorgang, sondern ein symbolisches Vorbild für Abläufe, die sich zu den verschiedensten Phasen des Lebens und auf den verschiedensten Ebenen ständig wiederholen. Als Held der Individuation befindet sich der Mensch auf einer dauernden Suche und Wanderschaft, auf der es kein endgültiges Ziel gibt. Es gibt nur Teilziele, die auch nur für eine bestimmte Zeit und für eine bestimmte Lebensstufe Orientierung vermitteln."*[166]

Auf den ersten Blick mag hier ein Widerspruch zu Bischofs Argumentation vorliegen. Wenn wir uns aber vergegenwärtigen, dass jede Bewusstseinsstruktur von der nächsten assimiliert wird und von nun an zum festen Bestandteil des innerpsychischen Inventars gehört, können beide Deutungen nebeneinander bestehen. Bischof beschreibt die idealtypische Identitätsfindung des jungen Menschen, die nun einmal mit einem ersten Aufbruch einhergeht. Damit mag die von Erikson beschriebene Entwicklungsaufgabe der Identität versus Rollenkonfusion im günstigen Falle bewältigt sein. Diese Erfahrungen aber werden auch zu Fertigkeiten der ‚Seelenwanderung' an sich. Da es immer wieder neue Herausforderungen der Entwicklung geben wird, entsteht auch eine fortgesetzte Notwendigkeit des Aufbruchs, nämlich eines Aufbruchs aus den aktuell etablierten hin zu erweiterten und umfänglicheren Bewusstseinsstrukturen. Diese noch potenziellen Bewusstseinshöhen zu erklimmen, bleibt fakultativ. Das war bisher anders: Alle vorangegangenen pgFelder bildeten einen festen Entwicklungsalgorithmus, der auf dem Wachstumsparcours der Kindheit und Jugend für alle obligatorisch gewesen ist. Im Zweifelsfall standen die Eltern und gesellschaftlich ho-

---

166. Lutz Müller, Anette Müller: Wörterbuch der analytischen Psychologie. Düsseldorf, 2008, S. 162.

norierten Sozialisationsagenten dirigierend hinter dem Kind. Nach dem ersten Aufbruch ist der junge Mensch auf sich gestellt. Auch wenn das folgende pgFeld VIII (Karte *VIII-Ausgleichung*) das mehr oder weniger erfolgreiche Einrichten in der gesellschaftlich gefügten Ordnung thematisiert, so ist seine Bewältigung erstmals ein vom Protagonisten eigenständig zu vollziehender Entwicklungsschritt.

Flausen im Kopf als kreatives Movens

Aufbrüche gibt es immer wieder im Leben. Der erste aber ist in der Regel der des Aufbruchs aus dem Elternhaus, der damit eine Erfahrungsschablone für weitere Aufbrüche darstellt, je nach Erfolg oder Misserfolg.

Sehen wir das Leben als eine Reise, deren Ziele mit der Zeit immer abstrakter werden. Am Anfang scheint diese Reise noch ziemlich statisch zu sein – man wird für die Reise *gebrieft*. Und dieses *briefing* übernehmen die Eltern, die Familie, die Schulen, Ausbildungen, die Gleichaltrigen, Freunde, Klassenkameraden, die Clique und andere. Man befand sich noch in der Rüstkammer und lernte auf den Höfen der elterlichen Burgen die grundlegenden Praktiken, die ein Reisender braucht. Und irgendwann ist der große Tag gekommen: Der junge Protagonist sattelt seine Rosinante oder den alten gelben Klepper des Vaters, wie der junge d´Artagnan zu Beginn der *Drei Musketiere* und verlässt (hoffentlich) frohen Mutes das elterliche Gehöft, um sich dem Abenteuer des Lebens zu stellen, den Kopf voller Flausen und naiver Hoffnungen. Wie berauschend die Landschaften, die man durchfährt, wie spannend die ersten Freunde, die man kennenlernt, wie stolz ist man auf die erste eigene Behausung, auch wenn sie ein feuchtes Loch unter dem Dach ist. Und wie glühend die erste Liebe da in der Fremde, die uns vorkommt wie eine riesige Spielwiese für unser junges, noch durch Lebenserfahrungen unkorrigiertes Leben. Alles scheint möglich zu sein: Rockstar werden, Musketier am Hofe Louis XIII., ein großer Künstler, der als junger Wilder die Akademien aufmischt und am Abend mit den Kommilitonen bei schwerem Rotwein und fetten Zigarren die Welt neu ordnet.

Es handelt sich um den rebellischen Jugendlichen, der endlich dem Zwange des Elternhauses entkommen ist und seine eigene Vorstellung vom Leben erproben will. Die Phase des Kampfes gegen die Eltern ist ein notwendiger Schritt, der das Flügge-Sein anzeigt – ein normaler und gesunder Zug also. Jugendliche müssen sich die Haare grün färben, wilde Theorien vertreten oder Häuser besetzen. Sie müssen ein paar Drogen nehmen und mal eine Nacht nicht nach Hause kommen. Die Freunde sind wichtiger geworden als die Eltern, und Letztere müssen lernen, von ihrem Sprössling loszulassen. Sie haben ihn vorbereitet auf die Reise, mehr geht nicht. Dass die grünen Haare unnötig sind, wird unser Protagonist schon beizeiten lernen, wenn er die Konsequenzen selbst erfährt. Es ist eine Regel, dass das erwachte Ego keine Ratschläge annehmen kann, einfach, weil es diese nicht versteht – mangels der Fähigkeit, Perspektiven von Menschen, die auf der Reise schon ein paar Meilen weiter sind, einzunehmen. Unser junger Held oder unsere junge Heldin muss ihre Erfahrungen buchstäblich selber machen. Und dann wird er oder sie aus diesen Erfahrungen heraus anderen jungen Leuten Ratschläge geben wollen, die von denen wiederum nicht verstanden werden. Vielleicht ist das sogar ein Motor für menschliche Entwicklung: Wenn wir immer den Ratschlägen der Älteren Glauben schenken, würden wir wohl kaum Neues wagen. Das Neue anzugehen, bedarf es einer gewissen Unwissenheit über die oft unangenehmen Konsequenzen. Naivität darf hier als Voraussetzung für die Innovationsfähigkeit der menschlichen Art gelten.

Auf den ersten Aufbruch folgen hoffentlich weitere im Laufe des Lebens. Wenn nicht, bleibt das Leben ziemlich langweilig und ungelebt. Wir mögen an Naivität verloren haben, aber in jedem Aufbruch steckt eine Hoffnung auf etwas Besseres, Unbekanntes, Spannendes und die Freude oder Erleichterung, durch einen Aufbruch etwas Statisches, Festgefahrenes hinter sich zu lassen. Sich selbst eine weitere Chance zu geben, kann sich in jedem Aufbruch in jedem Lebensalter auf ein Neues zeigen.

Die oft enorme psychische Kraft, die einen solchen Aufbruch begleitet, ist dem jugendlichen Reisenden noch zuhöchst unbewusst, er hält sich schlicht für großartig, selbst wenn er ein nörglerischer, unzufriedener, depressiver Typ ist – er hat immer recht. Seine tatsächlichen Triebkräfte sind ihm noch unbewusst, wie auf Crowleys Karte sehr schön durch die vier unterschiedlichen Sphinxen angedeutet wird. Die Köpfe und die Körper repräsentieren vier Persönlichkeitstypen, zum Beispiel Sanguiniker, Phlegmatiker, Choleriker und Melancholiker, die in der Alchemie durch die vier Apostel dargestellt und denen bestimmte ‚Totemtiere' zugeordnet wurden: Löwe, Adler, Mensch und Stier. Oder man interpretiert sie als C.G. Jungs Persönlichkeitstypen (Intuition, Fühlen, Denken, Empfinden) oder anderen Persönlichkeitstheorien. Kombiniert man die vier Typen untereinander, entstehen 16 Mischformen, die durch die Hofkarten des Tarot repräsentiert werden.[167] All diese Persönlichkeitseigenschaften determinieren den Aufbrechenden und leiten ihn. Da sie verschlüsselt sind, kennt er sie noch nicht, er lebt durch sie, besser: wird durch sie gelebt.

Egoische Selbstüberhöhung – der innere Motivator

Der Wagen ist sehr machtvoll für den erwachsen werdenden Jugendlichen; man könnte ihn verstehen als ein innerpsychisches Katapult, das mit der Spannkraft der grandiosen Selbstüberhöhung den Seelenwanderer hinaus in die Welt schießt. Das Ego ist in die Höhe geschossen wie eine gotische Ka-

167. Vgl. unten, Teil III, Kap. 12, Die Hofkarten.

thedrale und wähnt sich siegessicher und unverwundbar. Das klingt abwertend, aber es soll so gar nicht gemeint sein. Sehen wir die jugendliche Selbstüberhöhung einmal ganz nüchtern als eine innerpsychische Funktion, ganz ähnlich wie es auch körperliche Funktionen gibt, etwa das Hinzuschalten von Energiereserven angesichts bedrohlicher Situationen. Diese innerpsychische Funktion hat ihren Sinn: Das Ego wird mobilisiert, um den persönlichen Weitwurf aus dem Elternhaus hinaus in eine fremde und bedrohliche Welt zu ermöglichen. Ähnlich wie Vögel irgendwann ihren ersten Flug absolvieren müssen, muss auch der Mensch aus der elterlichen Umhüllung hinaus. Was für eine Herausforderung: 15 Jahre oder länger wurde einem eingeredet, dass es draußen gefährlich sei, dass man von Fremden nichts annehmen dürfe und spätestens um sechs wieder zu Hause sein müsse. Das ist eine lange Zeit, in der man sich bestimmten Regeln unterordnen musste und bestimmten Einflüsterungen bezüglich der weiten Welt ausgesetzt war. Und nun, plötzlich, soll das alles vergessen werden? Ja, wie denn? Um nach dieser langen Zeit der Behütung eine plötzliche und Erfolg versprechende Aufbruchstimmung hinzubekommen, ist starke Motivationsarbeit erforderlich, die das Ego selbst leistet. Es greift auf ein Programm zurück, das es gar nicht erlernen brauchte, weil es im ursprünglichen (vermutlich genetischen) Paket mit enthalten ist: Die Fähigkeit, sich auf zweckmäßige Art selbst zu überschätzen und sein Ego maßlos aufzublähen. Nicht ein kleines Menschlein betritt die Weltenbühne außerhalb des Elternhauses, sondern eine ganze Ritterburg, ein Raumschiff Enterprise, oder die Drei Musketiere. Die Welt hat den Atem anzuhalten. Jim Morrison betritt, nein betorkelt die Bühne, und statt dass ihm jemand freundlich ein Taxi ruft, wird er von Tausenden Fans bejubelt. So ähnlich geht es dem Aufbrechenden: Auch oder gerade seine Schwächen werden zu grandiosen Stärken umgedeutet, zu etwas anbetungswürdigem, zu etwas was die Welt noch nicht gesehen hat.

Der erste Aufbruch als Schablone für spätere Aufbrüche

Jedem Anfang wohnt ein Zauber inne.
- Hermann Hesse

Lassen wir uns von der Selbstüberschätzung des Egos aber nicht irritieren, denn dieser erste Aufbruch liefert eine Schablone, ähnlich wie die vorangegangenen Kartenthemen, nach der sich spätere, weitere Aufbrüche im Leben ausrichten werden. Die Erfahrungen dieses ersten Aufbruchs bestimmen die Art und Weise weiterer Aufbrüche und sein Erfolg entscheidet über den Mut, den wir später finden (oder nicht), wenn wir ein weiteres Mal die Zelte abbrechen und einmal wieder in die weite Welt ziehen.

Ist dieser erste Aufbruch von großen Misserfolgen gezeichnet, beeinflusst das unser ganzes Leben: Nachdem wir aufbrachen, wo landeten wir dann?

Unter Umständen liegen also Probleme im späteren Leben im Themenkomplex dieser Karte begründet: Ein schief gegangener Aufbruch, der uns unbewusst den Mut nimmt, Neues zu wagen, sodass wir uns eher an Altes klammern und Furcht vor Veränderung und dem Unbekannten in uns etablieren.

Unfreiwilliger Aufbruch – der Rausschmiss

Besonders kompliziert wird es, wenn der erste Aufbruch kein freiwilliges Hinausziehen in die weite Welt war, sondern ein Rausschmiss, eine Nötigung oder ein Alleingelassen werden. Hier wird also von vornherein gar nicht die Erfahrung gemacht, sich aus freien Stücken und voller idealer Hoffnung ins Unbekannte zu wagen. Es war ein Muss; solange man künftig also nicht das Unbekannte wagen *muss*, wird man es lassen. Eine scheinbare Selbstständigkeit entsteht, hinter der sich aber tatsächlich nur das notgedrungene Einrichten in einer unvermeidbaren Situation verbirgt; es entsteht eine Abkapselung, die von außen nach Eigenständigkeit aussieht, aber innerhalb dieser verlangt es einen nur nach Ruhe und Rückkehr in seelige Kindertage. Diese Selbständigkeits-Illusion, die man dann nach außen erzeugt, soll vor der Notwendigkeit, nun endlich loszugehen in die Welt, schützen. Man baut sich einen Kokon, in dem man Kind bleiben darf, ein Kind, dessen Eltern gerade mal nicht da sind.

Die Lösung für eine solche misslungene erste *VII-Wagen*-Erfahrung liegt darin, sich mit viel Disziplin einer ganzen Reihe von Veränderungsprozessen zu stellen, um durch diese (und deren Häufigkeit) die Kraft des ersten Eindrucks (also der ersten Erfahrung mit diesem Grundthema) abzumildern. Es geht hier, wie auch in den anderen Themenfeldern, darum, uns die Schaltzentrale unseres Gehirns zu erobern, fremdinstallierte dysfunktionale Programme rauszuschmeißen und unsere eigene Software zu programmieren.

Psychogenetisches Feld VIII

- Die Ausgleichung -

Anpassung an die und Konfrontation mit der gesellschaftlichen und natürlichen Realität
Erfahren natürlicher und gesellschaftlicher Gesetzmäßigkeiten
Rationale Objektivität

Tarotkarte: VIII – Die Ausgleichung; Die Gerechtigkeit (traditionelle Deutungen: Fleiß, Skrupel, Gerechtigkeit, Gesetz, Objektivität, Einstehen für die Folgen eigener Taten

Kernzeit: ab frühes Erwachsenenalter bis entweder zum Tod (da weitere pgF nicht zwingend zu erschließen sind) oder bis die Themen des nächsten Feldes (IX) aktuell werden, was nicht mehr an ein bestimmtes Alter gebunden ist.

Die überzogenen Erwartungen des vormals Jugendlichen werden von den tatsächlichen Möglichkeiten der realen Welt der Erwachsenen korrigiert und in ihre Schranken gewiesen. Es geht hier also um die Akzeptanz von konventionellen Regeln und Gesetzen,[168] aber auch um die Erfahrungen mit der Folgerichtigkeit von Konsequenzen unseres Handelns.

Bezeichnenderweise halten klassische Entwicklungs-Psychologiebücher ihre Kapitel über das Erwachsenenalter knapp. Das verbreitete Standardwerk *Psychologie* von Philip G. Zimbardo[169] widmet diesem Thema nicht ganz sechs Seiten, in denen Eriksons drei Entwicklungsaufgaben des Er-

---

168. Lawrence Kohlberg legte eine einflussreiche Theorie über die Entwicklung von Moralvorstellungen vor. Er unterschied darin in I. präkonventionelle, II. konventionelle und III. postkonventionelle Moralstufen. Die konventionellen Moralvorstellungen richten sich nach den gesellschaftlich vorgegebenen Gesetzen und Geboten. Die postkonventionellen hingegen sind in der Lage, unter Berücksichtigung des Konventionellen, eigenständige Beurteilungen hinzuzufügen, etwa allgemeine ethische Richtlinien, die sich in der Gesetzeslage nicht widerspiegeln müssen und damit letztere außer Kraft setzen. Vgl. Petermann, Niebank, Scheithauer: Entwicklungswissenschaft. Berlin: Springer, 2004, S. 227ff. vgl. auch oben, Kap. 2, Das Vergleichsmaterial.
169. Philip G. Zimbardo: Psychologie. Berlin, Heidelberg, New York, 1995.

wachsenenalters, die Einbußen kognitiver Funktionen im höheren Alter und der Sterbeprozess kurz umrissen werden.

Zimbardo beginnt seinen entwicklungspsychologischen Abriss des Erwachsenenalters mit drastischen Worten:

> *„Nach der Kindheit stehen Entscheidungen über Sexualpartner, Ausbildung, Berufsweg, Ehe, Familie und Freizeit an. Verbindlichkeiten und Verpflichtungen häufen sich, während die Zeit knapper zu werden scheint. Man beginnt, ‚für die Zukunft zu leben' und sieht die Vergangenheit nostalgisch. Die Freude des Kindes, das sich dem Augenblick hingibt, ist verloren gegangen, und Stress wird zum ständigen Begleiter."*[170]

Erik H. Erikson leitet sein recht übersichtliches Kapitel über das Erwachsenenleben so ein:

> *„Kindheit und Jugend sind vorüber; jetzt beginnt, wie man so schön sagt, das Leben, womit im Allgemeinen die Arbeit oder das Studium für einen bestimmten Beruf, das Zusammentreffen mit dem anderen Geschlecht und im Laufe der Zeit Heirat und die Gründung einer eigenen Familie gemeint sind."*[171]

Es ist überhaupt erstaunlich, dass fast alle klassischen Entwicklungstheorien ihre Stufenmodelle nur bis zum Abschluss der Adoleszenz verfolgen und dann eine lebenslange Plateauphase ihrer letzten Entwicklungsstufe postulieren.[172]

Die konventionellen Vereinbarungen über den Vollzug eines gesellschaftlich akzeptablen Lebens orientieren sich am kleinsten gemeinsamen Nenner der individuellen Lebensabsichten. Diesen zu verstehen und anzunehmen, genügt die kognitive Reife des Konkret-operationalen. Das heißt aber nicht, dass Menschen, die sich dem gesellschaftlichen Diktat beugen, nicht auch auf höheren kognitiven Stufen agieren könnten.

Wenn sich Entwicklungspsychologie nur *das Vorgefundene beschreibend* dem Erwachsenenleben nähert, kann es nicht ausbleiben, dass ihr Untersuchungsgegenstand sich ausschließlich an den konventionellen Vereinbarungen über den Vollzug eines gesellschaftlich akzeptierten Lebens orientiert. Dieser bildet aber nur den kleinsten gemeinsamen Nenner der un-

---

170. A.a.O., S. 91.
171. Erik H. Erikson: Identität und Lebenszyklus. Frankfurt/M., 1966, S. 114.
172. Zum Beispiel Freuds Phasenmodell oder Piagets Theorie kognitiver Entwicklung. Eine Ausnahme bildet Eriksons Theorie, die sich allerdings an den psychologischen Reaktionen auf das Konventionell-Erwartete ausrichtet.

zähligen individuellen Lebensabsichten, die damit entwicklungspsychologisch unberücksichtigt bleiben. Dass die von der Gesellschaft diktierten ‚Entwicklungsaufgaben' – die im strengen Sinne eigentlich keine sind, sondern eher nacheinander zu absolvierende Pflichtaufgaben, die keine individuelle Entwicklung erforderlich machen – dem individuellen Lebensanspruch vielleicht gar nicht entsprechen, wird nur selten diskutiert.[173] So entsteht der Trugschluss, dass die von den klassischen Entwicklungspsychologen aufgezählten gesellschaftlich festgelegten Aufgaben des Erwachsenenlebens die Einzigen und natürlichen seien. Dass dem nicht so ist, zeigen die nachfolgenden pgFelder. Nichtsdestotrotz ist das Einrichten der eigenen Person in die gesellschaftlichen Rahmenbedingungen ein notwendiger Entwicklungsschritt, der weitere pgFelder überhaupt erst möglich macht. Die Akzeptanz, das Verständnis und das Vermögen, sich den gesellschaftlichen Umweltbedingungen anzupassen und die Art, darauf zu reagieren, sind Themen dieses pgFeldes VIII.

Die meisten der klassischen Entwicklungstheorien über das Erwachsenenalter passen ihre Postulate in dieses pgFeld ein und lassen es horizontal ausufern. Ein sinnvolles Zurechtrücken der verzerrten Perspektiven besteht darin, die gesellschaftlichen Anforderungen an das Erwachsenenalter nur einem pgFeld zuzuordnen, und für die Entwicklung des Bewusstseins, die beileibe nicht mit der Adoleszenz abgeschlossen ist, nachfolgende pgFelder zu reservieren.[174]

Psychologische Weiterführungen

Einordnung in die traditionelle Entwicklungspsychologie

Die meisten westlichen Entwicklungstheorien, etwa die von Havighurst, eine der Standardmodelle, die alle Psychologie-Studenten im Grundstudium auswendig lernen müssen, teilweise auch die von Erikson, von Piaget und anderen, bleiben an dieser Stelle stecken. (Eine Ausnahme bildet Kohlbergs Theorie zur Entwicklung von Moralvorstellungen.) Bis zu diesem Punkt decken sich die Aussagen der Theorien mit den Karten der Großen Arkana. Ab dem Thema des Konventionellen und der Akzeptanz des Althergebrachten (also der Karte *VIII - Ausgleichung*) gerät etwa Havighurst, der eine sehr verbreitete und in allen Psychologielehrbüchern zitierte Entwicklungstheorie

173. Etwa in der Frankfurter Schule, siehe Horkheimer, Adorno, Marcus oder Fromm. Siehe auch: Holzkamp: Kritische Psychologie. Frankfurt/M., 1972; Sigmund Freud: Abriß der Psychoanalyse. Das Unbehagen in der Kultur. Frankfurt/M., 1972, S. 63 - 130; Abraham Maslow: Die Psychologie des Seins. München, 1973.
174. Diese Ansätze finden sich in der humanistischen Psychologie, vor allem bei Maslow, a.a.O. oder der integralen Psychologie nach Wilber: Integrale Psychologie. Amtor, 2001.

geglaubt hat aufzustellen, in die Schleife des rigiden und vorgegebenen Weltbildes, das uns diktiert, wie unser Leben mit „Anstand" zu verlaufen hat, was also nun „ansteht" zu tun: zum Beispiel „Frühes Erwachsenenalter: Heirat, Geburt von Kindern, Arbeit/Beruf; Mittleres Erwachsenenalter: Heim/Haushalt führen, Kinder aufziehen und berufliche Karriere etc."[175] All diese Dinge sind natürlich auch mit einem ‚nur' konkret-operationalen Denken absolvierbar, also einem Denkniveau, das sich nach Piaget etwa zwischen dem 6. und 12. Lebensjahr entfaltet und sich komplexe Handlungen vollständig vorzustellen in der Lage ist, aber noch nicht zu größeren Abstraktionsleistungen fähig ist. Diese gesellschaftlich anstehenden Aufgaben sind also keinesfalls Entwicklungsstadien eines komplexer werdenden Bewusstseins, auch wenn sie das Entstehen solcher begünstigen können. Eine neue, also komplexere Bewusstseinsebene ist erst dann wirklich erreicht, wenn die Eigenheiten *dieses* Stadiums von einer (relativ zu diesem Stadium) meta-kognitiven Ebene im Ganzen überschaut werden können. Nach Piaget wird das mit dem Beginn formal-operationalen Denkens möglich, ein Denken, dass in der Lage ist, aus konkreten Sachverhalten abstrakte Gesetzmäßigkeiten abzuleiten und sie dann abstrakt „weiter" zu denken. Dieses „formale" kognitive Stadium macht die Erkenntnis einer von der Gesellschaft zu unterscheidenden Individualität möglich – was dann folgerichtig Gegenstand der nächsten Karte *IX – Der Eremit* ist, der den Beginn des formalen Denkens kennzeichnet (das sich dann aber in den folgenden Karten fortsetzt).

Die Konfrontation mit der Wirklichkeit nach dem Aufbruch

Der Protagonist hat den elterlichen Hof verlassen, brach auf in die Welt, den Kopf voller kühner Träume und noch immer im Gefühl einer pubertären Allmacht, das vom gewohnten Schutz durch die Eltern herrührt. Nach seinem Aufbruch allerdings fällt dieser natürliche Schutz der Eltern weg; die Schonfrist ist vorbei. Unser Protagonist ist dem Wirken der Naturgesetze, darunter auch dem aller sozialpsychologischen Gesetze, ausgeliefert. Niemand steht nun da und streichelt ihm tröstend über den Kopf, wenn er Unfug verzapft hat, sondern die Härte des Gesetzes wird ihn treffen. Wenn er die Miete nicht zahlen kann, wird ihm gekündigt, wenn er sich Feinde zuzieht, wird er bekämpft werden. Seine Leistungen werden abgelehnt, wenn sie schlecht sind – niemand sagt: Trotzdem hübsch, was du da gemacht hast, mein Junge. Andererseits wird er erfolgreich sein, wenn seine Leistungen gut ankommen und er sich durchsetzen kann.

---

175. Petermann, Niebank, Scheithauer: Entwicklungswissenschaft. Berlin: Springer, 2004, S.287.

Wohl kaum eine Karte ist so oft missverstanden worden wie die *VIII – Ausgleichung*. Da ist von Gerechtigkeitssinn die Rede, von Genugtuung oder der Fähigkeit genau abzuwägen und dergleichen mehr. Diese Interpretationen zeugen von einem sehr pragmatischen Weltbild, einem Deuten auf konventionellen Moralstufen, bzw. dem Wirken des 4. Schaltkreises (sozio-sexuell-moralisch) nach Leary/Wilson. Crowley kommt der Sache schon deutlich näher, wenn er schreibt: „*Die Natur ist nicht gerecht, im Sinne irgendwelcher theologischer oder ethischer Anschauungen; sie ist exakt.*“[176]

Konzepte wie Gerechtigkeit entstammen unserer Erziehung und die Natur pfeift darauf. Leider pfeift auch die soziale Wirklichkeit darauf, unabhängig vom niedergeschriebenen Gesetz. Natürlich kann man auf einer konventionellen Moralstufe verharren, doch diese Menschen werden nie in irgendeiner Weise erfolgreich sein, einfach weil die Konventionen nur ein kollektiv vereinbartes abstraktes Konstrukt darstellen, keineswegs aber die Realität. Es ist doch interessant zu beobachten, dass vor allem Menschen, die die konventionelle Moralstufe noch gar nicht erreicht haben, also narzisstisch-egoistisch ans Leben gehen, besonders viel Durchsetzungskraft an den Tag legen. Klarer Fall, sie werden ja auch nicht ausgebremst durch Überlegungen über das Erlaubte oder Verbotene. Was geht, das geht. Und andererseits können Menschen erfolgreich werden, die die konventionellen Moralstufen bereits transzendiert haben. Das führt uns zu der entscheidenden Erkenntnis, die den Kern dieser Karte betrifft: Jemand, der die gesellschaftlichen oder gesetzlichen Konventionen durchschaut hat, kann sie annehmen und sich weitestgehend danach richten. Dennoch lässt er sich von Verfassungen, Gesetzen und schönen Reden nicht täuschen; er weiß um die tatsächliche Natur des Menschen, der Gesellschaft, der Natur. Dieses Wissen versetzt ihn in die Lage, richtige Entscheidungen zu fällen – er ist den anderen um eine Nasenlänge voraus.

Während andere noch ihre Zeit verschwenden, indem sie sich über schreiende Ungerechtigkeiten beklagen, kann derjenige, der in der angeblichen Ungerechtigkeit das Wirken einer natürlichen oder gesellschaftlichen Gesetzmäßigkeit erkennt, emotional nüchtern an die Sache herangehen. ‚Ungerechtigkeiten‘ sind nichts weiter als das sinnlose Beharren auf einer falschen Vorstellung über die Wirklichkeit. Diese falsche Vorstellung entwickelten wir im Laufe unserer kindlichen Entwicklung, und nun, erwachsen, in der weiten Welt und auf uns gestellt, ist es unabdingbar, diese Vorstellungen über Bord zu schmeißen.[177]

---

176. Crowley, A.: Das Buch Thot, Urania, 1993. S. 91.

177. Viele Menschen schmeißen diese eben nicht über Bord, sondern passen sich in das Gefüge gesellschaftlicher Gesetzes- und Gebots-Organisierungen – wohl auch ein Grund, warum Politiker immer wieder punkten, indem sie mehr „soziale Gerechtigkeit“ fordern.

Kontemplationen

Überlegungen über multikausale Dynamik

Das Universum – und mit ihm wir mit unseren gesellschaftlichen und persönlichen Konstruktionen – ist dynamisch und in einem immerwährenden Prozess der Veränderung begriffen. Diese Veränderungen erzeugen permanent neue Ausgangssituationen, neue Prämissen, aufgrund derer unsere Entscheidungen ab einem bestimmten Punkt hinfällig werden und neue Entscheidungen, Korrekturen oder ein Anpassen an diese veränderten Gegebenheiten erforderlich gemacht werden. Man kann sich diesen Veränderungen anpassen, angleichen – seine Situation ‚ausgleichen' – oder es eben dem Schicksal überlassen, wann die Ausgleichung (dann oft schmerzhaft, weil ungewollt) eintritt.

Ein Aufbruch in neue Lebensbereiche, wie in der letzten Karte (*VII – Wagen*) beschrieben, ist oft damit verbunden, dass wir Pläne entwerfen, Zukunftsvorstellungen kreieren und jugendlich-naiv, wie wir eben sind oder waren, glaubten, das werde schon so alles eintreten, wenn wir nur konsequent und guten Mutes dran bleiben. Was wir dabei vergessen, ist, dass die Bedingungen, die einst eine Entscheidung für ein bestimmtes Handeln günstig und richtig erscheinen ließen, sich im Laufe der Zeit ändern. Die Prämissen verändern sich, die Ausgangsbedingungen sind nach einer gewissen Zeit, sogar durch unser eigenes Handeln, völlig andere, und diese erfordern auch neue Entscheidungen. Etwas, das wir für richtig hielten, war damals sicher auch richtig, nun aber unter den veränderten Bedingungen nicht mehr. Nun noch an einem Ziel, an einer sozialen Konstruktion oder an einer bestimmten Einstellung festzuklammern, hieße, sich dem Strom der Veränderungen des Universums entgegenstemmen zu wollen. Ein Unterfangen, das immer scheitern muss.

Es hat nichts mit Gerechtigkeit zu tun, wenn unsere in Planquadrate eingeteilte Zukunft sich nicht abhaken lässt wie auf einem Klemmblock, sondern schlicht mit universalen Gesetzmäßigkeiten von multidimensionalen Ursache-Wirkungs-Verkettungen.

Die Kunst besteht darin, die Signale der Veränderungen anzunehmen und sich nicht gegen die neuen Prämissen zu wehren. *Es ist die Kunst des Loslassens von überholten Vorstellungen und die Kunst des Annehmens der neuen Bedingungen.*

Diese Veränderungen, die zwangsläufig Ausgleichungen auf allen Gebieten nach sich ziehen, können sowohl aktiv von uns initiiert sein, oder aber uns mehr oder weniger passiv widerfahren.

Wenn wir aktiv die Auslöser von Veränderungen im allgemeinen Bedingungsgefüge des Lebens sind, sollten wir uns nicht wundern, wenn unser Umfeld auf noch unvorsehbare Weise reagieren wird. Wir sollten auf alles gefasst sein. Am besten ist es, wir nehmen eine entspannte, leicht distanzierte Haltung ein, nicht ohne allerdings eine gewisse ethische Verantwortung für die von uns provozierten Veränderungen zu übernehmen. Für Schuld- oder Sünde-Konstrukte ist hier allerdings kein Platz: Schuldfähig ist jemand, der die Folgen seines Tuns bewusst abschätzen kann. Nach systemtheoretischen Erkenntnissen ist es aber unmöglich, alle Veränderungen, die unsere Entscheidungen hervorrufen, zu überschauen. Wir können nur, frei von Schuldgefühlen, wachsam die Folgen unseres Tuns zur Kenntnis nehmen und gegebenenfalls gemäß unseren ethischen Wertvorstellungen weiterhin korrigierend eingreifen. Ob das allerdings zum gewünschten Erfolg führt, bleibt fraglich. Aber der Wille zählt, denn er ist Richtmaß unserer seelischen Reife, und die Konfrontation mit den Folgen unseres Tuns ist die Schulbank für die Reife unserer Psyche.

Wenn wir passiv auf sich verändernde Parameter stoßen, erscheint uns das oft als unerhörtes Glück, etwa wenn wir im Lotto gewinnen – was eine naive Hoffnung ist –, oder als schreiende Ungerechtigkeit. Das Universum ist aber weder gerecht, noch ungerecht, es ist „exakt", wie Crowley schrieb. Diese sogenannte Ungerechtigkeit besteht darin, dass sich unsere schönen, kleinen Vorstellungen von Sicherheit und Kontrolle als Trugschlüsse und Illusionen entpuppen. Manchmal stehen wir vor einer plötzlich veränderten Realität, die alles über den Haufen wirft, was wir uns erträumt hatten. Das ist ungerecht! Klar! Es ist der Kardinalfehler der Menschen, menschliche Konstrukte von Moral und Gerechtigkeit der nicht-menschlichen, natürlichen Welt überzustülpen. Auf diese Veränderungen, die uns passiv passieren, sollten wir ebenso entspannt reagieren, wie auf die Folgen unseres aktiven Tuns. Es ist jenseits unserer Macht; Es ist das Wirken der Naturgesetze, die unseren Lebensvorstellungen eindeutige und korrigierende Grenzen aufzeigen.

Wenn wir nicht freiwillig reagieren, wird sich unser Leben *zwangsweise* den neuen Bedingungen angleichen. Alles strebt nach Harmonie und Konsonanz im Universum. Und unsere starren kognitiven Einstellungen stehen diesem dynamischen Streben manchmal im Wege. Wenn wir an diesen festhalten, wird es schmerzhaft. Seneca sagte, der Willige werde vom Schicksal geführt, der Unwillige gezerrt.

Diese unüberschaubare Dynamik des Universums zu erfahren, zu akzeptieren und in sein Selbst zu integrieren, ist Aufgabe des Themenkomplexes der Karte *VIII – Ausgleichung*. Ohne dieses Verständnis machen wir die Rechnung ohne den Wirt und unser Wirken wird vergeblich sein.

Menschliche Gerechtigkeit als mentale Schutzfunktion gegen die Unwägbarkeiten der universalen Dynamik

Recht und Ordnung – auf einer früheren Entwicklungsstufe verinnerlicht, besser in unsere Köpfe installiert – ist ein kollektiver mentaler Wurf des Menschen in generationsübergreifender Teamarbeit, um einerseits in den Grenzen des menschlichen Verständnisses das erkannte Universum abzubilden, andererseits sich gegen die Unwägbarkeiten zu schützen. Das Abbild ist nicht sonderlich gut gelungen, was in Anbetracht des begrenzten Erkenntnisraumes der Menschen in den letzten Jahrtausenden seit Beginn patriarchaler Kulturen kein Wunder ist. Dieser mentale Abbildentwurf ist fehlerhaft genug, als dass er laufende Erneuerungen und Hilfskonstruktionen benötigt, um nicht gänzlich zu zerplatzen wie eine übergroße Seifenblase. So entstanden Konstrukte wie Schuld und Sünde aber auch Buße und Sühne. Irgendjemand muss ja Schuld haben, wenn wir systemische multidimensional-kausale und chaostheoretische Überlegungen nicht zur Hand haben. Mittlerweile füllen die Gesetze eines Landes, wie etwa der Bundesrepublik Deutschland, ganze Bibliotheken – ein Zeichen für den beständigen und nicht abreißenden Korrekturbedarf des gesellschaftlichen Erklärungs- und Rechtsprechungsentwurfs.

Vorstellungen von Gerechtigkeit sind oft schlicht Versuche, Systemfehler im Welterklärungsentwurf zu kaschieren. Sobald wir etwas als ungerecht empfinden, offenbart sich eine Erkenntnislücke, die nach Schließung schreit. Unsere affekt-logischen Netzwerke sind so programmiert, dass sie nach Vollständigkeit ihrer Erklärungen verlangen, und wenn diese nicht vorliegt, wird etwas hinzugedichtet, um die Lücke zu füllen. Und so entsteht ein illusionäres künstliches Gebilde an Ursachenzuschreibungen, Überzeugungen und Einstellungen, das wie eine große Blase scheinbar abgenabelt vom Universum im luftleeren Raum einsam seine Kreise zieht, bis es dem Druck der verändernden Außenbedingungen nicht mehr standhält und mit lautem Getöse oder aber sang- und klanglos zerplatzt.

Wenn wir auf dem Weg der Bewusstseinsentwicklung weiterschreiten wollen, müssen wir diesen illusionären Charakter unserer kollektiven Erklärungs- und Gerechtigkeitsmodelle relativieren, sie bestenfalls als eine Vereinbarung, als einen Gesellschaftsvertrag verstehen, nicht aber als eine unumstößliche Wahrheit.

Wenn aber diese konventionellen Vereinbarungen, mit denen man sich unter Umständen bislang identifiziert hatte (guter Junge, böser Junge, braves Mädchen, anständiges Mädchen etc.), nur Vereinbarungen sind und keinesfalls Wahrheit oder Realität – was ist dann Realität? Oder wissenschaftlich formuliert: Wenn wir die Identifizierungen mit den konventionellen Moralstufen aufgeben und zu den postkonventionellen Stufen schreiten, erkennen wir, dass wir die „Rolle“, die wir bisher ausgefüllt hatten, nicht *sind*. Doch was dann? Wer bewegt sich da in einer Welt aus exakten Naturgesetzen und unpersönlichen sozialpsychologischen und gesellschaftlichen Gesetzmäßigkeiten?

Die Antwort darauf liefert die nächste Karte, der *IX-Eremit,* der die Entdeckung der Innenwelten repräsentiert.

Psychogenetisches Feld IX

- Der Eremit -

INNENWELTEN
DAS ENTDECKEN PSYCHISCH EIGENER INNENWELTEN
UND FORMALOPERATIONALES DENKEN (PIAGET)
INNENAUFMERKSAMKEIT, INNENSCHAU, SELBSTBEZÜGLICHKEIT
ENTDECKUNG DES SEELISCHEN INNENRAUMES

Tarotkarte: IX – Der Eremit (traditionelle Deutungen: Zurückgezogenheit, Erfahrungen, innere Weisheit)

Das Bild eines Eremiten kann als Chiffre für das für sich stehende einzelne Individuum verstanden werden. Der Begriff Eremit definiert sich durch die Abwesenheit anderer Menschen, er symbolisiert also eine Konzentration an Individualität; es geht um den einzelnen Menschen und seine persönlichen Innenwelten.

Das Erreichen einer formal-operationalen kognitiven Stufe des Denkens, wie sie von Piaget[178] beschrieben wird, ermöglicht es dem Menschen, introspektiv psychische Innenwelten wahrzunehmen. Es gibt Untersuchungen, die zeigen konnten, dass nur etwa 50-60% der erwachsenen Bevölkerung westlicher Industrienationen diese Stufe kognitiver Fähigkeiten erreicht. Potenziell möglich ist sie etwa ab dem 12. Lebensjahr. Diese Untersuchungen bezogen sich auf Kohlbergs Modell der Moralentwicklung, in dem das Erreichen postkonventioneller Stufen der Moral formal-operationales Denken voraussetzt.

Menschen, die dieses Themenfeld aktualisieren können, erkennen introspektiv den eigenen Anteil an der Verursachung der Geschehnisse und sind aufgrund ihrer Introspektionsfähigkeit auch in der Lage, die Perspektive anderer einzunehmen. Allerdings wird auf diesem Strukturniveau noch nicht die multikausale Vernetzung der Geschehnisse bedacht, woran viele therapeutische, politische und andere Interventionen kranken. So ist zu erklären, dass in vielen traditionellen therapeutischen und pädagogischen Ansätzen

178. Piaget, J.: GW – Studienausgabe. Bd. I: Das Erwachen der Intelligenz im Kinde. Stuttgart: Klett-Cotta, 1991.

derjenige, der das Symptom zeigt, auch als derjenige angesehen wurde, an dem therapeutische und/oder pädagogische Interventionen durchzuführen seien. Dass der Klient/Patient vielleicht nur das Symptom einer übergeordneten Systemstörung (z.B. des Systems Familie, Beziehung, Schule, Gesellschaft etc.) aufgrund seiner Schwäche nach außen trägt, wurde oft zu wenig berücksichtigt, sodass die eigentlichen (systeminhärenten) Ursachen unbeachtet bestehen blieben.

Auch eine Überbewertung des eigenen psychischen Anteils an den Geschehnissen bei ‚Selbst-Suchern' ist symptomatisch für eine zu starke Fixierung auf dieses pgFeld. Therapeutisch oder beratend könnte eine Form sokratischen Dialogs und anderer vergleichbarer gesprächspsychotherapeutischer Methoden indiziert sein.

Psychologische Weiterführungen

Die Erweiterung des Kosmos um die Dimension des psychischen Innenraums

Das Auftauchen einer umfangreicheren, nunmehr formal-reflexiven Qualität des Bewusstseins in der Geistesgeschichte der Menschheit charakterisiert Wilber so:

> *„Es ging mit anderen Worten nicht länger bloß um ein Subjekt, das eine Welt der Objekte zu betrachten und zu verstehen und mit diesen Objekten zu operieren versuchte (konkret-operational); jetzt betrachtete das Subjekt vielmehr sich selbst und operierte mich sich selbst: das Subjekt versuchte das Subjekt zu verstehen (formal-operational). Die Entwicklung der Menschheit hatte eine jähe neue Wendung genommen; eine neue Transzendenz stand an, ein neues und höheres Bewusstsein galt es zu finden, und dazu bedurfte es des Blicks nach innen."*[179]

Die Erkenntnis, die den Themenkomplex *IX-Eremit* einläutet, ist die Entdeckung einer eigenen Innenwelt,[180] eines *innerpsychischen* Ich. In seiner Auto-

---

179. Ken Wilber: Eros, Kosmos, Logos. Frankfurt/M., 2001, S. 227.
180. Historisch gesehen lässt sich die italienische Renaissance als Herd dieser Entwicklung sehen: „Was Jacob Burchhardt, den Spuren Michelets folgend, als Renaissance-Formel ausgegeben hatte: ‚die Entdeckung der Welt und des Menschen' war also – scheinbar paradox – anfangs ein Innenweltereignis. Sie führt zur Entdeckung der Welt im Menschen oder besser zur Entdeckung des Menschen als eines Weltmodells, als mikrokosmischer Abbreviatur des Universums" (Peter Sloterdijk: Du mußt dein Leben ändern. Über Anthropotechnik. Frankfurt/M., 2009, S. 511).

biografie *Erinnerungen, Träume, Gedanken* berichtet C.G. Jung, wie er als Kind bereits auf dem Weg zur Schule von einer blitzartigen Erkenntnis getroffen wurde: Er sei *jemand*, ein Ich, jemand, dem all das widerfährt.[181] Zugegeben, diese Erkenntnis überfällt die meisten Kinder so gut wie nie,[182] Jugendliche sehr selten und selbst viele Erwachsene verbringen ihr Leben, ohne sich ganz klar ihrer innerpsychischen Existenz bewusst zu werden.

All die vorangegangenen Karten symbolisierten Themenbereiche, die dem Menschen *widerfahren*, die *ihm* passieren, und mit denen er sich weitestgehend identifiziert. In der *VIII-Ausgleichung* wurde den bisherigen Identifizierungen und deren daraus folgenden Annahmen über die Welt und sich selbst Grenzen gesetzt. Wir begriffen, dass unser Tun Konsequenzen mit sich bringt, die die Grundvoraussetzungen für unsere Pläne und Entscheidungen maßgeblich verändern können. Und ebenso können Entscheidungen von außen die Rahmenbedingungen unseres Lebens grundlegend verändern.

Nach all diesen Erfahrungen mit dem gesellschaftlichen Außen, drängt sich mit Macht der Blick ins eigene psychische Innen auf: Was passiert in mir? Wie geht es mir damit? Dem reinen Reagieren auf das Außen wird die Innenschau hinzugefügt.

Wie gesagt, am Anfang steht die blitzartige Erkenntnis, dass es dieses psychische ‚Innen' überhaupt gibt. Was für eine Offenbarung! Welche neuen Weltenräume tun sich plötzlich auf! Und wie groß die Verlockung, sich in diese Innenräume zu stürzen, um sie psychonautisch zu erforschen. Da liest man wahrscheinlich Hermann Hesses *Demian* oder wenn der eigene Welteninnenraum eher düster gefärbt ist, den *Steppenwolf*. Diese Bücher sind Ausdruck der ersten Phase des pgFeldes IX, also der Innenschau. Sie passiert sehr emotional, ist von Weltenschmerz getragen und oft von dunkler Romantik eingefärbt. Man sielt sich darin und das ist es, was Carlos Castaneda gern als das „Sich gehen lassen" bezeichnete.

Es ist ja kein Wunder, dass der erste Eindruck der inneren Seelenwelt melancholisch stimmt. Wir sind innerpsychisch gezeichnet von eigenen Bedürfnissen, die kaum gestillt wurden, von fremdbestimmten psychischen

---

181. C.G. Jung: *Erinnerungen, Träume, Gedanken von C. G. Jung*. Aufgezeichnet und herausgegeben von Aniela Jaffé. Rascher, Zürich/Stuttgart 1962; Neuausgabe bei Patmos, Düsseldorf 2009.

182. Das erste Erscheinen dieses Themenkomplexes, also die Zurkenntnisnahme einer eigenen Innenwelt und damit eines individuellen Ich, kann manchmal vor den Themenkomplexen des *VII-Wagens* passieren. Kinder, die diese frühe Erkenntnis haben, stoßen oft auf Probleme mit ihren Familien, Klassenkameraden und anderen Menschen ihres gewohnten Umfeldes, weil deren Umgangsformen dem inneren Ich nicht angemessen sind. Das Kind oder der Jugendliche fühlt sich damit oft unverstanden und isoliert. Die einzige Möglichkeit, dem Kind es nicht zu schwer zu machen, ist, genau auf die Signale seiner Psyche zu achten und seine erwachte Innenwelt zu respektieren.

Grundmustern, die festgefahrene Verkrustungen alter Prägungen sind und die unser Leben bestimmen wollen. Wir haben nun aber schmerzlich erkannt, dass wir *wir selbst* sind, nicht mehr nur die Marionetten der Erwartungen anderer. Aber dieses *wir selbst*, woraus besteht das? Es reicht nicht mehr, einfach nur Erfüllungsgehilfe der Wünsche unserer Eltern, Lehrer, der Gesellschaft zu sein. Wir haben uns *selbst* entdeckt. Und mit diesem *Selbst* kommen neue Bedürfnisse ins Spiel: Das Bedürfnis nach *Selbst*erfahrung, nach *Selbst*verwirklichung, nach dem Herausleben all dessen, was da in uns ist. Und das ist mehr, als die bisherigen familiären und gesellschaftlichen Prägungen zulassen wollen. Wir werden zu Zuchtstuten und Zuchtbullen erzogen, zu braven Rädchen im Getriebe der menschlichen Gesellschaft, die auf alle Fragen bereits schablonenhafte Antworten parat hat: Wie sieht unser Lebensvollzug aus? Welchen Sinn hat das Leben? Wo gibt es den preiswertesten Bausparvertrag? All diese vorgefertigten Antwortmatrizen mögen reichen, um einen konditionier- oder programmierbaren Roboter zu füttern, auf dass er seine Aufgaben treu erfüllen kann, keinesfalls aber, um den gerade erwachten Individualisten mit seiner unendlich scheinenden neu entdeckten Innenwelt zu befriedigen. Enttäuscht wendet sich der Jugendliche mit seiner einsamen Innenwelt vom gesellschaftlichen Außen ab und sucht nach den Gleichen, sucht nach dem ‚Magischen Theater' aus dem *Steppenwolf* oder nach dem wissenden Max Demian aus dem gleichnamigen Roman von Hesse. Man streunt nachts durch regennasse Straßen, und Straßenlaternen sind die Spender fahlen Lichts, ähnlich der Laterne des Eremiten, die er auf den meisten Tarot-Karten trägt.

Organisationsformen der Formop-Innenwelten

Wenn wir auf dieser romantisch-melancholischen selbstverliebt-selbstmitleidigen Stufe des Eremiten stehen bleiben, werden wir uns bestenfalls zu weltfremden Käuzen entwickeln. Übermäßige Schuldgefühle für alles Mögliche etwa zeigen die unangemessene Überhöhung des Egos an: Für wie mächtig hält man sich eigentlich, dass man annehmen dürfte, für alles die Verantwortung zu tragen? Die Relativierung dieser Annahme geschieht im nächsten psychogenetischen Feld, dem *X-Rad des Glücks*.

Auf einer zweiten Stufe des Eremiten beginnen wir, den falschen Charakter unserer Prägungen zu durchschauen, es beginnt eine erste ‚Nachtfahrt des Ichs'. Ich nenne es Nachtfahrt des *Ichs*, nicht *Seele*, um anzudeuten, dass es hier um das schrittweise und absichtsvolle Selbsterkennen im Sinne eines Analysierens und Kartografierens von Prägungen und Konditionierungen geht, also eher um eine ‚Nachtfahrt' mit *rationalem* Vorzeichen. Die eigentliche (*trans*rationale) Nachtfahrt der *Seele* begegnet uns erst später in vollem Umfang (siehe *XVIII-Mond*). Hier allerdings geht es um eine psychologische Nabelschau, um das Herumdoktern an der Psyche, wie sie gerade modern ist und durch Hunderte entsprechende Bücher auf dem populärwissenschaftlichen Psychomarkt gefördert wird. Offen gesprochen ist dieses laienhafte Psychologisieren oftmals nicht sonderlich effektiv, es gibt uns das trügerische Gefühl, durch eine halbwegs plausible Erklärung unsere innerpsychischen Probleme in den Griff zu bekommen. Die romantisch-melancholische Stimmung weicht einer oft etwas zynischen, abgeklärt wirkenden, distanzierten Haltung – auch sich selbst gegenüber, wie man sie oft bei akademischen Diplompsychologen antrifft, was daran liegen mag, dass sie zwar die ernüchternden Wirkmechanismen der Psyche mittlerweile verstehen, aber ziemlich hilflos vor der Frage stehen, wie sie damit umgehen sollen.

Extreme Entwicklungen des *IX-Eremiten* finden wir dann bei zurückgezogenen Mönchen, in sich gekehrten Philosophen oder Psychonauten, die sich in einem fortgesetzten endorhetorischen Ermahnungsdiskurs befinden.[183] Ob das sinnvoll ist, mag in Anbetracht dieser noch *personalen* Entwicklungsstufe dahin gestellt sein. Sicher sind Zeiten des eremitischen Rückzugs nötig, um sich die Parameter der Innenwelt zu erschließen, nichtsdestotrotz ist der Kontakt mit der Außenwelt in diesem Stadium der Bewusstseinsentwicklung ausgesprochen wichtig. Das Vorhandensein eines eigenen Ich mit einem kompletten innenweltlichen Universum bedeutet noch lange nicht, dass es das *einzige* Universum ist.

Auf einer dritten Stufe erkennt der Seelenreisende seiner Innenwelten, dass er sich in einem Multiversum an individuellen Innenwelten befindet. Andere Menschen erstrecken sich ebenso nach innen im unendlichen Psychen-Raum. In seiner reifen Form erkennt der Eremit die Möglichkeit und Notwendigkeit, die Existenz anderer Innenwelten seiner Mitmenschen genauso ernst und wichtig zu nehmen, wie seine eigene. Er wird versuchen, Kontakt zu den fremden Universen aufzunehmen und Signale zu senden – Kommunikation. Erst der Austausch mit den anderen ermöglicht den Zustrom neuen Inputs in das Inventar seiner inneren Galaxien. Er wird zum Wanderer zwischen den Räumen der Innenwelten, gerade als ob er seine eigene Seifenblase verlässt und an die benachbarten anklopft. Er wird zum Surfer in den Zwischenräumen der Seifenblasen, er erkundet den Schaum.[184]

Hinreichend aber für das Erscheinen der weiteren und folgenden pgFelder ist das bewusste Erkennen des eigenen Innenraumes und die Annahme dessen, was man darin vorfinden mag. Der *IX-Eremit* wird sich im Laufe der folgenden Entwicklungsaufgaben immer wieder neu finden und sich neue Innenweltenräume erschließen. Die Güte dieser Erfahrungen hängt dann davon ab, inwiefern man bereit ist, sich den Ergebnissen der Innenweltenraum-Expedition zu stellen.

---

183. Vgl. Peter Sloterdijk: Du mußt dein Leben ändern. Über Anthropotechnik. Frankfurt/M., 2009, S. 361ff.

Psychogenetisches Feld X

- Das Rad des Schicksals/Glücks -

EINSICHT IN ÜBERPERSÖNLICHE MULTIKAUSALE
URSACHE-WIRKUNGS-ZUSAMMENHÄNGE
POLYVALENTE SCHAULOGIK
DER LAUF DER ZEIT/DER EREIGNISSE

Tarotkarte: X – Rad des Glücks, Rad des Schicksals (traditionelle Deutungen: Glück, Schicksal, Ungewissheit, unerwartete Wendungen)

Der Kern der Karte ist die Einsicht in den Strom der Ereignisse, dem wir unterworfen sind. Das Thema des Eremiten, der Eigenanteil der Geschehnisse, wird erweitert um die Einsicht in das Wirken größerer Zusammenhänge, in die das Individuum als unauflöslicher Bestandteil eingebettet ist.

Diese Einsichtsfähigkeit bildet ein kognitives Strukturniveau, das qualitativ umfänglicher ist als das des formal-operationalen Denkens, wie es Piaget definiert hatte.

Die starke Behauptung Piagets, dass kognitive Entwicklung mit dem Erreichen der formal-operationalen Stufe abgeschlossen sei, rief immer wieder heftige Kritik hervor. Ein ernst zunehmender Einwand ist der, dass Piaget diese Stufe zu wenig differenzierte. Mit dem Erreichen von geistiger Abstraktionsfähigkeit können Unterschiede zwischen einfachen Abstraktionen (etwa dem Satz des Pythagoras) und höheren Formen, etwa dem Transzendieren von mathematischen Gesetzen kaum erklärt werden. Verschiedene Autoren schlagen deshalb noch eine weitere Stufe vor, die über das rein formale Problemlösen hinausgeht und in der Lage ist, kreativ neue und vernet-

184. Zur Konstruktion postmoderner Seelen-Zwischenräume kann ich sehr empfehlen: Sloterdijk: Sphären, III. Band: Schäume. Es ist das Formop-Bewusstsein, dass die unüberschaubare Vielzahl an Blasen zum Schaum werden lässt. Im Schaum ist jede Blase in sich scheinbar individuell, aus einer erweiterten Perspektive hingegen gleichen sie sich wie ein Ei dem anderen. Nichts desto trotz ist Sloterdijks Diagnose präzise. Um mit den Herausforderungen unserer postmodernen Zeit fertig zu werden, bedarf es eines Bewusstseins, das den Formop-Individualismus überwinden, aber in sich als Teil eines größeren Ganzen erhalten kann. Aus Schaum muss mindestens ein interdependentes Beziehungsgefüge werden, in dem jede Individualblase in sich auch das Bewusstsein um die benachbarten Individualblasen trägt. Erst das wird die notwendigen Empathien und Rücksichtnahmen ermöglichen, die die großen Schwierigkeiten der Gegenwart gleichsam von innen, aus den inneren Holonen heraus, zu meistern vermögen.

zende kognitive Architekturen zu errichten. Diese Stufe wird je nach Autor „dialektisch“, „integrativ“, „kreativ-synthetisch“, „polyvalente Schaulogik“ (Wilber) oder „integral-aperspektivisch“ (Gebser) genannt. Wenn wir die formalen kognitiven Problemlöseprozeduren Piagets vierter Stufe (formal-operational) zurechnen, muss es tatsächlich einen qualitativen Sprung geben, der es dem Denken auf der „fünften“ kognitiven Stufe erlaubt, die Perspektive dieses formalen Problemlösens zu *transzendieren*, um eine nicht mehr perspektivistische Sicht einzunehmen. Kurz, das formal-operationale Stadium ist Analyse, das „fünfte“, wie auch immer man es nennen mag, ist die darauf folgende Synthese. Dass sich dieses fünfte Stadium in die Hierarchie kognitiver Entwicklung an höchster Stelle einordnet, ist daran zu überprüfen, dass dieses in der Lage sein muss, alle vorangegangenen Stufen zu verstehen und zu etwas Neuem zu integrieren. Das formal-operationale Stadium umgekehrt kann diese synthetische Stufe nicht erkennen und in sich selbst einordnen. Die Systemtheorie ist ein Beispiel für das Denken auf diesem Strukturniveau.

Der Annahme der Verursachung der Geschehnisse durch das Wirken eigener innerpsychischer Faktoren wird (systemisch) das Wirken außerpersönlicher (anderer Menschen und sozialer Gefüge) Bedingungen und ihrer multidimensionalen Interaktionen hinzugefügt.

Psychologische Weiterführungen

Postformales Strukturniveau: Die Synthese

> *„Jean Gebser nennt die emergierende Schau-Logik ‚integral-aperspektivisch‘, und das ist ein besonders treffender Ausdruck. Die vorausgehende Stufe (die egoisch-rationale) bezeichnet er als ‚rational-perspektivisch‘, weil die Rationalität, wie wir gesehen haben, in der Tat verschiedenen Perspektiven einnehmen kann. Die Schau-Logik oder der integral-aperspektivische Geist nimmt dagegen alle Perspektiven zusammen, hebt also keine einzelne Perspektive als die endgültige heraus – das ist mit ‚aperspektivisch‘ gemeint.“*[185]

Mit dem Aufdämmern des postformalen Denkens, das nicht nur wie Formop die Perspektiven nacheinander wechseln kann, sondern alle Perspektiven zu einer holistischen Einheit verschmelzen lässt, werden eine ganze Reihe neuer Erkenntnisse möglich, die sich auch auf die Gesamtstruktur der Persönlichkeit in einem erweiternden Sinne auswirken kann.

---

185. Ken Wilber: Eros, Kosmos, Logos. Frankfurt/M., 2001, S. 237.

Während Formop aufgrund seiner Fähigkeit, fremde Perspektiven gedanklich durchzuspielen, zu einer allgemeinen Toleranz fähig wird, zu einem Pluralismus, in dem verschiedene Perspektiven in friedlicher Koexistenz nebeneinander bestehen können, wird auf dem Post-Formop-Niveau eine Synthese dieser Perspektiven möglich. Moderne Gesellschaften wie die Mitteleuropäischen sind gesellschaftliche Organisationsformen, die auf Formop gründen. Fremde Religionen werden in einer solchen pluralistischen Gesellschaft toleriert und respektiert. Das heißt aber nicht, dass die grundlegende Übereinstimmung in den religiösen Wesenskernen erkannt wird und es zu einer ganzheitlichen Synthese einer allgemeinen Religiosität kommt. Erst postformales integratives Denken ist in der Lage, aufgrund seines umfänglicheren Charakters die inneren Zusammenhänge zwischen den verschiedenen (z.B. religiösen) Perspektiven zu verstehen und damit zu einer alle Religionen vereinenden Sichtweise zu gelangen. Das ist es, was Gebser mit integral-aperspektivisch gemeint hatte. Auf diesem Strukturniveau werden die Kernaussagen verschiedener Standpunkte extrahiert und damit in ihrem historisch-gesellschaftlichen Gewordensein verstanden. Ein Beispiel für das Denken auf postformalem Niveau ist der Begriff der *Philosophia perennis*, der ewigen Philosophie von Aldous Huxley. Ken Wilber nahm diesen Begriff in seine Terminologie auf und verstand darunter die ewig gleichen Grundaussagen aller philosophisch-spirituellen Erklärungssysteme von der christlichen Mystik, dem Yoga, dem Vedanta, des Buddhismus, aber auch der Integralen Psychologie.

Wenn der Dalai Lama gemeinsam mit renommierten Wissenschaftlern (z.B. F. Varela) Bücher über Verbindungen zwischen Buddhismus und moderner westlicher Erkenntnistheorie verfasst, ist das Ausdruck eines postformalen Denkens, ohne das man zwar das andere Erkenntnissystem tolerieren, aber nicht mit dem eigenen synthetisieren könnte.

Fähigkeit zu integral-aperspektivischer Arbeit: Fähigkeit zur Synthese

Das Thema dieser Karte wird immer dann im Leben deutlich, wenn wir die Identifikation mit einer gewissen beschränkten und einseitigen Sicht der Dinge aufgeben, indem wir Gegenpositionen nicht nur zulassen, sondern versuchen, sie mit unseren bisherigen Erkenntnissen in Einklang zu bringen und zu integrieren. Ein wunderbares Beispiel für das Thema dieser Karte ist die Arbeit Ken Wilbers, der versucht, aus allen bekannten kollektiven Erkenntnissystemen, wie westliche Entwicklungswissenschaft, Psychoanalyse, Systemtheorie, Vedanta, Buddhismus, Yoga-Philosophie, christliche Mystik, Gnosis usw. einen integralen Guss herzustellen.

Die Thematik dieser Karte bringt es mit sich, dass sich die *mentale* Entwicklung von der rein rationalen zur integral-aperpektivischen Bewusstseinsstruktur bewegt und somit ein vernetztes, systemisch-globales Denken – ein

Denken als polyvalente Schaulogik – erlaubt. Ideal wäre die Entwicklung dieser integral-aperspektivischen Struktur, wenn man ihre Erkenntnisse und Einsichten parallel auch als Arbeit an sich selbst, an einer kritischen und ausgewogenen Korrektur seines inneren Weltenentwurfs, verstünde.[186]

Die kognitive Linie auf ihrem Höhepunkt

Die Hochgezüchtetheit der kognitiven Entwicklungslinie birgt auch die Gefahr grundlegender Irrtümer: Auf diesem postformalen, integrativen Niveau des Denkens kann das Modell der psychogenetischen Felder durchaus mental verstanden werden. Wenn sich der Mensch mit seinen rationalen Fähigkeiten identifiziert (*Cogito ergo sum!*) kann das mentale Verständnis für den fortgesetzten Entfaltungsprozess zu der Annahme verführen, diesen bereits absolviert zu haben. Die kognitive Entwicklungslinie mag für sich isoliert sogar in transpersonale Bereiche vorgedrungen sein; das heißt aber nicht, dass diese die Gesamtheit der Persönlichkeit auch durchdrungen hätten. Bereits ab dem nächsten pgFeld steht die kognitive Linie vor der Herausforderung, mit den körperlichen und emotionalen Linien zu verschmelzen, also seine relative Autonomie aufzugeben. Schaulogik ist in diesem pgFeld X möglich, noch nicht aber das zentaurische Bewusstsein. Dieses braucht zwar postformales Denken, um die Notwendigkeit zur Synthese von Geist und Körper einzusehen, aber dieses allein reicht nicht aus. Restbestände des Formop-Bewusstseins mögen zwar den Körper tolerieren, ja gar respektieren und achten, sehen ihn aber immer noch als einen separaten und neben dem Geistigen stehenden Aspekt menschlichen Seins. Erst aperspektivisches Denken vermag die grundlegende Einheit von Körper und Geist zu erkennen und damit auch die Motivation zu erzeugen, beides zu einer synthetisierten Ganzheit zu verschmelzen.

Die kognitive Linie gerät hier an ihre Grenzen; sie selbst mag zwar die Zusammenhänge verstehen, aber um die *Gesamtheit* der Persönlichkeit weiterer Entfaltung zugänglich zu machen, bedarf es des Aufgebens des Autonomie-Anspruchs der kognitiven Linie. Sie muss trotz ihrer unbestreitbaren Kompetenz ihre letzte kognitive (erkennende) Aufgabe erfüllen: einzusehen, dass sie selbst nur ein Teil eines größeren Ganzen ist, und bereitwillig mit diesem größeren Ganze als integrierter Bestandteil verschmelzen. Dieser Verschmelzungsakt erst ist es, der die Schaulogik ihrer Bestimmung zuführt, nämlich ein unabdingbarer Bestandteil des zentaurischen Bewusstseins zu werden.[187]

186. Diese Bemerkung greift vor, vgl. unten, pgFeld XIV.
187. Ausführlicher zum zentaurischen Bewusstsein weiter unten, pgFeld XI.

Systemtheoretiker gehen davon aus, dass es niemals einen einzigen Verursacher gibt, sondern dass es sich immer um ein Verursachungsgeflecht handelt. Wenn beispielsweise eine junge Familie einen systemisch denkenden Psychologen aufsucht, weil der Sohn etwa Verhaltensstörungen aufweist, die sie nicht in den Griff bekommen, versucht der Psychologe, das ganze ‚System Familie' zu fokussieren. Herkömmlicherweise würde man wahrscheinlich an dem Jungen herumdoktern, ihm gar ADHS oder so etwas diagnostizieren, einfach weil man das Problem in ihm, dem Jungen lokalisiert. Der Systemiker allerdings sagt Nein, das liegt nicht an dem Jungen an sich, sondern an dem System. Nicht der Junge sei krank oder gestört, sondern das System. In dem Jungen zeige sich nur das Symptom der Störung des Systems Familie. Der Systemiker geht davon aus, dass ein System aus Kommunikationen besteht. Die Familienmitglieder kommunizieren auf die eine oder andere Art, verbal, nonverbal oder durch andere Reaktionen wie z.B. Verhaltensstörungen, und so entsteht ein System aus Signalen, Antworten, Reaktionen, Wechselwirkungen usw. Der Systemiker schaut nun auf das System und nicht auf den Jungen. Irgendetwas an dem System ist dysfunktional, ist unerwünscht und der Junge reagiert, weil er das schwächste Glied in der Kette ist. Vielleicht bekommt er zu wenig Aufmerksamkeit und fordert sie durch sein Verhalten ein. Ursachen gibt es viele und deshalb sucht der Systemiker auch nicht nach den Ursachen, sondern versucht, das System zu ‚verstören', auf dass es neue Kommunikationsstrukturen entwickeln muss, Strukturen, mit denen die Mitglieder des Systems zufriedener sein können.

Die übliche systemische Herangehensweise ist ein klassisches Beispiel dafür, wie man das Kind mit dem Bade ausschütten kann: Viele moderne Systemiker sind froh über ihre Systemtheorie, weil sie so leicht zu verstehen und zu handhaben ist, und ignorieren den Einfluss innerpsychischer Faktoren. Sie behaupten einfach, das Problem läge – im System und nicht in der Psyche. Das ist natürlich Blödsinn. Und obendrein behaupten die Systemiker auch ganzheitlich zu sein, was nun überhaupt nicht stimmt,[188] – schon gar nicht, wenn sie den Einfluss innerpsychischer Faktoren nicht berücksichtigen. Vernetztes Denken heißt nicht, dass man den einen Fokus mit einem anderen Fokus austauscht, sondern dass man den einen Fokus um den anderen erweitert.

Mit dem Bild des Tarot gesprochen, wäre es so, dass die Systemiker das pgFeld X erobert hätten und in der Freude darüber das pgFeld IX (Eremit) für

188. Die Systemtheorie geht von Einzelteilen aus, die erst durch ihre Kommunikationen zu etwas Ganzem werden, nicht aber von einer von vornherein bestehenden Ganzheitlichkeit des Kosmos.

einen Irrtum und falsch und unnütz erklärten – ein Fall von Dissoziation, Abspaltung.

Die Systemiker haben einfach nur die Seiten gewechselt: Sie verließen das pgFeld IX und sprangen auf das pgFeld X, was dazu führt, dass sie das pgFeld X nicht wirklich erschließen können, weil ein wichtiger Input fehlt, nämlich die Errungenschaften des IX-Eremiten.

Das pgFeld X zu erschließen heißt, die Errungenschaften des Eremitenfeldes zu bewahren und diese zu ergänzen um die Erkenntnisse multikausaler Vernetzungen. Die psychologische Wissenschaft, die sich dem Eremitenfeld ernsthaft und nachhaltig gewidmet hat, ist die Tiefenpsychologie. Und die hat natürlich nach wie vor Bestand. Der holarchische Gedanke ist nicht wertend – deswegen heiß er ja ‚holarchisch' und nicht ‚hierarchisch'. Die tiefenpsychologischen Erkenntnisse fließen ein in ein größeres umfassenderes Konzept, in dem dann die Tiefenpsychologie ein wichtiger Teilbereich sein wird – *so* müsste der Schritt von pgFeld IX zu pgFeld X stattfinden.

Genau dasselbe gilt für die Entwicklung des Individuums: Größere Kontexte zu erfahren und für sich zu erschließen, darf nicht heißen, die Erkenntnisse des eigenen innerpsychischen Erlebens plötzlich zu ignorieren oder zu leugnen. Wer das weiß, rechnet auch im Großen und Ganzen immer mit der Psyche der Menschen. Wer das ignoriert, scheitert oft, weil er die Rechnung ohne das innerpsychische Set des Menschen gemacht hat.[189]

Kontemplationen

Das Rad des Glücks – ein multikausales Netzwerk

Aus Sicht der mentalen Entwicklung ist die Erkenntnis des pgFeldes IX (*IX-Eremit*) nur die halbe Miete. Zwar war die Erkenntnis des Eigenanteils an der Verursachung der Geschehnisse unabdingbar, um die Verantwortung für das eigene Leben übernehmen zu können, allerdings wäre es vermessen zu behaupten, all das, was mir passiert, liege nur an mir. Ja, für wen halten wir uns denn? Übermäßige Schuldgefühle für alles, was irgendwie schiefgeht, sind ein untrügliches Zeichen für den Narzissmus, der entstehen kann, wenn jemand auf dem Feld des Eremiten hängen bleibt. Mit der Karte *X-Rades des Schicksals* oder *Samsara,* oder des *Glücks,* wie Crowley sie nannte, dringt der Erkenntnisprozess in den Bereich der Multikausalität vor: Nicht nur ich selbst und mein inneres psychisches Sein gestalten mein Leben, sondern es gibt auch den Glücks-Faktor, so die Einsicht. Das klingt auf den ersten Blick nicht spektakulär, aber es ist ja auch mehr damit gemeint, als

189. Siehe das grandiose Scheitern des Marxismus!

einfach nur eine fremdbestimmte Schicksalsidee anzunehmen. Es ist die Erkenntnis der systemischen Vernetzung von verschiedensten Ursachen, von denen unsere eigene Psyche nur ein Bruchteil ist. Dieses vernetzte Ursachengefüge bestimmt unser Leben, – nicht unsere Psyche allein und auch nicht nur ein gottgegebenes Schicksal. Ursachen und Wirkungen (Kausalität) vernetzen sich auf vielfältigste, dem menschlichen Geist nicht mehr nachvollziehbare Weise, sodass wir geneigt sind, an Zufall zu glauben, von dem wir aber wissen, dass er ein Ereignis ist, dessen multikausale Ursachenvernetzungen wir nur nicht zurückverfolgen können.[190] Schuldgefühle des eremitischen Narzissmus lösen sich auf mit einem erkennenden Schulterzucken: Es hätte ja klappen können! Bismarck war es, der sagte, man müsse warten, bis das Schicksal vorbei rausche, dann müsse man vorspringen und des Schicksals Rockzipfel ergreifen, um sich mitziehen zu lassen. Dieser Satz birgt in sich das ganze Geheimnis dieser Karte: Man tritt aus der narzisstischen Verschuldung des eigenen Lebens heraus (natürlich auch aus den machtfantasierenden Vorstellungen, der eigene Erfolg sei nur auf die Grandiosität der eigenen Psyche oder des eigenen Egos zurückzuführen), und nimmt Teil an einem umfassenderen Weltenspiel – nicht mehr und nicht weniger. Mit dieser Einsicht werden wir handlungsfähig. Erst hier wird es möglich, tatsächlich gestalterisch seine eigenen Fußspuren im Gewebe des Lebens und der menschlichen Geschichte zu hinterlassen. Die Voraussetzung dafür ist die Akzeptanz der größeren Ereignisströme, denen wir ausgesetzt sind

Damit verändert sich unser Leben. Wir geben dem Rad des Schicksals eigene Impulse, während vorher die Impulse durch fremdbestimmte Konditionierungen geschahen. Es entsteht etwas, was Buddhisten als Karma bezeichnen.

Karma wird oft auf eine oberflächliche Weise als eine Art Liste auf einem seelisch-göttlichen Klemmblock verstanden, auf dem es eine Haben- und eine Soll-Spalte gibt, und in die unsere Taten, Gedanken, Absichten usw. eingetragen werden. Diese wiederum würden dann die Art der Wiedergeburt beeinflussen. Die Idee des Karmas bekam durch die konstruktivistische Wende Rückendeckung. Wenn die Konstruktivisten[191] also behaupten, dass

190. Darüber gibt es Untersuchungen von Dietrich Dörner, der Computersimulationen von imaginären Städten und Ländern entwickelte, die man interaktiv als „Bürgermeister" oder „Präsident" leiten und regieren konnte. Die erfolgreichsten Probanden waren die, die sich an ihre eigenen Pläne nicht hielten, sondern sich auf die unvorhergesehenen Folgen ihrer ersten Entscheidungen sofort einstellen konnten. Langfristige Planwirtschaften sind aus systemischer Sicht zuhöchst ineffektiv und führen oft nicht zum gewünschten Ergebnis. Man muss einfach, ob man will oder nicht, die Rechnung mit dem Zufall und dem Glück, also der Unvorhersehbarkeit der Folgen unseres Tuns, machen, wenn etwas erreichen möchte.

wir unsere Wahrnehmungswelt aktiv und eigengesteuert selbst hervorbringen, unser allgemeines Weltbild also einer Art Selbstorganisation unterliegt, dann wird die Erkenntnis eines eigenen bewusstseinsfähigen Ichs und seiner Macht zur Verursachung von Ereignissen kraft seines absichtsvollen Willens seinen Entscheidungen ein gewisses Gewicht verleihen. Diese Gewichtung sorgt wiederum dafür, dass weitere Erkenntnisse und Entscheidungen gemäß dieser früheren Erkenntnisse und Entscheidungen getroffen werden. Nachfolgende Gedanken müssen sich also konsonant gegenüber vorangegangenen verhalten. Man könnte dieses Prinzip auch salopp *self fullfilling prophecy* nennen. Hier kann man einen semantischen Bezug zum Konzept des *Karmas* erkennen.

Treffe ich beispielsweise irgendwann die bewusste Entscheidung, dass mein Lebensweg in eine philosophische Richtung verlaufen soll, werden nachfolgende Entscheidungen und Wahrnehmungen genau davon inspiriert und beeinflusst sein. Diese psychischen „Rubikon-Überschreitungen"[192] initiieren Handlungen und ein gewisses zielgerichtetes Verhalten (wobei nicht jede kleinste Verhaltenseinheit bewusst stattfinden muss), das uns unserem einmal gesetzten Ziel ein Stück näherbringen wird. Schrittweise konstruieren wir uns damit unsere Lebensrealität. Wir kämpfen uns also durch ein Geflecht von Ursachen und Wirkungen, immer neue Ereignisse hervorrufend, neue Wirkungen erzielend, – davon auch eine ganze Menge, die wir gar nicht beabsichtigt hatten –, und nähern uns sukzessive unserem eigentlichen Ziel an. Nebenbei allerdings bewirkten wir mit unserem Tun und Wollen noch eine Vielzahl weiterer Wirkungen, die uns gar nicht alle bewusst sein können. So ist das Erstaunen darüber erklärbar, dass auch angesichts ausgefeilter Pläne immer noch irgendetwas hinzukommt oder schiefgeht.

---

191. Vgl. unten, pgFeld XVI.
192. Cäsar überschritt den Grenzfluss Rubikon, der die gallischen Provinzen vom römischen Kernland trennte. In seiner Position durfte er das nach dem römischen Recht nicht. Er fällte also eine unumkehrbare Entscheidung, die dann zur Errichtung einer Diktatur führte. In der Motivationspsychologie nennt man dementsprechend sicher gefällte Entscheidungen „Rubikon-Überschreitungen".

Psychogenetisches Feld XI

- Die Kraft, Die Lust -

ZENTAURISCHES BEWUSSTSEIN:
DIE EINHEIT VON BIOS UND NOOS
DIE BEHERRSCHUNG DER PERSÖNLICHEN TRIEBNATUR, DIE DISZIPLIN EGOISCHER PERSÖNLICHKEIT, SELBSTBEHERRSCHUNG

Tarotkarte: XI – Die Lust; auch: Die Stärke; Die Kraft (traditionelle Deutungen: Innere Stärke, Lebenslust, Lebensenergie, Leidenschaft)

Zentaurisches Bewusstsein

Das Emanieren einer post-formalen kognitiven Bewusstseinsstruktur (Gebser: integral-aperspektivisch; Wilber: Schaulogik; pgFeld X) erzeugt die Möglichkeit einer erweiterten Welt- und Selbstsicht. Diese wird von Wilber „zentaurisch“ genannt:

> *„Der Zentaur ist jenes mythische Fabelwesen, halb Mensch, halb Pferd, das ich (und darin folge ich Hubert Benoit, Erik H. Erikson und anderen) als Symbol für die Integration von Körper und Geist, Biosphäre und Noosphäre benutze“*[193]

Zentaurisches Bewusstsein ist mehr als nur die rationale Erkenntnis psychosomatischer Zusammenhänge. *Zentaurisches* Bewusstsein ist das Produkt einer aperspektivischen Wahrnehmung der Ganzheit unseres Seins. Die Trennung von Leib und Seele ist aufgehoben, Körper und Geist durchdringen sich in einem unauflöslich-holistischen Geflecht an Wirk-Beziehungen.

Diese Sicht auf das eigene (zwar ganzheitliche, aber dennoch personale) Sein ist einer rational-perspektivischen Denkweise noch verwehrt. Zwar kann die formale Ratio kausale Beziehungen zwischen körperlichen und geistigen Prozessen untersuchen, z.B. die Wirkung von psychischem Stress vermittels nervöser und endokrinologischer Prozesse auf Körperfunktionen, aber dennoch sind es voneinander unterschiedene Funktionsbereiche, die aufeinander wechselseitig einwirken. Eine wirklich aperspektivische Sicht-

193. Ken Wilber, 2001, S. 236.

weise nimmt die Perspektiven ‚Körper' und ‚Geist' als eine Ganzheit wahr. Wilber begründet das so:

> *„Der aperspektivische Geist ist mit anderen Worten durch und durch holonisch: Kontexte in Kontexten in Kontexten ohne Ende. Natürlich ist jede Bewusstseinsstruktur ohnehin schon holonisch, da es nur Holons gibt, aber die Schau-Logik erfasst diese Tatsache erstmals bewusst und stellt dadurch fest, dass ihr eigenes Operieren ihr selbst immer durchsichtiger wird, ja, diese Transparenz ist nach Gebser sogar das primäre Kennzeichen des integral-aperspektivischen Geistes."*[194]

Diese tief empfundene und klare Einheit von Bios und Noos bringt eine ganze Reihe von neuen psychischen Fähigkeiten, Fertigkeiten, aber auch besonderen Herausforderungen mit sich.

Triebfedern des Handelns

Thema dieses pgFeldes ist nicht nur das Emanieren zentaurischen Bewusstseins, sondern im Zuge dessen auch die Reflexion darüber, was uns antreibt und in der Vergangenheit antrieb. Durch die Integration des Körperlichen in ein bio-psychisches Insgesamt von Bewusstheit seiner Person wird es an dieser Stelle möglich, die eigentlichen Motivatoren des vergangenen Tuns rückblickend zu verstehen: Triebe, Bedürfnisse, Instinkte bringt der Körper mit; Werte, Einstellungen, Konditionierungen, Identifikationen der Geist. Während das Bewusstsein in vorangegangenen Holonen noch zwischen den als getrennt voneinander empfundenen Anteilen der Person hin und her pendelte, mal mit diesem Bedürfnis identifiziert, mal mit jenen Einstellungen, ist jetzt ein ganzheitlicher Blick auf das Wirkgefüge unserer personalen Existenz möglich geworden.

Folgten wir einem animalischen Trieb oder war es das Bedürfnis nach Macht – ein schlichtes Wirken einer Fixierung auf dem zweiten Schaltkreis (Leary/Wilson)? Handelten wir aus bewusster Einsicht heraus oder folgten wir einer konventionellen Konditionierung „So macht man das eben!"?

Was bringt uns zum Handeln und welchen Wert hat unser Handeln noch, wenn wir die inneren Motivatoren identifiziert haben?

„Tu was du willst!" war einer von Crowleys Schlagwörtern. Doch wer weiß schon, was er will? Wille wird oft mit Wünschen verwechselt und dieses mit einem triebhaften Stillen von Bedürfnissen. Möglichkeiten zur Bedürfniserfüllung welcher Art auch immer bieten sich heute massenweise an.

194. Ken Wilber: Eros, Kosmos, Logos. Frankfurt/M., 2001, S. 237.

„Wille" ist etwas anderes als das bloße Wünschen. Es geht um das Finden der eigenen Bestimmung, das Entdecken der wahren Lebensessenz, das Entdecken der bestmöglichen Veräußerung unseres wahren Wesens. Das delphische *Erkenne Dich Selbst!*, im *IX-Eremiten* zumindest zum Thema geworden, und die Erkenntnisse aus dem *X-Rad des Schicksals*,[195] sind die unbedingte Voraussetzung für das Erschließen des eigenen seelischen Willens. Doch diesen wahren seelischen Willen trennen zu können vom bloßen Wünschen, von irgendwelchen Informationseinheiten aus den modernen Medien oder aus Erziehung und Bildung ist eine der schwersten Aufgaben des Lebens. Oder wie Hesse in seinem *Demian* verzweifelt ausrief: „Ich wollte doch nur leben, was aus mir selbst herauswollte! Warum war das so schwer?"

Die Hierarchie der Bedürfnisse nach Abraham Maslow

Abraham Maslow war einer der bedeutendsten Psychologen und Therapeuten des letzten Jahrhunderts. Nicht nur der humanistischen Psychologie gab er entscheidende Impulse, vor allem im Bereich der Motivationspsychologie, sondern er war es auch, der in einem historischen Aufsatz die sogenannte „Vierte Kraft" in den anerkannten Psychologie-Ausrichtungen verkündete, nämlich die transpersonale Psychologie. Hintergrund ist folgender:

Maslow entdeckte,[196] dass Bedürfnisse in ihrer Art hierarchisch geordnet sind, das heißt die grundlegendsten und fundamentalsten Bedürfnisse müssen erst einigermaßen befriedigt sein, bevor die Befriedigung eines höheren Bedürfnisses überhaupt interessant wird.

Kurz gesagt, wenn jemand Hunger hat, und somit eines der grundlegendsten Bedürfnisse nicht befriedigt ist, kann man von diesem Menschen nicht erwarten, an individuellem Wissenszuwachs interessiert zu sein.

Maslow behauptete also, dass nach der Befriedigung eines Bedürfnisses das nächstfolgende Bedürfnis der Bedürfnis-Hierarchie zum Motivator der Person wird, den Menschen also motiviert, etwas zu tun oder in Angriff zu nehmen – aber auch erst dann! Wenn also ein Bedürfnis am Fuße der Pyramide noch nicht befriedigt werden konnte, ist es unsinnig, dem Menschen als Motivator ein höheres Bedürfnis zuzumuten, denn die unbefriedigten Bedürfnisse schreien hierarchisch geordnet nach Befriedigung.

---

195. Wenn wir nicht an allem schuld sein müssen (IX), fällt es leichter, sich den wirklichen, oft ernüchternden inneren Antreibern (XI) zu stellen. Die Einsicht, dass nicht alles, was passiert, an uns selbst liegt, sondern es auch noch andere verursachende Faktoren (X) gibt, ist ausgesprochen erleichternd.

196. Maslow, A.: Psychologie des Seins. München, Kindler, 1971.

Alle diese Ebenen oder Stufen der Pyramide wirken und stellen bestimmte, relativ autonome Appetite in uns dar. Leider können wir nur selten die Verursachung unseres Tuns korrekt den Stufen dieser Pyramide zuordnen, weil wir den Blick auf uns selbst gern selbstwertdienlich verzerren. Die Kunst dieses pgFeldes oder dieser Karte besteht darin, präzise zu erkennen, was genau uns zu diesem oder jenem Handeln treibt.

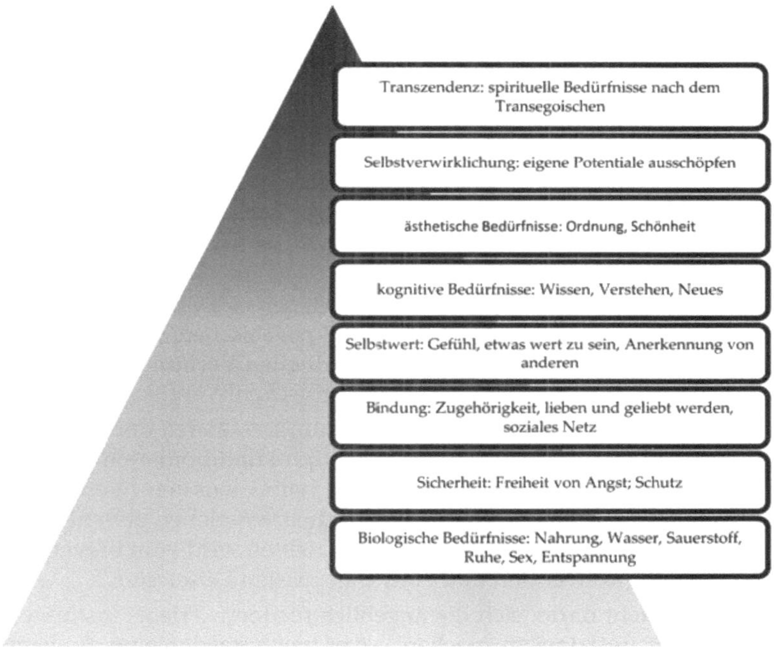

Abb.6: Die von Abraham Maslow aufgestellte ‚Bedürfnispyramide'

Triebe, Bedürfnisse, Werte, Wille

Weiter müssen wir unterscheiden in *Triebe, Bedürfnisse, Werte* und den von Crowley gemeinten *„Willen"*.

Ein *Trieb* ist zumeist ein genetisches Programm, das uns zum Handeln treibt – Bewusstsein ist hier nicht nötig. Fressen, schlafen, Sex, Fortpflanzung – all diese Dinge sind uns Menschen eigen genauso wie Tieren. Sie gehören zu uns, einfach, weil sie der körperlichen Grundmatrix eigen sind. Sie zu leugnen oder zu verdrängen, ist Unfug. Sie kontrolliert zu speisen, öffnet den Weg für höhere Motoren des Tuns.

Ein *Bedürfnis* ist der empfundene Mangel von etwas, der nach Ausgleich drängt. Bewusstsein ist hier nicht nötig, aber möglich. Doch welche Bedürfnisse sind unserem Wesen wirklich eigen, und welche sind fremdinstallierte Bedürfnisse durch Werbung und Medien? Diese Unterscheidung zu treffen, bedarf es eines bestimmten *Levels* an Bewusstheit.

Werte sind gesellschaftliche Vorstellungen vom Wünschenswerten. Bewusstsein ist hier auf einer konventionellen Stufe nötig, um diese Werte zu verstehen und anzuerkennen.

Crowleys *Wille* steht in der Hierarchie dieser inneren Antriebe über all diesen recht deterministischen Motiven. Bewusstsein ist hier unbedingt nötig, um diesen inneren, seelischen Willen von den triebhaft-biologischen, egoisch-konditionierten und gesellschaftlich vorgeschriebenen inneren Motoren zu unterscheiden. Crowleys Roman *Tagebuch eines Drogensüchtigen* ist eine treffende (wenn auch nicht sonderlich gut geschriebene) Illustration dieses Ringens um die Erkenntnis des eigenen inneren seelischen Willens.

Das Bewusstsein des Menschen löst sich auf der Erkenntnisebene des pg-Feldes XI von seiner Identifikation mit dem Geist (der Ratio, dem Verstand, der Vernunft) und umfasst nun die Ganzheit seines Selbst mit den animalischen Trieben, seinen physiologischen und psychischen Bedürfnissen, den gesellschaftlichen Werten und seiner individuellen Vernunft. Aus dem Objekt Körper wird die Ganzheit eines bio-psychischen Wesens.

Wer sich nur vom Trieb leiten lässt, wird zum fressenden und schlafenden Tier. Wer sich ausschließlich von seinen egoisch-konditionierten Bedürfnissen leiten lässt, wird zum selbstbezüglichen, halbbewussten „Verbraucher", wie man die Menschen in den westlichen Industrienationen gern nennt. Wer sich nur nach den gesellschaftlichen Werten richtet, wird zum braven Erfüllungsgehilfen der Konvention und zum angepassten Leisetreter.

Die Kunst besteht darin, sich die angeblich niederen Triebe, Instinkte und so weiter nicht untertan zu machen – das hieße wieder eine dualistische Trennung zwischen Körper und Geist – sondern sie als unauflöslichen Teil des Ganzen zu verstehen. Der von Crowley so hoch gehaltene „seelische Wille" offenbart sich erst im Bewusstsein dieser Einheit von Körper und Geist.

Triebunterdrückung versus absichtsvolle Integration

Die in älteren Tarot-Decks sittsam bekleidete Dame, die dem Löwen sanft zähmend das Maul zudrückt, weicht im Crowley-Tarot einer nackten Frau, die auf einem Tier mit vielen Köpfen reitet. Sie rekelt sich lasziv und auf eine gewisse Weise erotisch, als ob sie Lust durch die errungene Symbiose mit dem Tier empfindet. Es scheint so, als ob es die Lust an der Symbiose, an der Einheit selbst ist, nicht die Lust an der Beherrschung des Tieres.

Die Deutung der sittsamen Dame der älteren Decks, die dem Löwen das Maul zuhält, sich ihm sogar eher milde und liebevoll zähmend zuwendet, ist naheliegend: Es geht um die Zähmung der tierhaften Instinkte und Triebe in uns, die durch das Tier (dem Löwen) angezeigt werden. Freud würde sagen, es geht um die Kontrolle der Triebe des Es durch die kontrollierende Instanz das Über-Ich. Das ist rational-perspektivisch: Körperliche Bedürfnisse und Triebe werden nicht mit dem Geist als Einheit gesehen, sondern als unterschiedliche Subsysteme, von denen das eine, der Geist, das andere, den Körper zu beherrschen hat.[197]

Crowleys Kartenentwurf hingegen erinnert stark an einen Zentauren. Tier und Mensch sind in einer Symbiose verbunden, was einen deutlichen Hinweis auf die zentaurische und aperspektivische Einheit von Geist und Körper des Menschen gibt.

Crowley erweitert allerdings den individuellen Aspekt des Deutungsspielraumes durch das klare Zitat einer kollektiven Vision, in der es nicht mehr nur um ein persönliches, im Individuum lokalisierbares inneres „Tier" geht, sondern um das kollektive „Große Tier", das sozusagen das Freudsche *Es* der menschlichen Kollektivseele ist. Die dieses Tier reitende laszive Dame erscheint in diesem Zusammenhang zwiespältig: Einerseits vermag sie es, das Tier zu zähmen, andererseits aber so, dass sie nicht nur darauf reiten kann, sondern ihre Beherrschung sogar genießt. Es verschafft ihr Lust. Und da ist auch der Haken an der Sache: Da das Lustprinzip letztlich eine der Eigenschaften des *Es*, also des Tieres, ist, könnte die Beherrschung eine fromme Illusion werden. Auf einem Schleichweg könnte das Tier doch wieder die Herrschaft übernehmen und die Zähmung würde zur Farce. Wie in jeder Karte gibt es also Licht und Schatten. Wir werden aber weiter unten sehen, dass in dem Crowley'schen Bildmotiv eher eine Anspielung auf *Integration*

197. Auch wenn ich in diesem Buch den Fokus eher auf die ontogenetischen Möglichkeiten menschlicher Entwicklung richte, möchte ich hier auf die historischen Parallelen hinweisen: Mit Beginn der Neuzeit wird das formal-reflexive Denken gesellschaftsfähig, was zur Entdeckung des Individuums führt: „Was Jacob Burckhardt, den Spuren Michelets folgend, als Renaissance-Formel ausgegeben hatte: ‚die Entdeckung der Welt und des Menschen' war also – scheinbar paradox – anfangs ein Innenweltereignis' (Peter Sloterdijk, Du mußt dein Leben ändern. Über Anthropotechnik, Frankfurt/M., 2009, S. 511). Während einige „Fortgeschrittene" (Sloterdijk, a.a.O., S. 384) die kognitiven Potenziale des formal-reflexiven Bewusstseins auszuschöpfen sich anschickten, wurde auch der psychische Innenraum zur disziplinierten Gestaltung freigegeben. Das Eremitentum verlor nicht an Popularität, stand aber nun unter einem anderen Vorzeichen. Rubens und Rembrandt malten beide den Hl. Hieronymus, dem, in seiner Klause über Büchern brütend, ein schlafender oder gezähmter Löwe zu seinen Füßen liegt (vgl. Sloterdijk, a.a.O., S. 510). Die explizite Zähmung der menschlich-animalischen Triebkraft zugunsten der Freisetzung von Bewusstseinserweiterungen wurde mit der italienischen Renaissance Teil des Methodeninventars der Suchenden oder „Übenden".

in Abgrenzung zu ratio-zentrischer Kontrolle unserer Triebnatur zu finden ist.

Psychologische Wirkungen des pgFeldes XI – Die Lust

Im positiven Fall äußert sich dieses pgFeld XI durch ein tiefgreifendes Verständnis der unauflösbaren Einheit von Körper und Psyche. Körperliche Symptome werden in ihrer Verbindung zum seelischen Erleben begriffen, genauso wie seelisches Erleben seinen Widerhall im Körper findet. Die animalische Seite des Menschen wird bewusst anerkannt und in die Ganzheit des bewussten Selbst integriert. Diese Bewusstwerdung der animalischen Anteile gestattet eine effektivere Kontrolle über diese und kann dadurch für umfänglichere psychophysische Gesundheit sorgen. Animalische Anteile in uns mögen – vor allem im christlichen Weltbild – als negativ verteufelt worden sein, dennoch gehören sie zu uns. Verleugnet man diese, wirken sie aus dem seelischen und körperlichen Untergrund heraus.

Eine Nicht-Integration dieses pgFeldes zeigt sich zum Beispiel in einer streng dualistischen Medizin, in der die sichtbaren körperlichen Symptome für sich genommen und ohne Einbezug des Seelischen behandelt werden. Umgekehrt gilt dieser Dualismus auch für klassische Psychotherapien, sofern sie die psychischen Symptome unabhängig vom Körper betrachten wollten.

Wenn die Einheit von Körper und Seele nicht erkannt wird, können sich die scheinbar geheilten pathologischen Symptome des Seelischen auf die Ebene der körperlichen Symptome verlagern. Der Betroffene glaubt in einer Psychotherapie geheilt worden zu sein, muss später aber Ärzte aufsuchen, da die tief greifende Störung sich nun auf der Körperebene ihren Ausdruck sucht. Das Gleiche gilt für den umgekehrten Fall.

Integration: Learys 5. neurosomatischer Schaltkreis und Wilbers ‚zentaurisches' Bewusstsein

Learys neurosomatisches Bewusstsein ist im Grunde nur eine alternative Formulierung für Wilbers ‚Zentauren'. In beiden Fällen wird die Verbindung zwischen Nervensystem (Leary) oder Geist (Wilber) und Körper hergestellt. Beides verschmilzt zu einer biopsychischen Einheit. Da Leary aber die ersten vier Schaltkreise ausschließlich den deterministischen Prägungen durch die Gesellschaft vorbehalten hat, ermöglicht der fünfte Schaltkreis zwangsläufig die formop- und postform-Bewusstseinsstrukturen sowie das daraus vielleicht emanierende *psychische* Bewusstsein. Offenbar sah Leary keinen Grund[198] für eine Trennung zwischen dem erwachenden biopsychischen Bewusstsein (Wilbers postform- und zentaurisches Bewusstsein) und einer ersten transpersonalen Stufe. Seine Beschreibungen des fünften

Schaltkreises, vor allem des dritten Stadiums, ähneln denen des „psychischen" Bewusstseins sehr. Learys fünfter Schaltkreis könnte also eine Klammer um postform-Bewusstsein, Zentauren und psychischer Transpersonalität ziehen. Es ist in diesem Zusammenhang angeraten, die vorgestellten Modelle nicht allzu streng in theoretische Korsetts zu zwingen; die Lebenspraxis geht oft ganz eigenartige Wege.

Als erste transpersonale Karte steht demnach auch der *XVII-Stern* in Verbindung mit dem neurosomatischen Schaltkreis. Dass zwischen *XI-Lust* und *XVII-Stern* noch eine Reihe weiterer Karten stehen, ist kein Widerspruch, denn diese sind psychogenetische Entwicklungsthemen, die allesamt auf der zentaurischen Bewusstseinsebene zu bewältigen sind. Der *XVII-Stern* wiederum verweist auf die Existenz einer zuhöchst individuellen, von gesellschaftlichen Zwängen befreiten Seele oder Psyche, was Assoziationen zu Learys fünften Schaltkreis zulässt.

Kontemplationen

Die mediale Kollektivierung unserer Triebnatur – das biblische Große Tier

Der Entwurf der Karte ist geradezu visionär, wenn man bedenkt, dass Crowley den Tarot in den Vierziger Jahren des letzten Jahrhunderts entworfen hatte.

Das Tierhafte oder *Es* mit all seinen Trieben, Instinkten und Lüsten ist heute globalisiert. Lüste und Bedürfnisse werden über Massenmedien und dauerhafter offener und versteckter Werbung in die Menschen gepflanzt, und den Eigenschaften des individuellen *Es* werden weitere feine und leckere Möglichkeiten, sich gehen zu lassen, hinzugefügt; Gelüste, auf die wir vielleicht selbst nie gekommen wären.

Auf diesem globalisierten und dadurch in seiner Verlockung unendlich stärkeren Tier reitet nun diese Frau und sie scheint sich diesem Ritt wollüstig hinzugeben. Kein Wunder. Die Beherrschung des inneren Tieres ist heute sehr viel schwerer geworden als in Zeiten relativer informationeller Isoliertheit, da dem Tier viel mehr Möglichkeiten der Versuchung zur Verfügung stehen.

Aber verfallen wir nicht in den Irrtum, das apokalyptische Große Tier, also das durch Informations-Globalisierung, etwa durch das Internet, entstandene kollektivierte *Es*, in Bausch und Bogen zu verdammen, wie das die Chris-

---

198. Das könnte daran liegen, dass Leary sich auf neuronale, prägungsfähige Schaltkreise bezog und kognitive Entwicklungs-Holarchien ignorierte. Hier zeigt sich auch der Unterschied zwischen den Perspektiven des Innens (Wilbers Oben-Links-Quadrant) und des Außens (Oben-Rechts-Quadrant). Doch so unterschiedlich die Perspektiven auch sein mögen, der *Gegenstand* des Schauens ist dennoch der gleiche.

ten taten, die das Kind mit dem Bade ausschütteten, indem sie in jenem Tierhaften der menschlichen Natur das nur Schlechte sahen und es auszurotten suchten, wo es nur ging. Wir haben es als das Instinkt- und Triebhafte in uns identifiziert und dieses zu leugnen, würde nur zu einer pathologischen Dissoziation führen. Es gehört nun einmal zu unserem Menschsein und ist nicht per se bereits des Teufels.

Befreien wir uns auch von dem wortgläubigen mythischen Glauben an ein uns nicht zugehöriges, von Satan zu uns geschicktes Ungeheuer, das uns Böses will, wie in der Offenbarung des Johannes zu lesen ist. Dieses sogenannte Große Tier im *Außen* zu suchen, ist ein allseits bekannter Verdrängungsmechanismus. Dieses Große Tier ist ein Symbol für die triebhafte, lustorientierte Seite in uns Menschen und gehört zum Inventar menschlicher Eigenschaften, genauso wie auch die Fähigkeit zu Bewusstheit oder unsere große Zehe. Diese eher triebhaften Aspekte unserer Bedürfnispakete vermögen es in unserer Zeit, miteinander in Austausch zu treten, sie lernen voneinander und ergänzen sich gegenseitig. Im Internet lässt sich alles über Sex und seine verschiedenen Spielarten finden, was nicht schlimm sein mag, obwohl mir jetzt eher puritanisch eingestellte Christen heftig widersprechen mögen, – man findet allerdings auch Bedienungsanleitungen für den Bau von Waffen und Schlimmeres. Das mag gefährlich und entsetzlich sein, zeigt aber weniger die angebliche Bösartigkeit des ‚Tieres' an, sondern eher die misslungene Zähmung und Kontrollierbarkeit. Das Tier ist nicht im Außen, sondern nur Veräußerung bisher verdrängter Anteile unserer menschlichen Natur.[199]

In den alten Karten wird das Tier liebevoll gezähmt, man kann auch sagen, seine Kraft gebrochen. Und da können wir die Gefahr der Verdrängung erkennen, denn irgendwann wird der Löwe das Maul wieder aufreißen und seinen Zoll fordern. Ein Moment der Schwäche der sittsamen Frau genügt bereits.

In der von Crowley entworfenen Karte wird dem Tier nicht seine animalische Kraft kastriert, sondern die nackte Frau reitet es in Lust und Ekstase. Und damit zeigt sie, dass sie das Tier nicht nur gezähmt hat, sondern mit ihm eins geworden ist, in unserer psychologischen Sprache: seine Eigenschaften als Teil ihrer eigenen Psyche anerkannt hat und in sich integrieren konnte. Sie vermag es, mit ihren inneren tierhaften Anteilen zu leben und sie als Teil ihrer selbst zu akzeptieren. Mehr noch: Als Akt des Respekts und der Liebe zu sich und ihrer Existenz als Mensch freut sie sich über diesen Teil ihrer selbst und empfindet angesichts ihrer um die alten Anteile vervoll-

199. Die Symbolik des „Großen Tieres" der Johannes-Offenbarung ist ganz klar eine bildhafte Veräußerung der mythischen Bewusstseinsstruktur. Freud war der erste, der diesem Thema eine rationale, erklärende und beschreibende Note hinzufügte.

kommneten Existenz Lust. Dieses Anerkennen der animalischen Aspekte in uns ist unabdingbare Voraussetzung für die Fortsetzung unserer Seelenreise, wie sie in den nächstfolgenden Karten symbolisiert werden.

Die Kehrseite ist, dass hier die Reise ins Stocken kommen kann, wenn wir uns im Überschwang der Lust an unseren Trieben uns diesen voll hingeben und zu ihren Sklaven werden. Das wäre ein Rückschritt in ein *infantiles* unreflektiertes Lustprinzip, das ein Hervorbringen weiterer Entwicklungsebenen im Keime ersticken würde. Andererseits ist dieses Lustempfinden der entscheidende Motor für weitere Bewusstseinsentwicklung, denn was wäre Bewusstheit ohne die Lust daran?

Das *infantile* Lustprinzip vermag nur angesichts der Verheißung der Triebwunscherfüllung Glück zu empfinden. Ein reifes Lustempfinden hingegen findet Freude an der eigenen bewussten Existenz, auch wenn die äußeren Umstände den triebhaften Bedürfnissen nicht entsprechen mögen. Erst diese Fähigkeit zur Lust ermöglicht das friedvolle und ekstatische Erscheinen der nächsten Karte, des Gehenkten, der auch der Yogi ist, wenn er Freude und Lust an seiner bewussten Existenz unter Einbeziehung *aller* bisherigen Seelenanteile empfinden kann.

Während der Aufruf der alten Kartendecks bezüglich dieser Karte war: Zähmt euer inneres Tier, verschließt ihm das Maul, so ist die Einladung dieser visionär-postmodernen Karte von Crowley: Lernt euer inneres Tier kennen! Liebt es, denn es gehört zu euch selbst! Und wenn ihr es nicht liebt, anerkennt und integriert, dann liebt ihr euch selbst auch nicht. Liebt, was da von Natur aus in euch steckt und genießt es voller Lust. Habt Lust an euch selbst! Nur dann wird der Weg weitergehen!

Und nur die Kenntnis und Integration unserer Triebe, Bedürfnisse und anderer *personalen* Motivatoren ermöglicht uns die strikte Trennung dieser vom tatsächlichen *transpersonalen* seelischen Willen.

Zölibat, Sex und Tantra

Zentaurisches Bewusstsein wird dann möglich sein, wenn *alle* animalischen, archaischen Anteile bewusst gemacht und integriert worden sind.[200]

In den östlichen spirituellen Techniken widmet sich der Tantra-Yoga dieser Herausforderung. Es geht dort um das nicht-wertende Bewusstwerden aller körperlichen und seelischen Anteile, um sich durch eben dieses Bewusstsein von der Identifikation damit lösen zu können. Deshalb verdammt Tantra nichts, deshalb werden (ganz strategisch) auch sexuelle Praktiken angewendet, schlicht deshalb, weil in der Sexualität eine Menge körperlicher und psychischer Energie steckt, die genutzt werden kann und sollte.

Das monastische Zölibat mag ursprünglich auf die Absicht zurückzuführen sein, den Geist von der Last des sexuellen Triebes zu befreien oder sogar, wie im Tantra-Yoga, die sexuelle Energie nicht bereits im zweiten Chakra zu ‚verschleudern', sondern in die höheren Chakras zu leiten.[201] Das Problem besteht aber hier darin, dass die pure Unterdrückung eines sexuellen Triebes diese Energie nicht zu transzendieren vermag, sondern im Gegenteil sie im ersten oder zweiten Chakra anstauen lässt. Viel psychische Energie wird hier auf die Abwehr vergeudet.

Generationen von Mönchen haben sich den Rücken blutig geschlagen oder sich mit Eiswasser übergossen, um den angeblich von Satan geschickten sexuellen Trieb loszuwerden, – offensichtlich erfolglos. Wenn man zölibatär lebt, ohne seine Sexualität integriert zu haben, kann man Letztere auch nicht transzendieren.

Verdrängung aber ist schlicht ein Eigentor. Die verdrängten Impulse, Sex, Aggression, Zuwendungsbedürfnisse oder andere, suchen sich irgendwie ihren Weg und beeinflussen unser Tun, Denken und Fühlen.

Je mehr dieser verdrängten Impulse in uns schlummern, desto schmerzlicher das „Opfer" des Gehenkten (des nächsten pgFeldes XII), der dann, in erzwungener Ruhe, sich den ungestillten Trieben ausgesetzt fühlt und generell Unterdrückung und Deprivation fühlen muss.

Zentaurisches Bewusstsein begreift den sexuellen Trieb, wie auch andere Triebe, als Teil der ganzheitlichen Persönlichkeit. Diesen zu verdrängen, hieße, eine bestimmte Entwicklungslinie aus dem komplexen Strom der ganzheitlichen Entwicklung des Selbst herauszulösen und auf einem unterentwickelten Level zu belassen. Wie ein zentnerschwerer Anker wird diese unterentwickelte Entwicklungslinie die gesamte Persönlichkeitsentwicklung hemmen und sogartig nach unten ziehen. Einzelne Entwicklungslinien mögen hohe Reifegrade erreicht haben, die Gesamtpersönlichkeit aber erscheint deformiert und unvollständig, da der vertikale Abstand zwischen den hochentwickelten und den fixierten Entwicklungslinien für ungesunde

---

200. Es ist nicht der *Trieb* an sich, der das Problem ist, wenn jemand in irgendeiner Weise ein „Triebproblem" hat (z.B. Alkohol-, Tabak-, Sex-, und andere Sucht), sondern die *höhergeordnete* Instanz, die diesen Trieb zu kontrollieren hat, es aber aus irgendeinem Grunde nicht vermag. Der Trieb ist normal und wird immer versuchen, sich selbst auszuleben, dafür ist er ja da. Kontrolle, Kognition und jede Absicht, die seiner Befriedigung zuwiderläuft, sind ihm fremd. Den Trieb zu kontrollieren, bedarf es einer höheren Instanz, die die verschiedensten Triebbefriedigungen reguliert und mit höheren (komplexeren) Absichten in Einklang bringt. Bei Triebproblemen ist es also nicht der Trieb an sich, der das Problem ist, sondern die ihn kontrollierende Instanz, die ihrer Aufgabe nicht oder schlecht nachkommt.

201. Vgl. hierzu: Lama Anagarika Govinda: Grundlagen tibetischer Mystik. Frankfurt/M.: Fischer, 1979. Darin besonders: S. 147 ff. Lama Govinda beschreibt dort anschaulich die feinstoffliche Anatomie der Chakras und Nadis und die entsprechenden Meditationstechniken zur Aktivierung selbiger.

innerpsychische Spannungen sorgt. Das Gesamtselbst wäre wie ein Schiff, das zu fremden Ufern aufbrechen soll, aber noch immer im Ursprungshafen vertäut ist. Der Gedanke mag vorauseilen können, aber das Schiff selbst kommt keine Meile voran.

Das zentaurische Bewusstsein müsste hier verstehen, dass diese stiefmütterlich behandelten Entwicklungslinien erst einmal auf ein gesundes Niveau gehoben werden müssen, um die intrapersonelle vertikale Spannung zu verringern. Erst dann wird die Gesamtpersönlichkeit (und nicht nur einige ihrer Entwicklungslinien, wie etwa die kognitive) ihre bewusstseinserweiternde Reise fortsetzen können.

Egoische Korrekturen und Dekonstruktionen

Einführung zu den Übergangsfeldern zum Transpersonalen

(*XII-Gehenkter* bis *XVI-Turm*)

Die Übergangsfelder – Felder des erweiterten Individuationsprozesses

Die folgenden, im Grunde noch personalen pgFelder nenne ich ‚Übergangsfelder'. Es ist selten (mir ist zumindest kein Fall bekannt geworden), dass nach dem gesunden Erschließen all der vorangegangenen pgFelder jemand sofort den Qualitätssprung vom personalen Bewusstsein zum rein transpersonalen Bewusstsein vollzogen hätte. Alle entsprechenden Traditionen berichten von bestimmten Ereignissen, Erfahrungen, Erkenntnissen, die demjenigen im Vorfeld geschehen, bevor er tatsächlich ein stabiles transpersonales Bewusstsein erreichen kann. Die Themen der Übergangsfelder werden sich zumindest als ‚Einbrüche' immer wieder im Leben derjenigen gezeigt haben, denen man transpersonales Bewusstsein nachsagt. Das bekannteste Beispiel ist Buddha, der auf seinem Ausflug aus der behüteten elterlichen Behausung der Krankheit, der Armut und dem Tod begegnet, was ihm zum Anlass wird, zum Asketen zu werden. Doch auch dieser Weg entpuppt sich als ein Irrweg, bis er auch die Askese loslässt und unter einem Baum sitzend die Erleuchtung findet. Die spirituelle Literatur ist voller Beispiele für die Kämpfe, die die Adepten mit sich und in sich, oft auch mit dem äußeren Leben, auszufechten haben. In der indischen Literatur werden die Themen des Übergangs vom Personalen zum Transpersonalen auf dem Weg des Transpersonalen implizit mitbehandelt. In der westlichen Psychologie war bis vor Kurzem die Existenz des Transpersonalen unbekannt, sodass von „Übergängen" keine Rede sein konnte.

Der von Jung[202] beschriebene Individuationsprozess kommt den Themen der ‚Übergangsfelder' noch am nächsten, obschon Jung das Transpersonale natürlich nicht als Ziel dieses Prozesses galt, da er transpersonale Erfahrungen als ein Überwältigtwerden vom Unbewussten deutete.[203] Das Ziel

202. C.G. Jung: Die Archetypen und das kollektive Unbewusste. GW 9/1. Düsseldorf, 2002.
203. A.a.O., S. 305f.; vgl. auch oben, Kap.6, C.G. Jungs Individuationsprozess und die Übergangsfelder.

der Individuation nach Jung ist die bewusste Ganzheit des Selbst, die in mehreren Etappen der Bewusstwerdung von verdrängtem archetypischen Material (Schatten-Integration, Anima-/Animus-Integration etc.) hergestellt wird. Aus den folgenden Beschreibungen der einzelnen pgFelder wird ersichtlich werden, welche Aspekte des Individuationsprozesses sich in den pgFeldern wiederfinden lassen, und welche dem Jung'schen Individuationsprozess hinzugefügt werden dürfen, um den Boden für das Erschließen transpersonalen Bewusstseins zu bereiten.

Nach dem integralen Entwicklungsmodell Wilbers[204] würde das von ihm sogenannte ‚zentaurische' Bewusstsein die Grundvoraussetzung für die folgenden transpersonalen pgFelder bilden.

Grundlage für zentaurisches Bewusstsein ist eine ausgesprochen hohe kognitive Bewusstseinsstufe, die er mit dem Begriff ‚Schau-Logik' charakterisiert, und die qualitativ über das rein formal-operationale Denkvermögen (nach Piaget) hinaus geht. Diese kognitive Qualität ist nicht zentaurisches Bewusstsein, sondern nur die zugrunde liegende kognitive Fähigkeit, und die kann bereits im noch rein personalen pgFeld X erreicht werden. Zentaurisches Bewusstsein entsteht erst durch die konsequente Anwendung desselben in einem zielgerichteten Erkenntnisprozess, der es vermag, Körper, Geist und Seele zu einem Ganzen zu integrieren (pgFeld XI). Wir können die Wilbersche Behauptung, dass zentaurisches Bewusstsein zu transpersonalem Bewusstsein führe, nun modifizieren: Zentaurisches Bewusstsein trägt die nun folgenden Themen der pgFelder XII bis XVI, die ohne dieses nicht bewusst, zielgerichtet und gesund erschlossen und integriert werden können.

Psychologische Weiterführungen

Veränderungen der komplexen Persönlichkeitsstruktur als Voraussetzung zum Transpersonalen

Nach Ken Wilbers integralem Modell würde bereits postformale Schaulogik und das daraus (möglicherweise) resultierende zentaurische Bewusstsein die Möglichkeit zu transpersonalen Bewusstseinsstrukturen eröffnen. An anderer Stelle[205] habe ich bereits auf die Unterschiede zwischen Entfaltungen der rein kognitiven Linie, die zu erweiterten Wissensrepräsentationen führt, und anderen Linien der Entwicklung hingewiesen. Auf der kognitiven Linie können demnach umfangreiche Einsichten in menschliche Entwicklung inklusive der transpersonalen Bewusstseinsstrukturen gewon-

204. Vgl. weiter oben, Kap.2.
205. Vgl. dazu oben, in Fußnote 76.

nen werden, die aber nicht zwingend auch eine ganzheitliche Persönlichkeitsveränderung nach sich ziehen müssen. Um das ganze Sein, also das psychophysische Insgesamt des Menschen zu durchdringen, sind umfangreiche Erfahrungen nötig, die erst die Themen der sogenannten Übergangsfelder bereitstellen können. Mit rein kognitiver Einsicht ist es nicht getan, es bedarf ganzheitlicher Erfahrungen, die neben der kognitiven z.B. auch die emotionale, körperliche, spirituelle, interpersonelle Linien durchdringen. Es handelt sich um komplexe Erfahrungen bezüglich der Grenzen der Funktionalität des Ich-Systems (pgFeld XII), der Vergänglichkeit aller Formen, einschließlich des Ichs (pgFeld XIII), der synthetisierenden Transformationstechniken und des Bemühens um Ganzheit des Selbst (pg-Feld XIV), der Integration des persönlichen und kollektiven Schattens (pg-Feld XV) und der Einsicht in den Illusionscharakter des Ichs (pgFeld XVI).

Egoische Dekonstruktionen

In den vorangegangenen Karten ging es um die Herausbildung einer starken und stabilen *personalen* Bewusstseinsstruktur. Die Bewusstseinsorganisationen gingen anfangs von teils fremd- teils eigenbestimmten Inputs aus und steigerten sich in ihrer Komplexität bis zur Möglichkeit selbstbewusster eigengesteuerter personaler Aufbauprozesse.

Hier würde nach der Integralen Psychologie sofort der transpersonale Bereich folgen, also übersetzt in die Bildsprache des Tarot, der *XVII-Stern*. Ab da stimmt auch die Reihenfolge wieder mit den Basisstrukturen des Bewusstseins aus der transpersonalen Psychologie überein.

Tatsächlich aber haben wir es noch mit weiteren Karten zu tun, die dem personalen und transpersonalen Bereich zwischengeschaltet zu sein scheinen.

Da ein Großteil des personalen Programm-Inventars aus Anpassungsleistungen besteht, die seinerzeit eine geeignete Problemlösung bzw. eine geeignete Reaktionsweise auf Anforderungen des Außens darstellten, heute aber nicht mehr sinnvoll sind, sind eine Menge unserer personalen Programme einfach dazu da, selbstwertdienlich das Ego-Paket aufrechtzuerhalten. Erkenntnisse werden so in das affekt-logische Netzwerk einsortiert, dass dieses möglichst stabil und in sich konsonant bleibt. Daraus folgen natürlich eine ganze Reihe von Verdrängungsmechanismen, Abwehrreaktionen, innerpsychischer Firewalls, die jeden Input herausfiltern, der der Ego-Struktur schädlich sein kann. Um diese Ego-Struktur dennoch zu verstehen und sie einigermaßen adäquat in einem kontinuierlichen Selbstentdeckungsprozess zu korrigieren, bedarf es als Voraussetzung paradoxerweise einer gehörigen Stabilität des Egos – einer hinreichenden Ich-Stärke, die es sich leisten kann, auch unliebsame Erkenntnisse über sich selbst zuzulassen, ohne dabei seine Stabilität zu verlieren und in schierer Verzweiflung zu enden.

Das kann die Ebene des pgFeldes X (*X-Rad des Glücks*) noch nicht leisten. Es braucht noch Zwischenschritte, die im Buddhismus oder Yoga nicht groß fokussiert wurden, weil man auf eine transpersonale Tradition zurückgreifen konnte, die diese implizit mit behandelte, und die die westliche Psychologie *noch nicht* erfasst hat – weswegen sie den integralen Psychologen bisher entgangen sind, die ja nur eklektisch, also sammelnd und zusammenfügend vorgegangen sind.

Dieser Zwischenbereich besteht aus schrittweisen Dekonstruktionen des bisher grandiosen Egos. Diese Dekonstruktionen des eigendünkel-behafteten Egos sind wiederum unabdingbare Voraussetzungen für das Entfalten der *transpersonalen* Strukturen, denn jede noch nicht integrierte Eigenschaft des Egos – etwa uneingestandene Triebe und Wünsche oder ein uneingestandener Mangel an Selbstbewusstsein, der sich zum Ausgleich in einem programmierten Machtbedürfnis äußert und dergleichen mehr – kann sich in transpersonalen Entfaltungen hemmend und verheerend auswirken und etwa zu Allmachtsfantasien führen, wenn beispielsweise unser Bewusstsein in sich eine kausale,[206] archetypische Präsenz entfaltet.

Diese zwar in ihrer Grundstruktur noch personalen Entwicklungsthemen der pgFelder XI bis XVI stehen aber dennoch unter einem ganz anderen Vorzeichen als die bisherigen Karten. Ging es bisher um die Konstruktion des Egos, geht es nun um die selbstbewusste, sorgfältige und vorsichtige Dekonstruktion der personalen Struktur. Aus diesem Grunde habe ich auch den zweiten Magier an die Position vor den *XII-Gehenkten* gesetzt. Das hat nichts mit einer esoterischen oder okkulten Offenbarung zu tun, sondern mit der Überlegung, dass der Wille zur Tat sich nun wandelt: Vorher bedurfte es des Willens zum Aufbau der Ego-Struktur, nun aber um die Motivation und die Erwartung der Selbstwirksamkeit des eigenen Tuns angesichts der Herausforderung, dieses mühsam errichtete Ego in seiner Grundstruktur wieder zu de-installieren. Genauere Informationen darüber finden sich dann an entsprechender Stelle.[207]

Es folgt, wie auch bei den vorangegangenen Karten, eine kurze Zusammenfassung der Inhalte, ihrer positiven Bewältigung und Integration, als auch Anzeichen für eine misslungene Integration, wenn sich diese Themen *unser* bemächtigen statt wir uns ihrer. Ähnlich wie auch bei den Themen der transpersonalen Karten können Einbrüche dieser Themen in frühere Entwicklungsstadien erfolgen, die unter Umständen die Entfaltung der folgenden Themen maßgeblich beeinflussen. Denn ein solcher Einbruch in frühere Themenkomplexe zwingt uns, die Erfahrungen dieses Einbruchs auf einer Entwicklungsstufe zu bewältigen, die noch gar nicht die Vorausset-

---

206. Siehe Karte *XIX-Die Sonne*.
207. Vgl. unten, pgFeld *Ib-zweiter Magier*.

zungen mitbringt. So kann das pgFeld *XIII-Tod* beispielsweise als Einbruch in eine rein personale Struktur (z.B. in das pgFeld *VI-Liebenden* oder in das pgFeld *VII-Wagen*) noch gar nicht adäquat integriert werden, weil dieses Thema – Tod – den Aufbau einer stabilen Ego-Struktur empfindlich stören würde. Das Ego wäre gezwungen, diese Erfahrung so umzudeuten und umzugestalten, dass sie die Stabilität des Egos nicht gefährdet. Um das Thema des Todes wirklich zu verstehen und zu integrieren, bedarf es mindestens der Entwicklungsstufe von pgFeld *XII-des Gehenkten*, der im positiven Falle den Boden für die Bereitschaft zur Selbständerung bereitet.

Die Themen dieser Übergangs- oder Dekonstruktions-Karten sind in Tabelle 11 unten dargestellt.

Man sollte sich bei der Betrachtung der Karten vergegenwärtigen, dass nicht alle Einbrüche ‚höherer' Entwicklungsthemen negative Folgen zeitigen müssen. Unter Umständen wird eine Entwicklungsphase beschleunigt oder sogar ein nützliches innerpsychisches Werkzeug bereitgestellt, das uns später unschätzbare Dienste leisten kann, etwa wenn junge Menschen bereits in Hatha-Yoga unterrichtet werden (pgFeld XIV: Transformationstechniken; oder pgFeld XII: Fähigkeit zu kontrollierter Ruhe und Passivität). Zwar mögen sie die philosophischen und spirituellen Hintergründe noch nicht verstehen, aber wenn es hart auf hart kommt, können sie auf eine stützende Methode zurückgreifen, ganz abgesehen davon, dass die Asanas des Hatha-Yoga, wenn regelmäßig angewendet, eine sehr ausgleichende Wirkung auf den Energie-Haushalt des Körpers und der Emotionen und damit auch indirekt auf den Mental-Körper ausübt, was nicht schaden kann.

Benennung der Karten	Allgemeines Thema und gelungene Bewältigung	Anzeichen misslungener Bewältigung und Effekte von verfrühtem Einbruch des Themas
Übergänge zu den transpersonalen Strukturen, personale Korrekturen und Dekonstruktionen		
Ib – Der zweite Magier	Motivation und Selbstwirksamkeitserwartung zur Bewusstwerdung und sinnvollen Integration nicht selbstwertdienlicher Sachverhalte; Bereitschaft zur Dekonstruktion egoischer Selbstüberhöhung und Dekonstruktion des Eigendünkels	Verzweiflung angesichts der Aufgabe, Depressivität angesichts der ersten Erkenntnisse über die Illusionen des Egos; Einschleichen egoisch-selbstwertdienlicher Dekonstruktionen, die letztlich wieder der Ego-Konstruktion dienen.
XII – Der Gehenkte	Der Yogi, Castanedas ‚Weg des Kriegers', Annahme des Unvermeidlichen und der Einsicht in die funktionalen Grenzen des Ich-Systems	Das Opfer, zur Passivität gezwungen, die Ursache für den festgefahrenen Lebensvollzug im Außen suchend
XIII – Der Tod	Integration des Wissens um die Vergänglichkeit von Systemen, also auch des Ich-Systems	Überwältigt werden von der Tatsache des Todes, ohne dass das Ich schon ausreichend sichere Verarbeitungsmechanismen zur Verfügung hat.
XIV – Die Kunst	Das Erwachen und bewusste Aktivieren des ‚Zeugen'. Der ‚Pirscher' im Innerpsychischen; Reduktion des Tuns aufs „Wesentliche" angesichts der Einsicht von pgF XIII; bereit zur Integration, was auch immer auf ihn an Erkenntnissen zukommen möge; aber auch die Fähigkeit, plan- und maßvoll - strategisch sinnvoll -innerpsychische und energetische Arbeit zu leisten: Techniken und Praktiken, die zur integrativen Schattenarbeit notwendig sind (Prana-Heilung, Yoga-Therapien, Gestalttherapien, aufdeckend-integrative Therapien, integrative Kunst, symbolische Neo-Alchemie etc.)	Im Handeln: der ‚schwarze Magier', der Diablero, der seine Fähigkeiten zu egoistischen Zwecken der Manipulation einsetzt. Im Denken: sinnloser Eklektizismus Projektiv in anderen Menschen die Möglichkeit zur Synthese sehen und diese einfordern: Verschmelzungsabsichten mit realen anderen Personen, statt mit innerpsychischen Anteilen
XV – Der Teufel	Integrative Schattenarbeit	Überwältigt werden von Schattenaspekten, Identifizierung mit diesen und der „Verführung" eigener Schattenseiten anheimfallen.
XVI – Der Turm	Die Erkenntnis der Unmöglichkeit, als egoische Struktur ‚äußere' Aspekte objektiv wahrzunehmen; Erkenntnis des Blasencharakters der kompletten personalen Struktur und seines Weltentwurfs, ohne diese allerdings zu zerstören;	Nihilismus, Existenzverneinung, Inhaltslosigkeit, ‚Flachland-Systemiker' (Wilber) Die Zerstörung der Welt, wie man sie kannte oder konstruiert hatte.

Tab.11: Die Themen der Übergangskarten von den personalen zu den transpersonalen Strukturen

Psychogenetisches Feld Ib

- Der zweite Magier -

SELBSTWIRKSAMKEIT
IB – BEREITSCHAFT ZUR SELBSTVERÄNDERUNG, EGO-KORREKTUR UND EGO-DEKONSTRUKTION

Tarotkarte: Ib – Der zweite Magier (in traditionellen Sets nicht vorhanden)
Themen: Das Gefühl der Wirkmächtigkeit und der Selbstwirksamkeit bezüglich egoischer Korrektur-Prozesse und egoischer Dekonstruktionsprozesse; die Bereitschaft für den Weg der Individuation und des Abbaus egoischer Selbst-Gewissheit

Das Motiv der Wirkmächtigkeit, das seinen Ursprung in frühen präpersonalen Stadien der Entwicklung hat, setzt sich hier fort, bekommt aber ein anderes Vorzeichen. In allen vorangegangenen pgFeldern bezog sich das Gefühl eigener Wirkmächtigkeit auf den Aufbau eines funktionalen und Ich-starken Egos, das in seiner höchsten Form nicht nur die Mitwelt (bis pgFeld X), sondern auch sich selbst zu beherrschen gelernt hatte (pgFeld XI).

Während es beim ersten Magier um die tatkräftige Konstruktionsleistung eines starken, widerstandsfähigen Egos ging, geht es hier um die tatkräftige, mutige *Dekonstruktion* eben dieses Egos zugunsten eines umfangreicheren Existenzraumes.

Es zeigt sich hier, ob das Ego stark genug ist, unliebsame Erkenntnisse über das Ich zuzulassen und (oft entgegen des Selbstwertgefühls) kritikfähig zu werden.

Die Themen der folgenden Übergangsfelder thematisieren allesamt Erkenntnisse und Bewusstseinsprozesse, die die Annahme der Grandiosität unseres Egos in ihre Schranken weist.

Im positiven Sinne kann die Einsicht in die Bedeutungslosigkeit des Egos den Weg für transpersonale Bewusstseinsstrukturen ebnen, weil das Bewusstsein nicht zwingend die Identifikation mit dem Ego benötigt. Im negativen, pathologischen Sinne kann die Bereitschaft zur Erniedrigung des Egos schlichtweg als eine Anpassungsleistung an Probleme in der früheren Entwicklung entstanden sein, was sich dann in Gefühlen der eigenen Wertlosigkeit niederschlägt. Letzteres ist eine eher ungünstige Voraussetzung für das Bewältigen der Übergangsfelder, denn nur eine Ich-starke Persönlichkeit (*fulfunctional personality* nach Rogers) ist in der Lage, die selbstwertschmälernden Erkenntnisse der folgenden pgFelder auf gesunde Weise in das umfänglicher werdende bewusste Selbst zu integrieren. Sollte sich eine dem Ego inhärente Neigung zur Ich-Dekonstruktion zeigen, sind in erster Linie selbstwerterzeugende und –stützende Maßnahmen, vielleicht in therapeutischem Kontext, nötig.

Psychologische Weiterführungen

Der Wille zur Tat wandelt sich: Zur Dekonstruktion des Ego-Systems

Wir sprachen davon, dass der *Magier* die grundsätzliche Fähigkeit zur wirksamen Handlung repräsentiert und stellten fest, dass das Gefühl der eigenen Wirksamkeit der psychologische Motor dafür ist. Ist das alles? In Anbetracht des Bewältigens weiterer Entwicklungsbereiche und deren Integration ist es doch nur folgerichtig anzunehmen, dass die Motoren der eigenen Wirksamkeit immer umfangreicher werden.

An die Stelle zwischen der Karte *XI- Die Lust* und *XII-Der Gehenkte* ließe sich das Motiv des *I-Magiers* wiederholen, allerdings unter völlig anderem Vorzeichen. Während der *erste Magier* den Beginn der präpersonalen und personalen Strukturen des Bewusstseins, die als Hauptaufgabe die Herausbildung und Reifung einer identen, Ich-starken Persönlichkeit haben, markiert – was nur möglich ist, wenn der *Wille zur Tat* durch die Antizipation eigener Wirksamkeit erhalten bleibt – , beginnt vor dem *XII-Gehenkten* ein neuer Zyklus an Entwicklung, den man das ‚Ringen um das Transpersonale' nennen kann. Um diese Aufgaben bewältigen zu können, muss allerdings die Unerschütterlichkeit des Egos an Bedeutung verlieren. Diese transpersonalen Strukturen zu entwickeln, braucht es genauso einen *Magier*, einen ‚Macher', einen, der an die Wirksamkeit dieses neuen Tuns glauben kann und sich für fähig hält, diese Herausforderungen auch zu bewältigen.[208] Diese Deutung ist natürlich nur sinnvoll, wenn wir den *XII-Gehenkten* nicht nur als Opfer sehen, sondern seine geheimnisvollere Bedeutung als *Meditierender,* als *Yogi* freischaufeln. In der Esoterik, vor allem im Okkultismus war das bisher schwer möglich, weil die Existenz transpersonaler Bewusstseinsstrukturen nicht bekannt war. In der relativ neuen transpersonalen Psychologie, die frei von Okkultismus ist, und sich eher den buddhistischen und yogischen Entwicklungstechniken und –theorien zuwandte, finden wir allerdings klare Aussagen darüber:

---

208. Wir werden nach dem „Korrigieren" des Egos und beim Einstieg in den transpersonalen Psychen-Raum noch einen dritten Magier platzieren, der nicht nur den Willen zur egoischen Dekonstruktion, sondern auch den Willen zum Beschreiten des *post-egoischen transpersonalen* Weges repräsentiert.

In Wilbers, Englers und Browns großartigem Buch *Psychologie der Befreiung* beschreiben praktizierende Meditationslehrer, Psychotherapeuten und Psychiater unter anderem die Schwierigkeiten, die ein westlicher Praktiker auf dem Gebiet der Meditation vorfindet. Die Befunde sind eindeutig: Für Meditationserfolg sind notwendig ein *starkes, reifes Ich*, die *Überzeugung der Wirksamkeit der angewandten Methoden* und *ein Eingebettetsein der Meditationspraxis in einen entsprechenden damit kompatiblen Lebenswandel*. Sich den mitunter verheerenden Einsichten, die aus der Meditation für das personale Selbstkonzept resultieren können, zu stellen, bedarf es ebenso eines starken *machenden Willens*.

Wichtig scheint die Anmerkung, dass hier eindeutig *Dekonstruktion* gemeint ist, nicht *Destruktion*, nicht *Zerstörung*. Zerstörung wäre ein pathologischer Entwicklungsverlauf des *Gehenkten*, also des *Yogis*. Es geht nicht darum, das Ego zu zerstören, sondern es zu transzendieren. Und transzendieren heißt hier Überwinden und Integrieren in ein umfänglicheres Ganzes. Das Ego wird nicht als generelle Sackgasse empfunden, die man ausmerzen muss (Pathologie), sondern als wichtiger und unvermeidbarer Entwicklungsschritt verstanden, der aber eben nicht der Letzte und Endgültige ist. Allerdings kann es für das Ego bei unzureichender Vorbereitung schmerzhaft und traumatisch sein, wenn es spürt, dass die Identifikation des Bewusstseins mit ihm aufgelöst werden soll. Bis zur Karte des Gehenkten, den wir als Yogi interpretieren, ging es um die Entwicklung des Egos bis hin zur Anerkennung aller ihm zugrunde liegenden Entwicklungsschritte, einschließlich unserer animalischen und triebhaften Aspekte (das Freudsche *Es*, dem wir hier den Schrecken nehmen und es als gesunden Teil unseres psychophysischen Insgesamts anerkennen und in unsere Ich-Konstruktion integrieren) und dem Erfahren seiner Wirksamkeit im allgemeinen Leben. An dieser Stelle beginnen wir uns im Kreise zu drehen, unter Umständen errichten wir Weltreiche, fallen über Nachbarländer her oder beginnen einen Russland-Feldzug. An dieser Stelle entscheidet es sich, ob man auf den personalen Stufen des Bewusstseins verharrt und einfach weitermacht, die eigene persönliche Wirksamkeit weiter ausreizt, oder ob wir uns fragen, ob es nach der Identifikationsphase mit dem Ego nicht weitere, umfänglichere Existenzräume gibt. Alexander dem Großen sagte ein Yogi angeblich, dass er eines so großen Weltreiches gar nicht bedürfe, es reiche doch der Raum, den sein Grab in Anspruch nehme – ein deutlicher Hinweis darauf, dass Alexander der Große an der Stelle personaler Wirksamkeit in den Teufelskreis einer Endlosschleife geriet. Statt sich neue Reiche seines Bewusstseins zu erobern, blieb er im *Bewusstseinsraum* ein schlichter Statthalter.

Die Frage ist natürlich: Weiß man eigentlich von der Existenz transpersonaler Bewusstheit? Im Abendland gab es über diese Bewusstseinsstrukturen höchstens mythisch verschlüsselte Anspielungen und Ahnungen, aber keine präzisen Hinweise oder gar Handlungsanweisungen, deren Anwendungen es gestatteten, transpersonales Bewusstsein zu erfahren. Und wem es durch Zufall gelang, suchte nach Erklärungen, die sich natürlich wieder aus dem kulturellen Fundus an Deutungsbausteinen zusammensetzten, sodass man schnell wieder bei christlichen oder ähnlichen Bildern landete.

Im Osten ist das anders gewesen: In den Yoga-Sutras, den Upanishaden, in den Reden Buddhas und an anderen Stellen gab es genügend Hinweise und Kartografien des transpersonalen Bereichs und es gab natürlich das allseits bekannte und angewandte Methodenbündel der Meditationen, auf das man zurückgreifen konnte.

Dass der Gehenkte in der postmodernen abendländischen Welt eine neue Konnotation, nämlich die eines Initiationsfeldes für den Prozess egoischer Dekonstruktion, erfahren wird (vorausgesetzt der Tarot bleibt in Mode), liegt an der informationellen und kulturellen Globalisierung, die es uns (bei aller Kritik) gestattet, in deutscher Sprache Bücher über östliche Meditationen und östliches Denken zu lesen, an Yoga-Kursen und Vipassana-Retreats teilzunehmen und überhaupt endlich alle zur Verfügung stehenden Forschungs- und Erfahrungsberichte miteinander zu vernetzen. Der Gehenkte wird also nicht mehr nur Opfer sein, sondern, - sofern es einen weiteren *neuen Magier (Ib)* gibt, der den Willen, die Tatkraft und die Wirksamkeitserwartung mitbringt -, den Beginn einer transpersonalen Entwicklung markieren und initiieren.

Man könnte sich jetzt fragen, warum es eines weiteren Magiers bedarf, wenn doch der *XII-Gehenkte* schon genügend über diesen Sachverhalt ausdrückt. Antwort: Der *Gehenkte* repräsentiert als Informationspaket den Weg des Yogi, nicht aber seine Voraussetzung.

Wir sprachen in den Eingangstexten über Jean Gebsers Bewusstseinsstrukturen und stellten fest, dass das Emanieren einer Bewusstseinsstruktur eine hinreichende Bewältigung und Integration der vorangegangenen voraussetzt. Das personale Selbstkonzept ist in seiner Struktur anfänglich magisch, dann mythisch in der Wahrnehmung seiner Stellung zum Außen („Bin Odysseus!") und dann rational. Und erst diese letztere Stufe kann über sich selbst und sein psychisches Innenleben reflektieren. Die von Gebser *integral-aperspektivisch* genannte Bewusstseinsstruktur, von der er annimmt, dass sie zurzeit und als nächste Bewusstseinsmutation emanieren wird, ist die letzte, höchste Form vernetzten, globalen, systemischen, ganzheitlichen rationalen Denkens. Es ist nicht nur in der Lage, über das Denken selbst nachzudenken, es kann auch das Prinzip des Denkens in einen ganzheitlichen, aperspektivischen Kontext stellen. Beispiele finden wir bei modernen Denkern und Wissenschaftlern wie Maturana, Varela, Bohm, Pinker, von Foerster und anderen. Nichtsdestotrotz ist dieses integral-aperspektivische Denken noch immer eine, wenn auch reife, *personale* Bewusstseinsstruktur. Und in dieser (noch) personalen Bewusstseinsstruktur wird der Same der Bereitschaft zur Transzendenz des Egos erst gelegt. Die Erkenntnisse der integral-aperspektivischen Struktur sind der *Willensmotor*, der den Seelenwanderer überhaupt erst zum Yogi machen kann. Ohne diese Erkenntnisse der Relativität persönlicher und kollektiver Konstrukte entsteht gar nicht die Idee, das transzendieren zu wollen, von dem wir annehmen, das *wir das sind*. Es muss erst die (rationale) Idee reifen, dass das, *was wir sind*, vielleicht gar nicht wirklich wir sind, sondern eben nur eine gedankliche, wenn auch äußerst umfängliche und fast lückenlose Blasenkonstruktion.

Derjenige, der das erkennt, ist dieser zweite *Magier*, und nur dieser kann dem Seelenwanderer die zur Tat notwendige Motivation geben, seine Identifikation mit dem blasenhaften Ego aufzulösen und zu etwas Unbekanntem aufzubrechen. Dieser zweite Magier verfügt über hinreichend viele Erkenntnisse und Wissen, um zum meditativen Tun überzugehen. Er kennt vielleicht positive Erfahrungsberichte, hat vielleicht Yoganandas *Autobiografie eines Yogi* gelesen, weiß von Vipassana oder Yoga, kennt die konstruktivistische Psychologie oder ähnliches. Auf jeden Fall, egal wie seine mentalen Bausteine aussehen mögen, muss er in seinen Erkenntnissen zu einer gewissen integralen Aperspektivität gelangt und die Relativität seines Egos (mental) verstanden haben.

Warum es im Tarot bisher keinen zweiten Magier gegeben hat

Der Wille, dem eigenen Ego betrachtend, gleichsam aus der Distanz zu begegnen, kann nur dem postformalen, also dem integral-aperspektivischen Geist möglich sein. Der Tarot wurde seit dem Heraufdämmern dieses integral-aperspektivischen Geistes nicht erneuert, man griff immer wieder auf die Karten und die Reihenfolge zurück, die seit der Renaissance ehern festgeschrieben zu sein schienen. Die Karten können und müssen aber verändert werden, und zwar insofern, als neue Bewusstseinsstufen im Menschen erwachen, die ihre kollektive Symbolik suchen. Den Wunsch, das eigene Ego zu transzendieren, es zu korrigieren oder gar als Konstruktionsleistung zu betrachten, ist dem Renaissance-Menschen völlig unbekannt gewesen. Mit dem Heraufdämmern einer meta-rationalen Substruktur des rationalen Bewusstseins in der Postmoderne steht das Ich, das Ego, plötzlich auf dem Prüfstand. Das ist neu! Und neu ist auch durch das Emanieren der integral-aperspektivischen Bewusstseinsstruktur die *denkbar* gewordene Möglichkeit eines transpersonalen Weges, was einen dritten Magier am Beginn des transpersonalen Weges plausibel erscheinen lässt.

Psychogenetisches Feld XII

- Der Gehenkte -

ERFAHRUNGEN MIT DEN GRENZEN DER EGO-FUNKTIONALITÄT: ‚OPFER ODER YOGI'

ANNAHME DES UNVERMEIDLICHEN

STILLSTAND, BEREITSCHAFT ZUR PASSIVITÄT

Tarotkarte: XII – Der Gehenkte (traditionelle Deutungen: Zwang, Nichtstun, Opfer, Krankheit, Müdigkeit, Strafe, Verleumdung

Wenn wir das Ego verstehen als ein hochkomplexes Bündel an Anpassungsleistungen, determiniert durch die Erfahrungen innerhalb unserer persönlichen Entwicklung (pgFelder 0 bis XI), kann es nicht ausbleiben, dass die Anpassungs- und Problemlösefähigkeit dieses Egos zu irgendeinem Zeitpunkt an seine Grenzen stößt. Systemtheoretisch formuliert heißt das, dass das ‚System Ego', wenn es in sich selbst zu wenig flexibel ist, durch den Druck der Mitwelt zunehmends in eine Spannung gerät, die das Ego-System entweder zur rabiaten Veränderung zwingt oder aber es auflösen lässt. Wenn die Beharrungstendenz des Egozustandes aber zu stark ist, wird es immer mehr an Bewältigungskompetenz einbüßen. Im konkreten Lebensvollzug stößt man an Grenzen der eigenen Handlungs- und Entscheidungsfähigkeit. Das komplexe Bündel an Überlebensstrategien erweist sich als nicht mehr handlungsfähig. Es sind Situationen im Leben, in denen es scheinbar kein Vorwärts und kein Zurück mehr gibt. Der Mensch scheint festgefahren. Diese Situationen können dazu führen, dass sich die Menschen entweder als Opfer fühlen (dann liegt der Verdacht nahe, dass die Ursache in dysfunktionalen Anpassungsleistungen aus vorangegangenen pgFeldern liegt), oder aber es reift gerade durch diese festgefahrenen Situationen die Erkenntnis, dass der bis dato gegangene Weg sich nunmehr als Irrweg herausstellt. In letzterem Falle drängt sich (auf gesunde Weise) dem Menschen der Wunsch auf, etwas in sich zu verändern. Das kann unter Umständen die Initialzündung für einen (wie von Jung[209] beschriebenen) Individuationsprozess sein oder aber für die Bereitschaft, an seinem Leben etwas ganz Grundsätzliches zu ändern – also durch das Zulassen einer unvorherseh-

---

209. Jung, a.a.O., S. 293ff.

baren Zukunft (einem chaotischen Zustand) und damit einer wieder hergestellten Flexibilität das Ego-System erneut anpassungsfähig zu machen.

Diese Zustände des ‚Nicht-vor-und-nicht-zurück-könnens' zeigen im günstigen Fall die Grenzen der Ego-Konstruktion auf und erzeugen Motivationen, nach nachhaltigeren Inhalten zu suchen. Nicht selten wenden sich Menschen (im günstigen Fall) einer meditativen Technik (Yoga, Vipassana o.a.) zu, wenn sie die Grenzen der egoischen Leistungs- und Anpassungsfähigkeit am eigenen Leibe erfahren haben.

Therapeutisch relevant sind Fälle, in denen der Mensch sich ausschließlich als Opfer erfährt, also die Verursachung seiner Problemlage nur im Außen zu suchen gewillt ist und sich in seiner Opferrolle einrichtet. Diese Opferrolle ist dann als die entsprechende (aber dysfunktionale) Anpassungsleistung an die aussichtslos scheinende Situation zu verstehen, und es sind Interventionen angebracht, die die eigenen Anteile an der Verursachung der Situation (Reaktivierung des pgFeldes IX-Eremit) und die mangelnde Funktionalität des Ego-Systems im übergeordneten Mitwelt-Kontext (Reaktivierung des pgFeldes X) bewusst machen können. Um die Basis für eine erneute Handlungsfähigkeit herzustellen, müsste des Weiteren an motivationalen Aspekten gearbeitet werden (Reaktivierung des Feldes XI).

Psychologische Weiterführungen

Ja, mach nur einen Plan,
sei nur ein großes Licht,
und mach dann noch nen zweiten Plan,
gehen tun sie beide nicht.
- Bertolt Brecht

Der Doppelcharakter dieses pgFeldes

Der ursprüngliche, im pgFeld der *II-Hohepriesterin* begonnene Ich- und Welt-Entwurf beginnt sich hier zu verkeilen. Nichts geht mehr, kein Vorwärts, kein Zurück. Man kann das für sich annehmen und akzeptieren – dann wird man zum Yogi. Oder man lehnt diese Erkenntnis ab und beharrt darauf, Opfer der ‚bösen' oder widrigen Umstände zu sein – dann wird man zum Opfer.

Die Ego-Maschine steht still. Entwicklung wird nur noch möglich sein, wenn die starren Strukturen zerbersten – einem Tod anheimfallen (Folgerichtig ist die nächste Karte der XIII-Tod). Ohne dieses Zerbrechen der stagnierenden Situationen (innerpsychisch wie äußerlich) würde keine Veränderung und damit auch keine Entwicklung mehr stattfinden. Dieser Tod nach dem Gehenkten kommt gewiss; man kann ihn nicht umgehen, denn nichts im Universum lässt sich dauerhaft zementieren, auch nicht unsere subjektiven Selbst- und Weltbilder, irgendwann gibt es immer den großen Knall. Auf den Stillstand folgt die Auflösung oder der *New Deal*; die Karten werden neu gemischt. Und in der auf den *XIII-Tod* folgenden Karte wird es dann um die Synthese, um das neuerliche und sorgfältigere Zusammenfügen gehen. Aber greifen wir nicht weiter vor, sondern schauen uns die Zusammenhänge dieser Karte genauer an.

Man nennt den Gehenkten oft auch das ‚Opfer' und manche Autoren finden Assoziationen zum Märtyrertum Jesu oder zu Odin, der sich an der Weltenesche Yggdrasil aufhängen lässt, um Weisheit zu erlangen. Das sind mythische Erzählungen, und sie spielen natürlich eine wichtige Rolle, insofern sie die mythische Bewusstseinsstruktur (Gebser) widerspiegeln. In diesen Mythen spiegelt sich der Doppelcharakter dieses pgFeldes: Einerseits zwingt es zu passivem Stillstand, zu einer gewissen Bewegungsunfähigkeit, andererseits aber bringt diese, sofern akzeptiert und angenommen, Frieden (Jesus), Weisheit und tiefe Erkenntnis (Odin).

Der magisch denkende Mensch erschauert angesichts der Karte und sieht sich selbst als das Opfer höherer Mächte und glaubt natürlich, dass großes Unglück auf ihn zukommen wird. Auch das ist eine legitime Einstellung und um diese Karte rational betrachten zu können, kommen wir nicht umhin, die magische und mythische Bewusstseinsstruktur mit einzubeziehen. (Eine gesunde rationale Einschätzung dieser Karte ist wiederum nötig, um sie auf einer nächstumfassenderen Bewusstseinsebene verstehen zu können.)

Tatsächlich geht es in dieser Karte um das ‚Opfer', allerdings in einem weniger pathetischen Sinne. Der Gehenkte ist das Opfer seiner eigenen Weltkonstruktion, ungeachtet dessen, ob er für diese selbst verantwortlich gewesen war oder nicht, ob er fremdbestimmt konditioniert wurde oder sich selbst in die Ketten einer „kleinkarierten"[210] Weltenkonstruktion hat fesseln lassen.

Dysfunktionale Welt- und Selbstentwürfe

Um den Ursprung dieser Weltenkonstruktion zu verstehen, beginnen wir diese Betrachtung mit einem Vergleich dieser Karte mit zwei anderen aus dem Crowley-Set.

Im Hintergrund des Gehenkten sehen wir ein feines Netz aus kleinen Karos, an das er in erzwungener Ruhe genagelt zu sein scheint. Diesen Karos begegnen wir auch auf der Karte der *II-Hohepriesterin* aus anderer Betrachterperspektive: Hier, im Gehenkten, sind sie quadratisch und in der direkten

210. Dieser schöne Begriff wurde von Akron angesichts des feinmaschigen Netzes, vor dem der Gehenkte des Crowley-Tarot-Sets sich befindet, geprägt. Siehe Akron: Der Crowley-Tarot-Führer. 2. Band. Neuhausen (Schweiz): AGM Urania, 2007.

Frontalansicht zu sehen, auf der Hohepriesterin-Karte in einem geschwungenen, räumlichen Feld, hinter dem die Hohepriesterin thront. Man könnte also hinter das Karonetz des Gehenkten die Hohepriesterin setzen, allerdings in einer verzerrten Perspektive, als ob sie sich in einer geringfügig versetzten Dimension aufhielte. Wir sprachen bei der Hohepriesterin von der ersten noch undifferenzierten Muttererfahrung des Kindes, die als Stellvertreterin das ganze Universum repräsentierte, oder wie Erikson es ausdrückte, über Urvertrauen oder Urmisstrauen (in das Universum) entscheide. Wir stellten auch fest, dass das so von der Mutter repräsentierte Universum nicht das eigentliche Universum sein könne, sondern die subjektive Sicht auf das Universum, die aus der persönlichen Urerfahrung mit der eigenen Mutter resultiert. In der Hohepriesterin liegt also der Beginn der Fremdbestimmtheit, die für objektive Realität gehalten wird. Gleichzeitig aber können wir an diesem Punkt auf nichts anderes zurückgreifen, um das Universum einigermaßen adäquat zu beurteilen und immerhin ist das von der noch undifferenzierten Mutter repräsentierte Universum ein Teilaspekt, eine Emanationsform des unendlichen Universums. Kurz: Die Urerfahrung im ersten Kontakt mit der Welt außerhalb des Uterus (und teilweise sogar innerhalb), gezeichnet von der Subjektivität der Mutter, ist Ausgangspunkt für unsere illusionäre Weltkonstruktion.

Umsonst all das irdische Bemühen – das ist die Erkenntnis, die sich hier einstellen kann, vor allem wenn alle irdischen Bemühungen aus einem fehlerhaft konstruierten Ego heraus resultierten. Es kann an dieser Stelle verstanden werden, dass unsere Wahrnehmung projektiv ist und wir auf diese Projektionen reagieren, als ob sie äußere Objekte wären. Diese Bemühungen müssen zwangsläufig scheitern, weil es albern ist, auf eigene projizierte Hologramme zu reagieren – aber nichts anderes machen wir im Normalfall. Unsere ganze Weltsicht ist ein Produkt aus diesen ersten Urerfahrungen, ihren Projektionen ins Außen und unseren Reaktionen darauf – die uns wiederum neue bestätigende Erfahrungen liefern, unser Weltbild erweitern, aus dem heraus wir wieder projizieren, darauf wieder reagieren und so weiter und so fort. Irgendwann aber ist eine Grenze der Funktionalität dieses persönlichen Weltbildes erreicht und an dieser Grenze werden wir zum Opfer unserer eigenen illusionären Weltsicht; ab diesem Punkt bewegt sich nichts mehr, es ist zu fehlerhaft geworden, entspricht zu wenig der Wirklichkeit, als dass wir noch wünschenswert agieren könnten. Wir haben uns in die Falle ‚hineinkonstruiert'. Und da hängen wir nun, angenagelt an das fragile Gerüst des eigenen Weltentwurfs, von dem wir nicht loslassen wollten und konnten und wissen nicht weiter. Es ist letztlich an diesem Punkt auch gleichgültig, ob wir weiter wissen, tun können wir sowieso nichts mehr. Das einzig Sinnvolle, das uns bleibt, ist, unser Schicksal anzunehmen. Da wir sowieso nicht mehr aktiv unser Weltbild verifizieren können, fest vernagelt, wie wir sind, bleibt uns nur noch eines: das aufmerksame Lauschen auf das, was uns tatsächlich widerfährt, was uns tatsächlich umgibt, unabhängig von dem, was wir bisher dachten, wollten, anstrebten. Es bleibt nur das Loslassen von unserer bisherigen Egokonstruktion, die uns ja in diese Situation erst gebracht hat.

pgFeld XII als Antithese zu pgFeld IV: Die ausgebremste Initiative

Vergleichen wir nun die Karte des Gehenkten mit der des Kaisers auf den Crowley-Karten. Die Bein-Haltung des Gehenkten ist die gleiche wie die des Kaisers, nur umgekehrt, was eine direkte Verbindung der beiden Karten andeutet. Psychologisch ist diese Deutung korrekt: Das aktive ordnende Prinzip des IV-Kaisers ist der Motor für die Navigation des Ichs durch das bisherige Leben gewesen. In diesem pgFeld, wir erinnern uns, ging es um die erste Erfahrung der Initiative, um das Navigieren im sozial-territorialen Raum. Abgrenzungsfähigkeit entstand, Macht- und Unterwerfungsrituale wurden etabliert – alles zu dem Zweck, sich den Raum zu erobern und zu sichern, den wir für die Entfaltung des Ichs optimalerweise benötigten. Das Ergebnis dieser Bemühungen ist vom Widerstand des sozialen Außens und dem erfahrbaren Erfolg dieser Bemühungen abhängig. Grundlage dieser psychischen Initiative ist die Grundüberzeugung, dass die Welt sich unseren Initiativen prinzipiell beugen kann, es sei denn, jemand anderes übt bereits die von uns angestrebte Macht aus. Aber auch in diesem Fall scheint sich die Welt und die Ereignisse nach den Initiativen der Menschen zu richten, nur eben nicht unserer Initiative, sondern der der Mächtigen. Es entsteht das Bedürfnis, diese Mächtigen in ihrer privilegierten Stellung abzulösen oder diese so zu manipulieren, dass sie unseren eigenen Initiativen dienlich werden, uns nicht quälen, uns vielleicht schützen. Hinter all dem steht aber ein entscheidender Irrtum, dessen Korrektur Thema dieses pgFeldes ist. So ist das pgFeld XII die Antithese zur aktiven ordnenden Initiative des pgFeldes IV. Das soll im Folgenden erläutert werden:

Einsicht in das Nicht-Vorhandensein menschlicher Macht

Es geht im pgF IV um das Vermögen, sein Leben emotional-territorial zu strukturieren und in eine Ordnung zu bringen, um das Prinzip des Beherrschens des eigenen Lebensraumes.

Anders argumentiert: Es geht um die frühe Erfahrung, beherrscht zu werden, also die Grunderfahrung dessen, dass man das Leben im Griff haben kann. (Denn Vater oder Mutter beherrschten uns ja.) Von dieser Illusion gehen wir aus, denn die Erfahrung, beherrscht und fremdbestimmt zu werden, schließt die Vermutung ein, diese Verhältnisse auch umkehren zu können. Übernähmen wir selbst die Macht, dann wäre das Problem gelöst. Wir könnten den Vater entthronen, wir könnten die politischen Verhältnisse umkehren, auf dass wir von den Beherrschten zu den Herrschenden werden. Das ist ein Trugschluss. Und dieser Trugschluss beruhte auf dem Irrtum anzunehmen, dass weil wir ohnmächtig sind, andere mächtig sein müssten, es also prinzipiell möglich sein müsste, die Fäden selbst in die Hand zu nehmen. Irgendwann allerdings geraten wir in Situationen, in denen wir erfahren, dass all unsere Bemühungen uns in eine Sackgasse geführt haben und dass die scheinbar Mächtigen ebenso machtlos waren wie wir selbst.

Hier wird Raum für die Erkenntnis – auch wenn das makabrerweise tröstlich sein mag – dass auch die, die uns einst beherrscht haben, Spielbälle eines größeren Schicksals sind, und dass das Konstrukt von Macht eine rein gesellschaftliche Konstruktionsblase ist. Wir mögen Macht über andere Menschen ausüben können, über unsere Kinder – für die wir dann die Mächtigen repräsentieren -, über Angestellte, über ein Volk vielleicht sogar, allerdings hört da unsere Macht auf. Plötzlich holt uns etwas anderes ein, eine Krankheit, ein Unfall, vielleicht ein Krieg, eine Wirtschaftskrise, oder einfach nur widrige Umstände, die uns unserer kleinen Existenz im Universum bewusst werden lassen. Wir werden gezwungen zu verstehen, dass wir letztlich nur versucht haben, Macht auszuüben, um unsere natürliche Ohnmacht zu verdrängen und zu übertünchen.

Das Kartenhaus unseres Egos ist zu hoch gestapelt, unsere Annahmen über unser Vermögen, die Welt und die Umstände zu beherrschen, zu sehr von der eigenen Hybris gezeichnet. Die affekt-logische Architektur unseres Weltbildes hat sich aufgebläht zu einer gigantischen Egomaschine, die an einem bestimmten Punkt anfängt zu knirschen und zu mahlen, sich heiß läuft und dann plötzlich – wie ein heiß gelaufener Motor – einfach stehen bleibt. Es geht keinen Schritt mehr vorwärts, keinen rückwärts. Unsere Ego-Maschine erfährt seine Grenze. Eine beklemmende Stille tritt ein, Bewegung ist nicht mehr möglich. Wir sind zur Passivität gezwungen. Wo wir Zeit unseres Lebens agiert haben, und agieren konnten, sind wir zum Stillstand gezwungen. Unsere Maschine trägt uns keinen Schritt mehr weiter. Wir erfahren Ohnmacht, ohne eine beherrschende menschliche Macht noch wahrnehmen zu können – also eine andere Ohnmacht als die des Kindes. Die Illusion, alles beherrschen und handhaben zu können, zerbricht.

Die Gefüge des Universums sind zu komplex; die eigene egoische Wirksamkeit ihnen gegenüber illusionär. Man steht vor Situationen, die man nicht ändern kann.

Die Welt prinzipiell für manipulierbar zu halten, wenn schon nicht von uns, dann von anderen, Mächtigeren, lässt Opferrollen entstehen. Der Andere, Mächtigere, so kann eine unbewusste Annahme dann lauten, ist doch in der Lage, meine missliche Lage zu ändern, und wenn er es nicht tut, dann macht er sich schuldig und mich zwangsläufig zum Opfer. Ein anderer unbewusster Glaubenssatz könnte so klingen: Ich bin ohnmächtig, aber andere sind es auch, da aber die Welt generell manipulierbar ist, bin ich offenbar minderwertig (und die anderen auch).

Doch einige Menschen an diesem Punkt geben nicht auf, sie halten sich selbst für mächtig genug, der Welt den Stempel ihres Ego-Entwurfs aufzudrücken. Sie können von ihrer fehlerhaften Weltenkonstruktion nicht loslassen. Manchmal schaffen sie es tatsächlich, wie die Stehaufmännchen wieder von vorn zu beginnen. Sie nehmen die erzwungene Ruhe nicht in Kauf, sie bleiben inwendig und ihren Egobedürfnissen verhaftet. Bei denen dreht sich das Rad wieder von vorn. Sie verpassen die Chance, die ihnen diese Ruhe gibt. Sie verpassen die Wahrnehmung dessen, was an natürlichen Mächten um sie herum passiert. Sie befreien sich aus ihrer passiven Lage, steigen vom Kreuz und machen einfach weiter. Sie lauschen nicht auf die Geheimnisse, die sich in dieser ohnmächtigen Situation offenbaren können, weil ihre beständigen Bemühungen ihre Wahrnehmung bisher übertüncht haben.

Der Gehenkte als Yogi

An dieser Stelle bietet sich noch eine alternative Deutung dieser Karte an, die allerdings mit diesen Ausführungen eng verbunden ist. Die Körperhaltung des „Gehenkten" erinnert vielleicht an die Yoga-Asanas, also Körperhaltungen, die aus dem Hatha-Yoga bekannt sind.

Mircea Eliade nennt vier Begriffe, die im Zentrum indischer Geistigkeit stünden:

Karma, Maya, Nirvana und *Yoga*.[211]

Karma ist das Gesetz der „allgemeinen Kausalität, das den Menschen an den Kosmos bindet und ihn zu unbeschränkter Wanderung verdammt".[212] *Maya* ist der „geheimnisvolle Prozess, durch welchen der Kosmos erzeugt und erhalten und die ewige Wiederkehr der Existenzen ermöglicht wird, die kosmische Illusion, welche der Mensch solange aufrechterhält (ja für wertvoll hält), als er verblendet ist durch die Unwissenheit (avidya)".[213] *Nirvana* ist „die absolute Realität irgendwo jenseits des durch die Maya erzeugten Gewebes der kosmischen Illusion und der durch das Karma verursachten menschlichen Erfahrung – das reine Sein, das Absolute, Unbedingte, Transzendente, Unzerstörbare, Nirvana."[214] Und *Yoga* ist der Weg zur Befreiung.

Der Yogi versucht also, mit bestimmten yogischen Techniken sich aus der Illusion des Maya und aus den karmischen Verstrickungen zu befreien, zu der auch die Illusion gehört, zu *sterben*. Diese Karte *Der Gehenkte* würde nach dieser Deutung die Initiation in den Weg zur Befreiung repräsentieren, den

211. Eliade, M.: Yoga. Unsterblichkeit und Freiheit. Suhrkamp,1985.
212. A.a.O., S. 11.
213. A.a.O., S. 11.
214. A.a.O., S. 11.

yogischen Weg, und die darauf folgende Karte „Der Tod" zeigte dann den Bruch, den Tod der menschlichen Form an. Das indische Denken allerdings verknüpft mit dem Gedanken an das *Sterben des Egos* auch die spirituelle Wiedergeburt zu einer nicht-bedingten Seinsweise, die, wenn wir bei diesem Argumentationsstrang bleiben, zuerst in der Karte „Stern" anklingt und sich dann durch die weitere Reihe bis zur Karte „Universum" fortsetzt, die das letztendliche Erreichen des Zieles und Eingehen in die nicht-bedingte Existenz, also Nirvana oder Brahman, anzeige.

Eine prototypische Episode: Sri Aurobindo

Am 2. Mai 1908 wird der indische Freiheitskämpfer Aurobindo zusammen mit 36 weiteren Verdächtigen verhaftet, angeklagt eines Attentats, bei dem zwei unbeteiligte Menschen ums Leben kamen. Ein Jahr lang befindet sich der junge Mann in Haft, um am 5. Mai 1909, als Einziger freigesprochen, völlig verändert das Gefängnis wieder zu verlassen. Innerhalb dieses Jahres im kolonialen Zuchthaus wurde aus dem militanten Patrioten einer der größten und progressivsten Yogis der Neuzeit, dessen Werke das indische Denken aus der mythischen Bewusstseinsstufe in eine aperspektivisch-integrale Bewusstseinsstruktur hob. Er selbst berichtet von transsubjektiver Schau, die ihn im Gefängnis nach einer Zeit des Haderns und Jammerns förmlich überfiel. Anfangs noch ganz das Opfer haderte er mit seinem Schicksal, hätte er denn keine Mission, so klagte er, sei es denn nicht seine Aufgabe, sein Volk zu befreien? Eine Kette von Visionen überkam ihn, die ihn vollkommen verwandelte. In seinen Mitinsassen sah er Krishna wohnen, im Richter, im Ankläger, im Verteidiger, mit dem er übrigens kein Wort über seine politischen Taten mehr wechselte, sah er ebenfalls nur noch das Göttliche. Er nahm die erzwungene Passivität an, ohne sich weiter zu wehren und verbrachte seine Zeit in Meditation. Aus dem Opfer wurde der Yogi. Und als Yogi öffnete sich ihm die transpersonale Welt, die ihn für immer verwandeln sollte. Nach seiner unerwarteten Entlassung gründete er einen Ashram in Pondicherry, in dem er gleichsam als Epizentrum des yogischen Seins lebte und eine Reihe von einflussreichen Büchern über seinen „integralen Yoga" verfasste. Sein Ashram wurde zu einer kleinen lebendigen Stadt, die ganz auf das Studium und die Praxis des Yoga ausgerichtet wurde. Sri Aurobindo sagt selbst: „Ich bin nicht hier, um jemanden zu bekehren. Ich predige der Welt nicht, zu mir zu kommen, und ich rufe niemanden. Ich bin hier, um das göttliche Leben und das göttliche Bewusstsein in denen zu begründen, die von sich aus den Ruf empfinden, zu mir zu kommen und durchzuhalten, in anderen nicht."[215]

---

215. Aurobindo, zit. in Wolff, Otto: Indiens Beitrag zum neuen Menschenbild. Rowohlt. 1957. S. 109.

Psychogenetisches Feld XIII

- Der Tod -

AUFLÖSUNG DER FORMEN
EINSICHT IN DIE VERGÄNGLICHKEIT ALLER FORMEN UND SYSTEME
DER EIGENEN PERSON INKLUSIVE
EINSICHT IN DIE ENDLICHKEIT DES ICHS

Tarotkarte: XIII – Der Tod (traditionelle Deutungen: Notwendigkeit zur Veränderung, Ende einer Angelegenheit, Loslassen, Tod)

Die eigene Vergänglichkeit und Endlichkeit ist eine mit den Aufbauprozessen des Egos nicht kompatible Tatsache und ihre Einsicht relativiert die Bedeutung des Egos und der eigenen Person auf erhebliche Weise. Doch der eigene Tod als Ausdruck persönlicher Vergänglichkeit ist nur ein Teilaspekt dieses sehr umfangreichen psychogenetischen Feldes. Alle Formen im Universum sind, wie die Systemtheorie beschreibt, Systeme mit autopoietischer Entfaltungskraft, die allerdings dem Druck der komplexeren umgebenden Systemvielfalt ausgesetzt sind. Alle Systeme sind nur solange sich selbst erhaltend, bis sie an die Grenzen ihrer Beharrungstendenz stoßen. Als solche Systeme sind nicht nur ‚äußerliche' Strukturen zu verstehen, wie etwa biologische Organismen, Staatengebilde oder Familienstrukturen, sondern auch intrapsychische Strukturen, wie etwa komplexe kognitive Architekturen, Einstellungen, Wünsche, Vorhaben, konkrete Zielbildungen, Lebensentwürfe. All diese Aspekte lassen sich als Systeme beschreiben oder, wie es der Buddhismus tut, als Formen. In der spirituellen Literatur finden sich regelmäßig Hinweise auf die Notwendigkeit, diese Eigenschaft der Flüchtigkeit oder Vergänglichkeit aller Formen, seien sie nun materiell oder ideell, emotional oder kognitiv, zu verstehen und anzuerkennen.[216] Für den weiteren Erkenntnis-Prozess ist dieses pgFeld von entscheidender Bedeutung, da es die Unzweckmäßigkeit des Anhaftens an der Welt der Formen offenbart und den Menschen zwingt, nach dauerhafteren Sachverhalten Ausschau zu halten. Die westliche Systemtheorie beschreibt Systeme als vergänglich, der Buddhismus ebenso alle Formen von mentaler Kognition und Leidenschaft und damit auch das Selbst, und ebenso der Yoga die Welt der Erscheinungen (Maya).[217]

Diese fundamentale Einsicht lässt unter Umständen bisherige Bemühungen im Leben als sinnlos erscheinen, wenn der Mensch keine Informationen über Alternativen zur Verfügung hat.

Wenn solche Auflösungen von Formen, z.B. durch das unerwartete Auseinanderbrechen einer Familie, durch einen unerwarteten Todesfall oder das Zusammenbrechen einer Zielvorstellung, einen Menschen überraschen, wirkt diese Thematik wie ein Einbrechen dieses Themas in frühere Entwicklungsstadien, die für eine adäquate Verarbeitung dieser Erfahrung noch keine hinreichenden Strategien und Kompetenzen zur Verfügung hat. Dieser ‚Einbruch' muss dann mithilfe der eben zur Verfügung stehenden kognitiven Möglichkeiten möglichst sinnhaft in die bestehende Bewusstseinsstruktur eingearbeitet werden – ein Prozess, der die weitere Entwicklung möglicherweise empfindlich beeinflussen oder gar stören kann. Die emotionalen Folgen eines solchen Einbruchs, für die das Ich noch nicht bereit ist, müssen ein Ventil finden dürfen. Trauerzeiten (egal ob bei Todesfällen, dem Ende einer Beziehung oder dem Auseinanderbrechen eines Zukunftstraumes) müssen gelebt und gegebenenfalls therapeutisch begleitet oder manchmal sogar erst ermöglicht werden.

Im Prozess der Selbsterkenntnis oder einer Meditationspraxis sollte sichergestellt werden, dass dieser Erkenntnis der Vergänglichkeit aller Formen (in diesem Stadium des Bewusstseins) in irgendeiner Weise eine praktische und/oder theoretische Alternative gegenübergestellt wird, wie das etwa in einer philosophisch-spirituellen Ausrichtung z.B. dem Buddhismus der Fall ist. Dieses philosophisch-spirituelle Weltbild kann als Gerüst dienen, das die Direktiven für weiteres spirituelles Handeln vorschlägt.

---

216. Vgl. zum Beispiel: „Ach, wir sind unbeständig, die wir glaubten, von Dauer zu sein. Wir sind wandelbar, die wir uns für beständig hielten. Und die wir wähnten ewig zu sein, wir sind in Wahrheit vergänglich" (Samyutta-nikaya 22, 78). Zit. aus: Reden des Buddha (2001), Stuttgart: Reclam, S. 13; Des Weiteren: Die Gnosis. Koptische und Mandäische Quellen. Düsseldorf: Patmos, 2007, S. 88f.; Die sieben Betrachtungen der Einsicht. Eine Abhandlung über Einsichtsmeditation. München: DBU – Theravada-Arbeitsgruppe –, 2002, S. 13ff., S. 76ff.; siehe auch der buddhistische Begriff „Anicca" (Pali: unbeständig, nicht dauerhaft): Eines der drei Merkmale der Existenz (Bowker (Hg.): Oxford-Lexikon der Weltreligionen, Frankfurt/M.: Fischer, 2003, S. 62. Auch „Anitya" (Sanskrit: „nicht beständig"): die vergängliche Natur aller Erscheinung im Hinduismus (ebd., S. 63)

217. Vgl. Eliade, M.: Yoga. Unsterblichkeit und Freiheit. Frankfurt/M.: Suhrkamp, 1985.

Psychologische Weiterführungen

„*Wie kann sich jemand nur so wichtig vorkommen, wo wir wissen, dass der Tod uns umschleicht?*“Carlos Castaneda: Die Reise nach Ixtlan. Fischer, 1990, S. 46

Nexus: XII-Gehenkter – XIII-Tod

Im *XII-Gehenkten* wird zur Passivität gezwungen. Im *XIII-Tod* treffen auf den passiven und fixierten Seelenwanderer die unpersönlichen Kräfte, die er durch seine Passivität zum ersten Mal vorurteilslos wahrzunehmen vermag – wenn er dazu bereit ist!

Es bedarf der meditativen Gelassenheit, die der Seelenwanderer im zurückliegenden pgFeld XII gewonnen hat, um gewappnet zu sein für die nächste Erkenntnisebene, denn die hat's in sich. Erst mit dem kontemplativ-meditativen Gleichmut des Gehenkten wird er in der Lage sein, der eigenen Sterblichkeit (und Endlichkeit) ins Auge zu blicken.

Um in irgendeiner Weise überhaupt Entwicklung weiterhin zu ermöglichen, muss das feine ‚Netz an Karos', an das der Gehenkte sich genagelt fand, zerstört werden. Der „kleinkarierte“ Weltentwurf lässt den Seelenwanderer versteinern und zwingt ihn zur Unveränderlichkeit; ein Zustand, der im Universum nicht aufrechtzuerhalten ist. Alles verändert sich, alles fließt ineinander und nichts und niemand lässt sich in irgendeiner Weise verewigen. Dieses starre Gerüst muss und wird zerbersten; entweder freiwillig, indem man beginnt, vom Festen und Gewohnten loszulassen, oder eben unfreiwillig, weil das starre Gefüge dem dynamischen Veränderungsdruck des Universums nicht standhalten kann – irgendwann wird auch der festeste Ego-Entwurf vom reißenden Strom der Veränderungen mitgerissen werden. Was sich alles verändern wird, was an Altem über den Jordan gehen wird, hängt von der *Funktionalität* dieser Dinge ab. Ein norwegischer Flusslachs wird vom reißenden Gewässer nicht mitgerissen – er schwimmt. Mitgerissen wird derjenige, der sich *dagegen* stemmt.

Die Erfahrung des Auseinanderwirbelns des Bestehenden bietet die Chance, in einem Aufwasch auch über den eigenen Tod, also das Auseinanderwirbeln des eigenen Menschseins, zu kontemplieren. Eine empfehlenswerte Sache, denn viele Dinge im Leben erlangen neue Priorität oder verlieren ihre bis dato eingeräumte Wichtigkeit angesichts der Einsicht in die eigene jederzeit eintreten könnende Vergänglichkeit.

Das Gegenargument zum Ego-Erhalt: Der Tod

Der Tod ist eine Kränkung des Egos. Im Tod zeigt sich die Vergänglichkeit, die Nichtigkeit und der Blasencharakter unserer Ego-Konstruktion. Aus diesem Grund kann sein eigentlicher Charakter von den prä-egoischen und egoischen Bewusstseinsstrukturen nur schwer verstanden werden. Die Identifizierung mit den fremden Egostrukturen (Kindheit) und den daraus resultierenden eigenen Egostrukturen verhindert das bewusste Wahrnehmen des Wirkens unpersönlicher kosmischer oder natürlicher Kräfte. Erst jenseits der egoischen Bewusstseinsebenen ist das, was die Tarotkarte ‚Tod' repräsentiert, überhaupt erkennbar. Ego-Identifizierung und Bewusstheit über den Tod schließen einander aus. Egoische Strukturen sind gezwungen, den Tod entweder zu tabuisieren oder als grundsätzlichen Feind des Lebens zu interpretieren, wie das viele Mediziner gern tun. Die Akzeptanz des Todes, der eigenen Vergänglichkeit also, würde den Wert des Egos (Selbstwertgefühl) sofort schmälern und damit der selbstwertdienlichen Überhöhung des Egos ein Ende setzen. Der innerpsychische Gleichmut des Gehenkten ist sozusagen die Mindest-Voraussetzung für eine Konfrontation mit der Tatsache des Todes. (Wir werden noch sehen, dass die Erkenntnis des Todes zwangsläufig zur Karte ‚Kunst' führt, die eine intensivierte Konzentration auf das Wesentliche durch das Akzeptieren und Anwenden geeigneter Methoden repräsentiert – was nur möglich ist, wenn der Eigendünkel sich nicht mehr als Störfaktor einmischt. Und der bekommt hier, in der Konfrontation mit dem Tod, seinen Dämpfer.)

Die Pathologie des Tod-Themas: Die Mechanismen der Selbstzerstörung

Einmal von der lebens-ausrichtenden Mitte unseres Selbst abgekommen, wird unser Verhalten selbstzerstörerisch. Der Wirkmechanismus ist ganz einfach: Aufgrund einer Bindung zu einer nahestehenden Person (Thema des pgFeldes *III – Die Kaiserin*) übernahmen wir auch deren Problem- und Schmerz-Felder. Diese Identifizierung aber verhindert die Ausrichtung der eigenen Entfaltung an den eigenen Potenzialen und Themen. Man übernimmt also das Thema des Anderen. Das führt von einem selbst weg und lässt unbewusste Minderwertigkeitsgefühle entstehen. Der eigentliche Sinn unseres Daseins kann sich uns nicht erschließen, es gibt keine innere Logik der Entwicklung, die uns an das geheimnisvolle und lebensbejahende Gesetz unseres ganzheitlichen Selbst (oder des Göttlichen) bindet. Wir beginnen, uns mit unserem Verhalten selbst zu sabotieren und damit selbstzerstörerisch zu werden. In nächster Instanz aber wird genau diese Tendenz abgewehrt und wir gaukeln uns große Unabhängigkeit und Freiheitlichkeit vor. Diesen Tendenzen können große und wichtige Wahrheiten entspringen, die dem ausschließlich lebensbejahenden Menschen oft entgehen – man denke an Baudelaires *Blumen des Bösen* – nur leider ist den großen Selbstzerstörern kein so großes Schicksal beschieden wie ihren Werken.

Sinnvoll ist hier Integrationsarbeit: Wenn frühe Pathologien, etwa in pg-Feld *III-DieKaiserin*, in dem es um frühe Bindungen und demzufolge auch um Identifikationen mit ‚ererbten' Schmerzthematiken geht, bewusst gemacht werden konnten, die eigenen emotionalen Schmerz-Programme also aufgedeckt und deren Quell-Codes geknackt wurden, kann man sich auch den Themen der Zerstörung, der Auflösung der Formen und der Selbstzerstörung zuwenden, ohne sich mit denen zu identifizieren. Wir können sie beobachten und uns ihrer gewahr werden – mit unserem wachen Bewusstsein, das sich der Identifikation mit diesen Zerstörungsthemen verschließt, diese aber bewusst und kontrolliert in das psychophyische Insgesamt integriert.

Systemzusammenbrüche

Schauen wir uns einmal an, was die Karte *Tod*[218] aus wissenschaftlicher Sicht symbolisiert. Aus den Modellen der System- und Chaostheorie wissen wir, dass sich Systeme in Richtung einer sich selbstorganisierenden Ordnung aufbauen, die sich zwar immer wieder verändern, aber als das eigentliche System wiedererkennbar bleiben. Die verändernden, anpassenden Prozesse innerhalb des Systems, sei das eine Familie, ein Gedankensystem, ein menschliches Leben oder eine molekulare Struktur, sind *nicht* der *Tod*. Der *Tod* bezeichnet das Ereignis des Zerbrechens, des Auseinanderstiebens eines Systems, wenn es nicht mehr in der Lage ist, die eigene Stabilität gegen seine Umgebungsfaktoren zu verteidigen, wenn keine systeminhärente Anpassungsbemühung mehr fruchtet, und sich die Teile des Systems auseinanderlösen und ungebunden werden, kurz: Systemtod.

Da wir unser persönliches Ego als ein affekt-logisches System begreifen können, wird also auch *diesem* System der Tod irgendwann drohend vor der Tür stehen. Kein System währt ewig; es ist der Lauf der Naturgesetzmäßigkeiten, dass lebendige Systeme eine gewisse stabile Ordnung herzustellen vermögen, die eine Weile der natürlichen Tendenz zur Entropie, also zur Auflösung von energieverschlingenden Ordnungszuständen, zu trotzen vermag. Um unsere menschliche Natur zu verstehen, ja mehr noch, die *lebende* Natur zu verstehen, ist diese Erkenntnis unabdingbar, wenn sie auch zumindest den egoischen Strukturen ein Dorn im Auge ist, weil die Annahme der Erkenntnis des eigenen Endes der Tendenz zur Selbsterhaltung einfach zuwiderläuft.

218. Anmerkung zur Crowley-Karte „Tod": Auch der Tod zappelt dort an Fäden, da kann er tanzen und wüten, wie er will, er hängt an den Fäden der natürlichen Bestimmung, des Gesetzes von multikausaler Ursache und Wirkung. Er ist das Wirken kosmischer Gesetzmäßigkeiten.

Transegoische Bewusstseinsstrukturen können das Universum als einen immerwährenden dynamischen Fluss aus ineinanderfließenden, sich umschmeichelnden und verändernden Energiewirbeln verstehen – eine Erkenntnis, die die Kerneigenschaft des Egos, nämlich Haltbarkeit, Unveränderlichkeit und Kohärenz, als Trugschluss entlarven muss: Wenn sich alles in dynamischer Veränderung befindet und keine Form von Dauer, also von wahrhafter Substanz ist, kann das Ego ja auch nicht von Dauer, muss also substanzlos sein. *Das* kann eine egoische Bewusstseinsstruktur weder verstehen, noch zulassen, wenn sie sich nicht den Ast absägen will, auf dem sie sitzt.

Der Tod an sich ist nichts Persönliches, das Ausgeliefertsein an die Mächte des Universums, an Naturgewalten und -gesetze ist etwas, das unserer Existenz immanent ist. Wir sind oft wie Laubblätter im Herbst, die zu einem Haufen gefegt wurden. Dann fegt der Wind uns alle auseinander und wir wirbeln durch die Luft. Es ist unser Eigendünkel, unsere Neigung des Egos, selbst im Versagen, selbst in der Ohnmacht noch in uns selbst den Mächtigen zu lokalisieren, der der Verursacher all unseres Schicksals ist. Wir sind dann wie ein Herbst-Blatt im Wind, das herumgeweht wird und sich die ganze Zeit denkt: „Oje, was habe ich nur als junges Blatt falsch gemacht!? Welche inneren ungelösten Konflikte trage ich mit mir herum, dass ich mich selbst in ein solches Schicksal bringe?“

Das alles hat gar nichts mit unseren inneren Konflikten zu tun. Sie mögen existieren, aber angesichts der größeren Mächte, in diesem Falle des Herbststurmes, sind sie völlig gleichgültig. Solange das Blatt am Baum hängt und gedeiht, mag es eine subjektive Rolle für die Entwicklung des Blattes spielen, welche persönliche Geschichte es mit sich herumträgt, aber spätestens im Herbststurm ist diese völlig gleichgültig geworden.

Der Tod kommt und er meint uns gar nicht persönlich. Er wirbelt die Laubhaufen der Herbstblätter auseinander, weil dieser Laubhaufen eben dort im Wege lag.

Der ‚Tod‘ der Tarotkarte repräsentiert deutlich mehr als den physischen Tod. Er ist das Wirken größerer, machtvollerer Mächte als unsere selbstwirksame Ego-Blase. Er ist das Wirken eines kosmischen Naturgesetzes, dem wir alle unterworfen sind. Oft nehmen wir bereits empfindliche Veränderungen in unserem Leben als etwas Bedrohliches wahr. Systeme, also auch unsere Persönlichkeit, entfalten sich anpassend und verändernd. All das ist nicht der Tod. Der Tod ist erst das Ende aller Bemühungen, der Zusammenbruch der Systemstrukturen des Egos oder anderer Systeme, die mit unserem Leben zu tun haben, etwa das unwiederbringliche Zerbrechen einer Familie, einer Partnerschaft oder eines religiösen, weltanschaulichen oder politischen Überzeugungssystems.

Nun kann uns der Tod direkt treffen, direkt bedrohen und unser Ego muss irgendwie darauf reagieren. Oder aber wir setzen uns sozusagen vorsorglich mit ihm auseinander, um ihn als Teil des Lebensprozesses zu verstehen. Letzteres machen Vajrayana-Buddhisten, wenn sie über den Tod meditieren, oder japanische Samurai, die in der Meditation sich ihren eigenen Tod auf die unterschiedlichsten Arten visualisieren, um die Angst vor ihm zu überwinden.

In der vorliegenden Reihenfolge der Karten zeigt die Karte das bewusste Auseinandersetzen mit dem Tod an, das Annehmen und Akzeptieren dessen als kosmische Macht, der wir unterworfen sind und die Integration in unser Selbst.

Das heißt aber nicht, dass der Inhalt dieser Karte nicht auch als ein Einbruch in unser normales Leben stattfinden kann, und zwar ohne, dass wir ihn vorher in unser Weltbild integriert hatten. In diesen Fällen ist unser Ego gezwungen, irgendwie sich diesen Ereignissen anzupassen. Das Ego ist erfinderisch! Und alle möglichen Religionen und esoterischen Heilsideen liefern genügend Verdrängungsmethoden. Da wird von der Unsterblichkeit der Seele gesprochen, als ob es sich um die Unsterblichkeit des ‚Ich' handeln würde. Das ‚Ich' ist aber eine Anpassungsleistung des Organismus an *dieses* irdische Leben und schlägt sich als komplexe neuronale Struktur in unseren Gehirnen und im Körper nieder. Mit dem physischen Tod löst sich aber diese körperliche Grundmatrix auf und alle neuronalen Kodierungen des Ichs hören auf zu existieren. Das ‚Ich' lebt nicht weiter. Das ‚Ich' ist eine vergängliche rein künstliche Steuerungsinstanz unseres Selbst. Und das Selbst nun? Stirbt das auch? Wenn wir der Definition von Jung folgen, in der das Selbst das Insgesamt unseres Wesens aus bewussten Ich-Aspekten und unbewussten Kodierungen ist, dann wird auch das Selbst sterben. *Jede* vermutete ‚diesseitige', irdische, als in den Maßstäben unserer Zeit-Raum-Vorstellungen lokalisierte persönliche Instanz wird sterben und kann nicht ewig bestehen, einfach weil sie künstliche Konstruktionen sind, die irgendwann wie ein Kartenhaus den Gesetzen der Natur gehorchen müssen und sich dem allgemeinen Strom und Wirbeln der kosmischen Energie wieder angleichen werden, nämlich dann, wenn die Widerstandskraft des künstlichen Systems schwächer geworden ist als der Sog des kosmischen Energieflusses, bzw. der Naturgesetze. Ja, überlebt denn irgendetwas, wenn wir sterben?

In gewisser Weise schon. Nehmen wir einmal ein Beispiel. Wenn jemandes Liebesbeziehung auseinanderbricht, ist das ein Ausdruck des Todes. Nicht seines, sondern der des Systems der Liebesbeziehung. Diese Beziehung bestand aus Verhaltensweisen, Erwartungen, Kommunikationen und anderem. Ab irgendeinem Punkt wird das Beziehungsgefüge fragil, es kann sich nicht mehr aus eigener Kraft seine Struktur erhalten, es bricht auseinander. Die ‚Einzelteile' des Systems, also die vormals sich Liebenden sterben aber nicht. Wohl sterben bestimmte Erwartungen, was naturgemäß zu Ent-Täuschungen führt, aber die Protagonisten selbst sind noch lebendig. Sie nehmen Informationen aus der Beziehung mit in ihr weiteres Leben und ihr weiteres Verhalten wird von diesen Erinnerungen beeinflusst werden.

Übertragen wir das nun auf das Individuum. Es wird sterben, früher oder später. Aber seine Bestandteile leben in der Erinnerung seiner Bestandteile weiter, sei es in den Molekülen, in der DNS seiner Nachkommen, sei es als ein Impuls in etwas Abstraktem, etwa in einem morphogenetischen Feld,[219] oder wie die Theosophen gern sagen, in der Akasha-Chronik.[220]

Totenbücher

Leben nach dem Tode,[221] ein Mythos und gleichzeitig Hoffnungsspender für die Egos. Doch das Ego selbst wird kaum den Tod überleben. Es besteht ja aus Konzepten, Vorstellungen, Erinnerungen, bzw. aus neuronalen Kodierungen. Mit dem Tod sterben die Nervenzellen ab und damit auch das Langzeitgedächtnis. Doch die Idee der Reinkarnation lässt sich in vielen mystischen Strömungen finden.

Was genau während des Sterbens, im Tode und in seinem Anschluss aus der Perspektive des Sterbenden passiere, beschreiben die berühmten Totenbücher. Ihnen gemeinsam ist, dass der Verstorbene eine Reihe von Prüfungen, Herausforderungen oder Richtsprüchen durchlaufe, bevor es zu einer neuen stabilisierten Illusion von Ego komme. Im *ägyptischen Totenbuch* ist es die Halle von Maat, in der mit einer feinen Messprozedur die Reinheit der Seele gemessen wird, wonach sich entscheidet, was weiter mit ihm zu

---

219. Sheldrake, R.: Das schöpferische Universum. Die Theorie der morphogenetischen Felder und der morphischen Resonanz. München: Nymphenburger, 2008

220. Eine abstrakte oder ätherische „Chronik", ein immaterieller oder feinstofflicher Universalspeicher aller Menschheitserfahrungen. Theosophen und Hindus behaupten, mit entsprechenden Methoden Zugriff zu ihren Informationen bekommen zu können. In diesem Zusammenhang scheinen auch die Palmblattbibliotheken in Indien zu stehen. Akasha (Sanskrit, „offener Raum", „Leere", „Luftraum"): eigentlich eines der fünf Elemente der Hindu-Philosophie, der Luftraum, gleichzeitig Träger des Lebens und der Geräusche.

221. Ich möchte hier auf Pim van Lommel: Unendliches Bewußtsein. Neue medizinische Fakten zur Nahtoderfahrung. Mannheim, 2010, verweisen. Van Lommel versucht mit Hilfe von Erfahrungsberichten und entsprechenden Untersuchungen über deren Langzeitfolgen herzuleiten, dass das Gehirn nicht Bewußtsein erzeugt, sondern als Empfänger für Bewußtsein fungiert. Nahtoderfahrungen wurden bereits von Raymond Moody: Leben nach dem Tod, Reinbeck, 2007 umfangreich beschrieben. Dieses Buch gilt als Klassiker der Nahtodforschung. Kritisch anzumerken ist an der ganzen Nahtodforschung, dass alle Informanten am Leben sein müssen, um Berichte über ihre Erfahrungen abgeben zu können.

passieren habe. Im *Tibetischen Totenbuch* sind es eine Reihe von projektiven Licht- und Schreckerscheinungen, die dem Ausmaß des seelischen Bewusstseins des Verstorbenen entsprechen, und die, je mehr er sie für real hält, ihn desto mehr in ein neues verfestigtes (wiedergeborenes) Dasein zwingen.

Da die feinstoffliche Anatomie der tibetischen Mystik ungleich feiner ausgearbeitet ist als die der westlichen Wissenschaft, wird auch der Sterbeprozess dort detaillierter beschrieben. Ausgehend von der Holarchie des menschlichen Seins (Physis, Geist, Seele, göttlicher Geist) wird das Sterben dort als ein Stufenprozess dargestellt, in dem erst der Körper sich auflöst und dessen Energien im Geist aufgehen. Anschließend geht der Geist in der Seele auf und zuletzt die Seele im göttlichen Geist. Karmische Impulse allerdings sorgen dafür, dass aus dem göttlichen Geist sich eine Seele löst, diese einen Geist schafft, diese einen Körper und so wieder ins diesseitige Dasein tritt. In der Beschreibung des pgFeldes *XXI-Das Universum* werden wir auf tibetische Vorstellungen vom Tod und den sogenannten Bardozuständen näher eingehen. Nach tibetischen Vorstellungen ist es also die Seele, die gewissermaßen unsterblich ist, nicht das Ich. Die Seele jedoch ist letzten Endes unauflöslicher Teil des göttlichen Geistes. Man könnte also sagen, die Unsterblichkeit des göttlichen Geistes ist es, die im Hintergrund allen Seins steht. Und der Wunsch des Menschen nach der Unsterblichkeit ist seine unerkannte Sehnsucht nach dem Wieder-Eingehen in das Göttliche. Es ist nur seine Illusion des Getrenntseins, die ihn nicht erkennen lässt, dass die Unsterblichkeit längst und schon immer in ihm wohnt.

Interessanterweise lässt sich die *Johannes-Offenbarung* des Neuen Testaments ebenfalls als ein Totenbuch verstehen, diese Deutung ist sogar recht plausibel und ergibt in vielerlei Hinsicht Sinn. Die ganzen schrecklichen Ereignisse sind einerseits Gleichnisse für das Sterben der verschiedenen Seins-Bereiche des Menschen (finden sich im *Tibetischen Totenbuch* auch) und andererseits das projektive Konfrontiertwerden mit dem eigenen innerseelischen Müll, durch den man sich nur heil (an der Seele) hindurchbewegen könne mit der „Geduld und dem Glauben der Heiligen“ (Off. 13;10) – das Pendant zur unbeirrten Meditation der Vajrayana-Buddhisten. So kann man die Offenbarung des Johannes mit Fug und Recht das *Christliche Totenbuch* nennen.

Kontemplationen

Yoga und transpersonale Bewusstseinsstrukturen

Wie in der Karte ‚Der Gehenkte‘ und im vorangegangenen Absatz schon ausführlicher dargestellt, ist es möglich, die Karte auf eine alternative, positive Weise zu betrachten. Während der Gehenkte den yogischen Weg symbolisiert, zeigt diese Karte den ‚Tod‘ des Egos, zumindest in seiner bisher bestehenden Form, denn bereits das Erkennen der Vergänglichkeit des Egos löst unser Vertrauen in seine unsterbliche Substanzhaftigkeit auf. Das widerspricht nicht unserer Deutung, denn das Wahrnehmen überpersönlicher Kräfte ist nur durch den Tod des Egos überhaupt möglich.

Man spricht im Yoga dann folgerichtig von den Zweimal-Geborenen, bzw. dass man dem Ich stirbt. Das Ich als vergängliche Form verliert seine Bedeutung; das Bewusstsein löst seine Identifikation mit der vergänglichen Form namens Ego.

Allein das Wort ‚über-persönlich', besser ‚trans-persönlich' oder ‚trans-personal' zeigt in aller Deutlichkeit, dass die Identifikation mit der Persönlichkeit, mit dem Ego, aufgelöst sein muss, um jenseits des Egos überhaupt etwas wahrnehmen zu können. Wenn wir davon ausgehen, dass Wahrnehmung die Projektion unseres psychischen Inventars ist, wird klar, dass die Wahrnehmung von unpersönlichen oder überpersönlichen Aspekten eine Projektion ebenjener Inhalte sein muss, die über das vergängliche und damit substanzlose Ich-System hinausgehen müssen. Das Bedürfnis danach, sich diesen zu nähern, kann nun im Yogi erwachen. *Trans*personale Bewusstseinsstrukturen werden nun mit dem *Tod* oder *Sterben* des Egos zwangsläufig interessant, sodass man sich bereit macht, einen kontrollierten und zielgerichteten (yogischen) Weg zu beschreiten.

Resümee

Die Karte ‚Der Tod' rückt zurecht, was in unserer ego-bezüglichen Weltenkonstruktion fehlerhaft war, er ermöglicht die Wahrnehmung und Zurkenntnisnahme dessen, was wir im bisherigen Verlauf unserer Entwicklung nicht wahrhaben wollten und ausblenden mussten. Diese Wahrnehmung wird erst möglich, wenn unsere Egoblase unser Handeln in die Sackgasse geführt hat, wie im Gehenkten gezeigt. Erst die Position des Gehenkten ermöglicht die Wahrnehmung des Todes in seiner Ganzheit. Der Blick ist weiter geworden, und geht über den Laubfroschhorizont des Egos hinaus. Hier beginnen *trans*egoische Erkenntnisse zu reifen, denn das Ego wird als eine vorübergehende geistige, mentale Struktur begriffen, von deren Identifikation wir uns lösen können.

Psychogenetisches Feld XIV

- Die Kunst, Die Mäßigung -

Das Bemühen um die Synthese des Selbst
Transformationstechniken
Das alchemistische Opus Magnum
Psycho-energetische Praxis
Techniken und Praxis der geistig-spirituellen Selbstgestaltung

Tarotkarte: XIV – Die Kunst,[222] auch: Die Mäßigung, Das Maß (traditionelle Deutungen: Anpassungsfähigkeit, Genesung, Wahrheitssuche, Vielseitigkeit, Ausgewogenheit

Es lohnt sich, an dieser Stelle die Eigenschaften der letzten pgFelder zusammenzufassen, um den Bedeutungskern des pgFeldes *XIV-Die Kunst* in die Reihe der Karten richtig einzuordnen:

pgF III-X: Entwicklung eines gesellschaftlich determinierten Ich-Konzepts, dessen Weltbild auf gesellschaftlich etablierte Erklärungsmodelle aus Wissenschaft, Religion, Kultur etc. zurückgreift.

pgF X-Das Glücksrad ist dabei die komplexeste rationale Stufe, die auf rationale Weise Befunde aus unterschiedlichen Domänen zu vernetzen in der Lage ist (z.B. Denken in verschiedenen Perspektiven, integrales Denken). Konkrete Anwendungen sind hier noch nicht aktuell. Z. B. könnte hier eine akademische Arbeit über den Vergleich buddhistischen Denkens mit christlicher Mystik verfasst werden.

pgF XI-Die Lust: Zentaurisches Bewusstsein, in dem man die Erkenntnisse aus X auf das eigene Sein überträgt: Nicht mehr die Dualität von Körper und Geist bestimmt hier das bewusste Selbstbild, sondern deren wechselseitige Durchdringung (z.B. das Anerkennen psychischer Faktoren bzgl. körperlicher Störungen und umgekehrt, alternative Heilmethoden, komplexe Psychosomatik, etc.).

pgF XII-Der Gehenkte: Das bis zu XI entstandene Ich mit seinem Selbstbild gerät an die Grenzen seiner Funktionalität und offenbart seine grundsätz-

---

222. Der Begriff „Kunst" leitet sich hier vom lateinischen *ars* ab, womit die europäischen Alchemisten ihre „Kunst", das alchemistische opus magnum, das die Veredelung der Seele (Jung, 2002) zum Thema hat, bezeichneten (Akron, 2007)

lichen Fehler, seine Irrtümer angesichts des Scheiterns. Wenn das Ich nicht in der Lage ist, dieses Leben nach seinen Vorstellungen zu meistern, ist es offensichtlich eine von der Wirklichkeit abgehobene Konstruktion, die den tatsächlichen Gegebenheiten nicht entspricht.

pgF XIII-Der Tod: Daraus erwächst die tief greifende Erkenntnis der eigenen Vergänglichkeit, aber auch die aller anderen Sachverhalte. Hinzu kommt die einzige Möglichkeit, sich aus dem Dilemma von XII zu befreien: Dieses Ich, das sich ab einem bestimmten Punkt als unfähig erweist, seine eigenen Vorstellungen durchzusetzen, muss aufgegeben werden. Wenn der Motor des Fahrzeugs irreparabel festgefahren ist, benötigt man ein tauglicheres Vehikel. Mehr noch: Wenn das Fahrzeug sich generell als untauglich erweist, etwa wie ein Auto zum Fliegen, muss es aufgegeben werden.

Der Tod des alten Ichs wirft die Frage nach einem neuen ‚Ich' auf, einer neuen Identität. Die Vorstellungen des alten Ichs, gespeist aus den Lernerfahrungen von III-XI, verlieren an Bedeutung; die bisherige Form des Erkenntniserwerbs, nämlich rationales Studium, Philosophie und das Übernehmen von vermittelten Konzepten (egal ob diese tauglich sein mögen oder nicht) wird überwunden. In den Vordergrund drängt sich das Bedürfnis nach konkreter Erfahrung des bisher nur Theoretischen: Es reicht nicht mehr, die Bücher über Buddhismus zu lesen, man möchte selbst meditieren und aus diesen persönlichen Erfahrungen seine Lernprozesse schöpfen. Das Studium esoterischer Konzepte wandelt sich vom buchstabengetreuen Lernen zur konkreten Anwendung. Nicht mehr die Namen der Chakras werden auswendig gelernt, sondern man will die Chakras in der Meditation selbst erfahren. Literatur darüber wird nun zu einem Mittel zum Korrektiv: Stimmen meine Erfahrungen mit den Berichten von Yogis, Vajrayana-Buddhisten oder Mystikern überein? Wie beschreiben diese den weiteren Weg? Welche Methoden sind für mich anwendbar?

Im pgF *X-Glücksrad* konnte noch eine mangelhafte Befundlage eine Theorie oder einen Bericht über esoterische Erfahrungen vom Tisch fegen. Hier, in pgF *XIV-Kunst*, ist es nicht mehr die offizielle Befundlage oder wissenschaftliche Positionierung, sondern die Bestätigung durch persönliche Praxis und Erfahrung, die zum Kriterium des Denkens und Handelns wird. Beispiel: Die fehlende wissenschaftliche Befundlage bezüglich eines sogenannten ‚Energiekörpers', wie ihn die Yogis beschreiben (mit Chakras, Nadis, einem Energiekanal, Sushumna genannt usw.) lässt viele Denker dieses Konzept ablehnen. Lässt sich derjenige aber auf die von den Yogis beschriebene Anleitung zu entsprechenden Meditationen ein, wird er anhand seiner eigenen Erfahrung diese Konzepte bestätigt oder widerlegt finden. Sollten sie sich bestätigen, erkennt er sie als brauchbare Methode an, sein psycho-energetisches Ganzes zu entwickeln und zu kultivieren.

War in pgF *X-Das Glücksrad* die Philosophie noch die Methode der Wahl, um die Welt und den Menschen zu durchdringen, wird es hier die praktische Anwendung bestimmter Techniken zur Transformation, über deren Güte ausschließlich der praktische Erfolg entscheidet. Schlussfolgerungen nach den Gesetzen der Logik treten in den Hintergrund, und deren bisherige Dominanz wird durch die empirischen Ergebnisse der Anwendung abgelöst: Hat diese oder jene Technik mich verändert oder nicht? Führt dieses oder jenes Konzept zu spürbaren Veränderungen in meinem Wesen, wenn ich es anwende?

Zwei Kernaspekte des pgFeldes XIV-Die Kunst

Dahinter stehen zwei wesentliche Aspekte, die den Kern des pgFeldes *XIV-Kunst* bilden:

Zum einen die Motivation zur Selbsttransformation, ja mehr noch: die Notwendigkeit einer solchen Wandlung angesichts der Einsichten aus den pg-Feldern *XII-Der Gehenkte* und *XIII-Der Tod*. Das alte Ich, in seiner ungenügenden Konstruktion erkannt, sterben zu lassen, um Raum für ein Weiterschnellen des Bewusstseins zu ermöglichen, ist eine gewaltige Hürde: Man hatte ja nichts anderes; woran soll man sich jetzt festhalten, woran orientieren?

Diese Frage führt zu dem zweiten Bedeutungskomplex dieses pgFeldes, nämlich dem der entsprechenden Transformationstechniken und Erklärungsmodelle über die Natur des Menschen *jenseits* des aufgegeben alten Ichs. *Daran* kann man sich orientieren. Das alte Ich ließ man ‚sterben'; man ist bereit, dessen Konzepte über Bord zu werfen. Doch was tritt an deren Stelle? Es sind die eigenen Erfahrungen, die die rationalen Konzepte ablösen. Theorien und Modelle werden bestenfalls zu Landkarten, die man nutzen kann, aber sie verlieren ihren Selbstzweck. Das Interesse an konzeptueller Philosophie weicht einer Hinwendung zu Erfahrungsberichten anderer Praktiker.

Es sind die Überlieferungen der Yogis, der europäischen Alchemisten und Kabbalisten, der tibetischen Vajrayana-Buddhisten, der christlichen Mystik und anderer, die dem Denken der früheren pgFelder noch verwirrend, okkult, im besten Falle geheimnisvoll erscheinen müssen. Das alte Ich kann mit diesen Überlieferungen tatsächlich nichts anfangen. Deren Inhalte scheinen zu sehr dem allgemeinen Weltbildkonsens der personalen pgFelder zu widersprechen. Diese Schiften sperren sich gegen die Möglichkeit einer formalen wissenschaftlichen Überprüfung. Um was geht es in ihnen?

Die Potenziale menschlicher Entfaltung, das Ausreizen aller Möglichkeiten der menschlichen Existenz ist ihr Thema; Möglichkeiten, von denen eine reine formop-Rationalität noch nicht einmal zu träumen wagte.

Die entsprechende Literatur ist natürlich kulturabhängig gefärbt, die Termini unterscheiden sich, auch die Gewichtung einzelner Aspekte ist unterschiedlich.

Beispiele für traditionelle Techniken sind der Yoga,[223] der Mahayana-Buddhismus[224] oder der Tantrismus[225] aus dem indischen Raum oder der Zenbuddhismus aus Japan. Die europäische Alchemie scheint nach Jung[226] ebenfalls eine solche Transformationstechnik zu sein, allerdings ist sie heute kaum noch praktizierbar, oder wenn doch, dann in einer deutlich modifizierten Form, etwa im Ansatz der Tiefenpsychologie C.G. Jungs. Neuere Vorschläge für Transformationstechniken, die sowohl einen theoretischen Überbau als auch Vorschläge zur praktischen Anwendung vorweisen können, werden oft stark kritisiert; Beispiele sind die Osho-Kommunen,[227] Carlos Castanedas Weg der mexikanischen Yaquis[228] oder Stanislav Grofs[229] Modell der Entwicklung und die Techniken des Holotropen Atmens.[230]

In einem etwas weiteren Sinne sind psychotherapeutische Verfahren ebenfalls in dieses pgFeld einzuordnen, sofern sie

- ein theoretisches Erklärungsmodell,
- geeignete transformative Methoden und
- eine Zielsetzung, die über reine Refunktionalisierung der Persönlichkeit (pgF VIII) und selbstbezügliche Introspektionen (pgF IX) hinaus geht und
- eine Erweiterung der Selbst-Bewusstheit oder
- transegoische Methoden und Therapieziele

aufweisen können. Teilweise erfüllt die analytische Psychologie nach C.G. Jung diese Kriterien. Nach Wilber[231] scheint die Transpersonale Psychologie und in ihrer Folge die Integrale Psychologie solche zusammenhängenden Methoden-Bündel zu wachstumsorientierten Therapien (im Gegensatz zur defizitorientierten Therapie) anzubieten. Über deren Wirksamkeit lässt sich

---

223. Vgl. Eliade, Yoga, 1985; Sri Aurobindo, Der Integrale Yoga, 1957.
224. Vgl. Lama Govinda, 1993
225. Vgl. Eliade, 1985.
226. Vgl. Jung, 2002.
227. Vgl. Swami Satyananda, 1979.
228. Vgl. Castaneda, z.B. 2001.
229. Vgl. Grof, 2006.
230. Über die Güte all dieser Techniken läßt sich hier kaum eine Aussage treffen. Es kommt immer auf die persönlichen Umstände, das intrapsychische Set des Praktizierenden und seine Informationsquellen (Lehrer, Bücher etc.) an.
231. Vgl. Wilber 2001 und Wilber, Engler, Brown, 1987.

zurzeit noch nichts Sicheres aussagen, da sie noch nicht lange angewendet werden.

Vermehrt entwickeln sich ganz individuelle Methoden-Bündel, die sich keiner Tradition streng verpflichten, sondern brauchbare Einzel-Techniken aus den verschiedensten Traditionen herausgreifen und je nach individuellem Temperament und Vorliebe miteinander kombinieren. Angesichts einer kulturellen Globalisierung, durch die dem Einzelnen Informationen aus allen Kulturen (erstmals in der menschlichen Historie) zur Verfügung stehen, scheint dieses Phänomen, traditionellen Einwänden zum Trotz, sinnvoll zu sein.

Fehlerhafte Entwicklungen in diesem psychogenetischen Feld können darin liegen, dass die angewendeten Techniken nicht ausreichend exakt ausgeführt werden, keine hinreichende Kenntnis des theoretischen Fundaments der Praxis zugrunde liegt oder eklektische Technik-Bündel in sich zu widersprüchlichen Ergebnissen führen. Therapeutisch ist hier schlicht eine fundierte Lehre oder Ausbildung in diesen Techniken und Erklärungsmodellen angezeigt.

Ein pathologischer Einbruch dieses pgFeldes kann auch darin bestehen, dass gerade in Liebesbeziehungen die Synthese des Selbst über den Verschmelzungswunsch mit dem Partner hergestellt werden soll. Hier wird projektiv im Anderen wahrgenommen, was zur Ganzheit des Selbst fehlt. An diesem Fall wird deutlich, wie notwendig philosophische richtungsweisende Grundsysteme und ihre impliziten Transformationstechniken für eine erfolgreiche Arbeit an der Synthese des Selbst sind. Exemplarisch soll auf zwei Ansätze im Folgenden etwas näher eingegangen werden.

Europäische Alchemie und tibetische Mystik

Crowley nannte diese Karte ‚Die Kunst', weil die Alchemisten ihr Tun *ars* nannten, die *Kunst*. Aus den überlieferten Schriften wissen wir, dass die Alchemisten ein klares Prozedere kannten, dem ihr ‚Großes Werk', ihr *opus magnum*, unterworfen war. Die Alchemie gilt bis heute als Vorläufer der Naturwissenschaften und seit C.G. Jung auch als Vorläufer der Tiefenpsychologie. Inwieweit die Alchemisten ihr Tun tatsächlich buchstäblich verstanden und ganz konkret die Umwandlung der Materie anstrebten oder ob sie in ihrem Prozedere eine Allegorie auf eine persönliche psychische Umwandlung sahen, kann nicht geklärt werden. Nach Eliade[232] darf auch vermutet werden, dass es sich bei der Alchemie um eine Transsubstanziierung handelt, also um einen Prozess mit wissentlicher Doppel-Bedeutung von einerseits konkreter Umwandlung von

232. Mircea Eliade: Yoga. Unsterblichkeit und Freiheit. Suhrkamp, 1985; Mircea Eliade: Schmiede und Alchemisten. Stuttgart: Klett-Cotta, 1980.

Materie und andererseits (gleichsam als feine Bedeutungs-Corona um das Grobmaterielle herum) der innerpsychischen Veredelung des Alchemisten selbst.

Für uns von Belang ist die Feststellung, dass die Alchemie geheimnisvolle Techniken und Handlungsvorschriften hervorgebracht hat, die einer (für die Zeit der Renaissance sehr nebulösen) Bewusstseinsentwicklung welcher Form auch immer dienen sollten. Insofern enthält die Benennung der Karte auch eine historisch interessante Komponente, vor allem weil Crowley, wie viele sogenannte Okkultisten, sich der Alchemie verpflichtet fühlte.

Ein Detail auf Crowleys Karte *XIV-Die Kunst* führt uns zu einem weiteren Ansatz: Eine androgyne Gestalt, halb Frau, halb Mann steht vor einem Kessel und mischt Feuer und Wasser. Aus dem Kessel steigt eine dünne Säule leuchtender Energie durch die androgyne Gestalt nach oben, und zwar entlang der Wirbelsäule. Die aufwärtsgerichtete Bewegung wird durch einen Pfeil angedeutet, der in der Licht-Säule platziert ist. Dieses Konzept einer Lichtsäule begegnet uns im Kundalini-Yoga wieder. Dort wird eine feinstoffliche oder energetische Anatomie des Menschen angenommen, die sich mit physikalischen Mitteln nicht erfassen lässt. Eine lebensspendende Energie, Shakti oder Kundalini genannt, ruhe im untersten Chakra (Energiezentrum) und könne sich (selten) spontan entfalten oder durch bestimmte Meditationstechniken erweckt werden. Je nach dem, welches Chakra (welche energetische Ebene) diese erweckte Energie erreicht, erfüllt sie dieses mit der Energie des Bewusstseins. Durch entsprechende Meditationen wird überhaupt erst die Wahrnehmungsfähigkeit für die energetischen Phänomene erzeugt, um später diese Phänomene auch beherrschen und kontrollieren zu können. Die Achse, durch die die Kundalini-Energie nach oben steigt, wird Sushumna genannt und befindet sich – obschon nicht physisch – im Bereich der Wirbelsäule.

Eine weitere Gemeinsamkeit finden wir in der Symbolik der Farben: Der Löwe auf Crowleys Karte ist weiß, der Adler rot (auf der Karte *VI-Die Liebenden* war es umgekehrt, was andeuten soll, dass die damals noch ins Außen projizierte ‚Gegenseite' nun im Innen wahrgenommen wird: Die Ideen des Weiblichen und Männlichen durchdringen sich nun gegenseitig). Im Kundalini-Yoga wird die aus dem untersten Chakra (Muladhara) aufsteigende Energie als rot beschrieben. Sie mündet in das höchste, das Scheitel-Chakra. Dort wiederum vereint sie sich mit einer als leuchtend-weiß beschriebenen Energie, die von dort (geführt durch die Meditation) durch die einzelnen Chakren wieder absteigt. Es würde den Rahmen dieses Buches sprengen, auf die einzelnen Aspekte der Kundalini-Meditation näher einzugehen,[233] doch soll dar-

233. Anleitungen zur entsprechenden Meditation findet sich in: Lama A. Govinda: Grundlagen tibetischer Mystik. Ausführliche Darstellungen der feinstofflichen oder energetischen Anatomie des Menschen im Yoga finden sich in: Mircea Eliade: Yoga. Unsterblichkeit und Freiheit.

auf hingewiesen werden, dass Praktiker dessen durchweg von erstaunlichen Erfahrungen und einer deutlichen Erweiterung des Bewusstseins berichten.

Gefahren des pgFeldes XIV-Die Kunst

> *„Hüte dich, o Mensch, höher emporzusteigen, als deine Kraft zu tragen vermag. In all deinen Unternehmungen umfange vielmehr die discretio, die Maßhaltung, damit du von ihr durch alles hindurch geführt wirst und nicht etwa zu Fall kommst."* Hildegard von Bingen (4, 179)

Die psycho-energetischen Fähigkeiten, die sich durch konsequente Anwendung bestimmter Meditationen erwerben lassen, bergen Gefahren. Leidenschaften der Seele, Konfliktmuster des Mentals, Schwäche des Körpers und anderes können die Motivationen dieser Fähigkeiten eintrüben. Im Yoga spricht man von Siddhis und meint damit Fähigkeiten, die über das normale Spektrum des Durchschnittsmenschen hinausgehen. Patanjali (der Verfasser der berühmten Yoga-Sutras) warnt ausdrücklich vor deren Anwendung und empfiehlt, diese nur zur korrekten Einschätzung der Fortschritte in der Meditation zu nutzen. Vor allem Menschen, die ihre eigene Meditationspraxis und Energie-Arbeit nutzen, um Klienten zu helfen, sollten die Arbeit an den eigenen Schattenanteilen zum Aufgabenspektrum ihres Berufs zählen.

Die Ego-Identifikation löst sich: Das Erwachen des Zeugen

Das alte Ich starb – das heißt, die Identifikation des Bewusstseins mit dem alten Ich löste sich auf. Dem Bewusstsein wird es nun möglich, auch das Ich aus der Außenperspektive zu beobachten. Diesen Zustand erweiterter Wahrnehmungsfähigkeit nennen mystische indische Quellen den Zeugen.

In Anbetracht der drohenden Endlichkeit ist unser Ego klein und ohnehin nur ein neuronales vorübergehendes Programmbündel. Das Ego vermag das Außen zu sehen und zu interpretieren, nicht aber sich selbst – somit entstehen Bedürfnisse, Wichtigkeiten, Eigendünkel, Wertigkeiten, weil das Ego die Dinge zu sich in Bezug setzt. Der Zeuge hingegen sieht auch das *Ego* und macht es demzufolge zu etwas Äußerem. Somit fallen alle persönlichen Bezüge weg, da der Zeuge sich nicht mehr mit dem Ego und seinen Bezügen identifiziert. Die eigene menschliche Form und Persönlichkeit wird zu einem distalen beobachtbaren Objekt. Und somit verlieren (für den Zeugen) alle Bezüge des Egos zu irgendwelchen anderen Dingen an spezieller Wertigkeit, werden im buchstäblichen Sinne gleichwertig. Doch solange wir leben, wird es dieses Ego geben; es ist nun einmal das zentrale Steuerungsprogramm des konkreten Menschseins. Das Ego wird also im Zuge der Bewusstseinsentwicklung hin zum Transpersonalen nicht einfach abgeschafft, sondern ‚nur' als Identifikationseinheit überwunden. Das Ego selbst bleibt aber (meist sogar in seinen Grundzügen unverändert) weiter bestehen. Die Identifikation verlagert sich nur vom Ego hin zum „Zeugen" (und von dem irgendwann einmal zum „nondualen Geist", was die höchste Erleuchtung wäre).

Überlegen wir, wie sich die Sichtweise auf die Dinge ändern würde, wenn wir nicht nur alle anderen Leute und ihr Verhalten als ein ‚Außen' wahrnähmen, sondern wenn wir als Zeuge (ohne eigendünkelhaften Stolz und selbstwertdienliche Verzerrungen) in diesem Außen genauso objektiv auch *uns selbst* als Teil des komplexen Ereignis-Netzwerks sehen könnten. Die Zeugen-Wahrnehmung würde sich schlagartig von der aller ego-identifizierten Wahrnehmung – sowohl aller unserer Mitmenschen als auch unseres eigenen Egos – grundlegend unterscheiden. Wir würden ganz buchstäblich zu einem anderen Menschen werden.

Was dem Ego bislang nicht möglich war, ist dem Zeugen möglich: Das Ego konnte sich nicht als Gesamtheit wahrnehmen, musste also Aspekte selbstwertdienlich verdrängen – in den Schatten der Wahrnehmung drängen. Der Zeuge nun kann – weil distanziert – das Ego als Objekt sehen – inklusive seiner Schattenanteile. Tür und Tor für das nächste Bewusstseinsfeld ist geöffnet: Die Integration des Schattens; psychogenetisches Feld XV oder die Karte *XV - Der Teufel.*

Defizitorientierte aufdeckende Techniken und Techniken der Bewusstseinsöffnung

Bisher wurde nur auf Transformationstechniken des Wachstums eingegangen. Mir erscheint es sinnvoll, das Methodenbündel dieses pgFeldes XIV um defizit-ausgleichende Techniken zu ergänzen.

Ich folge dabei mehreren Aussagen von Bewusstseinsforschern:

Van Lommel, dabei dem Neurologen John C. Eccles folgend, behauptet, dass das Gehirn nicht Bewusstsein erzeuge, sondern dieses empfange.[234] Damit stellt er sich in Gegenposition zu einer Vielzahl von modernen Bewusstseinsforschern, die das Gehirn und seine neuronale Potenz als Ursache für Bewusstsein postulieren. Van Lommel bezieht seine Erkenntnisse aus der Nahtodforschung, aus der bekannt ist, dass Bewusstsein auch dann noch möglich ist, wenn keinerlei Gehirnaktivitäten mehr messbar sind. Demzufolge, so van Lommel, könne Bewusstsein unabhängig vom Gehirn existierten, sodass Letzteres lediglich ein Empfänger und Umwandler für Bewusstseinsimpulse sein könne. Diese Aussage würde mit Sri Aurobindos Formulie-

234. Vgl. Pim van Lommel: Unendliches Bewußtsein. Neue medizinische Fakten zur Nahtoderfahrung. Mannheim, 2010, S. 217, 289.

rung für die zentrale yogische Aufgabe, nämlich sich für das „göttliche Bewusstsein" zu öffnen,[235] harmonieren.

Allerdings ist der Funktionalität des Gehirns noch nicht Genüge getan, wenn man es lediglich als Empfänger von Bewusstsein sieht. Das Gehirn und seine neuronalen Strukturen erfüllen noch eine andere Aufgabe, nämlich unsere rein diesseitigen, biografischen Erfahrungen in Form von affektlogischen Erfahrungsmustern zu speichern. Dabei handelt es sich um komplexe Muster aus emotionalen, körperlichen, muskulären und neuro-endokrinologischen Erfahrungen, die in Form von entsprechenden neuronalen Netzwerken konserviert werden. Dass diese in sich bereits Bewusstsein tragen, darf bezweifelt werden. Diese konservierten Erfahrungsmuster (auch manchmal Konfliktmuster, Schmerzmuster oder dergleichen genannt) zwingen unserem Alltagserleben und Reagieren ihre Strukturen auf. Sie sind mit Computerprogrammen vergleichbar, die, wenn angeklickt, ihre Algorithmen auf die immer gleiche Weise abspulen.

Wenn wir nun Aurobindos Forderung folgen, uns für das „göttliche Bewusstsein" zu öffnen, also, in van Lommels Terminologie, unser Gehirn als Empfänger von Bewusstsein verstehen, stehen die erfahrungskonservierenden Programme unseres biografischen Gewordenseins unter Umständen im Wege. Ein Bewusstseinsimpuls, vom Gehirn empfangen, könnte uns ein bestimmtes Verhalten nahelegen, dem allerdings die konservierenden affekt-logischen Konditionierungsmuster entgegenstehen und etwas anderes verlangen.

Um sich also für Bewusstsein zu öffnen, bedarf es zweierlei Grundkategorien von Bewusstseinstechniken:

- Techniken der Aufdeckung und Bewusstmachung von biografischen Konditionierungsmustern: Psychoanalyse, Psychokinesiologie, Gestalttherapie, Hypnotherapie, Selbstreflexionstechniken etc.
- Techniken der Öffnung für Bewusstsein an sich, etwa Meditationen des Yoga, wie weiter oben bereits beschrieben.

Erst die persönlichen Aufdeckungstechniken räumen die ankonditionierten Widerstände für die eigentliche yogische Aufgabe, sich dem Bewusstsein an sich zu öffnen, aus dem Wege.

Das Gehirn hat also sowohl empfangende als auch konservierende Funktionen. Die konservierenden Funktionen können unter Umständen die emp-

235. Vgl. Sri Aurobindo, zit. in: Otto Wolff: Indiens Beitrag zum neuen Menschenbild, Hamburg, 1957: „Beharrlich sein und sich dem Licht öffnen, das ist notwendig." (S. 119); „...dass die inneren Türen weit genug aufgerissen werden" (S. 113); „Der Grundakt des Yoga besteht nach Aurobindo also ganz und gar nicht in einer neuen Anspannung des eigenen Willens, sondern im Sich-Öffnen, in bejahter Rezeptivität, im Empfangen und in der Bereitschaft zum Empfangen." (S. 114).

fangende Funktion be- oder verhindern. Um einen transpersonalen Prozess überhaupt zu ermöglichen, wird es unabdingbar, die Widerstände des neuronal konservierten Einstellungsinventars zu beseitigen, indem wir uns dieser bewusst werden und zu kontrollieren lernen. Die noch nicht vom Bewusstsein erfassten Aspekte unserer Persönlichkeit, also das, was C.G. Jung den Schatten nannte, wird Thema des folgenden pgFeldes *XV-Der Teufel* sein. In zweierlei Hinsicht sind die Errungenschaften von pgFeld *XIV-Die Kunst* unabdingbare Voraussetzung für eine gelingende Auseinandersetzung mit dem folgenden pgFeld: Erstens wird durch das erste Aufdämmern des Zeugen eine hinreichende Distanzierung vom Ego erreicht, die es uns ermöglicht, überhaupt erst die unliebsamen Aspekte unserer Persönlichkeit zur Kenntnis zu nehmen. Das alte Ego ist durch die ausschließliche Konzentration des Bewusstseins in ihm selbst gar nicht in der Lage, irgendetwas wahrzunehmen, was von seinem Selbstkonzept wesentlich abweicht. Und zweitens stellt dieses pgFeld XIV bestimmte Techniken und Methoden zur Verfügung, sich dem Schattenarchetypus auf kontrollierte Weise nähern zu können.

‚Mäßigung' als Grenzsetzung egoischen Eigendünkels

Dass diese Karte vor Crowley ‚Mäßigung' hieß, wird verständlich, wenn wir uns vor Augen halten, dass die Identifikation mit der unmäßigen Ich-Bezogenheit mit all ihrem Eigendünkel aufgehoben wird. Diese Korrektur der Wichtigkeit des Egos ist ein entscheidender Punkt, weil der egobezogene Eigendünkel uns immer dazu zwang, unsere Erkenntnisse dem Ego und seinen Bedürfnissen anzupassen und unterzuordnen, was dann zu Verzerrungen der Wahrnehmung und des Weltenentwurfs führte. Das Aufgeben dieser übermäßigen Bedeutung des Egos macht den Weg frei für eine nüchternere Sicht der Dinge und Aspekte, die bislang im Schatten unseres Selbst lagen, weil sie dem Ego-Eigendünkel gefährlich werden konnten. Sie können nun ans Tageslicht unseres Bewusstseins treten. Damit begegnen wir dem Thema der nächsten Karte, dem *XV-Teufel*, dessen Auftauchen uns vom Weg abkommen lässt, wenn wir es versäumt haben, den egobezogenen Eigendünkel aufzugeben. Konnten wir aber die Bedeutung des Egos auf eine *Funktion* des Selbst reduzieren, mit der man sich nicht identifizieren muss, werden uns unliebsame Einsichten in den bisher verdrängten Anteil unseres Selbst kaum noch ängstigen. Wir sind bereit, uns dem Schatten unseres Selbst zu stellen. Jeder Funken Unmäßigkeit, also jeder Funken Eigendünkel wird uns dem Schatten unseres Selbst in die Hände spielen. Und man braucht eine geeignete Technik, um das Auftauchen und das Wirken des Schattens angemessen kontrollieren zu können.

Das Integrieren der Inhalte dieser Karte ist die unbedingte Voraussetzung für eine erfolgreiche Konfrontation mit dem *XV-Teufel*, der uns verschlingen wird, wenn er nur einen Hauch Eigendünkel spürt.[236]

236. Weil der Eigendünkel des Egos wertend ist: Das bewusste Ego ist „gut", alles andere (verdrängte) demzufolge „böse". Somit behält das Verdrängte seinen bedrohlichen Charakter, seinen „Schrecken". Diesen verliert es allerdings schnell, wenn die übermäßig positive Bewertung und übertriebene Bedeutung des Egos wegfällt – was wiederum den Umgang mit den Schattenaspekten ungemein erleichtert.

Psychogenetisches Feld XV

- Der Teufel -

DER SCHATTEN-ARCHETYPUS,
SEINE WIRKUNGEN, DIE BEWUSSTWERDUNG DESSEN UND SEINE INTEGRATION IN DAS BEWUSSTE SELBST (SCHATTEN-ARBEIT)

Tarotkarte: XV – Der Teufel (traditionelle Deutungen: Fehlen von Skrupeln, Schrecken, Zwänge, gefährliche Freundschaften

Themen: Schattenarbeit, Konfrontation mit den Schattenaspekten unseres Selbst; Bewusstwerdung, Annahme und Integration des Schattens

Das psychogenetische Feld XV umfasst alle Aspekte, die von den egoischen Aufbauprozessen des Ichs und der Persona als störend empfunden ausgespart wurden. Anteile des Selbst, die sich im Ich nicht zeigen dürfen, sei es aus gesellschaftlicher oder erzieherischer Sanktionierung heraus, wurden dem bewussten Ich nicht zugänglich gemacht und damit verdrängt. Die Analytische Psychologie Jungs umschrieb dieses umfangreiche Feld mit dem Begriff des ‚Schattens', womit angedeutet wird, dass die entsprechenden Schatten-Anteile vom Bewusstsein nicht erfasst werden. Demzufolge können Inhalte des Schattens tatsächlich negativ sein, in einigen Fällen aber auch positiv. Letzteres kann auftreten, wenn bestimmte Eigenschaften, wie starke Vitalität oder Energie des Kindes, diese den Erzieherpersonen (Eltern, Erzieher, Lehrer etc.) als schwierig galten. Das Kind lernte durch die Reaktionen der Erwachsenen, dass diese Eigenschaft schlecht oder unerwünscht sei, dass es durch diese Eigenschaft wenig Wertschätzung oder sogar Tadel erfuhr und beginnt, diese Eigenschaft zu verdrängen. Das Verdrängte bleibt aber Bestandteil des Selbst und wirkt nun ohne Beteiligung des klaren Ich-Bewusstseins. Das Selbstbild verzerrt sich, da es keine Kenntnis des Verdrängten besitzt und sich dennoch implizit für vollständig halten muss.

Die Analytische Psychologie unterscheidet den persönlichen (verdrängte Eigenschaften der Person), kollektiven (von der Gesellschaft oder dem Kulturkreis sanktionierte oder verdrängte Eigenschaften) und archetypischen (die allgemeine Destruktivität des Menschen) Schatten.

In dieses pgFeld XV gehören sowohl die Wirkungen der Schattenanteile, die ja nicht erst mit dem Aktuellwerden dieses pgF wirken, sondern sich bereits in der Kindheit zu etablieren beginnen, als auch die zielgerichtete Schattenarbeit in Form von

- Bewusstwerdung der Schattenanteile,
- ihr Annehmen und Akzeptieren,
- ihre Integration in das bewusste Ich und
- das Übernehmen der verantwortungsvollen Kontrolle selbiger.

Da unbewusste Verhaltens- und Reaktionsweisen, die dem Schatten angehören, selbst auch nur Problemlösungen oder Anpassungsleistungen an innerseelische Konflikte oder empfundene Mangelbedürfnisse sind, ist es sinnvoll, erst diese tiefer liegenden Ursachen zu erkunden, um die entsprechenden Mangelempfindungen zu beseitigen. Erst dann wird auch das Problemverhalten, das ja als Problemlösung dieser Mangelempfindungen unbewusst konzipiert wurde, überflüssig und kann thematisiert und schrittweise – etwa durch verhaltenstherapeutische Methoden – deinstalliert werden.

Beispielsweise ist übertriebenes soziales Kontrollverhalten, das dem Menschen nicht bewusst ist, unter Umständen eine Anpassung an einen grundlegenden Mangel an einem generellen Urvertrauen. Das übertriebene soziale Kontrollverhalten nun zu beseitigen, hieße, dem Menschen seine bisher einzigen, wenn auch dysfunktionalen Bewältigungsstrategien zu nehmen, während das ursächliche Problem, nämlich das mangelnde Urvertrauen, unverändert bestehen bleibt. Hier wäre in erster Linie therapeutische Arbeit am Urvertrauen angezeigt. Erst in nachfolgenden Schritten ließe sich dann das überflüssig werdende Kontrollverhalten sukzessive durch funktionalere Verhaltensweisen ersetzen.

Der Aspekt der Schattenarbeit ist es, der dieses pgFeld XV an diese Stelle innerhalb der 24 pgFelder rückt, denn eine solche bewusste und zielgerichtete Schattenarbeit ist ohne die vorangegangenen pgFelder, vor allem pgFeld XIV, nicht denkbar. Die Bewusstwerdung des Schattens und seine Integration benötigt klare psychotechnische Methoden, da andernfalls die Gefahr besteht, von den Schattenanteilen überflutet zu werden, was zwar zu einer gewissen Form von Bewusstwerdung führt, allerdings mit starken Tendenzen zur Identifikation mit denselben. Um das zu vermeiden, bedarf es eines zielweisenden theoretischen Gesamtkonzepts, aus denen sich die entsprechenden Methoden ableiten lassen. Ein Beispiel dafür ist der Prozess der Individuation nach Jung,[237] dessen erste Etappe die Bewusstwerdung des Schattens und seine Integration darstellt.

---

237. Vgl. Jung, 2002.

Psychologische Weiterführungen

Der Schatten-Archetypus

Die verschiedenen pgFelder entwickeln spezifische *Schatten* ihrer Themen, die sich dann in Jungs Definition vom „persönlicher Schatten" bündeln.

Wenn wir der Argumentation Norbert Bischofs folgen und im Trickster-Archetyp eine mythische Personifizierung der Eigenschaften der konop-Phase (Entwicklungszeit zwischen 7. Und 13. Lebensjahr, pgFeld V)[238] sehen, müssen wir also C.G. Jungs Deutung des Tricksters als *den* Schatten-Archetyp[239] modifizieren und korrigieren. Typische Eigenschaften vorangegangener und nicht mehr aktueller Bewusstseinsfelder können der aktuellen Bewusstseinsstruktur als unangemessen gelten. Die konop-Eigenschaften, wenn sie rein und unverfälscht sind, müssen in der formop-Phase als störend empfunden werden. Der Trickster ist bar jeden Gewissens, moralisch rücksichtslos, weil er noch nicht zur formal-reflexiven Perspektivübernahme fähig ist, und genau diese Eigenschaft ermöglicht es ihm, die Welt auf unbekümmerte, neugierige und furchtlose Weise für sich semantisch zu erobern. Doch auf der formal-reflexiven Bewusstseinsebene, die für sich in Anspruch nimmt, die Perspektive anderer zu berücksichtigen, würde die tricksterhafte moralische Unbekümmertheit – so angemessen wie sie für ein sieben- bis dreizehnjähriges Kind ist – als unangemessen und regressiv beurteilt werden. Doch wohin mit den Eigenschaften, die nun nicht mehr sein dürfen?

Eine Möglichkeit ist, sie in Form von Ritualen, Festen, Mythen, Geschichten, an denen man sich ergötzt, lebendig zu halten und ihnen damit ein Ventil kontrollierten Auslebens zu ermöglichen.[240] In bestimmten Festen, wie dem Halloween, der Walpurgisnacht, oder dem mexikanischen Totenfest wird genau das getan. In Märchen und Mythen, etwa den Trickstermythen um Till Eulenspiegel kann man seine eigene Tricksternatur erkennen, sich aber auch gleichzeitig von ihr distanzieren.

Nun täuscht sich aber Jung, wenn er meint, im Trickster-Archetyp *den* Schatten per se festzustellen. Denn jede Entwicklungsstruktur stellt uns zwar einerseits hilfreiche und wünschenswerte Eigenschaften bereit, die wir bereitwillig in die Entfaltung umfangreicherer folgender Strukturen integrieren, andererseits aber auch solche, die in einer nächstfolgenden Entwicklungsstruktur unangemessen, negativ, hinderlich oder dissonant wirken. Nun muss das *Ich* einen Umgang mit diesen letzteren Eigenschaften, die mit dem aktualisierten Selbstbild der nächsthöheren Entwicklungsstufe nicht

---

238. Vgl. Norbert Bischof: Das Kraftfeld der Mythen; vgl. auch oben, pgFeld *V-Hohepriester*.
239. Vgl. C.G. Jung: Die Archetypen und das kollektive Unbewußte. GW 9/1. Düsseldorf: Walter, 2002, S. 173ff.
240. Vgl. Jung, a.a.O., S. 274ff.

mehr kompatibel sind, finden. Das kann durch eine gesunde Transformation dieser Eigenschaften passieren, etwa wenn ein Künstler sich seine abenteuerlustige, nonkonforme tricksterhafte Kreativität bewahren konnte und diese in seine Kunstwerke umzusetzen vermag. Im negativen Fall aber werden sie verdrängt, abgespalten, verleugnet oder projiziert. Der von Freud erstellte Katalog an Abwehrmechanismen ist reichhaltig. Dennoch sind diese Eigenschaften durch die Abwehr ja nicht gelöscht, sondern nur aus dem bewussten Fokus verbannt; sie konnten also nicht in das aktualisierte Selbstbild der nächsthöheren Stufen integriert werden und führen nun ein unkontrolliertes Eigenleben.

Die Eigenschaften des Tricksters sind die Reminiszenzen an unsere konop-Zeit in der mittleren Kindheit, und einige davon werden sicher auch zu Schatten-Anteilen. Dennoch bringt der Trickster auch Errungenschaften mit, die ganz und gar nicht dem Schatten zugerechnet werden brauchen, etwa die Wissbegierde, die schier unstillbare Neugierde, die oft überraschende Kreativität beim Problemlösen, das lebhafte bildliche Vorstellungsvermögen und einiges mehr.

Umgekehrt birgt der Schatten-Archetyp noch einiges mehr als nur den unerwünschten Nachhall des Trickster-Daseins: *Alle* Entwicklungsstrukturen oder pgFelder entwickelten Eigenschaften, die in spätere pgFelder erfolgreich integriert werden konnten und solche, die fortgesetzt ein dissoziiertes Eigenleben auf der ursprünglichen Stufe ihrer Entstehung führen, das dem tatsächlich aktuellen Entwicklungsstand nicht mehr angemessen ist.

So gibt es Schattenanteile aus dem pgFeld III (III-Kaiserin), dem pgFeld IV (IV-Kaiser) und aus allen anderen pgFeldern, die der aktuellen Entwicklungsstufe vorausgegangen sind.

Die folgende Aufstellung enthält entsprechende Beispiele, ohne vollständig sein zu können:

pgFelder	Mögliche Schattenanteile
pgFeld Ia präorale ozeanische Phase	Unbewusste mangelnde Selbstwirksamkeitsgefühle, kompensiert durch Projektionen der „Nicht-Machbarkeit"
pgFeld II präorale ozeanische Phase	Unbewusster genereller Mangel an Urvertrauen, der sich projektiv gegen konkrete Personen oder Situationen richtet; übermäßige Schuldzuweisungen
pgFeld III orale Phase	Das Zuwendung einfordernde Kind im Erwachsenen; Überbehütung oder emotionale Abweisung
pgFeld IV anale Phase	Das tyrannisierende Kind im Erwachsenen; Ohnmacht-Kompensations-Programme; übermäßiges Machtbedürfnis
pgFeld V Latenz- oder Trickster-Phase	Der egoistische „Selbstverwirklicher", egozentrische Rechthaberei, impulsives, unreflektiert gefährliches Verhalten
pgFeld VI genitale Phase, Peer-Phase	Psycho-sexuelle Manipulationsstrategien, die sich auf das Gegengeschlecht richten; uneingestandene Abhängigkeit von den Peers; unbewusster Mangel am Gefühl des Ebenbürtig-Seins, das wiederum Kompensationsstrategien erforderlich macht
pgFeld VII Aufbruch, Identitätsfindung, ‚heldenmythologische' Themen	Misslungene Identitätsfindung: uneingestandene Identifizierung mit Vorbildern oder Ideologien; Rollenkonfusion
pgFeld VIII Anpassung an die gesellschaftliche und natürliche Realität	Rigides Beharren auf durch Gesetze, Regeln oder Rollen zugesicherte Rechte: Michael-Kohlhaas-Phänomene. Ängstliches Angepasstsein zu Lasten der eigenen Selbstentfaltung
pgFeld IX Die Entdeckung des Ichs, Innenschau	Narzisstische romantisierende Leidenschaftlichkeit bezüglich des eigenen Ichs; Selbstbespiegelung, Fixierung auf die Eigenperspektive
pgFeld X poly-valente Schaulogik, post-formales Bewusstsein	Systemische „Flachlandperspektive" (Wilber)

Tab.12: pgFelder und ihre spezifischen Schatten-Aspekte. Die Auswahl ist illustrierend und keineswegs vollständig.

Das ‚Un-Erhörte'

Hier geht es um alles ‚Verteufelte', von unserem normalen konsensuellen Weltbild ausgeschlossene. Eine Folgeerscheinung der Verteufelung verschiedener Aspekte unseres Seins ist der von C.G. Jung ausführlich beschriebene Archetypus des Schattens, der uns unter anderem Vorzeichen noch einmal in der Karte ‚Der Mond' begegnet.

Die Hauptsünden in uns wollen nicht erkannt werden. Die sanktionierten Eigenschaften, Begierden, Triebe, Wünsche und Dispositionen kommen in Verkleidungen daher. Die sexuelle Begierde zum Beispiel tarnt sich gern unter dem Mantel der Verliebtheit, der Scham, der Kunst oder des Drogenkonsums. Diese Sünden, die man sicher psychologisch in Beziehung setzen kann mit den berühmt-berüchtigten vom Christentum gern zitierten Todsünden, reißen das Steuer an sich und sind dann der wahre Motor unseres Tuns, verborgen unter den irreführenden Tarnungen. Wenn wir uns also im entscheidenden Moment nicht wie wirklich Liebende verhalten, könnte das daran liegen, dass das ‚Lieben' nur eine Tarnung der sanktionierten Begierde (oder von etwas anderem) gewesen ist. All das kann man metaphorisch unter dem

Begriff des ‚Teufels' zusammenfassen, wobei offen bleiben darf, ob mit dem Teufel die verborgene Begierde, die Tarnung, die ganze Inszenierung oder einfach nur die Konsequenz aus der Über-Ich-initiierten Sanktionierung eigentlich natürlicher und/oder künstlicher Persönlichkeitseigenschaften gemeint ist.

Kern der Sache ist die Angst vor den Dingen, die nicht zu unserem Selbst gehören dürfen, es aber beharrlich tun und bleiben werden. Wenn wir diesen begegnen, bekommen wir es mit der Angst zu tun – nicht weil diese Anteile so Furcht einflößend wären, sondern weil sie existieren und damit unsere so feine Ego-Maschine als künstlichen Verhau enttarnen könnten. Der Teufel bekommt seine schreckliche Fratze durch die Angst, die wir vor dem verdrängten Teil unseres Selbst haben – je mehr Angst vor dem Verdrängten, also je mehr Beharrungstendenz auf der Richtigkeit unseres Egobündels, desto fürchterlicher das Gesicht des Teufels.

Alles in uns drängt aber nach Integration, nach Bewusstheit unserer Ganzheit.

Schattenblicke – konkrete Methoden zur Selbsterkundung

Das Kernproblem des Schatten-Archetypus ist die mangelnde Integration verschiedener Facetten der Persönlichkeit in das bewusste Gesamt-Ich. Eigenschaften, Gefühle und Einstellungen, die mit dem aktuellen Entwurf des Ichs inkompatibel sind, werden vom bewussten Ich abgespalten (dissoziiert) und wirken nun auf unerkannte autonome Weise. Sich dieser abgespaltenen Persönlichkeitsaspekte bewusst zu werden, gibt es verschiedene Möglichkeiten:

Das Erkennen starker emotionaler Beteiligung: Unabhängig davon, ob wir mit den Aussagen oder dem Verhalten unseres Gegenübers auf der sachlichen Ebene einverstanden sind, sind es die Gefühle, die uns ein Indiz dafür liefern können, ob etwas Unerkanntes in uns selbst in Resonanz tritt. Wir mögen etwa mit dem Verhalten unseres Partners nicht einverstanden sein, aber warum regt es uns so auf? Diese Gefühle sind oft Ausdruck von Abwehr-Mechanismen der eigenen Psyche. Wir bekämpfen stellvertretend im Außen, was wir in uns selbst nicht zulassen wollen.

In Kommunikation mit dem Schatten im vermeintlichen ‚Außen' treten: Diese Methode ist der Gestalttherapie nach Fritz Perls entlehnt. Nehmen wir an, das Verhalten eines Menschen unserer Umgebung macht uns wütend. Im ersten Schritt stellt man sich dieses Gegenüber vor (man kann auch einen leeren Stuhl vor sich stellen, der für den anderen Menschen steht) und wirft ihm schonungslos alles an den Kopf, was uns stört und so wütend macht. Wenn das direkte ‚Du' Schwierigkeiten bereitet, ist es auch möglich, in der ‚Er/Sie/Es'-Form zu sprechen. Die wichtigsten Punkte notiert man sich. Im

Anschluss formuliert man die Vorwürfe um, indem man das ‚Du' (oder ‚Er/Sie/Es') mit dem ‚Ich' ersetzt. Zum Beispiel: „Du denkst dabei ja nur an Dich" wird zu „Ich denke dabei ja nur an mich". Im nächsten Schritt versucht man, in der Rolle eines Advocatus Diaboli, sich selbst die Frage zu beantworten, was man konkret tut, damit dieser Satz zutrifft, also: „Wie genau zeigt sich, dass ich dabei nur an mich denke? Was ist es, was ich für mich durchsetzen will? Und wie tue ich das? Habe ich dabei auch die Perspektiven der anderen berücksichtigt?" usw. Nun ist es wichtig, sich diese Eigenbedürfnisse selbst zuzugestehen. Die positiven Seiten unseres Standpunktes kannten wir ja schon; es geht hier also darum, diese um die fehlenden Anteile zu ergänzen. Dabei wird das Verhalten unseres Gegenübers vielleicht verständlicher und damit auch entschuldbarer; wir wissen nun, dass wir diese Facetten auch in uns tragen. Die Wut, die Teil der Abwehrdynamik gewesen war, wird nun überflüssig.

Indizien aus dem Innen erkennen, z.B. über Träume: Hier geht es um das gleiche Prinzip, nur dass die Dynamik des Getrenntseins in einem selbst stattfindet und unter Umständen zu großem Leidensdruck führt. Ein Beispiel: Ein Mann kommt über die Trennung von seiner Frau nicht hinweg. Er weiß, dass er sehr verletzt wurde, denn sie hatte ihn verlassen, und ihm ist klar, dass es zu einer erneuten Beziehung mit ihr nicht kommen kann. Dem Therapeuten sagt er, dass er ihr Verhalten verurteilt, und dass er seit einem Jahr nachhaltig darunter leidet. In seinen Träumen allerdings ist er mit ihr oft zusammen und in Liebe glücklich. Im Wachzustand ist er sich seiner Liebe zu dieser Frau überhaupt nicht bewusst; er verdrängt diese Gefühle, weil, wie er sagt, er diese ja nicht haben dürfe. Die Gefühle der Liebe verlagern sich nun in sein Traumgeschehen und zeigen sich da sehr eindrücklich. Damit entsteht ein Widerstreit in ihm selbst: Seine Gefühle der Liebe gesteht er sich nicht ein und dennoch drängen diese nach Verwirklichung. In seinem Wachbewusstsein verdrängt er diese jedoch, was eine ungeheure innerpsychische Spannung erzeugt. Die entscheidende Frage lautet: Welche Dinge aus den Träumen stehen im Widerspruch zu unserer Haltung im normalen Wachbewusstsein? In dem Beispiel des Mannes heißt das, die Signale der Träume aufzunehmen und zu akzeptieren, dass seine liebevollen Gefühle gegenüber der Frau noch immer aktuell sind. Er darf sich eingestehen, dass die Zeit mit dieser Frau sehr erfüllend war und er ihr dafür dankbar sein kann. Diese Gefühle der Liebe und Dankbarkeit müssten nun in sein bewusstes Ich integriert werden: Neben der (verständlichen) Enttäuschung und Trauer über den Verlust der Beziehung sollte nun aber die versöhnliche Einsicht stehen, dass er mit dieser Frau eine sehr schöne Zeit hatte und dass die Gefühle der Liebe noch immer in ihm sind. Erst jetzt wird der eigentliche (natürliche) Trauerprozess stattfinden können, der nötig ist, wenn etwas Liebgewordenes beendet ist: mit dem integrierten Gefühl der Liebe, aber auch der Einsicht, dass die Beziehung zu Ende gegangen ist.

Sein unbewusster kräftezehrender Kampf zwischen Zorn und Anklage einerseits und seiner Liebe zu der Frau andererseits kann nun ein Ende finden.

Fritz Perls, der Begründer der Gestalttherapie, ließ seine Klienten die Perspektiven aller möglichen Traumelemente einnehmen, um so nicht-integrierte Anteile der Persönlichkeit offen zu legen. Eine Klientin berichtete etwa von einem Nummerschild, das auf dem Grund eines Teichs vor sich hinrostete. Sie sollte die Perspektive des Nummerschildes einnehmen und berichten, wie es sich für das Nummerschild anfühlte: „Nutzlos – veraltet. Der Nutzen des Nummerschildes liegt darin zu erlauben, einem Wagen die Erlaubnis zum Fahren zu geben, und ich kann niemandem die Erlaubnis geben, irgendetwas zu tun, weil ich veraltet bin."[241] Das Gefühl der Nutzlosigkeit war der Klientin überhaupt nicht klar gewesen. So aber wurde dieses Gefühl in das Gesamtselbst integriert und damit kontrollierbar und umgestaltungsfähig gemacht.

Der Dualismus: Von Teufel, Freud und Jung

Die meisten der Traditionen, aus denen sich unsere Kultur herleitet, kennen irgendeine Form von Dualismus in ihren Weltanschauungen. Im alten Judentum galt allerdings Satan als *Yezer ha-ra* (die böse Neigung), also eher als menschliches Bündel böser oder unliebsamer Charaktereigenschaften. In der jüdischen Literatur spielt der Teufel kaum eine Rolle. Im Christentum bekommt der Glaube an den Teufel Aufwind durch die „universelle Erfahrung, dass man dem Bösen ständig begegnet".[242].Im Manichäismus galt der Dualismus zwischen Gott und Materie, bzw. dem Spirituellen und der Materie. Die Menschen schienen den Manichäern zufolge einmal von den Mächten der Finsternis erobert worden zu sein, indem diese das Licht verschlangen, das uns Menschen ausmachte. Wege zur Erlösung wüssten die „Apostel des Lichts", darunter Buddha, Jesus und Zarathustra.

In der Offenbarung des Johannes wird von den Kämpfen des Erzengels Michael berichtet, der den Drachen und sein Gefolge aus dem Himmel vertreibt und auf die Erde wirft.[243] Interessanterweise wird in der Offenbarung sofort im Anschluss darüber triumphiert, dass nun der Himmel heil[244] sei, gleichsam bereinigt vom Unliebsamen, Unerwünschten, die Menschen auf der Erde aber nun diesen Ärger mit dem Drachen, dem Teufel oder Satan, am Hals hätten. „Wehe" ruft man in der Offenbarung den Menschen auf der Erde zu. Etwas zynisch oder polemisch könnte nun der schlichte Erden-

241. Friedrich S. Perls: Gestalt, Wachstum, Integration: Aufsätze, Vorträge, Therapiesitzungen. Paderborn: Junfermann, 1980, S. 22.
242. John Bowker (Hg.): Das Oxford-Lexikon der Weltreligionen. Frankfurt, 2003. S. 996.
243. Offenbarung 12, 7-9.
244. Offenbarung 12, 10.

mensch einwerfen, die da oben hätten's gut, das sei ja so, als ob der Himmel bei sich putzt und seinen Unrat uns nun vor die Füße wirft. In der Symbolik des gefallenen Drachens (der Teufel) liegt aber ein erster Hinweis auf eine psychische Dynamik, die Sigmund Freud fast zweitausend Jahre später ausführlich beschreiben sollte: Die Verdrängung des Unliebsamen, Unerwünschten, damit die Verteufelung dessen. Die Logik der Verdrängung braucht aber ein Gegengewicht, da das Verdrängte nicht ausrottbar ist. Nach Freud entsteht dann das kulturell beeinflusste *Über-Ich* (vermittelt durch die Eltern), das mit strengen Gesetzen das sogenannte *Es* (also genau diese unliebsamen Eigenschaften, die uns Menschen eben auch ausmachen) in der Verdrängung und damit in Schach hält. Je stärker also ein teuflischer oder *Es*-Einfluss in uns ist, desto heftiger die Geschütze, die das in uns bereits installierte *Über-Ich* auffahren muss. Wie sieht das im Klartext nun aus? Das Gute in uns entsteht als Gegengewicht zum unausrottbaren Bösen, so die harte Botschaft. Die psychoanalytische Schule Freuds ist in diesem Sinne dualistisch: Sie postuliert das Böse, das sich aber erst als ‚böse' etabliert, wenn es der kulturellen Entwicklungsabsicht zuwider läuft, also sozusagen kollektiv als böse definiert (vereinbart) wird – Freud nennt dieses Böse das *Es*, ein Sammelbecken archaischer, tierhafter Instinkte und Triebe -, und stellt diesem das *Über-Ich* entgegen – gleichsam einen von *Es*-Impulsen bereinigten, heilen Himmel; das Ideal, das es zu erreichen gilt, und doch vom Menschen als Einzelnen nie erreicht werden kann, weil das *Es* zwar verdrängbar, nicht aber löschbar ist. Aus diesem Grunde lebte das *Ich* (Freud) in diesem Spannungsfeld zwischen den aufreibenden Mühlsteinen des *Es* und des *Über-Ich*, dessen unversöhnliche Aspekte er gleichzeitig und für immer in sich zu tragen gezwungen ist.

Kulturell mag die Etablierung eines Teufels (zumindest im volkstümlichen Christentum) zur Herstellung einer kulturell verfeinerten Gesellschaft erklärbar sein – dem einzelnen Menschen aber bringt diese Etablierung des Bösen ein immerwährendes Schuldgefühl, weil er nie sein kann, was das anstrebenswerte *Über-Ich* (der bereinigte Himmel) von ihm zu sein verlangt.

Das Selbstbild des Menschen ist solange sauber, licht und hell, wie das *Es*-hafte verdrängt und demzufolge aus dem Feld der Selbstwahrnehmung heraus gedrängt wird. Dieses Selbstbild ist natürlich völlig unrealistisch, weil es die kulturell unerwünschten Seiten des Selbst nicht wahrzunehmen in der Lage ist.

Noch einmal: Es ist ein Spannungsfeld zwischen den uns angeborenen bösen *Es*-haften Trieben und Neigungen und den guten komplementären Eigenschaften entstanden, wobei Letztere sich psychodynamisch als notwendiges Gegengewicht zu den entsprechenden bösen *Es*-Anteilen entwickelt hatten. Kurz: Das Gute in uns ist nicht wirklich gut, sondern einfach eine Reaktion auf das unbedingt zu verdrängende Böse (das dadurch natürlich erst als ‚böse' definiert wird) in uns.

So zumindest das ernüchternd-düstere Bild, das uns die Psychoanalyse zeichnet. Wenn man nun moderne psychologische Erkenntnisse, vor allem aus der konstruktivistischen und der transpersonalen Psychologie damit in Beziehung setzt, dürfte man Freuds Theorien an einigen Stellen modifizieren: Freud etabliert das *Ich* als eine feste dritte Größe neben *Es* und *Über-Ich*. Das scheint übertrieben. Vielleicht lassen wir einmal das *Ich* als feste Größe ganz weg und sehen in den dualistischen Größen des zu *Verdrängenden* und des *Erwünschten* einfach nur ein Spannungsfeld.
Wenn wir gar kein *Ich* mehr postulieren, sondern nur die beiden dualen Gegensatzpaare, wird das von uns subjektiv wahrgenommene *Ich* zum Ausdruck, zum äußerlich sichtbaren Wirken der Dynamik zwischen den Wechselspielen des bösen Unerwünschten und des guten Erwünschten – nichts weiter als eine energetische Dynamik. Mit anderen Worten, ohne das Böse und ohne sein notwendig gewordenes Gegengewicht des Guten gebe es auch kein *Ich*. Wir empfinden uns als ein *Ich*, solange wir bestimmte Aspekte dieses energetisch-dynamischen Wechselspiels aus dem Fokus der Wahrnehmung ausklammern. Denn dieses Ausklammern ist Verdrängung. Und Verdrängung heißt Aktivierung der Dynamik, indem das Gegenteil des zu verdrängenden mit einer Menge Energie versehen wird. Das böse Verdrängte drängt aber nach Ausdruck, was seinem guten Komplementär wieder neue Energie zuführt. Das Böse und sein entsprechendes gegenteiliges Gutes sind miteinander fest verschraubte Aspekte ein und derselben energetischen (psychodynamischen) Tatsache und deshalb wird das Aktivieren des Einen auch immer eine Stärkung des Anderen mit sich führen.[245] Die Dynamik der Verdrängung ist also eigentlich ein sich selbst aufrechterhaltendes autopoietisches Spiel. Sobald nun aber das Verdrängte nicht mehr in der Bewusstseinsverbannung gehalten werden muss, kann es sich mit dem komplementären Guten vereinen und so verliert das *Ich*, als Ausdruck des Spannungsfeldes zwischen *Es* und *Über-Ich*, an Substanzhaftigkeit. Wichtig scheint hier die Anmerkung, dass Bewusstheit und *Ich* keinesfalls dasselbe sind, ganz im Gegenteil. Das *Ich* ist nichts als ein Produkt aus den Wechsel-

---

245. Das erklärt, warum so viele Leute, die ihre eigene Sexualität nicht hinreichend ausleben, den anderen gern Verderbtheit unterstellen: Durch die lang anhaltende Verdrängung ist das Thema Sex immer irgendwie präsent und im Fokus der unbewußten Abwehrmanöver. Das stärkt den inneren Sexus, der desto mehr nach Auslebung schreit, je stärker er verdrängt wird. Diese Stärkung des Sexus erzeugt wiederum eine Stärkung der Abwehr – in diesem Fall die Bekämpfung des Sex im Außen, weil er projektiv nur dort wahrgenommen werden kann. (In der eigenen Psyche wird er ja geleugnet.) Dieses ganze Moralisieren wäre völlig unnötig und würde gar nicht stattfinden, wenn der- oder diejenige sich dem eigenen Sexus zuwenden würde. Moralisieren ist in diesem Sinne gleichbedeutend mit „Verteufeln", wie im Text beschrieben.

spiel der beiden beschriebenen Kräfte. Es identifizierte sich immer mit dem Guten, war also als Selbstbild völlig verzerrt und damit untauglich. Bestenfalls kann man es als Navigator zwischen den beiden großen Kräften gelten lassen – allerdings verliert dieser Navigator sofort seine Kompetenzen, wenn das Selbstbild schrittweise um das Verdrängte vervollständigt wird.

C.G. Jung wollte diese freudsche Sicht der Dinge nicht so rigoros stehen lassen und postulierte neben den beiden dualen Aspekten noch eine ganze Reihe weiterer, die er Archetypen nannte. Einer der Archetypen sei der ‚Schatten' und dieser umfasst auch die verdrängten Aspekte des Freudschen *Es*.

Sich mit dem Teufel auseinanderzusetzen, heißt demzufolge Schattenarbeit zu betreiben, sich also schrittweise die verdrängten Aspekte unseres Selbst in den Fokus des Bewusstseins zurückzuholen, auch wenn diese unserem ach so guten Selbstbild damit den Todesstoß geben. Im Ergebnis, wenn die im Schatten liegenden Anteile vollständig erkannt wurden, wird man sehen, dass das meiste Gute unseres Selbstbildes nur Teil des Verdrängungsmechanismus gegen das Böse war. Das Gute verliert seinen moralischen Wert und wir erkennen, das es seine Ursache im Bösen, also im kulturell Unerwünschten, hatte. Das *Ich* definierte sich über das Gute. Nun ist dieses Gute relativiert … wer ist dann dieses *Ich*? Die Erkenntnis dieser Frage wird Thema der nächsten Karte, des *XVI-Turmes*, sein.

Der Gegenentwurf: Die Ideen der Humanistischen Psychologie

Nach den letzten Ausführungen könnte man annehmen, nur das Böse regiere uns und bestimme das Gute als dessen Gegengewicht. Es deutet vieles darauf hin, dass Freud so gedacht hat.

Offensichtlich sind archaische Triebe und Instinkte, Mordgelüste, Aggressivität, Machthunger, Gier und anderes innere Motivatoren, – sicher aber nicht die Einzigen.

Carl Rogers,[246] der große humanistische Psychologe, ging von einem weiteren und sogar viel stärkeren Antrieb aus, der sogenannten Aktualisierungstendenz, also einer Form von Verwirklichungstendenz, die das genotypische Potenzial eines Wesens zur Entfaltung bringen würde. In Bezug auf den Menschen sprach Rogers von einer Selbstaktualisierungstendenz, also einer Tendenz unseres psychischen Selbst, unsere psychischen

246. Zu den Grundlagen der humanistischen Psychologie: Carl Rogers: *Klient-bezogene Gesprächstheorie*, München, Kindler, 1973. Sehr gut und spannend zu lesen ist Carl Rogers: *Entwicklung der Persönlichkeit*. Stuttgart, Klett-Cotta, 1976. Ebenfalls führt in die humanistische Psychologie ganz hervorragend ein: Abraham Maslow: *Psychologie des Seins*. München, Kindler, 1973. A. Maslows Hierarchie der Bedürfnisse des Menschen finden Sie weiter oben, pgFeld *XI-Lust*.

Potenziale bestmöglich zu entfalten. Diese Tendenz treibe uns an und sorge für Entwicklung und Lernprozesse. Da Bewusstsein eine potenzielle Eigenschaft des Menschen ist, unterliegt auch diese der Selbstaktualisierungstendenz, also der Tendenz, sich selbst in die Wirklichkeit hervorzubringen.

Diese aus humanistischen Kreisen hervorgebrachte Einrede scheint das *missing link* des Problems zu liefern, woher die Neigung des Menschen kommt, bestimmte Eigenschaften als böse zu bezeichnen und dem entsprechende gute Gegengewichte konstruieren zu müssen. Das Böse wird ja erst zum Bösen, indem eine Idee des Guten entsteht. Gleichzeitig stehen eine Menge archaisch-animalischer Eigenschaften des Menschen der potenziellen Bewusstseinsentfaltung im Wege. Warum also kann es nicht auch als Ausdruck von Bewusstseinswachstum gewertet werden, wenn bewusstseinshemmende Eigenschaften vorläufig unterdrückt und verdrängt werden, um den Weg für ideelles Wachstum des Bewusstseins freizumachen?

Das Ego erscheint in diesem Lichte dann als eine noch zuhöchst unfertige Zwischenstufe unseres potenziellen Bewusstseinskerns hin zur vollen Entfaltung; das Ich als eine temporäre Erscheinungsform des Bewusstseins, die mit dem Erreichen eines bestimmten Bewusstseinsumfanges überflüssig wird – doch das greift bereits weit vor; dieser Erkenntnis begegnen wir in der Karte *XVII-Stern*.

Das Ego (das Ich) mag also das Produkt aus dem Wechselspiel zwischen dem Bösen und dem von ihm diktierten gegenteiligen Guten sein – das Bewusstsein an sich ist mehr als das. Freuds Verdienst war die wissenschaftliche Erkenntnis des Ersteren; das Verdienst der Humanistischen Psychologen wie Maslow und Rogers war es, zu erkennen, dass diese Dynamik zwar die Ich-Konstruktion zu erklären vermag, nicht aber das Phänomen des Bewusstseins und seiner Entfaltungstendenzen. Wenn wir wissen, dass unser Bewusstsein nicht das Ich ist, verlieren diese Erkenntnisse an Schrecken und mehr noch: Sie helfen uns, uns von der Identifikation mit einer holografischen Hilfskonstruktion namens Ego zu befreien und damit den Weg frei zu machen für das weitere Wachstum des Bewusstseins – über die Grenzen des Egos hinaus.[247]

Der Mensch sei also nicht von Grund auf böse und bedürfe der Korrektur, wie Freud behauptet, sondern der Mensch sei von Grund auf gut und habe die Tendenz, dieses Gute zu entfalten, wenn man ihn nicht darin behindere, widersprechen die Humanisten Maslow und Rogers. Beides wird wohl stimmen. Das ‚Archaisch-Animalisch-Grausam-Böse' muss kontrolliert werden, damit sich die Menschheit mit ihrem Bewusstsein entfalten kann. Aber die

247. Dieser Exkurs greift vor: Das *Ich* als affektlogische Hilfskonstruktion wird im *XVI-Turm* entlarvt und die transpersonalen Erweiterungen des Bewusstseins finden wir ab der Karte *XVII-Stern*.

Einsicht darein zeigt, dass die Humanisten recht haben: Es muss diesen guten Kern mindestens *auch* geben, weil wir sonst zu dieser Einsicht und Erkenntnis nicht fähig wären. Doch nun geht es erst einmal um die Schattenanteile unseres Selbst.

Teufel und Pan – Anzeichen für Abspaltung und Integration

Der christliche Teufel und der antike Pan haben augenscheinliche Parallelen. Beide zeigen aufgrund ihrer tierhaften Symbolik zurückliegende Entwicklungsebenen an. Der Mangel an Integration dieser zurückliegenden Entwicklungsebenen zeigt sich in der Teufel-Figur in der grundlegenden und vollständigen Ablehnung, die er von ‚offizieller' Seite erfährt. So vollständig die Ablehnung seiner (symbolischen) Figur, so vollständig ist auch die Ablehnung aller Attribute, die die Teufel-Symbolik in sich vereint, nämlich die Eigenschaften vorangegangener Entwicklungsstadien, zum Beispiel der archaischen und magischen Bewusstseinsstufe, der matriarchalischen Aspekte heidnischer Vergangenheit, der Körper- und Naturverbundenheit, die das vergeistigte Christentum (weil es das Erreichen des Göttlichen verhindern würde) ablehnte. Dass also der Teufel als Symbolfigur überhaupt existiert, ist bereits ein sicheres Indiz für eine kollektive Entwicklungspathologie: Es gibt demnach einen abgespaltenen Teil der (Kollektiv- wie Individual-) Seele, der in das seelische Insgesamt nicht integriert worden ist.

Nach Kenntnis der geschichtlichen Zusammenhänge wird auch klar, um welche Attribute es sich da handelt, nämlich zwangsläufig alles, was der mythisch-rationalen Bewusstseinsstruktur des Christentums und des Abendlandes vorangegangen ist. Vermutlich deswegen, weil die abendländisch-christliche Kollektivseele die Gefahr wittert, die von einer möglichen Integration der vorangegangenen Bewusstseinsschalen für sie selbst ausgehen könnte: das Aufgeben der rein patriarchalen Hegemonie der monotheistischen Geistesdiktatur des christlichen Dogmas.

Die mit ähnlichen anatomischen Attributen ausgestattete Figur des altgriechischen Gottes Pan steht offenbar für Gleiches oder zumindest Ähnliches wie der Teufel, doch die Sympathie, die die Griechen ihm entgegen brachten, wird durch verschiedene Eigenschaften deutlich, die den christlichen Teufel blass vor Neid gemacht haben dürften. Seine Verführungskünste bestanden in betörender Musikalität; seine Panflöte, die Syrinx, lockte die Mädchen in die abgeschiedene Natur, in die archaischen Gefilde tief liegenden vorkulturellen Menschseins, ein Seinsbereich, der einerseits ängstigt, aber andererseits auch glühend lockt. Seine Verlockung war nicht böse, sondern archaisch, erdhaft, voll ehrlichen Verlangens, das für das in uns allen schlummernde (oder wache) Verlangen steht. Die alten Griechen, so vergeistigt, wie sie auf uns wirken, hatten uns eines voraus: Sie litten nicht unter der pathologischen Dissoziation innerer (prähistorischer) Bewusstseins-

Schalen. Das Archaisch-triebhafte war ihnen zwar schicksalhaft und barg mannigfaltige Gefahren, kein Zweifel, aber es war ihnen nicht an sich bereits böse und ‚verteufelt', sondern gehörte für sie zum inneren psychischen Inventar. (Welches sie ganz mythisch nach außen projizierten und in ihrer olympischen Götter- und Halbgötterwelt lokalisierten.)

Kurz: Solange eine Kultur einen ‚Teufel' kennt, leidet sie unter einer pathologischen Dissoziation (Abspaltung) irgendeines ihrer seelischen Eigenschaften, die sie mit dem Tabu einer symbolischen Unfigur warnend belegen muss. Es gibt keinen Teufel, könnte man schlussfolgern; es gibt nur die tabuisierten Anteile unseres Selbst, tief verborgen im Unbewussten, die aus Sicht der herrschenden Bewusstseinsstruktur oder herrschenden Weltsicht um Gottes Willen nicht ins Bewusstsein gehoben werden dürfen. Wie machen wir das? Wir verschließen die Pforten zu den abgespaltenen Bewusstseinsbereichen mit dem wirksamsten Schlüssel, den es gibt: die Angst. Die christlichen Oberen erfanden ein hologrammatisches Schreckgespenst, das sich vor den verbotenen Türen manifestierte, sobald ihnen jemand zu nahe kam. Nur der Unerschrockene stellte fest, dass ihm gar nichts passierte, wenn er dem Teufel trotzte: Ungehindert und ohne Widerstand ging er durch das Trugbild und durchschaute somit sofort den faulen Zauber.

Also gibt es doch einen Teufel? Nämlich als künstliches Schreckgespenst? Dann stimmt die Warnung vor ihm.

Kontemplationen

Der Schatten - Unbeleuchtete Räume

Der *Schatten* (als Archetyp nach der Jung'schen Definition) ist kein personifizierbares Bündel an schlechten Eigenschaften, wie man ihn sich gern vorstellt, sondern der Bereich der Psyche, Einstellungen, Haltungen und Wünsche, der mit seinen Inhalten dem erwünschten und aktuellen Selbstkonzept entgegensteht und Letzteres gefährden könnte. Demzufolge ist der *Schatten* das Bündel an Gegenargumenten zur aktuellen Selbstsicht. Diese Dinge im *Schatten* sind aber nicht verschwunden, nur weil wir den Blick nicht darauf richten, sondern befinden sich eben einfach nur unbeleuchtet von der Blendlaterne des Bewusstseins in einem dämmrigen Zwielicht. Desto erstaunter wird man sein, *wenn* diese Bündel an Gegenargumenten auf einmal hochkommen und ihr Recht auf eine Stimme in Anspruch nehmen. Dann stellt sich heraus, dass die bisherige Sicht der Dinge sehr einseitig gewesen war und der Realität nicht oder kaum standhalten kann. Sich mit dem Schatten auseinanderzusetzen, ist in jedem Falle sinnvoll, und zwar möglichst früh und von Anfang an und mit einer Haltung des interessierten Forschers. Wenn irgendwelche Schuldkonzepte im Spiele sind, können die bewusst gemachten Inhalte des Schattens zu Folgepathologien der Psyche führen.

Wie immer in einer wahren und unbestechlichen Psychologie geht es nicht um Gut oder Böse, (es sei denn, diese Konstrukte sind Gegenstand der Forschung). Es geht immer um ein Ineinanderfließen und Ineinanderpassen von Energien und deren Ausdrücken. Einstellungen etwa sind stabile etikettierende Ausdrucksformen von bestimmten Energiekonstellationen oder psycho-energetischen Zuständen. Und bestimmte Einstellungen passen mit anderen nicht überein – die Psychologen nennen dieses Phänomen *kognitive Dissonanz*. Das Gehirn, bzw. unser psychisches Gesamtinventar sei aber immer bestrebt, eine wenigstens in sich funktionierende Ordnung herzustellen, also dafür zu sorgen, dass all die vielen Gedanken in unserem Kopf zusammenpassen und sich nicht allzu sehr ineinander verkeilen, also *konsonant* zueinanderstehen. Wenn das aus irgendeinem Grunde nicht möglich ist, bleibt dem innerpsychischen Bibliothekar nichts weiter übrig, als bestimmte Kognitionen, die sich eindeutig und nicht korrigierbar *dissonant* zum aktuellen konsonanten Einstellungsgerüst verhalten, aus der Bibliothek zu verbannen. Oder wenn selbst das nicht geht, dort zumindest das Licht auszumachen. Ignorieren. Da gibt es also in der riesigen und verwinkelten Halle unserer inneren Bibliothek ein paar Ecken, in denen die Glühbirnen durchgebrannt sind und nie ausgewechselt wurden. In diesen Ecken stehen, leicht angestaubt, üppige, aber leider indizierte Folianten, die dem Dogma des stabilen Selbstbildes ein Dorn im Auge sind. Häretiker und Ketzer des aktuellen wünschenswerten Selbstkonzepts. Und je gleißender das Licht dort, wo es brennen darf, desto dunkler erscheinen uns die Ecken mit den durchgebrannten Glühbirnen, und desto weniger können wir erkennen, wenn wir zufällig den Blick tatsächlich einmal in diese Richtung wenden würden. Ihre Fähigkeit etwas zu erkennen, ist vergleichbar mit der Situation, in der Sie in der Sonne saßen und ein Buch lasen, dann in das Haus gingen, um sich einen Kirschsaft zu holen und erst einmal überhaupt nichts sehen, weil ihre Augen an das blendende Sonnenlicht gewöhnt sind.

In unserer inneren Bibliothek suchen wir diese dunklen Stellen gar nicht erst auf. Was sollten wir da auch?

Das Sichtbarwerden innerpsychischer Müllhalden

Diese Verdrängungsstrategie funktioniert nur solange, bis aus irgendeinem Grund ein neuer Hausmeister die Glühbirnen wechselt oder irgendjemand die allgemeine große Deckenbeleuchtung anschaltet, die bislang ignoriert wurde. Dieses wahrlich bedrohliche Ereignis kann durch verschiedene Parameter ausgelöst werden. Der wichtigste Grund ist wahrscheinlich ein Zuwachs an innerer oder persönlicher Energie – in dem Gleichnis angedeutet durch die elektrische Energie der Glühbirnen oder der Deckenbeleuchtung –

die den Radius der Leuchtkraft der inneren Blendlaterne auf drastische Weise erhöht. Was wir dann zu sehen bekommen, kann erst einmal entmutigend sein.

Das ist ein wichtiges (scheinbares) Paradoxon: Je mehr Energie wir zur Verfügung haben, desto mehr der innerpsychischen verdrängten Inhalte können wir wahrnehmen, was uns selbst erst einmal in ein schlechteres oder unerwünschteres Licht rückt. Man stürzt sich mit einer gewissen Begeisterung in die Techniken des persönlichen Energiezuwachses (Yoga, Meditation, Selbstbetrachtungen, Energie raubende Tätigkeiten oder Beziehungen aufgeben etc.) und rechnet wohl am wenigsten damit, auf den faulen Morast der eigenen Psyche zu stoßen. Gerade die Meditation steht ja im Ruf, uns zu geistigen und lichtvollen Höhen zu führen. Das ist richtig. Diese Höhen sind aber energetische Höhen. Und je höher wir uns befinden, desto umfänglicher wird auch der Blick, sodass wir auch die Schattenseiten unserer Seele zur Kenntnis zu nehmen gezwungen sind. Wenn wir uns nun also in erster Linie auf *diese* konzentrieren, also auf die Inhalte unserer Wahrnehmung, *und nicht auf die Leuchtkraft der Wahrnehmung selbst*, könnten wir leicht deprimiert werden, denn was wir sehen, ist der Müll unseres Selbst, der sich im Laufe der Jahre angesammelt hat. Diesen aber sehen zu *können*, ist untrügliches und sicheres Zeichen eines Energiezuwachses. Am besten ist, man beachtet beides: einerseits den Müll fokussieren, um ihn zu bereinigen, und andererseits sich immer vor Augen halten, dass diese Fähigkeit mit einer energetischen Anreicherung verbunden ist. Jeder Mensch ist mit inneren Müllhalden bestückt, das gehört zu den Mechanismen des Sozialisationsprozesses. Es bedarf eines bestimmten Levels an persönlicher Energie bzw. Ich-Stärke, um sich dieser Einsicht zu stellen.

Gesellschaftliche und biologische Determinanten des Schattens

Ein Wort allerdings noch zu den Inhalten des persönlichen Schattens. Es wäre völlig irrig anzunehmen, dass alle Inhalte des Schattens auf eine objektive Weise böse, schlecht, negativ oder dergleichen mehr wären. Das, was uns solche Inhalte verdrängen lässt, ist einzig die Tatsache, dass sie zu irgendeinem Zeitpunkt unserer Entwicklung nicht in das entsprechende Selbstkonzept gepasst hatten und deshalb als für die Konstruktion eines sozial erwünschten Selbstbildes untauglich verdrängt oder unschädlich gemacht wurden. Nun gibt es solche und solche „unpassenden Inhalte": Einerseits Inhalte, die fester und nicht löschbarer Inhalt der menschlichen Natur sind – die können nur verdrängt, aber nicht beseitigt werden. Hier bedarf es unbedingt der Bewusstmachung und Integration in das Gesamtselbst, egal was die gerade vorherrschende Moral der Gesellschaft präferiert. Und andererseits psychische Inhalte, die von uns im Laufe der Entwicklung als Reifungsschlacke erworben und angesammelt wurde – zumeist mentale und/oder affektlogische Schleifen und Muster als Resultat von Lernerfahrungen. Diese können natürlich ausgemerzt werden, allerdings nur, wenn wir uns dem Problem mit unserem Bewusstsein auch stellen. Am Anfang eines Lösungsprozesses steht nun einmal die Einsicht in das Problem und die klare Fokussierung dessen.

Gerade in puritanischen Gesellschaften, in denen eine bestimmte Moral-Konstruktion hochgehalten wird, kommt eine bestimmte Entwicklungsstufe zum Tragen, die Leary als pervertierten vierten sozio-sexualmoralischen Neuro-Schaltkreis bezeichnen würde. Um diesen konstant und stabil zu halten, scheint es nötig, die voran gegangenen zu sanktionieren und als primitiv, negativ, pervers oder unanständig hinzustellen. Der Trugschluss liegt auf der Hand: Wenn wir von unserem Baumringe-Modell ausgehen, kann sich ein vierter Schaltkreis nur integriert und gesund entwickeln, wenn sich die vorangegangenen drei Schaltkreise auf vernünftige und bewusste Weise entwickeln durften und somit ein brauchbares Fundament für die Herausbildung des vierten Schaltkreises bilden können. Wenn sich aber die ersten drei Schaltkreise nur ungenügend entfalten durften, oder beim Emanieren des nächstfolgenden Schaltkreises statt integriert dissoziiert, also abgetrennt werden, wird sich der vierte Schaltkreis notgedrungen verkrüppelt und pervertiert entwickeln. Ihm fehlt es an den nötigen Zutaten und er wird hauptsächlich damit beschäftigt sein, die Inhalte der verdrängten und unbewusst gebliebenen ersten drei Schaltkreise in Schach zu halten, statt sich der Entfaltung des eigenen Potenzials zu widmen.

Ungehobene Schätze: Die Entdeckung der Schatten-Potenziale

In der Crowley-Karte ‚Der Teufel' sehen wir einen Ziegenbock vor einem erigierten Phallus mit prall gefüllten Eiern. In all den zurückliegenden Entwicklungsstufen – die man eben nicht von sich abtrennen kann, sondern die weiter und zuhöchst wirksam und lebendig in uns leben – liegt der Same für die weitere Entwicklung, und wenn wir überhaupt in der Lage sind, höhere Schaltkreise gemäß unseres menschlichen Potenzials zu entfalten, dann, weil es die ersten Entwicklungsstufen und –schaltkreise gegeben hat. Die Eiche, um ein gebräuchliches Gleichnis zu benutzen, ist auch nicht denkbar ohne den Samen, die Eichel, den Keimling, das junge Bäumchen und den jungen zarten Baum. Die ausgewachsene Eiche ist all das in seiner höchsten Entfaltung. Und so ist es auch bei uns: In den sogenannten primitiven Schaltkreisen unserer Entwicklung steckt bereits der ganze voll entfaltete Mensch. Diese Entwicklungsstufen abzuwerten oder gar zu verdrängen oder auslöschen zu wollen (was nicht geht), heißt, unser ganzes Sein abzuwerten.

In uns steckt der tierische Mensch, der sich ängstigt, wenn er das ferne Brüllen eines Raubtiers hört oder der ohne viel nachzudenken seine sexuellen Impulse sofort in entsprechendes Verhalten umsetzt, um dann vielleicht eine gewinkt zu bekommen. In uns steckt der alte Mensch in all seinem bisherigen Gewordensein. Bevor es den meditierenden Buddha geben kann, brauchte und braucht der Mensch das archaische Tier, das magische Denken, er musste sich Mythen erzählen und irgendwann Geist von Körper trennen, die reine Vernunft kritisieren und die String-Theorie entdecken. In all diesen Entwicklungsstufen liegt als Potenzial der voll bewusste Mensch. Voll bewusst werden kann er jedoch nur, wenn er seine Vergangenheit, sein Gewordensein überschauen und verstehen kann. Durch Verdrängung behindert er seine Entfaltung.

Der Ziegenbock auf Crowleys Karte lächelt freundlich, sein Kopf ist blumenbekränzt und auf seiner Stirn ist das dritte Auge der Erkenntnis zu sehen. Das allein ist Einladung genug, als ob er sagen wollte: Fürchte dich nicht, mich kennenzulernen! Ich bin so schlecht nicht! Seine spiralförmigen Hörner verbinden ihn mit dem Himmel, also mit der umfassender werdenden Entwicklung. In ihm steckt der Weg zu den höheren Bewusstseinsebenen, und dieser Weg ist spiralförmig ähnlich der DNS-Anordnung. Von ihm geht die Entfaltung aus, er ist der Urgrund, er ist unsere Vergangenheit, unsere Menschheitserfahrung, mehr noch: die Erfahrung des Lebens auf diesem Planeten an sich. Eine gesunde weitere Entwicklung unseres Bewusstseins ist abhängig davon, ob wir uns ihm in Liebe und Respekt nähern können. Angst brauchen wir keine vor ihm zu haben. Schlimmstenfalls könnte er unsere kleine Egoblase zerstören, indem wir begreifen, dass wir eben nicht der durch und durch zivilisierte, moralische, puritanische, anständige Mensch sind, zu dem wir erzogen werden sollten.

Yoga und „Zauberei"

Eine alternative und dennoch zu oben Beschriebenem passende Erklärung bietet sich an, wenn wir uns den sogenannten Geheimwissenschaften, dem Yoga und der ‚Zauberei' zuwenden. Aus Sicht des normalen konsensuellen Weltbildes müssen alle Techniken, Absichten und Erklärungsmodelle ‚teuflisch' erscheinen, die die Grundfundamente unseres Weltbildes infrage stellen oder sogar torpedieren. Teuflisch war es, als der Alchemist Magnesium aus Forschungsgründen verbrannte und dabei eine helle, bläuliche, grelle Flamme erzeugte. Im Mittelalter konnte das für den braven Nachbarn des Zauberers nur mit dem Teufel zugehen. Heute führt man dieses Experiment im Chemieunterricht an normalen Schulen durch.

Jede Technik, die das Ego transzendiert, also dem konsensuellen Weltbild den Grundstock entziehen will, gilt diesem Weltbild als des Teufels. Dem Gottesglauben, sogar im Yoga, erscheint es böse, die Existenz Gottes in Zweifel zu ziehen. Im Yoga nennt man die Yogis, die den Weg der *Visaraga* gehen, böse. Zwar führen sie Bußübungen, Yogatechniken und Mantras aus, behaupten aber, sich nicht mit der kosmischen Seele vereinen zu wollen, sondern die ‚Kosmische Seele' sei in ihrem Herzen. Die Texte seien geschaffen worden, um die „Wahrheit zu verbergen".[248] Ob diese Wege tatsächlich verderblich sind, wie bestimmte klassische Texte behaupten, oder ob sie nur einer „Verteufelung" anheimgefallen sind, lässt sich schwer sagen.

Ein weiteres Beispiel für Verteufelung finden wir in der mexikanischen Zauberei, in der sich der brave Christ bekreuzigt, wenn der *brujo*, der Zauberer, erwähnt wird. Nach bestimmten Quellen seien die *brujos* die Bösen und die *curanderos*, die Heiler-Zauberer, die Guten. Es gibt andere Quellen, nach denen der *brujo* die helle Seite verkörpere und der *diablero* die dunkle. Dieses Wirrwarr erinnert an die Geistesströmungen in den letzten Jahrhunderten in Europa: Die Rosenkreuzer, die Templer, die Alchemisten und die Hexer, die Magier und die Astrologen, Illuminaten, Kartharer, Manichäer und deren Strömungen, Mystiker, Gnostiker, Kleriker mit mystischen Tendenzen, Inquisition. Der Teufel, dessen Wortstamm derselbe ist wie der von Deus (lat.: Gott), Deva (sanskrit: göttlich), Devil (engl.: Teufel) und so weiter. Die Verwirrung in der Bibel: Wer ist denn nun Gott und wer der Teufel, wer der Demiurg? Und die geheimnisvollen Frauen: Sophia, die Weisheit, eine Eingefrorene im universalen Packeis des Demiurgen oder Lilith oder Eva, Chaos über Chaos ...

Die einen distanzieren sich vom *brujo* und sind *curanderos*. Die anderen wenden sich der ‚guten' *brujeria* zu und verteufeln die *diableros*.

Der Teufel steckt hinter dem Altar, nicht wahr?

Was dem einen sein *brujo*, ist dem anderen sein *curandero*. Die Teufel sind immer die anderen.

Ein anderes Beispiel sind die Bücher von Carlos Castaneda. In ihnen geht es nacheinander um die Aufweichung des verfestigten und verkrusteten westlichen Weltbildes, um die Befähigung zur Wahrnehmung durch das „Anhalten des inneren Dialoges", die Loslösung von der Identifikation von unserem Ego-Konstrukt (hier zeigt sich der konstruktivistische Charakter seiner Bücher) und das Erlernen konkreter Fähigkeiten (im Yoga *siddhis* genannt). Bis hierher decken sich seine Bücher mit der yogischen Lehre. Doch dann kippt das Ganze in etwas Teuflisches, das mit dem Weg der *Visaraga* im Yoga vergleichbar ist. Er lässt den Meister Don Juan die übliche Gottesvorstellung als eine Projektion des Eigendünkels entlarven, weist aber auf anorganische Wesen hin, deren spirituelles „Futter" wir seien.[249] Im Grunde kommt hier wieder eine transzendente Wesenheit ins Spiel, die die castanedaschen Zauberer durchaus ernst nehmen. Ihr Ziel besteht dann kurz gesagt

248. Siehe Eliade, M.: Yoga. Unsterblichkeit und Freiheit. Suhrkamp, 1985. S. 150f.
249. Castaneda, C.: Das Feuer von Innen. Fischer, 2001; C., C.: Das Wirken der Unendlichkeit. Fischer, 1997.

darin, diese Wesen (den „Adler") auszutricksen, um Unsterblichkeit des Bewusstseins zu erlangen.

In diesem Zusammenhang muss offenbleiben, ob es sich um eine Unsterblichkeit im yogischen Sinne handelt, also das Eingehen in Brahman durch Transzendenz und Auflösung der Identifikation mit dem Ego, oder ob eine post-egoische Struktur unter Umgehung kosmischer Transzendenz Gott austrickst, um eine doch noch personale Unsterblichkeit zu erlangen.

Psychogenetisches Feld XVI

- Der Turm -

DESILLUSIONIERUNG/BEFREIUNG
AUFLÖSUNG DES WELT- UND SELBST-ENTWURFS
EINSICHT IN DEN ILLUSIONSCHARAKTER DES SELBST

Tarotkarte: XVI – Der Turm (traditionelle Deutungen: Zusammenbruch der Sicherheiten, blitzartige Erkenntnis, Zerstörung, Chaos)

Themen: Die Desillusionierung über die Natur des Ichs und des Selbstes; Die Möglichkeiten zur Differenzierung von selbstreferenziellen kognitiven Architekturen (Selbstbild); die Enttarnung des Selbstbildes als artifizielle kognitive Konstruktionsleistung

Dieses psychogenetische Feld umfasst alle Formen Ich-bezogener Desillusionierungen, deren Gipfelpunkt die Einsicht in den Illusionscharakter des Ichs *an sich* darstellt. Letztgenannte Einsicht wird sich auf das autopoietische (sich selbst erzeugende und sich selbst aufrechterhaltende) Gewordensein des Egos und all seiner affekt-logischen oder kognitiven Architekturen beziehen. Wenn sich dieses pgFeld XVI nach der gelungenen Schatten-Integration (pgF XV) aktualisiert, und die anderen vorangegangenen pgFelder ebenfalls hinreichende Erschlossenheit aufweisen, zeigt sich im buddhistischen Sinne das Bewusstsein als *shunyata*, Leere, womit gemeint ist, dass sich die *Inhalte* des Bewusstseins, mit denen man sich bisher identifizierte, als psychisches, hologrammartiges Hinausgeworfensein von autopoietisch entstandenen kognitiven Konstrukten entpuppen, und dass *Bewusstsein an sich* leer ist von substanziellen Inhalten. Das Einzige, das Substanz aufweist, sei, so die Buddhisten und Yogis, Bewusstsein an sich, unveränderlich, zeitlos und apersonal. Die Identifizierung mit Inhalten des Bewusstseins erzeuge *Maya*, Illusion.[250] Sollte ein solches Erklärungsmodell aber an dieser Stelle nicht vorliegen und ausschließlich die Inhalte eines ratiozentrischen Bewusstseins zur Verfügung stehen, besteht hier die Gefahr einer existenziellen Depression oder einer erkenntnistheoretischen Tautologie.[251]

250. Vgl. Eliade, 1985.
251. Vgl. Wilber, 2002.

Pathologisch wirken sich Themen personenbezogener Desillusionierung aus, wenn sie als Einbrüche in vorangegangene pgFelder passieren. Hier ist therapeutisch genau zu überprüfen, in welchem aktuellen pgFeld dieser Einbruch stattfand, und wie die darauf folgende Entwicklung dadurch beeinflusst wurde. Als Einbruch in personale Entwicklungsfelder ist das im Aufbau begriffene Ich gezwungen, die auf die Person bezogenen Desillusionen in den weiteren Ich-Aufbau sinnvoll zu integrieren, was oft als der Not gehorchende Anpassungsleistung stattfindet, etwa indem alternative Persönlichkeitsanteile zur Selbstwertstärkung herangezogen werden.

Als Einbruch in die Übergangsfelder wäre ein vorzeitiges Differenzieren vom Ego an sich möglich, und zwar bevor die zuvor notwendige Integration von Verdrängtem (pgFeld *XV - Teufel*) ins Ich-Bewusstsein stattfinden konnte. Diese autonomen Inhalte würden dann unkontrolliert weiterwirken, egal welcher spirituellen Praxis man sich verschrieben haben mag. Bevor also dieses pgFeld zielgerichtet thematisiert wird, sollten verdrängte Altlasten der Psyche aus dem Schattenfeld hinreichend integriert sein.

Wenn dieses pgFeld auf dem Weg der Bewusstseinsentfaltung in Angriff genommen wird, sollte man eine transpersonale meditative Praxis welcher Art auch immer bereits in seinen Lebensalltag integriert haben, um einer nihilistisch-existenziellen Depression vorzubeugen. Dazu gehört ein allgemeines transpersonales Erklärungsmodell, wie es beispielsweise der Buddhismus, der Yoga, der Sufismus, die spirituelle christliche Mystik oder die transpersonale/integrale Psychologie vorschlägt. Das scheint nötig, da ansonsten keine Idee über die Möglichkeit weiterführender Entwicklung des menschlichen Bewusstseins vorliegen würde und der Mensch sich an einem ausgesprochen deprimierenden Endpunkt aller Entfaltungsmöglichkeiten wähnt.

Psychologische Weiterführungen

Priorität der Selbsterhaltung in kognitiven Systemen

Die Erfahrungen mit den unpersönlichen und dynamisch fließenden Mächten des Universums, also die Erkenntnis, dass nichts von Dauer ist, auch unser Ego nicht, sondern beständigem Wandel unterworfen ist (pgFeld *XIII - Tod*), bringt uns Erkenntnisse, die unsere bis dato bestehende kognitive Weltarchitektur *sprengen*, wenn wir sie in diese Architektur einverleiben wollen. Diese Erkenntnis hält unser fest gefügtes Ego-Gerüst nicht aus, sie ist nicht kompatibel damit, es wird zerbrechen oder explodieren.

Durch die Entdeckung des ‚angemessenen Umgangs' (pgFeld *XIV - Kunst*) konnten wir mit der Schatten-Arbeit (pgFeld *XV – Teufel*) beginnen, ein Konzept, das zwar von Jung erstmals beschrieben wurde, aber durch die moderne kognitive und konstruktivistische Psychologie mit umfangreicher Kartografie bereichert wurde.

Der Zusammenbruch des Turmes, wie er gleich beschrieben werden wird, soll keinesfalls anzeigen, dass nichts existiere oder dass die ganze Welt eine Illusion sei. Um Missverständnissen vorzubeugen: Es geht um die Erkenntnis, dass egoische Strukturen aufgrund ihres autopoietischen Gewordenseins prinzipiell nicht in der Lage sind, die Welt objektiv wahrzunehmen. Die Inhalte der kognitiven Systeme egoischer (personaler) Strukturen sind nie die Inhalte eines objektiven Außens, sondern immer Anpassungsleistungen an das bereits bestehende kognitive Netzwerk.[252] Egoische Bewusstseinsstrukturen erzeugen eine selbstwertdienliche Weltentwurfs-Architektur, deren Priorität in der Selbsterhaltung der personalen Struktur liegt und nicht in der Erkenntnis um der Erkenntnis willen. Damit wird jede noch so objektiv wirkende Erkenntnis des Egos, auch sogenannte wissenschaftliche Befunde, zu einem weiteren Ziegelstein in der Errichtung des egoischen Mauerwerks. Das Ego ist buchstäblich nicht in der Lage, etwas wahrzunehmen, was wesentlich von seinem bisherigen Weltentwurf abweicht, wie Carl Rogers es einmal sinngemäß formulierte.

Die Einsicht in diesen Sachverhalt ist Inhalt dieser Karte. Sie ist damit die Karte der Desillusionierung in einem korrigierenden Sinn.

Nexus

XV-Der Teufel – XVI-Der Turm: Das Ich steht zur Verhandlung

Erinnern wir uns: Als wir uns unserem Schatten zuwandten, traten all die verdrängten und unliebsamen Aspekte unseres Selbst in unser Bewusstsein. Plötzlich wurde klar, dass die bisher guten wünschenswerten Anteile unseres Selbstkonzepts nur Teil des dynamischen Wechselspiels zwischen verdrängten Inhalten und den Verdrängungsmechanismen, die diese unliebsamen Anteile im Bewusstseinsexil zu halten hatten, darstellten. Unser ganzes affektlogisches Selbstkonzept, kurz Ego genannt, wurde plötzlich relativiert. Die scheinbar fest gefügte Architektur des Egos (und damit seiner selbstwertdienlich verzerrenden Weltsicht – die letztlich nur Teil des Egos ist) entpuppt sich als fragiles Produkt eines energetischen Wechselspiels zweier komplementärer Komponenten. Das Ich verliert seine feste Substanz und steht nun selbst auf dem Prüfstein. Während im Vorfeld bestimmte *An-*

252. Daß Wahrnehmung in erster Linie ein deutender Prozess ist – und kein abbildender – ist kein Geheimnis mehr. Man kann in jedem Standardlehrbuch der kognitiven Psychologie oder der Wahrnehmungspsychologie die entsprechenden Belege und Befunde nachlesen. Diese konstruktivistische Sichtweise hat sich in den Sozialwissenschaften durchgesetzt.

teile des Ichs zur Verhandlung standen (die inneren Antreiber und Motivatoren in der Karte *XI-Lust;* die Fähigkeit zur Passivität, zur Annahme des Unvermeidlichen im *XII-Gehenkten;* die Schattenanteile des Ichs im *XV-Teufel*), so stehen nun das Ich, das Ego und seine Weltentwürfe an sich zur Disposition: das Ich als subjektiv wahrgenommenes Spannungsfeld zwischen den Polen des Erwünschten und Unerwünschten. Wenn das Unerwünschte nun aber auch ins Bewusstsein getreten ist und damit die eigentliche Funktion des Guten, Erwünschten klar wurde, stellt sich die Frage, was dieses Ich eigentlich ist, und ob es überhaupt irgendeine Substanz hat. Ganz abgesehen davon, dass mindestens seine selbst- und weltbezüglichen *Inhalte* schlichtweg falsch und illusionär waren.

Der illusionäre Charakter affekt-logischer Architekturen

Radikaler Konstruktivismus

Der Turm ist eine der mächtigsten Karten des ganzen Tarots. In den herkömmlichen Beschreibungen findet man immer wieder negative, furchterregende Deutungen, da ist von Verlust, von Verderben, von Untergängen und anderem die Rede. Das ist gar nicht so falsch, da die Welt, wie wir sie kennen, nur ein gigantischer mentaler Wurf des Egos ist und dieses als illusionäres Steuerelement unseres Selbst begriffen wird – also quasi substanzlos ist. Wie kann der mentale Entwurf von etwas Substanzlosem wie dem Ego Substanz haben?

Der Turm repräsentiert unsere kognitive oder genauer gesagt affekt-logische[253] Architektur: Gedankensysteme in unseren Köpfen, die uns vorgaukeln, zu wissen, wie das Leben, das Universum und der ganze Rest beschaffen sei. Diese affekt-logische Struktur installiert sich im Laufe unseres Lebens durch mehrere unterschiedliche, aber ineinandergreifende Mechanismen. Erste Erfahrungen in unserem Leben legen die Grundsteine für die weitere komplexe Architektur unseres Geistes. Durch Konditionierungen, Prägungen, Umwelteinflüsse oder traumatische Ereignisse kristallisieren sich systematisch Annahmen über die Welt heraus, die nicht unbedingt bewusst sein müssen, sondern implizit, also größtenteils unbewusst wirken und unser ganzes späteres Denken, Fühlen und Handeln beeinflussen. In der kognitven Verhaltenstherapie nennt man diese Annahmen

253. Dieser Begriff stammt von dem Schweizer Psychiater und Psychotherapeuten Luc Ciompi. Er weist darauf hin, dass Kognitionen ohne Emotionen nicht möglich sind und umgekehrt. Der wechselseitigen Durchdringung beider Konzepte wird er gerecht, indem er den Begriff des ‚Kognitiven' mit dem der ‚Affektlogik' ersetzt. Vgl. Luc Ciompi: Die emotionalen Grundlagen des Denkens. Entwurf einer fraktalen Affektlogik. Göttingen: Vandenhoek & Ruprecht, 1997.

„innere Antreiber", in der Sozialpsychologie „Einstellungen" und in George Kelly[254]s sozial-kognitiver Persönlichkeitstheorie „persönliche Konstrukte". Diese Inneren Antreiber sind es, die die Grundstruktur unseres Erkenntnissystems determinieren.

Man spricht von Affekt-Logik, weil am Anfang unserer Gedankensysteme die Gefühle, die Affekte stehen. Man kann sich das so vorstellen: Am Anfang gibt es einen Affekt, eine Stimmung, zum Beispiel Angst. Diese Gefühle regulieren dann die entsprechenden Gedanken. Wenn am Anfang ein positives Gefühl steht, wird die kognitive Entsprechung positiv und optimistisch sein, andernfalls negativ und pessimistisch.

In keinem Fall aber ist diese affekt-logische Geistes-Architektur geeignet, die Welt auf adäquate Weise widerzuspiegeln. Kurz: Unsere affekt-logische Weltsicht ist alles andere als korrekt, sie ist in sich logisch, aber nicht zu vergleichen mit einem Schnappschuss, der ein einigermaßen realistisches Bild von der Welt darstellt.

Man kann es auch härter formulieren: Unser Denken und Wahrnehmen ist in seinem Wesen illusionär. Belege dafür gibt es ausreichend. Maturana und Varela[255] sprechen von autopoietischen Systemen. Autopoiesis bezeichnet einen sich selbst entfaltenden Prozess, der nur den eigenen, dem System (in dem Fall des Denkens) selbst innewohnenden logischen Gesetzen, unterworfen ist. Maturana und Varela nehmen an, dass kognitive Systeme in sich geschlossene Systeme sind, eine Annahme, die so nicht ganz stimmt, aber die hauptsächlichen Gesetzmäßigkeiten der Entfaltung der kognitiven Architektur sind tatsächlich autopoietisch, also sich selbst erzeugend und sich sozusagen selbst bestätigend und erhaltend. – *Das* ist die Welt, wie wir sie wahrnehmen. Wie ein sich in den Wachzuständen immerwährend fortsetzender Traum.

Shunyata – die Leere des Bewusstseins

In der östlichen, hauptsächlich indischen Philosophie ist diese Annahme weit verbreitet. Die Buddhisten sprechen von *Maya*, der Illusion der Welt. Bewusstsein selbst sei Shunyata, wobei die deutsche Übersetzung ‚Leere' zwar nicht falsch ist, aber in die Irre führt. *Shunyata* bedeutet, dass die *Inhalte* des Bewusstseins, konkreter des Denkens, illusionär sind, also substanziell gar nicht

254. George Kelly: The Psychology of personal constructs. Vol. I, II. New York: Norton, 1955. Kelly gilt unter Persönlichkeitspsychologen als bedeutend und sein Verdienst besteht wohl darin, ziemlich früh bereits eine im Grunde konstruktivistische Theorie menschlicher Persönlichkeit vorgelegt zu haben.

255. Die beiden südamerikanischen Biologen gelten als Begründer des Konstruktivismus und des Begriffs der Autopoiese. Vgl. Francisco Varela, Humberto Maturana: Der Baum der Erkenntnis. Goldmann, 1987.

existieren. Sie sind kognitive Konstruktionen, Blasen an Einbildung, Hologramme geistiger Projektionen. Das einzig Wahre wäre das Bewusstsein selbst, das aber frei von Inhalten sei, stattdessen eher mit dem Licht einer Taschenlampe zu vergleichen sei. Bewusstsein ist das *Licht* dieser Lampe, nicht aber die angestrahlten Bilder. Oder mit einem anderen Gleichnis:

Die Welt ist das Produkt der Projektion der Bilder einer Filmrolle. Diese Filmrolle befindet sich im Vorführraum des Kinos. Dieser Vorführraum ist unser Kopf, unser persönlicher Geist. Die Bilder nehmen wir aber auf der Leinwand wahr – außerhalb unseres Kopfes, unseres persönlichen Geistes. Die Leinwand repräsentiert das Außen. Dort sehen wir die Bilder und halten sie für die Welt: Das ist die Illusion. Die Welt mag existieren, zum Beispiel in Form einer leeren Leinwand, aber was wir sehen und damit für die Welt halten, sind die Bilder der Filmrolle in unserem kleinen, privaten Vorführraum.

Der Turm dieser Karte repräsentiert die ausgestrahlten Bilder unseres Gleichnisses. Nun könnte man einwenden: Ja, warum denn auch nicht? Dazu ist doch Bewusstsein da! Stimmt, aber anzunehmen, dass die Bilder so, wie wir sie wahrnehmen, auch tatsächlich existieren, ist der entscheidende Irrtum. Wir nehmen immer durch die Brille unserer Vorerfahrungen wahr, interpretieren also das Wahrgenommene bereits, bevor das Perzept, das Wahrgenommene, ins Bewusstsein tritt. Im Grunde projizieren wir also unsere Gedächtnisinhalte auf das ‚Außen', behandeln es als ‚objektiv', obwohl es tatsächlich nur unsere kognitive Architektur, also unsere Brille des Vorwissens widerspiegelt. Diese ins Außen projizierten Bilder für real und objektiv zu halten und sich nicht bewusst darüber zu sein, dass es sich um Widerspiegelungen unseres Vorwissens handelt, ist der entscheidende Irrtum des Alltagsmenschen.

Das Symbol des dritten Auges

Im Crowley-Tarot öffnet sich über dem Turm ein Auge. Es ist mittig und symbolisiert das sogenannte ‚dritte Auge'. Man sagt im Hinduismus, wenn Shiva sein noch geschlossenes drittes Auge öffnet, zerstört er damit die Welt. Dieses dritte Auge soll andeuten, dass die Möglichkeit besteht, etwas jenseits der normalen visuellen Wahrnehmung zu *sehen*, bzw. wahrzunehmen und damit die kognitiven Deutungsmuster unserer subjektiven Weltkonstruktion zu umgehen. Dieses Symbol des dritten Auges sagt: Es geht um das *Sehen*; aber es geht nicht um das Sehen, wie ihr es kennt, es geht nicht um die normale optische Wahrnehmung, wir meinen etwas Anderes, Größeres.[256]

---

256. Das dritte Auge symbolisiert das sechste Chakra, Ajna, das sich ungefähr zwischen den Augenbrauen befindet. Dieses sei der Sitz bestimmter „Erkenntniskräfte und der Sinne in ihrer Feingestalt" (Mircea Eliade: Yoga. Unsterblichkeit und Freiheit. Frankfurt/M., 1985, S. 252).

Das Öffnen des dritten Auges kann die ganze fragile blasenhafte Konstruktion unserer Wirklichkeit auf einen Schlag zerstören, weil es sofort den *Turm* wahrnimmt, nicht mehr die Innenwände der einzelnen Räume dieses Bauwerkes, die bisher für die reale Welt gehalten wurden, obwohl es sich doch nur um mehr oder weniger unterhaltsame Tapeten gehandelt hatte. Nach dem Öffnen des dritten Auges muss nicht mehr jede einzelne Tapete auf Glaubwürdigkeit untersucht werden, weil mit einem Schlag klar ist, dass es sich um eine *Architektur* handelt, vom Protagonisten selbst entworfen, selbst konstruiert und gebaut. Die Welt befindet sich nicht im Turm, der nur aus illusionären Räumen besteht, sondern aus dem, *worin* er sich befindet. Die Welt ist jenseits des Turmes und nur wahrnehmbar, wenn man aus dem Turm heraustritt.

Abriss versus Meditation

Es passt zur Morbidität abendländischer Erkenntnissysteme, eben auch des Okkultismus, das Dilemma des Turmes nur lösen zu können, indem man ihn zerstört. Das kann durch allerlei Lebensumstände passieren: Massive Ent-Täuschungen, also Desillusionierungen, Unfälle, die einen an den Rand des Todes bringen oder andere lebenseinschneidende Ereignisse, die die Architektur unserer bisherigen Weltsicht ins Wanken bringen. Das bisherige Überzeugungssystem des Geistes gerät an seine Grenzen und kann sich demzufolge nicht mehr selbst aufrechterhalten. Im kollektiven Erfahrungsschatz kann es sich da um Kriege oder Wirtschaftsbankrotte handeln, die einer kollektiven, nationalen Identität, die ja ebenfalls nur eine kollektiv geteilte illusionäre mentale Konstruktion darstellt, den Garaus machen. Die Identitätsblase hält dem Druck einer sich verändernden und nicht erkannten Wirklichkeit nicht mehr stand (vgl auch pgFeld *XIII-Tod*).

Die östlichen Philosophien haben sanftere Methoden ersonnen, um der illusionären Weltsicht der Innenräume des Turmes zu entrinnen. Im Osten wurde die Meditation entwickelt, eine Praxis, die das Abendland in dieser Vollendung nicht hervorgebracht hat. In der Meditation tritt man aus dem Turm heraus, ohne ihn zu zerstören. Man bringt seinen Verstand zur Ruhe, konzentriert sich also nicht mehr zwanghaft auf die bunten Tapeten der Innenräume des Turmes, sondern richtet sein Bewusstsein auf etwas Punktuelles aus, sodass der Gegenstand der Aufmerksamkeit uninteressant wird und das Bewusstsein selbst zum Fokus wird. Kurz, man zieht den Hologrammen der Innenräume der kognitiven Architektur die Stecker. Das Hologramm des Turmes verschwindet und der Blick wird ungewohnt weit. Was man dann wahrnimmt, ist die Welt.

Hinzu kommt, dass durch die Erfahrung des Ausschaltens der Illusion plötzlich die Tatsache der *Illusion an sich* klar wird. Einmal eine Lücke im ansonsten ununterbrochenen inneren Dialog reicht zu, den illusionären Charakter des Turmes zu verstehen.

Resümee

Die Karte steht für die Aufhebung der *Identifikation* mit den bisherigen affekt-logischen Strukturen. Der Turm unserer für sicher gehaltenen Weltkonstruktion zerbricht, wir verstehen, dass das, was wir bisher für die Realität hielten, *illusionär* gewesen war.

Die Buddhisten kennen ein Mantra: So Ham. Ich bin dies.

In den Upanishaden findet man den Satz: Tat tvam asi. Das bist du.[257] Damit ist das gemeint, was in der Meditation jenseits des Ichs wahrnehmbar wird. Alles andere ist die Projektion unserer mentalen Speicherinhalte auf ein Außen, von dem wir an diesem Punkt nur wissen, dass es irgendwie existiert, da es offenbar eine Art Leinwand für unsere Projektionen bereitstellt. Aber wie diese Wirklichkeit geartet ist, wie sie ist, ob sie überhaupt uns Menschen wahrnehmbar ist, wissen wir an diesem Punkt (dieses pg-Feldes, dieser Karte) noch nicht.

Diese Karte zeigt den Akt der Erkenntnis der Illusion an. Und das kann auf ungerufene, brutale Art geschehen oder auf sanfte, absichtsvolle und kontrollierbare Weise durch die Meditation.

---

257. Aus dem *Chandogya-Upanishad*: „Das, was die feinste Essenz ist – Diese ganze Welt hat sie als ihr Selbst. Das ist die Wirklichkeit (Satyam). Das ist das Selbst (Atman). Das bist du". Dazu ausführlicher unten, *XXI-Universum*.

Einführung zu den Karten der transpersonalen Bewusstseinsstrukturen

(pgFeld *XVII - Der Stern* bis pgFeld *XXI - Das Universum*)

Das Wesen transpersonalen Bewusstseins fasst Sri Aurobindo durch eine Zielformulierung des Integralen Yoga wie folgt zusammen:

> *„Es muss zwar immer erstes Ziel des Yoga sein, die menschliche Seele individuell zu befreien, damit sie in ihrem spirituellen Sein, Bewusstsein und in ihrer Seligkeit zur Einung mit dem göttlichen Wesen gelangt. Sein zweites Ziel ist die Teilnahme des Menschen in freier Weise am kosmischen Sein des göttlichen Wesens. Daraus ergibt sich ein drittes Ziel: Der Mensch soll die Bedeutung der göttlichen Einheit mit allen Wesen dadurch wirksam machen, dass er mitfühlend und aktiv an der geistigen Absicht teilnimmt, die das göttliche Wesen mit der Menschheit hat. So tritt der individuelle Yoga aus seiner Abgeschiedenheit hervor und wird zu einem Teil des kollektiven Yoga der göttlichen Natur im Menschen."*[258]

Transpersonales Bewusstsein kommt zum Tragen, wenn die *Identifizierung* des menschlichen Bewusstseins mit seiner egoischen Persönlichkeit sich *löst*, das Bewusstsein sich von dieser Anhaftung *differenziert*, indem die eigene Person zum Gegenstand des meditativen Schauens geworden ist und diese letztlich wieder in eine umfänglichere Bewusstheit integriert wird, nun allerdings nicht mehr als ein Ganzes inmitten einer Masse anderer Ganzheiten, sondern als Teil eines größeren Ganzen.

Die Begriffswahl der transpersonalen Strukturen und Erfahrungen ist nicht einheitlich. Sri Aurobindo benennt sie in dieser Reihenfolge als *psychischer Geist* (in manchen Büchern als *erleuchteter Geist*), *intuitiver Geist, Übergeist* und *Supergeist*.[259] Im Vedanta wird von *psychisch, subtil, kausal* und *nondual* gesprochen. Wilber nutzt in verschiedenen Veröffentlichungen manchmal

---

258. Sri Aurobindo: Die Synthese des Yoga. Gladenbach: Verlag Hinder + Deelmann, 2000, S. 623.

259. Sri Aurobindo: Die Synthese des Yoga. Gladenbach: Hinder+Deelmann, 2000. In S.A.: Der Integrale Yoga (1957) benutzt Aurobindo die Begriffe *psychisches, spirituelles* und *supramentales* Bewusstsein.

Aurobindos Terminologie, manchmal die des Vedanta. Allerdings muss zwischen stabil entfalteten Bewusstseinsstrukturen und zeitlich begrenzten Gipfelerfahrungen unterschieden werden. So kann man beispielsweise von *subtilen* Gipfelerfahrungen sprechen, die einem Menschen auf einer noch personalen Bewusstseinsstruktur widerfahren. Das hieße aber nicht, dass in diesem Falle die *subtile* Bewusstseinsstruktur fest etabliert wäre. Um diesen Sachverhalt zu beschreiben, entwickelte der amerikanische Wissenschaftler Allan Combs[260] eine Matrix, das Combs-Raster, in der Gipfelerfahrungen des psychischen, subtilen, kausalen oder nondualen Bereichs in die tatsächlich aktuellen Bewusstseinsstrukturen desjenigen eingeordnet werden können. Combs nutzt für seine Matrix die Vedanta-Begriffe, und ich möchte mich für diese Veröffentlichung dieser Wahl anschließen, zumal diese deutlichere Assoziationen zu entsprechenden Bewusstseinsbeschreibungen europäischer Mystik zulassen.

Das Phänomen der Gipfelerfahrungen nenne ich an verschiedenen Stellen „Einbrüche" höherer pgFelder in die Plateauphase eines für die Person aktuellen pgFeldes. Diese können ungewollt oder aber als erste sporadische Erfolge in entsprechender Übung auftreten. Solcherlei Erfahrungen können letztlich durch entsprechende Disziplin und Wiederholung zu einer Plateauphase der höheren Bewusstseinsstruktur führen.

Ein pgFeld umfasst in seiner Bedeutung die ihm zuordenbaren Gipfelerfahrungen (aus der Sicht der aktuellen pgFelder als „Einbrüche" erlebt), die möglichen Disziplinen und Übungen, die zu Erfahrungen dieses pgFeldes führen und die stabile etablierte Bewusstseinsstruktur.

In diesem Zusammenhang stellt sich die Frage, ob diese Bewusstseinsstrukturen oder –bereiche schon immer gegenwärtig sind und vom Bewusstsein des Menschen erschlossen werden, oder ob sie erst zur Existenz kommen, indem der Mensch sie in sich erzeugt. Im Grunde trifft beides zu: die jeweiligen Seinsbereiche sind schon immer da, doch diese zu erfahren und ihrer bewusst zu werden, bedarf es eines aktiven (oder manchmal ungewollten, passiven) Prozesses, der in seinem Verlauf entsprechende kognitive Strukturen (im buchstäblichen Sinne: *cognoscere* heisst erkennen) erzeugt, die sein Gewahrsein dieser Seinsebenen widerspiegelt. Somit können diese Seinsbereiche ihre Wirkung auch entfalten, ohne dass man von der Existenz selbiger überhaupt wüsste. Einen Unterschied zwischen Seinsbereichen und Bewusstseinsstrukturen zu machen, ist also sinnvoll. Ein pgFeld allerdings ist aufgrund seines Symbolcharakters in der Lage beide Aspekte in sich zu vereinen und auf ein grundlegendes Themenbündel hinzuweisen. So kann etwa die Karte *XVII-Stern* sowohl den *psychischen* (oder *erleuchteten*) Seinsbereich als auch die Be-

---

260. Allan Combs: Die Psychologie des menschlichen Bewusstseins. Hamburg: Phänomen-Verlag, 2011.

wusstseinsstruktur und die kognitiven Möglichkeiten seines Gewahrseins und darüber hinaus Wirkungen und Eigenschaften dessen umfassen.

Voraussetzungen für gesundes und erfolgreiches Erschließen dieser transpersonalen Stufen sei nach Wilber eine erfolgreiche Integration der natürlich-vitalen und der geistigen Aspekte des egoischen Menschen, die er ‚zentaurisches Bewusstsein' nennt. Sri Aurobindo nennt implizit ebenfalls solche Kriterien, die allesamt die Fähigkeit zur Öffnung des menschlichen Geistes für das Transpersonale oder das Göttliche Wesen entstehen lassen.

Die scheinbare Übersichtlichkeit der transpersonalen Entwicklungsstrukturen (deren vier) ist trügerisch. Zwar umreißen die vier transpersonalen Entwicklungsstrukturen unterscheidbare Bewusstseinsqualitäten, allerdings ist diese Wahl dieser Kategorisierung eher willkürlich, wenn auch praktikabel. Tatsächlich kann man die einzelnen transpersonalen Stufen noch einmal vielfach untergliedern, je nach dem, welche Erfahrungsbereiche man auf welche Weise gewichtet.[261] Hinzu kommt, dass die vier Bewusstseinsstrukturen Ordnungsprinzipien und -kompetenzen von Wahrnehmungen und Erkenntnissen bereitstellen, die dann aber von einer ganze Reihe von psychischen Funktionsbereichen (z.B. Denken, Moral, Empfinden, psycho-soziale Wahrnehmungen etc.) durchlaufen werden oder auch nicht. So ist es problematisch festzustellen, ob jemand etwa die psychische Bewusstseinsstruktur (pgFeld XVII) für sich vollständig erschlossen hat, oder ob nur einige seiner psychischen Funktionen diese Reife erworben, andere aber in vorangegangenen pgFeldern erst ihre bislang höchste Reife (im Sinne der zunehmenden Umfänglichkeit) gefunden haben.[262]

Psychologische Weiterführungen

Die Entdeckung des Transpersonalen

Die Fülle an kosmischen Symbolen der nach dem *XVI-Turm* folgenden Karten rechtfertigt deren Deutung als nicht-personale Themenkomplexe. Dass sie bisher nicht als *trans*-personale Themen interpretiert wurden, mag daran liegen, dass der Begriff des *Transpersonalen* erst in den Sechziger Jahren des letzten Jahrhunderts durch das Aufkommen der transpersonalen Psychologie in Mode kam. Humanistische Psychologen wie Abraham Maslow stellten fest, dass gerade gesunde und reife Persönlichkeiten neue Bedürfnisse entwickelten, die über die reine Selbstverwirklichung hinausgingen. Selbsttranszendenz wurde zum Schlagwort, und es soll andeuten, dass dem Menschen in seiner Bedürfnishierarchie[263] der Wille zur Transzendenz des

261. Vgl. Eliade, 1985.
262. Vgl. Wilber, Integrale Psychologie, 2001.
263. Ausführliches zur Bedürfnispyramide von Maslow vgl. oben *XI-Die Lust*.

Personalen der reinen Selbstverwirklichung nachfolgt, gleichsam als Spitze der Pyramide seiner inneren Motivatoren. Wenn man kulturvergleichend Symbole des Transpersonalen miteinander in Beziehung setzt, entdeckt man erstaunliche Parallelen zwischen östlicher Metaphorik und der Reihenfolge der Tarotkarten zwischen *XVII-Stern* und *XXI-Universum*. Die *psychische* Bewusstseinsstruktur etwa wird auch im Yoga-Tantra symbolisch mit dem Mondlicht in Verbindung gesetzt, das Sonnenlicht mit der *subtilen* Bewusstseinsstruktur. Auffällig ist beispielsweise, dass die *subtile* transpersonale Stufe immer wieder in den unterschiedlichsten Beschreibungen des Ostens, sei es im Mahamudra, Vedanta, Yoga und im mystischen Islam, aber auch in der christlichen Mystik mit einem Leuchten, mit Licht, mit göttlichem Licht usw. umschrieben wird.[264]

Die Transpersonale Psychologie ist nunmehr salonfähig geworden und wir haben die Möglichkeit, altes europäisches Wissen mit den bisher gefundenen Entsprechungen des Ostens in Beziehung zu setzen.

Das Wirken der Inhalte der transpersonalen Karten ist völlig anders zu bewerten als alle vorangegangenen Karten, denn ihr Erscheinen im Leben des Menschen ist oft von Einbrüchen in Form von Gipfelerlebnissen gekennzeichnet. Eine Gipfelerfahrung meint, dass in eine eigentlich frühere Bewusstseinsstruktur eine Erfahrung platzt, die den Rahmen der bisherigen (personalen) Bewusstseinsstruktur sprengt und dann als Erinnerung von dieser engeren Bewusstseinsstruktur verarbeitet werden muss. Sogenannte Plateau-Erfahrungen unterscheiden sich von den Gipfel-Erfahrungen insofern, dass sie nach einer langen Phase der Übung absichtsvoll und bewusst, wahrscheinlich durch Meditationen des Yoga, der christlichen Mystik oder des Sufismus, als feste und stabile Bewusstseinsstruktur installiert werden. Die Reihenfolge der Karten *XVII-Stern* bis *XXI-Universum* entspricht der Reihenfolge des von den Weisheitstraditionen des Ostens und Westens beschriebenen Emanierens der umfassender werdenden transpersonalen Bewusstseinsstrukturen. Entsprechendes Belegmaterial findet sich in den einzelnen pgFeld-Beschreibungen.

Um die transpersonalen Karten in ihrer Bedeutung im Zusammenhang vorzustellen, werden sie hier in knapper Form noch einmal zusammengefasst:

---

264. Vgl. Ken Wilber: Integrale Psychologie. Arbor, 2002, Tafeln 6a – 7.

Benennung der Karten	Allgemeines Thema und gelungene Bewältigung	Anzeichen misslungener Bewältigung und Effekte von verfrühtem Einbruch des Themas
Die transpersonalen Karten		
Ic – Der dritte Magier	Wille zur Tat jenseits der egoischen Struktur; Motivation und Selbstwirksamkeitserwartung zur Bewältigung der transpersonalen Stufen	Scheu vor der Aufgabe, Empfinden von Sinnlosigkeit; mangelndes Zutrauen in die meditativen Fähigkeiten und mangelndes Vertrauen in die Effektivität von Meditation; Verharren in systemisch-konstruktivistischem Nihilismus
XVII – Der Stern	Das Entstehen der transpersonalen *psychischen* oder erleuchteten Bewusstseinsstruktur (Aurobindo, Wilber); Das Gewahrwerden eines transpersonalen seelischen Zieles, jenseits von egoischen Bedürfnissen; seelische oder psychische Ziele;	Verzweiflung angesichts von Widersprüchen zwischen Restbeständen egoischer Ansprüche und *psychischem* Willen. Gleichgültigkeit und Abwertung egoischer Strukturen; Als Einbruch: verzerrte Interpretationen des Erlebten und Weltfremdheit
XVIII – Der Mond	Das Bewältigen der Nachtfahrt der Seele, verstanden als notwendiges Dämmerlicht eines noch im Entstehen begriffenen transpersonalen (lichten) Bewusstseins; Erkennen kollektiver transpersonaler Irrlichter	Weltanschaulich paranoide Identifikationen mit fälschlich buchstäblich verstandenen aber metaphorisch gemeinten transpersonalen und/oder archetypischen Ideen; „mystische Weltverschwörungen"
XIX – Die Sonne	Die subtile, archetypische Bewusstseinsstruktur; Intuitiver Geist (Aurobindo) egoische Strukturen lösen sich zunehmends auf, Bewusstsein ist identifiziert mit allgemeinen archetypischen und feinstofflich-energetischen Präsenzen, die nicht buchstäblich als Götter, sondern metaphorisch als Sinnbilder von kosmisch-großräumigen Prinzipien verstanden werden (Christus, Kali, Atman, Shiva, Sonne etc.)	Allmachtsfantasien durch den Einbruch archetypischer Erfahrungen und Präsenzen in entwicklungsgeschichtlich frühere Bewusstseinsstrukturen; Das Überrollt-Werden von mächtigen archetypischen Präsenzen im egoischen und transpersonalen psychischen Bereich; damit die Unfähigkeit, sich mit der noch als grob und roh empfundenen egoischen Welt abzufinden
XX – Das Aeon	Kausale Bewusstseinsstruktur, Übergeist oder Supramental (Aurobindo); Glättung und Auflösung jedes personalen und transpersonalen Egos oder Karmas; bodhisattvische Ebene	Unvereinbarkeit des Einbruchs karmischer Auflösungstendenzen mit egoischen oder früheren transpersonalen Stufen des Bewusstseins; Verzweiflung und Unverständnis des Egos angesichts karmischer Auflösungstendenzen
XXI – Das Universum	Das Eingehen in die letzte nonduale Wirklichkeit; Supergeist (Aurobindo); Nirvana; 8. Schaltkreis (Leary)	Das Wahrnehmen einer undefinierbaren Pixelsoße angesichts eines solchen Erfahrungs-Einbruchs, z.B. unter hohen Dosen von Ketaminen
O – Der Narr	Mikrokosmische Verdichtung des Universums; Urknall; die sich drehende Spirale des Lebens	Noxen, genetische oder karmische Determinanten

Tab.13: Die transpersonalen pgFelder, einschließlich des pgFeldes Ic

Ein dritter Magier – pgFeld Ic

Vor oder nach dem Stern ordnet sich der dritte Magier ein. Während der erste Magier den aktiven Willen zur Selbstkonstruktion mitbrachte, der zweite Magier den aktiven Willen zur Dekonstruktion des Egos, ist mit Beginn der transpersonalen Strukturen ein neuer aktiver Wille vonnöten, der mit dem bisherigen nicht zu vergleichen ist. Es geht hier nicht mehr um Dekonstruktion, sondern um etwas, das sich jenseits der Begriffe Konstruktion und Dekonstruktion abspielt. Es ist der unmittelbare Wille des Lebens, zu voller Bewusstheit vorzudringen. Hier also greift Sri Aurobindos Wort vom „sich öffnen", von dem „Aufreißen der inneren Türen", denn ab hier wird keine Wirklichkeit konstruiert, sondern sie wird *erfahren*. Aurobindo schreibt von der „Herabkunft des Geistes", dem der Yogi sich einfach nur zu öffnen hat. Die Grundessenz des Yoga sei diese Öffnung, diese Hingabe an das, „was es jenseits des menschlichen Geistes gibt".[265]

Einbrüche der transpersonalen Felderthemen in vorangehende pgFelder

Die beschriebenen Einbrüche transpersonaler Erfahrungen sind nicht per se schlecht oder gar traumatisch. Sie können es sein, etwa wenn der *XVIII-Mond* in Form einer paranoiden Weltverschwörung seinen Einfluss in einer unreifen egoischen Grundstruktur geltend macht. Andererseits kann uns der Einbruch des archetypischen Sonnen-Themas Bewusstseinsprozesse (Erhellungen) bescheren, die uns unserem Selbst näherbringen.

---

265. Aurobindo, zit. aus: Otto Wolff: Indiens Beitrag zum neuen Menschenbild. Rowohlt, 1957, S. 113f.

Psychogenetisches Feld Ic

- Der dritte Magier -

SELBSTWIRKSAMKEIT
IC – TRANSPERSONALES BEWUSSTSEIN

Tarotkarte: Ic – Der dritte Magier
Themen: Das Gefühl eigener Wirkmächtigkeit, transpersonale Erfahrungen und Entwicklungen bewältigen und meistern zu können

Diese dritte Erweiterung des psychogenetischen Feldes I, die wir pgFeld Ic nennen wollen, markiert das Ende der zirkulären Selbstbetrachtung egoischer Strukturen und Funktionen. Für das erfolgreiche Erschließen der folgenden fünf pgFelder ist eine neue, umfangreichere Qualität des Wirkmächtigkeitsgefühls nötig. Die erste Qualität dieses pgFeldes war das Gefühl eigener aktiver Wirkmächtigkeit angesichts der Welt, in die das Individuum hineingeboren wurde (pgFeld Ia) und bildete die dem Menschen selbst innewohnende Voraussetzung zum erfolgreichen Aufbau eines funktionstüchtigen Egos. Die zweite Qualität (pgFeld Ib) umfasste das Gefühl subjektiver Wirkmächtigkeit angesichts notwendig erscheinender Korrekturen und Dekonstruktionen egoischer Selbst-Strukturen. Die jetzt aktuell werdende dritte Qualität, um die die beiden Ersten erweitert werden (aber diese nicht auflöst), ist das subjektive Wirkmächtigkeitsgefühl bezüglich des als möglich erachteten transpersonalen Weges.

Grundlage dafür muss ein mentaler Weltentwurf bilden, der prinzipiell die Möglichkeit transpersonaler Erfahrung einschließt und geeignete wirksame Methoden zur Umsetzung vorschlägt. Beispiele dafür sind die zahlreichen Yoga-Schulen (Raja-, Bhakti-, Hatha-, Jnana- oder Tantra-Yoga, der Integrale Yoga nach Sri Aurobindo), Mahayana-Buddhismus, Vajrayana-Buddhismus, christliche Mystik, Sufismus, aber auch die aus der Transpersonalen Psychologie hervorgegangene Integrale Psychologie nach Ken Wilber. Erst auf dieser Grundlage kann sich die Frage nach der eigenen Wirkmächtigkeit zum Bemeistern dieses Weges überhaupt stellen.

Drei grundsätzliche Fragen müssen vom Betreffenden bejaht werden können, damit es überhaupt zu zielgerichteten transpersonal orientierten Handlungen kommt:

Die Frage nach der Kompetenz- oder Selbstwirksamkeitserwartung: „*Kann ich es?*“

Die Frage nach der Ergebniserwartung: *„Auch wenn ich es kann, führt die transpersonale Handlung tatsächlich zum Ergebnis in Form von veränderten Bewusstseinsqualitäten, z.B. zu einem Erleuchtungszustand?"*

Die Frage nach der Instrumentalität des Handlungsergebnisses: *„Auch wenn ich es kann und die angewandte Methodik tatsächlich zu erweiterten Bewusstseinszuständen führt – wozu?"*

Dieses pgFeld Ic thematisiert demzufolge neben dem *subjektiven Gefühl für die eigene spirituelle Power* auch ein für transpersonale Themen *günstiges kognitives Einstellungsinventar.*

Psychologische Weiterführungen

Das Ego als Insel im Meer des Selbst

Diese drei oben genannten Voraussetzungen der Selbstwirksamkeitserwartung, der Ergebniserwartung und der Instrumentalität des Handlungsergebnisses spielen bei der Betrachtung der drei Magier eine entscheidende Rolle. Die alles tragende Basis ist die Selbstwirksamkeitserwartung. Aber sie allein reicht nicht aus, um uns dazu zu bewegen, einen bestimmten Weg anzugehen. Wir müssen gleichermaßen von der Durchführbarkeit der Handlung an sich als auch von den positiven Folgen des Handlungsergebnisses überzeugt sein. Diese genannten drei Voraussetzungen zitiere ich aus der Handlungstheorie, die vor allem in der Arbeitspsychologie eine wichtige Rolle spielt.

An der Stelle des dritten Magiers können wir allerdings noch einige Überlegungen hinzufügen. Da ja unser gesamtes anerlerntes Weltwissen Teil unserer affekt-logischen Architektur, also Teil des Egos ist, kann man die drei Erwartungshaltungen kaum noch voneinander trennen. Selbst wenn eine (bewusste) Selbstwirksamkeitserwartung vorhanden ist, ist doch der Mangel an *Ergebnis*erwartung dennoch Teil unseres persönlichen Glaubenssystems. Aus dem pgFeld XVI-*Turm* bringen wir die Erkenntnis mit, dass unser Ego aus *allen* Aspekten unseres affekt-logischen Glaubenssystems besteht. Damit wird hier klar, dass ein Mangel an *Ergebnis*erwartung weniger etwas mit dem *Außen* zu tun hat (wie man das normalerweise als Alltagsmensch mit personalem Bewusstsein annimmt), sondern ebenfalls mit uns selbst, mit unserem Innen, mit unseren Einstellungs- und Glaubenssystemen.

Der erwachte Zeuge *sieht* das Ego als eine komplexe Maschine, sperrig montiert und manchmal monströs in seinen Ausmaßen. Dieses Ego ist weder schlecht noch gut, es ist nichts, das man vernichten oder unbedingt aufrechterhalten müsste. Es ist einfach ein Produkt der Umstände, eine komplexe autopoietische[266] Anpassungsleistung des schrittweise erwachenden Geistes. Solange wir mit dem Ego identifiziert waren, also gleichsam *aus dem Ego heraus lebten und wahrnahmen,* mussten uns bestimmte

Wahrnehmungen als nicht zu uns gehörig erscheinen – zu einem Außen also. Der Zeuge aber sieht, dass das Ego nur eine Insel in einem größeren Selbst darstellt, und dass dieses das Ego umgebende Meer ebenfalls zum Selbst gehört. Was das Ego also noch als Außen wahrnahm (da draußen auf dem Meer), sieht der Zeuge als dem Selbst innewohnend – weil es *in* ihm, nämlich *in* seiner Wahrnehmung und damit *in* seinem Bewusstsein ist, und nicht außerhalb.

Praktisch ausgedrückt sagt das Ego: „Die Technik der Meditation funktioniert nicht, das hat mit mir nichts zu tun". Der Zeuge hingegen sagt: „Das Ego greift auf ein ihm innewohnenden Glaubenssatz zurück, nämlich dass die Meditation nicht funktioniere".

Aus Sicht des Zeugen sind also alle drei oben genannten Voraussetzungen Teil des Selbstsystems, denn jedes Wissenselement in unserem Kopf gehört nun einmal zu uns; denn *wer* denkt es denn? Wir. Also gehört es zu uns, und nicht zu einem imaginären *Außen*.

Einstellungsinventare

Weiter oben wurde bezüglich des Ic-Magiers neben dem subjektiven Gefühl für die eigene spirituelle Wirksamkeit auch ein notwendiges günstiges kognitives Einstellungsinventar angesprochen.

Wenn der Suchende ausschließlich westliche abwertende Literatur über Meditation lesen konnte, wird er in seiner persönlichen kognitiven Datenbank keine positiven Einstellungen zur Meditation finden, was wiederum bedeutet, dass er wohl kaum beginnen wird zu meditieren.

Glaubens- und Einstellungssysteme wachsen gleichsam wie Bäume. Irgendwann wird ein Same gelegt, vielleicht sehr früh schon, in der Kindheit oder Jugend. Es kommen weitere Samen hinzu, Tausende sogar, und all diese Einstellungen wollen miteinander in Harmonie stehen; man sagt in der Psychologie, sie streben danach, zueinander konsonant zu sein, nicht dissonant. Und das tun sie recht rücksichtslos gegenüber dem Kriterium der Wahrheit oder der Wirklichkeit. Es geht den Einstellungen in unserem Kopf nur darum, zueinander in einem möglichst konsonanten, also stimmigen Verhältnis zu stehen – und wenn das heißt, dass die Realität verbogen werden muss, dann wird sie eben verbogen.

Bezüglich des dritten Magiers spielt das eine entscheidende Rolle, vor allem für Menschen des westlichen Kulturkreises: Transpersonales Bewusstsein ist im Abendland so gut wie unbekannt, sodass auch kaum Einstellun-

---

266. Autopoietisch = aus sich selbst heraus entstehend und durch Anpassungen sich selbst erhaltend; Begriff aus dem Konstruktivismus.

gen dazu existieren. Allerdings werden einige transpersonale Phänomene in den Bereich der Psycho-Pathologie eingeordnet, was eine bestimmte Einstellungs-Verästelung hervorrufen wird. Außerdem gelten bestimmte östliche Attribute transpersonalen Erlebens als albern oder gar gefährlich, zum Beispiel das Konzept des Gurus. All diese Einstellungen sind in uns und verlangen danach, sich zu anderen Einstellungen konsonant zu verhalten. Wenn wir nun zu meditieren beginnen, gerät die Handlung Meditation in ein *dissonantes* Verhältnis zu den Gedanken albern etc. Unser Denken wird nun versuchen, *Konsonanz* herzustellen, und zwar auf die ökonomischste Weise, die ihm möglich ist, und das ist in der Regel der Verzicht auf die Meditationspraxis.

Daraus folgt: Der dritte Magier braucht ein günstiges und motivierendes Wissen über den transpersonalen Weg.

Während die Karten *XVII-Stern* bis *XXI-Universum* den transpersonalen Weg und seine grundlegenden Bewusstseinsstrukturen (psychisch, subtil, kausal, nondual) kennzeichnen, beschreibt der dritte Magier die Voraussetzungen des Suchenden, um den Weg des Transpersonalen anzugehen.

Psychogenetisches Feld XVII

- Der Stern -

TRANSPERSONALES ‚PSYCHISCHES' ODER „ERLEUCHTETES" BEWUSSTSEIN (AUROBINDO, WILBER)

Tarotkarte: XVII – Der Stern (traditionelle Deutungen: Hoffnung, gutes Omen, der richtige Weg, sich selbst wiederfinden

Themen: Gewahrwerden seelischer Ziele jenseits des Egos, psychisches Bewusstsein, Naturmystik (Wilber)

Das psychogenetische Feld XVII ist das erste pgFeld, das Erfahrungen mit transpersonalen Themen bereitstellt. Durch meditative Techniken oder durch spontane Erfahrungen kann die (egoische) Identifikation mit der personalen Struktur aufgelöst werden und etwas Umfassenderes erscheint dem Praktizierenden, das man eine psychische oder seelische Essenz nennen könnte. Wilber[267] nennt diese Bewusstseinsstruktur die *psychische* und bezieht sich dabei unter anderem auf den Vedanta und auf Sri Aurobindo.

Sri Aurobindo schreibt:

> *„Das Psychische beeinflusst das Bewusstsein vom Hintergrund her, aber man muss aus dem gewöhnlichen Bewusstsein heraus in das innerste Wesen hineintreten, um es zu finden, und man muss es zum Herrscher über das Bewusstsein machen, der es sein muss. Das zu tun, ist eines der Hauptziele des Yoga."*[268]

Dieses psychische Wesen wird als der Kern oder die Essenz der eigenen Existenz begriffen, und sie erscheint um ein Vielfaches größer oder umfangreicher als die bisherige egoische Struktur mit Körper, Geist und Emotion. Allerdings lässt sich diese psychische Wesenheit nicht in Begriffen der räumlichen oder zeitlichen Ausdehnung beschreiben – sie erscheint immateriell und feinstofflich-energetisch.

---

267. Wilber: Eros, Kosmos, Logos, 2001; Wilber: Integrale Psychologie, 2001
268. Sri Aurobindo, 1957, S. 74.

Egoisches Bewusstsein lokalisiert sich in der Regel als in der Welt befindlich (mein Bewusstsein ist in meinem Gehirn, dieses im Kopf, dieser im Raum und dieser in der Welt). Im psychischen Bewusstsein wird die Welt der Wahrnehmung zum Geschehen innerhalb der Innenwände der Seele. Man beginnt die Inhalte der Wahrnehmung nicht mehr als äußere Objekte zu sehen,sondern als Bestandteile unseres innerpsychischen Bewusstseins. Die Welt, so das psychische Bewusstsein, befindet sich in meinem Gewahrsein. Das Bewusstsein umfasst so nicht mehr nur die eigene Person, sondern geht darüber erweiternd hinaus.

Wissenschaftler, die die Möglichkeit transpersonaler Erfahrungen nicht akzeptieren, sind gezwungen, solche Phänomene – da sie nicht personal sind – als präpersonal oder regressiv pathologisch, z.B. als Depersonalisierungen, psychotische Episoden oder anderes, zu interpretieren. Hier kommt es zu einer Prä/Trans-Verwechslung (Wilber, 2001).

Beispiele für diese Bewusstseinsstruktur finden sich bei Aurobindo, Yogananda,[269] Grof,[270] Cowper-Powys[271], Ramana Maharshi[272] und anderen.

Psychologische Weiterführungen

Die Eroberung des Seelenraumes - Atman und Psyche

Die Bedeutung des Wortes *trans*-personal weist auf ein Umfänglicherwerden des Bewusstseins hin. Bereits innerhalb der egoischen Entwicklungsstadien erweiterte sich der Identifikationsradius des Bewusstseins kontinuierlich: vom reinen Körperselbst über das emotionale und später rationale Selbst hin zu einem zentaurischen Selbst, das Körper und Geist zu einer Synthese verschmelzen lässt. All die körperlichen, emotionalen und kognitiven Attribute wurden allerdings *innerhalb* einer egoischen Selbststruktur angesiedelt, das heißt sie gehörten zu unserer *Person,* die körperlich eindeutig von Äußerem abgetrennt erscheint. *Trans*-personales Bewusstsein hingegen löst das Umgrenztsein vom Personalen auf und erschließt sich einen neuen, weiteren Identitätsraum, in dem die eigene Person als körperlich verdichteter Kern wahrgenommen werden kann. Dieses Umfänglichere ist immateriell oder feinstofflich-energetisch und kann als ein psychisches Feld beschrieben werden. Aurobindo wies darauf hin, dass dieses *Psychische* aus dem Hintergrund her wirken würde. Im Hinduismus entspricht dieser Psychenraum dem Begriff des Atman.[273] Das Bewusstsein erschließt sich Atman, wenn es seine Identifikation mit dem Ego aufzulösen vermag.[274]

---

269. Yogananda: Autobiografie eines Yogi, 1998.
270. Grof, Das Abenteuer der Selbstentdeckung, 2006.
271. Cowper-Powys, J.: Die Verteidigung der Sinnlichkeit, 2005.
272. Vgl. Wilber, Eros, Kosmos, Logos, 2001.

Hinter unserer personalen Existenz steht ein Psychenraum, der an keine räumlichen und zeitlichen Vorstellungen gebunden ist. Dieser Psychenraum existierte von Anfang an und wird weiter existieren. In ihm sind alle Potenziale der Ausformung und Entfaltung unseres Wesens enthalten. In ihm gibt es keine strikten Trennungen zwischen Frau und Mann, zwischen Kind und Erwachsenem, in ihm gibt es aber auch nichts Ausgeformtes, alles in ihm ist Potenzial, ist Möglichkeit. Mit der Intervention des Y-Chromosoms[275] werden die Weichen für die Entwicklung des männlichen Körpers gestellt und damit im Zuge dessen auch für die Ausprägung einer psychischen Identität als Mann, beeinflusst durch körperliche Eigenschaften, gesellschaftliche Anforderungen, Geschlechtsstereotype und vieles mehr. Eine Entscheidung für etwas ist immer auch eine Entscheidung gegen alle möglichen Alternativen. Es entsteht eine *Person*, eine Verdichtung der Existenz, aber auch eben nur ein kleiner Ausschnitt aus der schier unendlichen Vielfalt an Möglichkeiten und Potenzialen, die in unserem Seelenraum unausgeformt bleiben. Manchmal werden diese schlummernden Seelenanteile uns sichtbar, zum Beispiel wenn wir bestimmten Personen begegnen, die aus irgendwelchen Gründen geeignete Projektions- oder Spiegelflächen für diese unausgeformten Seelenanteile sind. Dort erkennen wir plötzlich einen Teil unserer sonst unsichtbaren Seele. Man könnte bildhaft sagen, dass in das immaterielle und somit normalerweise nicht sinnlich wahrnehmbare *Feld der Psyche* plötzlich ein Gegenstand oder eine Person gestellt würde, die die unsichtbaren Lichtstrahlen plötzlich sichtbar werden lässt. Das, was wir da sehen, ist Gegenstand der Sehnsucht und völlig zu Recht, denn was da leuchtet, ist das Licht unserer Seele, ist das, was uns zur Vervollständigung fehlt, Atman. Nur glaubt personales Bewusstsein mangels der Kenntnis eines psychischen Seelenraumes, dass das, was da sichtbar und Gegenstand der Sehnsucht geworden ist, die andere Person oder der Gegenstand ist. Tatsächlich aber zeigt sich das Ungewordene unserer Seele. Das Ego mag das Gefühl der Unvollständigkeit haben, daher auch unser Streben, unser Bedürfnis nach Ganzwerdung, nach Einswerden. Nicht die andere Person oder der äußere Gegenstand können die Ganzwerdung unseres Wesens leisten, sondern nur die Bewusstmachung und Integration des im Seelenraum ruhenden Potenzials. Wenn die Person, nach der wir uns sehnten, uns verlässt, scheint das Objekt unserer

---

273. Eine aufschlußreiche Übereinstimmung zeigt sich darin, dass im *Rigveda* der Begriff des *Atman* noch mit *Atem* gleichgesetzt wurde. Das griechische Wort *Psyche* bedeutet ursprünglich auch *Atem*, bevor es mit dem Begriff der *Seele* gleichgesetzt wurde.

274. Weiter wird auch Atman, der hinduistischen Sichtweise zufolge, Befreiung erlangen, wenn es seine Identität mit Brahman realisiert.

275. Da ich mich aus Formulierungsgründen zwischen der Sicht des Mannes und der der Frau entscheiden muss, wähle ich hier die Sicht des Mannes. Liebe Leserinnen, um diese Argumentationen für Sie anschaulicher zu machen, tauschen Sie einfach die Geschlechtbegriffe aus. Jedenfalls gilt das Beschriebene natürlich für beide Geschlechter.

Sehnsucht wieder zu verschwinden und das erzeugt den uns allen bekannten Schmerz und das Leid des Verlusts. In Wirklichkeit aber verschwindet das Eigentliche, nach dem wir uns sehnten, niemals; es wird nur wieder unsichtbar, weil die sichtbar machende Projektionsfläche aus unserer Wahrnehmung verschwand. An dieser Stelle kann nur psychisches transpersonales Bewusstsein diesen Schmerz verhindern. Egoisches Bewusstsein mit seiner rein körperlich-räumlichen Umgrenzung glaubt, dass das, was doch so eindeutig zu ihm gehören schien, ihn verlassen habe. Psychisches Bewusstsein kann hier realisieren, dass dieses zu ihm Gehörende ihn nie verlassen kann, es kann sich schlimmstenfalls der sinnlich-körperlichen Wahrnehmung entziehen. Psychisches Bewusstsein ist in der Lage, das, was so deutlich zu ihm gehörte, auch in sich wieder zu finden, wenn es sich einmal dessen bewusst geworden ist.

Der Anima-Archetypus als Teil des transegoischen Psychenraums

Das ruhende seelische Potenzial alles nicht ausgeformten Weiblichen im Mann wurde von C.G. Jung *Anima* genannt (das ruhende Männliche in der Frau entsprechend *Animus*).

Ich weiche von Jungs Ansicht ab, dass die Integration des Anima-Archetyps von personalen Bewusstseinsstrukturen innerhalb eines Individuationsprozesses geleistet werden kann. Jung stand aber auch kein transpersonales Modell menschlicher Entwicklung zur Verfügung. Zwar können Anima-Aspekte und –Impulse auch schon im Bereich der Übergangsfelder (*XII-Gehängter* bis *XVI-Turm*) bewusst gemacht werden (Einbrüche und Wirkungen können sowieso in allen pgFeldern stattfinden), aber die tatsächliche Integration in das Selbst (Atman, Psyche) ist eindeutig transpersonal. Jung platzierte die Anima-Integration auch folgerichtig nach der Integration des Schatten-Archetyps.[276] Die Anima ist durch ihre Wirkungen dem Ich erfahrbar, sie zu integrieren heißt aber, die Grenzen des Ichs sprengen zu müssen, da die Anima sich definitionsgemäß nicht innerhalb des Ego-Systems befinden kann. Sie ist das Potenzial des weiblichen Anteils im Mann, das nach dem Intervenieren des Y-Chromosoms von der Ich-Entwicklung dauerhaft abgetrennt wurde. Das *Potenzial* aber bleibt auf psychische Weise vorhanden und wirkt durch immerwährenden Einladungs- oder Verführungscharakter. Der Mann kann ihre Aspekte projektiv in Frauen, Kunstwerken, Musikstücken, entsprechenden Gottheiten oder Gefühlsqualitäten wahrnehmen.

Ich halte die Integration des *Anima*-Archetyps für ein Subthema des pg-Feldes XVII, ohne es mit ihm gleichzusetzen. Die Anima ist also ein feinstoff-

276. Vgl. C.G. Jung: Die Archetypen und das kollektive Unbewußte. GW 9/1. Düsseldorf: Walter, 2002.

licher Anteil des trans-egoischen Psychenraumes, der wirkend in das Leben der Person eingreift, indem er auf Aktualisierung, Realisation und Integration drängt. Eine zu schwache Ich-Struktur kann vom machtvollen Wirken der Anima förmlich überflutet werden; ein zu starkes abwehrendes Ich kann in unspontane Rigidität verfallen, wobei oft in Träumen und Fantasien kompensatorisch die Impulse der Anima auf meist verstörende Weise doch noch ihren Ausdruck und ihr Ventil finden.[277]

Umstrukturierung der Wahrnehmung durch psychisches Bewusstsein

Sehr klar formuliert Ken Wilber die Wahrnehmungsqualität erster transpersonaler Stadien:

> *„Die meisten Menschen fühlen sich im Leben, im Universum gefangen, weil sie glauben, im Universum zu sein, weshalb dieses Universum sie zerdrücken könnte wie eine Wanze. Aber das ist falsch. Man ist nicht im Universum: Das Universum ist in einem.*
>
> *Typischerweise orientiert sich der Mensch wie folgt: Mein Bewusstsein ist in meinem Körper (hauptsächlich in meinem Kopf); mein Körper ist in diesem Zimmer; dieses Zimmer ist im umgebenden Raum, dem Universum selbst. Dies ist aus der Sichtweise des Ego richtig, aber aus der Sichtweise des Selbst völlig falsch.*
>
> *Wenn ich im Zeugen ruhe, dem formlosen Ich-Ich,*[278] *dann wird sofort klar, dass ich nicht in meinem Körper bin, sondern dass der Körper in meinem Bewusstsein ist. Ich gewahre meinen Körper, deshalb bin ich nicht mein Körper. Ich bin der reine Zeuge, in dem mein Körper jetzt auftaucht."*[279]

Das Bewusstsein rückt in den Vordergrund, und wenn man das Bewusstsein mit dem Seelischen, also Psychischen gleichsetzen möchte, landen wir

---

277. Es soll darauf hingewiesen werden, dass das energetische Potenzial von Anima/Animus von Person zu Person unterschiedlich sein kann. Bei Menschen mit einer sehr wirkmächtigen Anima (Animus) ist eine entprechende integrative Bewusstseinsarbeit desto dringender. Aus Platzgründen kann Weiterführendes hier nicht ausgeführt werden, ich verweise deshalb auf C.G. Jung: Über den Archetypus mit besonderer Berücksichtigung des Animabegriffs. In: Die Archetypen und das kollektive Unbewußte. GW 9/1. Düsseldorf, 2002, S. 67 – 89.

278. Sri Ramana Maharshis Begriff vom Ich-Ich geht darauf zurück, dass er auf die Frage „Wer bin ich?" zu antworten pflegte: Wer ist es, der sich diese Frage stellt? Und derjenige, der das Ego wahrnehmen könne, kann nicht gleichzeitig das Ego sein, deshalb Ich-Ich.

279. Ken Wilber: Einfach Das. Frankfurt/M.: Fischer, 2001, S. 78.

bei dem eingebürgerten Begriff der ‚psychischen Basisstruktur des Bewusstseins': Die Welt der Wahrnehmung wird zum Geschehen innerhalb der Innenwände der Seele. Wir beginnen die Inhalte unserer Wahrnehmung nicht mehr als äußere Objekte zu sehen, sondern als Bestandteile unseres innerpsychischen Bewusstseins.

Dass die psychische Bewusstseinsstruktur erschlossen wird, erkennt man daran, dass es sich eben nicht um Gedanken handelt, sondern um eine konkrete Wahrnehmung: Der Wahrnehmungsraum erschließt sich dem Bewusstsein und darin befinden sich die Personen des näheren Umfeldes, Freunde, Fremde und – man selbst, aber ebenfalls als Figur oder Wesenheit wie alle anderen auch; die Identifikation mit der Person (die man normalerweise ganz egoisch zu sein scheint) hat sich aufgelöst und stattdessen in der reinen nicht wertenden Wahrnehmung (dem Zeugen) manifestiert.

Wie kann man sich abwenden angesichts leidender Menschen, wenn das Leid dieser Menschen als in unserem inneren Seelenraum befindlich wahrgenommen wird? Das Leid dieser Menschen ist nicht ‚außen', sondern in meinem Gewahrsein, einfach, weil ich es wahrnehme. Es befindet sich damit in meinem Bewusstsein. Kann ich mich nach dieser Einsicht abwenden und sagen: Das hat mit mir alles nichts zu tun? Wenn ich im Zeugen bin, sind alle meine Wahrnehmungen Bestandteil meines Bewusstseins. Und gemäß meinem Bedürfnis nach psychischer Hygiene verspüre ich das Bedürfnis, mein Bewusstsein zu klären oder zu säubern, indem ich mich des Leides, das durch den Anderen mir sichtbar wird, annehme. Der Leid im Außen wird zum Leid in mir, weil ich es in meinem Gewahrsein lokalisiere. Das Leid zu beseitigen, hieße gleichzeitig, mein Bewusstsein aufzuräumen.

Wie man magisches und transpersonales Bewusstsein unterscheiden kann

Im magischen Bewusstsein verdichtet sich die bewusste Wahrnehmung auf einen punktuellen Sachverhalt, der dann magisch für etwas anderes steht. Manipuliere ich diesen Sachverhalt, manipuliere ich damit auch das, wofür er steht. Transpersonales Bewusstsein hingegen nimmt singuläre Sachverhalte aperspektivisch in ihrem ganzheitlichen Eingebettetsein wahr.

Ein Indiz ist die Klarheit der Qualität des Bewusstseins. Im magischen Bewusstsein gibt es nebulöse, dunkle und verwirrende Grenzen der Wahrnehmung, hinter denen sich Bedrohliches oder Verheißendes verbergen mag. Im transpersonalen Bewusstsein verschwindet dieser verwirrend nebulöse Charakter der Wahrnehmung, wird licht und weit und auf befreiende Weise klar.

Während die magische Struktur nicht auf rationale Erklärungen zurückgreifen kann, also buchstäblich prärational ist – und demzufolge ihre Annahmen später von der Ratio widerlegt werden können, wird die Ratio durch die transpersonale psychische Wahrnehmung transzendiert. Die Ratio ist sozusagen von der psychischen Struktur umhüllt, und Letztere ist vom rationalen Bewusstsein durchdrungen. Es bestehen keine Widersprüche zwischen rationaler und transpersonaler Wahrnehmung, die die Ratio aufzeigen könnte, nur umgekehrt – ein Grund, warum der Konstruktivist Francisco Varela (höchste Ratio) mit dem Dalai Lama (transpersonales Bewusstsein) Bücher veröffentlichen kann: Der hochgezüchtete rationale Konstruktivismus kann das transpersonale Bewusstsein nicht widerlegen. Umgekehrt kann der Zeuge wertfrei aus der Formlosigkeit heraus die komplizierten Gebilde und Montagen der Ratio überschauen, deren Dynamiken dann wie schnell entstehende und ebenso schnell wieder verschwindende Wellen eines Meeres oder Wolken eines blauen Himmels im Bewusstseinsraum holografisch erscheinen und vorübergehen.

Kontemplationen

Das Außen wird zum Innen der Seele - Die Grenzen rationaler Sprachen

Wir geraten an die Grenzen der sprachlichen Ausdrucksmöglichkeiten, wenn wir diese Karte adäquat beschreiben wollen. Die gesprochene und geschriebene Sprache ist das Kommunikationsmittel aller Bewusstseinsstrukturen bis einschließlich der rationalen oder mentalen Struktur. Wie also können wir Erlebens- oder Wahrnehmungsbereiche beschreiben, die den Zuständigkeitsbereich der Sprache sprengen? Das ist überhaupt ein Grundproblem der Psychologie: Sie möchte auf der *formop*-Ebene rationalisierend beschreiben, was der formop-Ebene nicht eigen ist, sei das Magisches, Mythisches oder eben *Trans*rationales. Die psychologisierende *formop*-Sprache kann sowohl den *prä*rationalen Bewusstseinsstrukturen nicht gerecht werden als auch nicht den *Trans*rationalen; einzig die rationalen Phänomene menschlichen Bewusstseins sind ihr passender Gegenstand. Psychologische Sprache vermag also ausschließlich zu vermitteln, wie die rational-mentale Bewusstseinsstruktur die vorangegangenen Strukturen versteht und wie sie *trans*rationale Phänomene des Erlebens versucht, in ihr rational-logisches Denken zu integrieren. Tatsächlich *verstehen* kann eine Ratio allerdings die *trans*rationale Erfahrungswelt nicht.

Interessanterweise verändern sich allerdings die Inhalte rationalen Wissens – und damit auch langsam aber sicher die rationale Bewusstseinsstruktur – dadurch, dass immer mehr Erfahrungsberichte aus den transpersonalen Stufen von immer mehr Menschen kommuniziert werden. Somit entsteht ein sukzessiver Transformationsprozess der formop-Ebene in postformale Ebenen des Bewusstseins, was sich unter anderem im Wandel der wissenschaftlichen Sprache zeigt. Diejenigen, die solche Erfahrungen ebenfalls gemacht haben, erkennen in den Kommunikationsversuchen, ob es sich tatsächlich um solche

Erfahrungswelten handelt und können das Beschriebene validieren. Und so entsteht schrittweise eine Ergänzung der bisher *nur* und *höchstens* rationalen Sprache um Termini und Ausdrucksweisen, die das transpersonale Erleben widerspiegeln. Diese Übersetzung in die Ratio macht allerdings aus der Ratio noch keine höhere Bewusstseinsstruktur, sondern erweitert nur ihre Potenz und Kompetenz. Aus einer rein mental-perspektivischen Ratio wird eine integral-aperspektivische nach Jean Gebsers Modell.[280] Wichtig dabei ist, nicht zu vergessen, dass es sich bei dieser integralen Struktur noch immer um eine Form der Ratio handelt, wenn auch auf einer neuen qualitativen Abstraktionsebene.[281]

Jenseits des egoischen Turmes – Der Stern

Nach der Integration unseres Schattens (*XV-Teufel*) hatten wir alle Puzzlesteine zusammen, die unser diesseitiges Wesen ausmachen. Diese Vollständigkeit aller Informationen über uns selbst, auch die unliebsamen, ließen unser affekt-logisches Netzwerk als monströses Gebilde, als mentale Architektur erscheinen, als ein mentales Bauwerk, in das unser eigentlicher Wesenskern eingemauert gewesen war. Wir hatten nur die festen, undurchdringlichen Mauern wahrnehmen können und in Ermangelung besserer Erfahrung hielten wir diese auf die Mauern projizierten Bilder für die Welt und unser Ich. Dieser Turm konnte nur solange existieren, wie wir keinen Blick von außen auf ihn werfen konnten. Da wir uns aber alle relevanten Parameter dieses Turmes erschließen konnten, wir also eine hinreichend klare und vollständige Bauzeichnung zur Verfügung haben, ist das Erwachen ein wahrhaft explosiver Moment. Ein einziges Mal außerhalb des Turmes, ein einziger Blick auf das Bauwerk reicht aus, um es als genau das zu entlarven, was es ist: ein Bauwerk und keineswegs die Welt. Auch das, was wir bislang für unser Selbst gehalten haben, entpuppte sich als Illusion, seine Vollständigkeit im buchstäblichen Sinne als scheinheilig. Dies ist der Moment, als der junge Siddhartha auf einem Spaziergang durch die Stadt die Armut, die Krankheit und das Alter sah und seinem gutbürgerlichen Elfenbein*turm* für immer den Rücken kehrte. Und da stellt sich die Frage: Warum? Was blitzte in diesem Moment in ihm als Erkenntnis durch? Was wollte er sein? Was leben? Sein Weg schien klar zu sein, auch wenn er eine Weile in den Methoden irrte (siehe die folgende Karte *XVIII-Der Mond*).

Wenn wir gleichnishaft mit Crowley behaupten, „Jeder Mann und jede Frau ist ein Stern", oder aber der buddhistischen Bildersprache folgen, in der das Bewusstsein mit Licht gleichgesetzt wird, können wir diese Karte als das erste Durchschimmern unserer tatsächlichen lebendigen Essenz begreifen.

---

280. Zu Jean Gebser vgl. oben, Kap. 2, Das Vergleichsmaterial.
281. Beschrieben durch die pgFelder *X-Glücksrad* und *XI-Lust*.

Wenn also das Ego nur eine mentale Funktion ist, wer oder was sind wir dann wirklich? Oder wie Ramana Maharshi fragte: „Wer ist derjenige, der sich die Frage nach dem Wer-bin-ich stellt?“ Stellen Sie sich diese Frage einmal in der Meditation und versuchen dann zu beobachten, wer diese Frage stellt. Fragen Sie dann nach diesem Beobachter, und dann nach dessen Beobachter und so weiter. Gemäß der Erkenntnis, dass Sie nicht gleichzeitig sein können, was Sie als objektiv getrennt von sich wahrnehmen, sind Sie also auch nicht der Fragesteller, auch nicht der Beobachter des Fragestellers und auch nicht der Beobachter des Beobachters. Nur, wer dann? Sind diese Fragen nicht alle letztlich ein Detail aus der komplexen Ich-Architektur? Und unser Ego ist clever, vor allem das Ego spirituell gebildeter Menschen – dieses ist besonders einfallsreich. Wenn dann auch die Identifikation mit dieser ganzen Fragerei ein Ende hat (der Turm ist ja zusammengebrochen, deinstalliert oder verlassen worden), wird der Blick ungewohnt frei und weit. Und ganz weit in der Ferne, im nächtlichen Dunkel unseres unerlösten - weil noch nicht mit dem Licht des Bewusstseins ausgefüllten (trans-egoischen) – Selbst schimmert ein Stern. Ein Licht, das kein Irrlicht ist, sondern aus sich selbst heraus zu leuchten vermag. Was wir sehen, ist das Ziel unserer Bewusstseinsreise, Lichtjahre noch entfernt, aber immerhin sehen wir es. Der Weg mag von nun an weit sein, aber diesmal stimmt er, weil das Ziel das Richtige ist.

Die Quelle unserer Lebensenergie ist in uns selbst

Die Frau auf Crowleys Karte ist nackt und füllt eine Flüssigkeit aus einem Kelch in einen anderen. Nackt ist sie, weil sie auf alle konventionellen, kollektiven Ummantelungen verzichtet, ihrer ledig geworden und reines, unverfälschtes Sein ist. Ihre Lebenskraft schöpft sie aus sich, sie braucht keine andere Quelle. Sie *ist* die Quelle. Sie ist sich selbst Quelle genug.

Die Buddhisten sehen das Herzchakra als das Zentrum unseres Wesens an. Somit ist der Weg des Herzens der, der aus der Tiefe des eigentlichen Selbst schöpfen kann, wo kosmische Intuition und das Höhere Selbst wohnen. Liebe ist das Gefühl, das übrig bleibt, wenn die ganzen kleinlichen Bedürfnisse, Ängste und Sehnsüchte des Egos wegfallen. Liebe muss nicht errungen werden, Liebe ist immer da, nur eben oft verschüttet unter einer wahren Müllhalde von Erwartungen, Einstellungen und Angstabwehr.

Der Stern ist das Leuchten dieses Schatzes der universellen Liebe unter dem Berg aus Müll. Haben wir ihn einmal leuchten gesehen, beginnen wir, ihn freizuschaufeln. Manchmal eine wahre Sisyphos-Arbeit, wenn man all die karmische Schlacke bedenkt, unter der sie begraben liegt, manchmal aber eine blitzartige Eingebung, die all diese Schlacke mit einem Mal verbrennt und auflöst.

Die Transzendenz des Egos

Wenn die Karte in der vorliegenden Reihenfolge als Entwicklungsaufgabe bewältigt wurde, ist der egoische oder personale Komplex dauerhaft erweitert worden und jede ausschließliche Identifizierung mit dem personalen Ego endet. Das heißt natürlich nicht, dass man das Ego zerstört, es wäre idiotisch das zu tun; Transzendenz bedeutet, dass aus ihm etwas Umfangreicheres erwächst, das dieses Ego als einen Baustein enthält. Ein Kapitän schmeißt auch nicht seinen Steuermann über Bord, nur weil er begriffen hat, dass dieser nicht der Chef ist.

Das heißt aber noch lange nicht, dass der unendliche Raum transpersonaler Existenz nunmehr erschlossen wäre. Die transpersonalen Bewusstseinsstrukturen sind erwacht, reiben sich verdattert die Augen, befinden sich aber letztlich noch immer im Dunkel eines unerforschten Weltpsychenraums.

Wenn die Karte allerdings eher ein Einbruch in eine Entwicklungszeit ist, in der von transpersonalen Entwicklungen noch gar nicht die Rede sein kann, zeigt der *XVII-Stern* einen manchmal behutsamen, manchmal schmerzhaft mahnenden Korrekturversuch an, vor allem dann, wenn unsere Entwicklung bedenklich in die falsche Richtung zu kippen droht. Oder aber er bestätigt uns auf einem richtigen Weg. Auf jeden Fall aber ist sein Erscheinen immer der Wegweiser zu unserem essenziellen Ziel. Buddha leuchtete der Stern seines eigenen erwachenden Bewusstseins, als er seine heile Welt verließ und zum Asketen wurde. Doch der Weg hin *zum* Stern war noch weit und barg eine Menge Gefahren, wie in der nächsten Karte *XVIII-Der Mond* gezeigt wird.

Psychogenetisches Feld XVIII

- Der Mond -

TRANSPERSONALE IRRUNGEN
„DUNKLE NACHT DER SEELE" (JOHANNES VOM KREUZ)[282]
ERKENNEN KOLLEKTIVER IRRLICHTER
TRANSPERSONALE IRRTÜMER UND KRISEN

Tarotkarte: XVIII – Der Mond (traditionelle Deutungen: Illusionen, Wahnsinn, Verträumtheit, Ungewissheit, seelische Krisen, überstandene Krisen

Themen: Transpersonale Irrungen, Seelennachtfahrt, Erkennen kollektiver Irrlichter, transpersonale Krisen und Probleme

Das psychogenetische Feld XVIII thematisiert die Pathologien und Leiden, Schwierigkeiten und Irrtümer, die mit dem Emanieren transpersonalen Bewusstseins einhergehen können. Wilber[283] schreibt dazu in dem Kapitel über die subtile Bewusstseinsstruktur (pgFeld XIX):

> *„Viele meinen, der Ausdruck ‚Dunkle Nacht der Seele', eingeführt von Teresa [von Avilas] Freund und Mitstreiter Johannes vom Kreuz, bezeichne den finsteren Zeitabschnitt bevor man den unerschaffenen GEIST findet. Keineswegs. Die dunkle Nacht ist die Zeit, nachdem man das universelle Sein geschmeckt hat, aber noch nicht in ihm zu Hause ist, denn man hat das Paradies gesehen …und hat es verblassen sehen" (S. 364).*

Wilber[284] zitiert dazu ausführlich die Erfahrungsberichte Teresas von Avila, die er als Referenz für transpersonales Bewusstsein der psychischen und subtilen Bewusstseinsstruktur heranzieht:

---

282. Johannes vom Kreuz: Die dunkle Nacht. Leipzig: St. Benno-Verlag, o.J.
283. Wilber, K.: Integrale Psychologie, 2001.
284. A.a.O.

„...So vielerlei Anfechtungen sind es, die sie im Inneren mit solch unerträglicher Qual bedrängen, dass ich nicht weiß, mit wem ich sie sonst vergleichen könnte als mit denen, die in der Hölle schmachten" (ebd., S. 364).

Auch Sri Aurobindo[285] berichtet von „typischen Yoga-Erfahrungen im Zuge der psychisch-spirituellen Entwicklung" (S. 87), die er „Tag und Nacht im Yoga" (S. 87) nennt. Man beachte, dass Aurobindo diese Phänomene zwischen der *psychischen* und *spirituellen* (ähnlich wie Wilber, dieser nennt die spirituelle Struktur *subtil*) Bewusstseinsstruktur ansiedelt, sodass sich die Einordnung eines entsprechenden pgFeldes an dieser Stelle damit rechtfertigen lässt. Sri Aurobindo schreibt dazu:

„Die Auf- und Abbewegung [...] ist allen Wegen des Yoga gemein. Sie ist auf dem Weg der Liebe da, aber Wechsel zwischen Zuständen des Lichts und Zuständen der Dunkelheit, manchmal völliger und lang anhaltender Dunkelheit, treten ebenso auf, wenn man dem Weg des Wissens folgt. Selbst wenn man schon viele Realisationen gehabt hat, dann scheinen sich diese noch wie hinter einem Vorhang zu verstecken und nichts vor uns zurückzulassen außer einer stumpfen Leere, die, wenn überhaupt mit etwas, nur mit wiederkehrenden Attacken und Schwierigkeiten angefüllt ist. Diese Wechsel folgen aus der Natur des menschlichen Bewusstseins und sind kein Beweis der Unfähigkeit oder eines vorausbestimmten Versagens. Auf sie muss man gefasst sein und durch sie hindurchgehen. Sie sind, was die vedischen Mystiker ‚Tag und Nacht' nennen" (S.87f).

Aurobindo[286] zählt in der Folge (S. 88f) einige dieser Nacht-Aspekte des yogischen Weges auf:

- Leerlauf im Yoga
- Kopfschmerzen
- Druck auf Widerstand
- Schwanken des Körpers
- Benommenheit und Gefühl der Bewusstlosigkeit
- Notwendigkeit bewusster Realisation
- Gefühl der Kälte
- weitere

285. Sri Aurobindo, 1957.
286. Sri Aurobindo, 1957.

Wilber, Engler und Brown[287] nennen folgende mögliche pathologischen Entwicklungen der transpersonalen Entwicklung:[288]

Der Einbruch transpersonaler Erfahrungen in ein noch personales Selbst, sozusagen ein nicht gesuchtes und nicht gewolltes ‚Erwachen' transpersonaler Bewusstheit. Diese Erfahrungen dann in das personale Selbstkonzept zu integrieren, ist so gut wie unmöglich. Die noch rationale Selbststruktur ist gezwungen, die transpersonalen oder transrationalen Erfahrungen in das enge Korsett der rationalen Welterklärung zu pressen, was zwangsläufig zu Verzerrungen führt und die gesunde Entwicklung der rationalen Bewusstseinsstruktur stört.

Übende im Anfängerstadium können auf folgende Probleme stoßen:

1. Transpersonale Erfahrungen werden auf das personale Ich bezogen. Das heißt, Erfahrungen der menschlichen Kollektivseele können als Ich-bezügliche Reinkarnationen verstanden werden, der Protagonist war etwa Kammerdiener Napoleons oder Kleopatra, was narzisstischen Strukturen Öl ins Feuer gießt.

2. Fehlerhaft ausgeführte Meditationstechniken des Pranayama oder Hatha- oder Kundalini-Yoga, was zu biopsychischen Ungleichgewichten führen kann (Kopfschmerz, Verdauungsprobleme etc.)

3. Die „dunkle Nacht der Seele": Verlassenheitsdepressionen nach dem Abklingen von ekstatisch-mystischen Erfahrungen, einfach weil personale Basisstrukturen wieder aktiv werden.

4. Gespaltene Lebensziele, weil Bedürfnisse aus verschiedenen Bewusstseinsstrukturen miteinander konkurrieren. Höhle im Himalaya oder doch lieber zu Hause bleiben?

5. ‚Pseudo-Dukkha'. Die Erkenntnis des Leidens aller lebendigen Wesen führt dann nicht zu einem tiefen Verständnis für dieses Leid, sondern zu einer Verbitterung, zu einem buchstäblichen Mit-Leiden, was nicht die Absicht der buddhistischen Meditationstechniken ist.

6. Pranische Störungen und „yogische Krankheit" (Aurobindo): Fehlleitungen der gerade erwachten Kundalini-Energien. Entweder sind bestimmte Energiekanäle unter- oder überentwickelt oder überlasten das personal entstandene biologisch-emotionale Selbst.

7. Das Einbrechen transpersonaler Erfahrungen durch tatsächlich schizophrene oder psychoseartige Selbststrukturen. Es ist in diesem Fall schwer zu unterscheiden, ob es sich da um Symptome einer echten Psychose handelt, oder ob die Psychose transpersonale Einbrüche transportiert.

287. Wilber, Engler, Brown, 1987.
288. Auswahl, siehe a.a.O., S. 129ff.

Diagnostisch und therapeutisch wird es schwierig sein, zwischen Pathologien präpersonaler, personaler und transpersonaler Natur zu unterscheiden. Ausdruck der Prä/Trans-Verwechslung wäre hier z.B. die Verwechslung mit regressiv-psychotischen Zuständen. Therapeutische Interventionen müssen naturgemäß völlig anders geartet sein, wenn Pathologien im transpersonalen Bewusstsein ihre Ursachen haben.

Unter Umständen sind Nachwirkungen egoischer Strukturschwächen verantwortlich für transpersonale Pathologien, sodass sich ein therapeutisches Fokussieren auf diese egoischen Schwächen anbietet, um diese nachträglich zu bereinigen.

Psychologische Weiterführungen

Wirkungen des pgFeldes XVIII – Mond als Einbruch in egoisches Bewusstsein

Um dieses pgFeld *XVIII–Mond* zu verstehen, sollten wir uns vor Augen halten, dass es in seiner Position nach der ersten transpersonalen (der psychischen) Bewusstseinsstruktur angesiedelt ist. Nach dem holarchischen Baumringemodell heißt das, dass seine Eigenschaften die des pgFeldes *XVII–Stern* in sich enthalten muss. Seine Thematik ist also primär transpersonal.

Die Wirkungen dieses pgFeldes *XVIII-Mond* in Menschen, die auf ihrer Bewusstseinsreise an diesem pgFeld angekommen sind, wurden oben bereits anhand der Beschreibungen von Sri Aurobindo und Wilber, Engler und Brown bereits kurz skizziert.

Wie wirkt aber dieses pgFeld, wenn es als Einbruch in egoische Bewusstseinsstrukturen aktualisiert wird? Es bedingt irritierende, Angst einflößende und unvollständige Wahrnehmungen, die von egoischem Bewusstsein auf genau die Weise interpretiert werden, die dem Reifegrad des Egos entspricht. Die mit egoischen Interpretationen vervollständigten nebulösen, zwielichthaften Wahrnehmungen führen dann zu fundamentalen Irrtümern, zu Wahnvorstellungen oder paranoiden Schlussfolgerungen.

Deshalb auch die treffende Symbolik des Mondes: Sein milchiges Zwielicht in der Nacht reicht nicht aus, um präzise trennscharfe Wahrnehmungen zu ermöglichen.

Psychologisch gesprochen: Die Bewusstseinskraft mag in die psychische Weite vorgedrungen sein, allein seine noch trübe Leuchtkraft reicht nicht aus, um ein präzises innerpsychisches Gewahrsein herzustellen.

Die Lücken der Wahrnehmung werden dann mit egoisch-kognitiven Erklärungsangeboten gefüllt, um die Illusion einer ganzheitlichen und sinnstiftenden Wahrnehmung aufzurichten.

Also nehmen wir die von unserer Fantasie erzeugte und konstruierte Blase für die Wirklichkeit. Das ist es, was man Verblendung nennt. Kreuzgefährlich übrigens, denn unsere Einstellungen leiten unser Verhalten. Wie zum Beispiel bestimmte Einstellungen zu verheerenden Folgen führen können, zeigen die grausamen Missionierungsversuche der Christen unter Karl dem Großen in Mitteleuropa, der Umgang von Christenmenschen mit den Eingeborenen der damals neuen Welten, die Hexen- und Ketzerverbrennungen, die Massenselbstmorde von Sekten und vieles mehr. Fanatismus und grausame Bekehrungen, Verfolgungen Andersdenkender und religiös oder weltanschaulich begründete Kriege spielen hier im kollektiven Rahmen eine Rolle.

Verwechslungen des persönlichen Schattens mit dem psychischen Schatten

Da es sich nicht um Inhalte des persönlichen Schattens handelt, sondern um über die Persona weit hinausreichende transpersonale Irrungen, ist es wichtig zu verstehen, dass auch die sorgfältigste Integration des persönlichen Schattens (pgFeld XV-*Teufel*) den Menschen nicht davor bewahren kann, den umfassenderen Fallstricken des *Seelischen* zu begegnen. Solche transpersonalen düsteren Erfahrungen sollten also nicht verwechselt werden mit einem erneuten Hervorbrechen persönlicher Schattenanteile. Eine Verwechslung übrigens, die häufig passiert, weil selten in personale und transpersonale Entwicklungsstufen unterschieden wird. Im Osten werden eine Menge persönlicher Schattenanteile (XV) für seelische Schattenaspekte gehalten, weil sich die östliche Philosophie nur am Rande mit der prä- und personalen Psychologie beschäftigt hatte, und im Westen werden eine Menge *transpersonaler* Irrungen (XVIII) fälschlich für persönliche Schattenanteile, Konflikte oder Störungssymptome gehalten, weil es in der klassischen Psychiatrie kein Konzept des Transpersonalen gibt.

Es ist aber ausgesprochen wichtig, hier genau zu unterscheiden, da es in beiden Fällen anderer Interventionen und Hilfestellungen bedarf.

Kontemplationen

Dunkle Nachtfahrt: Paranoia und Irrungen

Wenn man ein Bild, eine Metapher für die dunkle Nachtfahrt unserer Seele suchte, dass alle Menschen auf dem Planeten kennen und verstehen, drängt sich das nächtliche Bild des Mondes förmlich auf. Waren Sie schon einmal in einer dunklen Mondnacht im Wald spazieren? Düstere Schemen von Bäumen, Sträuchern, Wurzeln, geheimnisvolle Geräusche, vom Mondlicht in fahles Licht getaucht, genug erhellt, um unsere Fantasie anzuregen, die die Lücken unserer Wahrnehmung füllt. Und nun stellen Sie sich vor, diese

Nachwanderung durch den finsteren Wald sei die Wanderung Ihrer Seele. Die düster und schattenhaft beleuchteten Formen seien die Inhalte einer psychischen Wirklichkeit, die Sie (noch) nicht klar im hellen Licht Ihres Bewusstseins erfassen können, die sich aber bereits umrisshaft abzeichnen. Dankbar sind Sie für das bisschen Licht, das der Mond spendet, denn ohne ihn würden Sie völlig im Dunkeln tappen.

Die Angst machenden Formen, die Sie wahrnehmen, sind nicht echt, sie sind nur Ergänzungen, die Ihre Wahrnehmung vornimmt, um das noch nicht klar Sichtbare mit Inhalt zu füllen. Also sind alle Dämonen, die Sie wahrnehmen könnten, Ihre eigenen, die Ihrem Kopf entspringen. Und so begegnen Sie während der langen dunklen Nachtfahrt der Seele Ihren inneren Dämonen, Ihren Ängsten, Ihren paranoiden Gedanken, all dem, was in Ihnen (nicht in Ihrer Person, sondern in Ihrer Seele, siehe die Karten *XIX-Sonne* und *XX-Aeon*) noch unerkannt schlummert, und das Sie nach außen projizieren. Es sind die Irrtümer unseres Geistes, die Neigung in uns, scheinbare Wirklichkeiten zu konstruieren, die tatsächlich nur Ausgeburten unserer unvollkommenen Psyche sind. Aus einer Wurzel wird ein lauerndes Tier, aus einem abgestorbenen Baumstumpf eine bedrohliche Gestalt – und übersetzt ins Psychische: Eine irritierende Wahrnehmung wird um passende Versatzstücke aus dem affekt-logischen Inventaren unseres Weltwissens ergänzt, um aus der ganzen Sache irgendein sinnstiftendes Ganzes zu machen.

Zum Beispiel unsere maschinisierte Welt komplett zu durchschauen, ist den meisten Menschen völlig unmöglich, und um dieser Welt dennoch einen Sinn zu verleihen, können Theorien über Außerirdische oder Engelwesen hinzugezogen werden, von denen man gehört hat, und schwupps, steckt man in einem paranoiden Film.

Das Licht des Mondes ist das des Sternes: der Sonne

Was wir sehen, wenn wir des nächtens nach oben zu unserem Trabanten schauen, ist ein weißliches Licht, das, zumindest bei klaren Nächten und Vollmond, unsere Umgebung in ein dämmriges Zwielicht taucht, ausreichend, um nicht in Baugruben oder Waldtümpel zu stürzen, aber unzureichend, um zum Beispiel Farben unterscheiden zu können. Sein Licht ist ja auch nicht das seine, sondern das der Sonne, und darin liegt der Schlüssel zum Verständnis seiner Symbolik. Er reflektiert ein fremdes Licht und wird dann zur Gefahr, wenn wir uns der Quelle dieses Lichtes nähern wollen, und statt symbolisch der Sonne wir uns dem kalten toten Gesteinsklumpen zuwenden, in der Annahme, er sei das lang ersehnte Ziel unserer Wünsche.

Durch diese Betrachtung wird die traditionelle Deutung dieser Karte als Symbol für ‚In-die-Irre-gehen', für Illusion und Zauberei, Hexenkunst, schwarze Magie, Wahnsinn, Paranoia und so weiter verständlich. Diese Gefahr besteht durchaus, allerdings ist das nur die eine Seite der Medaille.

Wenn wir uns durch den Lichtschein des Mondes, der nicht seiner ist, täuschen lassen, und uns ihm nähern, ist das, als ob Sie einem Freund, der soeben den Raum betreten hat, die Hand geben wollen, ihm freudig entgegen gehen und sich plötzlich die Nase blutig stoßen, weil sie ihn tatsächlich nur in einem Spiegel gesehen hatten. Das ist der Kern der Karte: Ihr Freund hat ja tatsächlich den Raum betreten, nur hat sich sein Bild im Spiegel gezeigt und so gingen Sie dem Trugschluss nach, dass *dort*, im Spiegel, Ihr Freund sei. Der Spiegel ist tote Materie, ist kaltes Artefakt mit bestimmten physikalischen Eigenschaften, sonst nichts, jedenfalls nichts, das man die Hand geben könnte. Und genauso ist der Inhalt dieser Karte zu verstehen: Das Licht des Mondes ist *tatsächlich* das *richtige* Licht, nur dass Sie sich in der Quelle des Lichts irren. Die eigentliche Quelle ist die Sonne, denn das Licht strömt aus ihr und ist Ausdruck ihrer lebendigen Kraft. Ihr Licht wird von der kalten, toten Oberfläche des Mondes reflektiert und so nehmen wir es zumindest nachts als vom Mond kommend wahr. In der Nacht, auch der dunklen Nacht der Seele, in der kein helleres Licht scheint, wird das Licht des Mondes zum Gegenstand unserer Sehnsucht, denn es erhellt uns den Weg, den wir in der Nacht unserer Seele zurückzulegen haben. Und so lassen sich immer wieder Menschen vom Irrlicht des Mondes täuschen, und glauben, zur Wahrheit, zur Lebendigkeit, zur Ganzwerdung ihres Selbst vorzudringen, wenn sie in ihrer Seelennachtfahrt dieses Licht wahrnehmen und dann zu ihm gelangen wollen.

Die Gefahr besteht darin, sich von diesem Licht angezogen zu fühlen und seiner scheinbaren Quelle zuzustreben.

Diese Gefahr lässt sich aber beherrschen, wenn wir uns ihrer bewusst sind:

Die Nachtfahrt der Seele müssen wir sowieso früher oder später alle antreten und sich dann im Dunkeln zurechtzufinden, in dem alles Zwielicht, Schatten und Schemen ist, kann das Licht, das der Mond reflektiert, durchaus hilfreich sein. Es führt uns durch die Nacht, es hilft uns, nicht zu oft zu stolpern und Hindernisse zu erkennen. Und wenn wir dabei nicht vergessen, dass es eigentlich das Zwielicht der *Sonne* ist, das uns über den Umweg des Mondes bereits bei unserer Nachtfahrt leuchtet, verliert der „Mond“ seine düstere und gefahrenumwitterte Bedeutung und wird uns hilfreich. Hilfreich nicht wie ein Freund, sondern hilfreich wie ein Werkzeug, eine Lampe, ein Gegenstand.

Psychogenetisches Feld XIX

- Die Sonne -

TRANSPERSONALES ‚SUBTILES'BEWUSSTSEIN ODER ‚INTUITIVER GEIST' (AUROBINDO) GOTTHEITSMYSTIK (WILBER)

Tarotkarte: XIX – Die Sonne (traditionelle Deutungen: Erfolg, Glück, Freundschaft, Erfreuliches, Chancen)
Themen: Erwachen, archetypische Bewusstseinsstruktur, subtiles Bewusstsein

Das psychogenetische Feld XIX umfasst transpersonale Erfahrungen mit der subtilen (Wilber[289]) oder spirituellen (Sri Aurobindo[290]) Bewusstseinsstruktur. Der Begriff des Subtilen soll das Feinstoffliche, Feine, Energetische andeuten in Abgrenzung zu grobstofflicher oder materieller Wahrnehmung. Diese subtile Ebene vereint „Physiosphäre, Biosphäre und Noosphäre als Ausdruck des Selbst oder der Seele".[291] Das Selbst, so kann hier erkennt werden, geht dem Biologischen, Individuellen, dem Geist (mind) voran und einer Naturmystik folgt eine „Gottheitsmystik" (Wilber).[292] Wilber zitiert Teresa von Avila als Beispiel für die subtile Bewusstseinsstruktur:

> *„Unbestreitbar zeigt sich, dass im Inneren jemand ist …, der Leben gibt diesem Leben; und dass da eine Sonne ist, aus der ein großes Licht kommt, das den Fähigkeiten gesandt wird aus dem Inneren der Seele. Diese bewegt sich – wie gesagt – nicht aus jener Mitte, und der Friede geht ihr nicht verloren … Diese [ist] hernach reiner GEIST, sodass sie sich in dieser himmlischen Vereinigung mit dem unerschaffenen GEIST verbinden [kann] …."*[293]

Wilber charakterisiert die subtile Bewusstseinsstruktur so:

289. Vgl. Wilber: Eros, Kosmos, Logos, 2001, und K.W.: Integrale Psychologie, 2001.
290. Sri Aurobindo: Der Integrale Yoga. 1957.
291. Wilber, Integrale Psychologie, 2001, S. 360.
292. Wilber, Integrale Psychologie, 360.
293. Wilber, Eros, Kosmos, Logos, S. 368.

„Die subtile oder feinstoffliche Ebene soll der Sitz wirklicher Archetypen, platonischer Formen, subtiler Klänge, auditiver Erleuchtungen und transzendenter Einsicht und Absorption sein."[294]

und bezieht sich dabei auf Schriften von Aurobindo, Da Free John und Evans-Wentz. Und weiter:

„Die subtile Basisstruktur – die von verschiedenen Pfaden konzipiert wird als ein Wesen, eine Kraft, eine Einsicht, eine Gottheitsform oder eine Licht ausstrahlende Präsenz [archetypisches Bewusstsein] – wird zum ersten Mal, um es metaphorisch auszudrücken, ‚über und hinter' dem geistig-psychischen Bewusstsein entdeckt."[295]

Sofern es sich um Gottheiten handelt, mit deren Präsenzen man sich identifiziert, sind diese Gottheiten allerdings keinesfalls mythisch in ein Außen projiziert, sondern als innerseelische Archetypen erfahren worden. Mit dieser das Ego überragenden und umhüllenden archetypischen Präsenz identifiziert sich das Bewusstsein, sodass nicht nur das Ego, also alle personalen Strukturen überwunden sind, sondern auch die erste transpersonale Stufe, die *Psychische,* die nun auch zu einem kleineren Teil eines größeren Ganzen wird. Die Identifikation mit diesem *Psychischen* muss zwingend aufgegeben sein, die Yogis sprechen vom *Tod* des Psychischen, um diese subtile Identifikationsstufe zu erreichen. Die Archetypen, mit denen hier das Bewusstsein korrespondiert, sind umfassender als das *psychische* Konzept, weshalb als Metapher die Sonne glücklich gewählt ist, denn ihr Wirkradius umfasst das gleichnishaft *Personale, Organismisch-Kollektive* und *Psychische* und verweist auf immateriell-„feinstoffliche" Wirksamkeiten, die das Räumlich-Zeitliche mühelos zu durchdringen vermögen.

Ein Charakteristikum dieser Bewusstseinsstruktur ist die Fähigkeit zur Wahrnehmung der leuchtenden Energie, die den Dingen der Welt zugrunde liegt.

Psychologische Weiterführungen

Alles ist Licht, alles ist erhellt – die subtile Energie des Bewusstseins

Nach der dunklen, langen Nachtfahrt der Seele erglüht der Horizont in blauen, roten und orangen Farben, die Morgendämmerung beginnt, und plötzlich erhebt sich als gleißender Feuerball die Sonne, deren Licht der Welt die Farben und die Weite wiedergibt. Der Morgen der erwachten Seele. Und

---

294.Wilber, Engler, Brown: Psychologie der Befreiung. Barth, 1988, S. 84

295. A.a.O., S. 84.

so wie die Sonne diesen Planeten beleuchtet und für unsere Augen sichtbar macht, so macht das Erwachen des subtilen Bewusstseins die inneren Seelen-Landschaften sichtbar.

Die düsteren Schemen der Nacht verlieren ihren Schrecken. Wir erkennen, dass die Ungeheuer und Geister einfach Wurzelwerk und Sträucher waren. Ein befreites und erleichtertes Lachen überkommt uns und wir reiben uns verblüfft, wie nach langem Schlaf, die Augen.

Die Sonne als Symbol repräsentiert erwachtes Bewusstsein über alle personalen Stufen hinaus. Sie ist sogar mehr als nur planetares Bewusstsein, sie ist solares Bewusstsein, das sowohl unsere Person, unsere personale Herkunft, die Kollektivpsyche, die Gesamtheit des Bio-Organismus ‚Erde' und das Planeten- und Sonnensystem mit all seinen Himmelskörpern umfasst.

Stanislav Grofs Berichte[296] der Sitzungen mit holotropem Atmen dokumentieren solche Erfahrungen, in denen seine Klienten ihr Bewusstsein so erweiterten, dass es das gesamte Universum umfasste. Sie berichten davon, wie sie die Erde mit ihrem geologischen, biologischen und historischen Aufbau nicht nur verstanden, sondern sie zum Teil ihres Bewusstseins wurde, ebenso bei anderen das ganze physikalische Universum. Hier muss angemerkt werden, dass die Identifikation mit dem Universum noch nicht dem pgFeld XXI - *Universum* entspricht, denn in dieser hier vorliegenden Thematik geht es noch immer um eine letztlich duale Wahrnehmung, nämlich der von allem Seienden und der diesem zugrunde liegenden Schöpfungskraft, etwa dem ‚Göttlichen' oder ‚Beseelendem'.

Integration: Wilbers subtiles Bewusstsein – Learys 6. neuroelektrischer Schaltkreis – das Sonnensymbol

Learys Begrifflichkeit der neuroelektrischen Kraft lässt die Assoziation zu ‚fließender' oder ‚leuchtender' Energie (und zum ‚Subtilen') zu. Die Wahrnehmungsfähigkeit für diese Energie an sich, die allem Materiellen zugrunde liegt, ist das verbindende Moment in Learys, Wilbers und Aurobindos Beschreibungen. Dass bei ihnen in verschiedenen Sprachen von Gleichem gesprochen wird, wird durch die Beschreibungen der Fähigkeiten und Wahrnehmungen deutlich, die die Folge dieses Bewusstseins seien.

Das Symbol der Sonne verweist auf die lebensspendende reine Licht-Energie, auf die Kraft, die allem Seienden zugrunde liegt. Um das Symbol in diesem Kontext richtig zu verstehen, ist es nötig, sich in das Denken der Zeit der Renaissance zu versetzen. Von Helium-Atomen wusste man damals nichts. Ein hermetischer Text aus dem 15. Jahrhundert, die *Tabula Smaragdi-*

---

296. Stanislav Grof: Das Abenteuer der Selbstentdeckung. Reinbek: Rowohlt, 2006.

na, verweist in seinem letzten Satz, sozusagen als Schlussfolgerung aus seinem kosmogonischen Entwurf, auf das Wirken der Sonne:

„Completum est quod dixi de operatione Solis“ (Abgeschlossen ist, was ich gesagt habe über das Wirken der Sonne).

Wirkungen archetypischer Präsenzen in personalen Strukturen

Nach dem Einrichten der *psychischen* Bewusstseinsstruktur, die in der Karte Stern angezeigt wurde und dessen erste transpersonalen Pathologien in der Karte Mond beschrieben wurden, wird auch diese Struktur zugunsten der *subtilen* Bewusstseinsstruktur transzendiert.

Diese Karte repräsentiert also entweder das Erreichen dieser subtilen Bewusstseinsstruktur oder aber wirksame Einbrüche aus dieser archetypisch-subtilen Welt in frühere Basisstrukturen.

Letztere können sowohl hilfreich sein, etwa wenn Erfahrungen archetypischer Präsenzen unser vielleicht festgefahrenes Leben mit neuer Hoffnung beleben: „Das ist noch nicht alles gewesen. Es gibt noch mehr!“, als auch bedrohlich, etwa wenn archetypische Präsenzen mit aller Kraft in unser kleines personales Sein eindringen und uns zur Identifikation zwingen, was schon so manchen in die Psychiatrie gebracht hat, etwa wenn ein Patient behauptet, Osiris zu sein oder von Osiris klare Aufträge bekommen zu haben.

Im günstigen Falle resultieren aus solchen subtil-transpersonalen Einbrüchen interessante und äußerst inspirierte Werke, etwa Crowleys *Liber al vel Legis,* das er von einer archetypischen Präsenz diktiert bekommen haben soll.

Aber auch eine ganze Menge heiliger Schriften beanspruchen für sich archetypischen oder göttlichen Ursprung, was aus einer *mythischen* Bewusstseinshaltung heraus verständlich ist. Das *mythische* Bewusstsein ist gezwungen, den göttlichen Archetyp ins Außen zu verlegen, seine Botschaft als Diktat anzunehmen und sie den anderen Menschen als Bote zu übermitteln. Tatsächlich handelt es sich um archetypische Präsenzen, die keineswegs *außen* wohnhaft sind, sondern zuhöchst wirksame energetische Kräfte oder Felder bilden, deren kleine Bestandteile unsere Persona, aber auch unsere *Psyche* sind.

Gefahren und Pathologien

So positiv wie das archetypische Bild der Sonne wirken mag, lauern auch hier Gefahren. Die Sage von Ikarus spricht ganz deutlich davon: Ikarus fliegt mit seinem Vater Daedalus, der aus Wachs und Federn Flügel für die beiden konstruiert hat, über das Meer. Die Warnung des Vaters, der Sonne nicht zu nahe zu kommen, ignorierte Ikarus und so schmolz das Wachs, die Federn fielen aus und Ikarus stürzte ab. Leichtsinn könnte man als Ursache feststellen, vielleicht auch Hybris, die typisch menschliche Überheblichkeit, die uns Gefahren falsch bewerten lässt und unsere Fähigkeiten überschätzt. Archetypische Präsenzen, die in der Karte vom Licht der Sonne symbolisiert werden, können verschlingend sein und einen Menschen förmlich überrollen.

Pathologien können auch hier auftreten, vor allem, wenn das *psychische* Selbst auf seinen Selbsterhaltungstendenzen beharrt und somit zwar in Gipfelerlebnissen die archetypischen Präsenzen erfährt und sich zugänglich macht, aber im Anschluss sich wieder auf den engeren Bewusstseinsradius des Psychischen zurückzieht, und dort aber regelmäßig Überfälle von Bruchstücken des Archetypischen erfahren muss. Ein weiterer Stolperstein für den Erleuchtungssuchenden ist das sogenannte Pseudo-Nirvana oder die Pseudo-Erkenntnis: Erleuchtungszustände werden fälschlich für endgültige Befreiungen gehalten oder transpersonale Erkenntnisse für letzte Wahrheiten.[297] Letzte Wahrheiten? Es folgen noch zwei Karten!

---

297. a.a.O., S. 133.

Psychogenetisches Feld XX

- Das Aeon -

TRANSPERSONALES „KAUSALES“ BEWUSSTSEIN ODER ‚ÜBERGEIST‘ (AUROBINDO)

Tarotkarte: XX – Das (Jüngste) Gericht; (im Crowley-Tarot: Das Aeon) (traditionelle Deutungen: Urteil, Lohn, Entscheidung, Wiedererwachen, Wille zur Erneuerung)

Themen: Glättung und Auflösung karmischer Strukturen, Kausales Bewusstsein, formlose Mystik (Wilber)

Die dritte transpersonale Bewusstseinsstruktur wird von Wilber[298] *kausal* genannt, von Aurobindo[299] *supramental*. Nicht mehr die Vereinigung von Göttlichem und Seele, sondern die deren Identität wird hier bewusst. Wilber nennt Meister Eckhart und Ramana Maharshi als Beispiele für das Erreichen dieser Bewusstseinsstruktur.

Aurobindo beschreibt die Schwierigkeiten dualen (auch transpersonalen) Bewusstseins:

> *„Man hat sich den höheren Geist nicht als etwas Alldurchdringendes, nicht als die geheime Essenz unseres Seins vorgestellt, sondern als etwas, das nur von den Höhen auf uns herabschaut und uns nur zu den Höhen hinauf und von dem Rest der Existenz hinwegzieht. Und so erhalten wir die Idee, dass unser kosmisches und individuelles Sein eine große Illusion sei, und dasselbe fahren zu lassen, das Individuelle und den Kosmos in unserem Bewusstsein auszulöschen, wird die einzige Hoffnung, die einzige Befreiung. … Wenn jedoch der Übergeist existiert, wenn er herabsteigt, wenn er das herrschende Prinzip wird, dann wird alles, das dem menschlichen Geist unmöglich erscheint, nicht nur möglich, sondern unvermeidlich.“*[300]

Unter Herabkunft des *Supramentals* meint Aurobindo die Öffnung für den Übergeist, der immer und stets, natürlich auch im Vitalen, Physischen und Mentalen, unerkannt wirkt. Sein eigenes Bewusstsein für dieses *Supramental*

---

298. Wilber, Integrale Psychologie, 2001.
299. S. Aurobindo, 1957.
300. A.a.O., S. 102.

zu öffnen, würde all die dualistische Weltabkehr überflüssig machen, da dann erkannt wird, dass auch das Weltliche Manifestation des *Supramentals* ist.

Der ursächliche Wirkgrund aller Existenz (deshalb *kausal*) wird dem eigenen Bewusstsein zugänglich gemacht.

Wenn man, bildlich gesprochen, in pgFeld XIX subtiler Energie gewahr werden konnte, wie sie im Universum fließt, so identifiziert man sich hier mit dem Grund allen Werdens in Form eines „göttlichen" *Supramentals*. Man *sieht* nicht nur die subtilen Energien, sondern auch, woher sie kommen und welche Verursachung sie haben. Der Mensch wird nicht Gott, sondern er realisiert, dass er und das Göttliche stets identisch waren. Diese Erkenntnis der Identität, des absoluten Einsseins, führt zu „realem, weil totalem Wissen".[301]

Das Bewusstsein hat sich erweitert (ohne dabei die vorausgegangenen pg-Felder auszuschließen, sondern im Gegenteil im größeren Ganzen zu bewahren und zu transzendieren) um die „ewige Realität des göttlichen Seins und der göttlichen Natur".[302]

> *„Der supramentale Wille und das supramentale Handeln sind darum Wille und Handeln der spontan sich selbst erfüllenden Wahrheit des höheren Geistes, sie sind die rechte und auf ihrem höchsten Punkt die unfehlbare Bewegung eines direkten und totalen Wissens."*[303]

Buddhisten und Yogis würden hier von der Auslöschung des Karmas sprechen. Mystisch könnte man die jungfräuliche Geburt Christus` so interpretieren, dass sein Karma rein und aufgelöst sei, er also seines Urgrundes im Göttlichen völlig bewusst wäre. Ähnlich auch der Buddha, von dem gesagt wird, dass er alle seine Inkarnationen geschaut hätte. Möglicherweise sind das Hinweise auf die supramentale oder kausale Bewusstseinsstruktur.

Psychologische Weiterführungen

Kausales Bewusstsein – das Schauen unseres Gewordenseins

Nach dem Erscheinen der Sonne als naher und alles erhellender (erleuchtender) Stern, die wir als die *subtile* Stufe der Bewusstseinsentwicklung nach Wilber identifiziert haben, repräsentiert das Aeon die sogenannte *kausale* Ebene im Spektrum des Bewusstseins.

Aurobindo beschreibt sie:

---

301. A.a.O., S. 105.
302. A.a.O., S. 107.
303. A.a.O., S. 107.

„Wenn der Übergeist herabsteigt, wird die Vorherrschaft des zentralisierenden Ich-Sinnes völlig untergeordnet; der Ich-Sinn verliert sich in der Größe des Seins und geht schließlich unter, eine breite kosmische Wahrnehmung und das Gefühl eines grenzenlosen, universalen Selbst ersetzen sie...ein uneingeschränktes Bewusstsein der Einheit, das alles durchdringt...ein Wesen, das in seiner Essenz eins ist mit dem Höchsten Selbst."[304]

Benutzen wir gleichnishaft die Metaphorik der Tarotbilder: In der *subtilen* Bewusstseinsstruktur wurden wir vom gleißenden Licht der Sonne erleuchtet. Wir leben in ihrer reinen Energie, in ihrem Licht – das identisch ist mit unserem Bewusstsein. Was wir bislang für Materie hielten, nehmen wir als reines leuchtendes Licht oder reine Energie wahr (deshalb ‚subtil': feinstofflich). In der folgenden erweiternden Bewusstseinsstruktur nun, der *kausalen*, verstehen wir nicht nur den gleißenden Stern, die Sonne in ihrem energetischen Licht-Sein, sondern wissen nun auch um ihren *Lauf*. Wir verstehen, wissen oder erkennen, dass und warum sie aufging, dort im Zenit steht, dort wieder untergeht; wir erkennen die kausalen Beziehungen des universellen Energiegeflechts, also aller Sonnen, aller Sterne, aller Energieflüsse – in ihren wechselwirkenden Zusammenhängen.

Kausales Bewusstsein heißt, die Folgerichtigkeit der Ereignisse zu verstehen, indem sie, die multiplen Kausalketten, gleichsam in einem Block wahrgenommen werden – oft ein erschütterndes, sehr bewegendes Erlebnis, vor allem, wenn es als Einbruch in frühere Bewusstseinsstrukturen geschieht. Bildhaft finden sich Hinweise auf diese Bewusstseinsstruktur in der indischen Literatur, wenn von Buddha gesagt wird, er könne sich an alle seine Vorleben erinnern und habe deshalb kein *Karma* mehr. Die Idee der Vorleben wird regelmäßig von Menschen der personalen Bewusstseinsstrukturen wörtlich genommen und gemäß ihrem personalen Verständnis begriffen. Vergegenwärtigen wir uns aber, dass die subtile Bewusstseinsstruktur (*XIX-Sonne*) der *kausalen* vorgeordnet ist. Das heißt also, der historische Maskenball des mythisch-personalen Verständnisses von Reinkarnation kann hier nicht gemeint sein. Nichtsdestotrotz ist das mythische Bild dieses historisierenden Seelenhoppings gar nicht so falsch – es ist eben ein Bild, das mythisch nach außen wirft, was im Innen unbewusst erlebt und gewusst wird. Hier, auf dieser Stufe des *XX-Aeons*, wird das kausale Gewordensein verstanden und gesehen – nicht mehr im Außen, auch nicht im Innen, denn das Innen und das Außen sind identisch. Diese Unterscheidung gibt es nicht mehr.

---

304. Zit. aus Wilber, Engler, Brown: Psychologie der Befreiung. Barth, 1988, S. 85.

Es gibt keine Schöpfung, so die Sicht, es gibt einfach das Universum, wahrscheinlich in Form von unendlichen Geflechten und Verwirbelungen von Energiefäden. Bewusstsein ist nichts anderes als das ‚zum-Erglühen-Bringen' dieser Fäden, und so erschließt sich das Bewusstsein schrittweise das komplette Universum, bis es alles wahrnimmt und somit jede Wahrnehmung aufhört. Jede Dualität, also jeder wahrgenommene Unterschied entsteht nur dadurch, dass das Bewusstsein noch nicht alle Ecken und Enden aller Energiefelder dieses Universums durchdrungen hat. Es gibt weder Hell noch Dunkel, es gibt noch Ungesehenes, sodass das Gesehene (im Vergleich) plötzlich als existent erscheint, als verwirrend, als interessant, als – wahrnehmbar. Grundsätzliche Dualität des Bewusstseins – solange, bis alles, aber auch wirklich alles vom Bewusstsein durchdrungen ist. Wenn alles Licht ist, wer kann dann noch von Licht und Dunkelheit sprechen?

Der Weg des Bewusstseins durch die lebendigen Formen des Universums (wobei die Formen nur vorübergehend Formen sind, solange das Bewusstsein sie fokussiert) wird dem Bewusstsein klar. Das Leben wird zu einem Bild, einem Block, nichts, was man Schritt für Schritt betrachten müsste. Es ist als Ganzes im Ganzen von Anfang an wahrnehmbar und verstanden.

Natürlich kann sich das Thema dieser Karte auch harmloser zeigen. Manchmal versteht man plötzlich das notwendige Gewordensein eines Menschen, man hat das Gefühl, alles zu verstehen, und dass dieser Mensch genau so sein muss, wie er ist, sodass jeder Vorbehalt, sei es in Form von Zorn, Begierde, Wollen oder Liebesglück, verfliegt. Dann handelt es sich um einen (wohltuenden) Einbruch dieses pgFeldes in frühere Bewusstseinsstrukturen – welches diese Einbrüche dann entsprechend seiner eigenen Bewusstseinsfähigkeiten so oder so interpretiert.

Transpersonale Charakteristika der kausalen Bewusstseinsstruktur

Im Mahayana-Buddhismus nennt man die Erfahrung dieser Struktur *Shunyata,* also Leere. Damit ist nicht die Abwesenheit von Bewusstsein gemeint, sondern seine Eigenschaft als leer von Inhalten oder Füllungen von Formen. Anders formuliert geht es um die Identifikation mit der reinen Bewusstseinsenergie, sozusagen mit dem Licht, nicht mit dem Film auf der Leinwand, egal um was für einen Film es sich handeln möge.

In hinduistischen Traditionen spricht man vom universalen und formlosen Selbst.

Menschen wie Meister Eckhart oder Sri Ramana Maharshi, die Wilber als Referenz für Verwirklichung der kausalen Bewusstseinsstruktur ansieht,[305] berichten uns davon, dass beim „Zurückverfolgen des Ichs bis zu seinem Ur-

---

305. Ken Wilber: Eros, Kosmos, Logos. Frankfurt/M., 2001, S. 370.

sprung" nur das unaussprechliche Ich-Ich (Sri Ramana Maharshi) oder die „Ungeistigkeit" (Meister Eckhart)[306] übrig bliebe. Der innere Zeuge hat jede Identifizierung aufgegeben. Er sieht vorbehaltlos und ohne jede Bindung an irgendeine egoische Struktur. Diese Loslösung von egoischen oder selbstreferenziellen Perspektiven kann dem Menschen auch in personale Ich-Strukturen einbrechend passieren. Die Folge ist ein überschauendes Gewahrwerden des Gewordenseins der eigenen oder einer anderen Person. Die Egobezüge fallen in der Wahrnehmung weg; der Andere, die Situation oder die eigene Person wird in ihrem gegenwärtigen Sein verstanden. Ein selbstbezügliches Anhaften an komplizierten psychischen Beziehungsgeflechten – das letztlich Verletztsein, Zorn, Begehren oder Wollen zur Folge hat – endet durch die Erkenntnis, dass alles so sein muss, wie es ist, weil alles seine kosmisch-kausale Ursache hat. Dieses tiefe Verständnis kann den Menschen von karmischen Verwicklungen befreien, denn diese waren Produkt des egoischen (also vom Rest der Welt abgetrennten) Seins. Diese tiefe Dualität von mir als Person und dem, was ich offensichtlich nicht bin, erzeugt Leidenschaften, aus denen Wollen und damit auch Handlungen entstehen. Allerdings, so die mögliche Erkenntnis an diesem Punkt, entstanden diese aus dem Bedürfnis des Selbsterhalts der abgetrennten Entität, also dem Ego. Wenn das Bewusstsein sich von der Identifikation mit dem Ego, aber auch mit der transpersonalen Psyche, lösen kann, verlieren all die Leidenschaften an Substanz. Die Wahrnehmung wird frei und weitet sich über die Grenzen jeder Identität hinaus. Der innere Zeuge wird zu formlosem Gewahrsein. Jedes rationale Konzept einer eigenständigen Person verliert an Bedeutung, sodass auch sogenannte Reinkarnationen überschaut werden können – psychisches Gewordensein auf einer rein transpersonalen Ebene. Nicht das Ego wird wiedergeboren, sondern energetische Tendenzen und psychische Anhaftungen, welcher Art auch immer oder Impulse aus psychoenergetischen Konstellationen, drängen auf Wiederholungen und ähnliche Neu-Arrangements.

Wirkungen auf personalen Ebenen

So wie jedes der pgFelder Einbrüche in die Entwicklungsebenen anderer, oft früherer pgFeld-Komplexe erzeugen kann, so auch die transpersonalen, und natürlich auch das *XX-Aeon.*

Sporadische Loslösungen von egoischer Wahrnehmungsverzerrung können einem Menschen das zwingende Gewordensein eines anderen plötzlich vor Augen führen. Diese Erlebnisse können in ihrer Folge sehr wohltuend wirken. Egoisch-emotionale Reaktionen lösen sich auf, es gibt keinen Grund mehr für Zorn, für das „sich berechtigt verletzt fühlen" oder anderes. Ein

306. A.a.O., S. 370f.

karmisch bedingtes Beziehungsgeflecht aus anhaftenden Gefühlen löst sich; man fühlt sich von einer zentnerschweren Last befreit. Neues wird möglich. Das alte emotionale Anhaften verliert an Sogkraft, die psychische Energie des Menschen wird frei für die Erweiterung ihres Bewusstseins.

Das *XX-Aeon* repräsentiert im oft unerkannten Hintergrund seines Wirkens den Einbruch eines Willens des Höchsten Selbst, bestimmte karmische Verknotungen zu entdröseln, was den personalen Strukturen wohl verborgen bleibt, aber nichts desto trotz wirksam ist.

Der Impuls des *XX-Aeons* ist der der Glättung und Bereinigung dieser karmischen Anhäufungen, getragen von einem (dem Personalen) unbewussten Willen, der seinen Impuls aus dem Höchsten Selbst empfängt.

Integration: Crowleys Äon – Wilbers kausales Bewusstsein – Learys 7. neurogenetischer Schaltkreis

Diese Karte hieß früher *Das (Jüngste) Gericht*. Ein luzider Blick von Crowley auf die Thematik dieser Karte ließ ihn diese in *Aeon* umbenennen. Dieser Begriff verweist auf ein Weltzeitalter, auf einen langen Blick auf das Werden und Gewordensein. Wenn Leary von Reinkarnationsreihen spricht, die „geschaut" werden können, so wirft Crowley hier das Thema eines multikausalen Werdens und Entwickelns auf. Die von Wilber (sich auf den Vedanta beziehend) ‚kausal' genannte Bewusstseinsstufe bezieht sich auf das Aufgehen des Bewusstseins in kosmischen Archetypen, und auch in dem Bewusstsein der Einheit von Seele und Gott: Atman ist gleich Brahman. Die individuelle Seele (Atman) wird als Illusion verstanden, als immer schon identisch mit der höheren, umfänglicheren Intelligenz (Brahman). Leary lässt das durch neuronale Imprints entstandene Ich-Gefühl in diesem Schaltkreis aufgehen in die höhere, umfassendere Intelligenz der DNS, die (seinem damaligen Erkenntnisstand nach) ewig seit Anbeginn des Lebens ist und sich durch das Bauen von Transporter-Organismen seine Existenz im ‚Irdischen' (Materiellen) bewahrt. Hier darf vermutet werden, dass nur in unterschiedlichen Sprachen von Gleichem gesprochen wird.

Kontemplationen

Die boddhisattvische Idee

Die Ich-Entwicklung, auch die transpersonalen Erscheinungen des Ichs, die umfänglicher als das Personale dieses umhüllen, ist zu einem natürlichen Abschluss gelangt. Jede karmische Verquickung hat sich aufgelöst und damit die Voraussetzungen für eine duale Ich-Objekt-Beziehung nivelliert. Nach dem Vajrayana-Buddhismus wirken auf dieser Bewusstseinsebene die Boddhisattvas, die ihre karmischen Bindungen aufgelöst haben, aber den letztendlichen Eintritt in die formlose Leere des Universums, des reinen Seins, sich verwehren, solange es leidende Wesen gibt, die diese Ebene noch nicht erreicht haben. Daher das boddhisattvische Gelübde, nicht in die formlose Leere einzugehen, bis nicht auch das letzte leidende Wesen erlöst ist, um diesen zu helfen, diese Bewusstseinsstruktur zu erreichen.

Man könnte an dieser Stelle einen saloppen Koan einwerfen: Kann es ein Boddhisattva vermasseln? Vermutlich nicht, denn wenn seine karmischen Verquickungen gelöst sind, jede Verknotung aufgedröselt, jede karmische Unebenheit geglättet, wird sein helfendes Handeln völlig frei von Wünschen oder Anhaftungen sein. Andererseits kehrt er in die Welt der personalen Strukturen mit all ihren karmisch bedingten Alltäglichkeiten zurück und läuft Gefahr, selbst wieder Karma anzuhäufen. Ist er davor gefeit? Und selbst wenn nicht: Ist dann seine neue karmische Struktur nicht Ausdruck des Höchsten Willens seines Höchsten Selbst, das per se der reine kosmische Geist ist, sozusagen ein strategisch absichtsvolles Eingreifen in das wabernde Energiefeld der miteinander verschlungenen karmischen Beziehungen – mit dem letzten Ziel, dieses auszugleichen und zu glätten?[307] Der Buddha sprach einmal von den „klugen Methoden“ (*Upaya-kausalya),* die angewendet werden müssten, um die Unwissenden zu erreichen. Dieses Konzept erinnert an Carlos Castanedas „Kunst des Pirschens“, dessen sich der Meister bedient, um beim Lehrling Einsichten und Fortschritte zu erzielen, indem er die Unwissenheit (oder karmische Verstrickung) des Novizen in seine Methoden einbezieht.

Oft wird die Frage gestellt, ob das bodhisattvische Gelübde sinnvoll ist. Denn warum sollte ein Bodhisattva irgendwelchen Wesen helfen wollen, wenn er doch verstanden hat, dass die Existenz nur Shunyata (Leere) ist? In dieser Frage vermengen sich verschiedene Bewusstseinsstrukturen, was zu dem entsprechend verwirrenden Paradoxon führt. Der Bodhisattva hat verstanden, dass das Universum von Bewusstsein ausgefüllt wird und dass jedes leidende Wesen in sich Bestandteile des vom Bewusstsein noch nicht Ausgefüllten, des Dunklen also, trägt. Es gibt also noch vom Bewusstsein unerreichte Stellen in den Mustern des Universums. Da der Bodhisattva weiß, dass es keinen Unterschied zwischen ihm und dem Universum gibt, beziehungsweise dass es ihn selbst nicht gibt, bestenfalls als kurzfristige Energieverwirbelung, so hilft er in seiner Eigenschaft als Universum, nicht als Person. Er *ist* das Universum und er empfindet somit die dunklen Stellen als

307. Vgl. Sloterdijks Hinweis über Benedikts willkürliche Behauptung, „absteigende Engel“ seien die „hochmütigen Seelen“: „...- von denen dann der ältesten spirituellen Suggestion folgend behauptet werden kann, die Bewegung hinunter sei die gerechte Strafe für die Superbia – kein Gedanke mehr daran, dass absteigende Engel selbstlose Boten im Außendienst sein könnten.“ Peter Sloterdijk: Du mußt dein Leben ändern. Über Anthropotechnik. Frankfurt/M., 2009, S. 397.

in sich selbst. Solange es also vom Bewusstsein noch nicht erreichte Stellen im Universum gibt, ist der Bodhisattva aktiv, da das Nirvana erst erreicht ist, wenn das ganze Universum vom Licht des Bewusstseins durchdrungen ist. Da es keinen Unterschied zwischen ihm und dem Universum gibt – sein Bewusstsein ist universell und solar – gibt es nur noch eine letztendliche Motivation: auch noch den letzten Winkel des Universums zu erleuchten.

Psychogenetisches Feld XXI

- Das Universum -

TRANSPERSONALES ‚NONDUALES' BEWUSSTSEIN
VOLLENDUNG

Tarotkarte: XXI – Das Universum; auch: Die Welt (traditionelle Deutungen: Gefühl der Befriedigung, Vollendung, triumphaler Abschluss, sein Ziel erreicht haben)

Themen: Erreichtes Ziel, Vollendung, nonduales Bewusstsein

Das psychogenetische Feld XXI umfasst die Thematiken der höchsten Vollendung.

> *„Wenn man aus der kausalen Versunkenheit zum reinen, unmanifestierten und ungeborenen GEIST durchbricht, ersteht die gesamte manifeste Welt neu, diesmal jedoch als vollkommener Ausdruck des GEISTES, ja als GEIST."*[308]

Die ganze Welt, so Ramana Maharshi,[309] sei Brahman. Die Einheit und Identität von Atman und Brahman ist vollständig verwirklicht. Es gäbe kein Innen, aus dem man schaute, und kein Außen, dass man wahrnehmen könne, der ganze Kosmos ist der Zeuge.

Alle Dinge im Universum sind Leere, ungeboren, schon immer und damit von Beginn an selbstbefreit.[310]

Integration: Wilbers nonduales Bewusstsein – Learys metaphysiologisches Bewusstsein – Vedanta

Wilber schreibt über das nonduale Bewusstsein: „Wenn aber alle Dinge ‚lauter Gott' sind, gibt es keine Dinge und keinen Gott, nur *dies*".[311] Leary benutzt die Sprache der Quantenphysik, um die das ganze All umfassende Intelligenz zu charakterisieren: Im subatomaren Bereich ist alles Schwingung, alles Energie. Jede Energie ist auch Information. Information ist Intelligenz.

---

308. Wilber, Integrale Psychologie, 2001, S. 378.
309. Vgl. Bowker, J., Das Oxford-Lexikon der Weltreligionen, 2003.
310. Vgl. Wilber, Integrale Psychologie, S. 378ff.
311. Wilber, Eros, Kosmos, Logos, 2001, S. 379

Das Universum ist reine Energie im subatomaren Bereich und damit eine einzige Intelligenz, die all dem, was existiert, zugrunde liegt. Eine sehr eindrückliche Parallele zu Learys Beschreibung des metaphysiologischen, subatomaren Bewusstseins findet sich in dem berühmten *tat tvam asi* (Das bist Du) aus den Upanishaden (*Chandogya-Upanishad* 6.12.1-3): Der Schüler wird angewiesen, die Frucht des Feigenbaumes zu zerteilen. Auf die Frage, was er darin sehe, antwortet er, nur winzige Körner. Er wird angewiesen, auch diese zu zerteilen und zu sagen, was er darin sehe. Gar nichts, lautet die Antwort. Diese Winzigkeit sei das Selbst des Universums, sei die Wahrheit, sei das individuelle Selbst, „Das bist Du". Aus dem im unendlich Kleinen enthaltenen Nichts, aus der Leerheit heraus, entfaltet sich das Ganze, die Welt, das Sein, die Feigenfrucht und das individuelle Selbst. Die Bewusstheit dessen ist nondual – in Learys ganz anderen Worten: subatomar, metaphysiologisch und universell.

Psychologische Weiterführungen

Befreiung oder Wiedergeburt: Chancen im Bardo

Das Tibetische Totenbuch berichtet davon, wie es nach dem Tod weitergeht. Die Daseinsbereiche jenseits des Todes nennt es ‚Bardo'. Was die Tibeter uns darüber berichten, ist sehr aufschlussreich:Nach dem Konfrontiert-Werden mit den karmischen Verknotungen, die das tibetische Totenbuch als Götter, hungrige Geister, Höllenwesen, Menschenwesen etc. bezeichnet, erreicht der Sterbende entweder den Zustand höchster Bewusstheit, nämlich indem er begreift, dass all das Gesehene nur Projektionen seiner Selbst und demzufolge seines eigenen (psychischen) Karmas sind – in diesem Falle kann er von Furcht, Angst, Begierde oder Sehnsucht loslassen und der Sog des Gesehenen verliert an Anziehungskraft. Andernfalls kann die Angst vor einem Höllenwesen oder bestimmten höllenartigen Zuständen dazu führen, dass man sich voller Furcht in eine Ecke zurückzieht, in eine Höhle, ein Erdloch, irgendetwas, das das psychische ‚In-die-Ecke-Getrieben-Sein' symbolisiert, und dort verharrt, voller Angst, und somit unfähig zur Bewegung wird. Man verdichtet sich dadurch, wird immer dichter, immer dichter, immer verharrender, die Angst etabliert sich als feste Größe und man wird wieder zu einem festen Wesen.

Die menschlichen Wiedergeburten würden nach dem tibetischen Totenbuch durch das Anhaften an menschliche Erinnerungen, also persönliches Karma ausgelöst werden. Mütterliche Schöße werden attraktiv und wirken einen Sog auf uns aus. Anstatt das Universum vollständig zu verstehen, also in unserem Bewusstsein zu lokalisieren – und damit auch die Idee des Menschlichen, Göttlichen, Tierischen, aber auch Mütterlichen – lokalisieren wir uns als innerhalb des Universums befindlich. Extremer noch: Wir befinden uns dann innerhalb des Mutterschoßes, statt dass wir den Mutterschoß wie alles andere in unserem Gewahrsein lokalisieren.

Die entscheidende Frage, die sich hier stellt, ist: Befindet sich das Universum in meinem Gewahrsein – da ich es ja wahrnehme und es sich so in meinem Bewusstsein befindet – oder befinde ich mich im Universum, als kleiner mikrobiologischer oder mikropsychischer Stecknadelkopf inmitten unendlicher Galaxien?

In ersterem Fall setzt die Entwicklung des Bewusstseins die Tendenz fort, die mit Beginn der transpersonalen Stufen bereits eingeläutet worden ist (bereits im *XVII-Stern*), und – wie die Vajrayana-Buddhisten sagen würden – uns zu einem Buddha-Wesen macht, beziehungsweise zu einem Wesen mit höchstem Bewusstsein. Im anderen Fall kommen ungeachtet möglicher Bemühungen um Meditation oder Auflösung und Heilung neurotischer Tendenzen doch noch karmische Verknotungen zum Zuge, die uns an einer egoischen Illusion verhaften – oder uns dahin zurück katapultieren lassen. Eine uneingestandene, im bisherigen Leben unbeachtete Angst zum Beispiel kann zu Wahrnehmungen im Bardozustand oder in der Meditation führen, die einfach nur diese Angst repräsentieren – also im Grunde keine Substanz haben. Ein Monster, das vor uns erscheint, ist die Bildgebung dieser Angst. Das Einzige, was existiert, ist in diesem Falle die Angst, also eine psycho-energetische Grundgestimmtheit, die sich nun in dem projizierten Bild Ausdruck verschafft. Dieses Monster[312] – eigentlich nur unsere eigene Angst – wird aber irrtümlich im Außen und als echt interpretiert, plötzlich schlottern uns noch mehr die Knie und wir trauen uns keinen Schritt vor und keinen zurück. Die Angst hat uns fixiert, festgenagelt und wir stecken in einer Sackgasse, so das tibetische Totenbuch. Wenn vielleicht die Bildsprache nicht wörtlich genommen werden darf – sie ist kulturell vom historischen Tibet geprägt – so ist doch der hinter der Symbolik liegende Kern der Aussage beachtlich und dem westlichen psychologischen Konstruktivismus nicht unähnlich.

In allen traditionellen Tarotkarten wird die Karte *XXI-Das Universum* mit einer nackten Frau dargestellt, die sich in der Welt befindet und überlebensgroß entweder im Kosmos schwebt (Crowley), über der Erde schwebt (Rider-Waite) oder über die Erde spaziert wie Gulliver bei den Liliputanern. Diese Symbolik erinnert wiederum an das tibetische Totenbuch, in dem die Suche nach dem weiblichen Schoß, durch den man wieder geboren wird, ein wichtiges Thema ist. Der Verlockung, die einige weibliche Schöße als Eingänge in die Welt des grobstofflichen Menschseins darstellen, solle man nun

312. Es muss natürlich nicht buchstäblich ein Monster sein, das uns begegnet, es könnte auch etwas anderes sin, eine Situation, Personen oder irgendetwas, das für uns persönlich die Bedrohlichkeit eines „Monsters“ hat. Das Bild des Monsters ist gewählt, um ein Bild zu benutzen, das wirklich alle verstehen können.

nicht auf den Leim gehen: Wenn man auf einem Haufen stinkenden Dung wieder geboren werden soll, so berichtet das Totenbuch anschaulich, wird man den Geruch als betörend und lieblich duftend wahrnehmen. Verlockungen, die ein bestimmter weiblicher Schoß aussendet, seien Konstruktionen unserer karma-gebeutelten Psyche, die ihrer Anhaftung, ihrer Begierde natürlich die wärmsten und verlockendsten Farben verleiht. Man solle am besten meditierend darum bitten, in einem Schoß wieder geboren zu werden, der es einem gestattet, bestmöglich den lebenden Wesen zu dienen und zu helfen – wenn wir schon als Mensch wieder geboren werden müssen.

Die nackte Frau wird also in gewisser Weise zum Universum, in dem wir uns dann intra-uterin befinden, wenn wir die Chance zum buddhistischen Bewusstsein verpasst haben. Der ganze Spaß geht dann von vorn los und letztlich ist auch das – wie die ganze Bewegung des Rades von Samsara – eine einzige große Chance, die wir jeder Zeit ergreifen können. Unser Karma ist nur eine energetische Konstellation, ein feinstoffliches Sortiertsein bestimmter ineinander verquickter energetischer Muster, die in ihrem Unaufgedröseltsein die Illusion einer festen persönlichen Existenz erzeugen – einer Existenz, die sich klein macht, klein wie ein Staubkorn, das in einer riesigen Galaxie flottiert. Diese energetische Verdichtung macht uns zu festen, in sich kohärenten Wesen, die eine gewisse Beharrungstendenz im Dasein haben und somit sich als wesentlich, als voller Substanz wahrnehmen. (Durch die Beharrungstendenz wird ein Vergleich mit dem ‚Gestern' möglich, und da wir da auch schon so ähnlich da waren, wird daraus eine Illusion scheinbar ewiger Substanz.)

Einbrüche in andere pgFelder: Umfassende Vollendungen

So die Deutung als letzte Karte einer in sich schlüssigen und allumfassenden Entwicklungstheorie, wenn sie vom Bewusstsein als pgFeld XXI erreicht, erlebt und damit erschlossen wird.

Was aber, wenn das psychogenetische Feld dieser Karte quasi aus der Zukunft (als das Maslowsche Potenzial, das zur Verwirklichung drängt) in unsere gelebte Gegenwart einbricht oder in der Gegenwart wirkt? Welches Grundmuster verbirgt sich hinter der Symbolik der Karte?

Auf den ersten Blick mag eine Ähnlichkeit mit der Karte *XIII-Tod* bestehen – etwas geht zu Ende, auf welche Art auch immer. Es gibt aber einen entscheidenden Unterschied: Die Karte *XIII-Tod* verweist auf die Erkenntnis der Endlichkeit und Vergänglichkeit von allem Bestehenden, oder mit modernen wissenschaftlichen Worten: Es geht beim *XIII-Tod* um Systemzusammenbrüche, entweder weil das Ordnungs-System (Mensch, Pflanze, Molekül, Idee oder Situation) dem Druck des umgebenden Kontextes nicht mehr standhält oder weil das System in sich eine selbstzerstörerische Tendenz trägt (etwa das Alterungs-Gen beim Menschen). Das Seelische ist da nicht zwingend abgerundet, nicht fertig, der Bewusstseinsprozess nicht abgeschlossen. Dennoch mag alles seine Richtigkeit haben, nämlich in dem Sinne, dass multikausale Wirkgefüge zugange sind, die zwingend zu einem Ende der Existenz in dieser speziellen Form führen. Deswegen sagt man gern intuitiv, dass dieses oder jenes Ende schon seine Richtigkeit habe. Seine Richtigkeit schon, nicht aber die vollständige Fertigstellung eines Prozesses oder einer Situation. Bei einem Autounfall sterben Menschen – das mag logisch und herleitbar zu sein, wenn der Fahrer zum Beispiel leichtsinnig war, dass aber deren psychische Entwicklung abgeschlossen war, ist zu bezweifeln. Insofern erinnert uns die Karte *XIII-Tod* daran, dass unsere Zeit knapp bemessen ist und wir keine Zeit zu verlieren haben.

Das psychogenetische Feld der Karte *XXI-Universum* meint nicht solche Systemzusammenbrüche, sondern eher den Abschluß einer Sache, eines Prozesses.

Gleichnis: Mit der Karte *XIII-Tod* haben wir einen Autounfall, das Auto geht kaputt, oder der TÜV ist abgelaufen und wir müssen es stehen lassen. Dennoch sind wir nicht am Ziel. Wir haben noch immer das Bedürfnis, irgendwohin zu kommen. Die Karte *XXI-Universum* meint dagegen, dass wir am Ziel angekommen sind; wir steigen aus dem Auto (auch wenn es uns noch weitertragen könnte), nicht weil es kaputt ist, sondern weil wir angekommen sind. Wir parken, steigen aus und sind da.

Wenn wir es also mit dieser Karte zu tun haben, geht es um natürliche und tatsächliche Abschlüsse im Sinne eines Angekommenseins oder eines Erreichthabens, was alles Vorangegangene überflüssig macht. Aber auch im Alltäglichen gibt es diesen Scheideweg, den wir weiter oben schon besprochen haben: Wir können das Erreichte annehmen und akzeptieren oder wir haften an etwas aus unserer Vergangenheit an, an etwas, das keine Relevanz mehr besitzt, aber dennoch eine Sogwirkung auf uns ausübt, weil wir irgendetwas, das damit zu tun hat, nicht ausreichend verarbeitet oder bewusst gemacht haben. Es ist, als ob wir zwar am Ziel unserer Reise angekommen wären, aber die Erinnerung an irgendeine Tankstelle auf dem Weg treibt uns um und von dieser Erinnerung können wir nicht loslassen. Wer weiß, vielleicht stand da eine langbeinige Tramperin oder (für weibliche Leser) ein knackiger Tankwart. Eigentlich sind wir am Ziel – und dennoch fällt es uns schwer, von der Reise loszulassen. Allein die Existenz dieser anhaftenden Gedanken verhindert das Sein am Ziel. Doch sind wir tatsächlich am Ziel angekommen, wenn unser Geist noch immer auf dem Weg ist, an der Tankstelle haften blieb? Solange wie wir also nicht angekommen sind, nicht *vollständig* angekommen sind, so lange wird die Reise fortgesetzt werden müssen. Der Körper mag angekommen sein, nicht aber der Geist, der noch immer um die langen Beine der Tramperin herumweht.

Wo sind diese langen Beine denn eigentlich? Noch an der Tankstelle? Woher wollen wir das wissen? Also wo sind diese hübschen Beine wirklich, wenn wir erinnernd an ihnen anhaften? In *unserem Geist,* in unserem Gewahrsein. Sie sind in uns, und unser Bewusstsein hat sich an ihnen irgendwie festgetackert. Aus diesem Grunde ist die Reise noch nicht zu Ende, weil ein Teil von uns noch nicht durch die Zielgeraden ist, sondern sich bei der Tankstelle häuslich niedergelassen hat. Das Ganze führt zu einer inneren Zerrissenheit, denn die Erinnerung und die Begierde klebt an der Tramperin und der Körper ist schon lange ganz woanders. Hier wird es nötig einzusehen, dass das Vergangene vergangen ist und nur noch als Erinnerungs-Widerhall in uns nachwirkt – allerdings ohne jegliche Substanz.

Die Kunst ist es, zu verstehen, wo wir nun tatsächlich stehen, wo wir angekommen sind und wo nur unsere illusionären Begierden anhaften. Sollten wir zurückfahren zu der Tankstelle? Ist dort das Ziel? Oder sind wir bereits am Ziel, nur unser Geist – vernebelt durch karmische Verknotungen der eher erotischen Art – ist auf der Strecke geblieben, und wir sollten versuchen, ihn abzuholen und ebenfalls durch die Zielgerade zu befördern? Denn es sollte ja irgendwie weitergehen – auf welche Art auch immer. Aber egal wie: Solange wie wir nicht mit ganzem Herzen bei dem Neuen sind, wird das Alte sich immer wieder störend in das Neue einmischen und es kontaminieren.

Der Kreis schließt sich: Die Einheit von Narr und Universum

Der *0-Narr,* die Karte, die dem Universum folgen würde, betrachtete man die Großen Arkana als einen Kreis, will unschuldig sein. Und jedes Anhaften an das Alte, jedes schwere Erbe, das der Narr mit ins Neue schleppen muss, wird die Qualität des Neuen trüben und zu weiteren karmischen Verwirrungen führen. Denn wer kann dann noch auseinanderhalten, welche Gefühle, Empfindungen, oder Reaktionen der neuen Gegenwart entspringen und ihr demzufolge angemessen sind, und welche Gefühlsreaktionen nur ein Nachhall aus karmisch eingeprägten Altlasten sind? So passiert es oft, dass man dem Neuen auf die Weise begegnet, wie man es mit dem Alten gelernt hat - unschön, wie beispielsweise alle bestätigen können, die in einer neuen Liebesbeziehung mit dem Schatten der vorherigen Beziehung zu kämpfen haben.

Das Neue will so unschuldig, so unbelastet wie möglich ins Leben treten, sei es als ein neuer Mensch, wenn man sich das Bild der Wiedergeburten vor Augen führt, oder sei es eine neue Lebenssituation oder ein neuer Lebensabschnitt in unserem alltäglichen Gewahrsein. Denn die Erfahrungen des Alten, an denen man weiter anhaftet, bilden energetische Tendenzen, Bewusstseinsverwirbelungen, die danach drängen, ihre Muster wieder ins feste Dasein zu bringen ... Und so wird aus dem allumfassenden Kosmos wieder ein kleiner verdichteter Punkt, ein schwarzes Loch, eine Singularität an Bewusstsein, die alles in sich aufsaugt und in ihren Gewahrseinsradius zieht, immer weiter, immer umfänglicher, bis es das ganze Universum umfasst und damit höchstes Bewusstsein erreicht hat. Wenn es aber im Außen gar nichts mehr gibt, existiert auch das Außen nicht mehr, und wenn es kein Außen gibt, wird aus dem Ganzen des Innens wieder die Vielheit des Außens, das wahrzunehmen es eines Wahrnehmenden bedarf. Dieser Wahrnehmende, der das Viele wahrnimmt, ist notgedrungen ein Punkt, der sich schrittweise das Viele wieder erringen muss, sein Bewusstsein also auf das Viele schrittweise ausdehnt, um es letztlich wieder vollständig zu erfassen. Das ist das Spiel des Bewusstseins: von einem kleinen Punkt ausgehend – denn nur so kann es die Existenz des Vielen überhaupt zur Kenntnis nehmen – breitet sich das Bewusstsein wie ein Flächenbrand aus und beginnt immer mehr des Vielen in sein Gewahrsein aufzunehmen - wie, das beschreibt die Reihenfolge der Großen Arkana – bis es letztlich alles umfasst und damit versteht, dass es nie etwas anderes war als dieses Ganze. So spielt das Bewusstsein mit sich selbst und wird sich so seiner selbst gewahr – die Schlange, die sich in den Schwanz beißt. So ist es auch zu verstehen, dass Universum und Narr im Grunde den gleichen Punkt der Bewusstseinsentwicklung beschreiben, nur von zwei verschiedenen Seiten betrachtet.

Das Universum ist der Omega-Punkt des Teilhard de Chardin, der Zustand des Geistes, den die Menschen als höchstes göttliches Bewusstsein anstreben. In diesem Universum des höchsten Bewusstseins muss sich der Geist in sich zusammenfalten, um es überhaupt wahrnehmen zu können, ähnlich wie wir ein paar Schritte zurücktreten müssen, um ein Großes und Ganzes erkennen zu können. Dieses Zurücktreten ist das Einfalten des Geistes, der sich zur Singularität verdichtet, um sich wahrnehmungsfähig zu machen. Dieses Eingefaltetsein des Geistes wird durch den *0-Narren* repräsentiert – durch den noch immer in der Schwebe befindlichen Omega-Punkt, ein zittriges Unbeweglichsein des Universums, bis es zur Explosion, zum Urknall des Geistes kommt und der zur mikrokosmischen Singularität eingefaltete Geist sich wieder zu entfalten beginnt, um das Universum in seiner Gänze wahrzunehmen – was mit dem Vielen beginnen muss und irgendwann wieder zu dem Einen führt.

8. Das Modell der psychogenetischen Felder

In den vorangegangenen ausführlichen Beschreibungen der Großen Arkana wurden diese als psychogenetische Felder, denen Menschen in ihrer Entwicklung begegnen, charakterisiert. Es ist nun möglich, aus diesen Beschreibungen ein allgemeines Modell der psychogenetischen Felder abzuleiten. Dieses verzichtet auf die Benennungen der Tarotkarten, um zu zeigen, dass es sich um ein integrales entwicklungspsychologisches Modell handelt. Allerdings muss ich zugeben, dass die Kartenbenennungen und ihre bildhafte Symbolik mehr als die psychologischen Beschreibungen zu Assoziationen und intuitiven Anmutungen einzuladen vermögen. Die untenstehende Tabelle repräsentiert das psychologische Entwicklungsmodell der psychogenetischen Felder, abgeleitet aus den Großen Arkana des Tarot.

Dieses Entwicklungsmodell ist etwas umfassender als viele der bisherigen Modelle, da es nicht spezielle Entwicklungslinien (wie etwa die kognitive, moralische oder spirituelle) sondern abstrakte Themenbündel beschreibt, die von all diesen Linien durchlaufen werden, und die an diesen Themenbündeln durch Erfahrung reifen und sich entfalten können. Die Subthemen eines psychogenetischen Feldes sind (wie schon beschrieben) miteinander auf homogene Weise verbunden.

Wie jedes andere Entwicklungsmodell kann es als Grundgerüst für psychologische, psychotherapeutische, pädagogische und selbsterkundende Arbeitsbereiche genutzt werden. Da ein einzelnes pgFeld die homogenen, miteinander in Beziehung stehenden Entwicklungsstufen aus vielen Entwicklungstheorien in sich vereint, kann es als Meta-Modell der menschlichen Entwicklung eingeordnet werden.

Es hat sich gezeigt, dass es Pädagogen, die mit Kindern und Jugendlichen arbeiten, oft leichter fällt, die Eigenschaften eines pgFeldes zu verstehen als die verschiedenen Entwicklungstheorien, etwa von Freud, Piaget oder Erikson, isoliert voneinander durchzuarbeiten. In diesem Berufskontext sind es vor allem die pgFelder 0 bis VII oder VIII, die eine wichtige Rolle spielen.

Im psychotherapeutischen Kontext hingegen spielen oft auch die Übergangsfelder eine entscheidende Rolle. Ein Erwachsener, der einen Therapeuten aufsucht, kann es mit Themen des pgFeldes *XII-Der Gehenkte* zu tun haben und es kann sowohl dem Therapeuten als auch dem Klienten helfen, diesen Themenkomplex in einem übergeordneten Zusammenhang zu betrachten. Bereits die simple Tatsache, dass das pgFeld XII nicht das Ende bedeutet (es steht am Anfang der Übergangsfelder), und auch die Erkenntnis, dass Themen dieser Art offensichtlich auch anderen Menschen widerfahren, ja deren Begegnung sogar menschenüblich zu sein scheint, kann Mut machen und zur Lösung der Probleme motivieren.

Pg-Felder	Analyse-Ebene
	Präpersonaler Erfahrungsbereich
0	**Ursprung** Aspekte der Herkunft; Zeugung; intra-uterine Entwicklungen; genetische Ausstattung, das unentfaltete Potenzial unseres Selbst
Ia	**Wirkmächtigkeit** Selbstwirksamkeitsgefühl; Potenzial zur Eigenaktivität; Wille zum Handeln; ab Geburt
II	**Urvertrauen** (Ur-)Erfahrungen mit dem, was uns passiv widerfuhr und widerfährt; Einstellungen zum Medialen und Urvertrauen in die Welt; ab Geburt (vermutlich bereits intra-uteriner Urprung)
	Personaler Erfahrungsbereich
III	**Mütterlichkeit** Aspekte der oralen Phase (Freud); Fürsorge- und Bindungsstile; Gefühle des Angenommenwerdens und Annehmens; Aspekte emotionaler Zuwendung; im Erwachsenenalter: Fähigkeit, sich selbst anzunehmen, zu versorgen und wachsen zu lassen; etwa ab ½ oder 1 Lebensjahr bis Gegenwart; Initialzeit bis ca. 3. Lebensjahr
IV	**Selbstbehauptung** Aspekte der analen und ödipalen Phase (Freud); Abgrenzung; Macht- und Unterwerfungsrituale Etwa 2 ½ oder 3 LJ bis Gegenwart; Initialzeit ca. 3. – 6. Lebensjahr
V	**Die Erklärung der Welt** Bildung; Initiationen in den kollektiven Weltentwurf; Lernen; ab spätestens 6 Jahre bis Gegenwart; Initialzeit ca. 6. Lebensjahr bis Pubertät
VI	**Peers: Gleicher unter Gleichen** Erfahrungen mit den Peers, Erfahrungen des ein ‚Gleicher unter Gleichen'-werdens Initialzeit Pubertät, wirkend bis Gegenwart, teilweise aber bereits Ansätze schon früher
VII	**Aufbruch-Erfahrungen** Ablösung vom Elternhaus und der Aufbruch in die Welt als eigenverantwortlicher Erwachsener; Etwa ab später Jugend, frühem Erwachsenenalter, Wiederholungen möglich bis Gegenwart
VIII	**Anpassung an die und Konfrontation mit der gesellschaftlichen und natürlichen Welt**; Ab Auszug aus Elternhaus bis Gegenwart
IX	**Psychische Innenwelten** Die Entdeckung und die Erfahrungen mit der eigenen Innenweltlichkeit; der innerpsychische Kosmos im Gegensatz zur konventionellen Rollen-Identifikation; formal-operationales Denken Möglich ab Pubertät, selten bereits im Kindesalter, oft im frühen Erwachsenenalter, manchmal gar nicht. Wenn, dann bis Gegenwart
X	**Postformales Bewusstsein** Einsicht in überpersönliche multikausale Ursache-Wirkungs-Zusammenhänge; poly-valente Schaulogik; integral-aperspektivisches Bewusstsein
XI	**Bewusstsein der Einheit von Bios und Noos** Zentaurisches Bewusstsein; Die Beherrschung der persönlichen Triebnatur, die Disziplin egoischer Persönlichkeit, Selbstbeherrschung

Tab.14: Das Modell der psychogenetischen Felder im Überblick.

	Übergangsthemen zum transpersonalen Erfahrungsbereich
Ib	**Wirkmächigkeit bezüglich egoischer Dekonstruktion und Korrekturen** Das Gefühl der Wirkmächtigkeit und der Selbstwirksamkeit bezüglich egoischer Korrektur-Prozesse und egoischer Dekonstruktions-Prozesse; die Bereitschaft für den Weg der Individuation und des Abbaus egoischer Selbst-Gewissheit
XII	**Erfahrungen mit den Grenzen des Egos: „Opfer oder Yogi"** Fähigkeit zum Annehmen des Unvermeidlichen; Fähigkeit, von bedürfnisgesteuerten Unternehmungen zu lassen; kontemplative und meditative Praktiken?
XIII	**Vergänglichkeit aller Formen** Einstellung zur eigenen Vergänglichkeit und Sterblichkeit und zur Vergänglichkeit anderer Personen oder Sachverhalte. Einstellung zum Tod und zur Vergänglichkeit alles Formhaften
XIV	**Bereitschaft zur Synthese des Selbst, Transformationstechniken** Techniken und Praxis der geistig-spirituellen Selbstgestaltung; der konkrete Weg zur Ego-Transformation; Priorität und Angemessenheit von Handlungszielen und Handlungsstilen angesichts der Erkenntnis seines Todes?
XV	**Schattenwirksamkeit und Schattenintegration** Bewusstheit über den eigenen (Jung´schen) Schatten? Aktueller Stand der Schatten-Arbeit. Bereitschaft und Fähigkeit zur Integration unliebsamer Persönlichkeitsanteile?
XVI	**Desillusionierung über die Natur des Ichs und des Selbst** Die Möglichkeiten zur Differenzierung von selbstreferenziellen kognitiven Architekturen (Selbstbild); die Enttarnung des Selbstbildes als artifizielle kognitive Konstruktionsleistung Den Umgang mit erschütternden Erkenntnissen erfragen: Erkenntnisse über das Ich im Besonderen, die Weltsicht im Allgemeinen
	Transpersonaler Erfahrungsbereich
Ic	**Wirkmächtigkeit bezüglich des transpersonalen Weges** Das Gefühl der Selbstwirksamkeit, transpersonale Erfahrungen und Entwicklungen bewältigen und meistern zu können. Einstellung zu transpersonaler Entwicklung im Allgemeinen und die diesbezügliche Selbstwirksamkeitserwartung erfragen.
XVII	**Transpersonales ‚psychisches' (Wilber, 2001a, 2001; Sri Aurobindo, 1957) Bewusstsein** Psychische Bewusstseinsstruktur: Erfahrungen mit der transpersonalen psychischen oder seelischen Essenz; Naturmystik; Gipfel- oder Plateau-Erfahrungen
XVIII	**Transpersonale Irrtümer und Krisen** „Dunkle Nacht der Seele" (Johannes vom Kreuz)
XIX	**Transpersonales ‚subtiles' Bewusstsein (Wilber, 2001a, 2001; Sri Aurobindo, 1957)** Subtile Bewusstseinsstruktur: Erfahrungen archetypischer Identifikationen, auditive und visuelle Erleuchtungsmomente; „göttliche" Kraft hinter oder über dem *Psychischen*; Gottheitsmystik; Gipfel- oder Plateau-Erfahrungen
XX	**Transpersonales ‚kausales' (Wilber, 2001a, 2001) oder „supramentales" Bewusstsein (Sri Aurobindo, 1957)** Kausale Bewusstseinsstruktur: Öffnung für den supramentalen Geist; karmische Auflösungen; Einheitsmystik; Gipfel- oder Plateau-Erfahrungen
XXI	**Transpersonales ‚Nonduales' Bewusstsein (Wilber, 2001a, 2001), Vollendung** Nonduale Bewusstseinsstruktur: vollkommene Verwirklichung; keine Trennung zwischen Innen und Außen; Gipfel- oder Plateau-Erfahrungen

Tab.14: Das Modell der psychogenetischen Felder im Überblick. (Fortsetzung)

Im Kontext der Selbsterkundung gibt dieses Modell eine Orientierungshilfe in die Hand, die es dem Anwender erlaubt, eigenverantwortlich und eigenständig sein eigenes Werden zu verstehen und damit zu umfassenderer Bewusstheit zu gelangen. Außerdem gibt das pgFeld-Modell Hinweise auf möglicherweise noch folgende Entwicklungsthemen oder auf Themenkomplexe, die vielleicht noch nicht hinreichend erschlossen wurden. Zum Beispiel kann eine Auseinandersetzung mit dem eigenen Schatten (pgF *XV - Teufel*) sehr mühselig und negativ verlaufen, wenn nicht vorher die Bereitschaft zur Selbsterkundung, eine gewisse Loslösung des Bewusstseins vom Ego und das Kennenlernen geeigneter Bewusstseins-Techniken standen (pgF *XIV-Kunst*). Ein Blick in das pgFeld-Modell könnte dem Betreffenden den entscheidenden hilfreichen Hinweis geben.

Bezüglich konkreter Anwendungsmöglichkeiten verweise ich an dieser Stelle auf Teil IV – ‚Praxis', in dem auf selbsterkundende Praxismöglichkeiten eingegangen wird.

Allgemeine Charakteristika des Modells der pgFelder

Auch wenn die Darstellungsform (auf zweidimensionalen Buchseiten) es nahelegen mag, ist dieses Modell kein wertend hierarchisches und kein schlichtes Stufenmodell. Vielmehr greifen die einzelnen pgFelder wechselwirkend ineinander. Um das Verständnis für das Modell zu erleichtern, soll in den nachfolgenden Abschnitten auf wichtige Eigenschaften und Gesetzmäßigkeiten des Modells der pgFelder nähe eingegangen werden.

Alle psychogenetischen Felder sind immer wirksam

Es wäre ein Trugschluss anzunehmen, nur die psychogenetischen Felder seien wirksam, die bislang bewusst in das Gesamtselbst erschlossen und integriert wurden. Alle pgFelder wirken immer und auf ihre spezifische Art, die wiederum von den individuellen Besonderheiten des Betroffenen und seinem psychophysischen Gewordensein abhängt. Auch wenn ein bewusstes Erschließen der pgFelder beispielsweise nur bis zum pgFeld IX bei einem Menschen festzustellen ist, wirken auch alle umfänglicheren oder künftigen pgFelder.

Dieses Wirken *kann* in Form von bewussten Gipfelerfahrungen stattfinden, die dann gemäß des aktuellen Entwicklungsstandes verarbeitet und interpretiert werden. Diese Interpretationen können zu bestimmten psychopathologischen Symptomen führen, etwa wenn eine transpersonale Gipfelerfahrung der pgFelder XVII oder XIX stattfindet, dann aber diese erinnerbare Erfahrung von dem nun wieder personalen Ich-System verarbeitet werden muss. Wenn diese transpersonale Gipfelerfahrung als ausgesprochen positiv erlebt wurde, kann die Rückkehr zum gewohnten personalen oder egoischen Alltagszustand als besonders schmerzlich erlebt werden und langfristig zu Depressivität und Resignation führen. Andererseits können bewusste Gipfelerfahrungen auch auf förderliche und positive Weise die aktuelle noch personale Entwicklung motivierend beschleunigen.

Umfänglichere oder künftige pgFelder können allerdings auch bestimmte Wirkungen entfalten, ohne dass dies dem Menschen bewusst wäre. Wir können hier von einem Einbruch eines höheren pgFeldes sprechen, das auf das Ich-System wirkt, seine Entwicklung beeinflussen wird, allerdings ohne, dass der Betroffene eine Idee darüber hätte, was ihm da eigentlich passiert ist. Solche Ereignisse werden in der Regel dann so von dem Menschen interpretiert, wie der aktuelle Weltenwurf des Betroffenen es zulässt. Oft trifft diese Variante psychogenetischer Wirksamkeit auf das pgFeld XV, also das Feld der Schattenaspekte (im Jung´schen Sinne), zu. Das unbewusste Wirken im Schatten befindlicher Persönlichkeitsanteile ist dann zwar aktuell, wird aber vom Betroffenen in der Regel nicht wahrgenommen. Da aber sein Wirken psychische Realität ist, wird dieser Aspekt nicht völlig ignoriert, sondern muss im psychoanalytischen Sinne abgewehrt werden, zum Beispiel durch Projektion, wobei der wirksame Schattenaspekt einem distalen Gegenüber unterstellt wird.

Fließende Übergänge der Initiationszeiten der psychogenetischen Felder

Beginnt die Initiationszeit eines bestimmten pgFeldes, etwa im sechsten Lebensjahr für das pgFeld V (Hohepriester), sind die Herausforderungen des vorangegangenen pgFeldes keinesfalls abgeschlossen. Die pgFelder wechseln sich also nicht einfach nur ab, sondern gehen fließend ineinander über. Wenn im sechsten Lebensjahr das pgFeld V zu einem Hauptthema wird, ist das pgFeld IV noch immer in einer späten Form aktuell. Selbst für ein fünfjähriges Kind kann das pgFeld II (Hohepriesterin) noch eine entscheidende Rolle spielen. Die nachfolgende Grafik soll dies illustrieren:

Ungefähres Alter in Jahren				
0 – 1 ½	pgF II (Hohepriesterin) z.B. Urvertrauen	pgF III (Kaiserin) z.B. Angenommensein	pgF IV (Kaiser) z.B. Abgrenzung	pgF V (Hohepriester) z.B. Wissenserwerb
1 ½ - 3	pgF II (Hohepriesterin) z.B. Urvertrauen	pgF III (Kaiserin) z.B. Angenommensein	pgF IV (Kaiser) z.B. Abgrenzung	pgF V (Hohepriester) z.B. Wissenserwerb
3 – 6	pgF II (Hohepriesterin) z.B. Urvertrauen	pgF III (Kaiserin) z.B. Angenommensein	pgF IV (Kaiser) z.B. Abgrenzung	pgF V (Hohepriester) z.B. Wissenserwerb
6 – 13	pgF II (Hohepriesterin) z.B. Urvertrauen	pgF III (Kaiserin) z.B. Angenommensein	pgF IV (Kaiser) z.B. Abgrenzung	pgF V (Hohepriester) z.B. Wissenserwerb

Tab.15: Die Kernzeiten der Initiation eines pgFeldes. Der Schwerpunkt der Entwicklung liegt in den dunklen Feldern. Die grauen Abstufungen zeigen an, in welchem Maß die anderen pgFelder noch immer oder schon durch Lebenserfahrungen gestaltet und ausgeprägt werden.

Initiationszeit: Das Programmbündel eines pgFeldes wird geschrieben und installiert

Alle zurückliegenden pgFelder bleiben Bestandteile unserer Persönlichkeit und passen sich sogar den gegenwärtigen Verhältnissen auf dynamische und wechselseitige Weise an. Wenn wir von der Initiationszeit eines pg-Feldes sprechen, ist damit immer die Phase der Entstehung und Installation in die Persönlichkeitsstruktur gemeint. Salopp gesagt wird in der Initiationszeit das Programmbündel eines pgFeldes geschrieben und auf der kortikalen Festplatte installiert. Damit wird dieses Programmbündel zu einem festen und dauerhaften Bestandteil unserer Persönlichkeit – wirkend in der Gegenwart.

Jedes pgFeld kann sich im günstigen Fall zeitlebens weiter entfalten und zu höheren Reifegraden gelangen. So kann beispielsweise jemand, der in seinem Leben eine besondere Gewichtung auf das pgFeld *V-Der Hohepriester* legt, indem er etwa Lehrer oder Hochschulprofessor wird, kraft dieses pg-Feldes zu hoher persönlicher Reife gelangen – nicht weniger als jemand, dessen Gewichtung im Leben auf beispielsweise transpersonalen pgFeldern liegt (z.B. Mönche oder Mystiker). Es kann also nicht im wertenden Sinne von einem „Höher" oder „Niedriger" gesprochen werden. Jedes pgFeld ist in der Lage, auch aus sich selbst heraus (allerdings im Verbund mit den anderen und folgenden pgFeldern) den Menschen zu höchsten Erkenntnissen zu führen. Voraussetzung dafür ist jedoch, dass die potenziell nachfolgenden pgFelder jenes mit ihren (neuen) Erfahrungen speisen und es damit zu umfassenderer Reife bringen. In diesem Zusammenhang soll noch einmal darauf hingewiesen werden, dass dieses Modell kein mechanistisches Stufenmodell ist. Man könnte sogar hinzufügen, dass mit zunehmender Bewusstheit auch der Grundgedanke dieses pgFeld-Modells jeweils auf neue Weise verstanden werden kann.

Zum Begriff des Erschlossenseins eines psychogenetischen Feldes

Als erschlossen und integriert soll ein psychogenetisches Feld gelten, wenn seine Inhalte durch bestimmte Erfahrungen und Einsichten bewusst in das Gesamtselbst und das alltägliche Leben integriert werden konnten.

Einzelne Gipfelerfahrungen, die einem bestimmten pgFeld zugeordnet werden können, sind also kein hinreichendes Indiz für das Erschlossensein eines pgFeldes. Es bedarf einer plateauähnlichen, also dauerhaften Bewusstwerdung der persönlichen Aspekte eines pgFeldes und seiner hinreichend funktionalen Integration in das Gesamtselbst. Beispielsweise wäre ein einmalige, wenn auch intensive Erfahrung der Anwendung zielgerichteter Methoden zur Selbstentwicklung (etwa in einer aufdeckenden Therapie) kein ausreichender Hinweis auf ein Erschlossensein des pgFeldes XIV. Erst wenn die absichtsvolle, zielgerichtete und methodengeleitete Arbeit an der intra- und interpsychischen Selbstgestaltung und der Wunsch nach Selbstsynthese in den alltäglichen Lebensvollzug integriert wurde, und entsprechende Erfolgserlebnisse zu verzeichnen sind, kann von einem integrierten Erschlossensein dieses pgFeldes gesprochen werden.

Kernerfahrungen und Partikularerfahrungen

Um ein bestimmtes psychogenetisches Feld unserem Bewusstsein und Gesamtselbst zu erschließen, machen wir entsprechende Erfahrungen, die uns Einsichten, Erkenntnisse und Lernergebnisse bringen. Jedem pgFeld lassen sich so eine ganze Reihe von Erfahrungen und Erkenntnissen zuordnen. Allerdings unterscheiden sich diese Erfahrungen und Einsichten in ihrer Bedeutsamkeit oder Gewichtung für unser Gesamtselbst. Hierin liegt auch die Gefahr, einen bestimmten Erkenntnisprozess in der irrigen Annahme, dass damit dieses pgFeld bereits erschlossen und integriert sei, vorschnell abzubrechen. Zum Beispiel ist es ein häufig anzutreffender Irrtum, dass in unserem Schatten (pgFeld XV) nur *eine* bestimmte Eigenart verborgen sei. Das Bewusstwerden dieser einen (unliebsamen oder aber auch selbstwertstützenden) Eigenschaft kann nun dazu führen, zu glauben, dass man seinen Schatten bewusst gemacht und integriert hätte. Oft handelt es sich dabei allerdings nur um eher periphere Partikular-Erscheinungen des Schattens, also Schattenaspekte, die dem Selbstwert nicht so abträglich sind, als dass wir sie weiterhin verdrängen müssten.

Eine *Kernerfahrung* im pgFeld XV hingegen schmerzt und ist nur gegen die größten Widerstände des Ego-Selbsterhalts zu erringen.

Eine Kernerfahrung oder Kerneinsicht ist eine Erfahrung der Einsicht, die ein relativ umfängliches Erschließen dieses pgFeldes ermöglicht und in seiner Folge auch periphere oder Partikulareinsichten nach sich zieht.

Eine Illustration anhand des pgFeldes XVI (Themen egoischer Desillusionierung):

Erfahrungen der Desillusionierung über bestimmte bisher angenommene Eigenschaften des Selbst sind sicher jedem vertraut. So mag ein vorpubertärer Junge schmerzlich erfahren müssen, dass er nicht der mutige Abenteurer ist, für den er sich bislang gehalten hatte. Ein Wissenschaftler wird vielleicht erkennen müssen, dass seine weltanschauliche Ausrichtung ein Irrtum gewesen ist und damit seine Forschungsarbeit obsolet wird. Das sind Partikularerfahrungen, die entweder als unbewusste „Einbrüche“ in frühe pgFelder (wie im Fall des Jungen) oder als einmalige Gipfelerfahrungen, die unter Umständen kompensiert werden können, stattfinden. Eine *Kernerfahrung* des pgFeldes XVI hingegen wäre im Falle des Wissenschaftlers ein Erkenntnisprozess, der seinen gesamten affekt-logischen oder kognitiven

Weltentwurf infrage stellt, sodass er letztlich zu der sokratischen Einsicht gelänge, „zu wissen, dass er nichts weiß" oder dass sein angebliches Wissen Produkt einer autopoietischen kognitiven Konstruktionsblase wäre; eine Einsicht, die umso schmerzlicher ist, da man an diesem Punkt alle weltanschaulichen Sicherheiten verlieren kann. Allerdings macht erst diese Einsicht den Weg für bewusste Erfahrungen des folgenden ersten transpersonalen pgFeldes XVII frei.

Keines der psychogenetischen Felder kann während des Entwicklungsprozesses übersprungen werden

Genauso wenig wie in Freuds Phasenmodell in der Entwicklung eines Menschen etwa die orale Phase oder in Piagets Modell der kognitiven Entwicklung etwa die präoperationale Phase übersprungen werden kann, so ist es auch im vorliegenden Modell der pgFelder. Jedes pgFeld wird zwingend auf irgendeine Art und Weise erfahren werden müssen, bevor das nächst umfangreichere aktualisiert und realisiert werden kann. Ein hinreichendes Erschließen des vorangegangenen pgFeldes ist die notwendige Bedingung für das gesunde und erfolgreiche Erschließen des darauf folgenden pg-Feldes.

Diese Feststellung gilt allerdings nur für das (dem Entwicklungsstand entsprechende) bewusste und vollständige Erschließen des Gegenstandes eines pgFeldes für das Gesamtselbst. Für die frühen pgFelder (I bis VIII) gilt die Bedingung des *bewussten* Erschließens nicht. Das hinreichende Erschlossensein der pgFelder I bis VIII reicht aus, um ein der gesellschaftlichen Norm angepasstes Leben zu führen. In diesen pgFeldern sind es Mechanismen der Anpassung, Konditionierung, des verhaltenstheoretisch erklärbaren Lernens und der Identifikation (etwa bezüglich der konventionellen Moralstufen nach Kohlberg), aber auch der genetischen Veranlagung, der Reifung und Prägung, die diese pgFelder hinreichend bewältigen lassen; ein *bewusstes* Bewältigen und Erschließen ist dort nicht zwingend.

In all diesen frühen (präpersonalen und personalen) pgFeldern können allerdings Einbrüche und Gipfelerfahrungen aus höheren pgFeldern passieren, was aber nicht mit einem vorzeitigen Erschließen dieser pgFelder gleichzusetzen wäre.

In den pgFeldern des Individuationsprozesses (Übergangsfelder zum Transpersonalen) kann ein pgFeld nur auf gesunde Weise erschlossen werden, wenn das vorangegangene pgFeld ebenfalls hinreichend erschlossen und integriert werden konnte.

Zum Beispiel kann eine bewusste und effektive Konfrontation mit den Schattenaspekten nur stattfinden, wenn die betreffende Person den Willen zur Selbstsynthese aufbringt und über geeignete Methoden der Selbstentdeckung und Selbstgestaltung verfügt, wobei es keine Rolle spielt, ob diese von einem Therapeuten vermittelt oder selbstverantwortlich angewendet werden.

Ebenso wird das pgFeld XII (die Grenzen der Ego-Funktionalität) nur dann effektiv bewältigt werden können, wenn ein Mindestmaß an Selbstbeherrschung und Selbstkontrolle verbunden mit einer gewissen Übersicht über das eigene Triebwesen (pgFeld XI) zur Verfügung steht.

Die vorangegangenen Felder und ihre Pathologien haben Vorrang - Offene Gestalt (Perls)

Die Gestaltpsychologie spricht, wenn sie psychische Kernerfahrungen meint, von Gestalten. Darunter werden nichtkörperliche Formen oder Figuren gemeint, die unsere Erfahrungserinnerungen repräsentieren. Das Erfahren von unbedingter Wertschätzung und Geborgenheit in der Kindheit (pgFeld III, Kaiserin) kann eine solche Gestalt sein. Man bezeichnet sie als offen, wenn das damalige Grundbedürfnis nach dieser Geborgenheit nicht hinreichend befriedigt worden ist. Diese offene Gestalt, so die Gestaltpsychologen um Fritz Perls, dränge nach Geschlossenheit. Eine offene Gestalt ist psychisch in der Gegenwart wirksam und beeinflusst unser Verhalten, Wollen und Handeln. Wenn bereits aus dem pgFeld III eine solche offene Gestalt mitgebracht worden ist, bleibt es nicht aus, dass der anhaltende Kampf um das Schließen dieser Gestalt auch die nachfolgenden pgFelder beeinflussen wird.

Aktive Mangelbedürfnisse drängen nach Befriedigung: Fixierungen

Ähnliche Überlegungen sind uns aus der Psychoanalyse bekannt. Dort spricht man von Mangelbedürfnissen, die, weil sie zu gegebener Zeit nicht befriedigt wurden, zu einer Fixierung führen. Das heißt, solange das Bedürfnis nicht gestillt wird (und das ist im Falle des Bedürfnisses eines Kindes nach der Geborgenheit der Mutter nur im Kindesalter auf gesunde Art möglich), bleibt es als innerer Motivator bestehen und drängt nach Befriedigung. Dieses fixierte Bedürfnis bleibt auch beim Aktuellwerden weiterer pg-Felder aktiv und lenkt demzufolge von den neuen Entwicklungsaufgaben ab. Die Folgen können sich in verschiedenen psychischen Störungen des Erwachsenenalters zeigen, etwa in Depressivität, Zwanghaftigkeit oder Leistungsorientiertheit als Kompensation des Mangelbedürfnisses aus dem pgFeld III.

Aus diesen gestaltpsychologischen und psychoanalytischen Überlegungen folgt, dass diejenigen Pathologien in einer Therapie Vorrang haben, die entwicklungspsychologisch am weitesten zurückliegen, dem Ursprung (unseres Baumringe-Modells) am nächsten.

Im weiteren können die darauf folgenden pgFelder analysiert werden, die Folgen des Ursprungsproblems in diesen immer im Blick, bis in einem pg-Feld keine weiteren Kernerfahrungen mehr berichtet werden.

Im Selbsterkenntnisprozess scheint es sinnvoll zu sein, bezüglich fraglicher Sachverhalte nicht an einem bestimmten pgFeld aufzuhören, sondern sich kontemplativ auch den hochkomplexen pgFeldern zu widmen. Die Erkenntnisse daraus sind oft sehr eindrücklich und hilfreich.

Einbrüche von Themen noch nicht aktueller pgFelder in die aktuelle Lebenszeit

Das Konfrontiertwerden mit Themen späterer pgFelder kann die gegenwärtige Entwicklung eines Menschen nachhaltig beeinflussen, da die Voraussetzungen für das adäquate Verarbeiten dieser Themen noch nicht gegeben sind. Wenn beispielsweise ein Jugendlicher mit dem Thema Tod durch einen Unfall oder eine Gewalttat konfrontiert wird, bricht dieses Tod-Thema in die pgFelder *VI-Die Liebenden/Brüder* und *VII-Der Wagen* ein und wird diese Entwicklungsthemen massiv verzerren. Der Jugendliche ist gezwungen, für sich diese Erfahrung zu verarbeiten und kann dabei nur auf die Errungenschaften der bereits erfahrenen pgFelder zurückgreifen. Wenn er keine fachkundige Hilfe durch einen Therapeuten erhält, wird er selbst Strategien zu entwickeln versuchen, mit seinen Erfahrungen umgehen zu können. Dass er sich dem Thema rein kontemplativ zuwendet, kann man kaum erwarten. Wahrscheinlicher sind Kurzschlussreaktionen, Neigungen zu Drogen und/oder einem exzessiven Leben (denn es könnte ja jederzeit vorbei sein), vor allem aber eine umfassende innere Verstörung.

Ein anderes Beispiel: einem vierjährigen Kind die Herausforderungen des pgFeldes V (Der Hohepriester; die Welterklärungen) vollständig zuzumuten, wäre für das Kind eine Überforderung, da es mit vier Jahren noch nicht über die kognitiven Möglichkeiten verfügt, um die ihm zugemuteten Informationen zu verarbeiten und richtig einzuordnen. Die Folge wäre für das Kind die Lernerfahrung, dumm und unzureichend zu sein, weil es spürt, dass es die Erwartungen, die die Erwachsenen in es setzen, nicht erfüllen kann.

Wohltuende und förderliche Einbrüche späterer pgFelder sind ebenfalls möglich, etwa in Form von richtungsweisenden spirituellen oder kognitiven Erfahrungen.

Wichtig ist es, während der Kontemplation sich diese Einbrüche bewusst zu machen und die entsprechenden Themen dann noch einmal anzugehen, wenn man sich für das gesunde bewusste Erschließen dieses Themas bereit fühlt. Das damalige Auseinandersetzen mit diesem Thema stand immer unter dem Vorzeichen des damals aktuellen Entwicklungsstadiums. Ein angemessenes Erschließen eines pgFeldes ist nur möglich, wenn die vorherigen pgFelder alle lückenlos (zumindest hinreichend) erschlossen und integriert wurden.

Mögliche Fehlerquellen

Die Reihe der psychogenetischen Felder bildet zusammen ein *Modell* potenzieller psychischer Entwicklung des Menschen, nicht deren genaues Abbild. Ein Modell ist eine Hilfskonstruktion, die zu einem Verständnis eines Sachverhaltes beitragen kann, nicht aber die Realität selbst. Somit besteht in der Anwendung des Modells der pgFelder immer die Möglichkeit fehlerhafter Interpretationen und Schlussfolgerungen, allen voran die Verwechslung des Modells mit der Wirklichkeit. Auf weitere mögliche Fehler soll nachfolgend hingewiesen werden.

Fokussierung auf ein einzelnes psychogenetisches Feld

In den allermeisten Fällen wirken viele pgFelder zusammen, und nicht nur eines für sich genommen. Angenommen der Anwender tritt seinen Schattenseiten entgegen, wäre es ein Irrtum anzunehmen, nur das pgFeld *XV-Teufel* wirke. Vielmehr entstehen die Schattenaspekte im Laufe des Lebens des Menschen, wenn die altersgemäßen pgFelder in ihrer Entfaltung behindert werden und es zu Verdrängungen kommt. Die Schattenaspekte eines Menschen sind also erst im Zusammenhang mit den vorangegangenen pg-Feldern seiner Biografie überhaupt zu verstehen. In diesem Fall ist es nötig, anhand eines Entstehungsmodells das Gewordensein des Menschen und insbesondere seiner Schattenaspekte wie einen roten Faden zu erfassen und somit auch das Bedingungsgefüge dieser Persönlichkeitseigenschaften aufzudröseln. Hier wirken also frühe pgFelder (z.B. pgF III, IV usw.) zusammen und kulminieren im gegenwärtigen unbewussten Verdrängungsraum des Probanden.

Die Annahme, man stünde in seiner Entwicklung in nur einem pgFeld

Oft neigen Menschen angesichts hierarchischer oder holarchischer Entwicklungsmodelle dazu, sich selbst darin einzuordnen. Dass es da zu Fehleinschätzungen zugunsten der eigenen Reife kommt, ist abzusehen. Tatsächlich aber besteht gar nicht einmal in dieser selbstwertdienlichen Überhöhung die eigentliche Gefahr, sondern in der Annahme, überhaupt mit seiner Gesamt-Reife in einem bestimmten pgFeld angekommen zu sein. Nichts ist also irriger, als zu sagen, jemand stünde etwa im pgFeld *XVI-Turm*. Verschiedene psychische Module oder Fähigkeitsbereiche (z.B. die kognitive, die emotionale, ästhetische usw. Linie) durchlaufen in ihrer Entwicklung recht autonom die Holarchie der pgFelder. Dabei kann eine bestimmte Fähigkeit (Modul oder Intelligenz) ein ziemlich komplexes pg-Feld erreicht haben, eine andere Fähigkeits-Linie aber nur ein weniger komplexes pgFeld. Es ist das ganzheitliche Zusammenspiel aller dieser Linien in ihren Ausformungen, die erst den Menschen ausmachen, nicht aber nur ein bestimmtes pgFeld.

Verwechslung einzelner pgFelder

Bestimmte pgFelder wirken oberflächlich betrachtet ähnlich. Wenn man sie allerdings etwas tiefer beleuchtet und vor allem das Gesamt-Modell der pg-Felder betrachtet, zeigen sich wichtige Unterschiede. Der wichtigste Anhaltspunkt für die Verschiedenartigkeit der pgFelder ist die zunehmende Komplexität ihrer Bewusstheitsorganisation. Schauen wir uns ein Beispiel an: Das pgFeld XII-der Gehenkte zeigt die Grenzen unserer Ego-Funktionalität an. Der Mensch kann nun allerdings ganz unterschiedlich damit umgehen. Der eine mag verzweifeln und sich als Opfer der Umstände sehen, gegen die er sowieso nichts unternehmen kann, ein anderer hingegen versteht diese Erfahrung als Mahnung, die Grenzen seines bislang bewussten Egos zu sprengen und den Weg der Selbsterkenntnis und Selbstgestaltung einzuschlagen. Solche Erfahrungen mögen oberflächlich betrachtet auch dem pgFeld *XVI-Turm* oder *XVIII-Mond* zuzuordnen sein. Der entscheidende Unterschied liegt darin, dass dem pgFeld XII die Komplexität des pg-Feldes *XVI-Turm* fehlt. Das pgFeld *XVI-Turm* wirkt aus der Ganzheit des (Jung´schen) Selbst, aus einer Ganzheit also, in der die Elemente der Selbsterkenntnis und der Schattenintegration bereits enthalten sind. Folgerichtig führt das pgFeld XVI zu Desillusionierungen über das Selbst- und Weltbild.

Des weiteren besteht ein großer Unterschied darin, ob ein pgFeld infolge einer gewollten Entwicklung (die in ihrem Anspruch etwa den traditionellen Initiationswegen ähnlich ist) bewusst errungen wird, oder ob aus diesem pg-Feld dem Probanden etwas geschieht – was ich als Einbruch in vorangehende pgFelder bezeichnet habe. In letzterem Fall muss das Erlebte von den aktuellen Bewusstseinsstrukturen verarbeitet werden, was die weitere Entwicklung und Entfaltung beeinflussen wird. Wenn also im Kontext einer Aufarbeitung oder einer Analysesitzung zum Beispiel transpersonale pg-Felder eine Rolle spielen, muss das nicht heißen, dass der Mensch diese Bewusstseinsstufe erreicht und erschlossen hätte. Mit Maslow könnte man sagen, das in uns eingefaltete Potenzial drängt nach Verwirklichung, wirkt also als potenzielle Zukunft in die Gegenwart. Diese Einflüsse müssen von demjenigen (und vom Therapeuten) nicht unbedingt verstanden worden sein, es reicht die Wirkung auf die Gegenwart, die dieser eine gewisse Entfaltungstendenz verleihen kann.

Verwechslung der Wirklichkeit mit dem Modell

Mein Geist (im Sinne meiner affekt-logischen Ausgerichtetheit) schien sich verändert zu haben, nachdem ich die Karten Punkt für Punkt durchgearbeitet hatte und den Bezug zur modernen integralen und transpersonalen Psychologie herstellen konnte. Ich hatte den Eindruck, eine neue, umfänglichere Qualität des persönlichen Gewahrseins zu etablieren, gleichzeitig aber machten sich bestimmte psycho-vegetative Symptome, Gefühlsschwankungen, (hauptsächlich aber Veränderungen in der *Intensität* der Gefühle), die mir bislang fremd waren, breit. „ A map is not the territory" sagte schon Alfred Korzybski, und so musste ich mich nach der langwierigen und intensiven Arbeit zunehmends wieder an den Gedanken gewöhnen, von dem ich ursprünglich ja ausgegangen war, nämlich dass der Tarot ein *Modell* ist und nicht die Wirklichkeit.

Es scheint die Macht der Tarotkarten und des ihnen innewohnenden Entwicklungsmodells zu sein, das den Mentalkörper in eine neue Ordnung zwingt.

Durch das abstrakte Gerüst der pgFelder wird jede Erfahrung, jeder Gedanke auf dem Spektrum der Entwicklung verortet und damit in eine Beziehung zu anderen Erfahrungen gesetzt. In der Statistik würde man sagen, das Gerüst der großen Arkana- vermag es, aus einer Kategorialskala eine Absolutskala zu machen: Erfahrungen, die sonst in ihrem Verhältnis zum Rest des Erlebens hin und her sprangen, bekommen so eine feste Ordnung und ihren Platz. Die Gefahr liegt allerdings genau in dieser Verlockung: Der Tarot bietet den Eingang zu einer scheinbar vollständigen Erkenntnis des eigenen Lebens. Dadurch, dass alle Erfahrungskategorien benannt sind, entsteht ein Gefühl der Vollständigkeit. Man weiß also jetzt, *welche* Erfahrungsfelder es überhaupt gibt, welche psychogenetischen Felder zum Erleben anstehen. Aber das ist trügerisch, denn mit welchen Inhalten diese ‚Töpfe' der psychogenetischen Felder gefüllt werden, bleibt offen, und es ist durchaus möglich, dass sich der eine oder andere Topf endlos füllen lässt oder endlos Brei kocht, was uns dann in Teufels Küche bringt. Da steckt im Tarot die Gefahr der Verirrung. Aus diesem Grunde ist es meines Erachtens sinnvoll und wichtig, dem Tarot immer wieder das andere Herangehen gegenüberzustellen, das Herangehen der christlichen Mystiker (Meister Eckhart) oder der Yogis (Patanjali). Die kennen diese Töpfe sicher auch, aber ihr Fokus liegt auf etwas anderem, auf etwas, das sie feit vor den Gefahren des Verirrens im Labyrinth des Erkennens. Meditation konzentriert uns auf die Energie des Bewusstseins an sich, nicht auf dessen Inhalte, nicht auf den Film, der auf die Leinwand der Außenwelt projiziert wird, sondern auf die Kraft des Lichts, das es vermag, überhaupt Bilder hinauszuwerfen. Die Bilder sind herzlich gleichgültig, denn diese wandeln sich ständig und sind ohne Substanz. Um was es letztlich immer geht, ist die Kraft des Bewusstseins und die Einsicht darein. Der Tarot kann uns dabei helfen, von der Konzentration auf die Bilder auf der Leinwand loszulassen, und uns dem Licht des Bewusstseins selbst zuzuwenden. Damit ist der Tarot ein solches Bild auf der Leinwand, besser eine Bilderfolge auf der Leinwand, eine Bilderfolge, die uns sagen will: Schaut hier doch nicht her! Schaut auf das Licht eures Bewusstseins! Der Tarot als Bilderreihe zeigt uns, wie wir einst begannen, die projizierten Bilder im Außen für wahr zu nehmen und uns mit ihnen zu identifizieren. Mit unbestechlicher Präzision legt er schonungslos die logische Kausalkette auf den Tisch, die uns zu sich selbst täuschenden, (aber immerhin) halb-bewussten Wesen macht. Mit ein wenig Glück reiben wir uns nach dem Tarot die Augen und wenden uns von ihm ab, denn genau das will er letztlich. Er führt uns zur Erkenntnis unseres Kardinal-Irrtums und lässt uns begreifen, dass es um das Licht geht, nicht um die projizierten Bilder. Wir sind nicht die Bilder, waren wir nie und werden wir nie sein; woher der Irrtum aber kommt, zeigt uns die multi-kausale Logik der Kartenabfolge der Großen Arkana. Diese Einsicht ist letztlich ebenso substanzlos wie alle anderen Bilder auch, aber sie führt uns vielleicht hin zum Wesentlichen, nämlich zum tatsächlichen Kern unseres Seins.

Teil III

Involution – Die Kleinen Arkana und Hofkarten

9. Die Kleinen Arkana

Wir stehen nun vor der entscheidenden Frage, ob der Tarot ein in sich geschlossenes System darstellt oder ob die Großen Arkana für sich genommen ein System bilden und die verbleibenden 56 Karten ein oder zwei weitere. Die darüber existierende Literatur gibt uns leider wenig Aufschluss. Entweder sie ist entsetzlich oberflächlich und wendet sich an Kaffeesatzleser oder sie ist nebulös esoterisch und geheimnistuerisch. In den tiefer schürfenden Fällen wird der kabbalistische Lebensbaum zurate gezogen.[313] Doch auch in diesen Veröffentlichungen findet man kaum ein Erklärungsmodell, das alle 78 Karten in einem in sich stimmigen und zusammenhängenden System vereinen könnten.

Wir werden uns wohl selbst in die Spur begeben müssen. In gewisser Hinsicht gibt uns bereits die grundlegende Thematik des Buches eine Richtung vor. Es wird ja hier der Versuch unternommen, die Erkenntnisse der Transpersonalen und Integralen Psychologie in dem viel älteren System des Tarots wieder zu entdecken.

Evolution und Involution – Das Geheimnis der Großen und Kleinen Arkana

Die Großen Arkana beschrieben das Konzept der Evolution, also einer Entwicklungstendenz ausgehend von Zuständen einfacherer Strukturiertheit hin zu Zuständen komplexer und organisierter werdender Strukturen, die ihre vorangegangenen Entwicklungsschritte in sich als Baustein oder Information enthalten oder von ihnen durchdrungen sind (ähnlich wie Atome – Moleküle – Zellen – Organismen – Gemeinschaften). Diese Hinbewegung zu einem komplexen Ganzen, welches alles Vorangegangene in sich enthält, schließt aber auch ein, dass jeder Entwicklungsschritt, der getan wird, bereits in diesem Großen und Ganzen enthalten sein muss. Das heißt, die *Entwicklung hin* zum großen Ganzen *ist bereits ein Teil des Großen Ganzen*. Das klingt paradox, ist es aber weit weniger, wenn man sich vergegenwärtigt, dass es sich bei dieser Hinbewegung um eine Entwicklung des Bewusstseins handelt, und um nichts anderes: Das Große und Ganze *entsteht* nicht durch diese Hinbewegung, sondern es wird durch sie vom Bewusstsein erschlossen, erobert, vereinnahmt. Aber existiert hat es, das große Ganze, schon immer und wird es wohl auch weiterhin.[314]

---

313. Besonders empfehlenswert zum Verständnis des kabbalistischen Ansatzes zur Tarot-Interpretation ist Akron: *Crowley Tarot Führer*. 2 Bände. Neuhausen (Schweiz): AGM Urania, 2007.

Diese Hinbewegung zum Komplexeren nennt man Evolution.

Da aber die einzelnen Schritte dieser Hinbewegung bereits Teil des großen Ganzen sind, muss das große Ganze oder ein Aspekt dessen, auch sozusagen ‚hinabsteigen'. Wenn dieser Begriff zu wertend klingt (auch wenn er schön anschaulich ist), lässt sich das alles auch klassischer formulieren: Es handelt sich um die Emanationen des Heiligen Geistes, wie es die Christen formulieren würden, also die Ausströmungen eines göttlichen Bewusstseins, was letztlich nichts anderes heißt, als dass höchste Bewusstseinsstrukturen des Spektrums hier als Einbruch in gegenwärtige Basisstrukturen wirken. Lassen wir uns aber von der christlichen Terminologie nicht irremachen und rücken wir den Begriff des Göttlichen etwas zurecht: Wir wissen, dass seitdem uns yogische und buddhistische Bewusstseinsforschung zur Verfügung stehen, dass es nicht nur *eine* Bewusstseinsstruktur gibt, die die rationale Struktur umfasst und damit transzendiert, sondern *mehrere*, die empirisch erfahren und dokumentiert werden können.[315] Auf mindestens drei Oberkategorien des Transpersonalen konnten sich die Bewusstseinsforscher bisher einigen: die *psychische*, die *subtile* (feinstoffliche) und die *kausale* Bewusstseinsstruktur[316] – dahinter steht eine Vierte, die aber streng genommen keine Struktur mehr ist, da sie das höchste, alles umfassende Bewusstsein an sich darstellt (wie das Holz, aus dem die Leiter besteht, auch nicht zu den Sprossen gezählt wird). Wenn man göttlich all das nennen mag, was unser Bewusstsein *übersteigt, einhüllt,* und dessen Funke im (göttlichen) Feuer unser individuelles Bewusstsein ist, dann ist klar, dass das christliche Göttliche nichts anderes ist, als das Wirken transpersonaler Bewusstseinsstrukturen, die vom individuellen Bewusstsein noch nicht erschlossen wurden.

Keine Angst vor der Prä/Trans-Verwechslung: Das Wirken überpersönlicher Archetypen, Bewusstseinsstrukturen der höheren pgFelder oder morphischer Felder[317] ist *präpersonal,* wenn sie *uns* überfallen und unser Bewusstsein sich wie eine Marionette in ihren Spurrillen verfängt – es ist das Wirken der Archetypen *auf uns,* ohne dass wir uns dessen gewahr sein würden. Zwar wirken Archetypen aus dem Hintergrund immer und auch im rationalen Menschen, doch ein regelrechtes *Verschlungenwerden* durch einen Archetypus schaltet den rationalen Bewusstseinsmodus einfach aus, so-

---

314. Vgl. die hinduistischen Vorstellungen des Brahman, das, so Ramana Maharshi, allein wirklich sei.

315. Vgl. die pgFelder *XVII-Stern* bis *XXI-Universum.*

316. Oder nach Aurobindos Terminologie: erleuchteter (psychischer) Geist, intuitiver (spiritueller) Geist, Übergeist, Supergeist.

317. Vgl. Rupert Sheldrake: Einführung. In: Hans-Peter Duerr, Franz-Theo Gottwald (Hrsg.): Rupert Sheldrake in der Diskussion. Das Wagnis einer neuen Wissenschaft des Lebens. Bern, München, Wien: Scherz, 1997, S. 18. Zu dem Begriff des Morphischen Feldes vgl. oben, pgFeld *0-Narr*, Fußnote 97.

dass es zu einer Regression in prärationale (und damit auch präpersonale) Zustände kommen kann.

Transpersonal hingegen ist unser Bewusstsein, wenn es aus der engen Umgrenzung des Persönlichen herausbricht, um das nächst Größere zu umfassen, zum Beispiel archetypische subtile Gottheiten, die morphischen Felder oder was auch immer. Transpersonal oder präpersonal sind also nicht die erschlossenen oder wirkenden Kräfte, sondern immer nur unser Bewusstsein.[318]

Dieses Herabsteigen von Aspekten umfassenderer Bewusstseinsstrukturen nennt man Involution.

Wenn wir alle Teil des kosmischen oder göttlichen Geistes sein sollten,[319] dann muss ja zumindest ein Teil des göttlichen Geistes sich in uns manifestiert haben – und ermöglicht wird das nur, indem es neben der Hin- oder Aufwärts-Bewegung auch eine Rück- oder Abwärtsbewegung gibt: eine Bewegung vom Feinstofflich-Subtilen hin zum Grobstofflich-Materiellen.

Diese involutionäre Bewegung illustrieren die kleinen Arkana, bei denen die Nummerierung ja scheinbar den großen Arkana entgegengesetzt ist. Die alten Tarotentwickler (ob nun mit Absicht oder weil sie entsprechende Spielkarten vorfanden) splitteten die Darstellung dieser Involution in vier Bereiche auf, sodass auf vier unterschiedliche Weise beschrieben wird, wie dieser involutionäre Prozess vom Menschen erlebt wird: Ein Impuls aus irgendwelchen höheren Regionen[320] des (noch nicht erschlossenen) Bewusstseins trifft auf das gegenwärtige Bewusstsein des Individuums. Dieser Impuls ist demzufolge rein und von den Irrungen und Wirrungen des perso-

---

318. ...Wenn wir uns darauf einigen wollen. Deshalb ist die Diskussion zwischen Wilber und Grof auch unsinnig, was nun transpersonal sei. Wilber sagt, die Archetypen seien präpersonal, Grof behauptet, sie seien transpersonal. Tatsächlich sind sie „größer" als das Individuum, einfach weil ein Individuum sich zu einem Archetypus verhält wie ein Atom zu einer Körperzelle. Insofern könnte man es transpersonal nennen und Grof behielte recht. Nun müssen wir uns aber einigen, ob die Termini die *Archeytpen* betreffen oder unser *Bewußtsein*. Diese Begriffe haben sich in der Literatur für unser *Bewußtsein* eingebürgert, und das heißt, ein Archetypus ist weder noch, sondern unser Bewußtsein erreicht entweder eine überindividuelle Spannweite, die einen ganzen Archetypus umfasst, dann ist es transpersonal, oder auf das Bewußtsein wirkt ein Archetypus, ohne dass wir es bemerken, dann ist unser Bewußtsein präpersonal, denn es wurde vom Archetypus vollständig in Beschlag genommen. Die gleiche Argumentation trifft auch auf die morphischen Felder zu.

319. Und das behauptet indirekt auch die transpersonale Psychologie: Da in jedem Bewußtseinsring alle ihre Vorgänger enthalten sind, sind diese Vorgänger alle – bis zum kleinsten, innersten Ring – ein Teil des äußersten, höchsten Bewußtseinsringes. Das heißt, in dem innersten Ring muß der Funke stecken, der seinen Ursprung in dem höchsten hat – sozusagen im innersten Baumring oder dem Samen des Baumes selbst.

320. Ob hier karmische Dispositionen wirken, stünde zur Diskussion. Buddhistische und hinduistische Schulen behaupten es.

nalen Geistes noch nicht verfälscht (die Asse und die Zweien). Mit zunehmender Präsenz hier im gegenwärtigen alltäglichen Dasein wird nun dieser Impuls zusehends mit den Schlacken des gewöhnlichen Alltagsdenkens versetzt, bis er vollständig vom gegenwärtigen Bewusstsein assimiliert wird (die Zehnen). Er wird sozusagen immer diesseitiger, materieller, karmisch verworrener und unreiner, also verfälschter. Am Anfang steht das reine Gefühl, der reine Gedanke oder die reine Absicht, und dann wird dieser Impuls schrittweise von der karmisch belasteten Gegenwart des aktuellen individuellen Bewusstseins und der Ereignisse kontaminiert – eigentlich aber mengt er sich selbst als evolutionsfördernder Impuls in das gegenwärtige personale Bewusstsein des Individuums.

Von diesem reinen Impuls ist schließlich nichts mehr übrig, aber der Radius des gegenwärtigen Bewusstseins ist einen Mikromillimeter weiter geworden. Und darum geht's.

Die Involution bringt den Impuls zur fortschreitenden Erschließung des gesamten Universums beziehungsweise des vollständigen Seelenraumes (da gibt es wohl keinen Unterschied) durch das Bewusstsein.

Die Herkunft des Konzeptes der vier Elemente

Am Anfang postulierte Thales von Milet (der gleiche, den wir durch den „Satz des Thales" aus der Geometrie kennen) ein Element, ein Urelement, aus dem das ganze Universum bestehen solle und nannte es Luft. Ein anderer widersprach ihm (Anaximenes) und behauptete, ja, es sei ein Element, aber nicht die Luft, sondern das Wasser. Später erst kam die *Vier-Elemente-Lehre* in Europa auf, der dann ein Fünftes hinzugefügt wurde, griechisch *Pneuma,* also *Geist*. In der esoterischen Literatur findet man auch den Begriff *Äther*. Auf dieses fünfte Element kommen wir im Anschluss an dieses Kapitel zurück.

Die Alchemie hatte einen schweren Stand, kein Zweifel. Eingeengt in einer geistigen Atmosphäre von besserwisserischer Intoleranz des katholisch-christlichen Dogmas, das denkenden Geistern schier in den Wahnsinn getrieben haben musste, und auf kein organisiertes Netzwerk an Forschern zurückgreifen könnend, werkelten die Alchemisten zumeist für sich herum. Agrippa von Nettesheim etwa zitiert in seinen Werken[321] ständig römische Dichter als belegende Instanzen mangels besserer Quellen.

Ob die Alchemie falsch lag oder nicht, können wir heute nicht mehr beantworten, und zwar aus einem sehr wichtigen Grund: Jede wissenschaftliche

321. Heinrich Cornelius Agrippa von Nettesheim: Die magischen Werke. Wiesbaden: Fourier-Verlag. 1988.

Erkenntnis ist abhängig von der Frage, die ihr vorausging, und diese Frage kennen wir nicht.

Vergessen wir nicht: Auch moderne Wissenschaft kann nur die Fragen beantworten, die vom Forscher gestellt werden. Ihre Antworten sind also genauso abhängig von Voreinstellungen wie die Antworten der Altvorderen oder der Esoteriker. Jedes Messinstrument der Physik zum Beispiel ist auch nur entwickelt worden, weil man annimmt, dass es dort, in der vermuteten Tiefe, ein Rätsel zu ergründen gilt. Jede Wissenschaft ist hypothesenabhängig, je nach Weltbild der Forscher. Das gilt für die Alchemie genauso wie für die moderne Physik oder Psychologie.

Zeitgenössische Kritiker und postmoderne Wissenschaftler und Wissenschaftstheoretiker zeichnen sich ja zumeist dadurch aus, dass sie alles, was aus alter Zeit oder aus räumlicher Ferne kommt, als naiv oder primitiv bezeichnen. Sie begehen da einen fatalen Fehler: Gemäß ihrer eigenen Fragestellung mag die moderne Wissenschaft die geeignete Methode zur Beantwortung sein. Aber wissen wir denn, ob zum Beispiel die Alchemisten *dieselbe* Frage gestellt hatten? Ging es ihnen um die Beschreibung der Natur in einem modernen „naturwissenschaftlichen" Sinne? Oder etikettierte der Begriff „Natur" ihnen etwas anderes? Vielleicht Umfänglicheres? Schwer zu sagen. Also halten wir uns mit übermäßiger Kritik und Herabwürdigung der Alchemie besser zurück.

Cornelius Agrippa von Nettesheim beschreibt drei Wissensfelder, die ein Magier beherrschen sollte: Die Physik, die Mathematik und die Theologie. Die Mathematik etwa sei der Königsweg, den Lauf der Gestirne zu bestimmen, die unser Schicksal in sich tragen. Das Wissenschaftsverständnis war damals ein ganz anderes. Die vier Elemente also auf reine rudimentäre Chemie zu reduzieren, wie das heute viele Wissenschaftshistoriker tun, hieße das Grundkonzept der Alchemie bereits im Ansatz nicht verstanden zu haben. Die Elemente seien die Bausteine alles Seienden, das von Physik, Mathematik und Theologie beschrieben werden kann. Eine Psychologie in dem Sinne gab es noch nicht. Dazu fehlte es an perspektivischer Ratio in den Wissenschaften, das Denken war noch stark vom Mythischen, also vom Veräußerten, vom Ausgesprochenen und in Bilder Gefassten geprägt. Die Sphären der Cherubime, Engel oder Dämonen könnten als Projektionen psychischer Entitäten gedeutet werden, deren psychische Wirksamkeit zwar verstanden wurde, die aber nicht dem eigentlich Individuell-Seelischen zugeordnet wurden, weil es das psychologische Konzept des Unbewussten noch nicht gab. Das Konzept des Unbewussten vermag es, vormals im Außen lokalisiertes seelisches Wirken in das seelische Innen zu transferieren, weil der Radius des Seelischen durch das Konzept des Unbewussten erweitert wurde. Was vorher noch im Außen gesichtet wurde, weil der Seelenradius enger gezogen war, ist nun mit Erweiterung des Seelenradius seit Freud im Seelen-

Innenraum angesiedelt. Insofern könnte man mit viel Wohlwollen den theologischen Aspekt der Alchemie als Vorläufer der Psychologie sehen. Ich halte das allerdings für Unfug, denn dann müsste das ganze mythologische Gebäude der griechischen oder nordischen Sagenwelt ebenfalls als Vorgänger der Psychologie verstanden werden. Allein die Tatsache der Veräußerung des seelisch Wirkenden macht noch keine Psychologie. Psychologie ist die bewusste und absichtsvolle Erforschung des Seelischen. *Gegenstand* der Psychologie darf es sein, die psychischen Projektionen der antiken Sagenwelt oder der Alchemie zu erforschen. *Psychologen* aber waren die Alchemisten sicher nicht, genauso wenig wie Homer oder die anderen Mythenschöpfer der Antike.[322]

Nichtsdestotrotz sind die von der Alchemie oder den Dichtern der Antike in ein vermutetes Außen projizierten seelischen Aspekte bereits wichtige Hinweise auf Psychisches. Und Agrippa von Nettesheim, wenn er sich per Zeitreise einmal in einen Psychologenkreis beamen könnte, würde wahrscheinlich einräumen, dass das *allgemeine* Konzept der vier Elemente natürlich auch auf diese faszinierende neue Wissenschaft namens Psychologie zuträfe.

Die Tarotentwickler und Interpreten bedienten sich des Elemente-Konzepts, und da dieses allgemein gehalten ist, sozusagen als abstrakte Grundmatrix für bestimmte universelle Eigenschaftsbündel, ist es gestattet, es im Lichte unserer integralen Theorie neu und frei zu interpretieren.

Die vier Elemente der Alchemie als Projektionen innerpsychischer Funktionen

Da gemäß einer konstruktivistischen Sichtweise menschliche Wahrnehmung selektiv ist, sind wir auch nur in der Lage, im Außen das zu erkennen, was uns selbst ausmacht. Was wir nicht sind, und was uns nicht entspricht, können wir auch nicht wahrnehmen. Wenn also die Alchemisten der Renaissance die vier Elemente benutzten, um Grundparameter der Natur zu beschreiben, projizierten sie unwissentlich Grundelemente psychischen Mensch-Seins auf das Außen. Modernere Deutungen der vier Elemente Feuer, Wasser, Luft und Erde gehen von ihrer Entsprechung als

322. Hier widerspreche ich C.G. Jung, der in der Alchemie den Vorläufer der Psychologie erkennen wollte. Gegenstand des opus magnum der Alchemisten war ganz sicher nicht eine beschreibende, erklärende und prognostizierende Psychologie, sondern das Durchführen eines Prozesses der Bewußtseins-Transformation. Solche Zielsetzungen finden wir auch in allen yogischen Schulen, in der christlichen Mystik und dem (beispielsweise) benediktinischen Mönchstum, bei den Sokratikern der Antike und vielen anderen Strömungen, die die Kunst der Bewußtseinsbeherrschung in den Vordergrund stellten. Wenn wir auch diese unter den Oberbegriff Psychologie versammeln, wird der Begriff der Psychologie inflationär. Vgl. hierzu: Peter Sloterdijk: Du mußt dein Leben ändern. Über Anthropotechnik. Frankfurt/M.: Suhrkamp, 2009, S. 396ff., S. 410ff.

- Feuer (Stäbe) = Absicht, Wille, Impuls
- Wasser (Kelche) = Affekt, Emotion, Gefühl
- Luft (Schwerter) = Mentales, Ratio, Gedanken, Denken
- Erde (Scheiben) = Manifestationen, Handlungen, tätige Bemühungen

aus. Die moderne Psychologie scheint das zu bestätigen: Affekte und Emotionen, ebenso Kognitionen, Rationales, Denken, sowie Handlungen, Tätigkeiten und Motivationen als innere Motoren und Movens unseres Tuns sind Forschungsgegenstände moderner Psychologie. Es scheint so, als hätten die Alchemisten den richtigen Riecher gehabt, obwohl sie ihre Erkenntnisse noch auf die äußere Natur projizierten und den direkten Zusammenhang mit der menschlichen Psyche nicht herstellten.

Hier ist der Hinweis angebracht, dass die Alchemisten sicher nicht mit dem Element Luft eine Chiffre für den Verstand finden wollten, sondern mit den Elementen ganz universelle Eigenschaftsbündel beschrieben. Der Verstand ordnet sich in das Eigenschaftsbündel Luft ein, weil er verschiedene Eigenschaften besitzt, die sich am ehesten diesem Element zuordnen lassen. Das Konzept der vier (oder später fünf, siehe weiter unten) Elemente stellt somit ein ganz allgemeines und sehr abstraktes Klassifikationssystem dar, und wenn es mit statistischem Mittel zusammengestellt worden wäre, würde man sie heute als Faktoren[323] erster Ordnung bezeichnen. Sehr wahrscheinlich meinten die Alchemisten nicht den Verstand oder das Mental, als sie das Element Luft postulierten, würden aber sofort zugeben, dass sich der Verstand oder das Mental des Menschen diesem Element zuordnet.

Hinduismus und Buddhismus: Koshas und Skandhas

Eine weitere Assoziation bietet sich an, indem man die Elemente-Lehre der europäischen Alchemie in Bezug zu den ‚Körpern' oder ‚Leibern' (Aurobindo) des Yoga, den *Koshas* des Hinduismus und den *Skandhas* des Buddhismus in Bezug setzt.

Aus grober Materie ist unser physischer Körper, seine Anatomie, aber auch sein Wirken in der ihm entsprechenden groben materiellen Wirklichkeit: *das Element Erde* (der Satz der Scheiben).

Umhüllt oder besser durchdrungen wird dieser von einem feinen energetischen Geflecht, dem Energiekörper, von den Yogis in seiner feinstofflichen Anatomie mit Nadis, Chakren, einer ‚Hauptachse' namens Sushumna (flan-

323. Faktoren: Eine abstraktes Merkmal, das sich aus den Korrelationen mehrerer gemeinsam auftretender speziellerer Eigenschaften zusammensetzt, z.B. Introversion oder Extraversion in der faktorenanalytischen Persönlichkeitstheorie von Hans-Jürgen Eysenck.

kiert von zwei spiralförmig gewundenen Nadis, Ida und Pingala) beschrieben. Auch in der Hermetik Europas findet sich möglicherweise eine Entsprechung im sogenannten ‚Ätherleib'. In der westlichen Wissenschaft entspräche dieser Energiekörper am ehesten den frühen psychoanalytischen Konzepten einer allgemeinen energetisierenden Kraft, des Élan vital oder Freuds Libido:[324] *das Element Feuer* (Satz der Stäbe).

Ein weiterer ‚Leib' wird von Sri Aurobindo als der sogenannte Mentalkörper beschrieben. In der westlichen Psychologie entspricht dieser dem gesamten kognitiven Komplex: *das Element Luft* (der Satz der Schwerter).

Durchdrungen werden all diese Körper von einer lebendigen und fühlenden Essenz, der Seele, in der westlichen Hermetik auch ‚Astralkörper' genannt. Dessen Signale empfängt unser aktuelles Ich-Bewusstsein in Form von Gefühlen und Stimmungen: *das Element Wasser* (der Satz der Kelche).

Im Buddhismus wird von fünf *Skandhas* (sanskrit: Gruppe) berichtet, aus denen sich die menschliche Erscheinungsform zusammensetzt:[325]

rupa: die Körperlichkeitsgruppe (lässt Assoziation zum Element Erde zu)

vedana: die Gefühlsgruppe (lässt Assoziation zum Element Wasser zu)

samjna: die Wahrnehmungsgruppe (lässt Assoziation zum Element Luft zu)

samskara: „die Gruppe der Gestaltungskräfte, die das aktive Prinzip des Bewusstseins darstellen, die grundlegende Willenstendenz, die durch bewusstes Wollen erzeugten karmischen Bildekräfte, die den Charakter des Individuums bilden"[326] (lässt Assoziation zum Element Feuer zu)

vijnana: Bewusstsein

Diese fünf *Skandhas* werden oft zu dreien zusammengefasst: *rupa, cetasika* (die bedingenden Faktoren für Bewusstsein) und *citta* (Bewusstsein). Diese alternative Zusammenfassung soll daran gemahnen, dass die *Skandhas* nichts tatsächlich Wesenhaftes sind, das man benennen könnte.

Im Hinduismus findet man ein ähnliches Modell, das der *Koshas* (Sanskrit: Behälter):[327]

---

324. Freud interpretierte diese noch als eine rein sexuelle Kraft. C.G. Jung allerdings erweiterte Freuds Vorstellung der Libido und sah sie bereits als eine allgemeine aktivierende Lebensenergie, die sich auch sexuell äußern könne. Hier zeigt sich die Parallele zur yogischen Vorstellung der Kundalini- oder Shakti-Energie, die sich im zweiten Chakra vor allem als sexuelle Energie bemerkbar macht, und in den folgenden Chakren transformiert wird.

325. Bowker, J. (Hg.): Das Oxford-Lexikon der Weltreligionen. Frankfurt/Main: Fischer, 2003, S. 931.

326. Lama A. Govinda: Grundlagen tibetischer Mystik. Frankfurt/Main: Fischer, 1979, S. 75.

327. Bowker, J. (Hg.): Das Oxford-Lexikon der Weltreligionen. Frankfurt/Main: Fischer, 2003, S. 566.

annamaya kosha: der materielle Behälter der Nahrung

pranamaya kosha: der lebenswichtige Behälter, der sich als Atem manifestiert. „Denn Prana ist mehr als Atem, mehr als Nervenenergie oder die Lebenskräfte des Blutstroms. Es ist mehr als die zeugende Kraft des Samens oder die Kraft der motorischen Nerven, mehr als die Denkfähigkeit des Gehirns oder die Kraft des Willens. All dies sind nur Modifikationen des Prana."[328]

manomaya kosha: der Behälter des Geistes: „die durch unser aktives Denken gebildete Persönlichkeit: unser Gedankenkörper"[329]

vijnanamaya kosha: der Behälter der Intelligenz. „Die vierte Hülle ist der über unser aktives Denken hinausgehende, die Gesamtheit unserer geistigen Fähigkeiten umfassende, potenzielle Bewusstseinskörper."[330]

anandamaya kosha: der Behälter der Seligkeit

Auch wenn diese Konzepte nicht deckungsgleich sind, lassen sie doch Verwandtschaft untereinander erkennen, aber auch zum europäischen okkulten Konzept eines physischen Körpers, des Ätherleibs, des Astralleibs und so weiter. Die Wirklichkeit sperrt sich gegen die mentalen Kategorisierungsversuche des Menschen und so sind, worauf die Buddhisten bereits hinwiesen, diese Konzepte bestenfalls Annäherungen an eigentlich unsagbare Phänomene.

Von diesen Überlegungen ausgehend bietet es sich an, die Kleinen Arkana als das *Wirken* dieser entsprechenden Seinsbereiche oder ‚Körper' zu interpretieren. Ginge es also um eine Kleine Arkana aus dem Satz der Stäbe, könnte das als Hinweis auf eine Wirkung oder einen Zustand des Energiekörpers aufzunehmen sein.

All diese ‚Körper' beeinflussen unser Leben und Sein je nach ihrer Gestalt und Qualität, die von Mensch zu Mensch verschieden und auch im einzelnen Menschen ständig einem Wandel unterworfen ist. Diese ‚Körper' der bewussten und willentlichen Kontrolle des Bewusstseins zu unterwerfen, ist Ziel vieler mystischer Meditationsschulen.[331] Die Komplexitätsgrade des Bewusstseins, dieser ‚Körper' gewahr zu sein und zu gestalten, werden durch die Bewusstseinsstrukturen der Großen Arkana beschrieben.[332] Ihr Zustand

---

328. Lama A. Govinda, a.a.O., S. 170.
329. Lama A. Govinda, a.a.O., S. 170.
330. Lama A. Govinda, a.a.O., S. 170.
331. Gute Einführungen hierzu: Lama A. Govinda: *Grundlagen tibetischer Mystik*. Frankfurt/Main: Fischer, 1979; Sri Aurobindo: *Die Synthese des Yoga*. Gladenbach: Hinder + Deelmann, 2000; Mircea Eliade: *Yoga. Unsterblichkeit und Freiheit*. Frankfurt/Main: Suhrkamp, 1985.
332. Vor allem in den pgFeldern *XIV-Die Kunst*, und pgF *XVII-Der Stern* bis *XXI-Universum*.

und das Wirken dieser ‚Körper' allerdings (unabhängig ob bewusst oder nicht) auf uns, zeigen die Kleinen Arkana an.

In den nachfolgenden Abschnitten werden wir uns jedoch hauptsächlich auf die westliche Sicht der Seinsbereiche konzentrieren, auch wenn die obigen Überlegungen immer, auch bei den Deutungshinweisen zu den einzelnen Karten, im Hintergrund durchschimmern werden.

Psychologische Charakterisierung der vier Kartensätze

Auch wenn die Existenz der soeben beschriebenen ‚Körper' von der westlichen Psychologie nicht anerkannt werden mag, so nimmt sie deren *Wirkungen* doch sehr wohl zur Kenntnis und erforscht sie. Die psychologischen Charakteristika der vier Kartensätze sollen im Folgenden kurz zusammengefasst werden:

Feuer (Satz der Stäbe):

Hier wird das Ausmaß und die Kraft der Aktivierung thematisiert. Man spricht in der Psychologie von Motivation und Volition (oder vom ‚Wünschen' und ‚Wollen') und von der Willenskraft. Gemeint ist hier nicht der Wille im Sinne eines konkreten Wunsches oder eines Bedürfnisses, sondern das Ausmaß an Kraft, das hinter unseren Absichten steht, um selbige umsetzen zu können. In einem weiteren Sinne könnte man sagen: Wenn unser bewusstes Wollen im Einklang mit unserem innersten Wesen steht, wird auch das Ausmaß an Willenskraft, das dahinter steht, entsprechend stark sein. Es gilt, nicht erst seit Crowley, als eine der höchsten Aufgaben, sich seines innersten seelischen Wollens bewusst zu werden. Aber auch, wenn es uns nicht bewusst sein mag, wirkt es doch aus dem Unbewussten, und scheint uns zu lähmen, wenn wir auf falschen Wegen wandeln, während es uns mit dem Schub der Motivation vorwärtstreibt, wenn unsere Absichten im Einklang mit dem innersten Willen stehen.

Wasser (Satz der Kelche):

Die Emotionspsychologie ist eine Subdomäne der Psychologie und tut sich in diesem Bereich schwer, vermutlich weil in der Wissenschaft Psychologie die Ratio als Erkenntnismodus dominiert. Themen sind dort Gefühle, Emotionen, Stimmungen und Affekte. Etwas poetisch formuliert sind Emotionen und Gefühle die Signale, durch die die Seele zu uns (dem Ich) spricht.[333] Angenehme Gefühle zeigen uns, dass die Situation, in der wir uns befinden,

333. Vorausgesetzt, man räumt die Existenz einer Seele ein. Psychologen, die das nicht tun, behandeln Emotionen als färbende Begleiterscheinungen des Gedachten und Erlebten.

unserer Psyche entspricht. Lähmende träge Gefühle etwa sind ein Hinweis darauf, dass unsere Seele unter den Umständen leidet. Gefühle dem Element Wasser zuzuordnen, ist insofern sinnvoll, als Emotionen fließende, ja informationstragende Eigenschaften haben: Es sind Botschaften aus dem unbewussten Bereich der Psyche. Die Seele will wahrgenommen werden. Nur wenige erreichen die Bewusstseinsebenen, in denen die Seele vom Bewusstsein voll erfasst ist. Solche Menschen zeichnen sich durch emotionalen Gleichmut und nimmermüde Milde gegenüber den Umständen und anderen Menschen aus. Die Seele muss bei ihnen keine Signale mehr schicken; sie sind sich ihrer Psyche bewusst und leben nach ihr.

Luft (Satz der Schwerter)

Es sind die psychologischen Subdomänen Wahrnehmungspsychologie, kognitive Psychologie und Gedächtnispsychologie, die den (aus Sicht der Wissenschaft) riesigen Komplex des Kognitiven erforscht. Zu den einzelnen Aspekten dessen gehören unser Weltwissen, unser biografisches Wissen, Gedächtnisinhalte, die Prozesse des Denkens, Erinnerns und Imaginierens, aber auch dysfunktionale Glaubenssätze, Überzeugungen, Werthaltungen und Einstellungen. Wenn das Mental nicht in einer dynamischen gegenwartsbezogenen, spielerischen und kreativen Weise agiert, sondern an einmal etablierten Kognitionen festhält, neigen diese über die Zeit dazu zu verkrusten. Das zeigt sich dann an starren Überzeugungen oder Konfliktmustern, die sich in uns verankert haben. In der kognitiven Psychologie spricht man auch von Scripts und Schemata. Ein Script ist eine Art einfaches inneres Drehbuch, das uns sagt, wie man sich in bestimmten Situationen, etwa während eines Restaurantbesuchs, zu verhalten hat. Schemata sind einfache kognitive Kategorien, denen eine bestimmte Bedeutung zugeteilt wird, wenn wir sie in der Außenwelt wahrnehmen.

Leider entstehen im Laufe der persönlichen Entwicklung nicht nur brauchbare und neutrale Scripts, wie das des Restaurantbesuchs, sondern auch sogenannte Konfliktmuster. Aufgrund unschöner Erfahrungen in der Kindheit und Jugend können sich durch entsprechende Lernerfahrungen dysfunktionale Verhaltens- und Reaktionsmuster festsetzen. Psychische Abwehrprogramme, negative Selbstbilder und anderes gehören ebenfalls in den Bereich des Kognitiven.

Eine Anmerkung zur Terminologie erscheint mir wichtig: Sri Aurobindo nannte diesen ganzen psychischen Komplex das *Mental*, ein Begriff, der glücklich gewählt ist, besser jedenfalls als der Begriff *Ratio*, denn das Denken, also die Handlungsprozesse des Mentals, sind keineswegs nur rational. Rational sind sie, wenn die Gesetze der reflexiven Logik angewendet werden, wenn Wissenschaft oder (nach Gebser) perspektivische Reflexion betrieben wird. Das Mental kann aber auch durchaus magisch oder mythisch agieren. Der Irrtum, das Mental mit der Ratio gleichzusetzen, geht auf die gängige Bewusstseinsstruktur unserer Kultur zurück. Vor 3000 Jahren allerdings war es sehr wahrscheinlich, dass man magisch oder mythisch dachte. Auch der Begriff des ‚Kognitiven' sollte überdacht werden. Mentale Prozesse sind beileibe nicht alle ‚kognitiv', also der ‚Erkenntnis dienlich'. Man sollte das Wort ‚kognitiv' tatsächlich von dem Konzept der Ratio trennen, und nur noch ‚Erkenntnisprozesse' damit umschreiben. Solche Erkenntnisprozesse können durchaus auch magisch, mythisch oder aperspektivisch-integral, oder nach anderem Entwicklungsmodell körperlich, emotional oder rational, oder intuitiv, fühlend, denkend oder empfindend gewonnen werden.

Erde (Satz der Scheiben)

Erde und Wasser sind die beiden Elemente, die die Assoziation des Greifbaren erlauben. Nur ist Wasser flüchtig, es entzieht sich, wenn man es greifen will. Somit ist Erde das Element des physisch Erfassbaren und umfasst den physischen Körper, die materielle Welt und ihre Eigenschaften, die konkreten Handlungen der Menschen und deren materielen Ergebnisse. In der Wissenschaft ist es die Arbeitspsychologie, speziell die Handlungspsychologie, die sich mit den Wirkungen und Eigenschaften menschlichen Handelns beschäftigt, die Medizin, besonders die Anatomie, die sich mit dem physischen Körper befasst.

Nun können in diesen Bereichen bestimmte singuläre Erfahrungseinheiten auftauchen, die wir je nach Erfahrungsbereich

Absichts-/Willens-Einheit (Feuer/Stäbe)
Affekt- oder Emotions-Einheit (Wasser/Kelche)
Mental-Einheit (Luft/Schwerter)
Manifestations-Einheit (Erde/Scheiben)

nennen wollen. Die sogenannten ‚kleinen Arkana', beginnend mit jeweils ihrem As, dann fortschreitend von der Zwei bis zur Zehn des jeweiligen Elementes, beschreiben nun die mögliche Entfaltung einer solchen Absichts-Einheit, Affekt-Einheit, Mental-Einheit oder Manifestations-Einheit bis zur letztmöglichen Ausreizung. *Wie* und wie *weit* diese Einheiten sich entfalten, hängt nun vom Reifegrad des jeweiligen Erfahrungsbereiches des betreffenden Menschen innerhalb des Spektrums der Basisstrukturen ab. Wenn beispielsweise jemand im Erfahrungsstrom ‚Affekt' eine Bewusstseinsreife auf dem Niveau von *Drehpunkt 4* (Regel-/Rollen-Selbst[334], konop) hat, also

334. Nach Ken Wilbers Entwicklungsmodell

sich mit einer sozial definierten Rolle identifiziert und zur bewussten Selbstreflexion noch nicht fähig ist, wird er unter Umständen einen bestimmten Affekt bis zum Anschlag verfolgen wollen, sofern dieser Affekt der identifizierten Rolle oder Regel entspricht. Dass das falsch sein kann, ist ihm nicht klar, denn die Rolle schreibt ihm vor, dass er im Recht ist. Und so kann der bestimmte Affekt ausgereizt werden, bis ein Punkt emotionaler Sättigung und affektivem Völlegefühls erreicht ist, während ein anderer Typ mit einer sehr reifen Regulations- und Reflexionsfähigkeit seines „Emotions-Körpers" das Verheerende seines emotionalen Beharrens vielleicht erkennen und dem einen Riegel vorschieben kann, etwa indem er seine eigenen Emotionen durch gezielte Emotionsarbeit zu verändern in der Lage ist. In der Psychologie nennt man das „Emotionsregulation", die aber die Fähigkeit zur relativ korrekten und bewussten Wahrnehmung seiner eigenen Gefühle voraussetzt („euthymes" Erleben).

Eine genaue empirische Entwicklungspsychologie stand den Alchemisten nicht zur Verfügung und aus diesem Grund sind die Projektionen ihres Unbewussten bildhaft und in gewisser Hinsicht ungenau – wie jedes Symbol es eben sein muss, um Vieldeutiges in sich vereinen zu können.

Die alchemistischen Deutungen wären allerdings naiv, wenn sie von einer strikten Trennung der Elemente und der damit im Zusammenhang stehenden Erfahrungsströme ausgingen. Der Schweizer Neuro-Forscher Luc Ciompi[335] kam durch seine Forschungen zu dem Schluss, dass man Emotionen (Affekte) nicht von Kognitionen (Gedanken oder Vorstellungen) trennen könne, Gedanken seien unauflösbar von emotionalen Färbungen durchdrungen – aus diesem Grund ersetzt er den gewohnten Terminus der *kognitiven* mit dem der *affekt-logischen* Netzwerke.

Natürlich kann der Schwerpunkt auf dem Gefühl liegen, das Leben zeigt es ja, oder auf nüchternem Denken. Aber auch hier Vorsicht: Was uns als nüchternes Denken erscheint, ist ebenfalls zuhöchst emotional. Die empfundene Nüchternheit ist bereits eine bestimmte Emotion, die den Denkprozess begleitet. Sherlock Holmes war nicht gefühllos, nur weil er nüchtern denken konnte. In seiner Nüchternheit lag dennoch die Freude am Denken, ein entspannter Flow, der mit bestimmten emotionserzeugenden Botenstoff-Aktivitäten im Körper einhergeht. Ihm *gefiel* es zu denken.

Abgesehen davon lässt sich anmerken, dass es in der Zwischenzeit in der Psychologie eine ganze Reihe von sogenannten modularen Theorien der Informationsverarbeitung gibt. Eine *modulare* Theorie bedeutet kurz gesagt, dass der Mensch über *mehrere* Module der Informationsverarbeitung ver-

335. Luc Ciompi: Die emotionalen Grundlagen des Denkens: Entwurf einer fraktalen Affektlogik. Göttingen: Vandenhoek & Ruprecht, 1997.

fügt, und nicht wie die klassische psychologische Intelligenzforschung bisher annahm, über nur ein Modul, nämlich das einer globalen Intelligenz. Bekannt geworden ist der Ansatz der multiplen Intelligenzen von Howard Gardner, in dem von insgesamt 8 oder mehr Intelligenzen[336] ausgegangen wird, über die der Mensch verfügt, wovon eine oder mehrere bevorzugt und damit auch trainierter eingesetzt werden. Jede dieser Intelligenzen aber ist dennoch den elementaren Kräften der menschlichen Natur *Antrieb, Gefühl, Gedanke, Handlung* oder *Manifestation* unterworfen. Wir dürfen auch nicht außer Acht lassen, dass unsere Begriffe *Gefühl, Gedanke* etc. auch bereits Deutungen der eigentlichen Elemente darstellen. Die Benennung der Elemente selbst ist ganz augenscheinlich *symbolhaft*, und wie bereits an anderer Stelle ausführlicher beschrieben, vereint ein *Symbol* auf umfassende, irrationale und rationale Weise Widersprüchliches und scheinbar Paradoxes, weil es auf ein allgemeines Grundthema hinweist, ohne es konkret zu benennen. Es kann nicht konkret benennen, weil es dann nur noch rational wäre und das Nicht-rationale ausschlösse.[337]

Kabbala und Tarot – eine synergetische Verbindung

Nun stellt der Tarot mit den Kleinen Arkana nicht nur den Hinweis auf einen Seinsbereich oder Element, sondern auch eine zehnteilige Abstufung der Wirkungen oder Qualitäten dieser Elemente zur Verfügung. Wie kommt man nun zu den entsprechenden Interpretationen der einzelnen Karten?

Die meisten Tarotsets, die die Kleinen Arkana mit konkreten Benennungen und symbolischen Bildern besetzen, folgen dem kabbalistischen Ansatz. Zehn Sephiroth (oder Entwicklungsqualitäten) sind innerhalb einer baumähnlichen Grafik angeordnet. Die erste Sephira (Kether) repräsentiert die reine Idee ohne jede Verwirklichung, die letzte, zehnte Sephira (Malkuth) hingegen die vollständige Materialisierung der Idee aus Kether. Die zehn zwischengeschalteten Sephira sind wie Stationen zu verstehen, durch die sich die in Kether befindliche reine Idee bis zur materiellen Verwirklichung ‚hinab' bewegt. Ursprünglich gab es zwischen Kabbala und Tarot keine Verbindung, es waren erst die Okkultisten des 19. Jahrhunderts, die beide Systeme miteinander verbanden. So verstanden sie die Asse eines Elemente-Satzes als Repräsentation der reinen Idee eines Elementes an sich und die zehnte Karte eines Satzes als deren materielle Verwirklichung in der Welt

336. Gardner, Howard: Intelligenzen Die Vielgestalt des menschlichen Geistes. Stuttgart: Klett-Cotta, 2002.
In diesem Buch beschreibt er folgende acht Intelligenzen, deren Existenz durch empirische Forschung gestützt wird: die mathematische, verbale, musikalische, räumliche, naturalistische, interpersonale, intrapersonale und Bewegungs-Intelligenz.

337. Vgl. oben, Kap. 6, Tarotkarten als Symbole für psychogenetische Felder, dort der Symbolbegriff.

der festen, grobstofflichen Körper. Jede Zahlkarte repräsentiert nun genau die Sephira, die die gleiche Zahl trägt. Beispiel: die sechste Sephira (Tiphareth) gibt allen Sechsen der vier Sätze ihre Eigenschaft. Diese Eigenschaften sind: Schönheit, Herrlichkeit, Mitte. Sie ist direkt jeweils durch einen Pfad mit Kether und Malkuth verbunden (das sind nicht alle Sephiroth); sie befindet sich in der Mitte des kabbalistischen Baumes, während andere eine rechte und linke Säule bilden, was auf ihre ausgleichende Kraft hinweist. Dem entsprechend erhalten alle Sechsen eine Note des Positiven, Ausgleichenden.

Es würde hier den Rahmen sprengen, das kabbalistische System vollständig zu erklären, das ist auch unnötig.[338]

Wesentlich ist im Zusammenhang mit der Interpretation der Zahlkarten der Kleinen Arkana, dass es sich um eine bewusste Bedeutungs-*Zuweisung* handelt, die wir im Sinne eines Konstrukt-Bewusstseins[339] als kreativen synergetischen Akt betrachten können. Die Okkultisten des 19. Jahrhunderts haben sich für den Tarot der Kabbala bemächtigt, um aus ihm ein brauchbareres Erkenntnisinstrument zu machen. Das heißt nicht, dass diese Zuordnung wahr ist; sie ist aber brauchbar und bis eine bessere Zuordnung gefunden wird, ist sie das aktuell beste (weil praktischste) Modell. Seit Crowley greifen die meisten Tarot-Interpreten und –Künstler auf dieses System zurück. Zu den einzelnen Bedeutungen verweise ich auf das Kapitel „Die Kleinen Arkana im Einzelnen" weiter unten.

Das fünfte Element: Pneuma – der Geist

Wenn wir das fünfte Element Pneuma oder Geist in unsere Überlegungen einbeziehen, müssen wir uns fragen, wo es im Tarot abgeblieben ist. Haben die Alchemisten das *Pneuma*, den *Geist* ignoriert? Kaum vorstellbar.

Die Antwort ist ganz einfach, obwohl man manchmal das große Ganze aus den Augen verliert, wenn man sich zu sehr auf das Detail konzentriert: Wenn das fünfte Element den Geist repräsentiert, dann ist der Mensch selbst der Träger dieses Elementes, bzw. unser Bewusstsein ist die dominante Ausprägung des Elementes Pneuma. Und wo wurde die Entfaltung oder Ent-

338. Zur Vertiefung des kabbalistischen Ansatzes: Aleister Crowley: Das Buch Thoth. Neuhausen (Schweiz): Urania AG, 1993; Akron: Crowley Tarot Führer. 2 Bände. Neuhausen (Schweiz): AGM Urania, 2007.

339. Konstrukt-Bewusstsein: Das Bewusstsein dafür, dass hinter Erkenntnissen sprachliche und kognitive Konstruktionsprozesse stehen. Endgültiges Wissen existiert innerhalb der kognitiven Sprachsysteme nicht, was die Freiheit erlaubt, selbige zu durchschauen, zu verändern, neu zu kreieren usw. Vgl: Susanne Cook-Greuter. Die neun Stufen nzunehmenden Erfassens, http://integralesleben.org/fileadmin/user_upload/images/DIA/Info-Material_Seminare/S_Cook_Greuter/9_Stufen_zunehmenden_Erfassens_-SCG___hg_IB.pdf

wicklung des Bewusstseins ausführlich beschrieben und dargestellt? In den Großen Arkana.

Schauen wir uns die allgemeine Struktur des Tarot unter diesem Gesichtspunkt noch einmal an: Es werden fünf Elemente in ihren Entfaltungsmöglichkeiten beschrieben, vier davon mit Hilfe von jeweils zehn Karten plus vier sogenannten Hofkarten, und eines, Pneuma (Geist), mit immerhin ursprünglich 22 Karten. Das, was die Großen Arkana beschreiben, erhält eine deutliche Gewichtung. Kein Wunder, denn sie beschreiben uns selbst, unseren Geist, denn der Mensch ist Träger dieses Elementes, sozusagen in Reinkultur, ähnlich wie ein normales Feuer ein Träger des Elementes Feuer in Reinkultur wäre.

Und was dem Bewusstsein, dem Geist, dem fünften Element, von dem der Mensch durchdrungen ist, *geschieht*, zeigen die Hofkarten und Kleinen Arkana an. Man verstehe mich nicht falsch: Das heißt nicht, dass die Kleinen Arkana Kräfte seien, die außerhalb von uns Menschen stattfinden, aber wir empfinden sie als außerhalb, wir empfinden sie, als *geschähen* sie uns. Tatsächlich sind sie Wirkungen der verschiedenen Funktionen und Energie- oder Seinsebenen des Menschen. Aber sie berühren unser Bewusstsein, sie machen etwas mit unserem Bewusstsein, mit unserem Geist, egal ob nun von außen oder von innen. Insofern erzeugen sie Veränderungen im Element Pneuma, erzeugen Veränderungen in unserem Geist, in unserem Bewusstsein. Kurz, sie sind der Motor, der Treibstoff für die Entfaltung unseres Bewusstseins – demzufolge das Futter für die einzelnen Stationen der Großen Arkana. Somit ermöglichen die Impulse der Kleinen Arkana erst die progressive Entwicklung der Großen Arkana.

Wie läuft der Motor dieser Entwicklung? Welche Impulse sind nötig, um diese aufwärts gerichtete Entfaltung überhaupt in Gang zu setzen?

Wenn es nur Evolution gäbe, wäre das wie eine Art geistiges *Perpetuum mobile*. In den Analysen der pgFelder (Großen Arkana) hatten wir festgestellt, dass ab den transpersonalen pgFeldern die Lokalisierungsverhältnisse des Wahrgenommenen umgekehrt werden: das Universum ist in *uns*, und nicht wir im Universum. Denn das Universum ist in unserem Gewahrsein. Also sind demzufolge auch alle Impulse, die zu uns kommen, nicht wirklich von einem Außen zu uns kommend, sondern aus uns selbst. Diese Behauptung wird für die meisten Menschen wohl schwer zu akzeptieren sein. Aber stellen Sie sich einen Säugling vor, der noch nicht weiß, welche Gefühle tatsächlich ihm selbst eigen sind und welche seinem Umfeld. Er empfindet, als *geschähen* ihm seine Gefühle, undifferenziert von denen der Mutter oder von anderen. Erst später wird sein Bewusstseinsradius groß genug sein, um seine eigenen Gefühle auch seinem Selbst zuzuordnen. Irgendwann wird er differenzieren lernen und dennoch sind es seine eigenen Wahrnehmungen von Gefühlen, die in ihm etwas auslösen. Er war einmal egozentrisch-universell, aber unbewusst. Und dann entstand seine Fähigkeit zur Differenzierung, was ihm die Welt nun in zwei Hälften spaltet: die seine und die andere. Dennoch sind es immer Resonanzen seines Selbst, auch wenn er es nicht weiß. Die Psychoanalytiker wissen darum und sie nennen das Phänomen *Projektion*. Etwas wird im Außen lokalisiert, was eigentlich dem eigenen psychischen Haushalt zugehörig ist. Im Grunde ist dieser Differenzierungsprozess nie abgeschlossen worden, jedenfalls nicht im normalen Menschen, solange er sich selbst in irgendeiner Weise als Person, als Entität, als ein von etwas anderem zu unterscheidenden Wesen versteht – kurz, solange er personal und egoisch ist. Die Symbole der Großen Arkana beschreiben die Bewusstseinsentfaltung bis hin zu einem nicht mehr dualen kosmischen Bewusstsein, in dem es keine Differenzierung mehr gibt – genau wie am Anfang, aber nun bewusst und errungen, durch einen ganzen Haufen an Anhaftungen und Realität erzeugenden Bewusstseinsprozessen hindurch, die allesamt nur Ausdruck des Lernprozesses des Bewusstseins sind.

Wie Wilber[340] so schön schrieb: Weil wir unseren Geist im Gehirn, dieses im Kopf und diesen im Raum und diesen im Universum wahrnehmen, kommt es uns vor, als ob wir in der Welt seien, und damit mit Recht von einem „Außerhalb-von-uns" sprechen könnten. Tatsächlich aber ist die Welt in uns, denn sie befindet sich in unserem Gewahrsein, in unserem Bewusstsein, und zwar in genau dem Umfang, den unser Bewusstseinsradius bereits erreichen konnte. Das, was angeblich außerhalb von uns ist, ist nur außerhalb des Wahrnehmungsradius des Bewusstseins, dennoch gehört es zu uns – ähnlich wie die Milz zu mir gehört, obwohl ich sie ehrlich gesagt noch nie wahrgenommen habe.

Wenn wir nun auf das weiter oben vorgestellte Involutionskonzept zurückgreifen und es mit der transpersonalen Erkenntnis, dass das Universum in uns ist, nicht wir im Universum, verknüpfen, lässt sich schließen, dass alles, was uns von ‚Außen' passiert, Signale und Impulse unseres Höchsten (universellen, nondualen) Selbst sind, die unser derzeitiges Bewusstsein assimiliert, verdaut und an diesem geistigen Brennstoff reift, lernt und sich gleichsam ernährt. Also bildhaft: Der Höchste Geist (unser Selbst) schickt uns Speise, Nahrung, auf dass unser Bewusstsein sich nähren möge und möglichst groß und stark werde.

Die innerpsychische Dynamik der Elemente

Kurz gefasst lassen sich die Elemente wie folgt in ein psychisches Geschehen übertragen: Am Anfang steht ein seelischer Impuls, der vom ‚Willen' (auch im Sinne eines energetischen Antriebs) des seelischen Wesenskerns geleitet ist (Feuer). Seine Entsprechung im Wasser-Element ist die Emotion,

340. Ken Wilber: Einfach Das. Frankfurt/Main: Fischer, 2001, S. 78.

die wir fühlen können und uns sagt, ob uns etwas angenehm oder unangenehm ist. Das Wasserelement hat also eine Transfer-Funktion: Es transportiert den Willensimpuls hin zum Sitz des gegenwärtigen Bewusstseins, zum Mental (Luft). Dort können wir zielgerichtet planen und antizipieren; eine Voraussetzung für die Verwirklichung unserer Absichten. Das Erdelement dann repräsentiert die Umsetzung dessen in konkrete Handlung, in materielle Veräußerung.[341]

Jede dieser Seinsebenen geht natürlich mit entsprechenden psychischen Funktionen einher, die uns die Signale dieser Seinsebenen zugänglich machen. Ich habe C.G. Jungs Persönlichkeitstypen gewählt, aber diese Auswahl ist willkürlich und andere wären ebenso möglich.

Nehmen wir einmal das Schreiben eines Buches als zusammenfassendes Beispiel: Aus einer geheimnisvollen Region unseres Unbewussten überfällt uns die Idee, der Impuls, ein Buch über Tarot zu schreiben. *Das ist das Element Feuer*. Es fühlt sich gut, fühlt sich richtig und angenehm an, wir sind motiviert und freuen uns auf die Arbeit. *Das ist das Element Wasser*. Es begleitet uns über den gesamten Schaffensprozess. Und dann beginnen wir, unsere Arbeit zu strukturieren, zu planen, Kapitel festzulegen, in Bibliotheken und Bücherläden zu recherchieren und uns Notizen zu machen, die dann die ganze Wohnung tapezieren. *Das ist das Element Luft*. Indem wir uns hinsetzen und zu schreiben beginnen, Rechtschreibung und Ausdruck korrigieren, Probedrucke machen, einen Verlag ausfindig machen und dann letztlich das Buch im Buchgeschäft in schöner Aufmachung feilgeboten sehen und uns über die fließenden Tantiemen freuen, erleben wir den *Erd-Aspekt* unseres Buchprojektes.

341. Interessant ist hier die rekursiv-reflexive Bedeutung des Mentals, das die Handlung sowohl planen, als auch nach Durchführung evaluieren kann, indem sie das Handlungsergebnis mit der anfänglichen Zielstellung vergleicht. Vgl. Winfried Hacker: Allgemeine Arbeitspsychologie. Bern: Huber, 2005.

Elemente (Symbole im Tarot)	Interpretation	Psychische Äußerung*
Feuer (Stäbe)	Der seelische Wille/ der Impuls aus dem seelischen Wesenskern/ der energetische Antrieb, die Willenskraft	Intuieren+
Wasser (Kelche)	Transfer des seelischen Impulses in das Mental-, Emotionen, Gefühle	Fühlen
Luft (Schwerter)	Das Mental, Mentalkörper, Verstand, das Denken**	Denken
Erde (Scheiben)	Materialisierung, Vererdung, Irdischwerdung	Empfinden

* Nach C.G. Jung

+ Für jemanden, der keine aktive Energie-Meditation (Kundalini- oder Shakti-Meditation) betreibt, und somit keine direkte Wahrnehmung des Energiekörpers zur Verfügung hat, ist es die Intuition, die ihm die Signale aus selbigem vermittelt. Aber auch des setzt eine gewisse Gesundheit und Potenz des Energiekörpers voraus. Fühlt man sich energetisch geschwächt, ist auch die Intuition kaum spürbar.

- Der Begriff „Mental" wird von Sri Aurobindo in einem seiner Hauptwerke „Savitri" und in „Der integrale Yoga" für den Mentalkörper, also unser affekt-logisches Netzwerk gebraucht.

** Das Denken ist nicht per se bereits rational! Man kann je nach Entwicklungsstufe magisch, mythisch, rational oder integral denken. Siehe auch Jean Gebser: Ursprung und Gegenwart. Dtv, 1973; vgl. auch oben, Kap. 2, Das Vergleichsmaterial.

Auf den ersten Blick sieht das alles ja ganz einfach aus. Was macht uns dann das Leben schwer? Warum glauben wir so viele Probleme zu haben, warum gibt es immer wieder Rückfälle und Teufelskreise, aus denen wir nicht herauskommen? Das Problem sind fälschliche Zuordnungen in unserer subjektiven Wahrnehmung: Oft reagieren wir auf unsere Gefühle, als seien sie unser Wille oder unsere Absicht (Verwechslung von Wasser- und Feuer-Element), oder wir verwechseln unsere Gedanken und Vorstellungen mit der intersubjektiven Wirklichkeit (Verwechslung von Luft- und Erd-Element). Nichts kann verheerender sein, als unsere subjektiven Geistes-Konstruktionen für die Wirklichkeit zu halten. Das trifft im Kleinen zu, wenn die eifersüchtige Gattin dem Mann Seitensprünge vorwirft, die er nie ausgeführt hat und entsprechend sauer reagiert, als auch im Großen, wenn eine politische Vorstellung einer Kultur für real gehalten und dann missionarisch anderen Völkern gewaltsam aufgezwungen wird. Worum es geht, ist, dass wir Gedanken, die wir *innerlich* haben, für etwas halten, was aus dem Außen in

Form eines Wahrnehmungsreizes auf uns eintrifft. Das ist natürlich ein entscheidender Irrtum: Wir werfen dann den Umständen im Außen unsere eigentlich *innere* Unzulänglichkeit vor. Ähnlich auch mit der Verwechslung unserer Gefühle mit den Impulsen unserer Absichten: Die ‚seelische' Absicht mag auf subjektive Ängste treffen, die eigentlich überwunden werden müssten, um die „Absichten" auszuführen. Statt dessen halten wir unsere kleinliche Angst für ein Signal unseres „Höheren Selbst", unserer „Intuition" oder wer weiß was sonst. Statt ihnen nachzugeben und uns zu wundern, warum es im Leben nicht vorwärtsgeht, ist es sinnvoller und erfüllender, sich diesen Ängsten zu stellen, um uns ihrer bewusst zu werden. Das erst macht uns wahrnehmungsfähig für die feinen Signale, die unser innerster Wesenskern sendet.

10. Die kleinen Arkana im Einzelnen

Erst Aleister Crowley gab den Kleinen Arkana wertende Untertitel, die er aus einer Kombination kabbalistischer und astrologischer Systeme herleitete.[342] Die älteren Tarotsets beinhalteten nur Zahlkarten und Hofkarten, wie wir sie aus herkömmlichen Spielkarten kennen. Unabhängig davon, in welchem Maß Crowleys Herleitungen nachvollziehbar sein mögen, die ungeheure Popularität seiner Karten, die auch die unzähligen Nachfolgesets maßgeblich beeinflussten, haben der Sicht auf die einzelnen Kleinen Arkana unauslöschbar ihren Stempel aufgedrückt. Es ist durch ihn eine Interpretations-Richtschnur entstanden, der sich der moderne Tarot kaum entziehen kann. Vielleicht darf man sogar von einem morphischen Feld sprechen, einem Mem-Cluster, das durch die Häufigkeit der Benutzung sich selbst als maßstabsetzend zementierte.

Der Zugang zum Verständnis der Kleinen Arkana besteht in der zunehmenden Differenzierung der Wirkung eines Elementes, die sich ausgehend von den Assen bis zur zehnten Karte eines Satzes entfaltet.

Meine nachfolgenden Deutungsvorschläge sind stark von Crowleys Interpretation beeinflusst, sollen aber mehr noch den kausalen Charakter der Reihenfolgen betonen. Es soll ersichtlich werden, wie mit fortschreitender Wirkung eines Elementes sich dessen Qualität ändert.

Wichtig ist es zu verstehen, dass die Karten nicht in jeder Legung das Gleiche bedeuten. Je nach Thema und Person variieren die Bedeutungen, sodass es eher die Intuition des Anwenders ist, die darüber entscheidet, welche Bedeutung er einer Karte beimessen möchte.

Es ist hier wie in jedem projektiven Verfahren: Einerseits kommt es auf die Bereitschaft des Anwenders an, sich für sein Unbewusstes zu öffnen, um projektiv hervorzubringen, was in ihm bislang verborgen war und andererseits das vorgelegte Material, das zur Projektion einlädt. Beide Komponenten spielen eine entscheidende Rolle.

Die hier vorgelegten Interpretationen sind dementsprechend nicht die einzigen Bedeutungen, die die Karten haben können, sondern eher Beispiele dafür, wie eine solche Reihe (0 – 10) eines Elemente-Satzes zu verstehen sein könnte.

Die Kartenbeschreibungen sind so verfasst, dass die Karten eines Satzes sich aufeinander aufbauen. Ein Elemente-Satz folgt also einer gewissen Logik der Entfaltung. Aus diesem Grund ist es unter Umständen sinnvoll, erst

342. Vgl. hierzu: Akron: Crowley Tarot Führer, 2. Bd., Neuhausen/Schweiz: Urania, 2007, S. 370 ff.; Aleister Crowley: Das Buch Toth. Neuhausen/Schweiz: Urania, 1993, S. 184 ff.

die Karten eines Satzes nacheinander zu lesen, zum Beispiel das As der Stäbe, die Zwei der Stäbe, die Drei der Stäbe und so weiter.

Falls Sie eine Karte nachschlagen wollen, ist es empfehlenswert, auch den Vorgänger und den Nachfolger eines Satzes nachzulesen, weil sich so am ehesten die Bedeutung der Karte erschließt, da sie nicht isoliert für sich existiert, sondern ihren Sinn erst durch ihren Rang in der Reihenfolge ihres Satzes erhält.

Die Deutungsvorschläge der Kleinen Arkana sind, wie auch die der Hofkarten, bestenfalls Annäherungen an abstrakte Sachverhalte, für die es keine allgemeingültigen Formeln geben kann. Möge das dezente Augenzwinkern in den Texten als sanfte Erinnerung daran aufzufassen sein.

Die Asse

Die vier Asse enthalten in sich den jeweils kompletten Satz ihres Elementes, allerdings nur als unausgeformtes Potenzial. Sie sind somit der Same, der Ursprung, die Wurzel des jeweiligen Elementes und zeigen an, dass es um das entsprechende Element an sich geht.

Das Ass der Stäbe verweist auf etwas Energetisch-Vitales, darauf, dass das feurige Element in uns aktiv ist und zur Entfaltung strebt. Vielleicht handelt es sich um den Samen eines seelischen Willens, um das Potenzial einer noch ungelebten Absicht. Hinter den Begriffen Wille und Absicht steht immer etwas Energetisch-Vitales. In der Psychologie würde man von der Kraft der Motivation sprechen, die uns antreibt.

Das Ass der Kelche symbolisiert den Ursprung des Seelisch-Emotionalen. Wasser als fließendes, im Gegensatz zum Feuer passives Trägerelement stellt die Verbindung zwischen den verschiedenen Seinsbereichen des Menschen dar. Durch tiefe, echte Emotionen vermögen wir die Signale der Seele zu vernehmen. Bei diesem Ass ist es die Seele, die in sich etwas trägt, das nach außen drängt, das Gehör und Entfaltung finden will.

Das Ass der Schwerter zeigt die Potenziale des Mentals an. Da sich diese im Fall des Asses noch nicht manifestiert haben (etwa in starren Erkenntnissystemen oder stabilen Konfliktmustern), repräsentiert es auch die Möglichkeiten des Bewusstseins oder besser des Bewusstwerdens an sich. Das Mental, wie alles sogenannte ‚Verkopfte', steht in schlechtem Ruf, allerdings zu Unrecht. Die Potenziale des Mentals liegen in dynamischer und lebendiger (also gegenwartsbezogener) Geistesaktivität. Nur neigen die Spiele des Mentals dazu, sich zu verhärten, je länger man an ihren Strukturen festhält. Erst diese erstarrten kognitiven Muster machen die Aktivität des Mentals zu dem geistigen Gefängnis, das wir alle kennen.

Das Ass der Scheiben umfasst alle Themen und Aspekte des Materiellen und der Prozesse der Manifestierungen. Sein Symbolgehalt umfasst den physischen Körper, seine Wahrnehmungen und Handlungsmöglichkeiten, seine Funktionen und seine Beziehungen zu Außenwelt. Alle potenziellen Themen der manifesten körperlichen Welt sind in ihm eingefaltet und drängen nach Verwirklichung. Dieses Ass zeigt an, dass wir unseren Blick in die materielle, uns so vertraute sogenannte reale Welt richten sollten. Mag sein, dass etwas nach konkreter Verwirklichung drängt oder in der physischen Welt der Kern eines Problems oder dessen Lösung liegt.

Die Karten des Feuers (Stäbe)

Die Reihe der Stäbe, dem Element Feuer zugeordnet, repräsentieren den Willen, die Absicht, die antreibende Energie im Menschen.

2 Stäbe: Der alles beherrschende Wille

Der seelische Wille, erwacht, unverfälscht, unvermengt, rein und damit all unseren Antrieb beherrschend.

3 Stäbe: Reine Absicht

Der noch immer reine, unvermengte seelische Wille, rein in der Absicht, bewusst verfolgt, unbeirrbar, mit einem Aspekt von Bewusstheit.

4 Stäbe: Mühelose Vollendung der Absicht

Der seelische Wille in müheloser Vollendung. Man erkennt es daran, dass einem „alles zufliegt", dass alles zu passen scheint.

5 Stäbe: Das Bemühen um die Absicht

Die Umsetzung des seelischen Willens als reine Absicht verpasst, jetzt mit deutlicher Willensanstrengung. Man klotzt noch einmal so richtig ran.

Langfristig würde diese übermäßige Kraftanstrengung unseren Energie-Haushalt übersteigen und uns auspowern. Diese übermäßige Kraftaufwendung sollte also nicht ewig fortgesetzt werden, wenn wir chronische Stress-Syndrome und *Burn Outs* vermeiden wollen.

6 Stäbe: Nach der Mühe der Sieg der Absicht

Nach der Anstrengung ist das Erfüllen des seelischen Willens nicht nur Vollendung, sondern wird als Sieg empfunden. Anstrengung und Mühen waren nötig, aber das Ziel konnte damit erreicht werden, der seelische Wille sich durchsetzen.

7 Stäbe: Der Kampf um die Absicht

Die Chance, zum Sieg nach den Mühen und der Anstrengung zu gelangen, wurde verpasst. Nun ist nur noch die „Tapferkeit des Einzelnen" (Crowley) gefragt, um das Steuer noch einmal herumzureißen, während der innere Feldherr bereits mit Selbstmord hadert. Einfach weitermachen, Augen zu und durch. Dann kann der Wille sich vielleicht doch noch durchsetzen. In den meisten Fällen aber ist dieser Kampf sinn- und aussichtslos. Besser wäre es, sich zu entspannen und zu schauen, warum man diese verbissenen Kämpfe führt. Vielleicht liegt es an etwas in uns selbst und der Kampf im Außen ist nur ein Stellvertreter-Krieg?

8 Stäbe: Überraschender Energieschub

Aus der Tapferkeit des Einzelnen erwächst noch einmal eine neue Qualität der Willensanstrengung, eine Energie, die schnell und kraftvoll ist, alles auf eine Karte setzt und damit das fast Unmögliche doch noch möglich machen kann.

9 Stäbe: Durchhaltevermögen

Die Widerstände sind scheinbar schier unbezwingbar, es bedarf der Willensanstrengung eines wahren Helden oder eines Durchhaltegenerals, denn die Stärke tritt erst zutage angesichts einer Situation, die diese Stärke auch erforderlich macht. Der Kampf, der hier entsteht, ist der Kampf zwischen unserem Willen und den scheinbaren Widerständen. Diese Widerstände sind allerdings selbst erzeugt und in unserem eigenen Kopf. Man sollte sich hier fragen, ob es nötig ist, so hartnäckig unseren Willen durchzusetzen. Oder ob die Widerstände nicht in uns selbst zu finden sind und ob es nicht sinnvoll ist, diese abzubauen.

10 Stäbe: Chancenlose Unnachgiebigkeit

Am Willen wurde zu lange und zu verbissen festgehalten, er ist längst verbraucht und inaktuell. Klammert man sich an diesen einen Willen, führt er zur Unterdrückung aller weiteren Entwicklung, beispielsweise potenziell neuer und aktueller seelischer Absichten. Der Nibelungenkampf in der Etzelsburg.

Andererseits kann die Karte auch anzeigen, dass, entgegen aller Widerstände (der vorangegangenen Karten), die Absicht/der Wille sich schlussendlich doch durchsetzen konnte. Das sieht oberflächlich betrachtet und vor allem aus Sicht dessen, der die Absicht durchsetzen will, positiv aus. Doch welche ‚Kollateral-Schäden' da entstanden sein mögen, steht auf einem anderen Blatt.

Die Karten des Wassers (Kelche)

Die Reihe der Kelche, dem Element Wasser zugeordnet, repräsentieren die Emotionen, Gefühle, Affekte im Menschen.

2 Kelche: Reines ungetrübtes Gefühl

Das noch reine, unvermengte Gefühl an sich, frisch und unverdorben von irgendwelchen psychischen Fremdeinflüssen. Die Gefühls-Einheit ist jung und soeben entstanden, sozusagen als gefühlsmäßige Entsprechung oder Wahrnehmung eines reinen seelischen Willens. Liebe ist, was übrig bleibt, wenn all die andere affekt-logische Schlacke wegfällt. Hier, bei dieser Karte, hat sich die Schlacke noch gar nicht gebildet, oder hatte noch keine Chance, das reine Gefühl zu überlagern.

Dennoch: Die wirklich reine Liebe kann nur im As der Kelche zu finden sein. Demzufolge zeigt diese Karte den unschuldigen Anfang der Illusion an, die wir Liebe nennen. Hier gibt es bereits zwei Aspekte, die sich finden wollen (und in Gott oder dem Universum schon gefunden haben – deshalb der Irrtum), weil sie die göttliche Einheit verloren haben. Aber die Gefühlsabsicht ist rein und sauber und offen für alles, was daraus erwachsen mag. Und all das wird uns lehren und zur letztlichen Erkenntnis zurückführen. Deshalb hier: Man sei offen für die Liebe, egal wie sie sich zeigen mag.

3 Kelche: Verführerisches Wohlgefühl

Der Drang zur Erfüllung der Liebe (oder der jeweiligen Gefühlseinheit); das Bedürfnis zum Früchte-Tragen. Hier wird das Gefühl also bereits mit ersten affekt-logischen Absichten belegt, die einen Zweck, Wunsch oder ein Ziel festlegen.

4 Kelche: Luxus, Ausschöpfen des Höhepunktes

Eine schon zu lange schwelende Gefühlseinheit (vielleicht eine Liebe), die zu Genusssucht aus Gewohnheit, also Dekadenz, geworden ist, kurz vor einem Völlegefühl. Der Keim der Verderbnis, das Brackigwerden der Emotions-Einheit. Die Orgie dauert und verliert an Pepp.

5 Kelche: Enttäuschte Gefühle

Die Orgie, das berauschende Fest, ist vorüber, zurück bleibt die ernüchternde Erkenntnis, dass das alles genusssüchtige Selbsttäuschung war. Man ist zu sehr mit dem Schmutz der nächtlichen Party konfrontiert, um das anfängliche Hochgefühl der Gefühlseinheit bewahren zu können.

6 Kelche: Wiedergewonnene Reinheit des Gefühls

Die Erfahrungen verdichten sich zu einem gewissen Maßhalten, einem Gefühl des Genusses der Nüchternheit und der Sauberkeit nach der Erholung von der Orgie und dem enttäuschenden Aufräumen. Es ist das Gefühl, das jemand hat, der zum ersten Mal erfolgreich mit dem Rauchen aufgehört hat und seine neu gewonnene Kraft und Gesundheit genießt; ein Genießen in relativer Freiheit – vor allem vom Gewesenen – wissend um die Illusionen, die in der vorangegangenen Karte zur Enttäuschung und Verbitterung führten.

Es ist das Gefühl eines *Gereinigt*-Seins, das den Schmutz kennt – im Gegensatz zu der Reinheit, die nie beschmutzt war.

7 Kelche : Der Rückfall ins Verdorbene

Wird die anfängliche Gefühlseinheit wieder aktiviert, zeigt sie sich von ihrer bereits verdorbenen Seite. Es ist der Sex mit der Ex, die Zigarette des Ex-Rauchers, die nicht das schöne High erzeugt, wie damals die allererste Zigarette. Es ist der verderbliche Rückfall in die Sucht, einzig von der Sucht getrieben. Vom ursprünglichen Gefühl ist eigentlich nichts mehr übrig.

Es ist nicht Liebe, sondern Besessenheit; Beziehungen werden vergiftet, Motive sind unrein und verderbt. Getrieben von Gier, Wollust, Hass, und allen anderen sogenannten Todsünden, die nur deshalb Todsünden sind, weil sie uns vom Weg abbringen. Wer hier stecken bleibt, steckt in einem Teufelskreis seiner Entwicklung.

8 Kelche: Resignierte Mühsal

Die Resignation, die Lethargie, die einen beispielsweise überkommen kann, wenn man nach dem Rückfall wieder einmal von der Sucht loskommen will, die nervtötende Anstrengung, das alles noch in den Griff bekommen zu wollen, nun aber ohne das Gefühl des Genusses, sondern ausschließlich aus Notwendigkeit. Die emotionale Motivation ist eher gering, einzig Willensstärke und Disziplin können uns antreiben, es fehlt an jeder inneren Begeisterung.

9 Kelche: Freude der Läuterung. Verständnis für den Weg, der nötig war

Die Anstrengung zeitigt Früchte. Ist der Prozess dieser Gefühlseinheit bereits so weit fortgeschritten und kann dennoch bewältigt werden, ist das Gefühl das Höchste, denn die höchsten psychischen Instanzen machten ihren Einfluss geltend, um doch noch einen Erfolg zu erzielen. Das Gefühl des alternden Rockstars, der nach Jahren Drogensüchten und –entzügen nun zu neuer innerer Reife, vielleicht durch die „Kunst des Scheiterns" (Konstantin Wecker) zu emotionaler Weisheit gelangt ist und Wasser trinkt.

10 Kelche: Es treibt nicht mehr an – vorbei und erfüllt

Die Gefühlseinheit ist ausgereizt, man ist satt und all dessen müde. Mehr geht nicht. Das kann negativ sein im Sinne eines „Der Sache müde sein" oder positiv im Sinne einer Vollendung einer Gefühls-Einheit.

Die Karten der Luft (Schwerter)

Die Reihe der Schwerter, dem Element Luft zugeordnet, repräsentieren das Mentale des Menschen.

2 Schwerter: Klares Differenzieren

Zwei Gedanken oder zwei Mental-Einheiten, wie etwa hell-dunkel. Erste Differenzierung, Unterscheidung. Buch Genesis: Trennt Himmel von Erde, hell von dunkel etc.

Eine reine rationale Leistung, voller Unschuld.

Die zwei Schwerter zeigen an, wie sich der gerade entstandene seelische Wille in unserem Mental abbildet – entsprechend seiner Dominanz recht unverfälscht und ohne Zweifel.

3 Schwerter: Sorgen, Zweifel, Entscheidungsunsicherheit, Misstrauen, gestörte mentale Harmonie

Auf die Unterscheidung hell/dunkel folgt die Frage: „Wofür soll ich mich entscheiden?" Hier entsteht die Unsicherheit, die Frage, der Zweifel.

Wenn der Mensch sich mit der Frage nach der Entscheidung identifiziert, vermag er allein die Gegensätze (der zwei Schwerter) wahrzunehmen und wird demzufolge den *zwei* Mentaleinheiten die Ursache für den ‚Zwei-'fel zuordnen. Tatsächlich aber ist es der dritte Gedanke, der das Gleichgewicht der ersten Differenzierung stört und für Entscheidungsnotstand sorgt.

4 Schwerter: Hergestellte mentale Balance, Ausbalancierung, Gleichgewicht im Mental

Eine vierte Mentaleinheit kann den mentalen Notstand vorerst beenden, scheinbar ist der Zustand der zwei Schwerter wieder hergestellt; das ist aber ein Irrtum. Es ist nur die Frage nach der Entscheidung beantwortet worden. Ein Gleichgewicht zwischen allen Kognitionen ist wieder hergestellt worden. Dieses Gleichgewicht, und nicht der Frieden an sich, sorgt für Waffenruhe.

5 Schwerter: Mentale Schwächeprogramme, Verwirrung

Nun beginnt mentale Unordnung zu herrschen, auf die Waffenruhe der Vier Schwerter folgt ein weiterer mentaler Vorstoß, der nun nicht mehr Zweifel genannt werden kann, sondern eher Verwirrung, Fehlentscheidung.

Die Verwirrung der Gedanken beruht auf re-aktivierten emotionalen Schwäche-Mustern, die in Form von Glaubenssätzen/Überzeugungen/Einstellungen ihren Imprint im Mental haben. Das führt zu extremer Angreifbarkeit, was in der Regel durch das soziale Umfeld ausgenutzt wird; wer verzichtet schon gern auf eine solche Chance, sich einen Vorteil aufgrund der Schwäche des Anderen zu verschaffen? Es entsteht dadurch eine Tendenz zur Niederlage. Noch gibt es aber die Chance zu einem Ausgleich.

6 Schwerter: Komplexe mentale Architektur, Ordnung im mentalen System

Die entstandene Vielfalt der Mentaleinheiten zu handhaben bedarf es nun ausgefeilter mentaler Strukturen und Funktionen. Die mentalen Kräfte befinden sich im Ausgleich, emotionale Schwäche- und Unterwerfungs-Muster werden beherrscht und beeinflussen das mentale Geschehen kaum. Es ist die Karte der Intelligenz, und zwar im ethymologischen Sinn: Einsicht haben, „hineinschauen" können (lat. *intellegere*).

Es ist das souveräne Herrschen einer nächst-komplexeren mentalen Entwicklungsstufe, die das scheinbare Versagen ihres Vorgängers auszugleichen weiß. (Für ehemals Konop wäre das Formop, für Formop dann integrales Denken.)

Dieser Zustand ist die (fast) höchste Form des Mentals, nach Gebser das wissenschaftliche Denken in seiner besten Ausprägung: aperspektivisch-integral. Mehr vermag der Mentalkörper nicht auszurichten.

7 Schwerter: Abwehrprogramme, mentale Ordnung kann nicht aufrecht erhalten werden; Kognitionen, die auf Kognitionen reagieren

Diese letzte Erkenntnis (der Sechs Schwerter) ist die einzige Lösung, die diese Karte anzeigen kann: die Erkenntnis der Grenze des Verstandes, der Ratio. Ab hier bedarf es höherer Erkenntnismodi, vielleicht durch spirituelle Formen der Meditation. Ansonsten treten die nächsten drei Karten in Kraft, die in aufsteigender Verderblichkeit den Verstand zu einem rasenden Irren machen. Der Wissenschaft ist von rationaler Seite aus nichts mehr hinzuzufügen. Jeder weitere Versuch ist vergeblich und zerstört das fragile wissenschaftliche Kartenhaus.

Hier wird das reife Denken durch die ausgeklügelten kognitiven Manöver unserer Abwehrmechanismen behindert, deren Ursprung oft in der Kindheit liegen, die aber zwischenzeitlich auf all unsere Denkprogramme und Wissensdatenbanken Zugriff haben, und damit immer up to date sind.

8 Schwerter: Mentale Expansionen: Überzeugen, Missionieren, auch Metakognition, mentale Selbstreflexion

Um das fragile Kartenhaus noch immer zu erhalten, reicht die eigene Kraft der Ratio nicht mehr aus. Es bedarf der Unterstützung durch andere, die das eigene mentale Gerüst übernehmen, um einem selbst die Sicherheit zu geben, eben doch recht zu haben. Hier wird man zum Missionar, der andere zu *über*-zeugen sucht, um sich selbst darüber zu bestätigen: wenn ich andere überzeugt habe, glauben sie das Gleiche wie ich. Und wenn so viele das Gleiche glauben wie ich, kann ich ja nicht irren. Dahinter steht aber die unbewusste Annahme, dass man bereits in die Irre gegangen ist und am eigenen Überzeugungssystem etwas nicht stimmen kann.

Die positive Seite kann in der mentalen Kraft liegen, die die Abwehrmechanismen selbstreflexiv durchschauen und somit außer Kraft setzen kann. Unter Umständen zeigt sich diese mentale Kraft in einem guten Therapeuten, der uns das Wirken unserer Abwehrmechanismen bewusst macht.[343]

9 Schwerter: Mentale Konsequenz: mentale Verhärtungen und Grausamkeiten, aber auch mentale Konsequenz, die sich gegen falsche mentale Systeme durchsetzen will

Und noch immer kann man nicht von seinem Überzeugungssystem loslassen, man beginnt, aggressiv zu werden und die anderen nicht nur überzeugen zu wollen, sondern sie buchstäblich zu zwingen. Aber im Grunde zwingt man sich, es ist der totale Krieg, der Durchhaltegeneral in unserem Inneren, der bis zur Vernichtung an seinem Überzeugungssystem festhalten will – was immer auch die Inhalte seien: der Vernichtungskrieg der Nazis oder der lang anhaltende Ehekrieg.

Die positive Seite liegt in der mentalen Hartnäckigkeit, die manchmal nötig zu sein scheint, um verhärtete Systeme (von Einzelnen bis hin zu Gesellschaften) aufzubrechen.

10 Schwerter Alleinherrschaft des Mentalen: Tyrannei mentaler Inhalte, mentale Verkrustungen, aber auch vollständige Veräußerung und Vollendung mentaler Inhalte

343. Bei Crowley wird in der Karte 7 der Schwerter ein großes Schwert durch sechs kleine attackiert. Das große Schwert mag eine Erkenntnis darstellen, die sinnvoll und halbwegs objektiv ist, die aber von den kleinen Schwertern erfolgreich abgewehrt wird. Diese Abwehrprogramme nenne ich Kognitionen 2. Ordnung, weil sie keine Reaktion auf von außen kommende Reize darstellen, sondern nur entwickelt wurden, um das eigene illusionäre Selbstbild aufrecht zu erhalten. Sie haben die Funktion, alle von außen kommenden Informationen, die uns nicht in den Kram passen, abzuwehren. In der Karte 8 der Schwerter bekommt in der Crowley-Variante das große Schwert Verstärkung von einem weiteren Schwert, so dass das Kräfteverhältnis sich angleicht oder sogar umkehrt. Die beiden großen Schwerter „mischen sich“ gleichsam in das ausgeklügelte Abwehrsystem ein und können die Abwehrmauer vielleicht durchdringen. Damit würde diese Karte dann für Selbsterkenntnis im Sinne des Durchschauens der eigenen Abwehrpanzer stehen. Das kann natürlich auch mit Hilfe (z.B. eines Therapeuten) geschehen, kann aber auch allein passieren, z.B. durch Selbstreflexion, Meditation etc.

Natürlich muss letztlich das (ohnehin illusionäre) mentale Gerüst zusammenbrechen. Das freiwillige Aufgeben dessen wurde versäumt, das mentale Gerüst bläht sich auf, bis es durch die äußeren Umstände zur Selbstvernichtung gezwungen wird. Auch die äußeren Umstände, die das mentale Gerüst stützen sollten, brechen zusammen, da der Zustand zu unnatürlich und instabil geworden ist. Das System bricht zusammen und seine Einzelteile stieben in alle Richtungen auseinander. Das Ende des zweiten Weltkrieges, das Ende der festgefahrenen Ehe, die Kündigung und fristlose Entlassung des Ministers oder Ratgebers, der sich weigert, von seinem Überzeugungssystem zu lassen; der Professor, der erst genial schien, dann missionierte, dann mit Noten und Prüfungen die Studenten unter Druck setzte, bis sein eigenes Gedankensystem sich so sehr von der Realität unterschied, dass es aufgrund systemischer Gesetze zu einem Bruch und damit zur Vernichtung kommen musste.

Die positive Seite: nicht immer ist die Karte Indiz für etwas Negatives. Sie kann auch die erfolgreiche Veräußerung eines Gedankensystems anzeigen. Da mag am Anfang das As der Schwerter gestanden haben und am Ende zeigt die Zehn die vollständige und endgültige Umsetzung der Mental-Einheit an, die sich erfolgreich veräußern konnte.

Die Karten der Erde (Scheiben)

Die Reihe der Scheiben, dem Element Erde zugeordnet, repräsentieren das menschliche Wirken im buchstäblichen Sinne, das Handeln, das konkrete Tun und die daraus resultierenden Manifestationen.

2 Scheiben: Die fließende Dynamik alles Manifesten

Die Grundeigenschaft und der Beginn jeder materiellen Manifestation: der Wandel und die immerwährende fließende Dynamik aller manifesten Erscheinungen.

Diese Dynamik erst lädt uns ja ein, verändernd in die Welt einzugreifen, und gleichzeitig lauert da bereits die entscheidende kurzsichtige Verblendung des Menschen: Wir können verändernd eingreifen, weil die Materie sich in immerwährendem Wandel befindet. Aber aus dem gleichen Grunde wird nichts von dem, was wir tun, irgendeinen Bestand haben, weil auch das wieder dem ewigen Wandel unterworfen sein wird. Die ständige Veränderlichkeit alles Materiellen motiviert uns, dieser Veränderung unseren Stempel aufzudrücken, und dennoch sind auch die Spuren dieses Stempels vergänglich.

Sich der Veränderlichkeit allen Seins hinzugeben, kann sehr inspirierend sein, vor allem wenn man gerade im Denken oder Fühlen feststeckt. Credo dieser Karte könnte dann sein: Laß dich von den Dingen, die passieren, inspirieren – nicht von den Inhalten deines Denkens oder Fühlens.

3 Scheiben: Das richtungsgebende und kontinuierliche Eingreifen in den dynamischen Strom und Wandel des Manifesten

Kurz: Arbeit.

4 Scheiben: Das durch die „Arbeit" erreichte und manifest Gewordene, das uns vertraut ist und auf das wir uns verlassen; das uns scheinbare Sicherheit gibt

Crowley untertitelte diese Karte mit ‚Macht'. Das Wort Macht bedeutet ursprünglich, dass man etwas vermag, dass man das Vermögen besitzt, etwas zu bewirken. In diesem Sinne zeigt diese Karte die ersten Früchte der Arbeit aus der vorangegangenen Karte an: Man ‚vermochte' etwas zu bewirken.

Wenn wir uns Festungen bauen, die nach außen machtvoll wirken mögen, liegt möglicherweise als Motivation eine empfundene Schwäche dahinter, oder etwas Empfindlich-fragiles, das es eben zu schützen gilt. In dieser Karte liegt also sowohl das Erreichte als etwas Festes, Sicherheit Gebendes – als auch das Schwache, Fragile, das dadurch geschützt werden soll. Gäbe es dieses Schwache nicht, würde man auch keine Festung errichten. Die entscheidende Frage hier ist, was hier so fragil ist und gleichzeitig als wertvoll genug geschätzt wird, dass es geschützt werden muss. In der Regel handelt es sich um irgendwelche Ängste in uns, um Minderwertigkeitsgefühle oder ähnliche „faule Kerne" unserer Persönlichkeit.

5 Scheiben: Die Wirklichkeit sperrt sich gegen unsere Versuche, ihr unsere gewünschte Struktur aufzudrücken

Wenn nach dem Erreichen vermuteter oder angenommener Sicherheit weiter gewerkelt wird, das „Reich" erweitert werden soll, aber die Grenzen bereits bröckeln, weil es zu groß wird und auch im Inneren Instabilität und Unbeherrschbarkeit des immerwährenden Wandels materieller Erscheinungen entsteht, das unserem Bedürfnis nach Kontrolle hohnlacht, quälen wir uns durch eine gummiartige materielle Welt.

6 Scheiben: Bemühungen, dem Manifesten unsere gewünschte Struktur aufzudrücken

Bild: Das Reich wird zum Großreich. Es mag beherrscht werden, doch je größer das Reich, desto schwieriger und komplexer wird es werden, es zu regieren. Die Wandelbarkeit der Dinge steht dem Bemühen gegenüber, das Erreichte aufrechtzuerhalten.

7 Scheiben: Bemühungen scheitern an den aktuellen Bedingungen des Manifesten

Das Großreich (Karte Sechs Scheiben) weiter ausdehnen zu wollen, ist Hybris und wird scheitern, ähnlich wie das Reich Alexanders des Großen zersplitterte oder Napoleon letztlich scheiterte. Dennoch liegt in dieser Karte auch eine Möglichkeit:

‚Fehlschlag' ist ein von Crowley ungünstig gewählter Titel. Es mag nach Fehlschlag aussehen, aber nur in einer kurz- und mittelfristigen Betrachtung; tatsächlich zeigt die Karte die Notwendigkeit zu äußerst langfristiger Geduld an, denn die Bedingungen des Manifesten werden sich ändern und irgendwann günstiger sein. Kurz, mittelfristig wird das Bemühen zu einem Fehlschlag führen. Geduld, Konsequenz und Ausdauer sind vonnöten. „Von Tausend Kilometern sind Neunhundert die Hälfte" sagt ein chinesisches Sprichwort.

8 Scheiben: Achtsames und umsichtiges Handeln

Nach dem ‚Scheitern' (Sieben Scheiben) wird es nötig, alle zur Verfügung stehenden Faktoren zu überprüfen und in unsere Planung einzubeziehen. Es bedarf einer genauen und ausgefeilten Strategie, um unser Vorhaben doch noch zum Erfolg zu führen. Voraussetzung dafür ist langfristige Planung, sorgfältige Ist-Zustand-Analyse, Kenntnis über effektive Handlungsalternativen und angemessene Geduld.

9 Scheiben: Das Manifeste fließt in die fokussierte Richtung

Aus dieser ‚Umsicht' (Acht Scheiben) entsteht ein Prozess des steten und kontinuierlichen Zugewinns. Alle Faktoren wurden berücksichtigt und auch die Tatsache der stetigen Veränderung und Dynamik alles Manifesten wurde bedacht, was zu einem stets kontrollierten Gewinn in unserem Sinne führt. Der Strom des Materiellen (siehe Zwei der Scheiben) fließt nun in die von uns gewünschte Richtung.

10 Scheiben: Alles, was möglich ist, ist erreicht

Alles Manifeste ist erreicht, mehr ist nicht möglich. Was man hat, ist der „Reichtum", mehr braucht man nicht erwarten. Hat man sich bereits die Möglichkeit eines steten Zugewinns erarbeitet, wird dieser vorerst kaum versiegen, aber dieser Zugewinn wird sich auch nicht mehr steigern. Das ist das Ergebnis höchster und realistisch-genügsamer Einsicht in das Wesen alles Manifesten. Ist das, was man erreicht hat, das, was man auch erreichen wollte, zeigt die Karte den Erfolg an, ist man aber unzufrieden, kann man kaum eine Besserung erwarten. Das Materielle ist vollständig – zehn Scheiben: Mehr ist nicht möglich. Doch im Anschluss dreht sich das Rad des Schicksals von Neuem.

11. Die Hofkarten

Wandlungsaspekte im Tarot – Parallelen zum I Ging

Tarot – ein Stiefkind der Kulturwissenschaft

Es wird immer wieder behauptet, der Tarot würde, wie auch andere Orakel-Systeme, nur zu apodiktischen Zukunftsaussagen taugen, was mindestens alle, die an die Möglichkeit dieser Art von Wahrsagerei nicht glauben, abschreckt.

Ungleich seriöser erscheint das I Ging, jenes alte chinesische Weisheitsbuch, das sogenannte „Buch der Wandlungen". Im Vorwort zu Dominique Hertzers Übersetzung des *Mawangdui-Yijing*[344] findet man einen Satz, der auf den ersten Blick unspektakulär und selbstverständlich scheint:

„Denn das Wesen des Buches der Wandlungen besteht ja gerade nicht in apodiktischen Zukunftsaussagen, sondern in Zustands- und Tendenzbeschreibungen von existenziellen Situationen, die gleichzeitig – einmalig in der mantischen Literatur weltweit – Ratschläge und damit eine menschliche Einflussmöglichkeit auf die letztliche Verwirklichung der Zukunft mit einschließen." Dieses „einmalig in der mantischen Literatur weltweit" kann hier widerlegt werden.

Der Tarot ist kein einfaches, nur-magisches Wahrsage-Instrument, sondern ein mindestens ebenso tiefgründiges philosophisches Modell seelisch erfassbarer Wirklichkeit wie das I Ging. Es ist eben bedauernswert, wie sehr bereits die eingeschliffene Sprachregelung in den kulturwissenschaftlichen Texten die verachtende Ablehnung unseres eigenen historischen Gewordenseins zutage treten lässt.

Wenn man sich auf den Tarot mit der gleichen Tiefgründigkeit einlässt, mit der es die Forscher mit dem I Ging tun, stößt man auf wirklich erstaunliche Erkenntnisse, wie bereits die Offenlegung des impliziten Entwicklungsmodells des menschlichen Bewusstseins in den Großen Arkana gezeigt hat. Die Hofkarten bergen auch manche Überraschung.

Die Bemerkung von Wolfgang Bauer im Vorwort zu Hertzers *Mawangdui-Yijing* stimmt also nicht, denn auch der Tarot zeigt nur Zustandsbeschreibungen mit einer gewissen Tendenz potenzieller Entwicklungsmöglichkeiten auf, nicht mehr und nicht weniger. Ich werde im Folgenden zeigen,

---

344. Dominique Hertzer: Das Mawangdui-Yijing. München: Eugen Diederichs Verlag, 1996.

dass der Tarot, ähnlich wie das I Ging, ebenfalls Tendenzen der Wandlung offenbaren kann.

Ähnlichkeit der Elementmodelle in Tarot und I Ging

Dazu ein Wort zu dem Prinzip des I Ging: Man wirft zum Beispiel drei Münzen mehrmals (sechs mal) und zählt je nach Kopf oder Zahl die Summen zusammen. Man kommt dabei auf ein Muster eines sogenannten Hexagrammes, hinter dem sich dann ein Text verbirgt, den man im Buch nachschlagen kann, und der die Zustandsbeschreibung liefert. Das Besondere aber am I Ging ist, dass je nachdem welche konkrete Zahl man erhält, dieses Hexagramm entweder stabil ist – oder eine Tendenz zur Wandlung hat. In letzterem Fall erhält man noch ein zweites Hexagramm, das den potenziellen künftigen Zustand beschreibt, wenn alles so weiter geht wie bisher.

Das Ganze hat etwas mit den Elementen zu tun, die die Grundlage des I Ging bilden: Eigentlich gibt es sogar nur eines, das Tao. Dieses aber kann man unterteilen in zwei grundsätzliche Elemente oder Kräfte: das eher passiv-weibliche Yin und das eher aktiv-männliche Yang. Aus Dreier-Kombinationen dieser beiden Grundelemente bilden sich nun acht weitere Unterelemente, aus denen sich die I Ging-Hexagramme dann zusammensetzen: Qian (Himmel), Gen (Berg), Dui (See), Kan (Wasser), Sun (Holz/Wind), Li (Feuer), Kun (Erde) und Zhen (Donner/Erregendes/Bewegendes). Und wiederum die Kombinationen aus zwei dieser acht Unterelemente bilden dann eines von insgesamt 64 Hexagrammen, denen bestimmte kryptische Texte zugeordnet sind.

An der Aufsplittung der Elemente aus dem Einen in das Viele erkennt man klar, dass die Elemente keine gottgegebenen *objektiven* Elemente sind, sondern menschliche Beschreibungen von natürlichen Zuständen. Sie sind der Versuch, der Vielfalt der Natur in unserer Wahrnehmung Herr zu werden, indem wir künstliche Systeme der Beschreibung ersinnen, was an sich nichts Schlimmes ist, solange man nicht auf den Irrtum hereinfällt, dass es sich um objektive Tatbestände handeln würde. Das Elemente-Modell, das dem I Ging zugrunde liegt, sieht also wie folgt aus:

TAO	YIN YANG	*Qian* (Himmel) *Gen* (Berg) *Dui* (See) *Kan* (Wasser) *Sun* (Holz/Wind) *Li* (Feuer) *Kun* (Erde) *Zhen* (Donner, Erregendes)	64 Hexagramme

Wir können hier nicht das genaue Prinzip des I Ging beschreiben, dazu fehlt der Platz und würde uns vom eigentlichen Thema zu weit fort führen, aber der Hinweis ist wichtig: Das I Ging beschreibt anhand der Elemente, wie stabil oder wie zur Wandlung tendierend ein Hexagramm ausfällt. Und dieser Tatbestand sichert dem I Ging die Hochachtung der Philosophen, Psychologen und Anthropologen.

Der Tarot beschreibt mithilfe seiner Hofkarten ebenfalls Zustände unserer psychischen Reaktionen, unseres inneren ‚Eingestellt-Seins', auf die Herausforderungen, die sich uns stellen. Das soll begründet werden:

Der Tarot spielt mit vier Elementen: Feuer, Wasser, Luft und Erde. Er scheint damit reduzierter als die chinesischen Elemente, aber vergessen wir nicht, dass wir es mit künstlichen Modellen zur Beschreibung der Wirklichkeit zu tun haben.

Erstaunlicherweise werden auch diesen Elementen noch reduziertere Eigenschaften zugewiesen: nämlich ‚männlich' und ‚weiblich'. Und diese beiden Attribute sind ebenfalls auf eine universelle Urkraft zurückzuführen, die mancherorts Gott oder universelle oder göttliche Urkraft genannt wird.

Die Hofkarten spielen mit den Kombinationen dieser Elemente zwar nach anderem Alghoritmus als das I Ging, dennoch aber erzeugen sie Mischungen, die entweder rein weiblich oder männlich sind oder Mischformen aus den beiden Prinzipien erzeugen, die dann in ihrer grundelementaren Eigenschaft instabil werden und damit eine Tendenz zur Wandlung anzeigen. Ganz ähnlich also wie beim I Ging werden hier entweder stabile Zustände aufgezeigt oder Tendenzen der Wandlung:

<table>
<tr><td rowspan="2">Gott</td><td>Männlich</td><td>Feuer
Luft</td><td rowspan="2">16 Kombinationen daraus, wobei die Hälfte rein männlich oder weiblich bleibt und die andere Hälfte Mischungen ergibt, die damit Instabilitäten des Elementes anzeigt und zur Wandlung tendiert.</td></tr>
<tr><td>Weiblich</td><td>Wasser
Erde</td></tr>
</table>

Erinnern wir uns noch einmal:

Die Großen Arkana beschreiben in ihrer Reihenfolge die komplexer werdenden Stationen der Entfaltung unseres menschlichen Bewusstseins. Die Kleinen Arkana beschreiben (psychische) Kräfte und Energien, die (involutionär) in die aktuellen Felder der Bewusstseinsentwicklung eintauchen und als Energie zur Verfügung stehen, bzw. die Art der Energie*verwertung* beschreiben, die unserem aktuellen Bewusstsein gerade möglich ist.

Dieser Prozess von Involution und Evolution erzeugt natürlich Reaktionen, zeigt Ergebnisse. Wir Menschen zeigen nicht immer das gleiche Verhalten, sondern verhalten uns gemäß den psychischen Kräften, die gerade in uns wirken – in Interaktion mit den aktuellen psychogenetischen Feldern, die derzeit offen und in Bearbeitung sind.

Die Hofkarten zeigen also an, wie wir vermutlich tendenziell reagieren, welche Persönlichkeitseigenschaften wir erzeugen in Abhängigkeit von dem, was uns geschieht – natürlich meistens ohne zu ahnen, dass das, was uns geschieht, von unserem potenziellen höchsten Selbst uns involutionär als energetisches Bewusstseinsfutter dargereicht wird.

Während der im aktuellen Feld seines jetzigen Lebensvollzuges (Große Arkana) stehende Mensch diese aufkeimende Energie eines Mentals (Schwerter-Reihe) etc. in sich einverleibt und absorbiert, gleichsam verdaut und somit diese Energie in ihrer reinen Form zwar vernichtet, führt er dennoch diese Energie sich selbst und seiner Entwicklung zu. Eine Art psychisch-spiritueller Verdauung: Zwar bleibt am Ende von der ursprünglich reinen Energie nichts weiter übrig, weil sie vollständig von der aktuellen Lebenssituation des unvollkommenen Bewusstseins zersetzt wird, aber dafür hat sich das aktuelle Bewusstsein dieses Menschen um einen Mikromillimeter weiter entwickelt. Die Energie der Kleinen Arkana ist sozusagen das Futter für die Entwicklung der Großen Arkana – vergleichbar mit einem Verdauungsprozess.

Dieses Eintauchen an sich wiederum kann so oder so stattfinden, kann Spuren hinterlassen und den Menschen so oder so im Leben reagieren, fühlen, denken, empfinden lassen. Das zeigen die Hofkarten an. Sie sind damit das Bindeglied zwischen den Großen und Kleinen Arkana und zeigen die möglichen energetischen Zustände an, in die wir durch den Eintauchprozess (der Kleinen Arkana) an sich geraten können.

Aspekte der Wandlung im Tarot

Im Grunde sind die Hofkarten ähnlich den faktorenanalytisch gewonnenen *traits*[345] der Persönlichkeitspsychologie: Auch die gibt es nicht in der konkreten Wirklichkeit, sondern sind statistisch verdichtete Eigenschaftsbündel, deren Merkmale regelmäßig gemeinsam auftreten müssen, um damit ein *trait* zu bilden. So auch hier: Der Ritter der Stäbe ist ein Eigenschaftsbündel – nicht statistisch, sondern naiv-intuitiv-statistisch gewonnen.

---

345. *Traits*: Persönlichkeitseigenschaften, die als allgemein stabil gelten. Gegensatz: *states* = Zustände der Persönlichkeit, die sich abhängig von den Situationen ändern können. Diese von den Persönlichkeitspsychologen verlangte Stabilität nehmen die Hofkarten allerdings nicht für sich in Anspruch. Sie sind aber dennoch mehr als nur *states*, denn sie sind Ausdruck der Persönlichkeit und das nicht nur in Abhängigkeit von situativen Bedingungen.

Die Hofkarten sind Ausdruck dieser *traits*, die sich im Menschen und menschlichen Miteinander zeigen und die durch das Spiel des Bewusstseins entstehen: Die evolutionäre Aufwärtsbewegung (Große Arkana), die durch die involutionäre spirituelle Nahrung des höchsten Geistes gespeist und damit vorangetrieben und motiviert wird: Liebe – die sanfte Überredung Gottes zu ihm zu gelangen …

Kommen wir aber zu der Entdeckung zurück, dass mit Hilfe der Hofkarten Ähnliches erreicht wird wie im I Ging, nämlich die Tendenz zur Wandlung anzuzeigen. Das ist sicher nicht die einzige Aufgabe der Hofkarten (sie beschreiben persönlichkeitsspezifische Verhaltenstendenzen), aber eine bisher unentdeckte und wesentliche.

Die Hofkarten sind eigentlich nichts anderes als Mix-Formen der vier Elemente und das Prinzip ist ganz einfach:

Alle Hofkarten der Stäbe repräsentieren Feuer.
Alle Hofkarten der Kelche repräsentieren Wasser.
Alle Hofkarten der Schwerter repräsentieren Luft.
Alle Hofkarten der Scheiben repräsentieren Erde.

Alle Ritter repräsentieren den Einfluss des Feuers im jeweiligen Element.
Alle Königinnen repräsentieren den Einfluss des Wassers im jeweiligen Element.
Alle Prinzen repräsentieren den Einfluss der Luft im jeweiligen Element.
Alle Prinzessinnen repräsentieren den Einfluss der Erde im jeweiligen Element.

Beispiel: Der Ritter der Kelche repräsentiert wie alle Kelch-Hofkarten das Element Wasser, als Ritter aber zeigt er den Einfluss des Feuers im Element Wasser an, ist also eine Kombination aus Wasser und Feuer. Wasser ist weiblich/Yin und Feuer männlich/Yang. Also herrscht hier in der eigentlichen Yin-Energie eine Tendenz zur Wandlung hin zum Yang.

Dieser Erklärung liegt die philosophische Überlegung, ähnlich wie im taoistischen I Ging, zugrunde, dass das Leben in einem ständigen dynamischen Wandlungsprozess begriffen ist und auf Phasen der weiblich-passiven Energie Phasen der männlich-aktiven folgen und das Leben so ein ständiger sinuskurvenförmiger Weg durch die grundlegenden Energie-Zustände darstellt:

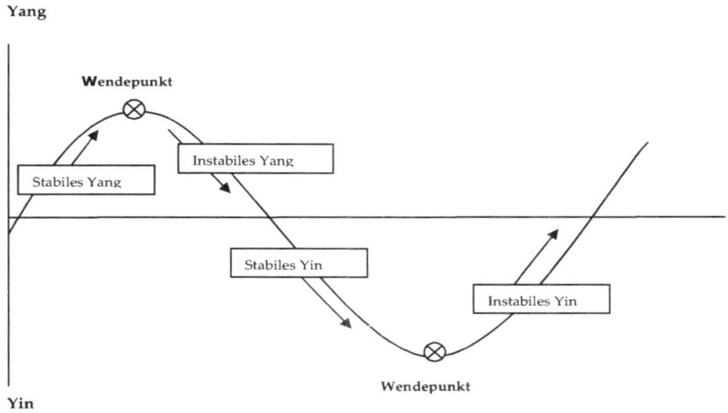

Welche Hofkarten männlich (Yang), weiblich (Yin), stabil oder instabil sind, kann man folgender Tabelle entnehmen:

	Yang	Yin
Stabil	Alle Kombinationen männlicher Energien: • Ritter und Prinz der Stäbe; • Ritter und Prinz der Schwerter	Alle Kombinationen weiblicher Energien: • Königin und Prinzessin der Kelche; • Königin und Prinzessin der Scheiben
Instabil (Wandlungs-tendenz anzeigend)	Mischkombinationen aus männlichen" und weiblichen Energien: • Königin und Prinzessin der Stäbe; • Königin und Prinzessin der Schwerter	Mischkombinationen aus männlichen und weiblichen Energien: • Ritter und Prinz der Kelche; • Ritter und Prinz der Scheiben

Tab. 17: Einteilung der Hofkarten in Yang/Yin und stabil/instabil.

Keines der Elemente tritt nur in seiner Reinform auf. Auch die Alchemisten gingen in ihren Beschreibungen von einem Idealzustand aus und behaupteten, dass jedes Element in Mischformen vorliege, und dass jedes auch Eigenschaften eines anderen Elementes in sich trage.

Agrippa von Nettesheim: „Aus diesen [Elementen] sind alle Naturgegenstände unserer Welt zusammengesetzt, jedoch nicht auf dem Weg der Zusammenhäufung, sondern durch Verwandlung und enge Verbindung. Wenn sie zerstört werden, so lösen sie sich wieder in die Elemente auf. Keines der sinnlichen Elemente ist übrigens rein, sondern sie sind mehr oder weniger gemischt und untereinander versetzbar."[346]

Auch in der psychologischen Typenlehre wäre es Unsinn zu behaupten, jemand sei ein reiner Intuitionstyp. Mag sein, dass bei ihm die Fähigkeit zu intuieren vergleichsweise gut ausgeprägt ist, besser etwa als die anderen Wahrnehmungstypen, dennoch wird er zum einen nicht nur seiner Intuition folgen, sondern auch denken, fühlen, handeln, und andererseits werden auch seine intuitiven Wahrnehmungen selbst von Aspekten des Fühlens, Denkens und Empfindens durchsetzt sein.

Die Hofkarten des Tarot sind der Versuch einer Darstellung der verschiedenen Kombinationsmöglichkeiten, wobei der Fokus weniger darauf liegt, ob eine solche Karte nun eine fremde Person oder den Tarotleger selbst anzeige, sondern eher darauf, welche psychische Seinsebene in welchem Verquickungszustand hier zum Tragen kommt. Streng genommen sind die 16 Hofkarten eigentlich unvollständig, denn sie repräsentieren nur die Verquickung *zweier* Elemente, obwohl es durchaus denkbar und sogar wahrscheinlich ist, dass beispielsweise in einen Denktypus nicht nur noch ein Fühlen hineinspielt (Königin der Schwerter), sondern zusätzlich in dieses Fühlen ein intuitives Gespür oder eine körperliche Empfindung. Hier wird klar, dass das System der Hofkarten nur ein grober Entwurf einer Typenlehre sein kann. Überhaupt sind alle einfachen Typentheorien, seien sie von den Tiefenpsychologen (Jung), den faktorenanalytisch verpflichteten Empiristen (Eysenck) oder anderen, etwas naiv. Die Psyche des Menschen ist ein komplexes Insgesamt, und die Suche nach einem einfachen Modell spiegelt nur den Wunsch des Menschen wieder, endlich Licht ins Dunkel zu bringen und ein geeignetes Wundermittel zur Verfügung zu haben, Menschen schnell und unkompliziert einordnen zu können.

Zur psychologischen Deutung der Hofkarten

Die Kombinationsregeln sind ganz einfach:

Alle Ritter repräsentieren Feuer, die Königinnen das Wasser, die Prinzen die Luft und die Prinzessinnen die Erde. Demzufolge repräsentiert die Königin der Scheiben das Erdelement, vermengt mit dem Element des Wassers, bzw. die Wasser-Eigenschaften des Erd-Elementes. Psychologisch gesprochen könnte man sagen, es geht bei ihr um die Eigenschaften der Erde, also des Empfindens, und diese Empfindung ist durchdrungen vom wasserelementaren Fühlen.

Es ist wichtig zu beachten, dass die Bezeichnungen Gleichnisse beziehungsweise Bilder sind, nicht mehr. Die Karten kennzeichnen keine Männer

346. Agrippa von Nettesheim, a.a.O., S. 16.

oder Frauen, nur weil sie männliche oder weibliche Namen tragen. In anderen Tarot-Sets gibt es zum Beispiel Könige, Königinnen, Ritter und Pagen, also drei Männer und nur eine Frau. Diese Karten sind völlig unabhängig vom Geschlecht und auch von realen Personen. Sie repräsentieren psychische Konstellationen, die in einer Person wechselnd je nach Situation auftreten können. Ob der Inhalt einer Karte nun den Betrachter selbst oder eine andere Person betrifft, ist ebenfalls eine Frage, die nur in die Irre führt. Der Psychotherapeut Ronald D. Laing sah in seinen „berühmten Knotenmodellen interpersonale Nähe als Spindeln oder Wirbel von ineinandergreifenden Erwartungen und Erwartungserwartungen – das absurde Theater der Intimität."[347] Das heißt, eine bestimmte psychische Grundhaltung oder Grundkonstellation erzeugt im Gegenüber eine entsprechende Resonanz, die ihn mit unserer seelischen Verfassung korrespondieren lässt. Oder nach einer alternativen Sichtweise erkennen wir im Gegenüber ohnehin nur die Projektionen unseres eigenen affekt-logischen Interpretationssystems. Wenn wir also jemanden als sehr impulsiv und intuitiv wahrnehmen, ist es die eigene impulsive Potenz in uns, die vielleicht zum Ausbruch drängt, und die ihre Resonanz in der Impulsivität des Gegenübers findet. Mit anderen Worten: Die Impulsivität des Gegenübers bringt unsere eigene verborgene Impulsivität zum Schwingen – eine Wahrnehmung, die uns entweder willkommen ist (Sympathie) oder die wir abzublocken gezwungen sind, weil wir aus irgendwelchen Gründen sie in uns nicht zulassen können und wollen (Antipathie). Wenn wir es also mit solchen Hofkarten zu tun haben, geht es eher um interaktive psychische Resonanzen zwischen Menschen, die seelisch in Austauschprozessen begriffen sind, und weniger um individuell stationäre und stabile psychische Persönlichkeitseigenschaften.

Der Tarot als komplexes philosophisches Erklärungssystem

Stellen wir uns nach den Ausführungen zu den Kleinen Arkana und den Hofkarten noch einmal die Frage, ob sich in dem vollständigen Tarotset ein komplexes Modell der menschlichen Existenz verbirgt.

Die Großen Arkana repräsentieren die Entfaltung unseres Bewusstseins oder Gewahrseins, also der Evolution des sogenannten fünften Elementes (Pneuma, Geist). Der stetige Komplexitätszuwachs des Bewusstseinsradius ist bedingt durch die Wahrnehmung und Reflexion dessen, was unsere menschliche Existenz ausmacht. Mit zunehmender Bewusstheit über den Zustand der eigenen Seinsbereiche wird es auch möglich, diese zu gestalten, zu glätten, zu transformieren. Um welche Seinsbereiche es sich handelt, zeigen die vier Sätze der Kleinen Arkana an (die Ähnlichkeiten mit den in-

347. Zitiert aus Sloterdijk, P.: Sphären. Bd. I: Blasen. Suhrkamp. 1998, S. 315

dischen Konzepten der *Koshas* und *Skandhas* haben), und wie es um diese bestellt sein kann, zeigt deren Auffächerung in zehn Qualitäten. Deren Wahrnehmung ist gleichsam die geistige Nahrung, die es dem Bewusstsein ermöglicht, sich selbst kontinuierlich zu erweitern und zu korrigieren. Diese Prozesse des Gewahrseins, aber auch die aktuellen (inneren) Zustände unserer Seinsbereiche an sich (Kleine Arkana) gestalten unseren Verhaltensstil und unsere Art, mit der Mitwelt in Interaktion zu treten (Hofkarten). Es entsteht eine interaktive psycho-soziale Dynamik, in dem unser eigenes aktuelles Sein in Wechselwirkung mit dem Außen tritt. Das wiederum erzeugt neue Erfahrungen, Chancen zum Gewahrsein sowohl der eigenen Person als auch unserer Mitmenschen. Das alles wirkt zurück auf die zunehmende Entfaltung unseres Bewusstseins.

Die Interaktion zwischen Menschen ist im Grunde nichts als die gegenseitige Resonanz zwischen verschiedenen Manifestationsformen des *Pneuma*; der Geist spielt mit sich selbst.

Hier nun offenbart sich der ganzheitlich-komplexe Entwurf des Tarot, der so zu einem einheitlichen System aus allen 78 oder 80 Karten wird. Die Frage ist somit beantwortet: Im Tarot verbirgt sich ein umfängliches, ganzheitliches, symbolisch verschlüsseltes Modell menschlichen Bewusstseins,- nicht nur als Kartografie einer *Struktur* von Entwicklung durch die Benennungen einzelner evolutionärer Stationen (Große Arkana), sondern ergänzt um die Beschreibung interaktiver *Funktionen* und dynamischer Wirkprinzipien (Kleine Arkana) und deren äußerlich und sozial sichtbar werdenden *Reaktionen* und *Konsequenzen* (Hofkarten), was den Tarot zu einem kontemplativ-philosophischen Instrument macht, das vergleichbaren Erklärungsentwürfen der menschlichen Geistesgeschichte, wie dem I Ging, ebenbürtig ist. Letztlich ist es allerdings die Kreativität unseres Bewusstseins und unsere Bereitschaft, dessen Radius nachhaltig zu erweitern, was solcherlei Erkenntnissystemen überhaupt einen Sinn verleiht.

12. Die Hofkarten im Einzelnen

Die Struktur der Beschreibungen der Karten ist wie folgt aufgebaut:

Überschrieben sind die Deutungshilfen zu den Hofkarten mit den traditionellen Bezeichnungen aus dem Tarot als Ritter, Königin, Prinz oder Prinzessin und der Elemente-Kombination. Dann folgt der Hinweis darauf, ob und in welcher Weise es hier eine Tendenz zur Wandlung gibt. Stabiles Yang hieße also beispielsweise, dass sogenannte männliche Energien vorherrschend sind und es keine Hinweise auf eine Wandlung hin zur eher passiven, weichen, dunklen, weiblichen Yin-Energie gibt. Instabiles Yang hieße, dass in der vorherrschenden Yang-Energie bereits die Tendenz zur Wandlung hin zur Yin-Energie vorhanden ist.

Es folgt ein verbales, koan-ähnliches Bild, das illustrieren soll, was passiert, wenn ein Element auf ein anderes trifft. Von diesem Bild kann man sich inspirieren lassen, wenn es um die Interpretation des speziellen Falles geht.

Im anschließenden kleingedruckten Text findet man esoterisch-spielerische Assoziationen, in denen die Beschreibungen der Karten so formuliert sind, als ob sie eine Person charakterisieren wollten – was natürlich als Gleichnis zu verstehen ist. Tatsächlich handelt es sich um psychisch-energetische Grundmuster, die interaktiv durch das Miteinander der Menschen entstehen, also sich nicht nur auf eine konkrete Person beziehen.

Die Hofkarten des Feuers (Stäbe)

Die ganze Stäbe-Familie unterwirft ihr Handeln, Denken und Fühlen der Intuition, der Stimme ihres Herzens. Sie sind, was ihre seelische Kernwesenheit betrifft, ausgesprochen authentisch, manchmal auch etwas rücksichtslos, denn die eigene innere Stimme ist Movens ihres Lebensvollzuges, Rücksicht aus falsch verstandener sozialer Empathie ist ihnen fremd. Ihr erklärtes Ziel ist, sie selbst zu sein, und alle anderen Aspekte ordnen sich dieser Absicht unter. Diesen Karten darf man getrost Crowleys Wahlspruch „Tu was Du willst, sei das Gesetz. Liebe unter Willen!“ voransetzen.

Ritter der Stäbe

Feuer und Feuer

Der reine seelische Wille, Absicht zum seelischen Willen

Stabiles Yang

Reines Feuer. Wenn sich die Brandherde vereinen, kommt es zum Flächenbrand. Keine Hemmung für das Feuer. Aber es braucht Nahrung und brennt nur solange, wie der Sauerstoff und das Brennmaterial reichen.

Spielerische Assoziationen:

Er ist reine Intuition, denn als Ritter ist er Feuer und das Feuer ist auch das Element der Stäbe-Reihe. Es ist natürlich unsinnig anzunehmen, dass es einen solchen Menschen geben könne. Es geht also eher um eine psychische Eigenschaft, eine psychische Reaktion während eines Ereignisses, die ganz klar aus einer impulsiven Intuition heraus geschieht, rein und unvermengt vom ankränkelnden Verstand oder von Gefühlen. Eine übermächtige intuitive und impulsive Wahrnehmung, die sofort unser Handeln, Denken und Fühlen leiten wird.

Königin der Stäbe

Feuer und Wasser

Der seelische Wille ist vom Fühlen durchdrungen, wird vom Fühlen erfasst

Instabiles Yang

Wasser verdampft zischend auf dem heißen Feuer. Das Feuer wird gedrosselt und es entwickelt sich Dampf. Das Wasser im Feuer kocht brodelnd (aufgewühlt, leidenschaftliche Gefühle).

Spielerische Assoziationen:

Die Kraft der Intuition ist mit starkem Fühlen verbunden. Das Feuer dieser Karte zeigt einen starken Bezug zu dem eigentlichen, impulsiven und individuellen seelischen Willen an, was ein Hinweis auf starke Selbstbezogenheit gibt. Das Wasser-Element allerdings gestattet empathische Fähigkeiten, ein Fühlen nicht nur des eigenen seelischen Willens, sondern auch den Zugang zu den Gefühlen und Befindlichkeiten der anderen. Besonders bei heißem, ekstatischen Sex tut diese Karte gut, denn sie sorgt für Befriedigung der eigenen Lust bei gleichzeitigem Zugang zu den Gefühlen und Bedürfnissen des Anderen, was schöne zwei-einige Stunden bescheren kann.

Prinz der Stäbe

Feuer und Luft

Der seelische Wille ist vom Denken durchdrungen, wird vom Denken erfasst

Stabiles Yang

Das lodernde Strohfeuer, das Feuer, das durch den sauerstoffreichen Wind angeheizt wird. Der Wille, die Impulsivität lodert heftig auf, wenn auch unter Umständen nur kurz.

Spielerische Assoziationen

Ein klarer, wunderbarer Verstand, der seine Impulse aus der Intuition schöpft. Denken ist ihm dadurch nicht Selbstzweck (wie etwa dem Prinzen der Schwerter), sondern seine Verstandesschärfe ist ihm nur Werkzeug seines seelischen Willens, dem er sein Denken und Handeln unterwirft. Kann sein, dass er sich plötzlich anders entscheidet, wenn ihm seine Intuition sagt, dass der vorherige Plan der falsche Weg ist. In seinem Fall ist das nicht Wankelmütigkeit oder Entschlussunfähigkeit, sondern ihm geht seine innere Stimme über alles, er vertraut ihr, und wenn diese sagt, dass die eben noch glühend verteidigten Ideen ihn oder andere auf den falschen Weg locken, wird er mit der gleichen Vehemenz den aktuellen inneren Stimmen folgen. Im Grunde ist er der aufrichtigste aller dargestellten Typen, denn er unterwirft sein Tun seinem „Weg des Herzens".

Prinzessin der Stäbe

Feuer und Erde

Der seelische Wille ist vom Wirken durchdrungen, wird vom Wirken erfasst

Instabiles Yang

Erde kann Feuer ersticken. Ist das Feuer heiß genug, wird Stein zu Lava.

Spielerische Assoziationen

Sie ist die ruhigste der Stäbefamilie, denn ihre Intuition wird vom Erdelement etwas beruhigt, weil Materialisierungen und Manifestationen naturgemäß länger dauern als der blitzartige Handlungsimpuls. Da es aber um eine Intuition geht, der der Erdaspekt unterworfen wird, folgen bei ihr Handlungen, die manchmal für Außenstehende schwer nachzuvollziehen sind. Ihr fehlt die Genialität des Prinzen, aber auch die Empathie der Königin. Nach einer anderen Sichtweise: Ihre Intuition reagiert auf Erdiges, also materiell Wirksames, was die Kraft der Intuition etwas schwächen und ihr eine gewisse Ängstlichkeit angedeihen lassen kann. Diese Ängstlichkeit ist aber eigentlich nur ihr intuitives Gespür, dass irgendetwas schiefgehen kann. Jetzt steckt sie in der Zwickmühle: Handelt sie danach, hält man sie für abergläubig ängstlich, was sie aber nicht ist, denn Aberglaube ist ein Produkt des Mentals, nicht der Intuition. Was allerdings passiert wäre, wenn sie auf ihre Intuition nicht gehört hätte, weiß niemand, und so wird der Wert der Intuition oft nicht erkannt. Tatsächlich hört sie nur auf ihre innere Stimme.

Die Hofkarten des Wassers (Kelche)

Oberste psychische Instanz der Kelche-Delegation ist ihr Gefühlsleben, ihre emotionale Wahrnehmung. Ihr Denken ordnet sich dem unter, und sie sind auch bereit, entgegen ihrem intuitiven Gespür zu handeln, wenn es ihr Gefühl, ihr Mitgefühl mit anderen oder ihre Empathie so diktiert.

Ritter der Kelche

Wasser und Feuer

Das Fühlen ist vom seelischen Willen durchdrungen

Instabiles Yin

Es verdampft, wenn Feuer auf Wasser trifft. Verborgene Elemente werden somit sichtbar – wie Salz, wenn das Meerwasser verdunstet.

Spielerische Assoziationen

Ein seelischer Impuls tritt übermächtig und fast überfallartig in das Gefühlsleben ein. Dieser Ritter repräsentiert das Gefühl, kein Zweifel, aber dieses Gefühl hat seine Wurzel in der Tiefe unseres seelischen Wesens. Er bringt uns eine innere Wahrheit aus dem Höchsten Selbst oder den tiefsten Gründen der Psyche. Die Gefühle, die sich damit verbinden, sind Signale, auf die wir aus diesem Grunde besser hören sollten. Sie bringen uns auf den Weg unseres Seelenkerns, unseres Herzens.

Königin der Kelche

Wasser und Wasser

Das Fühlen ist vom Fühlen durchdrungen, wird durch das Fühlen erfasst

Stabiles Yin

Reines Wasser, umgeben von Wasser, die Ruhe 1000 Meter unter dem Meeresspiegel.

Spielerische Assoziationen

Sie ist reines Gefühl, reine Empathie. So sehr, dass sie als Person fast völlig in den Hintergrund tritt. Das täuscht, denn sie verfügt über erstaunliche empathische Wahrnehmungsfähigkeiten, die sie in anderen Menschen lesen lässt wie in offenen Büchern. Diese Fähigkeit ist besonders für praktizierende psychische Heiler, etwa Psychotherapeuten, ausgesprochen günstig. Die Pforten der emotionalen Wahrnehmung sind bei ihr weit offen und die Gefühle der Anderen fließen fast ungehindert durch sie hindurch. Um sich selbst wahrnehmen zu können, ist es für sie wichtig, oft Zeiten des Alleinseins zu haben, weil ihre Durchlässigkeit ihre eigenen Emotionen zu überfluten drohen. Bei ihr ist ein sorgfältiges und strenges emotionales Selbstmanagement unabdingbar.

Prinz der Kelche

Wasser und Luft

Das Fühlen ist vom Denken durchdrungen, wird vom Denken erfasst

Instabiles Yin

Gischt und Tropfen werden auf- und umhergewirbelt, wenn Luft auf Wasser trifft. Wasser erhält so durch den Wind seine Oberflächenstruktur – das Kräuseln, die Wellen, die stürmische See.

Spielerische Assoziationen

Sein Denken ist entweder eine Widerspiegelung seiner Emotionen und Gefühle, oder aber seine Gefühle reagieren auf sein Denken. So steckt er in der Gefahr, sich in selbstkonstruierten affekt-logischen Blasen einzukapseln, in weinseligem Selbstmitleid zu versinken oder selbstgerecht ständig auf seinen eigenen inneren Jammer aufmerksam zu machen. Im günstigen Fall ist er der Selbstreflexion fähig, vor allem aber zu mentalem Ausdruck seines Gefühlslebens, was ihn zu einem vollendeten Dichter oder Künstler machen kann, der freilich keine überpersonalen Werke zu schaffen in der Lage ist, aber in dessen Werken sich doch das Publikum wiederfinden kann. Ein schönes Beispiel ist der portugiesische Dichter und Schriftsteller Fernando Pessoa, der Hohepriester und Meister des formvollendeten depressiven Gejammers. Hermann Hesse gibt ein weiteres Beispiel für die Fähigkeit, das eigene Gefühlsleben in große Literatur zu fassen.

Prinzessin der Kelche

Wasser und Erde

Das Fühlen ist vom Wirken durchdrungen, wird durch das Wirken erfasst

Stabiles Yin

Wasser wird in seinem Fließen gehemmt, gestoppt, es wird zu Schlamm oder zu einem Stausee. Wasser verlangsamt sich durch den Einfluss der Erde. Doch Wasser schwemmt auch Erde hinweg, vermag über lange Zeiträume Flusstäler entstehen zu lassen.

Spielerische Assoziationen

Die Leidenschaft des Prinzen ist ihr zwar nicht wirklich fremd, aber sie kann ihre Emotionen der Langsamkeit und Trägheit der Materie anpassen, was ihr die Fähigkeit verleiht, ihre Leidenschaft über lange Zeiträume am Glühen zu halten. Sie ist der Inbegriff der emotionalen Geduld und Stabilität. Während andere schon lange die Flinte ins Korn geworfen haben, rappelt sie sich wieder auf und mit der sanften aber hartnäckigen Leidenschaft, die ihr eigen ist, schafft sie es immer wieder, sich selbst und vielleicht sogar andere zu motivieren. Sie liebt die Tiefe, die mit der Zeit erst entstehen kann, vor allem in Arbeiten, zu denen sie sich emotional berufen fühlt, und in Liebesbeziehungen. Ihr Liebesspiel ist von tiefer, aber manchmal stiller und lang anhaltender Lust begleitet.

Die Hofkarten der Luft (Schwerter)

Die Schwerter-Delegation kommt in den Beschreibungen insgesamt etwas schlecht weg. Das soll das Mental keineswegs abwerten, aber es zur höchsten Instanz unseres seelischen Erlebens zu machen, hieße, unseren Gedankensystemen eine Macht zuzubilligen, die ihre Kompetenzen bei weitem übersteigt. Man wäre wie ein Ritter, der sein Schwert ausschließlich zum Selbstzweck führt, ohne Rücksicht auf Verluste um sich schlägt und dabei Kinder, Freunde, Büsche, Blumen – und vielleicht sogar einen Drachen oder andere Feinde – niedermetzelt. Das Schwert, wie auch der Verstand, ist eine mächtige Waffe – aber eben nur eine Waffe, ein Werkzeug, das einem ‚edlen' Ziel dienen muss, weil es sonst nur zerstörerisch wirkt. Den Verstand zu schulen, das Schwert zu pflegen und seinen Umgang zu üben, ist notwendig und richtig. Dennoch muss sich das Schwert in einen bestimmten Dienst stellen, also sich einer höheren zielgebenden Instanz unterordnen.

Ritter der Schwerter

Luft und Feuer

Das Denken ist vom seelischen Willen durchdrungen

Stabiles Yang

Luft beginnt sich zu bewegen, und je heißer, desto schneller. Der Tropensturm, schnell und zerstörerisch. Das Mental, vorwärts gepeitscht durch das Feuer der Inspiration.

Spielerische Assoziationen

Der Gedankenblitz geboren aus der Intuition unseres seelischen Willens.

Aus der mentalen Selbstrekursivität des Prinzen der Schwerter wird er herausgerissen durch die eine impulsive Inspiration (Feuer als seelischer Wille), die ihn sofort mental losstürmen lässt. Bei ihm konkurrieren nicht tausend Ideen, zwischen denen er sich nicht entscheiden kann, sondern es ist die eine Inspiration, die ihn sofort zielgerichtet werden lässt. Es kann sich um eine unreflekierte inspirierte Schnapsidee handeln oder um einen genialen Gedanken. Dadurch repräsentiert er den Aspekt des Angriffs (sagt Crowley), allerdings nicht aus nüchternen Erwägungen heraus, sondern spontan und impulsiv.

Von dem Prinzen der Stäbe (Feuer und Luft) unterscheidet er sich insofern, als beim Stäbeprinzen die Intuitionen immer die Herrschaft über sein Handeln und Entscheiden behalten und sich sein Denken nach diesen unter Umständen wechselnden Intuitionen richtet. Beim Schwerter-Ritter ist es genau anders herum: Sein seelischer Impuls, sein Gedankenblitz, seine „geniale Idee" wird sofort vom Mental okkupiert und seine Inspiration wird sofort von den mentalen Baubrigaden in kognitive, theorienbildende mentale Architekturen umgesetzt. Im günstigen Fall ist er in der Lage, seine Geistesblitze in eine gut lesbare mentale Übersetzung zu bringen, allerdings immer unter dem Damoklesschwert des Todtheoretisierens einer ursprünglich sehr lebendigen Idee, die dem Herzen entsprang.

Er ist damit ein schneller Denker, getragen von der intuitiven Richtigkeit seiner Idee, manchmal ein Fanatiker, wenn er nicht seine seelischen Impulse hin und wieder hinterfragt, ein begeisterter Wissenschaftler, der seine geniale Idee gern mit schwerem mentalen Theoriegerüst versieht, ein glänzender Rhetoriker, getragen von der intuitiven Überzeugung von der Wahrheit dessen, über das er referiert. Mit nüchternem, kritischen Denken braucht man ihm nicht kommen, Karl Poppers Falsifikationsprinzip ist nicht seine Sache.

Königin der Schwerter

Luft und Wasser

Das Denken ist vom Fühlen durchdrungen, wird durch das Fühlen erfasst.

Instabiles Yang

Es entstehen Wolken, die verschleiern, was eigentlich ist: Der endlose Himmel. Nebel lässt Schemen erkennen, die in zu irrigen Interpretationen verführen.

Das vernebelte Mental.

Spielerische Assoziationen

Die mentalen Prozesse, die Rationalisierungen, die dem Gefühlsleben entspringen. Jede Emotion findet ihre mentale Rechtfertigung. Jemandem das Haupt abzuschlagen – wie die auf der Crowley-Karte dargestellte Frau es offenbar getan hat, denn sie hält den bärtigen Kopf noch in der linken Hand, während in der rechten das blutige Schwert müde herabhängt –, wird rationale Rechtfertigung finden. Die Karte repräsentiert den Gedanken, der unwissentlich nur Bedeutung als Rechtfertigung für Affekte und Emotionen innehat. Das Mental dieser Königin ist damit beschäftigt, ihre Emotionen und Affekte sowie die durch letztere initiierten Taten mental zurechtzurücken. Es ist der Mörder, der anschließend sagt: „Ich musste es doch tun, weil..." Es ist nicht die Tat an sich, die er verteidigt, sondern der Anlass zur Tat: sein Affekt. Im günstigen Falle wird er vielleicht seine Affekte selbstreflexiv verstehen lernen.

Die Königin glaubt, sich ihre Unabhängigkeit zu erkämpfen, indem sie den vermeintlichen Unterdrücker enthauptet, ohne dabei zu verstehen, dass *sie* es ist, die das Schwert gebraucht. Ohne den Versuch zu unternehmen, sich und ihr Gegenüber aus der misslichen Lage zu befreien, sieht sie die Lösung in einer radikalen Vernichtung und Zerstörung.

Prinz der Schwerter

Luft und Luft

Das Denken ist vom Denken durchdrungen, wird durch das Denken erfasst

Stabiles Yang

Wind, der Wind erzeugt. Gedanken als Reaktion auf Gedanken.

Spielerische Assoziationen

Der Luft-Aspekt der Luft. Rekursives Denken, das sich nur auf sich selbst bezieht, Gedankensysteme, die durch andere Gedankensysteme gestützt werden. Damit erzeugt dieser Prinz eine ungeheure mentale Konstruktion, in der er im sauerstofflosen Raum gefangen ist. Die Kraft der Einbildung; völlig unfähig, irgendetwas adäquat wahrzunehmen, was außerhalb des mentalen Blasengebildes stattfindet. Aus diesem Grund ist er völlig taub gegenüber Kritik, es sei denn, aus seinem Gedankenwust entsteht von selbst ein Widerspruch, der ihn aus sich selbst heraus in eine neue völlig isolierte Blasenkonstruktion stürzt, was nach Selbstkritik aussieht, es aber nicht ist, weil sein neues rekursives Gedankensystem wiederum ausschließlich in seinem Verstand stattfindet. Seine Kennzeichen sind völliges Unverständnis für Gedanken, Gefühle und Empfindungen anderer, die er schlicht nicht wahrnimmt, Rechthaberei aus dem gleichen Grunde und in gewisser Weise Fanatismus, auch wenn er nicht zielgerichtet ist, also nur spontanen Ärger verursachen kann. Seine Unfähigkeit zur Entscheidung zwingt ihn, seine Gedankenblase immer weiter aufzupusten, bis sie hoffentlich irgendwann in einem großen Knall in der Luft zerplatzt.

Soviel zu seinen negativen Seiten. Im positiven Fall symbolisiert er eine hohe und sehr kunstvolle Stufe des Denkens: Indem er mental auf das Mental reagiert, ist er, wenn er sich bewusst ist, fähig zu meta-kognitiven Prozessen, kann also über das Denken nachdenken und seine eigenen mentalen Einheiten analysieren und verstehen. Wenn er es zur Meisterschaft bringt, ist er ein hervorragender Kognitionspsychologe und Analytiker, fähig, seine eigenen Programme und Konfliktmuster aufzudecken und sich ihrer bewusst zu werden.

Prinzessin der Schwerter

Luft und Erde

Das Denken ist vom Wirken durchdrungen, wird durch das Wirken erfasst

Instabiles Yang

Das Gebirge, das die Luftströme aufhält. Das Mental wird träge und langsam und verharrt auf der Stelle. Das Mental reagiert auf das Manifeste, Erdhafte, deshalb bleibt es lange bei einer Sache, was man beharrlich oder nachtragend nennen könnte.

Spielerische Assoziationen

Der Empfindung des Realen wird der Stempel des Mentals, irgendwelcher Gedankengebäude also, übergestülpt, was sie zu einer wütenden Verfechterin irgendwelcher Ideen macht, die sie auf das Reale projiziert. Crowley schreibt, die Frau auf der Karte sei im Begriff, irgendeinen Frevel zu rächen. Der Gedanke der Rache ist ein Produkt des Mentals. Da hat sich etwas festgesetzt, eine Einstellung, eine Überzeugung, und die wird in gedankliche Formen gemauert, auf dass sie sich schön lange halten und auf dass man sie bloß nicht vergisst. Die Fähigkeit zum Verzeihen ist praktisch nicht vorhanden und der Realität wird immer wieder aufs Neue der alte mentale Stempel aufgedrückt.

Im günstigen Falle ist sie eine hartnäckige Kämpferin, die ihre Ideale nicht vergißt und damit in gewisser Weise loyal und treu erscheint. Andererseits kann sie das auch zu einer uneinsichtigen Terroristin machen, die in jedem Auto, das noch keinen Kratzer hat, ein Symbol für die Dekadenz des kapitalistischen Ausbeutersystems sieht.

Die Hofkarten der Erde (Scheiben)

Die Erd-Familie besitzt starken pragmatischen Realitätssinn, dem die anderen psychischen Ebenen des Denkens, Fühlens und der Intuition untergeordnet werden. Dadurch fehlt es ihnen etwas an Inspiration, manchmal auch an Empathie, aber ihre Erdverbundenheit und damit ihre Nähe zur Natur, auch zur menschlich-biologischen Natur, kann diesen Mangel ausgleichen. Auch ohne große empathische Fähigkeiten sind sie in der Lage, ihre Sippe oder Familie zu versorgen und Sicherheit zu bieten, da das Sippendasein in unserer triebhaften Menschennatur liegt. Dem Sohn wird das Veterinärstudium finanziert, auch wenn es dafür nur noch am Sonntag Fleisch zu essen gibt, und die Tochter günstig verheiratet. Auch wenn die romantische Liebe ihnen recht fremd ist, sind sie sich treu zugetan und ein Seitensprung wird verziehen, wenn diese Vergebung nötig sein sollte, um die Familie zusammenzuhalten.

Ritter der Scheiben

Erde und Feuer

Das Wirken ist vom seelischen Willen durchdrungen

Instabiles Yin

Das Feuer macht die Erde fruchtbar. Andererseits kann Erde das Feuer ersticken.

Spielerische Assoziationen

Die Intuition des Ritters sagt ihm, dass sein Tun das Richtige ist, sein Handeln bekommt Bestätigung aus seinem Herzen, und das reicht ihm völlig aus. Man kann darauf vertrauen, dass sein Handeln auf dem richtigen Weg ist. Mehr braucht er auch nicht. Er sieht kein Bedarf darin, irgendetwas zu hinterfragen, und es ist auch tatsächlich nicht nötig, weil die höchste Instanz, nämlich die Intuition des seelischen Willens, ihren Segen schon gegeben hat. Damit wird er zu einem harten und unermüdlichen Arbeiter, der sich ganz seiner Aufgabe verpflichtet fühlt. Zweifel wird man bei ihm nicht finden und kritische Selbstreflexion ebenso wenig. Bei ihm scheint das aber auch in Ordnung zu sein. Stören wir ihn nicht in seiner Arbeit. Er weiß, was er tut.

Den schlechten Ruf, den er bei Crowley und auch bei anderen Tarot-Interpreten erfährt, ist völlig unnötig, die hat er nicht verdient.

Königin der Scheiben

Erde und Wasser

Das Wirken ist vom Fühlen durchdrungen

Stabiles Yin

Fruchtbar wird die Erde, wenn der Regen fällt. Leben verfault und erstickt in der großen Flut, doch ist nach dem Abfließen des Wassers die Erde fruchtbar.

Spielerische Assoziationen

Die Bewässerung des öden Landes, die auf Crowleys Karte zu sehen ist, trifft das Leitmotiv der Karte. Psychologisch übersetzt könnte man sagen, das trostlose emotionale Ödland Hilfsbedürftiger vermag sie mit ihrer emotionalen Fülle zu bewässern und mit Leben und Liebe zu füllen.

Die Liebe, Empathie und das Bedürfnis, Fürsorge angedeihen zu lassen, leiten hier das praktische Tun. Ähnlich wie auch der Ritter der Scheiben ist die Königin eine unermüdliche Arbeiterin, die aber ihre Aufgabe darin sieht, ihrem Gefühl gemäß andere zu umsorgen. Sie ist mütterlich und fürsorglich und stellt ihre Arbeit ganz in den Dienst des „emotionalen Nährens". Sie könnte ein Waisenhaus leiten, Kindergärtnerin oder Mutter sein, Sozialarbeiterin, Streetworker, vielleicht auch Landärztin. Sie wird immer das tun, von dem sie vermutet, dass es anderen Schutz, Nahrung und Wärme gibt. Im negativen Falle installiert sie durch Überbehütung ihren Kindern einen ordentlichen Mutterkomplex oder geht anderen mit ihrer Hilfsbereitschaft auf den Senkel.

Im positiven Fall aber, der hier wohl überwiegen wird, ist sie eine tröstende, hilfreiche Persönlichkeit mit praktischem Sinn, die Hilfsbedürftigen deren Leben neu strukturieren kann.

Prinz der Scheiben

Erde und Luft

Das Wirken ist vom Denken durchdrungen

Instabiles Yin

Der Staub wird weggewirbelt und die fruchtbare Erde bleibt, wenn der Wind darüberfegt. Ist die Erde ohne Substanz, entsteht der alles erstickende Sandsturm.

Spielerische Assoziationen

Sein Sinn für die Realität lässt diesen Prinzen pragmatisch denken. Geistige Höhenflüge sind zwar nicht seine Sache, dennoch ist er intelligent und erfinderisch, wenn seine Erfindungen durch praktische Anwendbarkeit gerechtfertigt scheinen. Er könnte ein guter Ingenieur sein, Baumaschinen entwerfen oder Arbeitsprozesse ganz praxisbezogen verbessern. Ein zuverlässiger Arbeiter. Ein bisschen spröde vielleicht, vor allem in Beziehungsfragen.

Prinzessin der Scheiben

Erde und Erde

Reines Wirken

Stabiles Yin

Erde vermehrt sich durch mehr Erde; neue Impulse gibt es nicht mehr. Das Manifeste ist sich selbst genug.

Spielerische Assoziationen

Ein instinktives sich Anvertrauen an die Realität der Natur. Der praktische Sinn, gespeist vom praktischen Sinn.

Diese Prinzessin ist ganz triebhaft, oder besser formuliert, sie steht der Natur und damit der Biologie sehr nahe. Sie geht ganz im irdischen Sein auf, ihr Sextrieb ist völlig ungekünstelt und darüber, wie sie ein Kind ernähren kann, denkt sie nicht nach – Hauptsache schwanger. Sie lebt ganz im Augenblick, allerdings nicht aus meditativer Einsicht heraus, sondern weil sie geistigen, emotionalen und auch spirituellen Einsichten nichts abgewinnen kann. Sie isst gern, arbeitet ohne zu fragen, wozu und weshalb, lässt sich auf dem Heuboden flachlegen und spricht mit ihrem Pferd wie mit altem Freund.

13. Ausblick

Die Karten des Tarot sind mehr als nur ein oberflächliches Instrument, das der überbordende Esoterikmarkt unserer Tage zur kurzlebigen Befriedigung unserer Neugier zur Verfügung stellt. Er ist ein abendländisches Kulturgut, das sich unbeirrt seit dem fünfzehnten Jahrhundert durch die europäische Geschichte bewegt. Sein Alter und das Interesse vieler esoterisch interessierter Gelehrter aus vielen Jahrhunderten an ihm muste dazu führen, dass der Tarot immer wieder Elemente der europäischen Geschichte in sich aufnahm und umgekehrt schien auch er das Denken der Wissenschaftler, Künstler und Gelehrten beeinflusst zu haben. Geschichte und Kulturgut durchdrangen sich wechselseitig. Kein Wunder also, dass der Tarot die Spuren der Geschichte in sich trägt, einer Geschichte, die oft genug blutig und grausam war, aber die auch von dem seit der Gotik nicht abreißenden Bemühen um Erkenntnis, Bewusstheit und Weiterentwicklung geprägt wurde.

Der österreichische Kulturhistoriker Egon Friedell konstatierte: „Geschichte wird *erfunden*: täglich neu-entdeckt, wiederbelebt, uminterpretiert nach dem jeweiligen Bedürfnis der Weltkonstruktion".[348] Die Historie ist vielfältig und es kommt auf den aktuellen Fokus der geschichtlichen Betrachtung an, wie unser Werden subjektiv konstruiert wird. Legt man dem Geschichtsbild das Studium der Herrschaftsverhältnisse mit Hilfe von Jahreszahlen von Schlachten, Inthronisationen, Vertragsabschlüssen oder ähnlichem zugrunde, wird in den Augen der Nachfahren das Gewordensein des Abendlandes zu einem düsteren Szenario, geprägt durch ewige Kriege, Blutvergießen, Glaubenskämpfe, Verfolgungen Andersdenkender oder dem Wüten der Pest; ein Szenario, in dem nur selten einmal das Licht geistigen Wachstums aufleuchtet. Aber ist das denn die einzige Möglichkeit, die Geschichte des Abendlandes zu sehen? Das herkömmliche Geschichtsbild wird stark geprägt durch ein übermäßiges Interesse am Wirken machthungriger Menschen, denen man, salopp gesagt, eine gewisse Fixierung auf Freuds sogenannter analer Phase, der Phase der Abgrenzung und egozentrischen Selbstbehauptung, unterstellen kann. Was aber ist mit dem Wirken anderer, vielleicht größerer Geister, denen es um geistige Weiterentwicklung ging? Deren Spuren begegnen wir tagtäglich, vorausgesetzt, man geht wachen Auges durch das Leben. Zugegeben, deren Wirken wurde oft überschattet von den politischen und militärischen Geschehnissen. Der Bau der gotischen Kathedralen etwa mag von Prunksucht der Auftraggeber zeugen, deren Vollendung aber durch die Baumeister und Steinmetzen zeugt oft von deren Bemühen um geistiges ‚Nach-oben-streben', gekleidet in steinerne Meta-

348. Egon Friedell: Kulturgeschichte der Neuzeit. Frankfurt/M., 2009, S. 639.

phern. Wir sind im europäischen Abendland umgeben von reichhaltigem Zeugnismaterial spirituellen Strebens, und zwar nicht nur in den religiösen Disziplinen und der Philosophie, sondern ebenso in allen Künsten und den Wissenschaften.

Sloterdijk schreibt von einer „Entspiritualisierung der Askesen" in der Postmoderne. Von einer Askese darf man sprechen, wenn auf eine schnelle Bedürfnisbefriedigung niederer Instinkte zugunsten eines höheren Zieles verzichtet wird. Ob diesbezüglich in der heutigen westlichen Welt überhaupt der Begriff der Askese zulässig ist, dürfte angesichts des Konsumsystems bezweifelt werden. Dennoch weist der florierende Markt der Psychotechniken auf die Bereitschaft vieler Menschen zur Selbstentfaltung hin.

In vergangenen Zeiten hatte jedes spirituelle Bemühen mit dem Dilemma zu kämpfen, dass aufgrund der Unbekanntheit dessen, was auf einen zukommen könnte, nur Vertrauen und Glaube als geeignete Motivatoren gelten konnten. Diese Unbekanntheit hat sich nun, wenn schon nicht in Kenntnis, so doch in nebelhafte Ahnungen verwandelt. Es stehen verschiedene Systeme aus allen Kulturen dieser Welt zur Beschreibung spiritueller „Stufen" zur Verfügung, die miteinander verglichen und, wo erlaubt, kombiniert, gemeinsam eine grobe Landkarte des „vertikalen" Weges entstehen lassen. Es sind also nicht mehr nur Glaube und blindes Vertrauen, die einen auf den Weg der Bewusstseinsentfaltung schicken können, sondern auch übereinstimmende empirische Zeugnisse. Dieser letztgenannte Aspekt ist es, der das heutige Bemühen Vieler um geistiges Wachstum als entspiritualisiert erscheinen lässt. Spiritualität bekommt eine pragmatische, ja technische Note und Nostalgiker mögen den Aspekt des kenntnislosen Glaubens vermissen. Dennoch, wenn geistiges Wachstum einen Sinn haben soll und nicht nur der Verdrängung prinzipieller Nöte des Lebens zu dienen hat, kann es nicht ausbleiben, dass der Radius des Bewusstseinsraumes auch im Kollektiven erweitert wird. Die Kommunikation der Erfahrenden macht es möglich. Nunmehr wird spirituelles Bemühen nicht mehr ein Vorstoß in das allgemein Unbekannte, sondern nur noch ein persönliches Vordringen in Felder, die kollektiv bereits beschrieben wurden. Sehr deutlich wird dieser Befund durch einen Vergleich der alten psychologischen Entwicklungstheorien, deren höchsten zu erreichenden Stufen die waren, die der Theorie-Entwickler selbst erklommen hatte, mit der Transpersonalen und Integralen Psychologie, die auch Entwicklungsbereiche beschreiben, die darüber hinausgehen. Letztere tragen einen deutlichen Einladungscharakter, postulieren sie doch, was aus einem selbst noch werden kann. Gleichzeitig verunsichern sie, denn sie sagen uns, was wir noch nicht sind und schmälern damit unseren Selbstwert. Hinzu kommt der lästige Beharrungscharakter einmal etablierter Bewusstseinsstrukturen, in denen man sich über die

Jahre hinweg häuslich eingerichtet hat. Dennoch wird zwangsläufig jedes Bemühen um eine geistige Erweiterung von Akten des Verzichts begleitet werden müssen, denn jede Entscheidung für etwas ist auch gleichzeitig eine Entscheidung gegen die Alternativen. Hier hieße die Alternative: Gib der Bequemlichkeit nach, so zu bleiben, wie du bist.

Die geistige Geschichte Europas ist die Historie des Bemühens, Wege zu erkunden, dieser Bequemlichkeit nicht nachzugeben, sondern das Wagnis der Bewusstseinsentfaltung einzugehen. Warum aber erscheinen so vielen Suchenden die abendländischen Wurzeln als ungenügend genug, um sich östlichen und anderen kulturfremden Erkenntniswegen zu verschreiben? Ein wesentlicher Grund liegt darin, dass wir als Abendländer in diese Kultur hineingeboren wurden und dadurch ausschließlich die Perspektive aus dem Inneren der abendländischen Sphäre einnehmen können. Den Buddhismus oder den Yoga erkennen wir durch den Blick aus unserer Sphäre hinaus auf die Außenhülle einer anderen Sphäre. Ein objektiver Vergleich zwischen den yogischen oder buddhistischen Wegen mit dem abendländisch-christlichen wird uns verwehrt bleiben, weil wir unser Gewordensein als Europäer nicht abstreifen können wie einen Mantel. Damit sind wir tagtäglich mit dem Inneren der okzidentalen Sphäre konfrontiert, mit all seinen Nöten, Problemen und Unzulänglichkeiten, die sich erst in der täglichen Routine des Lebens offenbaren. Wie verlockend mag da der Buddhismus sein, der Yoga, der Taoismus, die wir nur als abstrakte Erklärungsmodelle des seelischen Lebens aus Büchern, kurzen Retreats oder Workshops oder aus mehr oder minder kurzen Reisen in ferne Regionen kennen. Ohne die Schlacken des Alltags und des realexistierenden Lebensvollzugs, ohne die Historie, die den Ursprung dessen bildet, in dem wir leben, erschiene sicher auch die christliche Mystik als ein dem Yoga ebenbürtiges spirituelles Leitmotiv. Die Ferne der Realität macht den Yoga und den Buddhismus attraktiv, die unser Leben berührende Nähe des abendländischen Geistes verspricht Anstrengung, Arbeit und ein Auseinandersetzen mit den Irrungen unserer Vorfahren. Uns mögen Buddhismus oder Yoga als alte, unveränderliche komplexe Bündelungen an Weisheit erscheinen, während wir das abendländische Denken verglichen mit ihnen eher als unfertig, im Werden und oft als irrig empfinden. Diese verzerrte Sicht entsteht aus der oben erwähnten Perspektive aus dem Innenraum einer kulturellen Sphäre hinaus auf die gleißenden Außenhüllen benachbarter Sphären. Es muss möglich sein – und es ist möglich – mit der abendländischen Geistesgeschichte im Rennen der Bewusstseinsentwicklung zu bleiben. Der Abendländer wird sich nicht retten können, indem er sich seines okzidentalen Gewandes entledigt, um sich die orangene Robe indischer Buddhisten oder Sannyasins überzuwerfen. Er wird auch in dieser Verkleidung erkannt werden.

Integralismus heißt nicht, dass man seinen Seelenraum, ohne ihn zu erweitern, durch Fremdes überfluten lässt. Integrales Bewusstsein kann nur entstehen, wenn das eigene individuelle Gewordensein angenommen und akzeptiert wird. Erst auf dieser Grundlage ist eine Vergrößerung des Bewusstseinsraumes möglich, indem die eigene Perspektive gemeinsam mit anderen Perspektiven in einem umfänglicheren Ganzen aufgeht.

In jedem kulturellen Weltentwurf steckt die Potenz zum Wachstum, genauer zur Transfomation des Bisherigen. Jede Transformation des Bewusstseins erschließt sich umfassendere Räume, in denen das bisherige Gewordensein als Bestandteil eingeht. Ab einer bestimmten Komplexitätsstufe des kognitiven Sphärenraumes werden Metareflexionen möglich, die es erlauben, in der eigenen wie der fremden Sphäre die Ansätze einer kulturübergreifenden philosophia perennis zu erkennen.

Die Integrale Psychologie darf als ein solcher metareflexiver Versuch zu bewerten sein. Der Tarot als okzidentales Kulturerbe hingegen illustriert, wie ich hoffe in diesem Buch gezeigt zu haben, die angesprochene Potenz innerhalb unserer Kultursphäre, unser Bewusstsein zu ungeahnten Höhen entfalten zu können. Somit werden Abendländer und Yogis und buddhistische Philosophen zu spirituellen Kollegen auf parallelen Wegen.

Teil IV

Praxis

14. Das Modell der pgFelder als Screening-Instrument zur Selbsterkundung (Die Großen Arkana)

In der Natur unseres gewöhnlichen Ich-Bewusstseins liegt es, dass eine ganze Reihe von innerpsychischen Realitäten unbewusst ist und dennoch aus dem Verborgenen heraus unser Denken, Fühlen und Handeln steuern. Das pgFeld-Modell stellt ein umfassendes Kategoriensystem innerpsychischer Themenkomplexe bereit, anhand dessen man sich durch Kontemplation der unbewussten Aspekte eines Sachverhaltes bewusst werden kann. Gewöhnlich sind uns nur einige mögliche Perspektiven bewusst, und es ist dabei sogar fraglich, ob diese nicht aus Rechtfertigungen, Verzerrungen oder Wunschdenken bestehen.

Angesichts einer komplexen und problematischen Angelegenheit bietet es sich dementsprechend an, diese Angelegenheit nacheinander aus den Perspektiven der 22 pgFelder zu betrachten. Eine Problemsituation stellt sich zum Beispiel aus Sicht des pgFeldes *III-Die Kaiserin* anders dar als aus Sicht des pgFeldes *IV-Der Kaiser*. Voraussetzung für diese Kontemplationen ist allerdings eine allgemeine Bereitschaft, auch Kritisches und Unliebsames über sich zu erfahren und zuzulassen.

Im Grunde betrachtet man die fragliche Angelegenheit 22-mal aus der Perspektive des jeweiligen pgFeldes heraus. Die Gesamtheit dieser 22 Perspektiven erzeugt eine neue, deutlich erweiterte Sicht, die zu einer neuen Beurteilung der Situation führen kann.

Es bietet sich an, die wesentlichen Erkenntnisse aus den einzelnen Perspektiven (aus den pgFeldern) zu notieren. Oft stellt man fest, dass eine bestimmte Perspektive erst durch ihre Vorgänger-Felder erklärlich ist. Natürlich kann es auch pgFelder geben, aus denen sich keine besonderen Erkenntnisse ableiten lassen. Andererseits kann eine bestimmte Erkenntnis eines pgFeldes auch die Perspektiven ihrer Vorgänger „im Nachhinein" noch ändern.

Anzumerken ist hier noch einmal, dass es sich um ein holarchisches Modell handelt, in dem die „frühen" pgFelder zwar in der Kindheit durchlebt wurden, aber ihre Errungenschaften und Altlasten als „Baumringe" in der Gegenwart wirken. Es sind also nicht die tatsächlichen Erlebnisse der Kindheit, die da eine Rolle spielen müssen (denn die sind vergangen), sondern ihre in der Gegenwart wirkenden Eigenschaften. Diese haben sich im Laufe der Zeit immer wieder verändert, haben sich angepasst und sind auch sicher von Situation zu Situation verschieden. Die Psyche ist nicht statisch, sondern dynamisch. Das heißt, sogar diese Kontemplation wird voraussichtlich Ihre psychischen Eigenschaften wieder verändern.

Es bietet sich an, bei der Kontemplation der pgFelder auf Gedanken (meist verbal oder bildhaft), Gefühle (z.B. Zorn, Liebe, Wehmut, Trauer oder Freude), Körperreaktionen (z.B. erhöhter Puls) und Verhaltensreaktionen (z.B. Körperhaltung oder erregtes Auf-und-ab-laufen) zu achten. Verdrängtem kann man auf die Spur kommen, wenn man etwa eine starke emotionale Reaktion oder eine auffällige Körperreaktion an sich bemerkt.

Sollte bezüglich eines pgFeldes keinerlei Idee auftauchen, sollte man auch das zulassen, statt sich etwas aus den Fingern zu saugen. Auch die Erkenntnis, eine bestimmte Perspektive nicht einnehmen zu können (etwa in den höheren transpersonalen pgFeldern), kann bereits eine wertvolle Einsicht sein. Für diese Kontemplation kann es kein allgemeingültiges Rezept geben, vertrauen Sie dabei Ihrer Intuition. Mit zunehmender Übung dieser Kontemplation werden die Ergebnisse effektiver und konturierter. Es ist hilfreich, sich eingangs durch eine Meditation zu sammeln und damit den Zugang zum (noch) Unbewussten zu erleichtern.

Sollten Sie mit den Themen eines pgFeldes Schwierigkeiten haben, schlagen Sie diese noch einmal in den Kartenbeschreibungen nach. Ansonsten reicht es, die Tabelle mit dem allgemeinen pgFeld-Modell aus dem Anhang als Erinnerungshilfe zu nutzen.

Abschließend ein kleines Beispiel: Während der Kontemplation der pgFelder könnte sich herausstellen, dass man im Bereich des pgF *IX-Der Eremit* zu der Annahme neigt, bestimmten Verantwortlichkeiten nicht ausreichend nachkommen zu können. Die Folge könnte unablässige Grübelei sein und die Tendenz, die Verursachung all der Schwierigkeiten ausschließlich in sich selbst zu lokalisieren. Im positiven Falle kann das zu Akten der Selbsterkenntnis führen, im negativen aber dazu, das eigene innere Hadern auf andere Personen zu projizieren. Das pgF *X-Das Glücksrad* mit seinen Eigenschaften des systemischen Zusammenhangs könnte nun zu der Einsicht führen, dass zwar das eigene Handeln nicht wie erwünscht ist, die beteiligten Personen aber durchaus auch für sich selbst verantwortlich sind, vielleicht von unseren inneren Kämpfen gar nichts mitbekommen und sogar zufrieden mit der Situation sind. Allein diese Erkenntnis kann eine große Last von den Schultern des Individuums nehmen. Auch könnte sich bei diesen beiden pgFeldern der umgekehrte Fall herausstellen: Erst die Sicht der Dinge aus der Perspektive des pgFeldes *X-Das Glücksrad* zeigt uns, dass bestimmte Mitmenschen aufgrund unserer Selbstbezüglichkeit unnötig leiden, während wir aus der Innenperspektive des pgFeldes *IX-Der Eremit* mit unseren Einstellungen und unserem Handeln recht zufrieden waren.

Wenn man nun die vorangegangenen pgFelder 0-VIII, deren Perspektiven man vorher bereits betrachtet hat, mit einbezieht, wird vielleicht auch klar, warum sich die eigene Innenperspektive so und nicht anders entwickelt hat und derzeit wirkt.

15. Tarot-Legungen

Die Tarotlegungen – ein projektives Selbst-Erkundungsverfahren

Eine rationale Argumentation

Wir kommen nun zu einem heiklen Thema, ein Thema, das Rationalisten im gleichen Maße abschreckt, wie es Esoteriker begeistert, nämlich das klassische Legen von Tarotkarten nach einem Zufallssystem. Zumeist werden die Karten auf irgendeine Weise gemischt, dann eine festgelegte Anzahl an Karten herausgezogen oder abgehoben und dann gemäß einer bestimmten Anordnung ausgelegt. Die Karten würden dann die durch das Legesystem festgelegten Positionsthemen näher charakterisieren. Hier streicht der aufgeklärte Rationalist nicht zu Unrecht die Segel, vor allem, wenn er den Erklärungen der Gläubigen ausgesetzt ist. Das ist natürlich ein Problem: Wenn der Tarot als Orakelei in welcher Form auch immer genutzt wird, ist er definitiv ein magisches Instrument. Kein magisches Instrument lässt sich tatsächlich durch rationale Erklärungen rechtfertigen. Die Karten sind aus rationaler Sicht keinesfalls überdurchschnittlich zutreffend, wenn sie per Zufall gezogen werden, und dennoch entsteht für den Nutzer der Eindruck, als ob der Tarot ihm auf geheimnisvolle Weise Antwort gäbe. Selbst für einen Rationalisten wäre es anmaßend, diesen Nutzern beweisen zu wollen, dass sie irren. Es ist ja ein erlebtes Phänomen; wer dürfte das bestreiten?

Man kann aber von einem wissenschaftlich denkenden Geist nun auch nicht erwarten, dass er bezüglich aller Erkenntnisse der Wahrscheinlichkeitsrechnung beim Tarot eine Ausnahme machen würde.

Warum Tarotlegungen funktionieren hat einer logischen Überlegung nach einen einfachen Grund: Menschliche Wahrnehmung ist selektiv, also auswählend. Wir suchen uns aus, was wir wahrnehmen. Das ist uns nicht bewusst, dennoch gibt es mittlerweile haufenweise Befunde aus der Wahrnehmungspsychologie, dass es sich so verhält, und außerdem arbeiten Gaukler, Illusionisten, Bühnenzauberer, aber auch militärische Strategen seit langem mit dieser Erkenntnis. Menschen nehmen wahr, was sie interessiert, sie nehmen wahr, was sie scheinbar etwas angeht. Wenn wir einer Reihe von optischen Reizen ausgesetzt sind, wird der Fokus unserer Aufmerksamkeit sich dem Reiz zuwenden, der für uns persönlich am relevantesten ist. Wir geraten sozusagen innerpsychisch in Resonanz mit dem Wahrgenommenen. Es ist ja auch klar: Wenn in unserem Bekannten- oder Verwandtenkreis jemand gestorben ist, und eine von zehn Karten einer Legung ist der *XIII-Tod* (der mit einer Wahrscheinlichkeit von etwa 1:8 bei zehn gezogenen Karten erscheinen wird), richtet sich unsere Aufmerksamkeit sofort auf diese scheinbar zutreffende Karte. Und wenn er nicht erschienen wäre, wäre es wohl mindestens eine andere Karte, die in uns etwas zum Schwingen bringt. In der Regel sind es bei dem allgemeinen Symbolcharakter der Tarotkarten aber mehr als nur eine oder zwei, in denen wir unbewusst etwas erkennen, das mit uns zu tun hat. Die erschienenen Karten laden uns ein, mit einem bestimmten Grundthema psychisch ‚mitzuschwingen', psychisch gesehen ‚dorthin zu schauen', und wenn ‚da' etwas in uns ist, etwas zum Klingen gebracht wird, richten wir den Fokus unserer Aufmerksamkeit darauf und beschäftigen uns damit. Das andere wird ausgeblendet. Oft ist es so, dass eben nicht *alle* Karten einer Legung (zum Beispiel das ‚Keltische Kreuz' mit zehn Karten) die gleiche Aufmerksamkeit von uns bekommen, sondern es sind nur einige wenige, seltener einmal viele, fast nie aber alle.

Als Rationalist könnte man sogar soweit gehen zu sagen, die gezogenen Karten folgen vollständig dem Zufallsprinzip; es gibt hier also nichts Esoterisches oder Mystisches. Es ist nur so, dass die Karten aufgrund ihrer Symbolik unsere Psyche einladen, sich einmal kurz bestimmten Themenbereichen und -komplexen zu widmen. *Wenn* bei einem Themenbereich etwas in uns zum Schwingen kommt, dann hat dieses Thema offenbar etwas mit uns zu tun, und wir können durch die dadurch gewonnenen Indizien in diese Richtung weitersuchen und –forschen. So betrachtet ist es sogar *wahrscheinlich*, dass bei einer Legung Karten (oder Kartenkombinationen, was die Anzahl der möglichen Grundthemen, auf die wir reagieren könnten, drastisch erhöht) erscheinen, die irgendetwas in uns wachrufen, mit dem wir uns dann vorrangig beschäftigen. Wir brauchen uns also nicht wundern, dass der Tarot bei vielen Nutzern den Eindruck eines magischen Zauberwerkzeugs hinterlässt.

Wir sprachen ja bereits davon, dass eine gesund entwickelte rationale Bewusstseinsstruktur von den Elementen ihrer Bewusstseinsvorgänger durchdrungen ist, also vom magischen und mythischen Element, ähnlich wie auch im Matheunterricht das Können der Abiturstufe noch vom Gelernten der früheren Klassen durchdrungen sein muss, weil keine Differenzialrechnung möglich ist, ohne zu wissen, wie man eins und eins zusammenzählt. Eine integrale Ratio enthält also magische und mythische Elemente und wenn diese (wie in unserer gegenwärtigen Kultur) über Gebühr unterdrückt werden, entsteht in den Menschen ein unbändiger Appetit auf Magisches. Wir sind satt von der Ratio, die haben wir jeden Tag. Also nehmen die Menschen dankbar magisches Material an und denken gar nicht daran zu versuchen, es rational zu erklären. Viele Menschen bringen schlichtweg die *Bereitschaft* mit, gern und willig zu *glauben*. Und wenn dann noch einige Karten scheinbar wirklich auf ihre Problemlagen zutreffen, sind sie schnell vom magischen Wunderwerk des Tarot überzeugt. Diese Tatsache zeigt keineswegs, dass der Tarot Unfug ist, weit gefehlt, sondern eher, dass dem magischen und mythischen Appetit der Menschen zu wenig entsprochen wird.

Der Tarot, auch oder gerade in Zufallslegungen wirkt also, weil etwas in uns mit den gelegten Karten in Resonanz tritt, und zwar genau das, was uns bewegt. Und so projizieren wir in die gelegten Karten (durch deren Anmutungsqualität angeregt) unsere noch nicht bewussten psychischen Inhalte und haben so die Chance, sie ins Bewusstsein zu heben.

So wie gerade erläutert würden sich Tarotlegungen durchaus in die projektiven Testverfahren der Psychodiagnostik einordnen. Man könnte Klienten Karten ziehen lassen, sie nach einem bestimmten Muster auslegen und dann deuten lassen. Was die Klienten dann in den Karten sehen, ist das, was sie aus ihrem eigenen innerpsychischen, aber unbewussten Erleben nach außen projizieren. Und als Projektionsfläche eignet sich der Tarot hervorragend.

Das Rätsel des scheinbar klaren Sinns einer Legung

Die eben beschriebene rationale Erklärung ist in sich schlüssig, ja, aber dennoch gibt es noch etwas anderes. In der Regel benutze ich selbst das Legesystem des ‚Keltischen Kreuzes' und stelle zwei sehr allgemeine und umfassende Fragen: Wo stehe ich? Und: Welche Kräfte wirken? Die Ergebnisse sind definitiv genauer als es die obige Erklärung zulassen würde. Mehr noch: Die semantischen Verbindungen zwischen den zehn ausgelegten Karten ergeben regelmäßig einen klaren Sinn. Ich habe es mittlerweile akzeptiert und nutze die Informationen, auch wenn ich hier das wirklich Geheimnisvolle, also Esoterische (Inwendige), das vielleicht Numinose, von dem Jung immer sprach, antreffe, das zu ergründen entweder meine Ratio zu klein oder aber mein magisch-mythischer Appetit zu groß ist.

Andere Tarot-Anwender berichten vom gleichen Phänomen: Der Tarot treffe auf eine Weise zu, dass es einen den Verstand rauben könnte. Crowley schrieb, dass nach genügend intensiver Anwendung der Tarot ins Leben springe.

Das ist eine Erfahrung, die nicht nur ich, sondern auch andere Anwender bestätigen können: Je intensiver man sich mit den einzelnen Karten auseinandergesetzt, die einzelnen Karten für sich verstanden und vor allem die Beziehung der Karten zueinander, also das Ordnungssystem, durchdrungen hat, desto zutreffender und präziser wird die Tarot-Legung.

Zwei-Komponenten-Hypothese zur Erklärung der Wirksamkeit von Orakelsystemen

Dementsprechend begegnen wir hier einem scheinbaren Widerspruch: Nach den Gesetzen der Wahrscheinlichkeitsrechnung werden in Tarotlegungen nach einem Zufallsprinzip Karten gezogen, die in keinem Sinnzusammenhang mit der gestellten Frage stehen dürften. Auf der anderen Seite stehen die mannigfaltigen empirischen Erfahrungen der Anwender, die diese Sinnzusammenhänge durchaus erkennen oder konstruieren und als hilfreich erleben.

Ich möchte an dieser Stelle eine Erklärungsmöglichkeit vorstellen, die sich auf die klassischen projektiven Verfahren der Psychodiagnostik stützt.[349] Der bislang vermutete Wirkmechanismus projektiver Verfahren besteht in dem Wechselspiel zweier Komponenten:

- das vorgelegte Material, das zur Projektion einlädt und
- das innerpsychische ‚Set' des Testanden, das sowohl in der Bereitschaft zur Projektion als auch in dem zu projizierenden innerpsychischen Material besteht.

Wenn wir den Tarot als projektives Einladungsmaterial verstehen, das das Potenzial zu einem projektiven Analyseverfahren enthält, fallen einige gravierende Unterschiede zu den rationalen theoriegeleiteten projektiven Tests der Psychodiagnostik auf. Während eines projektiven Tests entscheidet der Diagnostiker über das vorzulegende Material. Dieses besteht zumeist aus Einzelelementen, zum Beispiel Karten mit Tintenklecksen wie beim Rorschach-Test, in die der Testand seine innerpsychischen Themen projizieren kann. Im Tarot hingegen entscheidet das Zufallselement über eine bestimmte Anzahl an Karten, die zusammen einen Sinnzusammenhang ergeben sollen. Das heißt, die projektive Aktivität des Testanden richtet sich auf zwei Ebenen, die sich im Projektionsprozess wechselseitig durchdringen und beeinflussen: zum einen die einzelnen Karten, die je nach Psyche projektiv gedeutet und empfunden werden, und zum anderen der Gesamt-Sinnzusammenhang, der sich aus der Kombination der Einzelelemente ergibt. Eine Ahnung von diesem Sinnzusammenhang kann wiederum während der Deutung rückwirken auf die Wahrnehmung einer einzelnen Karte, die dadurch ihre Konnotation verändern kann.

Dieses Prinzip könnte man auch der Entwicklung eines diagnostischen Testverfahrens zugrunde legen, allerdings gibt es da eine kaum zu überwindende Schwierigkeit: Um ein solches Einladungsmaterial zu erzeugen, bedarf es eines umfangreichen, vollständigen philosophischen Systems, das sich in dem äußeren Projektionsmaterial lückenlos wiederfindet. In diesem

349. Projektive Test-Verfahren: Der bekannteste ist sicher der Rorschach-Test. Der Proband wird gebeten, seine Assoziationen zu gegenstandsfreien Tintenklecksen zu äußern. Andere Verfahren sind die gestalterischen Verfahren, bei denen der Proband z.B. einen Baum zeichnen soll oder die Apperzeptionstests, bei denen der Proband eine zweideutige Situation auf einem Bild deuten soll. Die Ergebnisse sind Hervorbringungen der Psyche des Probanden und erlauben so Rückschlüsse auf dessen Einstellungen, Gefühle oder Gedanken. Gerade bei Kindern, die sich verbal nicht klar ausdrücken können oder wollen, sind diese Testverfahren oft hilfreich.

Buch habe ich mich bemüht nachzuweisen, dass der Tarot ein solches vollständiges philosophisches System in sich birgt. Es ist kaum vorstellbar, dass nur durch reine Überlegung und theoriegeleitete Konstruktionsarbeit ein solches umfangreiches System erarbeitet werden kann. Vielmehr scheint es plausibel, dass durch einen Generationen währenden Prozess und durch immer wiederkehrende Praxistests die individuellen Spuren eines solchen kollektiven kreativen Entwurfs abgeschliffen werden, und dass dann nach vielen Jahrhunderten ein solches vollständiges System zur Verfügung steht. ‚Vollständig' heißt in diesem Falle nicht, dass der Tarot die einzige Wahrheit darstelle, sondern dass seine Einzelelemente auf seine spezifische Art möglichst alle menschlichen Erfahrungsqualitäten abdecken und alle miteinander einen in sich stimmigen und schlüssigen Sinnzusammenhang ergeben. Es gibt noch eine Reihe weiterer solcher vollständigen philosophischen System", wie etwa das altchinesische I Ging oder die alteuropäischen Runen. Solche Systeme unterscheiden sich in ihrem Aufbau, verweisen aber letztlich auf grundlegende menschliche Lebensqualitäten, deren Einzelelemente zusammen ein in sich schlüssiges und vollständiges Erklärungssystem beziehungsweise eine psycho-spirituelle Landkarte unseres Seins abbilden.

Wenn man in einer entsprechenden Sitzung mit solch einem kollektiv entstandenen Material konfrontiert wird, werden Aspekte unseres Unbewussten angesprochen, die ein (nur) theoriegeleiteter psychologischer Test kaum hervorkitzeln kann. Das Material in den herkömmlichen Tests ist dazu einfach nicht umfangreich genug.

Die Bereitschaft, sich auf das Spiel der Projektion einzulassen und das Unbewusste spielen unauflöslich zusammen, werden zu einem gesamtpsychischen Wirkgefüge, das dann in Resonanz mit dem zur Verfügung gestellten philosophischen System tritt und bisher Unbewusstes bewusst zu machen vermag.

Obwohl der Gegenstand dieses Buches die Erkundung des Kulturguts Tarot aus integral-psychologischer Sicht ist, finden Sie im Anschluss einige beispielhafte Vorschläge zur Anwendung von Tarotlegungen. Praktische Anwendungen eröffnen oft neue oder weitere Dimensionen der Theorie. Beides ist ohne einander kaum möglich.

Legesysteme

Tarotkarten zu Legungen zu nutzen ist üblich und die Spannweite der Einstellungen der Nutzer dazu breit gefächert.

An dieser Stelle sollen einige mögliche Legesysteme vorgestellt werden, wobei nur das Keltische Kreuz aus der traditionellen Literatur übernommen wurde. Alle weiteren Legesysteme sind auf der Basis gebräuchlicher psychologischer Theorien und Modelle entwickelt worden.

Überhaupt möchte ich den Anwender dazu ermutigen, eigene Legesysteme zu kreieren, die die fragliche Thematik gut widerspiegeln können.

Legesysteme sind keine ehernen Gesetze, sondern Akte kreativer Ideen. Viele bekannte Systeme haben sich bewährt und wurden aus diesem Grund immer wieder in entsprechenden Veröffentlichungen vorgestellt.

Wichtig scheint mir der Hinweis, dass es sich bei solcherlei Legungen keinesfalls um Orakel im Sinne einer wie auch immer gearteten Zukunftsschau handelt, sondern um projektive Verfahren. Wie schon an anderer Stelle erwähnt, rufen projektive Verfahren durch Konfrontation mit dem vorgelegten Material und dessen Anmutungsqualität hervor, was innerpsychische, vielleicht unbewusste, Eigenwelt des Anwenders ist. Das vorgelegte Material aktiviert entsprechende Themen in unserem psychischen Inneren und diese treten in Resonanz mit dem vorgelegten Material. Kurz, wir projizieren (bislang) un- oder vorbewusste Aspekte aufgrund der Wahrnehmung des Materials.

Die Karten mögen zwar eingrenzbare Bedeutungen in sich tragen, aber welche der symbolischen Aspekte wir aufgrund unserer aktuellen Situation zu sehen bereit sind, entscheidet unsere eigene Psyche.

Da die Ergebnisse einer Legung Resultat eines gegenwärtigen seelischen Zustandes des Anwenders sind, sollten diese Ergebnisse auch genauso interpretiert werden: Sie spiegeln das aktuelle Bewusstsein, den gegenwärtigen psychischen Stand der Dinge wider. Allein die Legung und die Auseinandersetzung mit ihr verändert diesen Status Quo. Potenzielle Aussagen über die Zukunft sind natürlich nicht möglich, und an Stellen, in denen die Legeposition solcherlei suggerieren mag, kann es bestenfalls um einen Trend gehen, ein Trend, der in der psychischen Gegenwart des Anwenders begründet liegt.

„The map is not the territory" – Eine Tarotlegung ist bestenfalls ein Instrument, um ans Tageslicht zu holen, was un- oder vorbewusst uns eigen ist. Was wir durch eine Legung erhalten, sind Indizien, Hinweise auf Tatsachen unserer Psyche, keinesfalls aber Aussagen über objektive Sachverhalte oder andere Personen.

Eine Tarotlegung kann inspirieren, doch Direktiven bietet sie nicht. Der eigentliche Wirkfaktor einer gelungenen Legung ist die Bereitschaft des Anwenders, bisher ungesehene Perspektiven einzunehmen und seinem Eigenanteil an den Geschehnissen mit dem Geiste eines Forschers auf die Spur kommen zu wollen.

Klassisch: Das Keltische Kreuz

Das Keltische Kreuz ist eines der bekanntesten Legesysteme und fehlt in keinem Tarotratgeber. Es ist geeignet für die meisten Fragen, die man stellen kann, da es auf allgemeine Art die meisten relevanten Aspekte eines Sachverhaltes abdeckt.

Das Legesystem wird so in dieser Reihenfolge gelegt:

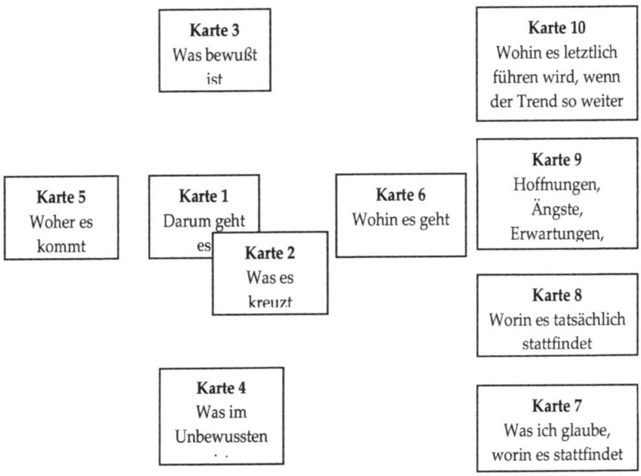

Karte 1:

Der ‚Signifikator'. Diese Karte zeigt an, worum es generell geht, welche Energie hauptsächlich wirkt, beziehungsweise um welches Grundthema es sich handelt.

Karte 2:

‚Was es kreuzt'. Welche Energien oder Kräfte kommen hinzu? Mit welchen Energien oder Erfahrungsfeldern steht das Grundthema in Interaktion? Was drängt danach, ebenfalls zur Wirkung zu kommen?

Karte 3:

‚Was mir bewusst ist'. Diese Karte zeigt die Themen und Aspekte an, die in unserem Bewusstsein wirken. Oft sind sie uns klar, aber manchmal sind die eigentlichen Auslöser unseres bewussten Wahrnehmens dennoch im Dunkeln, so dass diese Position uns noch einiges offenbaren kann.

Karte 4:

‚Was im Unbewussten ist'. Diese Position zeigt an, welche Kräfte in unserem Unbewussten wirken und uns zu Handlungen, Gefühlen, Gedanken usw. treiben.

Karte 5:

‚Woher es kommt'. Hier geht es um die unmittelbare Ursache, also eher im Sinne einer Kausalerklärung. Welches Ereignis oder welche Energie ist der gegenwärtigen Situation vorausgegangen? Während die vorherige Karte (‚was unbewusst ist') ebenfalls auf einen Aspekt der Vergangenheit hinweist, nämlich auf in der Vergangenheit entstandene egoische Strukturen, also Verhaltens-Programme, Konfliktmuster, Lernerfahrungen, die sich im Unbewussten festgesetzt haben, geht es hier um die unmittelbar zeitlich vorangegangene Situation, aus der heraus die anderen Karten verständlich werden.

Karte 6:

‚Wohin es geht'. Welche unmittelbare Konsequenz ergibt sich aus der bisherigen Konstellation? Diese Position ist weniger als eine Zukunftsschau zu verstehen, sondern eher als eine Prognose, die sich aus den vorangegangenen Karten ergibt. Sie zeigt eine erhöhte Wahrscheinlichkeit oder einen Trend an, was in der unmittelbaren Folge in Ihrem psychischen Erleben passieren kann.

Karte 7:

‚Worin ich glaube, dass es stattfindet'. Diese Position zeigt an, wie unsere Sicht der Dinge ist, wie wir also die Situation, in der wir uns befinden, aus unserer Subjektivität heraus einschätzen. Wilber würde sagen, diese Karte ist die Sicht der Dinge aus dem linken oberen Quadranten (individuell-innerlich).[350] Die achte Karte ergänzt diese Innenperspektive um die der Außenperspektive.

Karte 8:

‚Worin es tatsächlich stattfindet'. So die traditionelle Kurzbeschreibung dieser Position. Streng genommen stimmt sie aber nicht.

Die Innenperspektive auch für die Außenperspektive zu halten, ist ein bekannter, zu Irrtümern verleitender Generalisationseffekt. Hier geht es um Aspekte der Intersubjektivität bzw. der Außenperspektive.

---

350. Zu dieser Theorie siehe Kapitel 6, Die Vier Quadranten.

Subjektive Innenperspektive und Intersubjektivität miteinander in Einklang zu bringen, ist eine wunderbare Kontemplations-Hilfe für die Schulung des von Gebser sogenannten integral-aperspektivischen[351] Denkens und regt unsere geistigen Meta-Ebenen an.

Karte 9:

‚Hoffnungen, Ängste, Erwartungen, Antizipationen, etc.'. Psyche ist handlungsleitend. Was wir denken und fühlen, legt Handlungstendenzen fest. Diese Handlungen wiederum werden Resultate erzielen. Um zu verstehen, warum das letztendliche Ergebnis der Ereigniskette so und nicht anders ist, ist es wichtig, sich den eigenen Einstellungen, Gefühlen usw. zuzuwenden. Wenn man diesen Aspekt übergeht, wird das Endergebnis unerklärlich. Man spricht in der Psychologie von *self fullfilling prophecies* und meint damit, dass eine Prophezeiung sich erfüllt, weil sie existiert und in den Köpfen der Menschen wirkt.[352]

Karte 10:

‚Wohin es letzten Endes führen wird...', wenn alles so weiter gehen würde, wie es die Legung angezeigt hat. Tatsächlich aber verändert bereits die Legung unsere Sicht der Dinge, auch unsere Erwartungen, was den Trend verändern mag. Diese zehnte Karte zeigt nichts an, was uns ‚orakelt' wird, sondern ist einfach nur ein Trend, eine Tendenz, eine erhöhte Wahrscheinlichkeit, die entsteht, weil es entsprechende begünstigende und determinierende Faktoren gibt, die diesen Trend erzeugen. Die Karte gestattet uns einen Blick auf das oft unbewusste Ziel unserer Psyche. Dieses kann durch-

351. Zu Gebser vgl. oben Kap. 2, Das Vergleichsmaterial.

352. Warum eigentlich: Eine der bestuntersuchten Theorien der Sozialpsychologie ist die Theorie der kognitiven Dissonanz von Leon Festinger. Unter kognitiver Dissonanz versteht man den Zustand in einem Menschen, der entsteht, wenn verschiedene kognitive Elemente unvereinbar zu einander stehen. Diesen Zustand empfindet der Mensch als unangenehm und er ist bestrebt, diese Dissonanz in einen (angenehmeren) Zustand der Konsonanz zu überführen. Das heißt, er muß mindestens eines dieser kognitiven Elemente verändern, um alles zueinander passend zu machen, und zwar auf glaubwürdige Art. Das heißt aber, dass eine bestimmte geistige Vorwegnahme des Künftigen (also eine Befürchtung, eine Hoffnung, eine Erwartung – all das sind ja Kognitionen) mit der Erfahrung, die dann gemacht wird, übereinstimmen sollte. Man kann nun diese Erwartungen verändern (aber das ist ziemlich schwierig) oder aber die künftige Situation so steuern, dass sie gemäß unseren Erwartungen eintrifft. Selbst wenn es negative Erfahrungen sind – es ist subjektiv immer noch energiesparender und damit angenehmer für das Selbst-Gefühl, als wenn *Erwartungen* und *Ereignisse* nicht übereinstimmen. Ein wichtiges Grundbedürfnis des Menschen ist nun einmal das Bedürfnis nach Kontrolle. Und wenn wir die Erfahrung machen, dass unsere Prognosen, selbst wenn sie negativ sind, zutreffen, ist dieses Bedürfnis nach Kontrolle erfüllt.

aus negativ aussehen, aber vielleicht steuert das Unbewusste genau dieses Negative an, um zum Beispiel ein altes Konfliktmuster zu bestätigen oder sich aus einer komplexen ‚Falle' zu befreien?

Während unser Bewusstsein im Alltag oft wie ein besoffener Kapitän in seiner Kajüte schnarcht und keine Ahnung hat, wohin seine Besatzung sein Schiff steuert, kann eine solche Tarotlegung dafür sorgen, dass der Kapitän sich kaltes Wasser ins Gesicht spritzt, aufs Deck klettert und die Kontrolle über die (innerseelischen) Ereignisse übernimmt.

Das ‚Lazarus-System'

Dieses Legesystem eignet sich dann, wenn wir angesichts komplexerer Probleme den Wald vor Bäumen nicht sehen und Klarheit über unsere eigene Sicht der Dinge und vor allem über unsere Bewältigungsmöglichkeiten wünschen.

Diesem Legesystem liegt ein psychologisches Stress-Erklärungsmodell zugrunde. Die Entwickler dieses Modells hießen Lazarus und Launier, daher die Namensgebung.

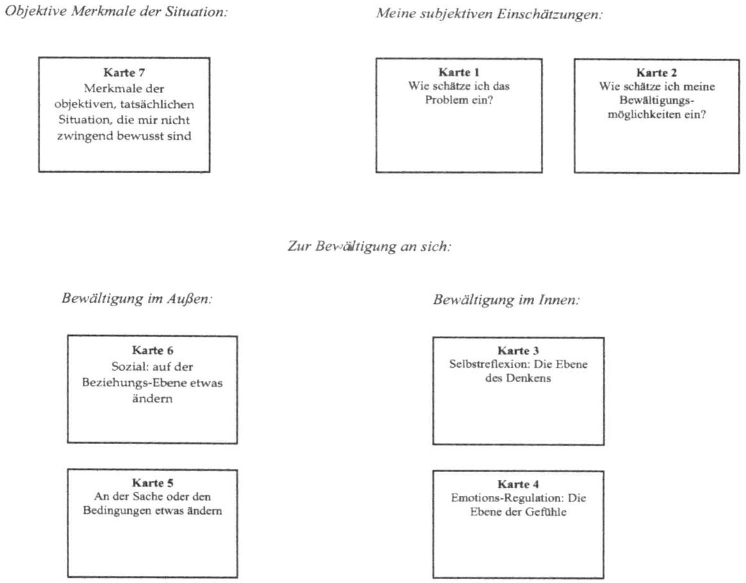

Karte 1:

Welche Aspekte, Kräfte, Energien oder Einstellungen beeinflussen meine Sicht der Dinge, meine Einschätzung der Situation? Hier können Hinweise auf unsere Sichtweise an sich auftauchen: Bewerten wir die Situation als bedrohlich oder entspannt usw. Es können sich aber auch Hinweise darauf ergeben, *warum* wir eine Situation als stressend oder dergleichen einschätzen: Welche innerpsychischen Mechanismen wirken: alte Ängste, Konfliktmuster, Abwehrmechanismen oder Hoffnungen, trügerische Erwartungen oder vielleicht auch zutreffende Einschätzungen.

Karte 2:

Wie schätze ich meine Bewältigungsmöglichkeiten ein? Bin ich in der Lage, die Sache zu meistern? Oder wirken hier wiederum dysfunktionale Muster negativer Selbsteinschätzung? Oder trifft meine Einschätzung einigermaßen zu?

Die Bewältigungsmöglichkeiten: Innen

Karte 3:

Es gibt Situationen, an denen wir nichts ändern können (z.B. schlechtes Wetter). Mit solchen Situationen zurechtzukommen, braucht es eine effektive Selbst-Regulation. Einerseits kann man hier über bewusste Selbstreflexion die eigene Rolle in einer Situation verstehen und akzeptieren lernen und andererseits …

Karte 4:

… und andererseits seine gefühlsmäßigen Reaktionen beherrschen lernen. Der wichtigste Wirkfaktor in Stress- und Belastungssituationen sind unsere Gefühle. Gefühle beeinflussen maßgeblich unsere körperliche Verfassung (Zorn geht einher mit neurovegetativen Reaktionen, die unsere Körperfunktionen verändern) und leiten oft unser Verhalten, und leider manchmal auf eine Weise, die wir uns im Nachhinein anders gewünscht hätten.

Wie wir unsere Gefühle regulieren können, bzw. welche Gefühle hier unerkannt wirken könnten, zeigt diese Karte an.

Außen:

Karte 5:

Es gibt aber auch Situationen, die man durchaus ändern kann – und sollte. Es ist übrigens erstaunlich, wie viele Stress-Bewältigungsstrategien nur auf die innere Regulation und Bewältigung ausgerichtet sind (Erholung, gefühls-ausgleichende Tätigkeiten, Energie-Abfuhr etc.) und wie selten wir tatsächlich an den Dingen an sich etwas ändern. Diese Karte zeigt an, unter welchem Aspekt es stehen würde, wenn man an der *Sache an sich* etwas ändert oder in welchen Bereichen man aktiv eingreifen sollte.

Karte 6:

Für diese Karte gelten die gleichen Überlegungen wie für die fünfte Karte, nur geht es hier um das aktive Bemühen, im *sozialen* Außen etwas zu verändern. Da kann es je nach Problemstellung um die Beziehungen zu Freunden, Partnern, Nachbarn, Kollegen, Gruppen, der Einbindung in den sozialen Kontext an sich gehen.

Karte 7:

Welche Aspekte der Situation sind mir nicht bewusst? Was habe ich nicht beachtet? Welche objektiven, mir nicht bewussten Merkmale weist die Situation auf?

Zur Klärung von Konfliktmustern[353]

Konfliktmuster unserer Psyche sind innerpsychische Programme, die im Laufe unserer Biografie durch (oft unbewusste) Lernprozesse entstanden sind. Ihr Ursprung liegt in einer Verhaltensreaktion auf eine Belastungssituation, die damals zumindest eine kurzfristige Problemlösung zu sein schien. Beispiel: Übermäßiger Leistungs-Druck auf ein Schulkind kann dazu führen, dass das Kind als Problemlösung beginnt, hohen Anforderungen aus dem Wege zu gehen. Daraus kann sich im Laufe der Jahre durch Wiederholung

353. Dieses Legesystem beruht auf dem sogenannten Diathese-Stress-Modell aus der Klinischen Psychologie zur Erklärung der Entstehung von psychischen Störungen. Diathese heißt soviel wie Angelegt-Sein und meint Veranlagungen, die aber nicht zur Entfaltung kommen müssen. Stress heißt hier, dass Belastungsfaktoren auf diese Veranlagung treffen und somit deren Entfaltung auslösen. Wie das genau geschieht, erklärt dieses Modell. Für die Legung wurde es etwas abgewandelt und betrifft nicht mehr nur Persönlichkeitsstörungen, sondern auch „harmlosere“ innerpsychische Konfliktmuster, die irgendwann entstanden sind und (oft dysfunktional) in der Gegenwart noch wirken.

dieses Verhaltens ein Konfliktmuster entwickeln, das in der erwachsenen Gegenwart nicht mehr funktional ist und durch Vermeidung zu Problemen führt. Solche Konfliktmuster sind in den meisten Fällen die Ursache für Probleme in Beziehungen, Arbeit oder Ich-Erleben.

Die belastende Wirkung eines solchen Konfliktmusters wird sofort spürbar verringert, wenn nicht gar beseitigt, indem man es ins Bewusstsein hebt. Bewusstheit an sich übt bereits einen heilenden Effekt aus, zumindest aber gibt sie uns die Möglichkeit, das Konfliktmuster nun zu beherrschen und zu kontrollieren.

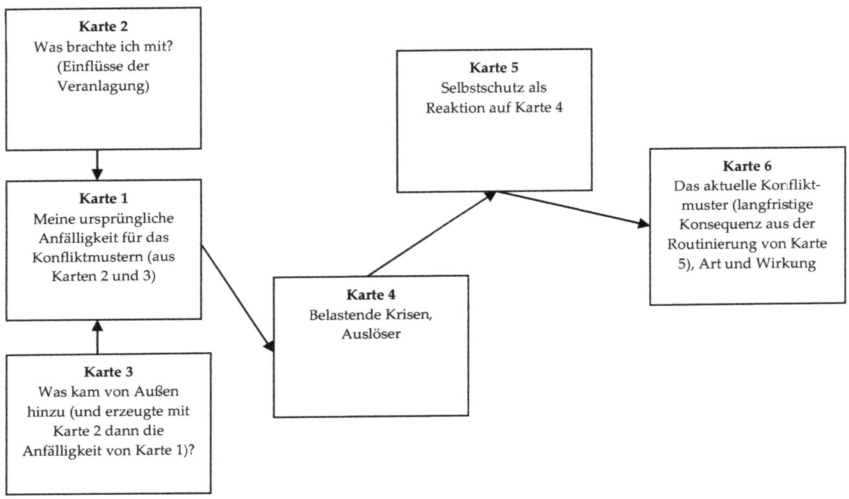

Die Positionen im Einzelnen:

Karte 1:

Die Anfälligkeit unserer Person dafür, das entsprechende Konfliktmuster oder die psychische Störung überhaupt auszubilden. Diese Anfälligkeit (in der Fachsprache Vulnerabilität) speist sich aus zwei Aspekten, die die Karten zwei und drei beschreiben.

Karte 2:

Welche Anteile bringe ich als Person mit, um die Anfälligkeit für das entsprechende Konfliktmuster zu erzeugen? Genetische Faktoren, körperliche (und neurovegetative) Konstitution, unbewusste Erinnerungen aus dem Geburtserlebnis, karmische Aspekte und anderes können hier eine Rolle spielen.

Karte 3:

Welche Anteile meiner Anfälligkeit für das entsprechende Konfliktmuster haben ihren Ursprung in den äußeren und Umgebungsfaktoren?

Welche schwächenden oder auch förderlichen Einflüsse des sozialen Umfeldes kommen hinzu und ergänzen sich mit meinen eigenen Anteilen zu einer generellen Empfänglichkeit für das Konfliktmuster? Das können Einflüsse des Elternhauses, der Gesellschaft, der Schule, der Peers etc. sein.

Karte 4:

Welche belastenden Krisen waren dann der Auslöser für die Entstehung des Konfliktmusters?

Irgendein Ereignis, mehrere Ereignisse oder eine ganze Serie von Ereignissen müssen nun geschehen, also auf unsere Empfänglichkeit und Verletzlichkeit treffen, um den Beginn des Konfliktmusters auszulösen. Es handelt sich um Ereignisse, die unsere psychische Schutzstruktur nicht zu tragen vermochte, vor deren Wirkungen wir das Gefühl hatten, uns schützen zu müssen. Das passiert nicht bewusst, sondern automatisch. Diese Karte gibt uns Hinweise auf die Art und Weise dieser belastenden Krisen für unsere Persönlichkeitsentwicklung.

Auch hier ist es wichtig zu verstehen, dass diese belastenden Krisen zwar in der Vergangenheit stattfanden, aber es in der Gegenwart nur eines Ereignisses mit hinreichender Ähnlichkeit bedarf, um als Auslöser die gleichen Reaktionen wieder hervorzurufen wie damals – heute sogar noch verstärkter, denn die Reaktion (Karte 5) ist ja gegenwärtig bereits zur Routine geworden.

Karte 5:

Wie reagierte ich als Selbstschutz auf die belastenden Ereignisse (Karte 4)?

Auf die belastende Krise, die uns überfordert, reagieren wir mit einer Tendenz zum Selbstschutz. Welcher Art dieser Selbstschutz ist, gibt diese Karte Auskunft. Oft ist die Art des Selbstschutzes damals sinnvoll gewesen, zumindest konnte die Selbstschutzstrategie die gröbste Bedrohung wohl erst einmal abwehren. Nur etabliert sich mit der Zeit eine Gewohnheit aus dieser anfänglichen Selbstschutzreaktion, die dann nicht nur unsere Persönlichkeit schützt, sondern selbst zum Teil unserer Persönlichkeit wird. Aus der Schutzfunktion ist unter Umständen ein Problem geworden, das dann ein routiniertes, stabiles und gewohntes Konfliktmuster bildet, das uns kontrolliert, statt dass wir umgekehrt dieses kontrollieren.

Karte 6:

Die Art und Wirkung dieses Konfliktmusters in der Gegenwart wird in dieser Kartenposition beschrieben. Anhand dieser Karte kann man erkennen, in welchem psychischen Sektor das Konfliktmuster hauptsächlich wirkt (im Mentalen, Emotionalen etc.) und auf welche Weise. Sollte eine Karte der Großen Arkana hier erscheinen, ist das ein Hinweis auf das psychogenetische Feld, das dadurch betroffen ist und dessen Themen unter Umständen nicht hinreichend integriert wurden, oder aber es handelt sich um Themen künftiger Entwicklung, die verfrüht in Angriff genommen werden.

Diese Karte ist der gegenwärtige Erfahrungsausdruck dieses aus der Vergangenheit kommenden Programm-Wurmes, der nach wie vor alle Aspekte (von Karte 1 bis 6) seiner Entstehung in sich trägt.

Lösungen:

Der wichtigste Ansatz zur Lösung liegt in den Karten 4 und 5. Die ursprünglich belastenden Krisen (zum Beispiel Unterdrückung kindlicher emotionaler Bedürfnisse), die ja auch gegenwärtig wirken (der Frust wegen dieser Unterdrückung der Emotionalität unterdrückt wiederum die gesunde Emotionalität – ein Teufelskreis), müssen verstanden werden. Als Erwachsener haben wir die Gelegenheit, zu unseren Emotionen zu stehen. Hier müsste man daran arbeiten, sich selbst ‚Vater und Mutter zu werden', um den innerpsychischen Teufelskreis zu durchhauen. In unserem Beispiel also hieße das, dass man schrittweise lernt, seine Emotionen überhaupt erst einmal zur Kenntnis zu nehmen, sie dann genauso anzunehmen, wie sie eben sind (also auch die inneren Zensoren zu entlassen, die uns sagen *Nein, nein, das darfst Du nicht fühlen!*) und einen geeigneten Ausdruck dafür zu finden.

Der zweite Punkt ist das Überprüfen der Selbstschutzreaktion, die sich im Laufe der Zeit zu einem unkontrollierbaren Programmwurm verselbstständigt hat. Diese Selbstschutzreaktion war aus Sicht des Kindes, das man damals war, völlig gerechtfertigt, behindert uns aber nun empfindlich im erwachsenen Leben. Die Bewusstwerdung dieser Zusammenhänge gibt uns die Möglichkeit, diese Reaktionstendenzen gegebenenfalls umzuprogrammieren.

Das ist schneller aufgeschrieben, als man es umsetzen kann. Dieser Prozess dauert oft lange, lohnt sich aber.

Das Team-Spiel

Dieses Legesystem ist dem klassischen Beziehungsspiel nicht unähnlich. Hier allerdings liegt der Fokus nicht so sehr auf der Beziehung der beiden zueinander, sondern auf der Beziehung der beiden zu der gemeinsam zu bewältigenden Aufgabe. Dieses Legesystem ist geeignet, um die psychischen Hintergründe gemeinsamer Handlungen zu beleuchten. Dabei kann es sich um den Lebenspartner, die Arbeitskollegen, Freunde oder andere handeln.

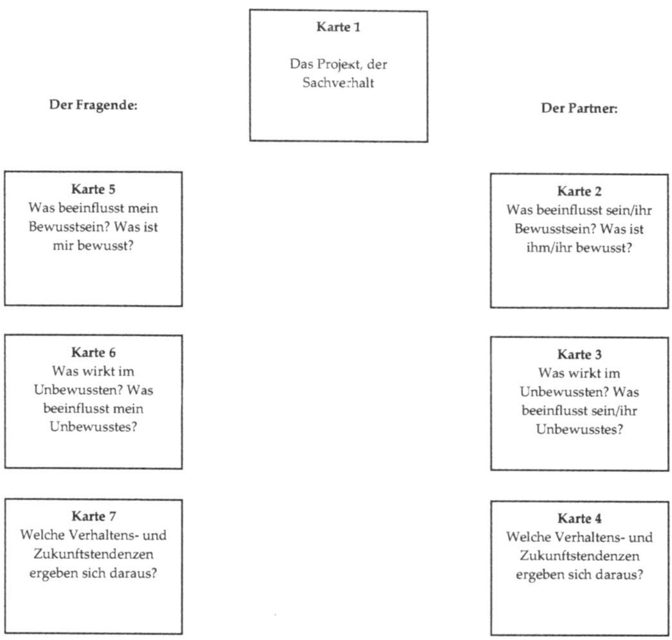

Die Positionen im Einzelnen:

Karte 1:

Diese Position charakterisiert das Projekt, das Vorhaben, den Sachverhalt an sich.

Karten 2 und 5:

Was ist uns bewusst oder was beeinflusst unser Bewusstsein in der fraglichen Angelegenheit?

Karten 3 und 6:

Was ist uns nicht bewusst oder was beeinflusst unser Unterbewusstes in der fraglichen Angelegenheit?

Karten 4 und 7:

Aus unseren bewussten und unbewussten Einstellungen resultieren Verhaltenstendenzen, die wiederum das, was geschehen wird, beeinflussen – sei es als unbewusste Selbst-Manipulation, sei es als ‚sich selbst erfüllende Prophezeiung' oder auf anderen Wegen.

Insofern erlauben diese beiden Kartenpositionen vorsichtige Zukunftsprognosen in Form eines Trends, einer Tendenz. In diesen Karten kann sich auch die unbewusste Zielsetzung unserer Psyche bezüglich des fraglichen Sachverhalts offenbaren: Die sich gegenüberliegenden Karten stehen in einer Beziehungs-Wechselwirkung. Es kann durchaus sein, dass etwa das unbewusste Handeln des einen im anderen eine unbewusste Reaktion auslöst, was sich auf das ganze Vorhaben auswirkt, aber nicht erkannt wird. Hier sollte man selbstkritisch reflektieren. Es wäre schade, wenn man persönliche Befindlichkeiten irrtümlich auf das gemeinsame Projekt projiziert.

Zur Analyse von Handlungen

Dieses Legesystem orientiert sich an einem arbeitspsychologischen Modell, das erklären soll, wie und aus welchen Gründen es zu einer Handlung kommt oder warum nicht.

Entscheidend hierbei sind Aspekte der Person, die die Handlung ausführt, der Handlung an sich, des Ergebnisses der Handlung und der Folgen des Ergebnisses. Zu allen vier Aspektbereichen haben wir entsprechende Einstellungen, die die Güte der Handlung, des Ergebnisses und der Konsequenzen beeinflussen werden.

Wie unsere subjektive Einstellung zu diesen Aspekten ist, lässt sich durch drei Fragestellungen herausfinden:

Kann ich die Handlung ausführen? (**Karte 5**)
Führt die Handlung zum Ergebnis? (**Karte 6**)

Führt das Ergebnis zu den erwünschten Folgen? (**Karte 7**)

Die **Karten 1, 2, 3** und **4** geben Hinweise auf Einstellungen, Überzeugungen, aber auch Wahrnehmungen bezüglich der Aspekte, die in nachfolgender Grafik angezeigt sind.

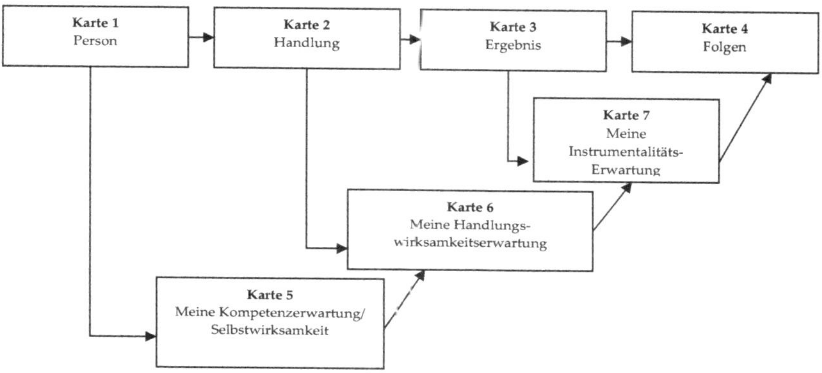

Dieses Legesystem ist mit gewisser Vorsicht zu genießen, denn die Resultate könnten unter Umständen demotivierend wirken. Wichtig ist zu verstehen, dass der Tarot nicht sagt, was genau passieren wird, sondern uns nur Hinweise darauf gibt, welche Kräfte überhaupt wirken, vor allem in uns selbst. Diese Hinweise sind in jedem Fall hilfreich und sollten uns nicht in jedem negativen Falle von der Handlung oder dem Vorhaben abhalten. Die Ergebnisse zeigen dann nur, auf welche erschwerenden Bedingungen wir Rücksicht nehmen sollten. Man sollte auch bei all dem nicht aus den Augen verlieren, dass es sich hier um Aussagen über unsere *Einstellungen* handelt und diese zu verändern, liegt immer in unserer Macht, wenn wir uns einmal dessen bewußt geworden sind.

Entscheidungen: Der Dreizack

Hier geht es einerseits um eine Analyse des Ist-Zustandes und seinen Ursachen und andererseits um verschiedene Möglichkeiten der Entscheidung, wie man sich in der Sache weiter verhalten möchte. Diese Legung ist hilfreich bei Entscheidungsunsicherheiten.

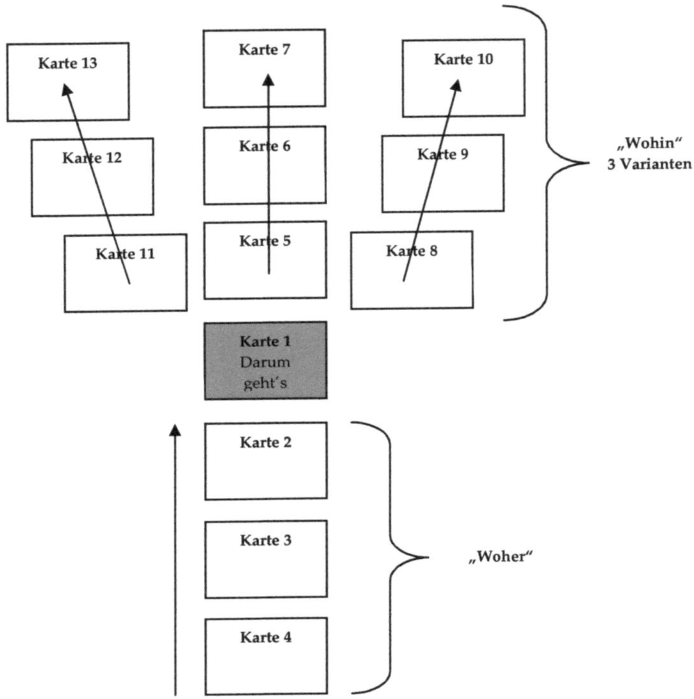

Die Positionen im Einzelnen:

Karte 1:

Diese Position zeigt das Grundthema an, bzw. die im Grundthema verborgene wesentliche Energie. Darum geht´s.

Karten 2, 3, 4:

Sie zeigen mit einer gewissen Kausalität an, wie es zur gegenwärtigen Situation gekommen ist. Das kann zeitlich aufeinanderfolgende Aspekte oder aber psychisch aufeinander aufbauende Parameter, Energien, Muster, Programme, Themen etc. anzeigen.

Karten 5, 6, 7:

Diese ,Zacke' des Dreizacks stellt die erste Möglichkeit der weiteren Entwicklung dar. Die erste dieser Karten zeigt in der Regel, mit welcher psychischen Energie sie hier herangehen und die beiden folgenden, was sich daraus tendenziell entwickeln mag. Es kann aber auch sein, dass die drei Karten wieder aufeinander aufbauende psychische Parameter kennzeichnen. Das heißt nicht, dass die Dinge so passieren müssen, es heißt nur, dass es eine Tendenz dazu gibt, die ihre Ursache in unserer Psyche hat.

Karten 8, 9, 10:

Diese drei Karten zeigen eine zweite Möglichkeit weiterer Entwicklung an …

Karten 11, 12, 13:

… ebenso diese drei Karten.

Anhand der drei Möglichkeiten der drei Spitzen des Dreizacks werden unter Umständen Alternativen aufgezeigt, die man bisher noch nicht gesehen hatte. Sie geben uns die Möglichkeit, den Entscheidungsspielraum zu erweitern und uns der Optionen bewusst zu werden, die uns zur Verfügung stehen.

Die drei Spitzen des Dreizacks können Sie bei Bedarf auch mit konkreten Ihnen bekannten Optionen belegen: Welche Tendenz ergibt sich, wenn ich mich für X entscheide, welche, wenn ich mich für Y entscheide und so weiter. Sollten nur zwei Optionen zur Frage stehen, können Sie die dritte Spitze natürlich auch weglassen.

16. Appendix

Pg-Felder	Analyse-Ebene	Anmerkungen	
	Präpersonaler Erfahrungsbereich		
0	**Ursprung** Aspekte der Herkunft; Zeugung; intra-uterine Entwicklungen; genetische Ausstattung, das unentfaltete Potenzial unseres Selbst		
Ia	**Wirkmächtigkeit** Selbstwirksamkeitsgefühl; Potenzial zur Eigenaktivität; Wille zum Handeln Ab Geburt		
II	**Urvertrauen** (Ur-)Erfahrungen mit dem, was uns passiv widerfuhr und widerfährt; Einstellungen zum Medialen und Urvertrauen in die Welt Ab Geburt (vermutlich bereits intra-uteriner Ursprung)		
	Personaler Erfahrungsbereich		
III	**Mütterlichkeit** Aspekte der oralen Phase (Freud); Fürsorge- und Bindungsstile; Gefühle des Angenommenwerdens und Annehmens; Aspekte emotionaler Zuwendung; Im Erwachsenenalter: Fähigkeit sich selbst anzunehmen, zu versorgen und wachsen zu lassen; Etwa ab ½ oder 1 Lebensjahr bis Gegenwart; Kernzeit bis ca. 3. Lebensjahr		
IV	**Selbstbehauptung** Aspekte der analen und ödipalen Phase (Freud); Abgrenzung; Macht- und Unterwerfungsrituale Etwa 2 ½ oder 3 LJ bis Gegenwart; Kernzeit ca. 3. – 6. Lebensjahr		
V	**Die Erklärung der Welt** Bildung; Initiationen in den kollektiven Weltentwurf; Lernen Ab spätestens 6 Jahre bis Gegenwart; Kernzeit ca. 6. Lebensjahr bis Pubertät		

Tab. 18: Die Matrix der 24 psychogenetischen Entwicklungsfelder

VI	**Peers: Gleicher unter Gleichen** Erfahrungen mit den Peers, Erfahrungen des ein „Gleicher unter Gleichen"-werdens Kernzeit ab Pubertät bis Gegenwart, teilweise aber bereits Ansätze schon früher		
VII	**Aufbruch-Erfahrungen** Ablösung vom Elternhaus und der Aufbruch in die Welt als eigenverantwortlicher Erwachsener; Etwa ab später Jugend, frühem Erwachsenenalter, Wiederholungen möglich bis Gegenwart		
VIII	**Anpassung an die und Konfrontation mit der gesellschaftlichen und natürlichen Welt**; Ab Auszug aus Elternhaus bis Gegenwart		
IX	**Psychische Innenwelten** Die Entdeckung und die Erfahrungen mit der eigenen Innenweltlichkeit; der innerpsychische Kosmos im Gegensatz zur konventionellen Rollen-Identifikation; formal-operationales Denken Möglich ab Pubertät, selten bereits im Kindesalter, oft im frühen Erwachsenenalter, manchmal gar nicht. Wenn, dann bis Gegenwart		
X	**Postformales Bewusstsein** Einsicht in überpersönliche multikausale Ursache-Wirkungs-Zusammenhänge; polyvalente Schaulogik; integral-aperspektivisches Bewusstsein		
XI	**Bewusstsein der Einheit von Bios und Noos** Zentaurisches Bewusstsein; Die Beherrschung der persönlichen Triebnatur, die Disziplin egoischer Persönlichkeit, Selbstbeherrschung		
	Übergangsthemen zum transpersonalen Erfahrungsbereich		
Ib	**Wirkmächtigkeit bezüglich egoischer Dekonstruktion und Korrekturen** Das Gefühl der Wirkmächtigkeit und der Selbstwirksamkeit bezüglich egoischer Korrektur-Prozesse und egoischer Dekonstruktions-Prozesse; die Bereitschaft für den Weg der Individuation und des Abbaus egoischer Selbst-Gewissheit		

XII	**Erfahrungen mit den Grenzen des Egos: „Opfer oder Yogi"** Fähigkeit zum Annehmen des Unvermeidlichen; Fähigkeit, von bedürfnisgesteuerten Unternehmungen zu lassen; kontemplative und meditative Praktiken?		
XIII	**Vergänglichkeit aller Formen** Einstellung zur eigenen Vergänglichkeit und Sterblichkeit und zur Vergänglichkeit anderer Personen oder Sachverhalte. Einstellung zum Tod und zur Vergänglichkeit alles Formhaften		
XIV	**Bereitschaft zur Synthese des Selbst, Transformationstechniken** Techniken und Praxis der geistig-spirituellen Selbstgestaltung; der konkrete Weg zur Ego-Transformation Priorität und Angemessenheit von Handlungszielen und Handlungsstilen angesichts der Erkenntnis seines Todes?		
XV	**Schattenwirksamkeit und Schattenintegration** Bewusstheit über den eigenen (Jung´schen) Schatten? Aktueller Stand der Schatten-Arbeit. Bereitschaft und Fähigkeit zur Integration unliebsamer Persönlichkeitsanteile?		
XVI	**Desillusionierung über die Natur des Ichs und des Selbst** Die Möglichkeiten zur Differenzierung von selbstreferenziellen kognitiven Architekturen (Selbstbild); die Enttarnung des Selbstbildes als artifizielle kognitive Konstruktionsleistung Den Umgang mit erschütternden Erkenntnissen erfragen: Erkenntnisse über das Ich im Besonderen, die Weltsicht im Allgemeinen		
Transpersonaler Erfahrungsbereich			
Ic	**Wirkmächtigkeit bezüglich des transpersonalen Weges** Das Gefühl der Selbstwirksamkeit, transpersonale Erfahrungen und Entwicklungen bewältigen und meistern zu können Einstellung zu transpersonaler Entwicklung im Allgemeinen und die diesbezügliche Selbstwirksamkeitserwartung erfragen		

XVII	**Transpersonales ‚psychisches' (Wilber, 2001a, 2001; Sri Aurobindo, 1957) Bewusstsein** Psychische Bewusstseinsstruktur: Erfahrungen mit der transpersonalen psychischen oder seelischen Essenz; Naturmystik; Gipfel- oder Plateau-Erfahrungen		
XVIII	**Transpersonale Irrtümer und Krisen, „Dunkle Nacht der Seele" (Johannes vom Kreuz)**		
XIX	**Transpersonales ‚subtiles' Bewusstsein (Wilber, 2001a, 2001; Sri Aurobindo, 1957)** Subtile Bewusstseinsstruktur: Erfahrungen archetypischer Identifikationen, auditive und visuelle Erleuchtungsmomente; „göttliche" Kraft hinter oder über dem *Psychischen*; Gottheitsmystik; Gipfel- oder Plateau-Erfahrungen		
XX	**Transpersonales ‚kausales' (Wilber, 2001a, 2001) oder ‚supramentales' Bewusstsein (Sri Aurobindo, 1957)** Kausale Bewusstseinsstruktur: Öffnung für den supramentalen Geist; karmische Auflösungen; Einheitsmystik; Gipfel- oder Plateau-Erfahrungen		
XXI	**Transpersonales ‚Nonduales' Bewusstsein (Wilber, 2001a, 2001), Vollendung** Nonduale Bewusstseinsstruktur: vollkommene Verwirklichung; keine Trennung zwischen Innen und Außen; Gipfel- oder Plateau-Erfahrungen		

Die ausgewählten Entwicklungstheorien in Bezugsetzung

Ungefähres Alter in Jahren	Psycho-analyse S. Freud	Kognitive Entw. Piaget	Erikson	Gebser	Wilber	Leary	Yoga-Chakras	Yoga-Tantra Bewusstseinsebenen/ Phänom. Zeichen des Erscheinens		Tarot
Intrauterin: Zeugung bis Geburt	Präoral	Sensu-motorisch		archaisch	D1 sensori-physisch; präpersonal	Genom	Muladhara Die zusammen-gerollte Kundalini-Schlange			0 -Narr 2-Hohe-priesterin
0-1 ½	Präoral Oral	Sensu-motorisch	Urvertrauen	archaisch	D1 sensori-physisch; präpersonal	Bio-Überlebens-Schaltkreis	Muladhara (Perineum, physische Welt, Instinkte)	Form (1. Skandha) Sinneswahr-nehmung (2.)	1.löst sich in 2.auf: Trugbild	1-Magier 2-Hohe-priesterin
1 ½ -3	Oral (bis 2. LJ) Anal (2.-3. LJ)	Prä-operational	Autonomie	magisch	D2 phantasmisch-emotional; personal	Bio-Überlebens-Schaltkreis	Svadisthana (emotional-sexual)	Wahrnehmung-Impuls (3.)	2.löst sich in 3.auf: Glühwürmchen oder Feuerfunken	3-Kaiserin
3-6	Anal (2.-3. LJ) Ödipal (4.-6. LJ)	Prä-operational	Initiative	magisch mythisch	D2 phantasmisch-emotional	Bio-Überlebens-Schaltkreis Emotional-territorialer SK	Svadisthana (emotional-sexual) Manipura (Nabelregion, intentionaler Geist, Macht)	Wahrnehmung-Impuls (3.) Emotion-Bild (4.)	2.löst sich in 3.auf: Glühwürmchen oder Feuerfunken	3-Kaiserin 4-Kaiser
6-12	Latenzphase (6.-10.LJ)	Konkret-operational	Kompetenz	mythisch rational	D3 repräsen-tierender Geist D4 Regel/Rolle	Semantischer SK	Manipura Anahata (Herzregion)	Grobstofflich-mentales Bewusstsein (5.)	(4. in 5.:) Flackernde Butterlampe	5-Hohe-priester

Tab. 19: Die ausgewählten Entwicklungstheorien im Überblick

Pubertät Adoleszenz *Junges Erw.-alter*	Genitale Phase (ca. 11.-16. LJ)	Konkret-/ Formal-operational	Identität (Erwachsen-alter: Intimität; Genera-tivität; Ich-Integrität)	rational	D4 Regel/Rolle D5 formal-Reflexiv	Sozio-sexual-moralischer SK	Anahata Vissuddha (Kehlkopf-chakra, Kommuni-kation,			6-Liebenden 7-Wagen 7-Wagen 8-Aus-gleichung
								80 grobstofflich-mentale Konzepte (gesamtes grobstoffliches Bewusstsein	Stetig brennende Butterlampe	8-Aus-gleichung 9-Eremit
Ab Pubertät immer möglich		Postformal, Integral-aperspek-tivisch		integral-aperspek-tivisch	D6 existenziell	Neurosomat. SK (13. Stufe)	Visuddha Ajna (drittes Auge)	(Auflösung des grobstoffl. Bewusstseins)	Klares Mondlicht im Herbst	9-Eremit 10-Rad des Glücks 11Lust
					(D6 existenziell)					12-Gehenkter 13-Tod 14-Kunst 15-Teufel 16-Turm
s.o. trans-personal					D7 psychisch (Pfad der Yogis)	Neurosomat. SK (14./15. Stufe)	Ajna			17-Stern
s.o. trans-personal					D8 subtil (Pfad der Heiligen) D9 kausal (Pfad der Weisen)	Neuroelektr. SK Neurogenet. SK	Sahasrara, Höhere Chakras	Weißes Erscheinen (leuchten) Rotes Zunehmen, sehr subtiles kausales Bewusstsein Schwarzes Beinahe-Erlangen (Auslöschung)	Klares Mondlicht im Herbst Klares Sonnenlicht im Herbst; Dichte Schwärze einer Herbstnacht	18-Mond 19-Sonne 20-Äon
s.o. kosmisch					nichtdual	Metaphysio-logischer SK	Shiva, Brahma, Paramatman	Leere klaren Lichts	Klares Morgengrauen im Herbst	21-Uni-versum

Alle in der Tabelle dargestellten und Bezug gesetzten Entwicklungsmodelle sind holarchische Modelle, also in unserer Terminologie „Baumringenmodelle". Jede Ebene, oder besser, um der Argumentation Gebsers zu folgen, jede *Struktur* beinhaltet in ihrer Art und Ausprägung die Eigenschaften aller vorausgegangenen Strukturen und ist nur aktivierbar, wenn die vorausgegangenen sich zumindest in einer hinreichenden Art und Weise herausbilden konnten. Keine dieser Strukturen kann übersprungen werden, wenn eine nachfolgende entstehen soll.

Jean Gebser: Holarchie der Bewusstseinsstrukturen

Bewusstseinsstruktur (ontogenetische Kernzeit)	**Charakteristik**
Archaisch (bis ca. 1 ½ Jahre)	Undifferenziertes, ganzheitliches Bewusstsein, aber nicht errungen, sondern gegeben. Im Vordergrund stehen physiologische und biologische Bedürfnisse.
Magisch (bis ca. 5 Jahre)	Ein singulärer, punktueller Sachverhalt (ein Gegenstand, Wunsch oder eine Person) stehen für etwas anderes, Größeres. Diesem Singulären wird Macht über die Geschehnisse zugesprochen (der indogermanische Wortstamm „magh-" findet sich in einer Reihe von Begriffen wie Macht, Magie, Mechanik, machen, Maschine u.a.). Bsp.: Das Kind, das sich am Tisch stößt und dann „Böser Tisch!" ruft.
Mythisch (bis ca. 12 Jahre)	Innerseelisches veräußert sich auf bildhafte Weise. Mythen entstehen, grandiose Szenarien (Odyssee, Herakles, die ganze griechische Götterwelt), die mündlich oder bildlich aussprechen oder veräußern, was innerlich geahnt, gespürt, empfunden wird. Nicht mehr das singuläre Ereignis (wie im magischen Denken) ist machtvoll, sondern eine entferntere Instanz: Götter und Heroen. Indem diese Vielfalt eines Außens reflektiert wird, entsteht auch ein Ich-Gefühl, das Gefühl für denjenigen, der z.B. dem Zorn der Götter und dem Schicksal ausgesetzt ist. Der magische Wunsch besitzt keine Macht mehr, wohl aber das Gebet – das Günstigstimmen der Götter, der Schicksalsgewalten. In der mittleren und späten Kindheit, gekoppelt mit Piagets konop-Denken. Mythen, Geschichten, Märchen sind interessant. Im Mythos liegt aber auch eine welterklärerische Kraft, was sich in Kindern zeigt, die sich mit den Heldentaten des Siegfried, d`Artagnan, Old Shatterhand, Spiderman o. d. identifizieren. Hier auch die Gefahr der Identifizierung des mythischen konop-Denkens mit politischen Mythen, die zu glühendem Fanatismus führen kann. Zieht sich bei vielen Menschen bis ins Erwachsenenleben. Das Etablieren einer nachfolgenden und umfänglicheren Bewusstseinsstruktur ist nur noch fakultativ.
Rational (ab ca. 12 Jahre)	Mythen werden als Erfindungen oder kreative Akte der Menschen verstanden. Das Bewusstsein einer eigenen Identität entsteht, damit die Grundlage für Individualismus. Eigene Innenwelten werden erkannt, die eigene Einstellung steht im Vordergrund. In seiner reifen Form Pluralismus: die eigene Perspektive wird beibehalten, aber fremde Perspektiven als existent anerkannt. Die Anfänge der rationalen BS zeigen sich in den konop-Strukturen Piagets, später in den formop-Strukturen. Abstraktes Denken wird möglich: Dualismus, Positivismus, Logik
Integral-aperspektivisch (fakultativ, phylogenetisch im Entstehen begriffen)	In den Anfängen reifes formop-Denken, etwa in Form der Systemtheorien. In reiferer Form aperspektivisch, das heißt, die pluralistische Ausrichtung des Rationalen löst sich auf in einem umfänglicheren Integralismus. Beispiel: Der Christ toleriert nicht nur den Islam (rationaler Pluralismus), sondern sein Bewusstsein transzendiert christliche und muslimische Symbolik zu einer umfassenden integrierenden Weltanschauung.

Interessant ist, dass die fünf Bewusstseinsstrukturen, die nach Gebser die Phylogenese[354] bestimmen, auch in der Entwicklung des Individuums im Laufe der Kindheit in der gleichen Reihenfolge erschlossen werden.

354. Phylogenese: Die Entwicklung und Entfaltung der Gattung Mensch. In Abgrenzung zu Ontogenese: Die Entwicklungsgeschichte des Individuums.

Jean Piaget – Die Theorie der kognitiven Entwicklung[355]

Kognitive Stufe (Entwicklungsalter)	Charakteristik
Sensumotorisch (Geburt bis ca. 2 Jahre)	Erkenntnisprozesse werden über die Sinne, Motorik und körperliche Erfahrungen gewonnen. Im Vordergrund stehen die Koordination sensorischer Wahrnehmung und motorischen Verhaltens. Emotionsausdruck erfolgt über ungefilterten und sofortigen körperlichen Ausdruck.
Prä-operational (präop; ca. 2 bis 6 Jahre)	Die Welt wird aus nur einer Perspektive, nämlich der des Kindes selbst wahrgenommen: Egozentrismus. Gegenstände oder Personen müssen nicht mehr immer sichtbar sein, um als existent erkannt zu werden (Invarianzen). Ursachenzuschreibungen fallen den Kindern noch schwer (präkausales Denken). Kinder dieses Stadiums können eine komplexe Handlung noch nicht vollständig geistig durchspielen (ein Grund, warum Kinder erst ab sechs Jahren die Schule besuchen).
Konkret-operational (konop; ca. 6 bis 12 Jahre)	Logische Probleme im Hier und Jetzt können „konkret", also nicht abstrakt, durchdacht werden. Das Kind kann ordnen, trennen, kombinieren und einfache logische Schlussfolgerungen ziehen, vorausgesetzt, die Problematik ist greifbar und praktisch, sozusagen bildhaft vorstellbar.
Formal-operational (formop; ab ca. 12 Jahre)	Aus den „konkreten" Sachverhalten können nun abstrakte Gesetzmäßigkeiten und hypothetische Zusammenhänge abgeleitet werden. Wissenschaftliche Diskurse, aber auch abstrakte Introspektionen der eigenen psychischen Innenwelt werden möglich. Perspektiven anderer werden anerkannt, wenn auch nicht übernommen: Perspektivität
Postformales Stadium (faktultativ)	Dieses Stadium wurde von Piaget nicht genannt, sondern von verschiedenen Forschern erst später als hypothetisch seiner Theorie hinzugefügt. Ausgangspunkt ist die Überlegung, dass das Denken über das Denken (Metakognition) oder das Denken in Systemen von Systemen eine Qualitätsstufe des Denkens sei, die sich durch höhere Komplexität und Organisiertheit auszeichne und das formop-Denken nunmehr als integrierten Teil in sich aufgehen lasse.

355. Jean Piaget: GW – Studienausgabe. Bd. I: Das Erwachen der Intelligenz im Kinde. Stuttgart: Klett-Cotta, 1991.

Lawrence Kohlberg – Die Theorie der Moral-Entwicklung[356]

Ebenen und Stufen	Begründung moralischen Handelns
IV. Präkonventionelle Moral	
Stufe 1: Lust-Schmerz-Orientierung (Strafe/Gehorsam)	Schmerzvermeidung; sich nicht erwischen lassen
Stufe 2: Kosten-Nutzen-Orientierung, Reziprozität - Auge um Auge (naiver Hedonismus)	Erwartete Belohnung
V. Konventionelle Moral	
Stufe 3: Braves-Kind-Orientierung (Billigung durch andere)	Anerkennung gewinnen, Kritik vermeiden
Stufe 4: Recht-und-Ordnung-Orientierung	Den Regeln gehorchen, die Autoritäten nicht missfallen
VI. Postkonventionelle Moral	
Stufe 5: Orientierung am sozialen Vertrag	Sich für das Wohl der Gesellschaft einsetzen
Stufe 6: Orientierung an ethischen Prinzipien (universell ethisch)	Der Gerechtigkeit dienen, Selbstverdammung vermeiden
Stufe 7: Kosmische Orientierung (Transzendenz; universell-spirituell	Universellen Grundsätzen folgen und sich selbst als Teil einer kosmischen Bewegung begreifen, welche soziale Normen transzendiert

356.Vgl.: Petermann, Niebank, Scheithauer (Hg.) (2004): Entwicklungswissenschaft. Berlin: Springer.

Sigmund Freud - Das psychoanalytische Phasenmodell[357]

Phase (Entwicklungsalter)	**Charakteristik**	**Mögliche Pathologien**
Orale Phase (bis 2. Lebensjahr)	Mittelpunkt des Erlebens: Nahrungsaufnahme, Lustgewinn am Saugen, Nähe, Wärme, Geborgenheit, Sicherheit, frühestes Erleben von Bindung, Abhängigkeit, Angenommenwerden	• Psychosomatische Symptome • Depressive Charakterstruktur • Sucht-Verhalten • Sexualstörungen • Ich-Schwäche • Abhängigkeit von anderen
Anale Phase (2.-3. Lebensjahr)	Weiterentwicklung von Autonomie, Beherrschung von Körperfunktionen, Entwicklung von Selbstwertgefühl	• Starker Autonomie- und Machtwunsch • Sparsamkeit • Rigides Denken • Zwangsneurosen • Pedanterie und Perfektionismus
Ödipale Phase (ca. 4.-6. Lebensjahr)	Libido genital fokussiert, Annehmen der Geschlechtsrolle, Relativierung der Liebe zum gegenteiligen Elternteil und Identifizierung mit dem Gleichgeschlechtlichen	• Störungen der Geschlechtsidentität • Sexualstörungen • Partnerprobleme • Konversionssymptome • Phobien
Latenzphase (ca. 6.-10. Lebensjahr)	Weiterentwicklungen der Ich-Fähigkeiten (Wissen, Fertigkeiten, soziale Kompetenzen etc.), Orientierung an Leitbildern	• Verhaltensstörungen • Autoaggressive Tendenzen • Enuresis • Leistungsschwächen/Konzentrationsschwächen • Zu starke Fixierung aufs Elternhaus • Schulängste • Angst vor Auseinandersetzungen mit anderen
Genitale Phase (ca. 11.-16. Lebensjahr)	Verstärktes Selbsterleben, Rolle der Peers (und potenzieller Liebespartner), Selbstwertbehauptung, Autonomie vs. Abhängigkeit gegenüber Eltern	• Selbstwertprobleme • Sexualängste (Scham- und Schuld-Gefühle) • Isolierungstendenzen • Selbstmordgedanken und –tendenzen • Regressionstendenzen • Tagträumerei/Fantasie

357. Sigmund Freud: Abriß der Psychoanalyse. Frankfurt/M.: Fischer, 1972.

Erik H. Erikson – Die Theorie der psychosozialen Entwicklung[358]

Krise (Entwicklungsalter in Jahren)	Angemessene Lösung	Unangemessene Lösung
Vertrauen vs. Misstrauen (0-1 ½)	Stabiles (grundlegendes) Sicherheitsbewusstsein	Unsicherheit, Angst
Autonomie vs. Selbstzweifel (1 ½ - 3)	Selbstwahrnehmung als Handelnder, als fähig zur Körperbeherrschung, als Verursacher von Geschehnissen	Zweifel an der eigenen Fähigkeit zur Kontrolle von Ereignissen
Initiative vs. Schuld (3 – 6)	Vertrauen auf eigene Initiative und Kreativität	Gefühl fehlenden Selbstwertes
Kompetenz vs. Minderwertigkeit (6 – Pubertät)	Vertrauen auf angemessene grundlegende soziale und intellektuelle Fähigkeiten	Mangelndes Selbstvertrauen, Gefühle des Versagens
Identität vs. Rollenkonfusion (Jugend/Adoleszenz)	Festes Vertrauen in die eigene Person	Wahrnehmung des eigenen Selbst als bruchstückhaft; schwankendes unsicheres Selbstbewusstsein
Intimität vs. Isolierung (junges Erwachsenenalter)	Fähigkeit zur Nähe und zur Bindung an jemand anders	Gefühl der Einsamkeit, des Abgetrenntseins; Leugnung des Bedürfnisses nach Nähe
Generativität vs. Stagnation (mittleres Erwachsenenalter)	Interesse an Familie, Gesellschaft, künftige Generationen, das über unmittelbar persönliche Belange hinausgeht	Selbstbezogene Interessen; fehlende Zukunftsorientierung
Ich-Integrität vs. Verzweiflung (höheres Erwachsenenalter)	Gefühl der Ganzheit, grundlegende Zufriedenheit mit dem Leben	Gefühl der Vergeblichkeit, Enttäuschung

358. Erik H. Erikson: Identität und Lebenszyklus. Frankfurt/M.: Suhrkamp, 1966.

Die Integration der Entwicklungsmodelle

Entwicklungsalter	Kognitive Entwicklung (Piaget)	Weltsicht (Gebser)	Innere Repräsentationen (Bruner)
Geburt bis ca. 1 ½ Jahre	Sensumotorisch	Archaisch	Enaktiv
Ca. 1 ½ bis 5 Jahre	Präoperational (präop)	Magisch, magisch-mythisch	Enaktiv, ikonisch
Ca. 5 bis 11 Jahre	Konkretoperational (konop)	Mythisch, mythisch-rational	Ikonisch
Ab ca. 11 Jahre	Formaloperational (formop)	Rational	Symbolisch
Ab frühem Erwachsenenalter möglich	Post-formal	Integral-aperspektivisch	Symbolisch

Tab.25: Vergleich von Piagets Stufenmodell kognitiver Entwicklung, Gebsers Bewusstseinsstrukturen, aus denen sich das Weltbild des Menschen ableitet, und die Abstraktionsstufen innerer (mentaler) Repräsentationen nach Bruner

Entwicklungs-alter (circa in Jahren)	Gebser (Weltbild)	Piaget (Denken)	Kohlberg (Moral)	Freud (psycho-sexuell)	Erikson (psychosozial)
0 – 1 ½, 2	archaisch	sensumotorisch	Präkon, Stufe 1	oral	Urvertrauen
1 ½ - 3	Archaisch/ magisch	sensumotorisch	Präkon, Stufe 1	anal	Autonomie
3 - 6	Magisch/ mythisch	präop	Präkon, Stufe 2	ödipal	Initiative
6 - 12	mythisch	konop	Konvention, 3	Latenz	Kompetenz
Ab 12	Mythisch/ rational	Formop mgl.	Konvention, 3, 4	genital	Kompetenz
Ab Pubertät	Rational mgl.	Formop mgl.	Postkon mgl.	genital	Identität
Drei mögliche Szenarien für das Erwachsenenalter, wobei II nur mgl., wenn I, und III nur mgl. wenn auch II:					
Erwachsenen-alter I	Mythisch/ rational mgl.	Konop, formop mgl.	Konvention 3, 4	-	Intimität Generativität
Erwachsenen-alter II	rational	Formop	Postkon, 5	-	Intimität Generativität Ich-Integrität
Erwachsenen-alter III	Integral-aperspektivisc h	Postform	Postkon, 6, 7	-	Intimität Generativität Ich-Integrität

Tab.6: Alterskorrelierte Inbezugsetzung der fünf vorgestellten Entwicklungstheorien.

Für eine Zeile aus obiger Tabelle, also die Verwobenheit der altersbedingt zusammenhängenden Entwicklungsaufgaben eines Menschen, habe ich den Begriff *psychogenetisches Feld* vorgeschlagen.

Das Integrale Entwicklungsmodell nach Ken Wilber

Basisstrukturen des Bewusstseins	**Charakteristische Pathologien und deren Behandlungsmodalitäten**	**Moralische Spannweite**	**Sri Aurobindo**
Undifferenzierte Matrix			
***D1** sensoriphysisch (physisches Selbst) ab Geburt*	*Psychosen*: physiologisch, Ruhigstellung	Egozentrisch, Präkonventionell: Autistisch, symbolisch, nur selbst	Physisch, Sinneswahrnehmung
***D2** phantasmisch-emotional (emotionales Selbst) ab ca. 2 Jahre*	*Narzisstisch, Borderline*: strukturbildende Techniken	Egozentrisch, Präkonventionell: Impulsiv, magisch, Narzissmus, hedonistisch	Vital-emotional
***D3** repräsentierender Geist (Selbstbild) ab ca. 4-6 Jahre*	*Psychoneurosen*: aufdeckende Techniken	Egozentrisch, Präkonventionell: Sicherheit – Macht, magisch bis mythisch; mythische Gruppenzugehörigkeit	Niederer Geist
***D4** Regel/Rolle (Rollenselbst) ab ca. 10 Jahre*	*Skriptpathologie*: Skriptanalyse	Soziozentrisch, Konventionell: Konformistische Moral, mythisch, Macht	Konkreter Geist
***D5** formal-reflexiv (reifes Ego) ab ca. 12 Jahre möglich*	*Identitätsneurosen*: Introspektion	Soziozentrisch/weltzentrisch, konventionelle bis postkonventionelle Moral, rational-reflexiv	Logischer Geist (Argumentieren)
***D6** existenziell/Schaulogik („Zentaur")*	*Existenzielle Pathologie*: existenzielle Therapie, „sokratischer Dialog'	Weltzentrisch, Postkonventionell: universell-global	Höherer Geist (Systeme)
Transpersonal			
***D7** Psychisch*	*Psychische Störungen*: der Pfad der Yogis	Schamanisch, Panenhenisch, alle irdischen Wesen (yogisch)	Erleuchteter Geist Psychisches Bewusstsein
***D8** Subtil*	*Subtile Pathologie*: der Pfad der Heiligen	Schamanisch/bodhisattvisch, Panentheistisch, alle Wesen in allen Bereichen (heiligmäßig)	Intuitiver Geist Spirituelles Bewusstsein
***D9** Kausal*	*Kausale Pathologie*: der Pfad der Weisen	Bodhisattvisch, Panentheistisch, alle Wesen in allen Bereichen	Übergeist Supra-Mental
Nichtdual		Buddhisch, „Immer schon" (Weiser, Siddha)	Supergeist Satchitananda Nonduales Bewusstsein

Bibliografie

Adler, A.: Menschenkenntnis. Leipzig: Verlag von S. Hirzel, 1929.

Akron: Der Crowley-Tarot-Führer. 2 Bände. Neuhausen (Schweiz): AGM Urania, 2007.

Anders, G.: Die Antiquiertheit des Menschen, Bd. I.: Über die Seele im Zeitalter der zweiten industriellen Revolution. München: C. H. Beck, 1956.

Avé-Lallemant, U.: Der Wartegg-Zeichentest in der Lebensberatung. München: Reinhardt, 1994-2000.

Banzhaf, H.: Tarot und der Lebensweg des Menschen. Die Reise des Helden als mythologischer Schlüssel. München: Hugendubel, 2005.

Battista und Welwood. In: Wilber (Hg.): Das holografische Weltbild. Heyne. 1990.

Bischof, N.: Das Kraftfeld der Mythen. München: Piper, 1996.

Combs, Allan: Die Psychologie des menschlichen Bewusstseins. Hamburg: Phänomen-Verlag, 2011.

Bowker, J. (Hg.): Oxford-Lexikon der Weltreligionen, Frankfurt/M.: Fischer, 2003.

Bowlby, J.: Bindung – Eine Analyse der Mutter-Kind-Beziehung. München: Kindler Verlag, 1982.

Bowlby, J., Ainsworth, M.: Frühe Bindung und kindliche Entwicklung. München, Basel: E. Reinhardt, 2001.

Castaneda, C.: Die Kunst des Träumens. Frankfurt/M.: Fischer, 1999.

Castaneda, C.: Die Reise nach Ixtlan. Frankfurt/M.: Fischer, 1990.

Castaneda, C.: Das Wirken der Unendlichkeit. Frankfurt/M.: Fischer. 1997.

Luc Ciompi: Die emotionalen Grundlagen des Denkens: Entwurf einer fraktalen Affektlogik. Göttingen: Vandenhoek & Ruprecht, 1997.

Cowper-Powys, J.: Die Verteidigung der Sinnlichkeit. Frankfurt/M.: Zweitausendeins, 2005.

Crowley, A.: Das Buch Thoth. Neuhausen: Urania Verlags AG, 1993.

Eliade, M.: Yoga. Unsterblichkeit und Freiheit. Frankfurt/M.: Suhrkamp, 1985.

Eliade, M.: Schmiede und Alchemisten. Stuttgart: Klett-Cotta, 1980.

Erikson, Erik H.: Identität und Lebenszyklus. Frankfurt/M.: Suhrkamp, 1966.

Freud, S.: Abriß der Psychoanalyse. Frankfurt/M.: Fischer, 1972.

Friedell, E.: Kulturgeschichte der Neuzeit. Frankfurt/M., 2009.

Gardner, H.: Intelligenzen. Die Vielgestalt des menschlichen Geistes. Stuttgart: Klett-Cotta, 2002.

Gebser, J.: Ursprung und Gegenwart. München: dtv, 1973.

Die Gnosis. Koptische und Mandäische Quellen. Düsseldorf: Patmos, 2007

Grawe, K.: Psychotherapie im Wandel. Göttingen: Hogrefe, 1994.

Grof, S.: Das Abenteuer der Selbstentdeckung. Reinbek: Rowohlt, 2006.
Hacker, W.: Allgemeine Arbeitspsychologie. Psychische Regulation von Wissens-, Denk- und körperlicher Arbeit, Bern: Huber, 2005.
Häcker, Stapf (Hg.): Dorsch. Psychologisches Wörterbuch. Bern: Huber, 2004.
Hertzer, Dominique: Das Mawangdui-Yijing. München: Eugen Diederichs Verlag, 1996.
Holzkamp: Kritische Psychologie. Frankfurt/M., 1972
Johannes vom Kreuz: Die dunkle Nacht. Leipzig: St. Benno-Verlag, o.J.
C.G. Jung: Die Archetypen und das kollektive Unbewußte. GW 9/1. Düsseldorf: Walter, 2002.
C.G. Jung: Gedanken, Träume, Erinnerungen. Düsseldorf, Zürich: Patmos, 2003.
Kelly, George: The Psychology of personal constructs. Vol. I, II. New York: Norton, 1955.
Kerényi, K.: Die Mythologie der Griechen. Bd. II: Die Heroengeschichten. München: dtv, 2004,
Koch, K.: Der Baumtest. Der Baumzeichenversuch als psychodiagnostisches Hilfsmittel. Huber, 1997.
Laing, R.D.: Die Tatsachen des Lebens. München, 1990.
Lama A. Govinda: Einsichten eines Pilgers im Himalaya. Dharma Publ. Deutschland, 1993.
Lama A. Govinda: Grundlagen tibetischer Mystik. Frakfurt/Main: Fischer, 1979.
Leary, Timothy: Neurologik. Löhrbach: Der grüne Zweig 39.
Leary, T.: Timothy Learys Totenbuch. Berlin: Ullstein, 1998.
Leary, T.: Info-Psychologie. Hamburg: Phänomen-Verlag, 2006.
Maaz, H.-J.: Körperpsychotherapie bei Frühstörungen. In Marlock, G.; Weiss, H. (Hg.): Handbuch der Körperpsychotherapie. Stuttgart: Schattauer, 2006.
Maslow, A.: Psychologie des Seins. München: Kindler, 1973.
Moody, R.: Leben nach dem Tod, Reinbeck, 2007
Müller, L.; Müller, A. (Hg.): Wörterbuch der Analytischen Psychologie. Düsseldorf, 2003
Mussen, H. (Ed.): Carmichaels manual of child psychology (Vol. 1, 2). New York: Wiley, 1970.
Mylius, K. (Hg.): Die vier edlen Wahrheiten. Texte des ursprünglichen Buddhismus. Leipzig: Reclam, 1985.
v. Nettesheim, Heinrich Cornelius Agrippa: Die magischen Werke. Wiesbaden: Fourier-Verlag. 1988.
Neimark, E.D.: Intellectual development during adolescence. In: Horowitz, F.D. (Hg.): Review of child development Research (Bd. 4). Chicago: University of Chicago Press, 1975.

Perls,Friedrich S.: Gestalt, Wachstum, Integration: Aufsätze, Vorträge, Therapiesitzungen. Paderborn: Junfermann, 1980.
Petermann, Niebank, Scheithauer (Hg.): Entwicklungswissenschaft. Berlin: Springer, 2004.
Piaget, J.: GW – Studienausgabe. Bd. I: Das Erwachen der Intelligenz im Kinde. Stuttgart: Klett-Cotta, 1991.
M. Pema Dorje: Auf dem Ochsen reiten. Suche nach Erkenntnis, Glück und Erfüllung. Düsseldorf: Walter, 1993.
Rogers, C.: Entwicklung der Persönlichkeit. Stuttgart: Klett-Cotta, 1976.
Rogers, C.: Klient-bezogene Gesprächstheorie. München, Kindler, 1973.
Schneewind, K.: Persönlichkeitstheorien. Darmstadt: Primus, 1996.
Sheldrake, R.: Das schöpferische Universum. Die Theorie der morphogenetischen Felder und der morphischen Resonanz. München: Nymphenburger, 2008
Sheldrake, R.: Einführung. In: Hans-Peter Duerr, Franz-Theo Gottwald (Hrsg.): Rupert Sheldrake in der Diskussion. Das Wagnis einer neuen Wissenschaft des Lebens. Bern, München, Wien: Scherz, 1997,
Sloterdijk, P.: Du mußt dein Leben ändern. Frankfurt/M.: Suhrkamp, 2009
Sloterdijk, P.: Die Verachtung der Massen. Suhrkamp, 2000.
Sloterdijk, P.: Sphären, 3 Bände. Frankfurt/M.: Suhrkamp, 1998.
Sri Aurobindo: Der Integrale Yoga. Hamburg: Rowohlt, 1957.
Sri Aurobindo: Die Synthese des Yoga. Gladenbach: Hinder + Deelmann, 2000.
Swami Satyananda: Ganz entspannt im Hier und Jetzt. Tagebuch über mein Leben mit Bhagwan in Poona. Reinbek: Rowohlt, 1979.
Theravada-Arbeistgruppe: Die sieben Betrachtungen der Einsicht. Eine Abhandlung über Einsichtsmeditation. München: DBU – Theravada-Arbeitsgruppe –, 2002
Thielen, M.: Körperpsychotherapie bei narzisstischen Persönlichkeitsstörungen. In: Marlock, G.; Weiss, H. (Hg.): Handbuch der Körperpsychotherapie. Stuttgart: Schattauer, 2006
van Lommel, P.: Unendliches Bewusstsein. Neue medizinische Fakten zur Nahtoderfahrung. Mannheim: Walter, 2010.
Varela, F.; Maturana, H: Der Baum der Erkenntnis. Die biologischen Wurzeln menschlichen Erkennens. Goldmann, 1987.
Wilber, K.: Integrale Psychologie. Arbor, 2004.
Wilber, K.: Das Wahre, Schöne, Gute. Frankfurt/M.: Fischer, 2002.
Wilber, K.: Einfach Das. Frankfurt/M.: Fischer, 2001.
Wilber, K.: Eros, Kosmos, Logos. Frankfurt/M.: Fischer, 2001.
Wilber, K: Ganzheitlich handeln. Eine integrale Vision für Wirtschaft, Politik, Wissenschaft und Spiritualität. Freiamt: Arbor, 2001.
Wilber, Engler, Brown: Die Psychologie der Befreiung. Barth, 1987

Wilson, Robert Anton: Der neue Prometheus. Reinbek bei Hamburg: Rowohlt, 1987.
Wolff, Otto: Indiens Beitrag zum neuen Menschenbild. Rowohlt. 1957.
Yogananda, P.: Autobiografie eines Yogi. Los Angeles: Self-Realization Fellowship Publishers, 2005.
Zimbardo, Philip G.: Psychologie. Berlin, Heidelberg, New York: Springer, 1995.